ODIR CUNHA

# HERÓIS DA AMÉRICA

## HISTÓRIA COMPLETA DOS JOGOS PAN-AMERICANOS

Planeta

ODIR CUNHA

# História completa dos

# HERÓIS DA AMÉRICA

# Jogos Pan-americanos

Planeta

COORDENAÇÃO EDITORIAL José Henrique Grossi e Pascoal Soto
REVISÃO DE TEXTOS Túlio Kawata
CAPA E PROJETO GRÁFICO Vanderlei Lopes
PESQUISA ICONOGRÁFICA Odir Cunha
IMAGENS DA CAPA: JADEL GREGÓRIO, Foto: Agência Estado; DAIANE DOS SANTOS, Foto: Agência Estado; DON QUARRIE, Foto: Sporting-Heroes.Net; JAVIER SOTOMAYOR, Foto: Sporting-Heroes.NetYIPSI MORENO, Foto: Sporting-Heroes.Net; FIDEL CASTRO, PAULA e HORT NCIA, Foto: Agência Estado; CARL LEWIS, Foto: Sporting-Heroes.Net; ROBSON CAETANO, .Foto: Agência Estado; LUIZÃO, Foto Agência Estado; MARILYN NEUFVILLE, Foto: Sporting-Heroes.Net; AGBERTO GUIMARÃES, Foto: Agência EstadoJACKIE JOYNER-KERSEE, Foto: Sporting-Heroes.Net; ERONILDES DE ARAÚJO, Foto: Agência Estado; RICARDO PRADO, Foto: Agência Estado; DIEGO HYPÓLITO, Foto: Agência Estado; TETSUO OKAMOTO, Foto Agência Estado; HAROLD CONNOLY, Foto: Sporting-Heroes.Net; BOB SCHUL (nº 719), Foto: Sporting-Heroes.Net; BRUCE JENNER, Foto: Sporting-Heroes.Net; FÉLIX SANCHEZ, Foto: Sporting-Heroes.Net; AL OERTER, Foto: Sporting-Heroes.Net; HAYES JONES, Foto: Sporting-Heroes.Net; ROBERT SCHEIDT, Foto: Sporting-Heroes.Net; Seleção feminina de futebol, Foto: Agência Estado; OSCAR SCHMIDT, Foto: Agência Estado

As fotos não assinadas pertencem ao arquivo pessoal do autor. A editora envidou todos os esforços para dar crédito devido à todas as imagens. Caso haja algum crédito indevido, ou falta, a editora se compromete a reparar tal engano numa próxima reedição.

Dados Internacionais de Catalogação na Paublicação (CIP)
(Câmara Brasileira do Livro, SP, Brasil)

Cunha, Odir
Heróis da América: história completa dos jogos Pan-americanos / Odir Cunha –
São Paulo : Editora Planeta do Brasil, 2007

ISBN 978-85-7665-280-9

1. Jogos esportivos panamericanos : 2. História I. Título.

07-2130 CDD-796-4809

Índices para catálogo sistemático:
1. 1. Jogos esportivos panamericanos : História 796.4809


Editora Planeta do Brasil Ltda.
Avenida Francisco Matarazzo, 1500 – 3° andar – Conj. 32B
Edifício New York
05001-100 – São Paulo – SP
vendas@editoraplaneta.com.br
www.editoraplaneta.com.br

## SUMÁRIO

# O encanto dos Jogos Pan-americanos

Não me lembro se era a revista *Manchete*, ou *Fatos & Fotos*. Só sei que lá estavam, em fotos grandes e posadas, numa matéria que guardei por muitos anos, os heróis brasileiros das 11 medalhas de ouro nos Jogos de Winnipeg, Canadá, em 1967.

A revista sumiu há muito tempo, mas guardo na memória a imagem do elegante tenista Thomaz Koch, todo de branco, campeão nas simples e duplas, sorrindo ao lado do parceiro Edison Mandarino. Lembro-me também do altivo velejador Joerg Bruder, posando com o seu Finn; do lendário Nelson Pessoa montado no cavalo que lhe deu o ouro por equipes na prova de saltos; das meninas do basquete com a bola, sentadas na quadra; do nadador José Sylvio Fiolo com o peito nu repleto de medalhas (duas de ouro e uma de bronze); do esgrimista Artur Teles; dos judocas Akira Ono e Takeshi Miura. Na verdade, só não me recordo dos velejadores Nelson Piccolo e Carlos Henrique de Lorenzi, vencedores da classe Snipe...

Sempre que tento descobrir por que gosto tanto dos Jogos Pan-americanos, volto às fotos de Winnipeg em 1967. Depois tive outros motivos para me afeiçoar aos Jogos, mas naquela época eu era apenas um adolescente. Estava a dois meses de completar 15 anos e muita coisa mudava em meu corpo e minha mente. Cresci e passei a me impor no futebol, a ponto de me tornar titular dos times de campo e salão do colégio, comecei a tocar bateria, arrumei a primeira namorada, enfim, de uma hora para outra o mundo ficou cheio de sensações e significados. Espelhar-se em ídolos do esporte é uma das características dessa fase e provavelmente por isso aqueles heróis do Pan calaram tão fundo em mim.

Talvez, acostumado a admirar as diabruras do Santos de Pelé, não tivesse a dimensão exata do esporte, que distribui emoção e glória para muitas outras modalidades além do futebol. Sim, meu interesse poliesportivo certamente nasceu ali, diante da imagem daqueles campeões impávidos, que me enchiam de orgulho por serem brasileiros tão versáteis, talentosos, confiantes, superiores.

Muitos anos depois, como jornalista do *Jornal da Tarde*, tive a extrema felicidade de fazer minha primeira cobertura internacional nos Jogos Pan-americanos de San Juan de Porto Rico, em 1979. Preparei-me como poucos para o trabalho. Acreditava que, como a equipe de esportes do JT havia conquistado o Prêmio Esso de 1978 pela cobertura da Copa do Mundo da Argentina, eu e o jornalista Castilho de Andrade, designados para cobrir o Pan de Porto Rico, também teríamos chances de brigar pelo mais importante prêmio do jornalismo brasileiro.

O *Jornal da Tarde* deu um bom espaço para a cobertura e eu e o "Casta" ainda fomos auxiliados pelos jornalistas Ney Craveiro e Luis Fernando Lima, do *Estadão*. Mas o diferencial do nosso trabalho foi criar pautas e enfoques diferentes. Segui o conselho do Fernando Sandoval, da *Isto É*, com quem dividi o apartamento no Holiday Inn, e fugi do factual em várias matérias. Falei até da discutida semi-independência de Porto Rico, artigo que me valeu uma bronca do subeditor Belmiro Sauthier.

Dois meses depois, porém, quando estava em Ribeirão Preto cobrindo Comercial e Flamengo, o jornalista Sidney Quartier, esbaforido, veio avisar que eu e o Castilho havíamos ganho o Prêmio Esso de Informação Esportiva. Claro que foi uma das melhores sensações da minha carreira e é óbvio que eu a devo a tanta gente e à filosofia do *Jornal da Tarde* de abrir espaço para o noticiário esportivo. Mas, lá no fundo, eu sabia que tudo havia começado em 1967, ao ver os campeões daquele longínquo e romântico Pan-americano.

Nunca mais cobri um Pan, mas até hoje acompanho todos com carinho e atenção. Gosto da competição por reunir os povos americanos, por dar a pequenas e pobres nações a oportunidade de viver momentos de orgulho e sonho. Gosto, principalmente, porque ela é generosa com os brasileiros, que podem lutar de uma maneira mais justa e digna pelo pódio.

É evidente que a Olimpíada, realizada sempre no ano seguinte ao Pan, tem um nível técnico bem superior. A participação de poderosos países da Europa, além de Japão, China e Austrália, tornam a luta por medalhas dramática e, quase sempre, frustrante para nações emergentes, como o Brasil.

Ninguém discute que uma medalha olímpica tem muito mais valor. Mas daí a desmerecer os Jogos Pan-americanos, a segunda competição poliesportiva do mundo, vai uma grande distância. O Pan não é só esporte. É uma rara oportunidade de congraçamento entre americanos do norte, centro e sul. Ainda bem que ao menos a imprensa brasileira entende o significado e a importância desses Jogos que reúnem o universo complexo e desigual das Américas.

20 — JORNAL DA TARDE — O PAN — Quarta-feira, 4-7-79 — O ESTADO DE S. PAULO

# Medalha de ouro para nosso judô

Por Castilho de Andrade e Odir Cunha (textos) e Claudinê Petrolli (fotos), enviados especiais.

O judô está fazendo com que o público do ginásio de Guaynabo se acostume com o hino brasileiro — uma canção que até agora não foi ouvida em nenhum outro local de competição neste Pan-Americano. O santista Carlos Alberto Cunha (nascido no Rio mas registrado em Santos), fez a bandeira brasileira ser hasteada pela segunda vez naquele ginásio e as pessoas ficarem em pé, num silêncio respeitoso — mesmo aqueles que torciam para Radhames Lora Salcedo, seu adversário na da categoria de 78 quilos. Cunha venceu depois de aplicar um "wasaki" (queda quase perfeita) no adversário, logo no início da luta, e manter a vantagem até o final dos sete minutos.

Antes, Walter Carmona, categoria até 86 quilos, havia perdido uma grande chance de ganhar mais uma medalha para o Brasil: ele foi derrotado por Louis Jani, do Canadá, depois de vencer ao argentino Alejandro Stratico na primeira luta. Depois de perder para Louis, numa luta em que esteve ganhando por um "Koka" (queda imperfeita), sofreu uma penalidade e acabou sendo desfavorecido pelos juízes. Carmona ainda tentou a medalha de bronze contra o norte-americano Leo White e estava vencendo novamente, desta vez por dois "kokas",quando sofreu um golpe quase perfeito, chamado "yuko" e perdeu.

Antes da luta de Carlos Alberto Cunha e Salcedo, o ambiente na equipe brasileira estava um pouco tenso: é que Carmona, com duas marcas vermelhas próximas ao olho direito, muito chateado, não queria conversa com ninguém.

Já Cunha, mesmo às vésperas de sua primeira decisão num Pan-Americano, parecia tranqüilo e ergueu-se saltitante quando o seu nome foi anunciado para a luta final.

A apresentação dos adversários foi rápida. Logo que o juiz deu o sinal, Cunha segurou o dominicano na altura do ombro e tentou darlhe uma queda. O adversário impressionou-se com a energia e força do brasileiro (Cunha tem 1m78 de de altura e 78 quilos de puro músculo) e tratou apenas de defender-se.

Cunha partia sobre o adversário e quando via que este procurava recuar, fingia que passava a mão no rosto, displicentemente, como se quisesse atraí-lo. Esta tática fez Oswaldo Cupertino Simões, medalha de bronze na segunda-feria, na categoria pesado, chamar a atenção do companheiro.

— Cuidado, hein.

Mas a frase ainda nem havia sido completada e o dominicano já estava encolhido no tablado, depois de um "wasaki" arrojado aplicado por Cunha. O dominicano ficou algum tempo caído, com a mão no braço, enquanto Cunha se mexia, impaciente para continuar a luta.

Logo que voltou, Salcedo mostrou ainda mais receio e, como Cunha, em vantagem, também não tinha tanto interesse em arriscar-se no ataque, o juiz puniu os dois pela falta de combatividade. Como os dois foram punidos, a situação continuou favorável a Cunha, enquanto a equipe dominicana, acompanhada pela maioria das pessoas no ginásio, passou a desesperar-se com o tempo.

— Está perdendo, não perca tempo, gritou um dominicano para Salcedo.

Cunha entrou no ringue tranqüilo e disposto. Logo no início da luta derrubou o adversário com um wasaki (queda quase perfeita)

Marcos Braga, um dos vencedores.

## O juiz não vê, e nosso tênis perde a vitória.

O Brasil iniciou ontem sua participação no torneio de tênis dos Jogos Pan-Americanos

TODAS AS MEDALHAS

| PAÍS | OURO | PRATA | BRONZE | TOTAL |
|---|---|---|---|---|
| EUA | 23 | 12 | 6 | 41 |
| Canadá | 3 | 6 | 10 | 19 |
| Argentina | 3 | 2 | 5 | 10 |
| Brasil | 2 | 2 | 4 | 8 |
| Cuba | 1 | 7 | 2 | 10 |
| Chile | - | 1 | 1 | 2 |
| Venezuela | - | 1 | - | 1 |
| R.Dominicana | - | 1 | - | 1 |
| México | - | - | 3 | 3 |
| Porto Rico | - | - | 3 | 3 |
| Colômbia | - | - | 1 | 1 |

## Natação: bronze.

Foi a terceira medalha — a segunda de bronze — da equipe de natação brasileira: ontem à noite, na prova de revezamento 4 x 100 metros nado livre, os brasileiros Djan Madruga, Ciro Delgado, Rômulo Arantes Junior e Jorge Fernandes, mais importante ainda que a própria medalha, conseguiram estabelecer um novo recorde sul-americano, com 3m30s86, marca três segundos melhor que a do último recorde, obtido durante as Olimpíadas de Montreal.

Para não contrariar a rotina, os norte-americanos ganharam todas as provas do dia, registrando em todas novos recordes pan-americanos. E, nos 200 metros nado livre, a pequena Cynthia Woodhead quebrou seu próprio recorde mundial, ao marcar 1m58s53 — tempo um décimo de segundo menor que o do Mundial de Berlim, no ano passado.

Nessa noite cheia de recordes, o momento de maior emoção não aconteceu dentro da piscina. O ídolo local Jesse Vassalo, depois de vencer aprova de 400 metros — em que é recordista mundial — competindo com o uniforme norte-americano, foi saudado pelo público de mais de cinco mil pessoas, que nunca cessaram de aplaudi-lo, com a entoação improvisada do hino de Porto Rico, "La Boriqueña". Isso depois que o hino dos Estados Unidos foi tocado, como determinava o cerimonial, e a bandeira hasteada.

— Naquele momento — disse na entrevista que concedeu após a prova a pequena Cyntia Woodhead — eu me senti meio brava com o fato de tocarem o hino dos Estados Unidos no momento em que era um atleta de Porto Rico que havia ganho a medalha e estava sendo aplaudido por seu próprio povo. Aquilo, naquela hora, me pareceu desrespeitoso.

E não foi só o hino. Enquanto ele estava sendo cantado, Jesse Vassalo, no pódio, com a medalha de ouro sobre o peito, tirou de um dos

Há de tudo no Pan: das potências esportivas Estados Unidos e Cuba, secundadas por Canadá, México, Brasil e Argentina, até nações que se sentiriam felizes com uma medalhazinha de bronze. Aí está o encanto. Aí está a história humana e comovente que move as batalhas esportivas.

Verdadeiros deuses do esporte começaram sua carreira vitoriosa nos Jogos Pan-americanos. O nadador norte-americano Mark Spitz e os triplistas brasileiros Ademar Ferreira da Silva e João Carlos de Oliveira estão entre eles. O Pan exige atenção total do espectador, pois a qualquer momento, em qualquer modalidade, pode estar nascendo uma estrela.

Finalmente, o Pan dá ao brasileiro a possibilidade de torcer e sonhar com medalhas em quase todas as modalidades. Ainda mais quando os Jogos são realizados em nosso país, como neste 2007. Na primeira vez em que a competição foi disputada no Brasil, em São Paulo/1963, a equipe nacional ficou em segundo lugar, superada apenas pela norte-americana. Agora, teremos novamente o privilégio de testemunhar histórias de superação e sucesso que só poderão ser explicadas pela magia que acompanha os Jogos Pan-americanos desde 1951, quando Buenos Aires deu o primeiro passo para o congraçamento esportivo das Américas.

# Um sonho antigo

É bem provável que desde o renascimento dos Jogos Olímpicos, em Atenas/1896, a idéia de uma competição semelhante, mas reunindo apenas países das Américas, tenha passado pela cabeça dos dirigentes esportivos do Novo Mundo. Porém, apenas no congresso que abriu a Olimpíada de 1924, em Paris, é que representantes de Cuba, Guatemala e México propuseram a criação de jogos regionais para os países da América Central, o que efetivamente ocorreu em 1926, na cidade do México, com a denominação de Jogos Centro-americanos.

O primeiro passo para uma competição mais abrangente, que incluísse também as Américas do Norte e do Sul, foi dado durante a Olimpíada de 1932, em Los Angeles, quando representantes de delegações latino-americanas propuseram a realização de um grande evento poliesportivo entre os países americanos.

Durante a Exposição Pan-americana realizada em Dallas em agosto de 1937, foi feita uma experiência esportiva na qual atletas de oito países participaram de competições de atletismo, boxe e luta greco-romana. O programa foi considerado um sucesso e contribuiu para que em agosto de 1940, em Buenos Aires, fosse realizada a primeira reunião do Congresso Desportivo Pan-americano, no qual se decidiu que a próspera capital argentina sediaria os primeiros Jogos Pan-americanos, dois anos depois.

Devido à II Guerra Mundial, o Pan de 1942 não foi realizado. No pôster criado para ele, em 1941, o artista Falier Totaro retratou um atleta prestes a arremessar o dardo. Ao fundo, via-se o globo terrestre, onde se distinguiam as Américas. Ao redor, as bandeiras dos países pan-americanos, com exceção dos que pertenciam à Comunidade Britânica, que ainda não participavam do Congresso Desportivo Pan-americano.

Só na Olimpíada de Londres, em 1948, quando o mundo convalescia da destruição profunda provocada pela guerra, é que o Congresso Desportivo Pan-americano se reuniu novamente para voltar ao sonho de uma Olimpíada nas Américas. Ficou decidido que os Jogos seriam no começo de 1951, em Buenos Aires.

Desde sua primeira versão, os Jogos Pan-americanos são realizados de quatro em quatro anos, organizados pela Odepa (Organização Desportiva Pan-americana). A grande maioria dos esportes disputados faz parte do Programa Olímpico, mas o país-sede pode sugerir a inclusão de novas modalidades, desde que praticadas por um número mínimo de nações. O Pan acontece sempre um ano antes da Olimpíada e tradicionalmente há um rodízio entre as três Américas.

Atualmente, a competição congrega 42 nações. As línguas oficiais do evento são o espanhol e o inglês, mas o seu lema — "América, Espírito, Sport, Fraternité" — incorpora os quatro idiomas de uso mais corrente nas Américas: espanhol, português, inglês e francês.

Antes do Rio/2007, o Brasil sediou apenas uma vez a competição, em 1963, quando conseguiu sua melhor colocação, o segundo lugar, atrás apenas dos Estados Unidos. Por outro lado, duas cidades já receberam o Pan duas vezes: México, em 1955 e 1975, e Winnipeg, em 1967 e 1999.

Os Jogos Centro-americanos, o "vovô" dos torneios multiesportivos das Américas, manteve essa denominação apenas em suas três versões iniciais (1926, 1930 e 1935), passando a chamar-se Jogos Centro-americanos e do Caribe. De apenas três participantes em 1926 (Cuba, Guatemala e México), nove esportes e 269 atletas, a competição teve 31 países, 37 modalidades esportivas e 7 mil atletas em sua 20ª edição, realizada de 15 a 30 de julho de 2006, em Cartagena, cidade litorânea do norte da Colômbia com 900 mil habitantes. Realizados também de quatro em quatro anos, os Jogos Centro-americanos e do Caribe de 2010 estão programados para Mayagüez, em Porto Rico.

Até agora, os dez países que ganharam mais medalhas são:

1 — Cuba (138 de ouro, 86 de prata e 61 de bronze, 285 no total);
2 — México (107, 82, 86, 275);
3 — Colômbia (72, 70, 77, 219);
4 —Venezuela (49, 90, 124, 263);
5 — Porto Rico (24, 19, 53, 96);
6 — República Dominicana (22, 31, 44, 97);
7 — Jamaica (9, 6, 7, 22);
8 — El Salvador (6, 12, 29, 47);
9 — Barbados (6, 2, 11, 19);
10 — Guatemala (5, 13, 30, 48).

Outras competições poliesportivas nas Américas são os Jogos Sul-americanos e os Jogos Bolivarianos, ambos disputados de quatro em quatro anos. A primeira edição dos Jogos Sul-americanos ocorreu em La Paz, Bolívia, em 1978, e a sétima em 2002, no Brasil, nas cidades de São Paulo, Rio de Janeiro, Curitiba e Belém. De 09 a 19 de novembro de 2006 a sede será Buenos Aires.

A Argentina leva ampla vantagem no cômputo geral de medalhas da competição sul-americana, com 635 de ouro e 1.515 no total. O Brasil vem em segundo, com 310 de ouro e 772 no total. Em seguida aparecem:

3 — Venezuela (258 de ouro e 650 no total);
4 — Chile (227 e 838);
5 — Peru (132 e 577);
6 — Equador (119 e 463);
7 — Colômbia (115 e 306);
8 — Uruguai (55 e 246);
9 — Bolívia (29 e 219);
10 — Paraguai (7 e 61).

Os Jogos Bolivarianos foram disputados pela primeira vez em 1938, em Bogotá, como parte dos festejos pela comemoração dos 400 anos da capital colombiana. O evento reúne os países do norte da América do Sul — além do Panamá — que conseguiram sua independência graças a Simon Bolívar.

Após 14 edições, o quadro de medalhas acumuladas dos Jogos Bolivarianos é o seguinte:

1 — Venezuela (1.401 de ouro e 3.263 no total);
2 — Colômbia (877 e 2.545);
3 — Peru (463 e 1.588);
4 — Equador (255 e 1.382);
5 — Panamá (183 e 627);
6 — Bolívia (76 e 512).

O Peru liderou as três primeiras edições, em 1938, 1947 e 1951, mas depois foi suplantado pela Venezuela, e ainda pela Colômbia. Os XV Jogos Bolivarianos serão realizados em Sucre, Bolívia, em 1909.

ADHEMAR FERREIRA DA SILVA. Foto Agência Estado

# I – Buenos Aires

*25.02 a 08.03 de 1951*

DELFO CABRERA, RAFAEL IGLESIAS Y PASCUAL PEREZ BRILLARON EN LA MARATON Y EN EL RING

ARGENTINA VUELVE DE LONDRES CON TRES MEDALLAS DE ORO OLIMPICAS

Clarín — DIARIO DE LA MAÑANA — 15 CENTAVOS

SABADO 14 DE AGOSTO DE 1948

Delfo Cabrera al finalizar la maratón olímpica, en la que obtuvo la medalla de oro.

LONDRES, 13 (De nuestro enviado especial).– Con la consagración del atleta Delfo Cabrera al adjudicarse la maratón olímpica y los dos títulos obtenidos en boxeo por el mosca Pascual Pérez y el pesado Rafael Iglesias, la Argentina logró acumular tres medallas doradas en la XIV Olimpíada Moderna disputada en Londres, que culminó

# O único tango

Os primeiros Jogos Pan-Americanos, realizados em Buenos Aires no início de 1951, ficaram para a história não só por concretizarem um sonho antigo, mas também por terem sido a única vez em que um país da América do Sul venceu a competição. Com grande ajuda do governo populista de Juan Domingo Perón, que via nos Jogos a oportunidade de uma importante propaganda política, a equipe argentina se saiu muito bem, conquistando 150 medalhas (68 de ouro, 44 de prata e 38 de bronze) e vencendo 46,89% das provas disputadas.

Os Jogos foram abertos em uma cerimônia colorida, dirigida pelo presidente da Argentina, o general Perón, e sua mulher, Eva, ou "Evita". O estádio foi decorado com símbolos peronistas e frases do ditador. Ele e Evita entraram no estádio em uma limusine, para delírio dos 100 mil espectadores. Foram ouvidos, solenemente, a marcha "Muchachos peronistas", seguida pelo Hino Nacional Argentino.

Num roteiro copiado das Olimpíadas, os 2.513 atletas de 21 países desfilaram. Quando estavam perfilados, Rodolfo Valenzuela, presidente do comitê organizador dos Jogos, deu-lhes as boas-vindas. O presidente Perón declarou os Jogos oficialmente abertos. Hasteou-se a bandeira olímpica e a pira foi acesa. A tocha veio do Monte Olimpo, Grécia, berço das Olimpíadas, e o atleta convidado para entrar no estádio com ela foi o grego John Sossidis. Outro atleta grego ofertou um ramo de oliveira para o presidente Perón, enquanto uma atleta argentina presenteou a primeira dama com um buquê de flores. Finalmente, uma mulher e um homem da equipe argentina leram o juramento olímpico em nome de todos os competidores.

Ao se iniciarem as competições, percebeu-se um domínio absoluto dos anfitriões em várias modalidades. Os argentinos ganharam todas as medalhas de ouro no boxe (8) e no remo (7) e venceram sete das oito disputadas no ciclismo, por exemplo. Comandados pelo lendário Enrique Morea, também dominaram o tênis, ganhando quatro das cinco medalhas de ouro em disputa. Mas um detalhe que ajudou a equipe da casa foi a ausência dos norte-americanos em sete esportes: hipismo, ginástica, pólo, remo, tênis, vela e futebol.

O Comitê Olímpico Norte-americano, com dificuldades para levantar o dinheiro necessário para a viagem da delegação, enviou apenas 175 atletas para Buenos Aires. Mesmo assim, os norte-americanos, que voltariam a perder a liderança apenas nos Jogos de Havana, em 1991, conquistaram 95 medalhas (44 de ouro, 33 de prata e 18 de bronze) e ficaram com o segundo lugar, seguidos por Chile (9, 20 e 12), Cuba (9, 9 e 10) e Brasil (5, 15 e 12).

JUAN DOMINGO PERÓN
PIERRE DE COUBERTIN
DELFO CABRERA, cumprimentado por Evita

# Tendências culturais

É interessante constatar que, mesmo há tanto tempo, alguns países já obtinham maior sucesso em modalidades nas quais tradicionalmente se dão melhor, por estarem mais de acordo com sua cultura esportiva. Os norte-americanos, mostrando uma tendência que prevaleceria em outros Jogos, destacaram-se no atletismo e na natação, chegando a conquistar 14 das 25 medalhas de ouro disputadas no atletismo masculino.

Cuba ainda não contava com uma política voltada para os esportes, o que só ocorreria com o governo comunista de Fidel Castro e o patrocínio soviético, mas já era a referência no beisebol, e fez jus a ela ao conquistar a medalha de ouro, batendo os Estados Unidos por 8 a 1. O México, por sua vez, só ganhou quatro medalhas douradas, mas duas delas em um esporte em que é um dos competidores mais respeitados: os saltos ornamentais, com o atleta Joaquin Capilla Perez.

Sem a participação de Brasil e Uruguai, logicamente a Argentina foi a campeã no futebol, com quatro vitórias. A surpresa foi a medalha de prata da Costa Rica, justamente a equipe que levou a maior goleada dos argentinos (7 a 2). Com vitórias sobre a Venezuela (3 a 1), Paraguai (3 a 2) e empate com o Chile (2 a 2), os costa-riquenhos garantiram sua única medalha nos Jogos.

A decisão mais emocionante, entretanto, foi a do basquete. Estados Unidos e Argentina chegaram à final invictos, ambos com cinco vitórias. Os argentinos eram os campeões do mundo, título conseguido no ano anterior na mesma Buenos Aires, mas a equipe universitária americana, mesmo desfalcada, era favorita. Sem poder contar com alunos de muitas universidades que estavam em aulas naquele período, o time norte-americano era um combinado da Indiana State University e da AAU Blue n'Gold.

Diante de um público de 25 mil pessoas (outros milhares não puderam entrar no ginásio), o time norte-americano — que na partida anterior havia vencido o Brasil por 74 a 42 — começou arrasando e logo chegou a uma diferença de 26 a 8. Mas problemas com o excesso de faltas passaram a frear a equipe, que terminou o primeiro tempo com a vantagem de 29 a 23.

Logo no início do segundo tempo, quatro jogadores dos Estados Unidos foram eliminados por faltas (Barksdale, Faszholz, Powell e Leslie), o que fez a diferença cair para 50 a 48. Porém, controlando o jogo apesar dos gritos histéricos do público, os norte-americanos retiveram a posse de bola e chegaram à vitória sobre os argentinos por 57 a 51, conquistando a primeira medalha de ouro do basquete nos Jogos Pan-americanos (o basquete feminino só estreou nos Jogos de 1955).

# Participação brasileira

O Brasil levou 179 atletas para Buenos Aires. Dentre eles o futuro bicampeão olímpico do salto triplo, o paulista Adhemar Ferreira da Silva, que iniciou sua vitoriosa carreira internacional ganhando a medalha de ouro em Buenos Aires. Outro destaque da equipe — o maior, em número de medalhas conquistadas — foi o nadador Tetsuo Okamoto, vencedor dos 400 e 1.500 metros nado livre e segundo lugar no revezamento 4x200.

Além de Adhemar e Tetsuo, a equipe brasileira ganhou apenas mais duas medalhas de ouro: no pentatlo moderno, com o capitão Eric Tinoco Marques, e na classe Star da vela, com Roberto M. Bueno e Gastão A. F. P. Souza. As regatas quase não se realizaram por falta de concorrentes. Na Star, além do Brasil, apenas Argentina e Chile participaram.

Adhemar Ferreira, que se tornaria recordista mundial e campeão do salto triplo na Olimpíada de Helsinque, em 1952, e Melbourne, em 1956, ganhou o primeiro ouro para o Brasil na Argentina saltando 15,19m. Outro brasileiro, Hélio Coutinho da Silva, ficou em segundo lugar, com 15,17m. Um pouco antes, Adhemar tinha conseguido o quarto lugar no salto em distância, com 6,93m.

PIEDADE COUTINHO.
Foto Agência Estado

Okamoto foi o grande destaque não só da delegação brasileira, mas de toda a natação dos primeiros Pan-americanos. Ganhou os 400 metros com o tempo de 4m52s4; os 1.500 com 19m23s3 e no revezamento 4x200, com Ricardo Capanema, Aram Boghossian e João Gonçalves, marcou 9m13s0 contra 9m06s0 dos Estados Unidos, que teve Burwell Jones, William Heusner, Ronald Gora e Richard Cleveland.

O time de pólo aquático ficou em segundo lugar. Como evidência da desorganização e do improviso que infelizmente até há pouco tempo marcaram as participações brasileiras nas competições internacionais, o chefe da delegação brasileira não assistiu à partida decisiva contra os argentinos, e o técnico só chegou no segundo tempo, devido a um atraso no vôo. A Argentina venceu por 7 a 1 e garantiu o ouro.

O basquete, que havia conquistado a medalha de bronze na Olimpíada de Londres, em 1948, ficou em terceiro lugar. Dirigido pelo técnico Togo Renan Soares, o Kanela, a equipe contava com quatro remanescentes do time olímpico: Alberto Marson, Massinet Sorcinelli, Algodão e Alfredo Rodrigues da Mota, cestinha da equipe em Buenos Aires com 68 pontos. Além da derrota para os Estados Unidos (74 a 42), o Brasil perdeu para a Argentina por 58 a 47, mas venceu o Panamá (62 a 44), Chile (58 a 39) e Cuba (57 a 46). Na última partida, perdeu para o Panamá (70 a 51), mas o resultado não teve efeito na classificação final.

Dois brasileiros, entretanto, participaram da final do basquete, entre Argentina e Estados Unidos: os árbitros César Porto e Felipe Anauate.

Outras provas do atletismo, além do salto triplo, deram medalhas para o Brasil. Wilson Gomes Carneiro foi prata nos 400 metros com barreiras, com o tempo de 53s7. Vera Trezoiko também ganhou a prata no arremesso do peso, com 11,59m. As cinco medalhas de bronze vieram com Wanda dos Santos no salto em distância (5,18m), Elizabeth Clara Mueller no salto em altura (1,45m), Adilson de Almeida Luz no salto em altura (1,90m), Sinibaldo Gerbasi no salto com vara (3,90m) e Nadim Severo Marreis no arremesso do peso (14,07m).

O boxe conquistou duas medalhas de prata, com Paulo Sacoman, nos 67 quilos, e Lucio Gratone, nos 81 quilos. A esgrima ganhou o bronze no sabre por equipe e Estevão Molnar ficou com o bronze na disputa individual. Uma surpresa foi a prata na luta livre, categoria 90 quilos, conquistada por Antenor da Silva.

Fora das pistas, piscinas, campos e quadras, a vida dos brasileiros no primeiro Pan não foi das mais fáceis. Os atletas ficaram hospedados em um quartel militar a 60 quilômetros de Buenos Aires. A comida, descuidada, era a mesma do quartel, pouco apropriada para os atletas.

TETSUO OKAMOTO. Foto Agência Estado

# Okamoto, o herói modesto

Tetsuo Okamoto só guardou velhos recortes de jornal para lembrar suas conquistas no Pan de 1951 e a medalha de bronze na Olimpíada de Helsinque, em 1952, a que ele dá mais valor. As medalhas do Pan, doou para o Yara Clube, de Marília, clube no qual deu suas primeiras braçadas aos sete anos, como parte do tratamento para curar a asma. Modesto, diz que não teria os mesmos resultados nos Jogos de Buenos Aires caso os norte-americanos tivessem levado sua melhor equipe e credita seu sucesso aos três meses que passou treinando com a equipe japonesa, que em 1950 passou um tempo se preparando no Brasil.

Treinar com a forte equipe do Japão, recordista mundial dos 4x200 livres, fez Okamoto mudar completamente sua rotina de treinos. Suas medalhas no Pan não o surpreenderam, nem o iludiram. "Eu sabia que não estava disputando com os melhores índices do mundo, o que aconteceria no ano seguinte, em Helsinque. Por isso resolvi me preparar melhor para a Olimpíada", explicou depois.

Mas o inverno de 1952 mudou seus planos. A temperatura da água da piscina de Marília caiu para 14 graus e, três semanas antes da Olimpíada, Okamoto parou de treinar, com medo de pegar uma pneumonia e perder a viagem para Helsinque. "Fui lá para passear, mas como minha prova era uma das últimas e eu não tinha nada pra fazer, comecei a treinar. Nas eliminatórias dos 1.500 livres baixei meu tempo em 15 segundos. Então me animei e parti para as cabeças."

Na final, Okamoto tentou acompanhar os favoritos, mas foi ficando para trás. Só mesmo um grande esforço acabou lhe dando o bronze. "Nos últimos 50 metros vi que tinha perdido a terceira colocação. Dei um último esforço e ganhei a medalha na batida de mão. É a realização de um sonho. Mas, para dizer a verdade, eu fui um azarão", completa o primeiro medalhista olímpico brasileiro na natação.

O herói subiu ao pódio com um agasalho emprestado pela equipe de futebol, que foi requisitado pela Confederação Brasileira de Desportos (CBD) quando voltaram ao Brasil. Das medalhas no Pan e na Olimpíada, não tirou nenhum proveito financeiro. O esporte era amador e o atleta proibido de ganhar alguma coisa. Quando voltou de Buenos Aires, a colônia japonesa queria lhe dar um carro, mas teve de recusar, pois do contrário não poderia mais competir.

Depois da Olimpíada de Helsinque, Tetsuo Okamoto foi estudar Geologia e Administração de Empresas nos Estados Unidos. Voltou ao Brasil em 1976 para fundar a Hidrotécnica Okamoto, empresa especializada na perfuração de poços artesianos.

Da amizade com o lendário Adhemar Ferreira da Silva, Okamoto recorda um momento no aeroporto de Buenos Aires quando esperavam o avião para voltar ao Brasil. "O avião atrasou, acho que por problemas mecânicos, e nós varamos a noite lá. O Adhemar ficava cantando e tocando violão para passar o tempo", relembra.

# CURIOSIDADES

O sargento Heulet Benner, dos Estados Unidos, quebrou o primeiro recorde mundial em um Pan-americano ao conseguir 570 de 600 pontos possíveis no tiro rápido.

Um dos heróis dos Jogos, o cubano Rafael Fortún, vencedor dos 100 e 200 metros rasos, em finais eletrizantes com o norte-americano Art Bragg, ao retornar a seu país foi demitido de seu humilde trabalho no departamento de obras públicas por se ausentar do serviço. Uma ampla campanha popular convenceu o governo do presidente Carlos Prio Socarras a manter o emprego do primeiro bicampeão de Cuba dos Jogos Pan-americanos (Socarras foi deposto em 1952 por Fulgencio Batista, que por sua vez perdeu o poder para Fidel Castro em 1959).

RAFAEL FORTÚN

O pugilista norte-americano Norvel Lee, medalha de bronze nos pesos-pesados, no ano seguinte ganhou a medalha de ouro na Olimpíada de Helsinque, na categoria de 81 quilos.

O vôlei ainda não era tão popular e não estreou nos Jogos em 1951, o que aconteceria apenas quatro anos depois, no México.

Os norte-americanos tiveram dificuldade de se adaptar à bola usada no pólo aquático, na época chamado de *water polo*. Eles estavam acostumados a jogar com bola de borracha e a usada na Argentina era de couro.

O paulista João Havelange, que depois seria presidente da Fifa, jogou pela equipe brasileira de pólo aquático, goleada pela Argentina por 7 a 1, mas, ao menos, garantiu a medalha de prata.

JOÃO HAVELANGE

A argentina Ingebord Mello de Preiss conseguiu a proeza de ganhar a medalha de ouro tanto no lançamento do disco como no arremesso do peso.

Os pugilistas argentinos venceram em todas as oito categorias disputadas. Os heróis foram Alberto Barenghi (51 quilos), Ricardo González (54 quilos), Francisco Núñez (57 quilos), Oscar Gallardo (60 quilos), Oscar Pitta (63,5 quilos), Ubaldo Pereyra (67 quilos), Reynaldo Ansaloni (81 quilos) e Jorge Vertone (mais de 81 quilos).

O juramento olímpico, escrito pelo barão de Coubertin e declamado pela primeira vez pelo esgrimista belga Victor Boin, em 1920, na Olimpíada da Antuérpia, diz o seguinte: "Em nome de todos competidores, eu prometo que nós iremos tomar parte destes Jogos Olímpicos respeitando, aceitando e colocando em prática as regras que os governam, com verdadeiro espírito esportivo, para a glória do esporte e a honra de nossas equipes".

O mundo esportivo ainda era muito machista. Na primeira edição do Pan, as mulheres só participaram das provas de atletismo, esgrima, equitação, natação, saltos ornamentais e tênis.

Durante os Jogos, no dia 28 de fevereiro, foi fundada a Confederação Pan-americana de Atletismo. A Odepa (Organização Desportiva Pan-americana), responsável pela organização dos Jogos Pan-americanos, seria criada apenas em 1955.

Pela primeira vez, todos os atletas e delegados de uma competição esportiva internacional tiveram seguro de vida.

Um dia antes da abertura, um vendaval destruiu algumas das praças esportivas, atrasando em um dia o calendário das provas.

O norte-americano Robert Richard, ouro no salto com vara, com 4,50m, três dias depois bateu o recorde mundial ao saltar 4,80m em um *Meeting* em Nova York, superando os 4,77m de seu compatriota Cornelius Warmerdan.

## Quadro de Medalhas / Buenos Aires 1951

| Posição | País | Ouro | Prata | Bronze | Total |
|---|---|---|---|---|---|
| 1 | Argentina | 68 | 44 | 38 | 150 |
| 2 | Estados Unidos | 44 | 33 | 18 | 95 |
| 3 | Chile | 9 | 20 | 12 | 41 |
| 4 | Cuba | 9 | 9 | 10 | 28 |
| 5 | Brasil | 5 | 15 | 12 | 32 |
| 6 | México | 4 | 9 | 27 | 40 |
| 7 | Peru | 2 | 5 | 7 | 14 |
| 8 | Trinidad e Tobago | 1 | 3 | 0 | 4 |
| 9 | Equador | 1 | 0 | 1 | 2 |
| 10 | Colmbia | 1 | 0 | 0 | 1 |
| 11 | Venezuela | 0 | 1 | 1 | 2 |
| 12 | Costa Rica | 0 | 1 | 0 | 1 |
| 13 | Jamaica | 0 | 0 | 3 | 3 |
| 14 | Panamá | 0 | 0 | 2 | 2 |
| 15 | Paraguai | 0 | 0 | 2 | 2 |

**PARTICIPANTES**

2.513 atletas, de 21 países: Argentina, Brasil, Canadá, Colômbia, Costa Rica, Cuba, Chile, Equador, El Salvador, Estados Unidos, Grécia (convidada), Guatemala, Guiana Francesa, Haiti, Jamaica, México, Panamá, Paraguai, Peru, Trinidad Tobago e Venezuela. O Uruguai e países da Comunidade Britânica, como Canadá e Guiana Inglesa, não participaram.

**MODALIDADES**

20: Atletismo, basquete, beisebol, boxe, ciclismo, esgrima, futebol, ginástica, hipismo, levantamento de peso, luta livre (ainda não era a luta greco-romana, que só faria parte dos Jogos em 1975, no México), natação, pentatlo moderno, pólo, pólo aquático, remo, saltos ornamentais, tênis, tiro e vela. Muitos historiadores não consideram as provas de vela, que não tiveram o número legal de concorrentes, mas duas classes foram disputadas, com distribuição de medalhas. O Brasil foi ouro em Star e a Argentina em Snipe. O pólo eqüestre foi disputado pela primeira e única vez nos Jogos.

HARRY TRUMAN, BOMBA H, GUERRA DA CORÉIA

NAS AMÉRICAS

No auge da Guerra Fria, o presidente dos Estados Unidos, Harry Truman, aprova o projeto da bomba H, depois de decretar estado de emergência nacional para "fazer face à ameaça comunista". O Brasil é governado por Getúlio Vargas, eleito em outubro de 1950. Em novembro de 1951, Juan Perón é reeleito na Argentina. Em dezembro, os Estados Unidos produzem, pela primeira vez, energia elétrica em usinas nucleares.

NO MUNDO

A ONU condena o genocídio como "um crime segundo a lei internacional" e declara a China Popular culpada de agressão na Coréia. Tropas da ONU retomam Seul. Na Conferência de São Francisco, 48 nações assinam um tratado de paz com o Japão. Ocorrem manifestações nacionalistas dos trabalhadores argelinos durante o 1º de maio em Paris. O Irã nacionaliza sua indústria petrolífera.

PARRY O'BRIEN. Foto Sporting-Heroes-Net

# II – Cidade do México

*12 a 26.03 de 1955*

México
DURANGO
Durango
NUEVO LEON
TAMAULIPAS
Ciudad Victoria
ZACATECAS
Fresnillo
Zacatecas
San Luis Potosí
SAN LUIS POTOSI
Ciudad Madero
Tampico
Río Grande de S.
NAYARIT
Aguascalientes
Tepic
León
Guanajuato
VERACRUZ
Guadalajara
HIDALGO
Poza Rica
Pachuca
Martínez de la Torre
Xalapa
CIUDAD DE MEXICO
Veracruz
Tlaxcala
Córdoba
Puebla
Orizaba
PUEBLA
Coatzacoalcos
Minatitlán
TABASCO
Campeche
CAMPECHE
Villahermosa
Tuxtla Gutiérrez
CHIAPAS
GUATEMAL

RESORTES
El REY de MEXICO
SILVIA DERBEZ
ELDA PERALTA
RAFAEL BANQUELLS

UNICO COCHE ALEMAN
UTILITARIO
LLOYD

CINCO CENTAVOS
ESTADOS UNIDOS MEXICANOS

Nuestra Fuerza está en los Precios
Almacenes GARCIA

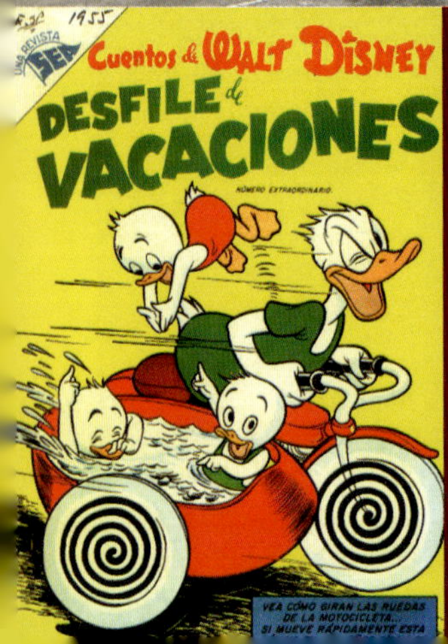
1955
Cuentos de Walt Disney
DESFILE de VACACIONES

# Início da hegemonia

Os primeiros Jogos Pan-americanos realizados na América do Norte marcaram o início da hegemonia dos Estados Unidos na competição. Com uma equipe de 300 atletas, os norte-americanos, que só não participaram do futebol, ganharam 87 medalhas de ouro, exatamente o triplo do segundo colocado, a Argentina. Na verdade, os Jogos Pan-americanos de 1955 foram auspiciosos para os três países do hemisfério norte. O anfitrião, incentivado por um público numeroso e entusiasmado — a Cidade do México tinha mais de três milhões e meio de habitantes —, foi o único a competir em todas as modalidades e ficou em terceiro, enquanto o Canadá, que estreava nos Jogos, classificou-se em quinto.

Com apenas duas medalhas de ouro, o Brasil terminou em sétimo, enquanto Cuba, que viria a ser uma potência esportiva, em 1955 teve de se contentar com o nono lugar e a solitária medalha de ouro da velocista Bertha Díaz nos 60 metros rasos.

O ar rarefeito pela altitude de 2.235 metros fez algumas vítimas, como dois integrantes da delegação norte-americana que desmaiaram na cerimônia de abertura, mas, por outro lado, foi uma bênção para os competidores do atletismo, que aproveitaram a menor resistência do ar para estabelecer 23 recordes pan-americanos e dois mundiais — um deles do brasileiro Adhemar Ferreira da Silva, que alcançou a marca de 16,56m no salto triplo; o outro do norte-americano Louis Jones, que correu os 400 metros no tempo de 45s4.

O domínio dos Estados Unidos foi mais visível nos esportes nobres, como o atletismo e a natação, justamente aqueles que distribuem um número maior de medalhas. No atletismo masculino, os norte-americanos ganharam 15 medalhas de ouro, 11 de prata e 5 de bronze, e no feminino venceram quatro das sete provas disputadas. Destaque para o velocista Rodney Richard, vencedor das provas de 100 e 200 metros e do revezamento 4x100.

Vários atletas norte-americanos já consagrados ou ainda por se consagrar nos Jogos Olímpicos participaram e venceram suas provas do Pan de 55. Entre eles Parry O'Brien, que revolucionou o arremesso de peso com o giro de 180 graus, ouro em Helsinque/52 e Melbourne/56; Rafer Johnson, decatleta que ganharia a prata em Melbourne e o ouro em Roma/60; Robert Richards, bicampeão olímpico do salto com vara em 1952/56; Fortune Gordien, segundo lugar no lançamento do disco em Melbourne; Mildred McDaniel, saltadora em altura campeã em Melbourne, e Bárbara Jones, ouro nos 4x100 em Helsinque e Roma.

Na natação, os norte-americanos venceram seis das oito provas masculinas e quatro das oito femininas. Ainda na piscina, conquistaram todas as três medalhas de ouro em disputa no nado sincronizado. A liderança continuou na ginástica artística, com dez medalhas de ouro em 11 provas individuais, e mais sete nas provas por equipe. Os irmãos John e Richard Beckner tiveram atuações sensacionais. John ganhou quatro medalhas de ouro individuais e Richard ganhou um ouro e uma prata.

No tiro, os Estados Unidos conquistaram 11 ouros em 16 disputados; no levantamento de peso, sete ouros e uma prata em oito provas. Até mesmo em esportes nos quais não foram bem nos Jogos de Buenos Aires, os norte-americanos tiveram sucesso. No boxe, por exemplo, apesar de os argentinos voltarem a dominar, com quatro medalhas de ouro, uma de prata e uma de bronze, os norte-americanos não ficaram muito atrás, com três de ouro, duas de prata e duas de bronze.

Aos orgulhosos campeões de 1951, restaram alguns nichos de leve predomínio, como o boxe, o remo (quatro ouros), a esgrima (três ouros) e o futebol. O herói dos argentinos veio do atletismo. Osvaldo Suarez se tornou o primeiro atleta das Américas a ganhar as provas de 5.000 e 10.000 metros na mesma competição.

O México, como todo país-sede dos Jogos, aproveitou o fato de competir em seu ambiente e, incentivado por seus torcedores, deu um salto em sua performance. Da sexta posição em 1951, com quatro medalhas douradas, passou à terceira, com 17. Joaquin Capilla Perez ganhou duas medalhas nos saltos ornamentais e a equipe de hipismo venceu três das quatro provas disputadas.

Das surpresas, uma das maiores veio do beisebol. Tradicionais e respeitados praticantes do esporte, os cubanos não ganharam nenhuma medalha. Mas o ouro também não foi para os Estados Unidos, superados pela República Dominicana. O bronze ficou com a Venezuela, que, no *playoff*, venceu o México por 8 a 2.

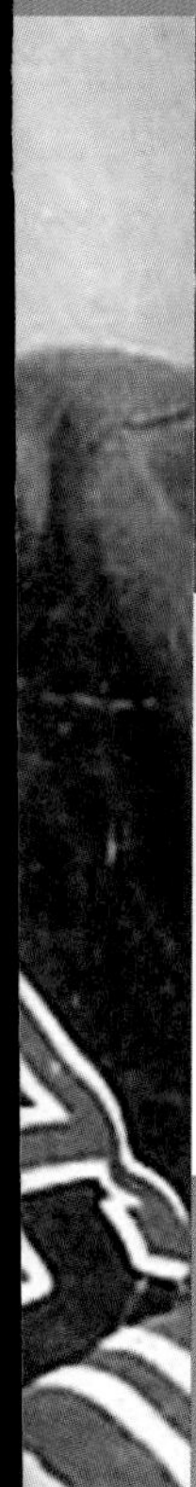

pág. ao lado BOB RICHARDS, RAFER JOHNSON, nesta FRANKLIN BUD HELD, FORTUNE GORDIEN, BARBARA JONES (segunda da esquerda)

# Se não fossem os primos pobres...

Praticados geralmente por atletas de classe social mais baixa, atletismo e boxe ganharam nove das 17 medalhas do Brasil no Pan de 55. Adhemar Ferreira da Silva, no salto triplo, e Luizão, pugilista meio-pesado, conquistaram as duas únicas medalhas de ouro da delegação brasileira, que contou com 135 atletas, 44 a menos do que nos Jogos de Buenos Aires, e teve a sua pior participação na história do Pan, ficando em sétimo lugar.

Apenas sete esportes trouxeram medalhas do México — atletismo, basquete, boxe, levantamento de peso, pólo aquático, tênis e vôlei. Destes, o atletismo foi o mais laureado, com uma de ouro, uma de prata e quatro de bronze. Além de Adhemar Ferreira da Silva, cinco brasileiros subiram ao pódio nas provas de atletismo. O eclético José Telles da Conceição ganhou as medalhas de bronze nos 200 metros (21s4) e no salto em altura (1,91m); Deise Jurdelina de Castro foi prata no salto em altura (1,59m); Wilson Gomes Carneiro, bronze nos 400 metros com barreiras (53s0); Wanda dos Santos, bronze nos 80 metros com barreira (11s8) e Ary Façanha de Sá, bronze no salto em distância (7,84m).

O boxe deu uma de ouro, uma de prata e uma de bronze, com destaque para Luiz Ignácio, o popular Luizão, vencedor da categoria meio-pesado (até 81 quilos). O levantamento de peso ganhou uma medalha de prata, e o tênis, duas de bronze. Nos esportes coletivos, mostrando uma tendência que se confirmaria nos Jogos seguintes, o Brasil teve uma participação mais eficaz, com cinco medalhas de bronze: duas no estreante vôlei (masculino e feminino), duas no basquete (masculino e feminino) e uma no pólo aquático.

No concorridíssimo basquete masculino, a seleção brasileira por pouco não surpreende os favoritos Estados Unidos e Argentina e fica com a medalha de ouro. Depois de perder na estréia para os Estados Unidos (78 a 49), a equipe dirigida pelo técnico José Simões se recuperou e venceu Venezuela (86 a 44), Cuba (95 a 69), Argentina (61 a 57) e México (65 a 59). Como os argentinos venceram os norte-americanos, provocando um tríplice empate no número de vitórias, a decisão foi para o saldo de cestas, e o Brasil acabou em terceiro, com os norte-americanos na primeira posição.

Em 1955, o time brasileiro apresentou alguns jovens de elevado nível técnico, que se tornariam a base do time bicampeão mundial de 1959/63, entre eles os lendários Wlamir Marques, cestinha do time com 64 pontos, e Amaury Passos (57). Outros destaques foram Mayr Facci (45 pontos), Algodão (35), Pecente (26), Almir Nélson de Almeida (42), Wilson Bombarda (31), Edson Bispo dos Santos (21) e Leonardo Valadares (20). Jogaram ainda Carlos Marino (3) e Willy Pecher (4).

Naquela época, o basquete era, disparadamente, o esporte coletivo mais popular em competições olímpicas. Assim, mesmo inferiorizado no cômputo geral de medalhas, em 1955 o Brasil conquistou grande espaço na mídia por suas atuações nas quadras. Isso seria um prenúncio do que aconteceria nos Jogos Pan-americanos seguintes, que invariavelmente teriam uma participação brasileira marcante nos esportes coletivos mais populares nos três continentes, casos de basquete, vôlei e futebol — além de, nas edições mais recentes dos Jogos, em pólo aquático e handebol.

## Destinos opostos

Os dois únicos medalhistas de ouro do Brasil em 1955 acabaram trilhando caminhos e destinos opostos. O triplista Adhemar Ferreira da Silva, que chegou ao bicampeonato dos Jogos com o recorde mundial (16m56), superando o venezuelano Arnold Devonish (16,13m) e o cubano Victor Hernández (15,60m), ainda alcançaria o bicampeonato olímpico no ano seguinte, em Melbourne, e em 1959 se tornaria tricampeão pan-americano. Respeitado e reconhecido, Adhemar se tornaria jornalista, adido comercial, e viveria uma vida tranqüila até sua morte, aos 73 anos. O ídolo Luiz Ignácio, o Luizão, por sua vez, viveu lutando, até o fim.

Em 1955, Luizão conquistou o primeiro ouro pan-americano para o boxe brasileiro, derrotando o mexicano Lorenzo Valles por nocaute e o

LUIZ IGNÁCIO, o Luizão. Foto Agência Estado

argentino Abelo Mar Escalante. Rápido, com golpes potentes, carismático e autor de entrevistas folclóricas, Luizão era amado pela torcida brasileira. O boxe nacional vivia um grande momento, com muitos programas de desenvolvimento, muitas competições, um proveitoso intercâmbio com os poderosos argentinos, e Luizão era dos mais queridos.

Suas lutas lotavam ginásios e ganhavam manchetes nos jornais. Já como profissional foi campeão sul-americano e enfrentou grandes nomes internacionais, como o famoso Archie Moore, dos Estados Unidos. Enquanto isso, Adhemar — negro e de origem humilde, como Luizão — se preparava para a vida além do atletismo. Graduou-se em Ciências Jurídicas, Comunicação Social e Belas Artes. Tornou-se jornalista, atuou como advogado e foi adido comercial em Lagos, Nigéria.

Em 2000, um ano antes de sua morte, para culminar a carreira mais vitoriosa entre os atletas brasileiros, Adhemar Ferreira da Silva foi condecorado com a Ordem do Mérito Olímpico, principal prêmio concedido pelo Comitê Olímpico Internacional (leia mais a respeito da vida de Adhemar no capítulo sobre os Jogos Pan-americanos de 1959).

Luizão continuou lutando. Afinal de contas, era um sucesso. Bilheteria garantida, como se dizia. E ganhava todas as lutas. Não havia adversário para ele na América do Sul, os críticos concordavam. O ídolo parece ter acreditado demais nisso e acabou subestimando o campeão chileno Humberto Loayza, que numa violenta seqüência de golpes acabou provocando um traumático nocaute no campeão brasileiro.

Luizão deveria ter se afastado do boxe até se recuperar totalmente, mas continuou lutando, mesmo muito sensível a qualquer pancada na cabeça. Com sintomas do que se costuma chamar de "demência pugilística", o altivo campeão passou a perder até de adversários inexpressivos. Chegou a apanhar em brigas de rua.

Sem poder lutar para sobreviver, sem preparo para exercer outra profissão e "sonado" pelos muitos golpes na cabeça, Luizão se tornou um indigente e era visto nas ruas de São Paulo pedindo trocados para comer. Assim, anônimo e esquecido, morreu o primeiro campeão brasileiro do boxe nos Jogos Pan-americanos.

# CURIOSIDADES

ADOLFO CORTINES

Ao declarar os Jogos abertos, o presidente do México, Adolfo Ruiz Cortines, disse que "as vitórias de nossos convidados, serão nossas (dos mexicanos)".

O juramento do atleta foi feito por Joaquin Capilla Perez, campeão dos saltos ornamentais nos Jogos de 1951, e a tocha foi trazida de La Estrella, antigo santuário dos astecas, por Eligio Galacia, campeão dos Jogos Centro-americanos na prova de 3.000 metros steeplechase (corrida de cavalos com obstáculos).

Para ajudar a delegação norte-americana, a Paramount Pictures doou a bilheteria do primeiro dia de exibição do filme *The Country Girl* [*Amar é sofrer*], cuja estrela era Grace Kelly, a atriz que virou princesa de Mônaco.

O irmão de Grace

O irmão de Grace, o remador John B. Kelly Jr. (25/05/1927-02/05/1985), também conhecido como Kell Kelly ou Jack Kelly, ganhou a medalha de ouro no Pan de 1955 no single scull (esquife, ou barco de remo curto, com um remador), e em 1956, na mesma prova, conquistou a medalha de bronze na Olimpíada de Melbourne. Seu pai, John B. Kelly, foi três vezes medalha de ouro em Jogos Olímpicos, e seu tio, George Kelly, ganhou o Prêmio Pulitzer como dramaturgo. Quando morreu, em 1985, Kelly Jr. tinha sido indicado para o cargo de presidente do Comitê Olímpico dos Estados Unidos.

O pai de Grace

A delegação brasileira levou cinco dias para chegar ao México, viajando em aviões da Força Aérea Brasileira (FAB).

Ao lado de Ingrid Charlotte Metzner, a tenista Maria Esther Bueno, então com apenas 15 anos e cinco meses, ganhou a medalha de bronze nas duplas femininas. Três anos depois, em 1958, ela conquistaria seu primeiro título de duplas em Wimbledon com a norte-americana Althea Gibson, e em 1959 "Estherzinha" seria campeã de simples do torneio mais tradicional do tênis.

Estranhamente, as provas de ginástica olímpica foram realizadas em um estúdio de tevê.

GRACE KELLY, mecenas da equipe norte-americana, em *Janela Indiscreta*

Sem adversários à altura (o Brasil não enviou equipe), a Argentina ganhou a medalha de ouro no futebol com cinco vitórias e um empate, seguida pelo México, com uma vitória, três empates e duas derrotas. Surpreendente foi a medalha de bronze das Antilhas Holandesas, que venceram dois jogos e perderam quatro, mas conseguiram a medalha nos critérios de desempate.

Acusado de ajudar o México no empate de 3 a 3 com a Venezuela, no torneio de futebol, o árbitro Prudencio Garcia foi atacado pelos venezuelanos e teve de ser protegido por policiais.

Os três dias de competição no ar rarefeito revelaram-se brutais para os conjuntos (cavalos e cavaleiros) das provas hípicas. Tantas equipes foram eliminadas por falhas e penalidades que só o México terminou a competição com o time completo. Por falta de competidores, as medalhas de prata e bronze ficaram sem donos.

No primeiro jogo do caminho rumo à medalha de ouro, a equipe feminina de basquete dos Estados Unidos estabeleceu o recorde de acertar todos os 17 lances livres que teve na partida.

MARIA ESTHER BUENO. Foto Agência Estado

No encerramento dos Jogos, depois de o México vencer o Prêmio das Nações de hipismo e enquanto milhares de balões coloridos eram lançados ao ar, o ministro da Educação do México, Jose Angel Contreras, fez um breve discurso para as 110 mil pessoas no estádio, encerrando a competição. "Os Jogos demonstraram que os americanos (no sentido de habitantes das três Américas) são tão fortes no esporte como quaisquer outros (povos) no mundo. Para o México, foi uma experiência gratificante nos preparar para os vários eventos e receber nossos vizinhos de todas as partes do hemisfério."

Por último, Manuel Guzman Willis, presidente do comitê organizador, convocou os atletas para os Jogos de Cleveland, em 1959, enquanto uma banda tocava uma canção especial saudando a cidade norte-americana. No entanto, Cleveland acabaria desistindo por falta de verba e os terceiros Jogos Pan-americanos passariam para Chicago.

Um grande personagem da história do século XX atuou como fotógrafo *free-lancer* no Pan de 55. Então com 26 anos e 10 meses, o médico argentino Ernesto "Che" Guevara, que na época vivia na Cidade do México, fez algumas fotos para a Agência Latina de Notícias, da Argentina, que lhe havia prometido pagar quatro mil dólares pelo serviço, mas poucos dias depois cancelou o pedido. Uma das fotos de Guevara — que se tornaria o braço direito de Fidel Castro na revolução cubana — mostra um pódio com o argentino Juan Miranda, vencedor dos 1.500 metros, entre dois atletas norte-americanos.

A foto de Guevara

**PARTICIPANTES**

2.583 atletas, de 21 países: Argentina, Antilhas Holandesas, Bahamas, Brasil, Canadá, Chile, Colômbia, Costa Rica, Cuba, El Salvador, Estados Unidos, Guatemala, Jamaica, México, Panamá, Paraguai, Porto Rico, República Dominicana, Trinidad e Tobago, Uruguai e Venezuela. O Canadá e o Uruguai estrearam nos Jogos. A Guiana Francesa não participou.

**MODALIDADES**

20: Vela e pólo eqüestre foram excluídos. Entraram vôlei, nas categorias masculina e feminina, e nado sincronizado, esporte praticado apenas por mulheres. O basquete passou a ser disputado também na categoria feminina.

**NAS AMÉRICAS**

O general Juan Domingo Perón é deposto da presidência da Argentina pelo general Eduardo Leonardi, que, por sua vez, transfere o poder para o general

YUCCA FLATS, JUSCELINO KUBITSCHEK, DOMINGO PERÓN, JOSE ANTONIO REMON, WINSTON CHURCHILL

Pedro Aramburu. No Brasil, Juscelino Kubitschek é eleito presidente e promete fazer "cinqüenta anos em cinco" (1956-1961). É assassinado o presidente do Panamá, José Antonio Remón. Realiza-se a primeira explosão atômica subterrânea, em Yucca Flats, nos EUA.

**NO MUNDO**

Em Genebra acontece conferência de cúpula entre Eisenhower (EUA), Bulganin (URSS), Eden (Grã-Bretanha) e Faure (França). Dezesseis países são admitidos na ONU. A Alemanha Ocidental torna-se um estado soberano e ingressa na OTAN. Churchill renuncia à chefia do governo britânico, sendo sucedido por Anthony Eden. É proclamada a República do Vietnã do Sul. Giovanni Gronchi é eleito presidente da Itália.

Quadro de Medalhas / Cidade do México 1955

| Posição | País | Ouro | Prata | Bronze | Total |
|---|---|---|---|---|---|
| 1 | EUA | 81 | 58 | 38 | 177 |
| 2 | Argentina | 27 | 31 | 15 | 73 |
| 3 | México | 17 | 11 | 30 | 58 |
| 4 | Chile | 4 | 7 | 13 | 24 |
| 5 | Canadá | 4 | 4 | 3 | 11 |
| 6 | Venezuela | 2 | 5 | 11 | 18 |
| 7 | Brasil | 2 | 3 | 12 | 17 |
| 8 | Colômbia | 2 | 3 | 1 | 6 |
| 9 | Cuba | 1 | 6 | 6 | 13 |
| 10 | Panamá | 1 | 1 |  | 2 |
| 11 | Guatemala | 1 |  | 1 | 2 |
| 12 | Rep. Dominicana | 1 |  | 1 | 2 |
| 13 | Uruguai |  | 6 | 3 | 9 |
| 14 | Porto Rico |  | 2 | 2 | 4 |
| 15 | Jamaica |  | 2 | 1 | 3 |
| 16 | Ant. Holandesas |  | 1 | 3 | 4 |
| 17 | Trinidad e Tobago |  | 1 | 1 | 2 |

DALLAS LONG, prata no Pan, ouro na Olimpíada de Tóquio. Foto: Sporting-Heroes.Net

# III – Chicago

*27.08 a 07.09 de 1959*

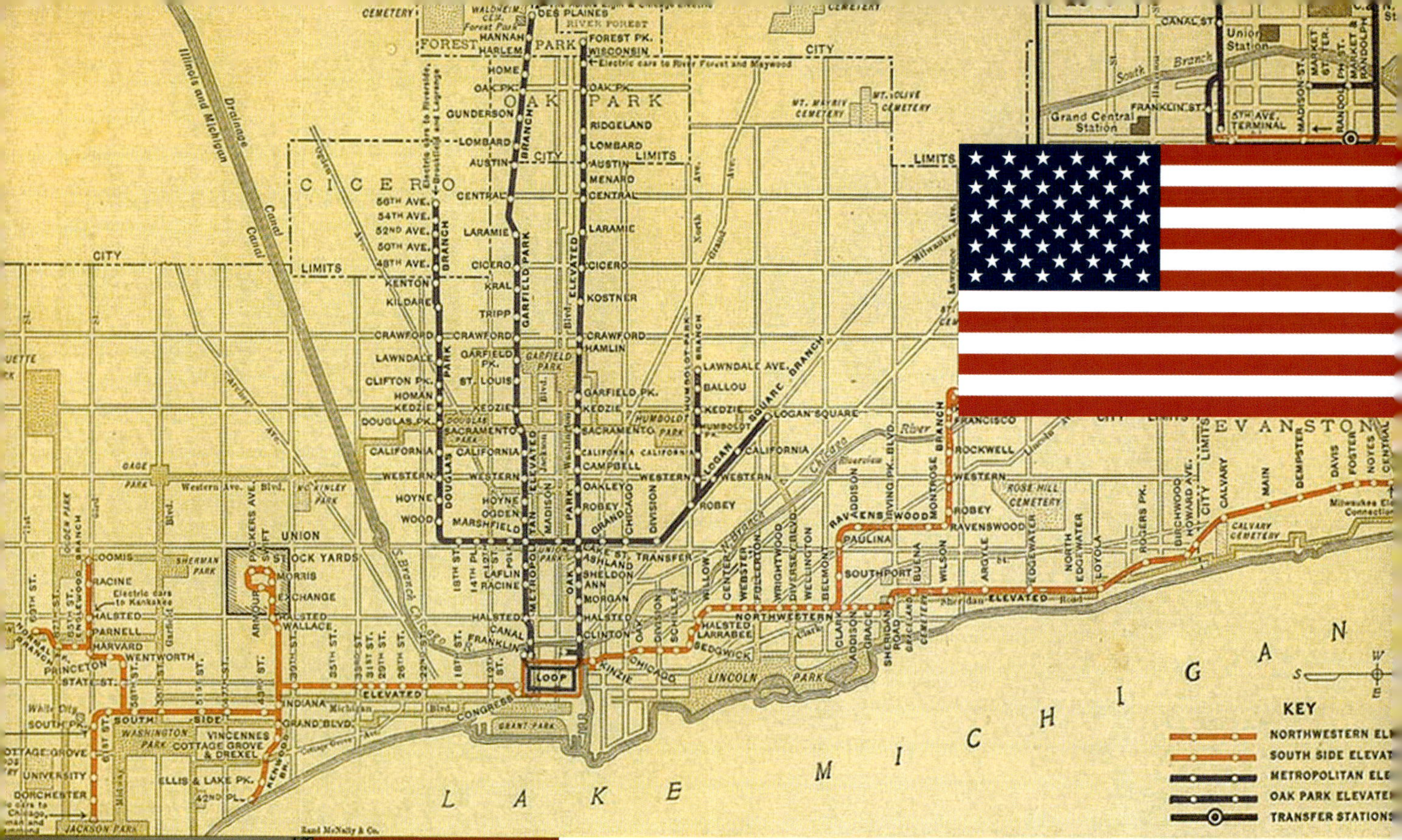
LAKE MICHIGAN
KEY
NORTHWESTERN EL
SOUTH SIDE ELEVAT
METROPOLITAN ELE
OAK PARK ELEVATE
TRANSFER STATIONS
Rand McNally & Co.

Epicurean
RESTAURANT
Featuring!
Andy Szoren
THE STRUDEL KING
Famous for Hungarian Style Cooking For 24 Years
316 SO. WABASH AVE.
Chicago, Illinois
Telephone WEbster 9-2190

GREAT NORTHERN THEATRE
Telephone WABash 8111
26 W. JACKSON BOULEVARD
THE FEDERAL THEATRE PRESENTS
THE TAILOR BECOMES A STOREKEEPER
A COMEDY WITH MUSIC BY DAVID PINSKI
MUSIC BY DAVID SHEINFELD
STAGED BY ADOLPH GARTNER
IN YIDDISH
NIGHTLY 8:30 EXCEPT MONDAY
83¢ 55¢ 40¢ 25¢

CHICAGO
CELEBRATE THE 75TH YEAR OF THE CHICAGO THEATRE

# O show anunciado

Em nenhum outro Pan-americano o domínio dos Estados Unidos foi tão arrasador como em Chicago. Suas 115 medalhas de ouro representaram 12 vezes mais do que as do segundo colocado (Argentina, com nove). Todas as medalhas de ouro dos demais países somaram 45, ou seja, apenas 39% das obtidas pelos anfitriões. Além da incontestável superioridade técnica, proporcionada pelo nível superior de desenvolvimento, grande população e incentivo ao esporte, os norte-americanos competiram diante de seu público e ainda puderam fazer as regras.

O comitê organizador permitiu que cada país pudesse inscrever três atletas por prova tanto no atletismo como na natação, o que acentuou ainda mais a desigualdade entre os norte-americanos e os outros concorrentes. Em mais de 20 provas desses dois esportes, os Estados Unidos ganharam as três medalhas em disputa. Das 48 medalhas em jogo, 41 ficaram com os norte-americanos.

Além de numerosa, a equipe de atletismo dos Estados Unidos contava com seus melhores representantes. No arremesso do disco, Al Oerter, que se tornaria tetracampeão olímpico (1956/60/64/68), ganhou o ouro com 58,12m, mais de três metros à frente do segundo colocado. No revezamento 4x100 feminino, Wilma Rudolph, que ganharia três ouros na Olimpíada de Roma, em 1960, fez parte da equipe que venceu a prova. Ela também ficou com a prata nos 100 metros, perdendo para a compatriota Lucinda Williams, que venceu com 12s1.

HAROLD CONNOLY, campeão olímpico em Melbourne, prata em Chicago. Foto: Sporting-Heroes.Net

100m com barreiras: vitória de HAYES JONES, que repetiria a façanha na Olimpíada de Roma. Foto: Sporting-Heroes.Net

Na natação, todas as 16 provas (oito masculinas e oito femininas) foram vencidas por norte-americanos, que bateram 16 recordes pan-americanos e dois mundiais. O mesmo aconteceu nas seis provas de esgrima. Na ginástica masculina, 11 das 12 provas individuais também foram vencidas pelos Estados Unidos. No remo, foram seis vitórias em sete possíveis. No tiro, Daniel Puckel colecionou 12 medalhas (nove de ouro e três de prata), além de bater três recordes mundiais.

Na luta foram mais oito ouros e no levantamento de peso os norte-americanos ganharam seis das sete provas. Na categoria de 100 quilos houve um empate entre David Ashman e o argentino Humberto Selvetti. Ambos ergueram 475 quilos. Porém, como Ashman pesava menos que Selvetti, ficou com o primeiro lugar.

Nos esportes coletivos, os adversários puderam dar o ar de sua graça. Mas não muito. Os Estados Unidos venceram no basquete (masculino e feminino), no vôlei masculino e no pólo aquático. Os venezuelanos ficaram com a medalha de ouro no beisebol e o Brasil ganhou no vôlei feminino. Os argentinos venceram no futebol, ganharam três das cinco provas do ciclismo, tiveram três ouros no boxe, comemoraram mais uma vitória de Osvaldo Suarez nos 10 mil metros e pouco mais lhes restou.

ABIE GROSSFELD

DON BRAGG

O México, por sua vez, dependeu basicamente do tênis, que lhe deu metade das seis medalhas de ouro que conquistou nos Jogos, além de mais três de prata e uma de bronze. Yolanda Ramirez venceu nas duplas femininas com Rosa Reyes, nas duplas mistas, com Gustavo Palafox, e nas simples perdeu a final para Althea Gibson. Gustavo Palafox ganhou ainda o ouro nas duplas masculinas, com seu irmão Antonio Palafox.

Cuba, que há poucos meses vivia a sua Revolução, ainda estava longe do pequeno gigante esportivo que seria a partir dos Jogos de Cali, em 1971, quando começaria a desafiar a hegemonia norte-americana. Em 1959, os cubanos ganharam apenas duas medalhas de ouro, quatro de prata e quatro de bronze, terminando na oitava posição, uma abaixo da Jamaica.

AL OERTER, campeão no Pan e tetracampeão olímpico (1956/60/64/68). Foto: Sporting-Heroes.Net

# A façanha das garotas do vôlei

O Brasil enviou 219 atletas para Chicago e só não participou da luta olímpica. O destaque da delegação foi, novamente, o triplista Adhemar Ferreira da Silva, já consagrado como bicampeão olímpico, que se tornou tricampeão pan-americano, com 15,90m. Além de Adhemar, o país conquistou mais sete medalhas douradas — duas no boxe, duas na vela, uma no ciclismo, uma no pentatlo moderno e a primeira em esporte coletivo, ganha pelas meninas do vôlei com vitórias nas seis partidas realizadas.

O elenco que conseguiu esse feito histórico para o vôlei brasileiro foi formado por Hidegarde Caroline Lassen, Ingeborg Ingrid Crause, Iriana Silveira Sá Carvalho, Lia de Freitas, Lilian Hilda E. Poetscher, Lucia Mendes de Moraes, Maria Alice S. Ricciardi, Marina Conceição Calistre, Marta Maraglia, Norma Rosa Vaz, Rosamaria Bastos O'Shea e Vera Trezoitko.

No boxe, Waldomiro Claudino Pinto venceu no peso-galo e Abrahão Francisco de Souza foi campeão dos médios (o esporte ainda deu mais uma prata e três bronzes para o Brasil). Na vela, ou iatismo, como se chamava na época, o barco de Antonio Barbosa, Axel Schmidt e Eric Schmidt foi o vencedor na classe Lightning, enquanto Marcos Barros e Reinaldo Conrad ficaram com o ouro na Snipe.

Repetindo o feito de Eric Tinoco nos Jogos de Buenos Aires, Wenceslau Malta venceu o pentatlo moderno, prova na qual o Brasil ficou também com a prata por equipe. A agradável surpresa foi a vitória do ciclista Anésio Argenton na prova do quilômetro contra o relógio, com o tempo de 01m12s3.

O remo marcou sua presença, com uma de prata no dois sem e uma de bronze no quatro com. O hipismo foi prata no salto por equipes, e outro segundo lugar veio do atletismo, com Wanda dos Santos nos 80 metros com barreiras. Como se tornaria tradicional nos Pan-americanos posteriores, a performance dos brasileiros seria melhor nos esportes coletivos.

No vôlei, além do ouro com as mulheres, os homens ficaram com a prata; no basquete, as mulheres ficaram com a prata e os homens com o bronze; do estritamente masculino futebol veio mais uma prata e do pólo aquático, também só permitido para homens, outro bronze.

O basquete masculino, que perdeu a chance de ficar com o segundo lugar devido a uma derrota dramática e inesperada para o México (50 a 49), apresentou-se com a base do time que foi campeão mundial no Chile, no mesmo ano, e que conquistaria a medalha de bronze na Olimpíada de Roma, em 1960.

WLAMIR MARQUES contra os Estados Unidos

Em Chicago, a equipe comandada pelo técnico Togo Renan Soares, o "Kanela", usou os seguintes jogadores: Wlamir Marques (cestinha do time, com 101 pontos), Edson Bispo dos Santos (84), Waldemar Blatskauskas (54), Carmo Souza, o "Rosa Branca" (45), Pedro Vicente Cardoso, o "Pecente" (37), Waldyr Geraldo Boccardo (27), Jathyr Eduardo Schall (25), Zenny de Azevedo, o "Algodão" (23), Carlos Domingos Massoni, o "Mosquito" (21), Fernando Pereira Freitas (17) e Wilson Bombarda, que não pontuou.

No pólo aquático, Brasil e Argentina empataram no segundo lugar, ambos com três vitórias e três derrotas. Na partida-desempate, os argentinos levaram a melhor por 6 a 5. A base do time brasileiro era formada por Hilton de Almeida, Márcio Kelly, Flávio Ribeiro, Sylvio Kelly, João Gonçalves e Everardo Cruz.

## *O Cruzeiro* cai de pau

Uma das publicações mais importantes do país naqueles tempos, a revista *O Cruzeiro*, em reportagem assinada por Luiz Carlos Barreto e E. Pacote (*sic*), criticou duramente a delegação brasileira pela campanha em Chicago. Não se pode esquecer que em 1959 se vivia o auge da política desenvolvimentista do presidente Juscelino Kubitscheck e o esporte brasileiro estava em grande fase, com o título mundial no futebol (1958), no basquete (1959), no tênis (Maria Esther Bueno, número um do mundo em 1959) e no boxe (Éder Jofre seria o campeão mundial do boxe, peso-galo em 1960).

Com o título "8 medalhas de ouro, saldo de um fracasso" e um olho dizendo que "Salvaram-se volibol (*sic*), boxe, salto (salto triplo), iatismo (vela), pentatlo e ciclismo", a matéria começava elogiando o talento e o visual das meninas do vôlei, ganhadoras da medalha de ouro: "O volibol brasileiro foi uma das boas coisas desta 'tournée' verde-amarela. Em jogo e graça... A platéia da 'Proviso High School' só teve olhos para os calções curtinhos das sereias e as cortadas eletrizantes de Vera e Marina, que são funcionárias públicas, e Marta e Iriana, que são estudantes. Quando terminou o jogo com os Estados Unidos, elas cantaram, chorando, o Hino Nacional. Eram lágrimas de felicidade que o esporte brasileiro recordará como um dos seus melhores momentos".

ÉDER JOFRE e o pai, KID

Outro esporte elogiado foi o boxe, cuja equipe, treinada por Kid Jofre, contou com o apoio do futuro campeão mundial Éder Jofre, filho de Kid, que foi a Chicago apenas para servir de *sparring* aos pugilistas brasileiros. A matéria diz que os lutadores partiram desacreditados do Brasil. "O Comitê Olímpico só queria mandar seis pugilistas, um treinador e um delegado. Mas o coronel Vicente Ságuas, presidente da Fundação Paulista de Pugilismo, abriu mão de seu lugar em favor de um lutador e quebrou lanças pela vinda de mais dois homens (um deles, o meio-pesado Pedro Leite, 'eliminado do certame por uma decisão discutível', pagou a passagem do próprio bolso). Conclusão: nenhuma outra delegação conseguiu tantas glórias para o Brasil."

Além dos ouros do peso médio Abrahão de Souza, que na final derrotou o norte-americano Bobby Foster, e do galo Waldomiro Pinto, que decidiu o título com o argentino Carlos Cañete, o Brasil ganhou mais uma medalha de prata e três de bronze que o colocaram no terceiro lugar no boxe, atrás apenas de Estados Unidos e Argentina. Segundo *O Cruzeiro*, o retrospecto seria ainda melhor se o meio-médio ligeiro Jorge Sacoman, que causara grande impressão na estréia, não fosse eliminado por uma inédita decisão médica antes de enfrentar Vicent Shomo, dos Estados Unidos. Sacoman teria sido impedido de lutar por ter "uma espinha no tórax".

Mas a revista não poupou críticas a esportes dos quais se esperava muito e decepcionaram em Chicago, como o atletismo. "No atletismo, a atuação do Brasil foi ridícula. E se esperava muito. Esperava-se de Teles da Conceição, que no Flamengo é homem-equipe, ganha campeonato sozinho. Esperava-se de um punhado de bons atletas, que passaram razoavelmente os índices olímpicos e em Chicago nem sombra foram.

"Uma vez mais, ficou evidenciada a necessidade de uma revisão completa em toda a estrutura desse esporte. Os quadros dirigentes devem ser renovados e, com eles, substituída uma mentalidade já superada. O atletismo no Brasil não pode continuar sendo *hobby* de alguns respeitáveis senhores e de alguns divertidos rapazes que vão às pistas apenas para obter índices para periódicas viagens turísticas... Do fiasco, só escaparam Ademar Ferreira da Silva e Vanda dos Santos."

A matéria lamenta a derrota para o México no basquete masculino, já que a seleção brasileira fora a Chicago credenciada pelo título mundial no Chile, mas admitia que os Estados Unidos não perderiam o ouro e concluía dizendo que, segundo especialistas, o Brasil poderia fazer uma boa figura na Olimpíada de Roma (e fez, ganhando o bronze). Lamenta ainda a prata do vôlei masculino, quando se esperava o ouro e, para terminar, esculhamba o futebol, cujo time, formado apenas por jogadores cariocas — entre eles Gerson, então no Flamengo — e orientado pelo técnico Newton Cardoso, chegou com pose de campeão do mundo e acabou goleado pelo time dos Estados Unidos (5 a 3), com três gols de um tal de Ed Murphy.

"Vieram os primeiros compromissos e o timinho fez para o gasto. Foi ganhando de quem devia ganhar. Até que aconteceram os Estados Unidos... O resultado, bem, é melhor virar a página. Aquilo foi pior que foguete soviético na garganta da gente. Muito pior do que o vexame que os ingleses sofreram na Copa do Mundo de 50, em Belo Horizonte. Na partida final, com a Argentina, o Brasil teria de ganhar com diferença de quatro gols para voltar campeão, como campeão havia chegado. Um modesto empate foi o máximo que conseguiu. A Seleção voltou ao Brasil com quase todos os jogadores culpando o treinador pelos maus resultados. Só o treinador desceu no Galeão sem mágoa e sem rancor. Anunciou que havia conseguido programar uma excursão do Fluminense aos Estados Unidos. A missão fora cumprida" (*O Cruzeiro*, edição de 3 de outubro de 1959).

## A despedida do maior atleta

Chicago viu Adhemar Ferreira da Silva se despedir dos Jogos Pan-americanos, competição que venceu três vezes seguidas e na qual bateu o seu último recorde mundial, em 1955, no México, com 16,56m. O paulistano Adhemar, nascido e criado na Zona Norte da cidade, que descobriu o atletismo por acaso, completaria 32 anos no dia 29 daquele mês de setembro de 1959 e já planejava encerrar a carreira no ano seguinte, na Olimpíada de Roma, quando tentaria o tricampeonato olímpico.

Ele disse que gostou da palavra "atleta" e resolver ser um. Desanimado com suas atuações no futebol pelo Grêmio Esportivo Centenário da Casa

No adeus, Adhemar é tri. Foto: Agência Estado

Verde, um dia, aos 19 anos, acompanhou o amigo José Mazurato a um treino de atletismo no São Paulo, à época no bairro do Canindé, e acabou se interessando pelo novo esporte. Participou de provas de velocidade (100 e 200 metros), de fundo (1.500 metros) e salto em altura, mas acabou acatando o conselho do capitão da equipe, Ewaldo Gomes da Silva, e experimentou o salto triplo. Logo de cara chegou a quase 13 metros, impressionando o técnico alemão Dietrich Gerner.

Um mês antes de completar 21 anos, participou da Olimpíada em 1948, em Londres. Foi mais para ganhar experiência, pois os brasileiros com mais chances de medalha na prova eram Geraldo de Oliveira e Hélio Coutinho. Geraldo efetivamente se saiu melhor e terminou em quinto, com 14,82m; Coutinho foi desclassificado e Adhemar saltou 14,50m e ficou na décima primeira posição. Atento, porém, o novato percebeu que se Geraldo tivesse seguido as orientações de Gerner, teria se saído bem melhor. A partir daquele dia decidiu que nunca contrariaria o técnico.

Tamanha dedicação, além do dom nato para o dificílimo salto triplo, fez Adhemar melhorar gradativamente a sua marca, até superar o que os especialistas chamavam de "limite humano" para a prova, que segundo eles era a distância de 16 metros. Em 1951, na pequena pista do Fluminense, onde os atletas tinham de correr em diagonal pela falta de espaço, o pupilo de Gerner saltou 16,01m, merecendo título de quatro colunas do jornal *L'Equipe* e matéria chamando-o de imortal.

Na Olimpíada de Helsinque, em 1952, Adhemar garantiria o ouro se repetisse sua melhor marca — já que o soviético Leonid Tcharbakov havia saltado 15,52m —, mas fez muito mais do que isso: em seis tentativas, bateu o recorde mundial quatro vezes, numa seqüência alucinante: 16,05m, 16,09m, 16,12m e 16,22m.

No estádio lotado, a princípio as 70 mil pessoas ficaram em silêncio, boquiabertas. Depois, a cada nova marca mundial no imenso painel de sete mil lâmpadas — a novidade eletrônica daqueles Jogos —, aplaudiam freneticamente. De volta à vila olímpica, atletas de todas as nações ergueram-se para aplaudir o mais novo herói das Olimpíadas.

Antes de conquistar outro ouro olímpico em Melbourne, em 1956, Adhemar venceria o Pan do México com novo recorde mundial. Ele explicou assim a nova conquista: "Eu bati esse recorde por causa do venezuelano Arnold Devonish. Ele disse que ganharia de mim e bateria o recorde mundial. Então eu fiquei nervoso e prometi derrotá-lo" (Devonish saltou 16,13 m, 43 centímetros a menos do que o campeão).

Nos Jogos de Roma, ao tentar o terceiro título olímpico seguido, Adhemar, debilitado, não conseguiu passar das eliminatórias. Diagnosticou-se que sofria de tuberculose, o que precipitou o fim de sua carreira de atleta. Porém, com três títulos superiores (Direito, Comunicação Social e Belas Artes), Adhemar exerceu inúmeras outras atividades. Foi jornalista, ator, adido comercial na Nigéria e atuou em projetos esportivos e sociais.

Em 2000 recebeu a Ordem do Mérito Olímpico, principal prêmio concedido pelo Comitê Olímpico Internacional (COI). Seus feitos fazem parte do livro *100 Golden Moments*, editado pela IAAF (Associação Internacional das Federações de Atletismo). Ao longo da carreira, Adhemar conquistou 40 títulos internacionais e sete recordes mundiais.

Aos 73 anos, em 12 de janeiro de 2001, depois de cinco dias internado no Hospital Santa Isabel, em São Paulo, com problemas pulmonares, Adhemar Ferreira da Silva faleceu. Viúvo de Elza, pai de Adyel e Adhemar Júnior (morto em acidente automobilístico em 1985) e avô de Diego, Adhemar era presidente da comissão de atletas da Confederação Brasileira de Atletismo e membro da Comissão de Atletas do Ministério do Esporte e Turismo.

Menos de 200 pessoas foram ao velório do grande campeão, sepultado no Cemitério Chora Menino, em Santana, próximo ao bairro da Casa Verde, onde ele nasceu e morou durante toda a vida. Para lembrá-lo eternamente, o São Paulo, clube que Adhemar defendeu durante a maior parte da carreira, incorporou duas estrelas douradas ao seu distintivo, simbolizando as vitórias em Helsinque e Melbourne.

# CURIOSIDADES

A cidade de Cleveland abriu mão de realizar os Jogos quando o Congresso norte-americano decidiu cortar a verba de 5 milhões de dólares para o evento. Nova votação foi feita e Chicago ganhou por 13 votos, contra seis de São Paulo.

O astro do atletismo Jesse Owens, o negro que desafiou a teoria racista de Adolf Hitler na Olimpíada de 1936, desfilou com a equipe dos Estados Unidos.

Um revezamento de jovens mexicanos e escoteiros dos Estados Unidos trouxeram a tocha olímpica do México até Chicago. O escoteiro Ronald Rodrigues, de 15 anos, carregou a tocha até o Campo do Soldado, onde 40 mil pessoas, sob sol intenso, assistiram à cerimônia de abertura.

Curiosamente, o Pan de Chicago teve dois discursos de abertura. Primeiro, Milton Eisenhower, representando seu irmão, o presidente Dwight D. Eisenhower, falou algumas palavras e em seguida declarou "abertos os terceiros Jogos Pan-americanos". Mas quem deveria abrir oficialmente os Jogos era o prefeito da cidade, Richard J. Daley, e foi o que ele fez quando a palavra lhe foi passada.

Campeão da Copa da Suécia um ano antes, o Brasil participou pela primeira vez do futebol no Pan com uma equipe formada por jogadores jovens do Rio de Janeiro, entre os quais se destacava o meio-campo Gerson. Porém, uma surpreendente derrota para os Estados Unidos tirou a chance da medalha de ouro.

No lançamento do martelo, o norte-americano Harold Connolly já tinha sido declarado vencedor, quando uma nova medição mostrou um empate entre ele e seu compatriota Al Hall, ambos com 56,67m. Como Al Hall havia arremessado primeiro, ficou com a medalha de ouro. Entretanto, o recorde pan-americano foi creditado a ambos.

Os Estados Unidos usaram todas as suas armas nesse Pan. A veterana tenista Althea Gibson voltou às quadras para ganhar a medalha de ouro em simples.

Aproveitando-se da inexplicável decisão dos organizadores de permitir até três atletas do mesmo país nas provas de atletismo, os jamaicanos George Kerr (46s 1) e Malcolm Spence ficaram, respectivamente, com as medalhas de ouro e bronze dos 400 metros rasos, enquanto a prata foi para Basil Ince, de Trinidad e Tobago. Os três, correndo pela Federação das Índias Ocidentais (FIO), venceram o revezamento 4x400.

A Federação das Índias Ocidentais existiu de 1958 a 1962 e agrupou as possessões britânicas no Caribe. Dela faziam parte os estados atuais de Antigua e Barbuda, Barbados, Dominica, Jamaica, Montserrat, Trinidad e Tobago, San Cristóbal e Nevis, Santa Lucia, San Vicente e as Granadinas, as Ilhas Cayman, e as Ilhas Turcas e Caicos. Deixou de existir com a independência de Jamaica e Trinidad e Tobago, os dois maiores estados da Federação.

No dia do encerramento, 7 de setembro, que em 1959 coincidiu com o Labor Day, o remador Ronaldo Duncan Arantes, de 26 anos, foi assassinado em Naperville, comunidade no subúrbio de Chicago. Nos Jogos, Ronaldo participara da prova do oito, em que o barco brasileiro terminou em quarto e último lugar. O barco tinha sido campeão sul-americano em 1958, tornando-se a primeira guarnição brasileira de oito remadores a vencer nas águas do rio Tigre, em Buenos Aires. Presume-se que ele tenha sido assassinado por assaltantes, mas o caso não foi desvendado.

**PARTICIPANTES**

2.263 atletas, de 24 países: Antilhas Holandesas, Argentina, Bahamas, Bermuda, Brasil, Canadá, Chile, Costa Rica, Cuba, El Salvador, Equador, Estados Unidos, Guatemala, Guiana, Haiti, Jamaica, México, Nicarágua, Panamá, Peru, Porto Rico, República Dominicana, Uruguai e Venezuela.

**MODALIDADES**

20: Atletismo, basquete, beisebol, boxe, ciclismo, esgrima, futebol, ginástica, hipismo, levantamento de peso, lutas, natação, pentatlo moderno, pólo aquático, remo, saltos ornamentais, tênis, tiro esportivo, vela e vôlei.

**NAS AMÉRICAS**

No primeiro dia do ano, o ditador Fulgencio Batista foge de Cuba. Dois dias depois, Fidel Castro e seus guerrilheiros entram em Havana. Fidel Castro torna-se primeiro-ministro e viaja para os Estados Unidos, a fim de tranqüilizar a opinião pública norte-americana. Cuba anuncia a reforma agrária em maio. Em novembro, os Estados Unidos proíbem a formação de um governo cubano no exílio em seu país. Juscelino Kubitschek prossegue na construção de Brasília, que seria elevada a capital do Brasil em 1960.

FULGENCIO BATISTA, FIDEL CASTRO, BRASÍLIA, DE GAULLE, MAKARIOS

**No mundo**

Convidado, Kruschev visita os Estados Unidos, e depois Eisenhower visita a Europa, Oriente Médio e Ásia. A União Soviética anula o acordo de 1957 que previa cooperação com a China nas pesquisas atômicas. A Grã-Bretanha concede independência à ilha de Chipre, que elege o arcebispo Makarios como presidente. De Gaulle propõe a autodeterminação à Argélia e concede independência ao Mali. A República Malgaxe, Costa do Marfim, Daomé, Alto Volta e Niger também pedem sua independência, acabando com os planos de uma comunidade de língua francesa.

Quadro de Medalhas / Chicago 1959

| Posição | País | Ouro | Prata | Bronze | Total |
|---|---|---|---|---|---|
| 1 | EUA | 115 | 69 | 52 | 236 |
| 2 | Argentina | 9 | 19 | 11 | 39 |
| 3 | Brasil | 8 | 8 | 6 | 22 |
| 4 | México | 6 | 11 | 12 | 29 |
| 5 | Canadá | 5 | 19 | 24 | 48 |
| 6 | Chile | 5 | 2 | 6 | 13 |
| 7 | Jamaica | 2 | 4 | 8 | 14 |
| 8 | Cuba | 2 | 4 | 4 | 10 |
| 9 | Bahamas | 2 | | | 2 |
| 10 | Venezuela | 1 | 7 | 7 | 15 |
| 11 | Uruguai | 1 | 3 | 4 | 8 |
| 12 | Panamá | | 4 | 4 | 8 |
| 13 | Peru | | 2 | 5 | 7 |
| 14 | Porto Rico | | 2 | 4 | 6 |
| 15 | Equador | | 1 | 1 | 2 |
| 16 | Haiti | | 1 | | 1 |
| 17 | Guiana | | | 3 | 3 |
| 18 | Ant. Holandesas | | | 1 | 1 |
| 19 | Guatemala | | | 1 | 1 |

RALPH BOSTON. Foto: Sporting-Heroes.Net

# IV – São Paulo

*20.04 a 05.05 de 1963*

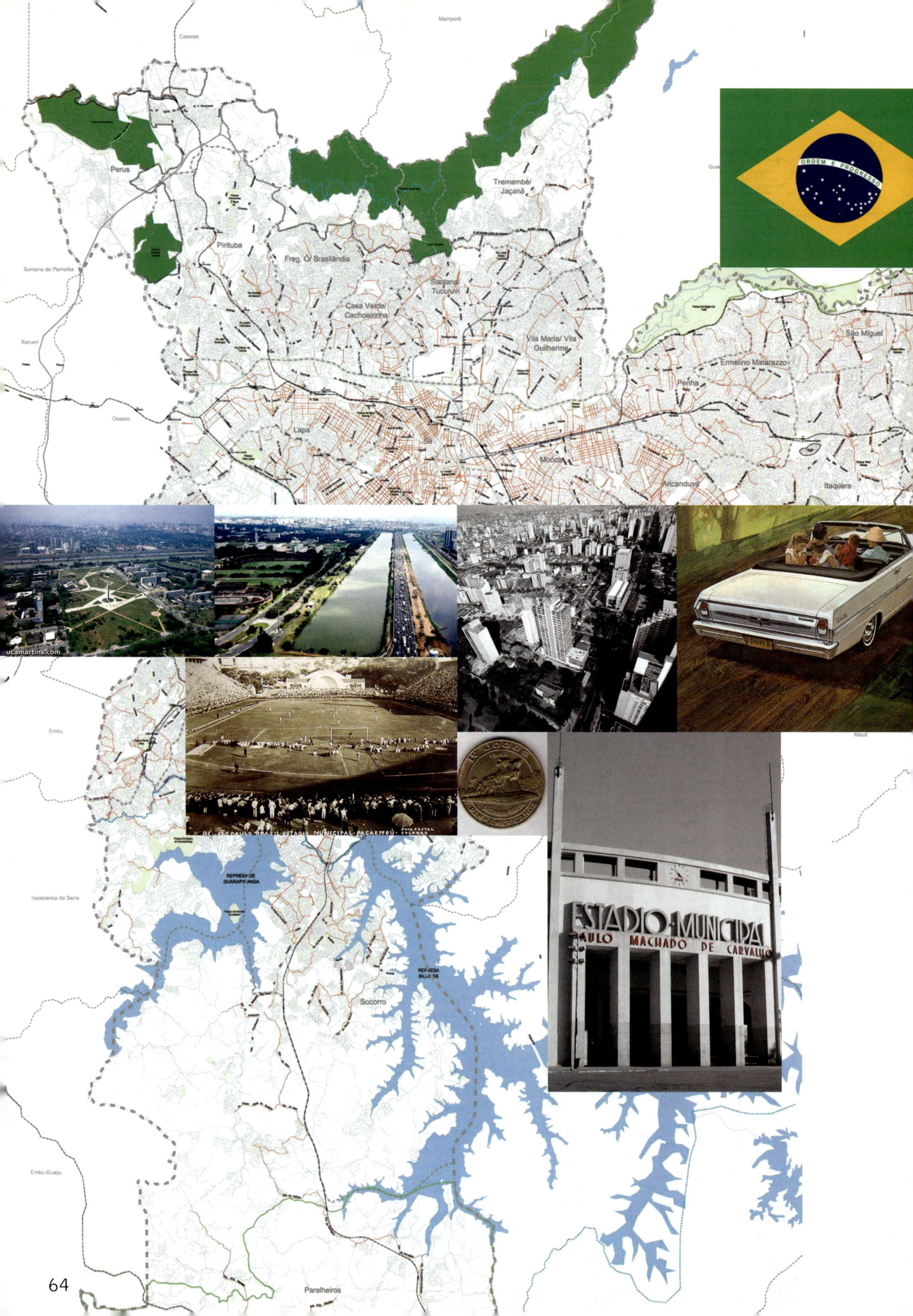
Mairiporã
Caieiras
Perus
Tremembé/ Jaçanã
ORDEM E PROGRESSO
Pirituba
Santana de Parnaíba
Freg. Ó/ Brasilândia
Santana Tucuruvi
Casa Verde/ Cachoeirinha
Vila Maria/ Vila Guilherme
São Miguel
Barueri
Ermelino Matarazzo
Penha
Osasco
Lapa
Sé
Mooca
Aricanduva
Itaquera
ucamartins.com
Embu
Mauá
ESTADIO MUNICIPAL
AULO MACHADO DE CARVALHO
REPRESA DE GUARAPIRANGA
Itapecerica da Serra
REPRESA BILLINGS
Socorro
Embu-Guaçu
Parelheiros

# Brasil aproveita a chance

O Brasil conseguiu montar uma equipe forte, e aproveitou a oportunidade de sediar os Jogos para conseguir sua melhor classificação em toda a história dos Pan-americanos: segundo lugar, atrás apenas dos Estados Unidos. A verdade, porém, é que a liderança dos norte-americanos nem de longe chegou a ser ameaçada. Apenas a diferença para o segundo lugar diminuiu um pouquinho. De 106 medalhas de ouro em 1959, para 92 em 1963.

Os Estados Unidos dominaram o atletismo, com 22 medalhas de ouro das 33 em disputa nas categorias masculina e feminina. A atleta Edith Mcguire no ano seguinte venceria a prova dos 200 metros na Olimpíada de Tóquio. Os argentinos tiveram o desgosto de ver a derrota de seu maior ídolo, Osvaldo Suarez, bicampeão olímpico e recordista pan-americano dos 10 mil metros. Suarez foi suplantado pelo norte-americano Pete McArdle, que numa performance espetacular melhorou o recorde em 25,1 segundos.

A supremacia dos Estados Unidos na natação voltou a ser espantosa. Os norte-americanos venceram todas as provas nas categorias masculina e feminina, 18 no total, e só não bateram o recorde pan-americano em uma prova feminina. Carl Robbie, ganhador dos 200 metros, borboleta, seria prata na Olimpíada de Tóquio/1964, e ouro no México/1968. No nado sincronizado, além das três medalhas de ouro em disputa, ganharam mais duas de prata.

No tiro, outro massacre: 13 das 14 medalhas de ouro ficaram com norte-americanos, além de cinco pratas e dois bronzes, com dois recordes mundiais e cinco pan-americanos. No remo, os Estados Unidos computaram quatro ouros, uma prata e dois bronzes. Outras medalhas de ouro foram para Canadá, Uruguai e Argentina.

Na ginástica feminina, as norte-americanas venceram todas as seis provas. Na masculina, Abe Grossfeld sagrou-se tricampeão pan-americano das barras horizontais, mas o destaque foi o canadense Fred Weiller, com três medalhas de ouro, quatro de prata e uma de bronze.

Os Jogos de 1963 ficaram marcados por introduzir o judô em competições internacionais. A importância desse esporte em São Paulo, para onde foi trazido pela colônia japonesa, fez o comitê do Pan incluí-lo na competição. Das quatro categorias disputadas, o Brasil ganhou uma medalha de ouro e duas de prata. O domínio foi dos Estados Unidos, com três ouros.

Nas provas eqüestres, o destaque foi Patricia Galvin, dos Estados Unidos, que se tornou bicampeã pan-americana em adestramento. A equipe norte-americana ganhou quatro dos seis ouros disputados. Na esgrima, os Estados Unidos conquistaram todas as quatro provas por equipe e mais duas individuais. Cuba e Argentina venceram as outras duas provas individuais.

Nas lutas, além de ganhar todas as oito medalhas de ouro em disputa, os norte-americanos não perderam nenhum combate. O domínio também foi arrasador no levantamento de peso, no qual a equipe dos Estados Unidos ganhou seis dos sete ouros e bateu dez recordes pan-americanos. A única e surpreendente exceção foi Dias Martins, da Guiana, vencedor da categoria 56 quilos.

Os Estados Unidos só não fizeram valer sua hegemonia no boxe, tênis e vela, dominados pelo Brasil; no ciclismo, uma das modalidades mais equilibradas, com vencedores de nacionalidades diferentes para as seis provas (Argentina, Uruguai, Venezuela, Estados Unidos, Trinidad e México), e na maioria dos esportes coletivos, nos quais o Brasil começou a mostrar uma força que se estenderia por outros Pans. No beisebol, Cuba e Estados Unidos decidiram o título, com vitória dos cubanos por 13 a 1 e 3 a 1.

BOB SCHUL (nº 719): bronze nos 5.000 em São Paulo. Ouro em Tóquio. Foto: Sporting-Heroes.Net

## Quantos brasileiros na liderança!

O Brasil participou com 385 atletas e liderou três esportes individuais: o pugilismo, mais preferido pelas classes populares, e os elitizados vela e tênis. O pugilismo brasileiro, que vivia sua fase mais efervescente, com muitas competições e um bom trabalho de intercâmbio com a Argentina, foi o grande destaque, ganhando medalhas em nove das dez categorias. As três de ouro ficaram com o peso-pena Rosemiro Mateus Santos, o médio Luiz Leônidas César e o médio-ligeiro Elcio Neves.

As regatas de vela foram realizadas na represa de Guarapiranga. Aquela região de São Paulo, com muito verde, cercada de lagos e com temperatura mais fria, desde os anos 1940 atraiu muitos imigrantes europeus, principalmente alemães e ingleses, que praticaram e desenvolveram a vela. Os Jogos Pan-americanos de 1963 foram a primeira grande demonstração de força desta que se tornaria a mais vitoriosa modalidade olímpica do Brasil.

Os velejadores brasileiros conquistaram três medalhas de ouro, uma de prata e uma de bronze no Pan de São Paulo. Os ganhadores das medalhas douradas foram Hans Helmuth Domscke na classe Finn; Joaquim Roderbourg e Klaus Hendricksen na Flying Dutchman; e Ralph Conrad e Reinaldo Conrad na Snipe.

Dos esportes individuais, o Brasil ainda fez bonito no judô, com uma de ouro e duas de prata, e no remo, com três de prata e duas de bronze. O tiro ganhou apenas duas de bronze, a esgrima ficou com uma de prata e a natação brasileira, que ainda estava longe de ser a potência pan-americana que é hoje, conquistou apenas três medalhas de bronze, somando-se as provas masculinas e femininas.

No ciclismo, Anésio Argenton, o grande nome do Brasil na história do Pan, não repetiu o ouro de Chicago, mas ficou com o bronze nos 1.000 metros contra o relógio. A equipe de esgrima ficou com a prata, assim como o pentatlo moderno, enquanto o nado sincronizado ganhou o bronze.

No tênis, jogado nas quadras de saibro do Pacaembu, a exibição dos brasileiros encheu os olhos. Com a equipe mais forte que já inscreveu no Pan, com destaque para Maria Esther Bueno, Ronald Barnes, Carlos "Lelé" Fernandes e o então adolescente Thomaz Koch, o Brasil acumulou três medalhas de ouro, duas de prata e uma de bronze. Maria Esther e Ronald Barnes ganharam nas simples; Barnes e Lelé Fernandes venceram nas duplas masculinas, enquanto Maria Esther e Maureen Schwartz ficaram com a prata nas duplas femininas; Koch e Iarte Adam ganharam o bronze nas duplas masculinas e Koch e Maria Esther a prata nas duplas mistas.

Foi nos esportes coletivos, entretanto, que o Brasil mostrou toda a sua força, com quatro medalhas de ouro e duas de prata. O futebol pela primeira vez contou com uma boa preparação e um time poderoso, no qual se destacavam Carlos Alberto Torres e Jairzinho, que seriam campeões do mundo na Copa de 70. A Argentina, que buscava o tetracampeonato, ficou em segundo lugar, e o Chile em terceiro.

No vôlei, o Brasil venceu tanto no masculino, campeão pela primeira vez, como no feminino, que chegou ao bicampeonato. Os jogadores da conquista histórica foram: Carlos E. Albano Feitosa, Décio Viotti de Azevedo, Fábio Starling Carvalho, Giuseppe Mezzalma, João Claudio França, Josias Ramalho, Luiz Roberto Moraes, Marco Antonio Volpi, Newton Emanuel Victor, Pedro Barbosa de Andrade, Roque Midley Maron e Victor Mario B. Borges.

O elenco da equipe feminina de vôlei foi formado por Corina V. Lasperg, Elda M. S. Pimenta, Eunice Rondino, Joana M. C. Silva, Leila F. Peixoto, Lia Freitas, Marina Celistre, Marlene Dunishian, Norma Rosa Vaz, Tania L. Fagundes, Vera Trezoitko e Zilda Ulbrich.

No pólo aquático, a equipe brasileira, comandada pelo notável jogador e técnico húngaro Aladar Szabo, radicado no Brasil desde os anos 1950, ganhou sete dos oito jogos e ficou com o título, superando Estados Unidos e Argentina. Os heróis dessa que ainda hoje é a grande façanha do pólo aquático nacional foram: Adhemar Grijó Filho, Aladar Szabo, Flávio Ribeiro Ratto, Ivo Carotini, João Gonçalves Filho, Luiz Carlos A. Valim, Luiz Daniel, Luiz Euardo P. Lima, Marvio Kelly dos Santos e Paulo Carotini.

Mesmo não conquistando o ouro, o basquete foi o esporte que atraiu os maiores públicos. O Brasil, com um time espetacular, no qual se destacavam Amaury Passos, Wlamir Marques, Edson Bispo dos Santos, Mosquito, e Rosa Branca, venceu cinco jogos antes da decisão com os Estados Unidos, dos quais o único difícil foi contra o Canadá (84 a 80).

Mas os norte-americanos também trouxeram um time poderoso, com jogadores de alto nível, entre eles Willis Reed, que se tornaria um astro da NBA e figuraria no Hall da Fama. Numa partida memorável, assistida por mais de 30 mil pessoas, o Brasil acabou derrotado por 78 a 66 e os Estados Unidos mantiveram sua hegemonia no basquete masculino do Pan.

No basquete feminino, o Brasil ficou bem perto do título, depois dos bronzes do México e de Chicago. A seleção brasileira chegou a vencer a norte-americana por 70 a 59, forçando uma partida-desempate para a decisão da medalha de ouro; mas o jogo, muito nervoso, foi vencido pelo time dos Estados Unidos por 59 a 43.

# Uma rainha entre nós

Os Jogos de São Paulo coroaram uma geração de ouro do tênis brasileiro, que naquele 1963 viveu um ano mágico, um dos melhores já vividos pelo tênis nacional. Além da incomparável performance no Pan, aquela temporada foi marcada pela melhor exibição brasileira em um torneio de Grand Slam. Maria Esther Bueno foi campeã de simples e vice nas duplas do US Open, mesmo torneio em que Ronald Barnes chegou à semifinal de simples e Thomaz Koch às quartas.

A paulistana Maria Esther Andion Bueno já era uma tenista consagrada quando disputou o Pan. Disputava com a australiana Margareth Smith a primazia de melhor do mundo. Nascida no dia 11 de outubro de 1939 e criada em um sobradinho ao lado do Clube de Regatas Tietê, Maria Esther costumava passar tardes inteiras no clube e desde cedo desenvolveu um jogo agressivo e vistoso, influenciada pelo professor de tênis Henrique Terroni.

Com um saque de potência nunca vista entre as mulheres e preferência pelo jogo de rede, aos 15 anos Maria Esther deu uma bela amostra de seu potencial ao vencer o prestigioso torneio infanto-juvenil Banana Bowl, em Miami, e aos 18 tornou-se campeã de duplas de Wimbledon, ao lado da norte-americana Althea Gibson. Em 1959, ano em que foi considerada pela primeira vez a melhor tenista do mundo, ganhou a chave de simples de Wimbledon e US Open e a de duplas do US Open, ao lado de Sally Moore.

Entre 1957 e 1967 Maria Esther Bueno conquistou 65 títulos internacionais de simples, 90 de duplas, 15 de duplas mistas e foi vice-campeã 45 vezes. Em 1960, com parceiras diferentes, tornou-se a primeira mulher a fechar o Grand Slam de duplas, ou seja, ganhar os quatro torneios mais importantes do tênis. Ela venceu os Abertos da França (Roland Garros), Inglaterra (Wimbledon) e Estados Unidos (US Open) com a amiga Darlene Hard, dos Estados Unidos, e o Aberto da Austrália (Australian Open) com a britânica Christine Truman.

Mas Maria Esther exigia demais do seu corpo, disputando também as competições de duplas e duplas mistas. Isso a debilitava e lhe acarretava muitos problemas clínicos e físicos. Em 1961 teve hepatite, em 65 começaram as contusões no braço, que se agravaram em 67, ano em que não conquistou nenhum título de simples. Em 69, com 29 anos, só conquistou um vice-campeonato, em Caracas.

Em 74, aos 34 anos, dez anos depois de ter conquistado seu último título no torneio, Maria Esther voltou a Wimbledon para alcançar as

MARIA ESTHER BUENO. Foto: Arquivo do Autor

quartas-de-final, último resultado expressivo de uma tenista brasileira em torneios de Grand Slam. Por fim, em 76, ganhou o torneio de Tóquio, encerrando uma carreira que a coloca entre as melhores tenistas de todos os tempos e uma das maiores estrelas que já participaram dos Jogos Pan-americanos.

# Barnes, brasileiro da gema

Há pouco tempo ainda se achava que Ronald Barnes — eleito como o melhor brasileiro no Pan de 1963 — era norte-americano ou inglês. Mesmo a imprensa não se dava conta de que o nome que aparecia nas semifinais do US Open de 1963 era de um brasileiro. Ora, Ronald Winston Barnes, um dos mais talentosos tenistas brasileiros da história, era filho de ingleses, mas incorporava como poucos a fleuma britânica com a versatilidade carioca.

Nasceu no Rio no dia primeiro de janeiro de 1941, a 20 metros do Country Club de Ipanema. Era bom no futebol e na natação, mas acabou se dedicando ao tênis, esporte que conheceu aos cinco anos. Aos oito anos já atuava como juiz de linha em jogos no Fluminense. Nessa época perdeu os dentes da frente e ganhou o apelido de "Vovô" que o acompanhou por toda a vida.

Tinha facilidade para jogar. Seu golpe de esquerda era um primor, a ponto de ser estudado pela equipe australiana da Copa Davis. Ganhou o Brasileiro infanto-juvenil por cinco vezes e aos 17 foi campeão adulto. Aos 18 anos foi vice da chave juvenil de Wimbledon e campeão do Orange Bowl e da Sunshine Cup.

Barnes ganhou dos melhores tenistas de sua época, como Rod Laver, Manuel Santana, Fred Stolle e Dennis Ralston, foi três vezes campeão brasileiro e medalha de ouro no Pan de 1963, mas poderia ter conquistado muito mais se tivesse uma vida mais regrada e tivesse uma preparação física melhor. De estilo boêmio, fumava e bebia, apreciava jogar cartas e curtir a noite. Não gostava de treinar e se gabava de nunca ter tido um professor de tênis.

RONALD BARNES
Foto: Carlos E. Cossermelli

Considerado individualista, foi punido pela Confederação Brasileira de Tênis, então presidida por Paulo da Silva Costa. Suspenso, foi substituído por Edison Mandarino e não pôde ajudar o Brasil na campanha de 1966 que levou a equipe à semifinal da Copa Davis. Desiludido e alegando que a CBT tinha acabado com sua carreira, casou-se em 1967 (com Ella, venezuelana) e, aos 26 anos, abandonou a carreira, tornando-se professor de tênis nos Estados Unidos.

Depois de morar na Filadélfia por 10 anos, onde também deu aulas de badminton e abriu uma loja de artigos esportivos, mudou-se para Miami em 1977, onde prosseguiu dando aulas de tênis em um *resort*. Passou os últimos anos morando em uma rua tranqüila de Nova York, mas ainda dando aulas para sobreviver. Morreu sem herdeiros, aos 61 anos, em 13 de dezembro de 2002, depois que um câncer na espinha o impediu de continuar a bater bola.

## CURIOSIDADES

A cidade de São Paulo foi escolhida como sede do Pan de 1963 no congresso realizado nos Jogos de Chicago, em 1959. A capital paulista superou Winnipeg, do Canadá, por 18 votos a 5.

Os governos estadual e municipal se uniram para dar à cidade condições de fazer o evento, que foi bem organizado. A Vila Pan-americana, prevista para ficar pronta em três anos, foi construída no tempo recorde de 150 dias.

Hoje pertencente à Universidade de São Paulo (USP), a Vila foi erguida com estruturas pré-fabricadas, num projeto arrojado para a época. Toda a estrutura ficou pronta dentro do cronograma. Foram construídos piscinas, quadras, refeitórios, organizados o serviço médico e o transporte.

Alguns clubes cederam suas instalações para as provas, tais como: Palmeiras, Paulistano, Pinheiros, Jockey Club, Hípica Santo Amaro e Sociedade Hípica Paulista. Foram utilizados o estádio do Pacaembu, o ginásio e o velódromo do Ibirapuera, o autódromo de Interlagos, além da Academia Militar das Agulhas Negras, em Resende, no Rio de Janeiro.

A cerimônia de abertura aconteceu no Pacaembu, diante de 40 mil pessoas. O governador de São Paulo, Adhemar de Barros, declarou os Jogos abertos, e o jogador de basquete Amaury Passos fez o juramento do atleta.

A chama olímpica chegou ao estádio pelas mãos do atleta José Teles da Conceição, depois de acesa em Brasília por um grupo de índios Carajás, ao som de "Canto do Pagé", do compositor Heitor Villa-Lobos. Até chegar em São Paulo, a chama passou por Goiânia, Uberlândia, Uberaba, Ribeirão Preto e Limeira.

Mesmo batendo o recorde mundial na prova de arranque, com 162,5 kg, o antilhano Jose Antonio Flores não ficou com a medalha de ouro na categoria até 90 quilos do levantamento de peso. É que as medalhas eram dadas pelo melhor desempenho geral. Flores teve de se contentar com a prata e o ouro foi para o norte-americano Bill F. March.

Algo raro aconteceu na final dos 200 metros: três atletas cruzaram a linha de chegada com o mesmo tempo, 21s2. O photochart definiu a vitória do venezuelano Rafael Sandrea. A medalha de prata ficou com o norte-americano Ollan Casselle e a de bronze com Arquimedes Herrera.

A maratona teve um final cômico. Um gaiato invadiu a pista nos últimos metros e cruzou a linha de chegada como se fosse o vencedor. Pouco depois, porém, o erro foi descoberto e o verdadeiro vencedor, o mexicano Fidel Negrete Gamboa, pôde subir ao pódio.

Depois de declarar o brasileiro Jorge Mehdi vencedor da classe absoluto do judô, os árbitros voltaram atrás e deram a vitória e a medalha de ouro ao norte-americano Benjamin Campbell.

As provas de remo foram disputadas na raia de Jurubatuba, no Riacho Grande. A raia foi elogiada por sua boa extensão, mas os participantes reclamaram do forte vento cruzado e das águas agitadas. O remador norte-americano Seymor Cromwell mostrou muita fibra ao vencer o single scull mesmo com febre alta.

Na decisão contra os Estados Unidos, o basquete masculino brasileiro, que seria bicampeão mundial em 1963, atraiu mais de 30 mil torcedores ao ginásio do Ibirapuera, cuja capacidade era de 18.500 pessoas. O Brasil perdeu por 78 a 66.

Este time só perdeu para os Estados Unidos. Foto: Agência Estado

Cejas, goleiro da seleção argentina, depois seria titular da seleção principal do seu país e posteriormente contratado pelo Santos.

**PARTICIPANTES**

1.665 atletas, de 21 países: Antilhas Holandesas, Argentina, Bahamas, Barbados, Brasil, Canadá, Chile, Cuba, El Salvador, Equador, Estados Unidos, Guatemala, Guiana, Jamaica, México, Panamá, Peru, Porto Rico, Trinidad e Tobago, Uruguai e Venezuela.

**MODALIDADES**

22: Atletismo, basquete, beisebol, boxe, ciclismo, esgrima, esportes aquáticos (natação, saltos ornamentais, natação sincronizada, pólo aquático), futebol, ginástica, hipismo, judô, levantamento de peso, lutas, pentatlo moderno, remo, tênis, tiro esportivo, vela e vôlei. O judô, que só se tornaria olímpico no ano seguinte, estreou neste Pan.

**NAS AMÉRICAS**

Em novembro, em Dallas, Texas, é assassinado o presidente dos Estados Unidos John Kennedy, que é sucedido por Lyndon B. Johnson. Em julho, Arturo Ilia é eleito presidente da Argentina. Um golpe militar depõe Juan Bosch da presidência da República Dominicana. Raul Leoni é eleito presidente da Venezuela e René Schick Gutierrez, da Nicarágua. Vitória dos liberais nas eleições do Canadá, com a eleição de Lester B. Pearson para primeiro-ministro.

JOHN KENNEDY EM DALLAS, ARTURO ILIA, RAUL LEONI, LESTER PEARSON

**NO MUNDO**

O papa João XXIII morre em junho e é sucedido por Paulo VI. É realizada em Moscou uma conferência entre EUA, União Soviética e Inglaterra sobre a suspensão das experiências nucleares. Tito se torna presidente vitalício da Iugoslávia e Sukarno da Indonésia. Abolição da escravatura na Arábia Saudita. Golpe de Estado no Iraque, com o assassinato do general Kassen. Ben Bella é eleito presidente da Argélia e nacionaliza todas as terras pertencentes aos franceses. Zanzibar e Quênia proclamam suas independências.

Quadro de Medalhas / São Paulo 1963

| Posição | País | Ouro | Prata | Bronze | Total |
|---|---|---|---|---|---|
| 1 | Estados Unidos | 106 | 56 | 37 | 199 |
| 2 | Brasil | 14 | 20 | 18 | 52 |
| 3 | Canadá | 11 | 27 | 26 | 64 |
| 4 | Argentina | 8 | 15 | 16 | 29 |
| 5 | Cuba | 4 | 6 | 4 | 14 |
| 6 | Uruguai | 4 | 1 | 8 | 13 |
| 7 | Venezuela | 3 | 5 | 9 | 17 |
| 8 | México | 2 | 8 | 15 | 25 |
| 9 | Chile | 2 | 2 | 6 | 10 |
| 10 | Trinidad e Tobago | 1 | 1 | 2 | 4 |
| 11 | Guiana | 1 | | | 1 |
| 12 | Ant. Holandesas | | 4 | 2 | 6 |
| 13 | Jamaica | | 2 | 2 | 2 |
| | Porto Rico | | 2 | 2 | 4 |
| 15 | Guatemala | | 2 | | 2 |
| 16 | Panamá | | 1 | 3 | 4 |
| 17 | Peru | | 1 | 1 | 2 |
| 18 | Barbados | | | 3 | 3 |

BOB SEAGREN, campeão olímpico em 64, pan-americano em 67. Foto: Sporting-Heroes.Net

V JUEGOS PANAMERICANOS
LA OLIMPIADA DEL EMISFERIO OCCIDENTAL
WINNIPEG CANADA 1987

# V – Winnipeg

*24.07 a 06.08 de 1967*

Sargent Ave.
Ellice Ave.
University of Winnipeg
Sherbrooke St.
Maryland St.
Balmoral St.
Colony St.
St. Matthews Ave.
Portage Ave.
Preston Ave.
Cumberland Ave.
Princess St.
King St.
Main St.
Bannatyne Ave.
Portage Ave.
Donald St.
Smith St.
Graham Ave.
Convention Centre
Station
Forks Market Rd.
RIVER
Assiniboine Ave.
Mayfair Ave.
Rue Despins
Dollard
Tache Ave.
Goulet St.
Marion St.
Rue Hebert
Rue Darveau

PAN AMERICAN GAMES
CANADA 1967

# Canadá passa o Brasil

Sem contar a esmagadora superioridade dos Estados Unidos, país que ganhou mais do que o dobro das medalhas de ouro de todos os outros somados (128 a 56), os Jogos de Winnipeg marcaram definitivamente a ascensão do Canadá, que ficou em segundo lugar e pela primeira vez superou o Brasil no quadro de medalhas. A partir daí, nunca os brasileiros ganhariam mais medalhas do que os canadenses (o que não deixa de ser uma motivação a mais para os Jogos do Rio, em 2007).

Com o crescimento esportivo de Cuba — que começou a ser notado em Winnipeg e ficou evidente a partir do Pan de Cali, 1971 —, Estados Unidos, Cuba e Canadá, nesta ordem, mantiveram as três primeiras posições nos Jogos disputados a seguir, com exceção de Havana/1991, quando a equipe cubana ganhou a ponta, trocando de lugar com a dos Estados Unidos.

Em Winnipeg já se notou uma importante presença dos cubanos no boxe e no levantamento de peso — esportes que passariam a dominar no futuro dos Jogos —, além de um crescimento no atletismo e na ginástica. Cuba terminou em sexto na classificação geral, mas será a última vez que ficará abaixo da segunda colocação.

Em Winnipeg, atletismo e natação firmaram-se como os esportes olímpicos mais importantes, aqueles que chamam mais a atenção por colocarem à prova os limites físicos do homem. No atletismo, foram estabelecidos 27 recordes pan-americanos e o americano Lee Evans igualou a marca mundial dos 400 metros com o tempo de 44s9. Um ano depois ele ganharia o ouro na Olimpíada do México com o recorde olímpico de 43s8.

O norte-americano Bob Beamon ficou com a prata no salto em distância, com 8,07m, mas em 1968 ele entraria para a história ao bater o recorde mundial, durante a Olimpíada do México, com 8,90m. O vencedor do salto em distância no Pan de 67 foi outro norte-americano, Ralph Boston, com 8,29m. Boston, que já tinha vencido nos Jogos de São Paulo, ganhou a medalha de prata na Olimpíada de Tóquio/1964 e seria bronze no México/1968. O único atleta a conquistar duas medalhas de ouro em Winnipeg foi Van Nelson, dos Estados Unidos, vencedor das provas de 5.000 e 10.000 metros.

John Carlos, que seria expulso do time olímpico norte-americano na Olimpíada do México — na qual foi o terceiro na final dos 200 metros e fez o gesto do "Poder Negro" no pódio, cerrando os punhos em protesto contra o racismo em seu país —, ganhou a prova de 200 metros em Winnipeg com o recorde pan-americano de 20s5.

Das 24 provas do atletismo masculino, os Estados Unidos ganharam 22 medalhas de ouro, 13 de prata e quatro de bronze. Entre as mulheres, sete recordes pan-americanos foram quebrados ou igualados e as norte-americanas venceram oito das 11 provas disputadas, com destaque para Wyomia Tyus, ouro nos 200 metros. Wyomia era considerada a mulher mais rápida da época, pois vinha da medalha de ouro na Olimpíada de Tóquio, três anos antes. Em 1968 repetiria a façanha nos Jogos do México.

Na natação, foram batidos 14 recordes mundiais, dois deles por Mark Spitz, de apenas 17 anos: 100 metros borboleta, com 56s2, e 200 metros borboleta, com 2m06s4. Spitz ainda ajudaria a equipe norte-americana a estabelecer uma nova marca mundial para o revezamento 4x200 livre, com 8m00s4.

Spitz ganharia três medalhas na Olimpíada do México: ouro no revezamento 4x100 metros estilo livre; prata nos 100 metros borboleta e bronze nos 100 metros livre. Porém, o rapaz de Modesto, Califórnia, de família judia, entraria mesmo para a história ao conquistar oito medalhas de

ED CARUTHERS, JOHN CARLOS, MARK SPITZ

ouro nas Olimpíadas de Munique, em 1972: 100 e 200 metros nado livre; 100 e 200 borboleta; revezamentos 4x100 e 4x200 livre nos estilos livre e borboleta. Após a performance em Munique, aos 22 anos, Spitz abandonou a natação e a faculdade de odontologia para se tornar garoto-propaganda.

Outros destaques das piscinas foram o brasileiro José Sylvio Fiolo, com duas de ouro e uma de bronze; a canadense Elaine Tanner, vencedora dos 100 e 200 metros nado de costas e medalha de prata nos 100 metros borboleta, e as norte-americanas Claudia Kolb e Catie Ball, que ganharam três medalhas de ouro cada uma (Kolb ainda ganhou mais uma de prata).

No boxe, os cubanos lideraram o quadro de medalhas desse esporte, com três de ouro, três de prata e uma de bronze, contra três de ouro e quatro de bronze dos Estados Unidos. A Argentina ficou em terceiro, com duas de ouro, quatro de prata e uma de bronze. Quanto ao Brasil, que liderou o boxe em 1963, ganhou apenas uma medalha de prata em Winnipeg, num prenúncio da decadência na qual mergulharia o pugilismo brasileiro.

A ginástica, que aos poucos adquiria o *glamour* que conservaria nas competições internacionais, teve como destaque a norte-americana Linda Jo Metheny, com cinco medalhas de ouro, e seu compatriota Fred Roethlisberger, com quatro. Os irmãos mexicanos Armando e Fernando Valles marcaram boa presença, com uma de ouro (Armando, nas argolas), duas de prata e duas de bronze. A canadense Susan McDonell impediu a sexta vitória de Jo Metheny ao derrotá-la nas barras assimétricas.

A Argentina foi o país de melhor desempenho nas provas de ciclismo, com três de ouro, quatro de prata e uma de bronze. No remo, o argentino Alberto Demidi ganhou um ouro solitário no single scull, contra seis dos Estados Unidos. Os norte-americanos ganharam todas as oito categorias de luta e cinco das sete categorias do levantamento de peso, mas foi a última vez que tiveram tanta facilidade nesses esportes, já que os cubanos seriam fortes concorrentes a partir dos Jogos de Cali.

HARRY JEROME, à direita LEE EVANS. Foto: Sporting-Heroes.Net

BOB BEAMON. Foto: Sporting-Heroes.Net

NELSON PRUDÊNCIO. Foto: Sporting-Heroes.Net

# Fiolo, Pessoa, Koch e outras feras

O Brasil só não foi representado nas competições de futebol, hóquei sobre a grama e luta, mas levou apenas 132 atletas para Winnipeg, quase um terço dos inscritos nos Jogos de São Paulo. Isso acabou influindo para que tivesse um resultado um pouco inferior a 1963, com três medalhas de ouro a menos (11 contra 14) e 26 a menos no total, caindo para o terceiro lugar na classificação geral, atrás do Canadá.

As surpresas agradáveis ficaram por conta da natação, na qual se destacou José Sylvio Fiolo, com duas medalhas de ouro e uma de bronze; da esgrima, com um desempenho histórico de Arthur Cramer, medalha de ouro individual e prata por equipe na categoria espada; do judô, com duas de ouro, uma de prata e uma de bronze; do tênis, com duas de ouro de Thomaz Koch (em simples, e em duplas, ao lado Edison Mandarino); da vela, com duas de ouro e duas de prata, e do hipismo, com uma de ouro e uma de prata.

O basquete feminino teve a melhor atuação nos esportes coletivos, ganhando suas oito partidas para conquistar o ouro e acabar com a hegemonia das norte-americanas. Pólo aquático e vôlei masculino ficaram com a medalha de prata. Porém, enquanto o vôlei seguiria crescendo, até se tornar um dos melhores do mundo, o pólo aquático brasileiro nunca mais viveria período tão auspicioso como aquele.

O vôlei feminino, que vinha do bicampeonato de 1959 e 1963, depois de já ter sido bronze nos Jogos de 1955, pela primeira vez ficou fora do pódio, terminando em quarto lugar, atrás de Estados Unidos, Peru e Cuba. Outra decepção foi o basquete masculino. Com a geração bicampeã mundial (1959/63) já envelhecida, o time do técnico Edson Bispo dos Santos perdeu para o México (66 a 64) e para Cuba (64 a 49), terminando em sétimo lugar. O ouro ficou com os Estados Unidos, seguidos por México e Panamá.

Para compensar a tristeza com o basquete masculino, a notável equipe brasileira de hipismo arrebatou a medalha de ouro da norte-americana, considerada imbatível. O Brasil foi representado por Nelson Pessoa, Antonio Simões, José Reynoso e Renyldo Ferreira. Na competição individual de saltos, o cavaleiro Nelson Pessoa, considerado um dos melhores do mundo, conquistou a medalha de prata.

No tênis masculino o Brasil foi defendido pelos dois jogadores que levaram o país à semifinal da Copa Davis de 1966: Thomaz Koch e Edison Mandarino. E eles não decepcionaram. Mesmo com adversários de prestígio, como o norte-americano Arthur Ashe, que no ano seguinte seria campeão do

US Open (batendo o holandês Tom Okker na final), Koch ficou com o título das simples e ele e Mandarino garantiram o ouro também nas duplas.

Outra modalidade em que o Brasil pôde contar com esportistas acima da média foi a vela. Joerg Bruder, que se tornaria tricampeão mundial (e morreria no acidente com o avião da Varig no aeroporto de Orly, Paris, em 1973), ganhou o ouro no barco de sua especialidade, o Finn; enquanto Carlos Henrique de Lorenzi e Nelson Piccolo venceram na Snipe. Mais duas pratas vieram nas classes Flying Dutchman e Lightning.

No atletismo, sem medalhas de ouro desde a despedida de Adhemar Ferreira da Silva, no Pan de 1959, o Brasil teve de se contentar com duas medalhas: a prata de Nelson Prudêncio, que manteve a tradição do país na prova de salto triplo, com 16,45m (no ano seguinte Prudêncio ganharia a prata na Olimpíada do México, com 17,27m). E o bronze de Aída dos Santos no pentatlo, com 4.531 pontos. Aída tinha sido a quarta no salto em altura da Olimpíada de 1964, em Tóquio, mas no Pan de Winnipeg foi traída pelo nervosismo.

O levantamento de peso conseguiu uma medalha de prata com Koji Michi e uma de bronze com Luiz Gonzaga de Almeida, ambos no peso médio (76 quilos). O remo obteve um bronze com o barco dois com. Tiro, ginástica, ciclismo e saltos ornamentais passaram em branco.

THOMAZ KOCH. Foto: Arquivo Pessoal

## Fiolo, no rastro de Okamoto

Desde Tetsuo Okamoto, nos primeiros Jogos Pan-americanos, nenhum outro nadador que não pertencesse à equipe dos Estados Unidos tinha conseguido ganhar duas medalhas de ouro na competição. Em 1967, 16 anos depois, o campineiro Sylvio Fiolo repetiu a façanha, no difícil nado de peito, vencendo as provas de 100 e 200 metros, além de ganhar o bronze com a equipe do 4x100 medley.

Nascido em Campinas no dia 2 de março de 1950, Fiolo não tinha completado um ano quando seu pai, também Sylvio Fiolo, o inscreveu no curso de natação do Clube de Regatas daquela cidade. Muitos anos mais tarde, quando já era considerado um prodígio da natação, teve de mudar de clube porque os sócios queriam a piscina só para eles. Então, foi treinar no Guarani, que lhe cedeu dois horários bem distintos para os treinos: das 6 às 8 e das 18 às 20 horas. Depois de uma Taça Brasil, no Esporte Clube Pinheiros, em São Paulo, recebeu convite do Botafogo, clube do técnico Roberto Pavel, e se mudou para o Rio de Janeiro.

A proeza de Fiolo, que tinha apenas 17 anos quando competiu no Pan de Winnipeg, se torna ainda maior quando se constata que nos dois Jogos anteriores, em Chicago e São Paulo, os nadadores norte-americanos não haviam perdido uma prova sequer. Para vencê-los nos 200 metros peito, Fiolo estabeleceu um novo recorde pan-americano, com o tempo de 2m27s1. A prata ficou com Robert Monsen e o bronze com Ken Merten, ambos dos Estados Unidos. Nos 100 metros peito, prova realizada pela primeira vez no Pan, Fiolo marcou 1m07s5, perseguido novamente por dois norte-americanos: Russell Webb e Ken Merten.

Sete meses depois, durante o campeonato sul-americano disputado no Fluminense, Rio de Janeiro, Fiolo fez os 100 metros peito apenas um décimo de segundo acima do recorde mundial, do russo Vladimir Kosinski. Isso criou a expectativa de que pudesse bater o recorde se tivesse outra chance. Então, seu técnico, Roberto Pavel, reivindicou aos membros da Federação Internacional de Natação que permitissem ao seu pupilo fazer a tentativa observado por juízes da entidade.

Pavel escolheu para o desafio a piscina do Guanabara, por ser mais funda, o que dava maior velocidade aos nadadores. Na mesma piscina, em 1935, Maria Lenk havia batido os recordes mundiais dos 100m costas e 200m peito, e Manoel dos Santos, em 1961, o recorde mundial dos 100m livre. Uma multidão de duas mil pessoas lotou as arquibancadas do Guanabara naquele 19 de fevereiro de 1968 para torcer por José Sylvio Fiolo, que competiu consigo mesmo, ladeado por raias vazias.

Com movimentos firmes e ritmados, Fiolo marcou 1m06s4, três décimos a menos do que a marca de Kosinski, estabelecendo, aos 17 anos, o recorde

JOSÉ SYLVIO FIOLO. Foto: Agência Estado

mundial dos 100m peito. Alunos das escolinhas de natação dos principais clubes do Rio, que se apertavam para ver o ídolo, explodiram de alegria. Entre as crianças estava Djan Madruga, com nove anos, que diz ter decidido pela natação naquele momento.

A façanha teve o lado ruim. Cresceu a expectativa para que Fiolo ganhasse uma medalha na Olimpíada do México, naquele mesmo ano. "Foi muita pressão. Todo mundo cobrando", queixou-se ele anos depois. Seu treino para a Olimpíada foi realizado em uma piscina de água fria ao nível do mar. No México enfrentou o problema da altitude e competiu em uma piscina aquecida — detalhes que influíram no resultado.

Na Olimpíada de 1968, os 100m peito foram vencidos pelo norte-americano Donald McKenzie. Fiolo fez o tempo de 1m08s1. Depois de uma luta renhida com os soviéticos Vladimir Kosinski e Nikolai Pankin, foi superado por ambos na batida de mão, ficando em quarto lugar. Quatro anos depois, o brasileiro tentou melhor sorte nos Jogos de Munique, mas terminou em sexto colocado nos 100m peito e quinto no revezamento 4x100 medley.

Ao contrário de Tetsuo Okamoto, bronze na Olimpíada de Helsinque, Fiolo nunca conquistaria uma medalha olímpica. Mesmo no Pan, não conseguiu repetir a performance de Winnipeg. Ganhou duas medalhas de bronze em Cali, em 1971, e mais duas no México, em 75, sempre nas provas de 100 metros peito e revezamento 4x100 medley, ou quatro estilos.

Em 1988, trabalhando como técnico de natação do Fluminense, recebeu um convite para participar de um campeonato de veteranos em Brisbane, Austrália, país que idolatra a natação, e resolveu ficar por lá. No começo a vida foi dura. Conseguiu seu primeiro emprego numa fábrica de massa, enquanto sua mulher, Martha, formada em arquitetura, teve de trabalhar como empregada doméstica.

Aos poucos, porém, tudo foi se encaixando. Hoje Fiolo dá aula de espanhol em três escolas de Brisbane e a mulher tem seu próprio escritório de arquitetura. O casal teve os filhos Carla e Pietro. O orgulho da família é Pietro Figlioli, australiano de nascimento que joga pólo aquático profissionalmente na Itália e é um dos destaques da seleção australiana.

Com um dos chutes mais fortes do pólo aquático, Pietro atuou pela Austrália na Olimpíada de 2004 e agora também tem se destacado em provas de 50m livre. Seu tempo está entre os 60 do ranking mundial de 2005/06. Os casos mais famosos de atletas que participaram com sucesso tanto do pólo aquático quanto da natação foram dos norte-americanos Brad Schumacher e Matt Biondi. O brasileiro João Havelange, ex-presidente da Fifa, também já foi atleta olímpico das duas modalidades.

Em 1980, Djan Madruga, o menino que optou pela natação depois de ver

Fiolo bater o recorde mundial, ganhou a medalha de bronze no revezamento 4x200m nos Jogos Olímpicos de Moscou, junto com Ciro Delgado, Marcus Mattioli e Jorge Luis Fernandes.

# CURIOSIDADES

Depois de perder para Chicago, em 1959, e São Paulo, em 1963, finalmente a candidatura de Winnipeg, em Manitoba, Canadá, foi bem-sucedida.

A cerimônia de abertura foi prejudicada por uma chuva forte que encharcou os uniformes e danificou os instrumentos da banda de música, que continuou tocando mesmo assim. Um público de 18.097 pessoas permaneceu no estádio.

O príncipe Philip, duque de Edimburgo, abriu os Jogos em nome da rainha Elizabeth II. Ele chegou de carro aberto, embaixo de chuva, mas, quando acabou de falar — em inglês e francês —, o sol apareceu entre as nuvens.

A tocha do Pan, seguindo uma tradição que começou em 1955, saiu da cidade do México, passou por Minneapolis e chegou a Winnipeg carregada por nativos americanos. Próximo ao estádio, ela foi entregue a Lee Southern, estudante universitário de Winnipeg, que entrou no estádio e acendeu a pira.

O juramento do atleta foi feito pelo nadador canadense Sandy Gilchrist.

Mais de 9.000 cidadãos de Winnipeg atuaram no evento como voluntários, além de 1.000 militares que ajudaram na administração, transporte e protocolo.

A empresa de rádio e tevê Canadian Broadcasting Corporation transmitiu mais de 50 horas de reportagens e coberturas do Pan.

Os organizadores canadenses resolveram não incluir dois esportes do programa dos Jogos — nado sincronizado e pentatlo moderno — e incluir o estreante hóquei sobre a grama, que foi vencido pela Argentina, seguida por Trinidad e Tobago e Estados Unidos.

O Brasil não participou e o México ficou com a medalha de ouro no futebol, depois de uma final emocionante com Bermuda. Após 0 a 0 no tempo regulamentar, os mexicanos marcaram quatro gols na prorrogação. Trinidad e

Tobago ficou com o bronze ao vencer o Canadá por 4 a 2.

Favorecido pela desclassificação de Estados Unidos e México, que erraram na passagem do bastão, a equipe de corredores de Cuba ficou com o ouro no revezamento 4x100m.

Com 1.152 pontos na prova de fuzil pequeno, três posições, a norte-americana Margaret Thompson tornou-se a primeira mulher a ganhar uma medalha de ouro individual no tiro.

O ciclista Roger Gibbon foi o herói de Trinidad e Tobago, com duas medalhas de ouro. Seu desempenho foi determinante para o pequeno país figurar em sétimo lugar, à frente de Venezuela, Colômbia, Peru e Chile, entre outros.

Canoagem/caiaque entrou como esporte-exibição. Participaram Estados Unidos, México e Canadá. A norte-americana Márcia Jones ganhou três provas de caiaque.

A equipe masculina de basquete dos Estados Unidos massacrou os adversários. O resultado mais acachapante aconteceu contra a Colômbia: 131 a 43. O México perdeu a decisão por 19 pontos de diferença. Em toda a competição, os norte-americanos marcaram 895 pontos e sofreram 502.

A atiradora norte-americana Margaret Murdock, de 25 anos incompletos, não só ganhou a medalha de ouro e bateu o recorde mundial da prova carabina três posições, com 391 acertos, como se tornou a primeira mulher da história a vencer uma competição aberta a ambos os sexos.

**PARTICIPANTES**

2.361 atletas, de 29 países: Antilhas Holandesas, Argentina, Bahamas, Barbados, Belize, Bermuda, Bolívia, Brasil, Canadá, Chile, Costa Rica, Colômbia, Cuba, El Salvador, Equador, Estados Unidos, Guatemala, Guiana, Ilhas Virgens, Jamaica, México, Nicarágua, Panamá, Paraguai, Peru, Porto Rico, Trinidad e Tobago, Uruguai e Venezuela

**MODALIDADES**

21: Atletismo, basquete, beisebol, boxe, ciclismo, esgrima, natação, saltos ornamentais, pólo aquático, futebol, ginástica, hipismo, hóquei sobre grama (estreante), judô, levantamento de peso, luta, remo, tênis, tiro, vela e vôlei.

CHE GUEVARA, EDUARDO FREI, CHRISTIAN BARNARD, GUERRA DOS SEIS DIAS

**NAS AMÉRICAS**

É executado na Bolívia, depois de preso pelo exército boliviano, o médico argentino Ernesto "Che" Guevara, líder guerrilheiro que comandava soldados cubanos. Explodem manifestações de negros contra o racismo em Newark e Detroit, nos Estados Unidos. Em Newark, a organização Black Power preconiza a criação de uma "nação negra" no país. O presidente Eduardo Frei promulga a lei da reforma agrária no Chile. Morre o presidente do Uruguai, Oscar Gestido, que é substituído pelo vice-presidente Jorge Pacheco Areco.

**NO MUNDO**

O coronel Nasser fecha o golfo de Akaba, bloqueando o porto israelense de Eilath. Forças armadas de Israel fazem campanha-relâmpago contra Egito, Jordânia e Síria, ocupando a península do Sinai, a Cisjordânia e as colinas de Golan, na Guerra dos Seis Dias. Na Cidade do Cabo, África do Sul, Christian Barnard realiza o primeiro transplante do coração. A aviação norte-americana faz, em maio, o primeiro ataque contra Hanói. URSS, EUA e Inglaterra assinam tratado sobre a utilização pacífica do espaço e dos corpos celestes.

Quadro de Medalhas / Winnipeg 1967

| Posição | País | Ouro | Prata | Bronze | Total |
|---|---|---|---|---|---|
| 1 | Estados Unidos | 128 | 69 | 47 | 244 |
| 2 | Canadá | 17 | 39 | 50 | 106 |
| 3 | Brasil | 11 | 10 | 5 | 26 |
| 4 | Argentina | 8 | 14 | 12 | 34 |
| 5 | México | 7 | 16 | 25 | 48 |
| 6 | Cuba | 7 | 16 | 24 | 47 |
| 7 | Trinidad e Tobago | 2 | 2 | 3 | 7 |
| 8 | Venezuela | 1 | 4 | 6 | 11 |
| 9 | Colômbia | 1 | 2 | 5 | 8 |
| 10 | Porto Rico | 1 | 2 | 3 | 6 |
| 11 | Chile | 1 | 1 | 3 | 5 |
| 12 | Peru | | 2 | 1 | 3 |
| 13 | Uruguai | | 1 | 4 | 5 |
| 14 | Bermuda | | 1 | 1 | 2 |
| 15 | Barbados | | 1 | | 1 |
| 16 | Equador | | 1 | | 1 |
| 17 | Jamaica | | | 3 | 3 |
| 18 | Panamá | | | 2 | 2 |
| 19 | Guiana | | | 1 | 1 |
| 20 | Ant. Holandesas | | | 1 | 1 |
| 21 | I. V. Americanas | | | 1 | 1 |

STEVE PREFONTAINE. Foto: Sporting-Heroes.Net

# VI – Cali

*30.07 a 13.08 de 1971*

PANAMA
NORTH PACIFIC OCEAN
COLOMBIA
Isla de Malpelo
100 Kilometers
100 Miles
ANTIOQUIA
Puerto Berrío
SANTANDER
Bucaramanga
Arauca
ARAUCA
Puerto Páez
Río Meta
Puerto Carreño
Medellín
CHOCÓ
Quibdó
Paz de Río
BOYACÁ
Tunja
CASANARE
Yopal
CALDAS
Manizales
Puerto Salgar
RISARALDA
CUNDINAMARCA
Pereira
Armenia
Ibagué
Bogotá
Tolemaida
Villavicencio
Tuluá
Buenaventura
VALLE DEL CAUCA
TOLIMA
DISTRITO CAPITAL
META
Cali
NORTH PACIFIC OCEAN
Neiva
HUILA
CAUCA
Popayán
San Vicente del Caguán
San José del Guaviare
GUAVIARE
GUAINÍA
Río Guainía
Río Guaviare
Tumaco
NARIÑO
Florencia
Calamar
San Lorenzo
Pasto
Larandia
Río Vaupés
Mitú
Esmeraldas
Mocoa
Ipiales
Tulcán
Santa Ana
Tres Esquinas
San Miguel
Puerto Asís
PUTUMAYO
CAQUETÁ
VAUPÉS
Iauaretê
ECUADOR
Quito
Nueva Loja
La Tagua
Puerto Leguízamo
São Gabri da Cachoe
Colombia
Pantoja
Puerto Santander

Salsa
re popular today than ever, Salsa first hit the international dance scene in the late '30s, when a South American
nce began to rumble through the Fox Trot and Charleston establishment. A looser, swaying, yet very spicy step,
equires concentration and restraint — but delivers one of the more passionate dancing experiences around. Wi
oot, a bended knee, and a clear focus on the eight-step rhythm, dancers achieve the coveted curve of torso and

83147

# Cuba entra em cena

A partir do Pan-americano de Cali, Colômbia, os cubanos passaram a desafiar o predomínio norte-americano nos Jogos. Como resultado da política de Fidel Castro, que via no esporte não só uma forma de educação dos jovens, mas também de propaganda do regime comunista implantado na Ilha, o esporte cubano, assessorado por técnicos soviéticos e de países da Europa oriental, mostrou um progresso espantoso — principalmente no boxe, levantamento de peso, ginástica masculina, luta e vôlei — e saltou para a segunda posição nas Américas.

De sete medalhas de ouro em Winnipeg, os cubanos passaram para 31 em Cali. Também conquistaram o triplo de medalhas de prata (49, contra 16), chegando ao total de 105, contra 47 em Winnipeg. Seu crescimento em algumas modalidades foi fantástico. Dominou o pugilismo, com quatro medalhas de ouro, o dobro de Estados Unidos e México; a ginástica masculina, com sete de ouro, contra duas dos Estados Unidos e o vôlei, vencendo no masculino e no feminino.

No levantamento de peso, esporte que dominariam no futuro, deram sinal do que vinha pela frente com sete medalhas de ouro, 17 de prata e quatro de bronze (ainda distantes dos norte-americanos, que em Cali colecionaram 19 de ouro). Nas lutas, os Estados Unidos continuaram na frente, com sete medalhas douradas, mas não venceram em todas as categorias, como em Winnipeg, pois três delas foram para Cuba.

FRANK SHORTER, vencedor da maratona também na Olimpíada de 72. Foto: Sporting-Heroes

MARILYN NEUFVILLE, jamaicana, ouro nos 400 metros em Cali. Foto: Sporting-Heroes.Net

Outra modalidade que em Cali reservou grandes embates entre os dois grandes rivais foi a esgrima. No final, a vantagem foi dos Estados Unidos, com cinco medalhas de ouro, contra três dos cubanos.

Nos esportes coletivos, além do vôlei, Cuba ficou com o título do beisebol, vencendo as oito partidas, entre elas a decisiva contra os rivais norte-americanos por 4 a 3, diante de 11 mil pessoas (os EUA ficaram com a prata e a Colômbia com o bronze). Talvez tão importante quanto a vitória no beisebol foi derrotar os norte-americanos no basquete masculino (73 a 69), resultado que acabou provocando a eliminação do pentacampeão dos Jogos.

Na natação os cubanos foram nulos, a ponto de não ganharem nenhuma medalha, mas no atletismo tiveram grandes resultados, tanto que o maior destaque da competição foi Pedro Perez Dueñas, que conquistou o ouro e quebrou o recorde mundial do salto triplo com 17,40m, superando em um centímetro a marca do soviético Victor Saneyev.

Outro grande destaque do atletismo foi o velocista jamaicano Donald Quarrie, que venceu as provas de 100 e 200 metros rasos e igualou o recorde mundial dos 200 metros, com 19s8. O norte-americano Frank Shorter também entrou para a história ao vencer os 10 mil metros e a maratona. Na verdade, ele entraria definitivamente para a história ao vencer a maratona da Olimpíada de Munique, em 1972.

Apesar da surpreendente atuação de Cuba, a vantagem dos Estados Unidos ainda foi muito grande em Cali. Todas as medalhas de ouro dos outros países não chegariam às 105 conquistadas pelos norte-americanos, que somaram 218 no total (Cuba ganhou 31 de ouro e 105 no total). Alguns esportes, como os clássicos atletismo e natação, continuaram jorrando medalhas sobre os norte-americanos.

Na natação masculina, os Estados Unidos venceram 14 das 15 provas. Só Frank Heckl levou seis de ouro para casa. A única exceção foi o equatoriano Jorge Delgado, vencedor dos 200 metros borboleta. Entre as

ROD MILBURN, vencedor dos 110m com barreiras. MARTY LIQUORI, ouro nos 1.500 metros

DON QUARRIE, vencedor nos 100 e 200m, ouro nos 200m na Olimpíada de Montreal. Foto: Sporting-Heroes.Net

mulheres, mais oito douradas para as norte-americanas, que deixaram escapar seis para as canadenses.

As canadenses também ficaram com as duas de ouro em disputa nos saltos ornamentais, mas nas duas provas masculinas os norte-americanos fizeram dobradinha no pódio, com ouro e prata, e as garotas do nado sincronizado dos Estados Unidos não perderam em nenhuma das três categorias.

Para completar sua esmagadora superioridade nas piscinas, o time de pólo aquático dos Estados Unidos chegou ao bicampeonato com vitórias em todos os cinco jogos. Na partida decisiva, contra Cuba, o primeiro tempo terminou empatado em 3 a 3, mas depois o melhor preparo físico decidiu a vitória para os Estados Unidos por 6 a 4. O México ficou em terceiro.

No atletismo masculino, ninguém ameaçou a liderança norte-americana. Os Estados Unidos ganharam 20 das 24 medalhas de ouro em jogo, deixando apenas três para a Jamaica e uma para Cuba. Mas no feminino o equilíbrio foi maior, com Estados Unidos e Canadá empatados com cinco ouros, seguidos por Cuba, com dois.

A Argentina, primeira campeã dos Jogos, dominou apenas o remo, com quatro medalhas de ouro (apenas uma a mais do que o Brasil) e voltou a vencer no hóquei sobre a grama, sofrendo apenas um gol, contra o Chile. O México se destacou nas provas hípicas, com duas medalhas de ouro e uma de prata, atrás apenas do Canadá, com quatro de ouro, uma de prata e uma de bronze.

## E das águas surgiu o ouro

Não se pode dizer que a participação brasileira em Cali tenha sido das piores. Afinal de contas, a delegação manteve o mesmo nível de atuação dos Jogos Pan-americanos anteriores e ganhou nove medalhas de ouro (mais do que nos três primeiros Jogos) e 30 no total (menos apenas do que em 1951 e 1963). O problema é que em países como Estados Unidos, Cuba e Canadá o esporte evoluía muito mais rapidamente, deixando para trás alguns competidores que chegaram a se destacar nas primeiras edições dos Jogos, casos de Argentina, Chile e do próprio Brasil.

A mudança nas regras que passou a dar mais medalhas para o levantamento de peso de nada ajudou ao Brasil, que não tem tradição nesse esporte. Para completar, o Comitê Olímpico Brasileiro não inscreveu o futebol, que teria boa chance de medalha, nem levou qualquer representante no hipismo, já que havia suspeita de que os cavalos estivessem sofrendo de meningite. Outras modalidades que não tiveram a participação brasileira foram o nado sincronizado, o hóquei sobre a grama e o beisebol.

Em Cali, seis das nove medalhas de ouro vieram das águas; três conquistadas pelo remo no lago Calima, e três pelos velejadores, em Cartagena. A façanha dos representantes da vela brasileira merece um comentário à parte, pois não só venceram nas três categorias em disputa, como elevaram para nove o número de medalhas de ouro do Brasil na história dos Jogos Pan-americanos, deixando os Estados Unidos com seis.

Na classe Finn, a vitória foi do lendário Joerg Bruder; na Lightning, ganhou o barco de Manfred Shaaffhausen, Mario Buckup e Peter Ficker, e na Snipe, João Pedro Reinhard e Ralph Walter Christian. Os norte-americanos ficaram com as três medalhas de prata, enquanto argentinos (duas) e canadenses (uma) se contentaram com as de bronze.

Quase tão surpreendente foi a exibição do remo, que, além dos três ouros, ganhou mais uma de prata. Os campeões foram os barcos dois com (Atalibio Magioni, Celenio Martins Silva e Manuel Tereso Novo), double skiff (Edgard Gijsen e Harry Edmundo Klein) e quatro sem (Atalibio Magioni, Milton Teixeira, Mopir Miguel Bancov e Waldir Kuntze). Kuntze , em parceria com Teixeira, ainda ficou com a prata no dois sem.

O ancestral tiro, que deu a primeira medalha olímpica ao Brasil nos longínquos Jogos de Antuérpia, em 1920 — com Guilherme Paraense em pistola de tiro rápido —, finalmente deu a primeira medalha de ouro pan-americano ao Brasil em Cali. A pontaria certeira veio de Bertino Alves de Souza em pistola livre, 50 metros.

Mesmo sem vencer sua prova, na qual o cubano Pedro Perez Dueñas bateu o recorde mundial com 17,40m, Nelson Prudêncio, paulista nascido em Assis em 04/04/1944, foi um dos destaques nos Jogos de Cali. Três anos antes ele tinha sido personagem de uma disputa eletrizante pela medalha de ouro na Olimpíada do México. Na oportunidade, brigou pelo ouro com o soviético Victor Saneyev e o italiano Giuseppe Gentile. O recorde mundial foi batido nove vezes durante a prova, subindo de 17,03m para 17,37m. Prudêncio chegou a ser o recordista por alguns minutos, mas acabou em segundo lugar, com 17,27m.

Em Cali, Prudêncio saltou 16,82 e garantiu uma das duas únicas medalhas de prata do Brasil na Colômbia. A outra veio através de Silvina das Graças Pereira, que alcançou 6,35m no salto em distância. No ano seguinte, Prudêncio foi treinar na Alemanha, preparando-se para a Olimpíada de Munique. Aos 28 anos, buscava o ouro e o recorde mundial, mas saltou 17,05m, ficando com a medalha de bronze.

# Barba e cabelo no basquete

O que aconteceu com o vôlei em 1963, repetiu-se em 1971 com o basquete. O Brasil venceu tanto na categoria masculina quanto na feminina, que se sagrou bicampeã pan-americana. A vitória das mulheres — que nunca deixaram de subir ao pódio desde que o basquete feminino foi introduzido no Pan, em 1955 —, não causou grande surpresa. Mas a dos homens foi histórica, por representar a primeira vez que os Estados Unidos não ficavam com o título.

O interessante é que o time do técnico Edson Bispo dos Santos foi campeão mesmo perdendo para seu temido adversário. No entanto, os norte-americanos, surpreendentemente, perderam de Cuba, o que fez a classificação dos Estados Unidos depender do resultado da partida entre brasileiros e cubanos. Se o Brasil vencesse por cinco pontos, os Estados Unidos estariam eliminados.

Faltando um minuto e 50 segundos para o final da partida, o Brasil vencia por 11 pontos de diferença, que caíram para exatos cinco pontos no toque de encerramento do jogo. Com a eliminação dos norte-americanos, o Brasil seguiu firme para o título inédito com vitórias sobre Argentina (88 a 77), Porto Rico (73 a 71), Panamá (92 a 52), México (76 a 72) e Cuba (63 a 62). A prata ficou com Porto Rico e o bronze com os amigos cubanos. Os norte-americanos terminaram em sétimo lugar.

Os brasileiros que realizaram a proeza de ganhar o primeiro ouro não-norte-americano no basquete masculino foram Adilson de Freitas Nascimento, Carlos Domingos Massoni (Mosquito), Emil Assad Rached, Francisco Sérgio Garcia, Hélio Rubens Garcia, José Aparecido dos Santos, Luiz Cláudio Menon, Luiz Martins de Mello, Marcos Antonio Abdalla Leite (Marquinhos), Milton Setrini Junior (Carioquinha), Roberto José Correa e Washington Joseph (Dodi).

NORMINHA

Entre as mulheres, a seleção brasileira só passou com facilidade por Colômbia (98 a 45) e Equador (86 a 52). O Canadá foi vencido por 69 a 63 e a equipe viveu momentos delicados contra Estados Unidos, Cuba e México, todos derrotados por quatro pontos de diferença. Entrosado e experiente, o time comandado pelo técnico Waldir Pagan Peres chegava ao bicampeonato, seguido por Estados Unidos e Cuba.

# Marlene, uma recordista

Com o título em Cali, a brasileira Marlene alcançou, aos 33 anos, uma marca difícil de ser igualada no basquete dos Jogos Pan-americanos: conquistou sua quinta medalha seguida, sendo duas de ouro, duas de prata e uma de bronze, ou seja, 20 anos ininterruptos de pódio na competição mais importante das Américas.

Nascida no Rio de Janeiro em 23 de junho de 1938, Marlene José Bento começou a praticar esportes aos 13 anos, a conselho médico, pois sofria de bronquite asmática e tinha problemas de postura. "Eu era muito alta para os padrões da época (1,80m) e vivia curvada para disfarçar", lembra. Como o pai era militar, fazia vôlei e basquete na academia da aeronáutica e chegou a praticar as duas modalidades no Botafogo, antes de se decidir pelo basquete.

Ela conta que começou em 1952, no Clube dos Sargentos, em Cascadura, e que ia mudando de clube à medida que aquele em que estava fechava o departamento de basquete. Assim, mudou-se para o Botafogo, Flamengo, até terminar em São Caetano do Sul, pois a cidade iria sediar os Jogos Abertos do Interior e resolveu montar um time forte. Marlene acabou jogando os últimos seis anos de sua carreira por São Caetano e, em reconhecimento, a prefeitura colocou o seu nome no ginásio da cidade.

Ela tinha 17 anos quando foi convocada pela primeira vez para pivô da seleção brasileira, que defenderia por 17 anos, até o Sul-americano de 1972. Em seu primeiro ano na seleção conquistou a medalha de bronze nos Jogos Pan-Americanos do México, em 1955, entrando em poucas partidas e marcando apenas três pontos. O time, dirigido pelo técnico Mário Amâncio Duarte, tinha como titulares Cida (107 pontos), Nair (99), Aglaé (55), Coca (56), Wanda (38) e Izaura (42).

Nos Jogos de Chicago, em 1959, o Brasil só perdeu para os Estados Unidos e Marlene já era titular, com 79 pontos convertidos na competição. A equipe voltaria a ganhar a medalha de prata em São Paulo, e seria bicampeã em Winnipeg e Cali. Ainda em 1971, Marlene defendeu o Brasil no Campeonato Mundial, cuja fase final foi jogada em São Paulo e marcou o momento de maior popularidade do basquete feminino brasileiro.

"Não esperávamos um grande público. Na estréia contra a França, entramos pelo portão principal do ginásio do Ibirapuera e demos de cara com o ginásio lotado gritando 'Brasil, Brasil'. Foi uma choradeira. O mundial nos deixou mais conhecidas. Não podíamos sair do hotel por causa do assédio e dávamos muitas entrevistas. Foi o nosso momento de estrela.

MARLENE JOSÉ BENTO, medalhas em cinco Pans seguidos. Foto: Agência Estado

A medalha de bronze que conseguimos foi um grande impulso para a divulgação do basquete no país e aumentou demais a procura por escolinhas, principalmente em São Paulo", recorda Marlene.

No Mundial de 1971, o Brasil ganhou da França (55 a 51), Coréia (70 a 63), Japão (77 a 76) e Cuba (62 a 59). Mas perdeu da Tchecoslováquia (68 a 59) e da União Soviética (82 a 49), ficando em terceiro lugar, sua melhor colocação em um Mundial até ali.

Parte da primeira geração de ouro do basquete feminino brasileiro — na qual se destacavam também Maria Helena, Heleninha, Nilza e Norminha, entre outras —, Marlene agregou ao seu currículo mais cinco títulos sul-americanos: em 1958, no Peru; 1965, no Brasil; 1967, na Colômbia; 1968, no Chile, e 1970, no Equador.

Professora de Educação Física formada em Santos, Marlene se aposentou e foi morar em Niterói. Por muitos anos trabalhou nas escolinhas de base de São Caetano do Sul, onde chegou a ensinar futuras estrelas do basquete, entre elas a rainha Hortência.

# Curiosidades

A cerimônia de abertura em Cali, "a cidade da eterna primavera", foi realizada no estádio Pascual Guerrero, com capacidade para 60 mil pessoas. Cerca de 12 mil jovens colombianas, vestindo trajes típicos, dançaram músicas folclóricas do país.

Um recorde de 2.935 atletas, de 32 nações, participaram do desfile. Em seguida, o presidente colombiano Misael Pastrana Borrero declarou os Jogos abertos.

O velocista Ampara Trujillo entregou a tocha pan-americana ao ídolo local Jaime Aparicio, medalha de ouro nos 400m com barreiras nos Jogos de 1951. Aparicio subiu 64 degraus para acender a pira no alto do estádio.

Para evitar problemas com a segurança, o governo colombiano trancafiou todos os ladrões fichados na polícia.

Quatro integrantes da delegação cubana, descontentes com o regime de Fidel Castro, pediram asilo político durante a competição.

Pela primeira vez o ciclismo, bastante popular na Colômbia, arrebatou verdadeiras multidões. Cerca de 250 mil pessoas acompanharam as provas de estrada, além de lotarem o velódromo. A equipe colombiana não decepcionou e foi a única a ganhar duas medalhas de ouro, além de uma de prata e uma de bronze. As duas vitórias colombianas foram nas provas de perseguição 4.000 metros individual (Martin Rodriguez) e por equipes.

Surpreendido por Cuba, o basquete masculino dos Estados Unidos não só perdeu sua hegemonia nos Jogos, como ficou fora da fase final. Três jogadores norte-americanos que estiveram em Cali participaram da Olimpíada de Munique, no ano seguinte, quando os Estados Unidos também perderam o título, em decisão contestada, para a União Soviética. Foram eles Kenny Davis, James Forbes e Dwight Jones.

O pugilista brasileiro Vicente Maximiliano Campos fez só uma luta. Perdeu, mas saiu com a medalha de bronze na categoria pesado. É que só havia quatro inscritos e os dois perdedores das semifinais garantiam o bronze.

Vicente dividiu a terceira colocação com o jovem cubano Teófilo Stevenson, que se tornaria tricampeão olímpico dos superpesados (acima de 91 quilos) em 1972/76/80. O medalhista de ouro na categoria pesado em Cali foi o norte-americano Duane Bobick, que venceu Stevenson.

O pugilista venezuelano Francisco Rodriguez se tornou bicampeão pan-americano na categoria até 51 quilos.

A nova distribuição de medalhas no levantamento de peso permitiu ao norte-americano Ken Patera ganhar quatro ouros, todos na categoria superpesado (arranque, arremesso, força e total), tornando-se o primeiro a conseguir tal façanha na competição.

No vôlei masculino, Brasil, Cuba e Estados Unidos terminaram empatados com quatro vitórias e uma derrota cada um, mas o saldo de *sets* deu o título aos cubanos e a prata aos norte-americanos.

A prova de pistola tiro rápido deu ao guatemalteco Victor Castellanos a primeira medalha de ouro conquistada por seu país nos Jogos Pan-americanos.

A norte-americana Debbie Brill, uma das primeiras mulheres a adotar o estilo "Fosbury Flop", ou pulo de costas, no salto em altura, ganhou a medalha de ouro na prova com a marca de 1,85m. O salto tem esse nome em homenagem ao seu criador, o norte-americano Richard Douglas Fosbury, ou Dick (06/03/1947, Portland), que nas Olimpíadas do México, em 1968, revolucionou a técnica e ganhou a medalha de ouro saltando então inacreditáveis 2,24m.

O Pan de 1971 teve a rara oportunidade de ver o norte-americano Steve Prefontaine, aos 20 anos, vencer uma importante prova internacional. Prefontaine, que tinha o estilo agressivo de pular na frente e manter a ponta, chegou a bater todos os recordes norte-americanos nas distâncias de 2.000 a 10.000 metros e influenciou uma geração de corredores nos anos 70, mas não ganhou nenhuma medalha olímpica. Era um dos favoritos para a Olimpíada de Montreal, em 1976, mas morreu em um acidente de carro aos 24 anos.

PARTICIPANTES

2.935 atletas, de 32 países: Antilhas Holandesas, Argentina, Bahamas, Barbados, Belize, Bermuda, Bolívia, Brasil, Canadá, Chile, Costa Rica, Colômbia, Cuba, El Salvador, Equador, Estados Unidos, Guatemala, Guiana, Haiti, Ilhas Virgens, Jamaica, México, Nicarágua, Panamá, Paraguai, Peru, Porto Rico, República Dominicana, Suriname, Trinidad e Tobago, Uruguai e Venezuela.

MODALIDADES

20: Atletismo, basquete, beisebol, boxe, ciclismo, esgrima, natação, nado sincronizado, saltos ornamentais, pólo aquático, futebol, ginástica, hipismo, hóquei sobre grama, levantamento de peso, lutas, remo, tiro, vela e vôlei. O tênis, pela primeira e única vez, não foi incluído na programação dos Jogos.

NAS AMÉRICAS

Manifestações contra a Guerra do Vietnã ocorrem em Washington e São Francisco. Operários argentinos lutam em Córdoba contra o exército, durante greve decretada pela CGT. É deposto o presidente da Argentina, Roberto Marcelo Levingston. O Chile nacionaliza o cobre. Morre François Duvalier, o ditador do Haiti, que é substituído por seu filho Jean-Claude Duvalier. Juan Maria Bordaberry é eleito presidente do Uruguai.

NO MUNDO

A República Popular da China é admitida na ONU. A ONU conclui que são praticados atos de genocídio contra populações negras na África Meridional. EUA e URSS apresentam projeto que proíbe o uso de armas biológicas. A Câmara dos Comuns aprova o ingresso da Inglaterra no Mercado Comum Europeu. As últimas tropas sul-vietnamitas abandonam o Laos. Índia e Paquistão iniciam guerra. A República Árabe Unida passa a se chamar República Árabe do Egito e a República Democrática do Congo muda o nome para Zaire.

Os DUVALIER: pai e filho. Vietnã sai do Laos. China na ONU

## Quadro de Medalhas / Cali 1971

| Posição | País | Ouro | Prata | Bronze | Total |
|---|---|---|---|---|---|
| 1 | Estados Unidos | 105 | 73 | 40 | 218 |
| 2 | Cuba | 31 | 49 | 25 | 105 |
| 3 | Canadá | 19 | 20 | 41 | 80 |
| 4 | Brasil | 9 | 7 | 14 | 30 |
| 5 | México | 7 | 11 | 23 | 41 |
| 6 | Argentina | 6 | 4 | 12 | 22 |
| 7 | Colômbia | 5 | 9 | 14 | 28 |
| 8 | Jamaica | 4 | 3 | 4 | 11 |
| 9 | Porto Rico | 2 | 4 | 7 | 13 |
| 10 | Venezuela | 2 | 3 | 4 | 9 |
| 11 | Ant. Holandesas | 1 | 2 | 1 | 4 |
| 12 | Trinidad e Tobago | 1 | 1 | 5 | 7 |
| 13 | Panamá | 1 | 1 | 4 | 6 |
| 14 | Equador | 1 | 0 | 2 | 3 |
| 15 | Guatemala | 1 | 0 | 0 | 1 |
| 16 | Chile | 0 | 3 | 4 | 7 |
| 17 | Peru | 0 | 1 | 4 | 5 |
| | Uruguai | 0 | 1 | 4 | 5 |
| 19 | Barbados | 0 | 1 | 0 | 1 |
| 20 | Guiana | 0 | 0 | 1 | 1 |

BRUCE JENNER, campeão do decatlo no Pan e na Olimpíada. Foto: Sporting-Heroes.Net

# VII – México

*12 a 25.10.1975*

GUSTAVO A. MADERO
DELEGACIÓN AZCAPOTZALCO
DELEGACIÓN CUAUHTÉMOC
DELEGACIÓN VENUSTIANO CARRANZA
DELEGACIÓN MIGUEL HIDALGO
CIUDAD DE MÉXICO
EDO. DE MÉXICO
DISTRITO FEDERAL
Aeropuerto Benito Juárez
Bosque de Chapultepec 1a. Secc.
Bosque de Chapultepec 2a. Secc.
Plaza de las Tres Culturas
Río Hondo

Frida Kahlo
TEQUILA
REPOSADO

VII Juegos Deportivos Panamericanos
MEXICO 75

# O Pan do pulo

Com as desistências de Santiago do Chile e São Paulo, os Jogos voltaram à Cidade do México, cujo ar rarefeito facilitou a quebra de muitos recordes pan-americanos, além de alguns poucos mundiais — entre eles o mais importante, o do brasileiro João Carlos de Oliveira, o João do Pulo, com inacreditáveis 17,89m no salto triplo, 45 centímetros a mais do que a marca do soviético Victor Saneyev.

Seus 3.146 atletas, representando 33 países, firmavam o Pan como o segundo maior evento poliesportivo do mundo, mas nem tudo foram flores em 1975. A rivalidade política entre Cuba e Estados Unidos, fermentada pela destituição do governo marxista de Salvador Allende no Chile, passava para o campo esportivo, no qual os cubanos ousavam desafiar a liderança norte-americana.

Fortalecendo-se espantosamente em algumas modalidades, Cuba somou 56 medalhas de ouro, 45 de prata e 33 de bronze em 1975, mas ainda ficou muito distante dos Estados Unidos, com 117, 82 e 48, respectivamente. O Canadá se conservou em terceiro, mas com apenas 19 medalhas de ouro, à frente do México com nove e Brasil com oito. A Argentina, cuja crise econômica se refletia em seu desempenho esportivo, ganhou apenas três medalhas de ouro e 15 no total, milhas de distância do orgulhoso anfitrião que venceu os primeiros Jogos, em 1951.

Além da marca de João do Pulo, 20 recordes pan-americanos caíram no atletismo. O curioso é que um futuro astro da Olimpíada de 1976, em Montreal, não venceu no Pan do México. A um mês de completar 25 anos, o cubano Alberto Juantorena terminou em segundo nos 400 metros (44s80), atrás do norte-americano Ronald Ray (44s45) e à frente do brasileiro Delmo da Silva (45s53). Em Montreal, Juantorena, com suas passadas largas, não só venceu nos 400, como nos 800 metros, estabelecendo recordes mundiais nas duas provas. O mexicano Daniel Bautista, primeiro na marcha de 20 quilômetros, um ano depois repetiu o feito na Olimpíada, assim como o norte-americano Bruce Jenner, no decatlo.

O tiro, que bateu 13 recordes pan-americanos e um mundial, também teve os seus destaques. O norte-americano Lones Wigger — medalha de ouro em carabina três posições na Olimpíada de 1964, em Tóquio, e também em rifle livre três posições nos Jogos de Munique/1972 — no Pan de 1975 ganhou uma medalha de prata em carabina três posições individual e outra de ouro na mesma modalidade, por equipes. Mas Wigger foi eclipsado por sua compatriota Margaret Thompson-Murdock, que não só o venceu na prova individual (1.166 a 1.162 pontos), como dividiu com ele o ouro por equipes.

A proeza de Margaret não parou por aí. No ano seguinte ela se tornou a primeira mulher a ganhar uma medalha olímpica em tiro, conquistando o segundo lugar na prova de carabina três posições. Na verdade, ela empatou com o compatriota Lanny Bassham na primeira posição, mas os juízes decidiram que um tiro de Bassham tinha sido milimetricamente melhor e deram o ouro a ele. Bassham ficou contrariado com a decisão e durante a execução do hino nacional puxou Margaret para junto dele, no alto do pódio.

Nada menos do que 20 recordes pan-americanos foram estabelecidos no levantamento de peso, além de outros 27 na natação, modalidade novamente dominada pelos Estados Unidos, com 27 medalhas de ouro de 29 possíveis — as honrosas exceções foram o equatoriano Jorge Delgado nos 200 metros estilo livre (1m55s45), que conquistou a única medalha de ouro para seu país, além de uma de bronze nos 200 metros borboleta, e a canadense Lyn Chenard, vencedora dos 100 metros costas (1m06s59).

EARL BELL

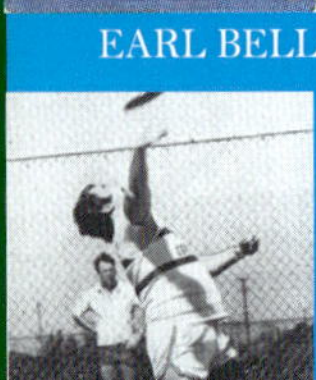
JOHN POWELL

Ainda na piscina, as norte-americanas venceram os três eventos do nado sincronizado. Seus compatriotas do pólo aquático deixaram escapar o ouro, que foi para o México. Nos saltos ornamentais, os Estados Unidos ganharam dois ouros, três pratas e dois bronzes, mas o destaque foi o mexicano Carlos Giron, que conquistou o ouro na plataforma de 10 metros e o bronze no trampolim.

A equipe cubana pode não ter colocado em risco a liderança geral dos Estados Unidos, mas assumiu, a partir de 1975, um patamar inalcançável pelas demais nações que, somadas, ganharam 44 medalhas de ouro, 12 a menos do que o país de Fidel. As modalidades que mais deram medalhas douradas aos cubanos foram levantamento de peso (18), boxe (7), ginástica

ALBERTO JUANTORENA não repetiu no Pan o ouro olímpico. Foto: Sporting-Heroes.Net

TEOFILO STEVENSON

RAY LEONARD

masculina (7), atletismo (7), esgrima (5), luta livre (3) e luta greco-romana (2), além dos coletivos vôlei (masculino e feminino) e beisebol.

Os Jogos de 1975 confirmaram também o surgimento de uma lenda do boxe. O cubano Teófilo Stevenson foi o vencedor na categoria peso-pesado. No Pan de 1971, Stevenson tinha ficado com o bronze; e, nos Jogos Olímpicos de Munique, Alemanha, em 1972, ele conquistou a primeira de suas três medalhas olímpicas de ouro, despontando como um dos maiores pugilistas de seu tempo. Outro notável pugilista que surgiu nesse Pan, admirado por sua técnica de esquivas, jogo de pernas e golpes precisos, foi o norte-americano "Sugar" Ray Leonard, campeão dos meio-médios ligeiros, que no profissionalismo se tornaria campeão mundial.

Se na ginástica feminina o domínio dos Estados Unidos foi total, com vitória nas seis modalidades, além de dois ouros nas barras assimétricas, devido ao empate entre Ann Carr e Roxanne Pierce, os cubanos deram o troco na ginástica masculina, também com sete ouros. Ganharam seis provas, sendo que nas argolas houve um empate na liderança entre os cubanos Jorge Cuervo e Leon Richard, premiados com uma medalha de ouro cada um. Cuervo destacou-se na ginástica masculina com quatro medalhas de ouro, mas não superou a performance da norte-americana Ann Carr, com cinco títulos. Carr só não foi campeã da prova de salto sobre o cavalo, vencida pela compatriota Colleen Casey.

A evolução cubana no atletismo foi marcante. Até ali, o máximo que o país tinha conseguido em um Pan fora duas medalhas de ouro. Em 75, somando-se homens e mulheres, ganhou sete de ouro, 11 de prata e oito de bronze. Seus destaques foram Silvio Leonard, ouro e recorde pan-americano nos 100 metros rasos (10s15), Alejandro Casañas, que acabou com a hegemonia norte-americana nos 100 metros com barreira; Rigoberto Mendoza, campeão da maratona; Anabella Alexander, recordista pan-americana do salto em distância (6,63m), Maria Elena Sarría, também recordista no arremesso do peso (18,03m).

O judô foi dominado pelo Canadá, com três medalhas de ouro nas categorias mais leves. Brasil, Estados Unidos e Cuba completaram o quadro dos vencedores no tatami. O remo foi equilibrado, com três títulos para os Estados Unidos, dois para o Brasil, um para Cuba, um para o Canadá e um para o argentino Ricardo Ybarra, credenciado pela medalha de prata na Olimpíada de Munique, três anos antes. Ybarra manteve a tradição argentina no barco single skiff, conquistando a quarta medalha de ouro para seu país em sete Jogos Pan-americanos.

Os argentinos mantiveram-se invictos no hóquei sobre a grama, conquistando o terceiro título consecutivo. Os Estados Unidos venceram no basquete dos homens e das mulheres. No futebol, Brasil e México foram declarados campeões depois que faltou luz no Estádio Azteca durante a prorrogação que decidia a medalha de ouro.

## Destaques: o remo e, é claro, o João

Não fosse a performance excepcional de João Carlos de Oliveira, que não só manteve a tradição brasileira no salto triplo, como estabeleceu um novo recorde mundial, e o Brasil teria tido uma atuação bem apagada no Pan de 1975. Mesmo levando uma equipe com 216 atletas e não competindo apenas no beisebol, hóquei na grama, nado sincronizado e pólo aquático, a equipe nacional só conquistou oito medalhas de ouro, uma a menos do que em Cali.

Na verdade, além de João Carlos de Oliveira, o "João do Pulo", deve-se destacar também o remo, que novamente teve uma atuação marcante, com duas medalhas de ouro, apenas uma a menos do que os Estados Unidos, além de uma de bronze. Os barcos campeões foram o dois sem, com Érico Vicente Souza e Raul Bagattini, e o double skiff, com Gilberto Gerhardt e Mario Franco Castro Filho.

A vela, o tiro e o judô, modalidades que tradicionalmente ganham medalhas para o Brasil em Jogos Pan-americanos, deixaram sua marca. Burkhard Cordes e Reinaldo Conrad venceram na classe Flying Dutchman, e outros dois barcos ganharam prata. No tiro, Athos Pisoni teve uma atuação histórica, com uma de ouro no skeet individual, mais uma de prata e uma de bronze. E, no judô, todos os atletas brasileiros ganharam medalhas. A de ouro veio com o meio-pesado Ricardo Oliveira Campos.

A natação não trouxe nenhum ouro, mas Djan Madruga e Rômulo Arantes ganharam três medalhas de bronze cada. Arantes se machucou um mês antes dos Jogos, enquanto surfava, mas conseguiu se recuperar a tempo. No levantamento de peso, Paulo Batista de Sene, da categoria 56 quilos, ganhou duas medalhas de prata: no arranque e no arremesso.

O Brasil não repetiu os bons desempenhos anteriores nos esportes coletivos. O basquete, que venceu nas categorias masculina e feminina em Cali, só ficou com um bronze no México, conquistado pelos homens. Também o time masculino trouxe a medalha de prata no vôlei. A melhor exibição coletiva ficou por conta do ótimo time de futebol montado pelo técnico Zizinho, com jogadores que chegariam à seleção principal, como o goleiro Carlos, o zagueiro Edinho, o meio-campo Batista e o atacante Cláudio Adão.

O Brasil chegou invicto à final com o México, depois de vencer Costa

Rica (3 a 1), El Salvador (2 a 0), marcar a maior goleada da história dos Pan contra a Nicarágua (14 a 0, com quatro gols de Luiz Alberto, do Fluminense), golear também a Bolívia (6 a 0, com quatro gols de Cláudio Adão, do Flamengo), empatar com a Argentina (0 a 0) e golear Trinidad e Tobago (7 a 0).

O jogo com o México foi realizado no dia 25 de outubro, no mesmo Estádio Azteca onde mais de cinco anos antes o Brasil se sagrara campeão do mundo, embalado pelo carinho do povo mexicano. Na final do Pan-americano, entretanto, o México também queria o título e os torcedores não foram nem um pouco amistosos. Para arbitrar jogo tão nervoso foi escolhido o argentino Arthur Iturralde.

O Brasil jogou com Carlos (Ponte Preta), Mauro (Guarani), Tecão (São Paulo), Edinho (Fluminense) e Chico Fraga (Internacional); Batista (Internacional), depois Bianchi (Santos), Eudes (Portuguesa) e Rosemiro (Remo); Luís Alberto (Fluminense), depois Marcelo (Atlético/MG), Cláudio Adão (Flamengo) e Santos (Santa Cruz). O México, com Gomez, Marquez, Viveros (V. Gomez), Garcia e Carrilo; Lugarini, Caballero e Cossio; Tapia, Rangel e Sanchez.

Tapia inaugurou o marcador para os mexicanos e Cláudio Adão, de pênalti, empatou no final do segundo tempo. Na prorrogação, o Brasil dominava a partida e estava prestes a fazer o gol da virada quando, aos cinco minutos do segundo tempo, o estádio ficou às escuras. O árbitro deu meia hora para o problema ser solucionado. Na volta das equipes, entretanto, ambas foram declaradas campeãs. Mais tarde, a Fifa anulou essa decisão, ou seja, para a maior entidade do futebol, o Pan do México não teve vencedor.

## Um salto para a história

O jornalista Edson Scatamacchia, que cobria o Pan para o *Jornal da Tarde*, estava ao lado da pista de atletismo do Estádio Azteca quando João Carlos de Oliveira competiu no salto triplo. Dois dias antes, Edson tinha entrevistado João na vila olímpica e este lhe garantira que ganharia a medalha de ouro também no triplo. João, que tinha vencido o salto em distância, afirmou que tinha certeza de nova medalha dourada, pois nos treinos saltara mais do que o recorde mundial. Edson não acreditou muito — até porque, estranhamente, o atleta estava alcoolizado quando fez tal afirmação —, mas seu instinto de repórter fez com que se dirigisse ao estádio no horário do salto triplo e também pautasse o fotógrafo Claudinê Petrolli. Edson conta o grande momento:

"Estava acostumado a cobrir futebol. Vi aquele túnel, deduzi que ia dar no campo e entrei. Ao sair do outro lado, dei de cara com uma multidão de 90 mil pessoas. O salto triplo estava começando. Sentei numa cadeirinha para organizar as anotações do dia e fiquei olhando. Muitos atletas, entre eles o João, 'queimavam' o salto, ao que o juiz erguia uma bandeirinha vermelha. Mas uma hora vi que o João veio numa velocidade tremenda, ele era muito mais rápido do que os outros, e saltou. Olhei para o árbitro e vi a bandeirinha verde.

"A pista não tinha a dimensão que tem hoje, nem a caixa de areia. O João bateu os dois pés na areia e caiu com as mãos na grama. Quando correram a trena, ela só chegou aos 17,50m. O resto foi medido com uma fita de centímetros. Quando o João caiu, olhou imediatamente para trás e viu que não tinha queimado. Ele saiu pulando, e chorava. Fui consolá-lo e ele encostou a cabeça no meu ombro e repetia: 'Eu não falei que ia ganhar o ouro?'. Mas aí dois policiais mexicanos imensos viram que eu não poderia estar ali e me arrastaram para o túnel.

"Levei uns bons cascudos e me acertaram um pontapé nas costas. Os papéis do meu fichário voaram para todo lado. Fora do estádio, sentei numa mureta, com as costas doendo. Nisso o presidente do COB, major Sylvio de Magalhães Padilha, passou por mim todo eufórico e exclamou: 'É, meu filho, viu que beleza?! Vamos lá comigo entregar a medalha!'. Respondi: 'Lá eu não vou não'.

"Depois procurei o Claudinê para saber se ele tinha mandado a foto do pulo. Não tinha mandado, mas tinha feito a foto. Então, fomos ao banheiro do quarto, onde ele improvisava um laboratório, para ver se tinha uma foto boa do João. Encontramos uma ótima, de frente, com os pés juntos, os braços erguidos, espirrando areia. Mas, ele preveniu, era de um salto queimado. Dava para ver um juiz erguendo a bandeirinha. Só que era a única que tínhamos e no jornal branco e preto, verde e vermelho são a mesma coisa. Eu decidi: 'Foda-se, Claudinê, manda essa foto', e ela foi publicada, correu o mundo e ganhou um prêmio internacional. Só que não é a foto."

Ao saltar 17,89m naquele 15 de outubro de 1975, João Carlos de Oliveira não só se tornou o terceiro brasileiro a bater um recorde mundial no salto triplo — depois de Adhemar Ferreira da Silva em 1955 e Nelson Prudêncio durante a Olimpíada de 1968 —, como aumentou em inacreditáveis 45 centímetros a marca do soviético Victor Saneyev.

Nem o técnico de João, Pedro Henrique Camargo de Toledo, acreditava numa performance assim. "Eu esperava que ele conquistasse um grande resultado, mas não o recorde", admite Pedrão, que diz ter preparado o atleta

15.10.1975: JOÃO CARLOS DE OLIVEIRA salta os inacreditáveis 17,89m. Foto: Agência Estado

para uma medalha de bronze. Na mesma prova, o Brasil ainda tinha o experiente Nélson Prudêncio, que vinha de medalhas de prata nos Pan-americanos de 1967 e 1971, além de uma prata olímpica no México, em 1968, e um bronze em Munique/1972.

"No aquecimento eu já vi que ele estava saindo do chão com uma facilidade tremenda. Ele já tinha vencido o salto em distância e todos nós tínhamos a expectativa de que ele fosse muito bem no triplo", comenta Prudêncio, que acabou ficando sem medalhas em 1975, mas nem se importou, pois vibrou muito com a conquista de João do Pulo, que ele recorda em detalhes. "Estava escrito que o recorde seria batido. O segundo salto já tinha sido sensacional. Mas a marca foi conquistada na quarta tentativa. Ele veio correndo com uma vontade enorme. Eu assisti ao salto de perto, e quando vi que o recorde mundial tinha sido batido, perdi totalmente o controle. Foi uma alegria imensa", lembra Prudêncio, hoje professor de Educação Física em São Carlos.

Dois norte-americanos ladearam João Carlos de Oliveira no pódio: Tom Haynes, que saltou 17,20m e Caleb Rahman, com 16,98m. Com o resultado, João do Pulo manteve a escrita de haver sempre um brasileiro entre os três primeiros dessa prova nos Jogos Pan-americanos. Depois do tri de Adhemar Ferreira da Silva (1951/55/59), veio o bi de Prudêncio em 1967/71 e João do Pulo em 1975. Poucos se lembram de que em São Paulo/1963, quando o norte-americano levou o ouro com a pior marca da história do salto triplo no Pan (15,15m, menos do que o 15,19m de Adhemar em 1951), o bronze foi para o brasileiro Mario Gomes, com 14,97m.

## Talento puro

Como tantos jovens brasileiros, João Carlos de Oliveira teve uma infância dividida entre os estudos, alguma diversão e muito trabalho para ajudar a família. Filho de Paulo e Maria de Oliveira, nasceu em Pindamonhangaba, São Paulo, em 28 de maio de 1954. Entre outros afazeres, foi lavador de carros e servente de pedreiro. Tocou bumbo no bloco carnavalesco Charles Anjo 45 e queria ser jogador de futebol.

Aos 17 anos já tinha 1,89m e resolveu se inscrever na prova de salto em altura do Campeonato Colegial de Esportes. Saltou 1,75 e foi apenas o décimo colocado, mas despertou a atenção do juiz de sua prova, o estudante de Educação Física José Roberto de Vasconcelos. Este foi o primeiro a enxergar o grande potencial de João e o recomendou ao professor Oswaldo

Gonçalves, que confirmou a aptidão do rapaz de Pindamonhangaba após uma seção de testes de impulsão e salto.

João passou a treinar todas as quartas-feiras em Cruzeiro. No ano seguinte, os resultados começaram a aparecer. Foi sexto no salto em altura e terceiro no salto triplo do Campeonato Colegial e recebeu convite do São Paulo, onde ficou um ano e iniciou sua carreira profissional, passando depois para o Pinheiros.

Aos 18 anos, depois de ser campeão brasileiro juvenil, João Carlos de Oliveira bate o recorde mundial da categoria ao saltar 14,75m. Aos 20 anos disputa o Sul-americano adulto, no Chile, e consegue a marca de 16,34m, superando Nelson Prudêncio. No ano seguinte, ao bater o recorde mundial durante o Pan do México, precipitou a aposentadoria de Prudêncio, que reconheceu não ter "velocidade" para alcançar o garoto e se disse satisfeito por constatar que a prova tinha um herdeiro à altura.

As duas medalhas de ouro e o recorde no Pan do México criaram em torno de João do Pulo uma grande expectativa de que repetiria o sucesso de Adhemar Ferreira da Silva também nos Jogos Olímpicos. Mas ele ganharia medalhas de bronze em Montreal/1976 e Moscou/1980. Na capital soviética, como a tevê mostrou anos depois, João saltou mais de 18 metros, o que seria um novo recorde mundial, mas os árbitros, interessados em ajudar os atletas da casa, alegaram que ele "queimou". Nove dos seus 12 saltos foram anulados e o ouro e a prata ficaram com Jaak Uudmäe e Victor Saneyev, respectivamente.

O técnico Pedro de Toledo, que passou a viajar com João, assegura que, além de Moscou, seu pupilo superou com folga a marca dos 18 metros no *meeting* de Bratislava, na atual República Tcheca, mas novamente o salto foi invalidado pela arbitragem. Antes de Moscou, João do Pulo ganharia mais duas medalhas de ouro no Pan-americano de San Juan, em 1979. Mas essa é uma história para ser contada no próximo capítulo.

# Curiosidades

A cidade que deveria receber os VII Jogos Pan-americanos seria Santiago, mas a capital chilena alegou problemas financeiros e políticos para desistir do evento (em setembro de 1973 o Chile sofreu um golpe de Estado que resultou na morte do presidente Salvador Allende e colocou na ilegalidade os partidos políticos marxistas).

São Paulo então foi escolhida para substituir Santiago, mas também com falta de dinheiro deu a desculpa de um surto de meningite e passou o bastão para a Cidade do México, que foi nomeada em 19 de outubro de 1974 e em um ano organizou um dos melhores Pan-americanos já realizados.

A boa organização mostrada pelos mexicanos tem uma explicação: o país já estava acostumado a sediar grandes eventos esportivos: primeiro o Pan de 1955, depois a Olimpíada de 1968 e por fim a Copa do Mundo de futebol de 1970.

A abertura foi no Estádio Azteca, o mesmo que em 1970 viu o Brasil golear a Itália por 4 a 1 e conquistar seu terceiro título mundial no futebol. No desfile dos 3.146 atletas, representando 33 países, os 110.000 espectadores vaiaram a equipe norte-americana e o presidente do México Luis Echeverria, que mal conseguiu fazer o discurso de abertura. Por outro lado, a delegação cubana foi recebida com entusiasmo.

O norte-americano Steve Woznickl protagonizou uma cena constrangedora no velódromo. Depois de um protesto da equipe cubana nas semifinais da prova de velocidade, Woznickl estacionou na frente dos juízes, reclamou em altos brados, ameaçou jogar a bicicleta no júri e retirou-se em prantos. O incrível é que ele acabou ganhando a medalha de ouro, com o tempo de 11s154.

O norte-americano Bruce Jenner, futuro campeão olímpico nos Jogos de Montreal, em 1976, venceu a prova do decatlo, a despeito de destruir a câmera de um fotógrafo mexicano com um arremesso equivocado do dardo.

A delegação norte-americana protestou contra o resultado da marcha de 20 quilômetros. É que o medalhista de bronze, Larry Young, foi atrapalhado por espectadores quando se aproximava dos dois primeiros colocados, ambos mexicanos. O apelo foi negado. A medalha de ouro ficou com Daniel Bautista, do México, seguido pelo compatriota Domingo Colin. Young terminou a quase cinco minutos do primeiro colocado.

O cubano Silvio Leonard deu um pique tão forte para vencer a prova dos 100 metros e quebrar o recorde pan-americano (10s15), que depois da linha de chegada se descontrolou e caiu no túnel, machucando o tornozelo.

Um repórter da CBS foi quem avisou as medalhistas de ouro e prata na prova dos 200 metros rasos que elas tinham recebido as medalhas trocadas. Na verdade, quem venceu a prova foi a norte-americana Chandra Cheeseborough (22s77), seguida pela compatriota Pamela Giles (22s91). A medalha de bronze foi da brasileira Silvina Pereira (23s17).

O técnico Mary Harshamm acirrou os ânimos contra sua equipe ao dizer que, na estréia, o time norte-americano de basquete poderia ter vencido a Argentina com mais facilidade — isso depois de um placar de 103 a 62, ou 41 pontos de diferença. Por sua vez, o técnico cubano Jose Alvarez agrediu o árbitro canadense depois da derrota para Porto Rico por 89 a 85.

A polícia teve de intervir para restaurar a ordem depois que a delegação cubana protestou contra a eliminação do judoca Hector Rodriguez na semifinal da categoria 63 quilos, em luta contra o canadense Brad Morrow, que ficou com a medalha de ouro.

Em outra semifinal do judô, o meio-pesado norte-americano Irwin Cohen foi desclassificado contra o brasileiro Ricardo Oliveira Campos, que acabou sendo campeão.

Pode-se dizer que no Pan do México cubanos e norte-americanos brigaram até embaixo d'água. Na vitória dos Estados Unidos por 3 a 1, que valeu a medalha de prata no pólo aquático, o time de Cuba machucou três jogadores adversários, incluindo o goleiro, que levou três pontos nos lábios. O ouro ficou com o México.

Na luta greco-romana, que estreava nos Jogos, o norte-americano Willie Williams conquistou o público ao aceitar lutar contra o mexicano Javier Serrano, que já tinha sido desqualificado por tomar mel (somente água é permitida entre os rounds). Williams ganhou de Serrano, ficou com a medalha de ouro e foi aplaudido pelas 2.000 pessoas que minutos antes tinham jogado de tudo sobre o ringue.

No tiro, o mexicano Olegario Vasquez Rana provou que não foi convocado apenas por ser irmão do presidente do comitê de organização dos Jogos. Olegario venceu a prova de carabina de ar com 393 pontos, um recorde mundial.

No México passaram-se a exigir exames de feminilidade entre as mulheres. Como elas deveriam chegar três dias antes do início dos Jogos para realizar os exames, três atletas não foram ao Pan. Alegação: não podiam arcar com as despesas para viajar com antecedência.

O estande de tiro viveu um momento cômico quando, depois de uma dúvida sobre a pontuação, alguém sugeriu que os juízes deveriam contar todos os buracos nos alvos.

Na prova de saltos ornamentais, uma câmera dentro da piscina mostrou ao vivo o momento em que a canadense Linda Cuthbert perdeu o top do seu maiô, ficando com os seios à mostra. Linda se recompôs e ganhou a medalha de bronze.

**PARTICIPANTES**

3.146 atletas, de 33 países: Antilhas Holandesas, Argentina, Bahamas, Barbados, Belize, Bermuda, Bolívia, Brasil, Canadá, Chile, Costa Rica, Colômbia, Cuba, El Salvador, Equador, Estados Unidos, Guatemala, Guiana, Haiti, Honduras, Ilhas Virgens, Jamaica, México, Nicarágua, Panamá, Paraguai, Peru, Porto Rico, República Dominicana, Suriname, Trinidad e Tobago, Uruguai e Venezuela.

**MODALIDADES**

23: Atletismo, basquete, beisebol, boxe, ciclismo, esgrima, natação, nado sincronizado, saltos ornamentais, pólo aquático, futebol, ginástica, hipismo, hóquei sobre grama, judô, levantamento de peso, luta livre, luta greco-romana, remo, tênis, tiro esportivo, vela e vôlei. Pela primeira vez foi disputada a luta greco-romana.

**NAS AMÉRICAS**

O Brasil assina acordo de cooperação nuclear com a Alemanha Ocidental. Os Estados Unidos suspendem parcialmente o bloqueio econômico a Cuba. Fracassam dois atentados contra o presidente Gerald Ford, dos Estados Unidos. O presidente do Peru, general Alvarado, é deposto e substituído pelo general Francisco Morales Bermúdez. É declarada a independência do Suriname. Oficiais da Força Aérea Argentina rebelam-se contra o governo.

Usina atômica em Angra. GERALD FORD

Independência do Suriname. FRANCISCO FRANCO e JUAN CARLOS

**NO MUNDO**

Morre o ditador Francisco Franco e o príncipe Juan Carlos de Bourbon assume o governo da Espanha. A ONU considera o sionismo uma forma de racismo e discriminação racial. O general Duong Van Minh é designado presidente do Vietnã do Sul e anuncia a rendição ao Vietcongue. O governo sul-africano restabelece para os negros das cidades o direito de propriedade sobre as casas em que vivem. É assassinado o rei Faiçal, da Arábia Saudita, que é sucedido pelo príncipe herdeiro Khaled. O presidente Ford visita a China.

## Quadro de Medalhas / México 1975

| Posição | País | Ouro | Prata | Bronze | Total |
|---|---|---|---|---|---|
| 1 | Estados Unidos | 117 | 82 | 48 | 247 |
| 2 | Cuba | 56 | 45 | 33 | 134 |
| 3 | Canadá | 19 | 35 | 40 | 94 |
| 4 | México | 9 | 13 | 38 | 60 |
| 5 | Brasil | 8 | 13 | 23 | 44 |
| 6 | Argentina | 3 | 5 | 7 | 15 |
| 7 | Colômbia | 2 | 4 | 4 | 10 |
| 8 | Equador | 1 | 1 | 1 | 3 |
| 9 | Guiana | 1 | 1 | 0 | 2 |
| 10 | Peru | 1 | 1 | 0 | 2 |
| 11 | Porto Rico | 0 | 3 | 7 | 10 |
| 12 | Panamá | 0 | 2 | 2 | 4 |
| 13 | Venezuela | 0 | 1 | 11 | 12 |
| 14 | Rep. Dominicana | 0 | 1 | 7 | 8 |
| 15 | Jamaica | 0 | 1 | 3 | 4 |
| 16 | Ant. Holandesas | 0 | 1 | 0 | 1 |
| 17 | Trinidad e Tobago | 0 | 1 | 0 | 1 |
| 18 | Chile | 0 | 0 | 2 | 2 |
| 19 | Uruguai | 0 | 0 | 2 | 2 |
| 20 | Barbados | 0 | 0 | 1 | 1 |
| 21 | El Salvador | 0 | 0 | 1 | 1 |
| 22 | Guatemala | 0 | 0 | 1 | 1 |
| 23 | Nicarágua | 0 | 0 | 1 | 1 |

EVELYN ASHFORD, ouro nos 100 e 200m, campeã olímpica dos 100m em Los Angeles. Foto: Sporting-Heroes.Net

# VIII - San Juan

*01 a 15.07 de 1979*

ATLANTIC OCEAN
Isabela
Aguadilla
Arecibo
Dorado
San Juan
Bayamón
Manati
Río Grande de Manati
San Sebastian
Río Grande de Añasco
Utuado
Mayagüez
Adjuntas
Caguas
Aibonito
Cayey
Coamo
Humacao
Yabucoa
San Germán
Yauco
Ponce
Playa de Ponce
Santa Isabel
Guayama
Cabo Rojo
Isla Caja de Muertos
Isla Desecheo (Puerto Rico)
Isla Mona (Puerto Rico)
Isla de Vieques (Puerto Rico)
Mona Passage
18°30′
18°00′
EAN SEA

BANCO POPULAR
HIRAM BITHORN STADIUM
BALLPARKS

1973 Canada
100 Dollars
ELIZABETH II D.G.REGINA

# EUA se mantêm

Nunca se saberá se alguns atletas norte-americanos que participaram dos Jogos Pan-americanos de San Juan brilhariam na Olimpíada de Moscou, no ano seguinte — evento boicotado pelos Estados Unidos devido à invasão soviética do Afeganistão. O que se pode afirmar é que o Pan de 1979 tornou-se, por duas semanas, o campo de uma batalha esportiva e ideológica que colocou frente a frente as duas potências esportivas das Américas, numa competição de bom nível técnico e cada vez mais abrangente, já que, depois de três edições sem novas modalidades no programa, estrearam softbol, patinação e tiro com arco.

O desenvolvimento assombroso do esporte cubano, que se revelou nos Jogos de Cali e prosseguiu no México, fazia prever uma disputa acirrada pela liderança em San Juan de Porto Rico. Mas os Estados Unidos também se prepararam bem para os Jogos, anulando o esforço do adversário. A diferença entre as medalhas de ouro ganhas pelos dois grandes rivais permaneceu exatamente igual, 61 (de 117 a 56 no México, para 126 a 65 em San Juan), mas os norte-americanos aumentaram de 37 para 45 a diferença no total de medalhas de prata (de 82 a 45, para 94 a 49).

Cuba apostava num domínio esmagador em modalidades como levantamento de peso, boxe, ginástica masculina e lutas em geral (luta livre, greco-romana e judô); a liderança em outras, tais como ginástica masculina, esgrima, remo, ciclismo e esportes coletivos; e um equilíbrio maior com os Estados Unidos em atletismo, tiro e ginástica feminina. Atingiu alguns desses objetivos, é verdade, mas também percebeu que o adversário podia aumentar sua

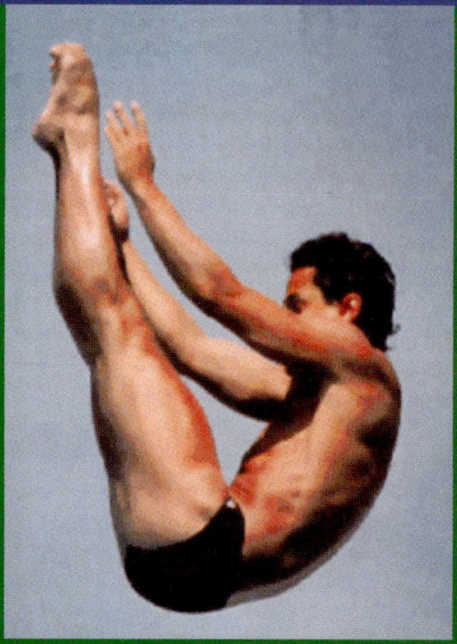

GREG LOUGANIS

vantagem em algumas modalidades, como atletismo e tiro, e voltar a crescer em outras, como o boxe, nas quais os cubanos já se julgavam absolutos.

Um fato marcante em San Juan foi a derrota de Alberto Juantorena nas provas de 400 e 800 metros, nas quais conquistara a medalha de ouro três anos antes, na Olimpíada de Montreal. O orgulhoso e, para os jornalistas, antipático ídolo cubano, perdeu os 400 metros para Anthony Darden, dos Estados Unidos, e os 800 para James Robinson, também norte-americano, que estabeleceu novo recorde pan-americano (1m46s30).

Os destaques do atletismo masculino, únicos com duas medalhas de ouro, foram o velocista cubano Silvio Leonard, vencedor dos 100 e 200 metros, e o brasileiro João Carlos de Oliveira, que repetiu o feito do Pan anterior e ganhou o ouro tanto no salto em distância como no triplo. O norte-americano Renaldo Nehemiah bateu o recorde pan-americano (13s21) ao vencer os 110 metros com barreiras.

Como já estava ficando tradicional, os mexicanos venceram as provas de marcha atlética: Daniel Bautista nos 20 quilômetros, e Raul Gonzalez nos 50. Outro mexicano, Rodolfo Gómez, ganhou os 10 mil metros, e o cubano Radames Gonzalez venceu a maratona. Aos canadenses couberam as medalhas de ouro no salto com vara (Bruce Simpson, 5,15m) e lançamento do martelo (Scott Neilson, 69,64m). Das 24 medalhas de ouro em disputa, os norte-americanos ficaram com 10.

No atletismo feminino, a vantagem dos Estados Unidos foi ainda maior, com 11 vitórias em 15 possíveis. Evelyn Ashford venceu nos 100 e 200 metros. Ela seria prejudicada pelo boicote norte-americano a Moscou, mas venceria os 100 metros na Olimpíada de Los Angeles, em 1984. As cubanas foram melhores no arremesso de peso e lançamentos do dardo e do disco —

prova na qual Carmen Romero se tornou tricampeã pan-americana. No pentatlo, o ouro foi para a canadense Diane Jones Konihowski.

Cuba foi melhor na ginástica masculina, conquistando todas as oito medalhas de ouro (só Sergio Suarez ganhou três); na esgrima, com seis vitórias em oito possíveis; no remo, com três ouros e três bronzes, e deu um *show* no levantamento de peso, com 24 medalhas de ouro, três de prata e uma de bronze, contra seis de ouro, 11 de prata e seis de bronze dos Estados Unidos.

Mas os Estados Unidos voltaram a arrasar na natação, vencendo todas as 15 provas masculinas e 13 das 14 femininas. O porto-riquenho Jesus (Jesse) Vassallo competiu pela equipe norte-americana e ganhou duas medalhas de ouro no estilo medley e uma de prata no nado de costas, estabelecendo o recorde mundial dos 200m medley, com 2m03s29. Outro recorde mundial foi batido por Mary Meagher nos 200m borboleta, com 2m09s77.

TITO STEINER, prata no decatlo

A estrela das piscinas foi Cynthia (Sippy) Woodhead, com cinco de ouro — três individuais e duas no revezamento. O boicote a impediu de competir na Olimpíada de Moscou. Em Los Angeles/1984, após superar muitos problemas de contusão, ela conseguiu a prata nos 200m livre. Depois abandonou a natação e tornou-se triatleta. Outro muito prejudicado pelo boicote a Moscou foi o mergulhador Greg Louganis, que em San Juan foi campeão do trampolim e da plataforma. Ele se tornaria tricampeão pan-americano e bicampeão olímpico nas duas provas em 1984 e 88.

Na luta livre (10) e no hipismo (4), os norte-americanos venceram todas as provas em disputa; ganharam quatro ouros e duas pratas no tênis e também lideraram a vela, com três ouros, três pratas e um bronze. No boxe, superaram os cubanos por uma medalha de ouro (5 a 4). No boxe, o anfitrião Porto Rico ganhou suas duas únicas medalhas douradas.

Nos esportes coletivos, Cuba levou vantagem, com medalhas de ouro no beisebol, basquete feminino e vôlei masculino e feminino. Os Estados Unidos venceram no basquete masculino, no softbol feminino e no pólo aquático. A Argentina foi campeã nos dois hóqueis: sobre a grama e sobre patins. O Canadá venceu no softbol masculino e o Brasil no futebol.

RENALDO NEHEMIAH, ouro nos 100m com barreiras

A estréia de três modalidades não alterou a disputa entre Estados Unidos e Cuba. Ao contrário. Os norte-americanos ganharam todas as medalhas de ouro e prata nas oito provas de patinação artística; venceram as quatro provas de tiro com arco e foram ouro e prata no softbol. A introdução dos esportes sobre patins foram especialmente importantes para a Argentina, que graças a eles ficou em quarto lugar, superando o Brasil. Das 12 medalhas de ouro argentinas, oito vieram das modalidades sobre rodas.

DANIEL BAUTISTA, vencedor da marcha de 20 km, como na Olimpíada de 76. Foto: Sporting-Heroes.Net

# Banzai judô brasileiro!

Em San Juan, o Brasil voltou a ter um desempenho discreto. Levou 278 atletas para ganhar apenas nove medalhas de ouro — muito pouco quando se recorda que em Winnipeg, 12 anos antes, conquistara 11 ouros com menos da metade da delegação (132 atletas). O país só não teve representantes no beisebol, hóquei sobre a grama, softbol, lutas, nado sincronizado e corridas sobre patins.

O grande destaque individual voltou a ser João Carlos de Oliveira, que repetiu o feito do México ao conquistar medalhas de ouro nos saltos em extensão e triplo. Para ele, o Pan-americano servia como preparação para a Olimpíada de Moscou, na qual esperava ganhar a medalha de ouro e superar o seu próprio recorde mundial no salto triplo.

Das modalidades, a que se sobressaiu foi o judô, que superou problemas internos para realizar a sua melhor campanha em toda a história do Pan, com quatro medalhas de ouro, uma de prata e duas de bronze. Dois dos vencedores — o peso médio Carlos Alberto Cunha e o meio-pesado Oswaldo Cupertino Simões — nem deveriam estar em San Juan, pois tinham sido julgados por indisciplina pela Confederação Brasileira de Judô e seriam suspensos.

Os problemas começaram em uma viagem de intercâmbio ao Japão, quando os atletas dizem ter passado fome. Na volta ao Brasil, os judocas foram julgados e deveriam ficar fora da delegação que ia ao Pan-americano. Só foram a Porto Rico por intervenção do general Pires, chefe da delegação. "Esses meninos quase ficam fora da equipe por causa da política nojenta da Confederação Brasileira de Judô", dizia Pires.

"Graças a Deus que a gente foi bem neste campeonato. Ele limpou uma barra que iria continuar suja por uns 10 anos. Os caras criticavam, quando a gente ia se defender, lá vinha processo em cima", explicou Carlos Alberto Pacheco, medalha de ouro na categoria meio-pesado. Além dele e de Carlos Alberto Cunha, o peso ligeiro Luiz Shinohara e o absoluto Oswaldo Cupertino Simões venceram em suas categorias; Luis Onmura foi prata no meio-leve e Roberto Machusso (leve) e novamente Oswaldo Cupertino Simões (pesado) ganharam mais duas medalhas de bronze.

Curiosamente, o único judoca brasileiro a sair sem medalha de San Juan foi o peso médio Walter Carmona, que, no entanto, conquistaria a medalha de bronze na Olimpíada de Los Angeles, em 1984, assim como o meio-leve Luis Onmura. Em San Juan, os judocas brasileiros foram acompanhados pelo técnico Oide Fuyuo, da tradicional academia de Vila Sônia, em São Paulo, a serviço do judô brasileiro desde os 14 anos.

O remo e a vela voltaram a marcar presença importante no Pan, cada modalidade com um ouro, uma prata e um bronze. Na vela, o campeão mundial Mario Buckup, ao lado de Joaquim Feneberg e Ralph Walter Christi, ficou com o ouro na classe Lightning. No remo, apesar da desorganização da delegação brasileira, que fez os remadores competirem com calções do ciclismo e camisas do basquete, Laildo Ribeiro Machado, Manuel Tereso Novo e Waldir Kuntze ganharam o ouro no dois com.

Os três barcos medalhistas do remo pertenciam à equipe do Flamengo, comandada pelo técnico "Buck", ou Guilherme Augusto do Eirado Silva, que competiu na guarnição do "oito", medalha de bronze no Pan de Chicago. Buck já era o técnico da equipe brasileira desde o Pan de 1963, em São Paulo, quando seus barcos conseguiram cinco medalhas de prata e uma de bronze.

Na natação, Djan Madruga conquistou três medalhas de prata e três de bronze. Uma das pratas veio no revezamento 4x200m livre, que no ano seguinte ganharia o bronze na Olimpíada de Moscou. A equipe era formada por Cyro Delgado, Djan Madruga, Jorge Fernandes e Marcus Mattioli. Madruga ainda foi prata nos 400m e 1.500m livre, e bronze nos 200m costas, 200m livre e revezamento 4x100m livre, com Cyro Delgado, Marcus Mattioli e Rômulo Arantes. Rômulo ganhou mais uma prata nos 100m costas.

O tiro deixou sua marca, com duas de prata e duas de bronze. O boxe só conquistou uma prata e um bronze. O atletismo, além dos ouros de João do Pulo, ganhou uma prata com Antônio Euzébio Dias Ferreira nos 400m com barreiras, dois bronzes com Agberto Guimarães (800 e 1.500 metros) e mais um bronze no revezamento 4x100m. Quanto aos tenistas, bem que tentaram, mas eram mais jovens e inexperientes do que seus adversários e voltaram para casa de mãos abanando.

Nos esportes coletivos, o futebol, comandado pelo experiente técnico Mário Travaglini, chegou ao título sem dificuldade. Para isso, derrotou Cuba duas vezes: na fase de classificação (1 a 0) e na decisão da medalha de ouro (3 a 0). A final, no estádio Sixto Escobar, atraiu um público de 8 mil pessoas, o recorde para partidas de futebol em Porto Rico.

O hóquei sobre patins surpreendeu ao ficar com a medalha de prata, atrás apenas da Argentina, campeã mundial da época. Inexperiente, a seleção brasileira empatou com os argentinos (2 a 2), mas foi surpreendida pelos norte-americanos. O vôlei masculino também ficou com a prata. Na última partida, dependia de uma larga vitória sobre os cubanos para conquistar o ouro e esteve à frente por dois sets a um, mas permitiu a virada.

O vôlei feminino ficou com o bronze, assim como o basquete dos homens, que deu vexame. Durante a competição, jogadores se rebelaram contra o técnico Ary Vidal, que fez vistas grossas às saídas noturnas de estrelas do time, que passaram boa parte do tempo no cassino do Hotel Holiday Inn. O Brasil chegou a perder de Ilhas Virgens, em sua derrota mais constrangedora na história dos Pans.

O basquete feminino terminou em quarto, atrás de Cuba, a campeã, Estados Unidos e Canadá, mas a equipe brasileira estava em reformulação. O técnico Antonio Carlos Barbosa preparava um time jovem, no qual já se destacavam a ala Hortência, que marcou 132 pontos em San Juan, e a armadora Paula, 76.

Quem fez feio foi o pólo aquático, cujos atletas, escolhidos de clubes de elite de São Paulo e Rio de Janeiro, passaram o tempo curtindo as delícias de Porto Rico, mas pouco se dedicaram aos treinos ou à competição. Como conseqüência, num desempenho que faria corar os heróis de 1963 e 1967, perderam todas as partidas e ficaram em último lugar.

## Jogo sujo em Moscou

Em San Juan, aos 25 anos e no auge de sua forma física, João Carlos de Oliveira venceu com aparente facilidade as provas do salto em extensão, com 8,18m, e salto triplo, com 17,27m. Livre de uma contusão que o incomodou durante a Olimpíada de Montreal, em 1976, na qual só conseguiu a medalha de bronze, com 16,90m, João do Pulo não escondia que seu grande objetivo era conquistar o ouro nos Jogos de Moscou, em 1980, e superar seu próprio recorde mundial, saltando além de 18 metros.

Mas entre João e seu sonho havia os interesses soviéticos, que não queriam permitir que o tricampeão olímpico Victor Saneyev fosse batido em sua própria casa e, segundo matéria da revista *Época* assinada por Fábio Altman, ao mesmo tempo pretendiam agradar a marca japonesa Mizuno, que havia investido 100 mil dólares no transporte da tocha e queria um campeão olímpico com seu tênis para divulgar a foto pelo mundo.

A trama contra João do Pulo — na verdade um crime imperdoável contra o esporte e o desejo ancestral do homem de superar seus limites — foi revelada pelo jornal *The Sydney Morning Herald* durante a Olimpíada de Sydney, em 2000. Dos 12 saltos, João teve nove anulados. Os juízes de linha deram como queimados os seus últimos três saltos, todos acima de 17,50m, o que lhe daria a medalha de ouro. Ele acabou ficando com a medalha de

O bi do JOÃO. No ano seguinte seria roubado em Moscou. Foto: Agência Estado

bronze, com 17,22m. Saneyev, com apenas dois centímetros a mais, ganhou a prata e o vencedor foi o estoniano Jaak Uudmae, com 17,35m.

Na época, o técnico Pedro Henrique de Toledo e o próprio João afirmaram que um dos saltos anulados foi além dos 18 metros. O treinador estoniano Harry Seinberg, em conversas descontraídas com outros técnicos e atletas, admitiu que as marcas de João haviam sido alteradas, mas se negou a confirmar as informações para o Comitê Olímpico Internacional e a Federação Internacional de Atletismo.

O tricampeão Victor Saneyev, que deixou a União Soviética em 1991 para ser entregador de pizzas em Sydney, antes de poder trabalhar como treinador de jovens atletas, disse à revista *Época* que não poderia afirmar se os saltos de João queimaram, mas que sem dúvida ele "foi o mais prejudicado de todos nós em 1980" e "nos últimos três saltos ele alcançou espetaculares 17,50 metros, com certeza".

Mesmo decepcionado pela maneira com que foi deliberadamente prejudicado em Moscou, João continuou treinando e competindo. Em 1981 tornou-se tricampeão mundial do salto triplo, campeão sul-americano e do Troféu Brasil. Ganhou o Mundial, no estádio olímpico de Roma, com 17,37m, salto que já lhe daria o ouro em Moscou.

## Jogo duro na vida

No final de 1981, na noite de 22 de dezembro, João dirigia o seu Passat pela via Anhanguera, depois de ter sido o paraninfo na turma de Educação Física da Pontifícia Universidade Católica de Campinas, quando foi atingido pela Variant de João Mariano da Silva, que vinha na contramão. Com fratura exposta da tíbia e do perônio da perna direita, traumatismo craniano e hemorragia interna, João ficou quatro dias em coma, sofreu 16 cirurgias e durante algum tempo manteve o sonho de voltar a saltar.

Porém, oito meses e 18 dias após o acidente, em 09 de setembro de 1982, o risco de gangrena e infecção forçou uma cirurgia de hora e meia, no Hospital das Clínicas de São Paulo, para amputar a perna direita de João do Pulo um palmo abaixo do joelho. A partir daí, o maior atleta brasileiro depois de Adhemar Ferreira da Silva viveu da pensão de sargento do Exército, de ajudas da Confederação Brasileira de Atletismo e de empresas de material esportivo.

Então formou-se em Educação Física e decidiu entrar para a política. Após uma peregrinação de seis meses pelo interior de São Paulo, no final de

1986 foi eleito deputado estadual pelo Partido da Frente Liberal (PFL), com 24.815 votos. Reelegeu-se em 1990 com 32 mil votos, mas na terceira tentativa recebeu apenas oito mil votos e não foi eleito, o que o deixou bastante amargurado. Sentindo-se esquecido, afastou-se da família e dos amigos e isolou-se em sua casa em Guarulhos.

No início da década de 1990, tentou montar uma transportadora e uma padaria, mas fracassou nos dois negócios. Desiludido, entregou-se de vez à bebida. No início de 1999 fez uma última tentativa para voltar às pistas de atletismo, visando às Paraolimpíadas de Sydney, em 2000. Mas em abril do mesmo ano foi internado no Hospital Beneficência Portuguesa com broncopneumonia, cirrose e hepatite C. A situação dos pulmões se complicou e passou a respirar com a ajuda de aparelhos. Por fim, às 22 horas do dia 29 de maio de 1999, apenas um dia depois de fazer 45 anos, morreu João Carlos de Oliveira.

Seu recorde mundial de 17,89m, estabelecido na Cidade do México em 14/10/1975, só foi superado em 16/06/1985, quando o americano Willie Banks saltou 17,97m em Indianápolis. Sua marca de 8,36m no salto em distância, conseguida no Meeting de Rieti, Itália, em 21/07/1979, permaneceu como recorde brasileiro e sul-americano até 1995, quando Douglas de Souza marcou 8,40m.

## CURIOSIDADES

Um público de 30 mil pessoas, sob um clima quente (31 graus) e úmido, assistiu à cerimônia de abertura dos Jogos no estádio de beisebol Hiram Bithorn. Três mil e duzentas crianças mostraram *displays* com mensagens e outras 5 mil cantaram e dançaram homenageando cada país participante à medida que as delegações desfilavam.

A música cantada em homenagem ao Brasil foi "Tristeza", composta por Haroldo Barbosa e Niltinho Tristeza e consagrada na voz de Jair Rodrigues.

Ao declarar a abertura dos Jogos, o governador de Porto Rico, Carlos Romeo Barceló, foi muito vaiado. É que boa parte dos presentes era favorável à independência de Porto Rico, enquanto Barceló defendia que Porto Rico continuasse como estado dos Estados Unidos.

O temperamental Bobby Knight, técnico do time norte-americano masculino de basquete, deu um soco no rosto de um policial porto-riquenho que, segundo ele, não seguiu a ordem de impedir que pessoas entrassem no ginásio para ver um treino do seu time. Knight foi julgado à revelia e condenado após o Pan, mas nunca voltou a Porto Rico para cumprir a pena.

Infelizmente, países-sede costumam ser ajudados em esportes que dependem de árbitros. Em Porto Rico não foi diferente. No boxe, uma das duas medalhas de ouro dos pugilistas locais foi bastante contestada. Na final da categoria 71 quilos, o árbitro não viu uma cabeçada flagrante do porto-riquenho Jose Molina no norte-americano Jim Hunter, que por isso acabou perdendo a medalha de ouro.

Porto Rico inscreveu uma equipe que mal sabia patinar no estreante hóquei sobre patins. O resultado foi catastrófico. A equipe perdeu de goleada todos os jogos, não marcou nenhum gol e sofreu 127.

A equipe norte-americana de luta livre levou a sério a preparação para os Jogos. Prevendo muito calor e umidade durante o Pan, os atletas treinaram no verão do Tennessee, onde o clima é similar. Isso foi decisivo para que ganhassem todas as dez medalhas de ouro em disputa, com destaque para o tricampeão Russell Hellickson.

Escolhido pelos técnicos para a seleção do Pan, o jogador Moreno, da equipe brasileira de vôlei, ficou sabendo, através de um telefonema de sua mulher, que tinha sido demitido pela Prefeitura de Suzano por ter ido aos Jogos. "Às vezes penso que todo esportista amador é um irresponsável. Só um irresponsável trocaria um emprego por uma competição", desabafou.

O receio de que uma pane elétrica deixasse San Juan às escuras fez com que os organizadores deixassem 4.000 eletricistas de plantão.

O brasileiro Rômulo Arantes entrou como favorito para a final dos 100 metros nado de costas. Pela manhã, na prova de classificação, ele bateu o recorde pan-americano, com 57s69. Mas, na prova que valia o ouro, Rômulo fez uma péssima virada e perdeu a liderança para o norte-americano Bob Jackson, que estabeleceu novo recorde para a prova, com 56s66.

Um outro João do Pulo? Não, era o seu irmão e sósia Francisco de Oliveira, de 22 anos, também treinado pelo técnico Pedro Henrique de Toledo no Esporte Clube Pinheiros. Francisco passou as eliminatórias do salto triplo em San Juan, com 16,05m, mas não conseguiu nenhuma medalha.

O pugilista mexicano Javier Colín, de 22 anos, chorava e rezava pelos adversários depois de nocauteá-los. Depois do Pan ele havia decidido trocar as luvas de boxe pela batina de padre no pequeno convento jesuíta da cidade de Vera Cruz, no interior de seu país. Colín ganhou a medalha de bronze da categoria médio-ligeiro. O ouro ficou com o cubano Andrés Aldama.

As impressões digitais salvaram da prisão um dirigente da delegação venezuelana. É que seu nome, além de dia, mês e ano de nascimento eram idênticos aos de um homem procurado pela polícia de Porto Rico.

O jornalista canadense Gilbert Stuart Douglas, de 42 anos, morreu com fratura no crânio ao ser atropelado pelo Volks ano 72 dirigido pelo hoteleiro Richard Drousse. O jornalista atravessava a avenida em frente ao Hotel Holiday Inn, onde ficava a sala de imprensa. Depois do acidente, bastava alguém ameaçar atravessar a rua para que os carros parassem.

Ao saber que o técnico do time de futebol de Cuba, Juan José Rojas, tinha repetido a atitude do tenista cubano Oswaldo Cruz Perez e pedido asilo político aos Estados Unidos, o corredor Alberto Juantorena deu a seguinte e esperada explicação: "Eles se deixaram seduzir pelo mundo capitalista".

Para superar a Argentina no saldo de gols e se classificar para a decisão do futebol, contra o Brasil, Cuba precisava de uma improvável goleada de 5 a 0 sobre os Estados Unidos. Os cubanos chegaram a 3 a 0 até os 40 minutos do segundo tempo e sacramentaram a classificação com dois gols do artilheiro Roberto Pereira, o segundo nos descontos.

Isto é que é concentração! O norte-americano Lones Wigger errou logo o primeiro tiro na prova de carabina deitado. Mas acertou os 599 restantes, ganhando a medalha de ouro e batendo o recorde pan-americano! Wigger ganhou quatro medalhas de ouro em San Juan, duas individuais e duas por equipe.

LONES WIGGER

A canadense Joan Wenzell, corredora dos 800 metros, tornou-se a primeira atleta reprovada no exame *antidoping* nos Jogos Pan-americanos. Ela utilizou um anti-histamínico. Antes, só se conhecia o caso de um ciclista nos Jogos de Winnipeg, em 1967, mas seu nome não foi divulgado.

Muitas derrotas — uma delas contra as desconhecidas Ilhas Virgens — e apenas a medalha de bronze fizeram muitos jogadores da seleção brasileira masculina de basquete pedirem a cabeça do técnico Ary Vidal. Este respondeu que não estava em San Juan para tomar conta de homens e não tinha culpa se os jogadores fugiam da concentração à noite para jogar no cassino.

ARY VIDAL

Vidal, que cortou o jogador Fausto de futuras convocações, também ficou indignado com Carioquinha, que teria pedido que ele tirasse os jovens Marcel e Oscar do time titular. Vidal tinha todas as estatísticas dos jogos e por elas Oscar, Marcel, além de Marquinhos, eram os de melhor aproveitamento nos arremessos.

PARTICIPANTES

3.700 atletas, de 34 países: Antígua e Barbuda, Antilhas Holandesas, Argentina, Bahamas, Barbados, Belize, Bermuda, Bolívia, Brasil, Canadá, Chile, Costa Rica, Colômbia, Cuba, El Salvador, Equador, Estados Unidos, Guatemala, Guiana, Haiti, Honduras, Ilhas Cayman, Ilhas Virgens, Jamaica, México, Panamá, Paraguai, Peru, Porto Rico, República Dominicana, Suriname, Trinidad e Tobago, Uruguai e Venezuela.

MODALIDADES

26: Atletismo, basquete, beisebol, boxe, ciclismo, esgrima, natação, nado sincronizado, saltos ornamentais, pólo aquático, futebol, ginástica, hipismo, hóquei sobre grama, judô, levantamento de peso, luta livre, luta greco-romana, patinação sobre rodas, remo, softbol, tênis, tiro com arco, tiro esportivo, vela e vôlei. Em San Juan estrearam a patinação sobre rodas, softbol e arco e flecha, ou, oficialmente, tiro com arco.

NAS AMÉRICAS

O general João Baptista Figueiredo, com a missão de promover a transição do regime ditatorial para a democracia, substitui o general Ernesto Geisel na presidência do Brasil. A guerrilha sandinista depõe o ditador Anastásio Somoza, que foge para Miami. Ocorre a Conferência Católica de Puebla, no México. O mais grave acidente nuclear até aquela época acontece em Three Mile Island, Pensilvânia. A venezuelana Matitza Sayalero é eleita Miss Universo. O sul de Mato Grosso se emancipa e passa a ser o estado do Mato Grosso do Sul.

GEISEL E FIGUEIREDO. ANASTÁSIO SOMOZA. A divisão de Mato Grosso. Acidente nuclear em Three Mile Island

AIATOLÁ KHOMEINI. SADDAM HUSSEIN. Acordo de paz entre Begin e Sadat

NO MUNDO

O aiatolá Ruhollah Khomeini regressa ao Irã e acontece a revolução islâmica. Crise de energia provocada pela alta do petróleo. No Iraque, o presidente Hasan al-Bakr renuncia e o vice Saddam Hussein o substitui. O exército soviético ocupa Kabul, capital do Afeganistão. Os conservadores vencem e Margaret Thatcher torna-se primeira-ministra da Grã-Bretanha. A Groenlândia alcança a autonomia. O primeiro *walkman* é vendido pela Sony. Anwar Sadat, do Egito, e Menachem Begin, de Israel, assinam um acordo de paz.

## Quadro de Medalhas / San Juan 1979

| Posição | País | Ouro | Prata | Bronze | Total |
|---|---|---|---|---|---|
| 1 | Estados Unidos | 126 | 95 | 45 | 266 |
| 2 | Cuba | 64 | 47 | 47 | 145 |
| 3 | Canadá | 24 | 43 | 71 | 138 |
| 4 | Argentina | 12 | 7 | 17 | 36 |
| 5 | Brasil | 9 | 13 | 17 | 39 |
| 6 | México | 3 | 6 | 29 | 38 |
| 7 | Porto Rico | 2 | 9 | 10 | 21 |
| 8 | Chile | 1 | 4 | 6 | 11 |
| 9 | Venezuela | 1 | 4 | 4 | 9 |
| 10 | Rep. Dominicana | | 5 | 10 | 15 |
| 11 | Jamaica | | 4 | 1 | 5 |
| 12 | Panamá | | 2 | 2 | 4 |
| 13 | Guiana | | 2 | 1 | 3 |
| 14 | Colômbia | | 1 | 8 | 9 |
| 15 | Peru | | 1 | 2 | 3 |
| 16 | Bahamas | | 1 | | 1 |
| 17 | Equador | | | 2 | 2 |
| 18 | Ant. Holandesas | | | 1 | 1 |
| 19 | Belize | | | 1 | 1 |

ROGER KINGDOM, ouro nos 110m com barreiras, depois bicampeão olímpico. Foto: Sporting-Heroes.Net

# IX – Caracas

*14 a 29.08 de 1983*

Karibisches
San Juan de los Cayos
Tocuyo de la Costa
Chichiriviche
Tucacas
Boca de Aroa
Morón
Puerto Cabello
Cata
Choroni
Maiquetía
Naiguata
CARACAS
Petare
Baruta
Tacarigua
Río Chico
Caucagua
El Guapo
Colonia Tovar
Los Teques
Santa Teresa
Maracay
Cua
Ocumare del Tuy
Altagracia de Orituco
Valencia
Villa de Cura
San Sebastián
Tinaquillo
San Juan
Camatagua
El Palmar

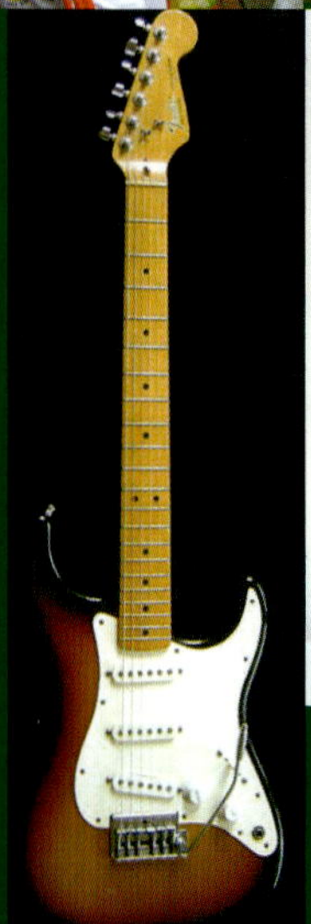

SUZUKI

# Os Jogos da união

Ao contrário da Olimpíada de Moscou, em 1980, boicotada pelos Estados Unidos e seus aliados, e a de Los Angeles, em 1984, que por sua vez não teria a União Soviética e outros países comunistas, os Jogos Pan-americanos de Caracas, realizados entre os dois eventos, reuniram 36 países de todas as correntes políticas e se tornou um exemplo real da importância do esporte para a tolerância e união entre os povos.

Com muitos atletas de alto nível que pela primeira vez participavam de uma grande competição poliesportiva, os Estados Unidos mantiveram sua hegemonia dominando completamente algumas modalidades e ganhando 47 medalhas de ouro a mais do que Cuba. Porém, outros países, como Canadá, Brasil e Venezuela mostraram algum crescimento, o que fez com que, pela primeira vez desde os Jogos de 1959, a soma das medalhas de todos os outros concorrentes fosse superior à dos norte-americanos.

Costuma-se dizer que os Estados Unidos não levam todos os seus principais atletas para os Jogos Pan-americanos, mas daí a afirmar que convocam reservas em todas as modalidades, há uma grande diferença. Em Caracas, a equipe norte-americana era das mais fortes. Tanto que alguns atletas ganhariam fama mundial, como o jogador de basquete Michael Jordan, o pugilista Evander Holyfield e o jogador de beisebol Mark McGwire. Porém, uma pesquisa mais apurada mostra que não só estes, mas

O norte-americano Rick Carey foi um dos heróis de Caracas, estabelecendo um novo recorde mundial para os 100 metros nado de costas (55s19) e ganhando medalhas de ouro nos 100 e 200 metros costas. O mesmo Carey venceria as mesmas provas um ano depois, na Olimpíada de Los Angeles. Outro recordista mundial em Caracas que ganhou o ouro em Los Angeles foi Steve Lundquist, que no Pan fez o tempo de 1m02s28 nos 100 metros peito. E, tanto em Caracas como em Los Angeles, os 100 metros nado livre foram vencidos por Ambrose "Rowdy" Gaines.

MARY MEAGHER

Na natação feminina, duas norte-americanas que ganharam duas medalhas de ouro em Caracas repetiram o feito em Los Angeles: Tiffany Cohen venceu nos 400 e 800 metros nado livre e Tracy Caulkins nos 200 e 400 medley. Mary T. Meagher ganhou a medalha de ouro nos 200 metros borboleta tanto no Pan como na Olimpíada. Camie Steinseifer foi ouro nos 100 metros, nado livre, em Caracas e prata na mesma prova em Los Angeles; Cynthia "Sippy" Woodhead, nos 200 metros, nado livre, também foi ouro em 1983 e prata em 1984, assim como Amy White nos 200 metros costas.

TRACY CAULKINS

Nos saltos ornamentais, todos os medalhistas do Pan também subiram ao pódio em Los Angeles. O lendário Greg Louganis ganhou dois ouros (trampolim e plataforma) nas duas competições. No feminino, Kelly McCormick, ouro no trampolim em Caracas, ganhou prata em Los Angeles; enquanto Wendy Wyland, vencedora da plataforma no Pan, ficou com o bronze na Olimpíada.

Não só nos esportes aquáticos os Estados Unidos foram representados por seus melhores atletas em Caracas. O peso leve (60 quilos) Pernell Whitaker, único pugilista norte-americano medalha de ouro no Pan, também foi campeão olímpico, mesma trajetória do atirador Mathew Dryke, vencedor do skeet nas duas competições. No ciclismo, Nelson Vails ganhou a prova de sprint em Caracas e foi prata na Olimpíada.

Mesmo no atletismo, no qual a equipe norte-americana entrou desfalcada de 12 atletas que desistiram na última hora, temerosos dos exames *antidoping*, alguns dos que restaram estavam entre os melhores do mundo em suas especialidades. Tanto que Roger Kingdom venceu os 100 metros com barreiras e repetiu a proeza na Olimpíada. Benita Fitzgerald também ganhou o ouro nos 100 metros com barreiras em Caracas e em Los Angeles. Judith Brown venceu os 400 metros com barreiras no Pan e foi prata na Olimpíada, assim como Mike Tully no salto com vara.

MIKE TULLY

Como em outros Jogos Pan-americanos, Caracas revelou liderança esmagadora dos Estados Unidos em muitas modalidades; de Cuba em outras, e permitiu pouca coisa aos restantes. O domínio norte-americano

ERNESTO CANTO, vencedor da marcha de 20km, campeão olímpico em 84. Foto: Sporting-Heroes.Net

chegou a ser constrangedor no tiro feminino (10 medalhas de ouro em 10 provas disputadas), tiro com arco (12 ouros em 12 possíveis), saltos ornamentais (4 em 4), remo feminino (2 em 2), ciclismo (6 em 7), judô feminino (7 em 8), natação feminina (12 em 14), natação masculina (13 em 15) e tiro masculino (16 em 21).

Cuba foi melhor na ginástica masculina (8 ouros em 8 provas), esgrima (6 em 8), boxe (8 em 12), levantamento de peso masculino (19, contra 4 dos Estados Unidos) e luta greco-romana (8 em 10). Teve, ainda, pequena superioridade no atletismo masculino (8 ouros, contra 6 dos Estados Unidos) e levantamento de peso feminino (5 a 4 contra os Estados Unidos).

Duas modalidades que se constituíram em exceções, por não serem dominadas por cubanos ou norte-americanos, foram a vela e a luta livre feminina. Na vela, os brasileiros ganharam em quatro classes, uma a mais do que os norte-americanos, e na luta livre das mulheres a surpresa foi a Venezuela, com cinco ouros, um a mais do que os Estados Unidos.

Nos esportes coletivos, os Estados Unidos ficaram com quatro ouros (basquete masculino e feminino, softbol feminino e pólo aquático), Cuba com dois (beisebol e vôlei feminino), Canadá com dois (hóquei sobre grama e softbol masculino) e Brasil (vôlei masculino) e Uruguai (futebol), com um. No futebol, a seleção brasileira, que contava com o jogador Dunga, que seria capitão do time tetracampeão nos Estados Unidos, ficou com a medalha de prata.

## Vela, vôlei, Pradinho, Agberto...

O Brasil levou 276 atletas para Caracas e foi representado em 18 esportes. Não disputou as muitas medalhas do levantamento de peso, luta livre e luta greco-romana, também não participou do hóquei sobre a grama e softbol. O esporte que mais ganhou medalhas foi o judô, com 11, mas nenhuma de ouro (Luís Onmura, prata entre os pesos leve, seria bronze na Olimpíada de Los Angeles).

O melhor índice técnico novamente foi o da equipe de vela, com quatro medalhas de ouro e uma de prata. Os ouros foram para as classes 470, Laser, Lightning e Soling. Nesta última, os campeões Daniel Adler, Ronaldo Senfft e Torben Grael conquistariam prata na Olimpíada de Los Angeles.

O vôlei masculino, com jogadores excepcionais, como William, Amauri, Xandó, Bernard e Renan, venceu o Pan-americano e um ano depois perdeu a final da Olimpíada para os Estados Unidos. No remo, os irmãos Ricardo e Ronaldo Carvalho choraram — e fizeram o Brasil, que assistia pela tevê, chorar também — ao receber o ouro pela vitória no dois sem.

O estreante tênis de mesa revelou-se um esporte no qual os brasileiros se firmariam entre os melhores das Américas. Claudio Kano e Ricardo Tetsuo Ikoushi ganharam a medalha de ouro nas duplas e, com Aristides Nascimento, também na competição por equipes (Kano se tornaria um dos maiores vencedores do Brasil no Pan, mas morreria num acidente de moto em 1996, em São Paulo).

Dos heróis brasileiros em Caracas, entretanto, os maiores foram o nadador Ricardo Prado e o corredor Agberto Guimarães, ambos com duas medalhas de ouro em provas individuais. Ricardo foi para os Jogos credenciado pelo recorde mundial dos 400 metros medley, obtido em 1982, no Mundial de Guayaquil, Equador (4min19s78), marca que não seria superada por dois anos. O paraense Agberto Conceição Guimarães, nascido em Tucuruã em 18 de agosto de 1957, venceu nos 800 e 1.500 metros e ainda ajudou a equipe brasileira a ganhar a prata no revezamento 4x400m.

Agberto teve de mostrar muita garra e sangue-frio para vencer também a prova dos 1.500 metros, pois um incidente na final dos 800 tornou-o *persona non grata* aos torcedores venezuelanos. Ao tropeçar no venezuelano Wuilke, que tentava barrar sua passagem, Agberto derrubou o ídolo local e ganhou a prova dos 800 metros, seguido pelo brasileiro Zequinha Barbosa. O estádio vaiou os brasileiros, que passaram a precisar de proteção policial até para circular na vila olímpica.

O Brasil ganhou por 3 a 2 um recurso da delegação venezuelana, que queria anular a prova, mas nem isso amainou os ânimos dos torcedores locais, que voltaram a vaiar Agberto Guimarães nos 1.500 metros. Este, porém, voltou a vencer, dessa vez superando os norte-americanos Ross Donoghue e Chuck Aragón.

Descoberto pelo técnico Alberto Duarte de Oliveira aos 17 anos, quando freqüentava a Escola Técnica Federal do Pará, Agberto fez parte de um trio de ouro de fundistas brasileiros, ao lado de Joaquim Cruz — que, machucado, não participou do Pan de Caracas — e Zequinha Barbosa. Eles ainda ganhariam muitas medalhas em Pan-americanos. Por outro lado, Caracas representou a primeira edição dos Jogos sem nenhum brasileiro no pódio do salto triplo (o que só voltaria a acontecer em 1991, com a prata de Anisio Souza).

Na verdade, Agberto fez parte de uma época de ouro das provas de 800 e 1.500 metros, na qual brilhavam os britânicos Steven Ovett e Sebastian Coe. Não fossem eles, além do russo Nikolai Kirov, e Agberto teria conseguido realizar o sonho de subir ao pódio olímpico. Depois de uma prova muito equilibrada, chegou bem próximo dos três, mas ficou em quarto lugar nos 800 metros da Olimpíada de Moscou, em 1980, atrás do campeão Ovett, de Coe e de Kirov.

Após Agberto Guimarães, o Brasil se tornaria assíduo no pódio dos 800 e 1.500 metros nos Pan-americanos seguintes. Da mesma forma, a natação brasileira não seria a mesma depois de Caracas, pois o pequeno Ricardo Prado provou que era possível brigar com os gigantes norte-americanos e canadenses de igual para igual. Com vitórias nos 200 e 400 medley, Pradinho roubou os dois únicos ouros dos nadadores dos Estados Unidos. E ainda conseguiu mais duas medalhas de prata em provas individuais: nos 200 metros borboleta e 200 costas.

## Ricardo Prado, o mais completo

Antes de Ricardo Prado, o Brasil já tivera três recordistas mundiais na natação: Maria Lenk, em 1939, nos 200 metros peito; Manuel dos Santos, em 1964, nos 100 metros nado livre; e José Sylvio Fiolo, em 1968, nos 100 metros peito. Também já tivera um medalhista olímpico: Tetsuo Okamoto, bronze, nos 1.500 nado livre em Helsinque/1952. Okamoto e Fiolo ainda ganharam duas medalhas de ouro na mesma edição dos Jogos: Okamoto nos 400 e 1.500 livre em Buenos Aires/1951, e Fiolo nos 100 e 200 peito em Winnipeg/1967. Quanto a Ricardo Prado, foi como se ele reunisse as habilidades e as glórias de todos os seus antecessores.

Seu estilo, o medley, exige técnica apurada em quatro nados. Começa pelo borboleta, hoje substituído pelo golfinho. Depois vem o nado de costas. Até aí Ricardo era insuperável. O terceiro estilo é o peito e o quarto, no qual ele tinha mais dificuldade, pela baixa estatura (1,68m), é o livre. Foi a partir da segunda metade da prova dos 400 medley que ele perdeu a liderança para o gigante canadense Alex Baumann e deixou escapar a medalha de ouro na Olimpíada de Los Angeles, em 1984. De qualquer forma, a sua prata olímpica, assim como o recorde mundial obtido em Guayaquil em 1982 e sua extraordinária performance no Pan de Caracas marcaram o início de uma nova etapa na natação brasileira.

Nascido em Andradina, interior de São Paulo, no dia 3 de janeiro de 1965, Ricardo Prado, ou Pradinho, começou a nadar aos cinco anos, influenciado pelos irmãos Denise, Fernando, Sérgio e Rosamaria. Talento precoce, ganhou seu primeiro título aos oito anos e aos 12 tornou-se campeão sul-americano. Aos 15 competiu na Olimpíada de Moscou e aos 17 bateu o recorde mundial dos 400 medley, ou quatro estilos, no Mundial de Guayaquil/1982. Além dos adversários, Ricardo teve de lutar contra a falta de organização da delegação brasileira para chegar à vitória: "Hospedaram

RICARDO PRADO, duas medalhas de ouro em Caracas. Foto: Agência Estado

a gente em um hotel de prostituição em frente à rodoviária. A gente não conseguia dormir, ouvindo as pessoas transando".

Mas Pradinho, apesar de adolescente, era um atleta maduro. Desde 1980 treinava com o técnico Mark Schubert em Mission Viejo, Califórnia, numa rotina estafante de 20 quilômetros de piscina por dia. Assim, no dia 2 de agosto de 1982, tornou-se campeão e venceu os 400 medley, considerada a prova mais difícil da natação, com o recorde mundial de 4m19s17, superando em 27 segundos a marca anterior, do norte-americano Jesus "Jesse" Vassalo.

No ano seguinte, viajou para Caracas como um dos astros da delegação brasileira nos Jogos Pan-americanos, e não decepcionou, ganhando duas medalhas de ouro (200 e 400 medley) e duas de prata (200 metros peito e 200 metros costas). Sua atuação em Caracas o consolidou como um dos favoritos para a Olimpíada de Los Angeles, no ano seguinte. Porém, um mês antes da Olimpíada, alegando falta de atenção do técnico Mark Schubert, voltou para o Brasil e passou a treinar no Flamengo com Daltely Guimarães, técnico da equipe brasileira de natação.

Quando a Olimpíada chegou, o recorde mundial dos 400 medley não era mais dele. Tinha sido batido em 17 centésimos pelo alemão oriental Jens Peter Berndt, no dia 23 de maio de 1984. Menos de um mês depois, em 17 de junho, foi a vez do gigante canadense Alex Baumann superar a marca, com 4m17s53, dois segundos e oito centésimos a menos. O boicote dos países comunistas impediu que Berndt competisse em Los Angeles, o que teoricamente limitava os adversários de Ricardo Prado aos norte-americanos Jekk Kostof e Jesse Vassalo e ao canadense Alex Baumann — este, na verdade, o grande obstáculo.

Como se esperava, a final dos 400 medley foi empolgante. O brasileiro abriu vantagem de um segundo nos 100 metros borboleta, aumentou para dois segundos depois dos 100 costas, mas aí começou a reação de Baumann. O canadense aproveitou bem o nado de peito, sua especialidade, e livrou três segundos de diferença. Depois, apesar do esforço de Ricardo Prado, Baumann venceu com o tempo de 4m17s41, recorde mundial. Prado ficou em segundo, com 4m18s45, marca que dois meses antes também seria recorde mundial. "Foi a única prova em que eu não consegui chegar ao meu objetivo. Acho que por isso ele (Baumann) pode ser considerado meu principal adversário", elogiou Prado.

Em 1986 Prado passou a competir pelo Esporte Clube Pinheiros, em São Paulo. No ano seguinte bateu o recorde dos 400 medley do Troféu Brasil, com o tempo de 4m30s68. No mesmo ano disputou os Jogos Pan-americanos de Indianápolis e ganhou medalha de prata nos 200 metros costas e duas de bronze: nos 200 medley e no revezamento 4x100 medley.

AGBERTO GUIMARÃES vence os 800m, seguido por Zequinha Barbosa. Foto: Agência Estado

Em março de 2003, aos 38 anos, foi submetido a uma cirurgia cardíaca para a implantação de três pontes de artéria mamária e duas de safena, no Instituto do Hospital das Clínicas em São Paulo. Recuperado, voltou a nadar e participar dos torneios de masters. Tornou-se comentarista de natação no canal de tevê ESPN Brasil. Mestre em Economia pela Universidade Metodista de Dallas, e formado também em Educação Física, Ricardo Prado tem uma visão pouco romântica do seu esporte. Para ele, só uma grande motivação pode impulsionar um nadador, já que a modalidade é das mais sacrificantes.

Numa entrevista para a revista *Época*, quando lhe perguntaram se não tinha prazer em nadar, respondeu: "Eu tinha prazer em ganhar, não em nadar. Quem tem prazer em nadar 20 mil metros por dia? Começa a colocar um prêmio em dinheiro para você ver quanto prazer você vai ter. Eu gostava muito de treinar, ser melhor que os outros, atingir meus objetivos, conseguir bolsa em faculdade, conhecer o mundo. A sensação de colocar um objetivo que nenhum outro brasileiro conseguiu, ir lá e fazer, é boa. A sensação de nadar é de dor, de não ter ar, de músculo duro, não é prazer. Legal é ganhar".

# Curiosidades

O espanhol Juan Antonio Samaranch, presidente do Comitê Olímpico Internacional, acompanhou o desfile inaugural. Sua presença demonstrava a importância especial daquele Pan-americano, maior competição esportiva da primeira metade da década de 1980 que não foi boicotada por motivos políticos, já que Estados Unidos e aliados não foram à Olimpíada de Moscou, assim como a União Soviética e os países do bloco comunista não iriam aos Jogos de Los Angeles, em 1984.

A cerimônia de abertura foi realizada no dia 14 de agosto, diante de 20 mil espectadores. As obras no estádio olímpico só ficaram prontas horas antes da solenidade. O presidente da Venezuela, Luis Herrera Campins, declarou a abertura dos Jogos e a chama olímpica foi acesa pelo herói venezuelano Francisco Rodriguez, pugilista bicampeão pan-americano dos pesos-mosca em Winnipeg/1967 e Cali/1971.

Apartamentos sujos, sem água e luz, sem portas e com camas de armar — assim os atletas encontraram suas acomodações em Caracas. A delegação brasileira de futebol ameaçou voltar quando constatou as condições da vila olímpica, que, para complicar, ficava ao lado de uma rodovia barulhenta e a duas horas de carro dos locais de competição.

O chefe da equipe de natação do Brasil, Fernando Gomes, chegou a pedir a jornalistas hospedados em um hotel na cidade que permitissem que seus atletas dormissem lá.

A delegação brasileira de judô, a que mais ganhou medalhas em Caracas (11), reclamou contra a proteção à natação e ao vôlei, únicas delegações que foram levadas para hotéis.

Os exames *antidoping* se tornaram mais eficazes em Caracas. Até ali, só dois casos de *doping* tinham sido constatados em Jogos Pan-americanos: um em 1967, outro em 1979. Na Venezuela foram 15: 14 com esteróides anabolizantes e um com testosterona. A modalidade com mais ocorrências (11) foi o levantamento de peso.

Ao saber do rigor dos exames *antidoping*, 12 norte-americanos resolveram não participar das provas de atletismo. Mike Tully voltou atrás, passou no teste e ganhou o ouro no salto com vara.

O boicote contra a Olimpíada de Moscou fez que grandes atletas norte-americanos só fossem revelados no Pan de Caracas. Michael Jordan, que seria bicampeão olímpico e seis vezes campeão da NBA, formou no time medalha de ouro e foi o cestinha do torneio, com 138 pontos.

O pugilista Evander Holyfield, que seria campeão mundial dos pesos-pesados, perdeu a medalha de ouro na categoria meio-pesado (até 81 quilos) para o cubano Pablo Romero.

O norte-americano Mark McGwire, que ficaria famoso ao quebrar o recorde de *home runs* da Liga Americana de Beisebol (MLB), em 1998, com 70 corridas, já mostrou seu talento em Caracas. Conseguiu dois *home runs* e foi o maior anotador da equipe dos Estados Unidos, com seis corridas no torneio. Porém, a equipe norte-americana ficou apenas com o bronze. O ouro foi para Cuba e a prata para a Nicarágua.

Um erro na hora de computar os resultados faria o brasileiro Renato Dutra esperar quatro anos para receber a medalha de bronze na prova de 70 metros do tiro com arco. A premiação só aconteceria no Pan de Indianápolis, em 1987.

A judoca brasileira Tânia Ishii, medalha de bronze no peso leve, tinha um sobrenome a zelar. Seu pai, o japonês naturalizado brasileiro Chiaki Ishii, ganhou a primeira medalha olímpica para o judô nacional nos Jogos de Munique, em 1972. Chiaki conquistou o bronze na categoria meio-pesado (até 100 quilos).

O Brasil ganhou a medalha de bronze no salto com vara com um atleta que só falava inglês. O loiro Tomas Waldemar Hintnaus, filho de norte-americanos, nasceu no Brasil quando seus pais estavam de passagem. Como não conseguiu vaga na forte equipe norte-americana, lembrou-se da segunda cidadania e conseguiu inscrever-se na equipe que foi a Caracas. Saltou 5,20m. Só ficou atrás de Jeff Buckingham, com 5,25m, e Mike Tully, com 5,45m, ambos dos Estados Unidos.

Na cerimônia de encerramento, a bandeira da Organização Desportiva Pan-americana foi passada para Santiago do Chile, cidade escolhida para sediar os Jogos de 1987. No entanto, os chilenos alegariam problemas para organizar o Pan e a incumbência passaria para Indianápolis, nos Estados Unidos.

**PARTICIPANTES**
3.426 atletas, de 36 países: Antígua e Barbuda, Antilhas Holandesas, Argentina, Bahamas, Barbados, Belize, Bermuda, Bolívia, Brasil, Canadá, Chile, Costa Rica, Colômbia, Cuba, El Salvador, Equador, Estados Unidos, Guatemala, Guiana, Haiti, Honduras, Ilhas Cayman, Ilhas Virgens, Ilhas Virgens Britânicas, Jamaica, México, Nicarágua, Panamá, Paraguai, Peru, Porto Rico, República Dominicana, Suriname, Trinidad e Tobago, Uruguai e Venezuela.

**MODALIDADES**
26: Atletismo, basquete, beisebol, boxe, ciclismo, esgrima, natação, nado sincronizado, saltos ornamentais, pólo aquático, futebol, ginástica, hipismo, hóquei sobre grama, judô, levantamento de peso, luta greco-romana, luta livre, remo, softbol, tênis, tênis de mesa, tiro com arco, tiro esportivo, vela e vôlei. Saiu a patinação e entrou o tênis de mesa.

**NAS AMÉRICAS**
No dia 20 de janeiro morre Manuel dos Santos, o Garrincha, um dos mais espetaculares jogadores de futebol de todos os tempos. Em março o papa João Paulo II visita a América Central e é hostilizado em Manágua. Em 15 de março tomam posse os primeiros governadores eleitos diretamente depois do golpe militar de 1964 no Brasil. Na Argentina, Raúl Alfonsin é o primeiro presidente eleito depois da ditadura. Em outubro, o presidente Ronald Reagan ordena a invasão de Granada por tropas norte-americanas.

**NO MUNDO**
Morrem o escultor e pintor surrealista catalão Juan Miró, aos 90 anos, e o dramaturgo norte-americano Tennessee Williams, aos 71 anos. Cientistas australianos implantam com sucesso um embrião congelado em uma mulher. Os democrata-cristãos vencem as eleições na Alemanha Ocidental e Helmut Kohl assume o posto de chanceler. As ilhas São Cristóvão e Neves (em inglês Saint Kitts e Nevis), nas Caraíbas, conseguem a independência do Reino Unido. A capital do novo país é Bassetere, com 15.500 habitantes.

GARRINCHA. JOÃO PAULO II. Invasão de GRANADA. TENNESSEE WILLIAMS. JUAN MIRÓ. SÃO CRISTÓVÃO e NEVES

## Quadro de Medalhas / Caracas 1983

| Posição | País | Ouro | Prata | Bronze | Total |
|---|---|---|---|---|---|
| 1 | Estados Unidos | 126 | 95 | 45 | 266 |
| 2 | Cuba | 79 | 53 | 43 | 175 |
| 3 | Canadá | 18 | 44 | 47 | 109 |
| 4 | Brasil | 14 | 20 | 23 | 57 |
| 5 | Venezuela | 12 | 26 | 35 | 73 |
| 6 | México | 7 | 11 | 24 | 42 |
| 7 | Argentina | 2 | 11 | 22 | 35 |
| 8 | Porto Rico | 2 | 7 | 6 | 15 |
| 9 | Colômbia | 1 | 7 | 13 | 21 |
| 10 | Chile | 1 | 3 | 9 | 13 |
| 11 | Peru | 1 | 1 | 6 | 8 |
| 12 | Uruguai | 1 | | 2 | 3 |
| 13 | Equador | 1 | | | 1 |
| 14 | Rep.Dominicana | | 7 | 7 | 14 |
| 15 | Trinidad e Tobago | | 1 | 2 | 3 |
| 16 | Bahamas | | 1 | | 1 |
| 17 | Guatemala | | 1 | | 1 |
| 18 | Jamaica | | | 6 | 6 |
| 19 | Belize | | | 1 | 1 |
| | Panamá | | | 1 | 1 |

ANA FIDELIA QUIROT, vencedora nos 400 e 800 metros. Foto: Sporting-Heroes.Net

# X – Indianápolis

*07 a 23.08 de 1987*

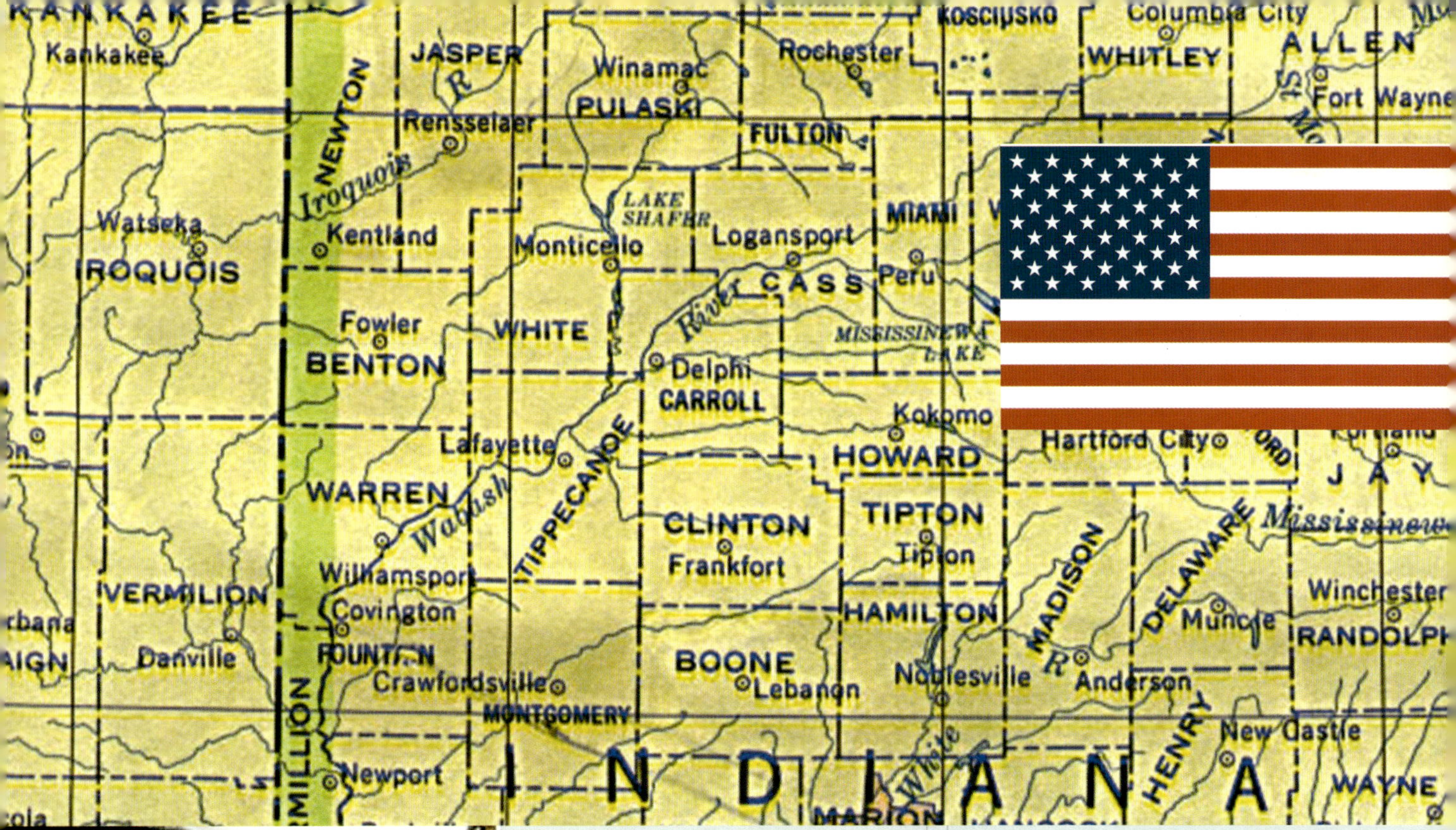
KANKAKEE
Kankakee
JASPER
Rensselaer
NEWTON
Iroquois R
Winamac
PULASKI
Rochester
FULTON
KOSCIUSKO
Columbia City
WHITLEY
ALLEN
Fort Wayne
Watseka
IROQUOIS
Kentland
Monticello
LAKE SHAFER
Logansport
CASS
MIAMI
Peru
Fowler
BENTON
WHITE
Delphi
CARROLL
MISSISSINEWA LAKE
Kokomo
Lafayette
HOWARD
Hartford City
JAY
WARREN
Wabash
TIPPECANOE
CLINTON
Frankfort
TIPTON
Tipton
MADISON
DELAWARE
Mississinewa
Williamsport
VERMILION
Covington
Danville
Crawfordsville
MONTGOMERY
BOONE
Lebanon
HAMILTON
Noblesville
Muncie
Anderson
Winchester
RANDOLPH
New Castle
HENRY
Newport
INDIANA
WAYNE

ROBIN WILLIAMS
GOOD MORNING VIETNAM
A Barry Levinson Film
"...The best military comedy since 'M*A*S*H'..."
TIME Magazine

Indianapolis
STANDARD
AS YOU TRAVEL ASK US
STANDARD OIL COMPANY

POSEY
VANDERBURGH
Mt Vernon
Evansville
Henderson
HENDERSON
RIVER
Owensboro
Hardinsburg
New Albany
Louisville
JEFFERSON
Shelbyville
Corydon
HARRISON
Taylorsville
SPENCER
Lawrenceburg
ANDERSON
Shepherdsville
BULLITT
MEADE
Bardstown
NELSON
Elizabethtown
Harrodsburg

# Como na Disneylândia

Se como visitantes os Estados Unidos costumavam vencer os Jogos Pan-americanos com folga, quando organizaram pela segunda vez a competição, em 1987, livraram uma vantagem monstruosa sobre os concorrentes. Suas medalhas de ouro representaram mais do que o dobro das cubanas (169 a 75) e mais do que a soma das medalhas douradas de todos os outros países (158). Com uma equipe forte e bem preparada, os norte-americanos dominaram a maioria dos esportes e mostraram algumas de suas maiores estrelas, como o atleta Carl Lewis, que ganhou o ouro no salto em distância, com 8,75m, e Jackie Joyner-Kersee, ouro na mesma prova, com 7,45m.

Na verdade, Francis Carlton Lewis, já era uma lenda quando competiu em Indianapolis, aos 26 anos. Três anos antes ele havia repetido a façanha de Jesse Owens e ganhado quatro medalhas de ouro na Olimpíada de Los Angeles — nos 100 e 200 metros, no salto em distância e no revezamento 4x100, exatamente nas mesmas provas vencidas pelo negro Owens na Olimpíada de 1936, em Berlim, humilhando Adolf Hitler e sua patética teoria da "superioridade ariana".

Depois do Pan de Indianápolis, Lewis ainda conquistaria mais duas medalhas de ouro na Olimpíada de Seul/1988 (100 metros e salto em distância), duas em Barcelona/1992 (salto em distância) e revezamento 4x100m) e, aos 35 anos, mais um ouro em Atlanta/1996, no salto em distância). Na sua carreira ainda somou oito títulos mundiais, sendo considerado o melhor atleta do século XX.

Quanto a Jackie Joyner-Kersee, ela já vinha credenciada por uma medalha de prata na prova do heptatlo, em Los Angeles. Um ano depois do Pan de Indianápolis ela conquistou duas medalhas de ouro nos Jogos Olímpicos de Seul: no salto em distância e no heptatlo. Repetiu a vitória no heptatlo na Olimpíada de Barcelona e ganhou o bronze no salto em distância nos Jogos de Atlanta.

O Pan de 1987 teve outros atletas que já eram, ou se tornariam famosos. O norte-americano Kevin Young, segundo lugar nos 400 metros com barreiras, ganharia o ouro na Olimpíada de Barcelona; a norte-americana Gwen Torrence, primeira nos 200 metros, venceria a mesma prova em Barcelona; a cubana Ana Fidelia Quirot, campeã dos 800 metros, ganharia a medalha de bronze na Olimpíada de 1992 e a de prata na de 1996, além de se tornar bicampeã pan-americana em Havana/1991.

O brasileiro Joaquim Cruz, medalha de ouro nos 800 metros na Olimpíada de Los Angeles, repetiria a vitória em Indianápolis, e o judoca Aurélio Miguel, vencedor da categoria meio-pesado no Pan-americano, ganharia a única medalha de ouro do Brasil e da América Latina na Olimpíada de Seul, em 1988.

O alto nível técnico do atletismo em Indianápolis atingiu proporções olímpicas em muitas provas. O salto triplo foi uma delas: o campeão Michael Conley, dos Estados Unidos, seria o medalhista de ouro na Olimpíada de Barcelona/1992, e Frank Rutheford, de Bahamas, medalha de bronze no Pan, repetiria a mesma colocação em Barcelona.

Nem todos, porém, justificaram o favoritismo. O mexicano Raul Gonzalez, bicampeão pan-americano em 1979/83 e medalha de ouro na Olimpíada de Los Angeles na marcha de 50 quilômetros, ficou com a prata nos Jogos Pan-americanos de 1987, superado pelo compatriota Martin Bermudez.

O boxe também apresentou futuros astros. O medalha de ouro dos pesos-pesados, o cubano Felix Savon Fabre (San Vicente, Cuba, 22/09/1967), se tornaria tricampeão olímpico em 1992/96/2000 e seis vezes campeão mundial. Abandonou o boxe aos 33 anos, depois do título nos Jogos de Sydney, sem nunca ter feito uma luta profissional.

Na categoria super-pesado (acima de 91 quilos), apresentaram-se dois pugilistas que se tornariam campeões profissionais dos pesos-pesados: o norte-americano Riddick Bowe ganhou a medalha de bronze e Lennox Lewis, representando o Canadá, perdeu a final para o cubano Jorge González. No ano seguinte, Lewis e Bowe disputariam a medalha de ouro nos Jogos Olímpicos de Seul, com vitória de Lewis.

JACKIE JOYNER-KERSEE, ouro no salto em d[illegible]ia, bicampeã olímpica do heptatlo. Foto: Sporting-Heroes.Net

CARL LEWIS, ouro no salto em distância, múltiplo campeão olímpico. Foto: Sporting-Heroes.Net

# EUA x Cuba

Apesar de notáveis e honrosas exceções — como o predomínio do Canadá nas provas de hipismo, da Argentina na patinação e do México nas provas mais longas do atletismo —, o Pan de Indianápolis se resumiu a uma competição particular entre Estados Unidos e Cuba. Por esse enfoque, o placar de algumas modalidades poderia ser descrito assim: Atletismo masculino: 8 a 6 para Cuba; feminino: 8 a 4 para os EUA. Lutas (livre e greco-romana): 10 a 10. Ginástica (masculina e feminina): EUA, 10 a 4. Levantamento de peso: Cuba, 21 a 3. Tiro: EUA, 15 a 2. Ginástica rítmica: Cuba, 3 a 2. Natação (masculina e feminina): EUA, 27 a 0.

A exemplo da natação, algumas modalidades, como autênticos feudos, foram totalmente controladas por um ou outro dos dois poderosos adversários. Cuba ganhou 11 das 12 medalhas de ouro do boxe e seis das nove da esgrima. Mas os norte-americanos conquistaram todos os ouros em jogo no tiro com arco (quatro), todos dos saltos ornamentais (quatro) e do nado sincronizado (três), seis das oito de ouro do taekwondo, cinco das sete de vela, 11 das 12 da canoagem.

As poucas modalidades que fugiram do padrão, além das já citadas, foram o ciclismo, no qual os norte-americanos ganharam três provas, mas "permitiram" que Canadá, México, Uruguai e Argentina ganhassem outras. No tênis de mesa, novamente os norte-americanos conquistaram três ouros, mas cubanos e canadenses ganharam dois cada e o Brasil ganhou um. No tênis de campo, Brasil e Estados Unidos venceram em duas categorias e o México em uma. Finalmente, nos esportes coletivos, apesar da predominância norte-americana, com seis conquistas, Brasil, Cuba, Canadá e Argentina conseguiram dois títulos cada.

# Participação brasileira

O Brasil levou 309 atletas para Indianápolis, que competiram em 23 modalidades — todas, exceto beisebol, canoagem, hóquei sobre a grama e softbol. O resultado foi bem parecido com o Pan de 1983, com o quarto lugar na classificação geral e 14 medalhas de ouro. O esporte individual de melhor desempenho foi o judô, com cinco medalhas de ouro, três de prata e quatro de bronze. Dos vencedores do judô, Aurélio Miguel ganharia também o ouro nos Jogos de Seul, em 1988, enquanto o peso leve Luis Onmura, bronze na Olimpíada de Los Angeles, ficaria com a prata em Indianápolis.

O campeão olímpico dos 800 metros, Joaquim Cruz, preferiu competir nos 1.500 e ganhou o ouro com facilidade (nos 800, Zequinha Barbosa ficou com a prata). Nascido em Taquatinga, cidade-satélite de Brasília, em 12/03/1963, Cruz foi o melhor meio-fundista do atletismo brasileiro. Ganhou duas medalhas olímpicas nos 800 metros (ouro em Los Angeles e prata em Seul) e duas de ouro nos Jogos Pan-americanos nos 1.500 metros (Indianápolis e Mar del Plata/1995).

Menino pobre, que trabalhou como engraxate, feirante e vendedor de rua para ajudar a família, Joaquim, ou "Quinca", foi descoberto pelo técnico Luís Alberto de Oliveira — o mesmo de Agberto Guimarães — e aos 15 anos já ganhava os 400 e os 800 metros no Brasileiro de Menores e no Sul-americano do Uruguai. Com físico esguio de 1,90m, Cruz impunha um estilo agressivo, de passadas largas e ótimo *sprint* na reta de chegada.

O fato de ter uma perna um centímetro menor do que a outra não impediu que continuasse vencendo: ouro nos 1.500 metros do Mundial de Menores (1978), mais três ouros no Sul-americano da Bolívia e Mundial Juvenil de Turim (1979), campeão do Mundial de Menores do Canadá (1980) e, aos 18 anos, recordista mundial juvenil dos 800 metros, com a marca de 1m44s3, no Troféu Brasil de Atletismo.

Ganhou bolsa para estudar em Oregon, Estados Unidos, onde se formou em Educação Física e Biologia, ao mesmo tempo que continuava treinando. Muitos brasileiros ainda não o conheciam quando ganhou a medalha de ouro na Olimpíada de Los Angeles, mas a voz do locutor Osmar Santos, da Rede Globo, tratou de imortalizá-lo em rede nacional. "E mais uma vez a história se repete, o menino descalço se torna deus olímpico", bradava Osmar, enquanto Cruz desfilava com a bandeira brasileira, após estabelecer novo recorde olímpico, com 1m43s00, superando a marca de 1m43s50 do cubano Alberto Juantorena obtida em Montreal/1976.

Persistentes problemas físicos, que começaram em 1982, impediram que Joaquim Cruz tivesse uma carreira ainda mais vitoriosa. Operou sete vezes os tendões de Aquiles dos pés direito e esquerdo e teve incontáveis contusões musculares. Isso o fez ficar fora das competições nas temporadas de 1986, 1989, 1991 e 1992. Quando podia, corria até 100 quilômetros por semana para compensar o tempo perdido.

No Pan-americano de Mar Del Plata, voltando de uma contusão, ganhou a medalha de ouro dos 1.500 metros, aos 32 anos. Dois anos depois, em 6 de julho de 1997, disputou sua última competição, no Troféu Brasil do Rio de Janeiro. Hoje Cruz vive em San Diego, Califórnia, e faz questão de que os filhos Kevin e Paulo vão a pé para a escola, pois não quer vê-los sedentários. Ele acha que Paulo, o caçula, tem um gosto maior pela corrida.

AURÉLIO MIGUEL, ouro no Pan e único latino-americano campeão na Olimpíada de Seul. Foto: Agência Estado

O atletismo brasileiro ainda ganhou mais duas medalhas de ouro em Indianápolis: Adauto Domingues nos 3.000 metros com obstáculos, e Ivo Machado Rodrigues em uma prova na qual os brasileiros passariam a se firmar entre os melhores do mundo: a maratona. Robson Caetano conseguiu prata nos 200 metros e no ano seguinte seria bronze na mesma prova na Olimpíada de Seul.

No remo, os irmãos Ricardo e Ronaldo Carvalho chegaram a um emocionante bicampeonato no dois sem; Gisele Miro e Fernando Roese foram os campeões das simples no tênis, e, no tênis de mesa, Cláudio Kano, Edson Takahashi e Hugo Hoyama foram os melhores por equipe.

Algumas modalidades não saíram campeãs dos Jogos, mas deram sinais de que ainda poderiam evoluir bastante, como a ginástica, na qual Luisa Parente ganhou a medalha de bronze nas barras assimétricas, e o handebol, que conseguiu o terceiro lugar com as equipes masculina e feminina.

Dos esportes coletivos, destaque para o futebol, que ganharia a medalha de prata em Seul no ano seguinte, e o basquete masculino. O time do técnico Ary Vidal, que saiu execrado do Pan de Porto Rico, dessa vez conseguiu uma das maiores façanhas de todos os Pan-americanos, pois venceu a seleção norte-americana nos Estados Unidos, onde ela nunca tinha perdido antes.

OSCAR SCHMIDT, o cestinha que estragou a festa do basquete norte-americano. Foto: Agência Estado

# Oscar Schmidt e o sonho

Como o cestinha Oscar Schmidt contou em sua autobiografia (*Oscar Schmidt*, 1997, Editora Best Seller), chegar à final do basquete dos Jogos Pan-americanos de Indianápolis já foi considerado por ele e seus companheiros como uma vitória: "O time-base deles tinha David Robinson, Danny Manen, Willy Anderson, Pervis Allison, Rex Chapman, Keith Smart... Se a Olimpíada fosse em 1987, era esse time que jogaria. Nós ganhamos do México e ficamos três ou quatro dias esperando a final, que encerraria os Jogos".

Até ali, a equipe norte-americana, comandada pelo técnico Denny Crum, tinha massacrado seus adversários, vencendo cinco jogos com uma diferença média de 19 pontos e passando por alguma dificuldade apenas na semifinal, contra Porto Rico, derrotado por 80 a 75. O Brasil, por sua vez dirigido por Ary Vidal e seu assistente José Medalha, era uma equipe bastante ofensiva, que se valia muito bem da nova regra dos três pontos (a Federação Internacional de Basquete instituiu a cesta de três pontos da linha dos 6,25m em 1985. A regra já era utilizada na NBA desde 1980, mas o basquete norte-americano preferia a cesta embaixo do garrafão).

Bastante eficiente no ataque, o Brasil chegou à final com 111 pontos de média em seis partidas, mas perdeu para o Canadá por 91 a 88 e venceu Porto Rico por apenas um ponto (100 a 99). Na decisão, em um ginásio lotado com 17 mil pessoas, terminou o primeiro tempo perdendo por 14 pontos e foi aí, no vestiário, que resolveu acelerar o jogo, enervar os jovens jogadores norte-americanos e arremessar o máximo possível de três pontos.

"Começamos a chutar de três e passamos a marcar na base da intimidação. O Anderson pegava na bola, eu dava dois metros para ele e mandava chutar. Dizia: 'Shut now!'. Eles eram moleques. Aí dava aquele receio no cara. Lembro que ele errou várias bolas assim. O Marcel fez a mesma coisa com o Chapman. Eles já estavam com a pressão de jogar em casa, diante de 17 mil pessoas que esperavam que eles ganhassem com facilidade. Nós começamos a pôr mais pressão, eles começaram a errar e nós fomos chegando perto", escreveu Oscar.

Tudo passou a dar certo para o Brasil. Num lance repetidamente mostrado depois pela tevê norte-americana, Oscar chegou a dar um passo para trás apenas para sair da área de dois pontos e arremessar para marcar mais três. Oscar e Marcel marcaram 55 dos 66 pontos da equipe brasileira no segundo tempo e 77 dos 120 pontos que deram ao Brasil a vitória de 120 a 115. Oscar arremessou 15 vezes dos três pontos e acertou sete. "Não há emoção maior do que conquistar uma vitória que todos acham impossível. Mesmo uma vitória na Olimpíada não me daria uma emoção tão forte", definiu Oscar.

Depois do Pan, o basquete masculino do Brasil ganhou a Copa América no Uruguai e foi para os Jogos Olímpicos de Seul como um dos favoritos a medalha. Mas uma derrota inesperada para a Espanha fez a equipe cruzar com a poderosa União Soviética. Mesmo jogando bem e dominando o marcador durante a maior parte do jogo, o Brasil se descontrolou no final e perdeu por cinco pontos (110 a 105), passando a disputar apenas a quinta colocação. No final, o ouro foi para os soviéticos, com a Iugoslávia em segundo e os Estados Unidos em terceiro. O Brasil ficou em quinto, uma posição atrás da Austrália.

A geração de Oscar Schmidt não conseguiu uma medalha olímpica no basquete, mas ficou perto em várias oportunidades: quinto em Moscou, Seul e Barcelona e sexto em Atlanta. A vitória no Pan de Indianápolis foi sua grande conquista. Pessoalmente, Oscar Daniel Bezerra Schmidt, nascido em Natal, Rio Grande do Norte, em 16/02/1958 e criado em Brasília, onde se apaixonou pelo basquete graças aos técnicos Zezão e Laurindo Miura, se tornaria um dos maiores cestinhas de todos os tempos.

Recordista de pontos em todos os clubes pelos quais passou — Palmeiras, Sírio, Caserta, Pavia, Valladolid, Corinthians, Flamengo —, Oscar marcou mais de 41 mil pontos na carreira, uma marca que dificilmente será batida. Não é um número oficial, pois de quase todos os jogos que fez no Brasil não há nem a súmula, mas detém recordes incontestáveis, tais como: pontos marcados em Olimpíadas (1.093) e Mundiais (893); cestinha de três Olimpíadas (Seul, 338 pontos; Barcelona, 198, e Atlanta, 219); mais pontos marcados em uma partida de Jogos Olímpicos (55, contra a Espanha, em Seul), de Mundial (52, contra a Austrália, na Argentina) e Jogos Pan-americanos (53, contra o México, em Indianápolis). Oscar disputou 326 partidas pela seleção brasileira e marcou 7.693 pontos, média de 23,5 por partida.

Os jogadores que participaram da histórica conquista de Indianápolis, com os pontos que marcaram na competição, foram os seguintes: André Ernesto Stoffel (11), Gerson Victalino (62), Israel Machado Campello Andrade (78), João José Vianna "Pipoca" (23), Jorge Guerra "Guerrinha (55), Marcel Ramon Ponikwar de Souza (187), Maury Ponikwar de Souza (12), Oscar Daniel Bezerra Schmidt (249), Paulo Villas Boas de Almeida (47), Ricardo Cardoso Guimarães "Cadum" (47), Rolando Ferreira Junior (12) e Sílvio Malvezi (6). Técnico: Ary Ventura Vidal.

# Curiosidades

Santiago do Chile deveria ser a sede dos X Jogos Pan-americanos, em 1987, mas em 1984 alegou problemas políticos e financeiros para desistir do evento. Quito, capital do Equador, seria a substituta natural, mas no final de 1984 também desistiu. Uma nova eleição foi feita e Indianápolis, que tinha lançado sua candidatura para 1991, antecipou-a para 87, vencendo a concorrência com Havana, que ganhou o direito de organizar os Jogos de 1991.

A cerimônia de abertura foi realizada na famosa pista onde se disputam as 500 milhas de Indianápolis. A Walt Disney Company foi encarregada de produzir as duas horas de abertura do evento, num espetáculo chamado "The Magic That's America", que custou US$ 2,5 milhões, reuniu 6.500 participantes, uma banda com 1.027 instrumentos e um coral com 500 vozes.

O maestro argentino Lalo Schifrin, autor do conhecido tema do seriado *Missão Impossível*, compôs a música que abriu os Jogos, tocada por 100 trompetes. Em seguida, apresentaram-se 2.000 dançarinos e Mickey Mouse apresentou o mascote dos Jogos: o papagaio Amigo — uma clara inspiração em Zé Carioca e num desenho famoso que o mostra apresentando o Brasil para o Pato Donald.

O mexicano Mario Vasquez Rana, presidente da Organização Desportiva Pan-americana, depois de dizer que admirava os Estados Unidos por ser "uma potência mundial", e Cuba, por ser "uma potência do esporte", declarou que também admirava "qualquer um (país) que faça um esforço para vencer".

Os Jogos foram declarados abertos pelo vice-presidente dos Estados Unidos, George H. W. Bush, que se limitou a dizer:"Today, August 8th, 1987, I do solemnly proclaim open the Tenth Pan American Games in Indianápolis, Indiana, in the United States of America".

Para chegar até a pira, a tocha olímpica foi passada pelo legendário jogador de basquete Oscar Robinson para a ginasta Kristie Phillips, que por sua vez a entregou a Wilma Rudolph, primeira atleta a ganhar três medalhas de ouro em uma Olimpíada, em 1960 (100, 200 e revezamento 4x100 metros). Wilma teve quatro filhos. Faleceu em 12/11/1994, aos 54 anos.

Participantes reprovados no exame *antidoping*: Bill Green, atleta, Estados Unidos, testosterona; Bernardo Ocando, atirador, Venezuela, betabloqueador; Orlando Vasquez-Mendose, levantador de peso, Nicarágua, diurético; Javier Jimenez, levantador de peso, Colômbia, esteróide-anabolizante; Pedro Torres, levantador de peso, Venezuela, esteróide-anabolizante; Elenes Bollings, jogador de basquete, Ilhas Virgens, efedrina; Sally Gilbert, nadadora dos 200m estilo livre, Canadá, anti-histamínico.

Na prova de single scull do remo, o ouro ficou com um país da bacia do Prata, mas não a Argentina, que tinha vencido seis das nove edições anteriores dos Jogos. O vencedor foi o uruguaio Jesus Posse, com o tempo de 7m41s15, mais de quatro segundos à frente do mexicano Joaquín Gómez.

Contrariando teimosas teorias racistas de que negros não poderiam se dar bem na natação, Anthony Nesty, nascido em Trinidad e Tobago em 25/11/1967, mas criado no Suriname, venceu os 100 metros nado borboleta e também ganhou a medalha de bronze nos 200 metros do mesmo estilo. Um ano depois, Nesty — que desde 1984 passara a treinar com uma elite de nadadores no centro de treinamento Bolles, em Jacksonville, Flórida — venceu o favorito norte-americano Matt Biondi (53s00 a 53s01) nos 100 metros borboleta dos Jogos de Seul e conquistou o primeiro ouro olímpico para o Suriname e também o primeiro de um nadador negro. Quatro anos depois, ganhou o bronze na Olimpíada de Barcelona.

Antes de Anthony Nesty, a nadadora Enith Brigitha, nascida em Curaçao em 15/04/1955, mas naturalizada holandesa, ganhou medalhas de bronze nos 100 e 200 livre na Olimpíada de Montreal/1976, tornando-se a primeira negra a subir ao pódio na natação olímpica.

A costa-riquenha Silvia Poll Ahrens (24/09/1970) tornou-se, aos 16 anos, a grande estrela esportiva de seu pequeno país (51.100 km², 3,8 milhões de habitantes) ao conquistar três medalhas de ouro na natação: nos 100 e 200 metros nado livre (56s39 e 2m00s02) e nos 100 costas (1m02s18). Ela também ganhou prata nos 50m livre, 200m costas e revezamento 4x200 livre; e bronze no revezamento 4x100 livre e 4x100 medley, totalizando três ouros, três pratas e dois bronzes. No ano seguinte, Silvia Poll conquistaria a medalha de prata na prova de 200 metros nado livre dos Jogos Olímpicos de Seul, com 1m58s67, um segundo e dois centésimos a mais do que a alemã oriental Heike Friedrich.

O Brasil foi campeão do futebol com a seguinte campanha: 4 a 1 no Canadá; 3 a 1 em Cuba; 0 a 0 com o Chile; 1 a 0 no México e 2 a 0 no Chile. Na final, dia 21 de agosto, Washington II e Evair marcaram na prorrogação contra os chilenos, depois de um empate em 0 a 0 no tempo normal. O time escalado pelo técnico Carlos Alberto Silva foi: Taffarel (Internacional), Ricardo Rocha (Guarani), depois Douglas (Cruzeiro), Geraldão (Cruzeiro), André Cruz (Ponte Preta) e Nelsinho (São Paulo); Valdo II (Grêmio), Edu Marangon (Portuguesa) e Pita (São Paulo); Careca II (Cruzeiro), Evair (Guarani) e João Paulo II (Guarani), depois Washington II (Fluminense). Nelsinho e Pinto foram expulsos. Três jogadores do time brasileiro seriam campeões do mundo em 1994, nos Estados Unidos: o goleiro Taffarel, o zagueiro Ricardo Rocha e o meia Raí.

Por alguns instantes, o jamaicano Raymond Stewart teve a sensação de ser o homem mais rápido do mundo. Ele correu os 100 metros no tempo de 9s99, o que seria um recorde mundial. Porém, no momento da prova o vento soprava a 15km/hora e o máximo permitido é 7,2km/hora. Assim, o resultado foi impugnado. Raymond acabou ganhando a prata, com o tempo de 10s27. O ouro foi para o norte-americano Lee McRae, com 10s26.

A rede de tevê norte-americana CBS pagou US$ 4 milhões para 26 horas de cobertura do evento, um recorde. Mais de 2.000 jornalistas cobriram o Pan, que foi considerado o mais bem organizado de todos.

Na cerimônia de encerramento, o grupo Miami Sound Machine cantou em inglês e espanhol. Delegados da equipe cubana protestaram, alegando que a escolha do grupo foi uma provocação, pois seus integrantes eram exilados cubanos e a vocalista, Gloria Stefan, era filha de um militar que fez parte da guarda de Fulgencio Batista, ditador deposto por Fidel Castro. Os atletas da delegação de Cuba, entretanto, dançaram as músicas do grupo.

A vencedora da prova de 100 metros rasos, a norte-americana Gail Devers, se tornaria a melhor do mundo em sua especialidade, conquistando o bicampeonato olímpico em 1992/96.

Com um orçamento de US$ 500 mil, a festa de encerramento atraiu cerca de 35 mil pessoas ao Hoosier Dome. Depois das despedidas e do lançamento de Havana como sede de 1991, começou um belo *show* de 25 minutos com fogos de artifício.

Na entrevista coletiva após os Jogos, o presidente da Organização Desportiva Pan-americana, Mario Vasquez Rana, disse que aqueles tinham sido os mais bem organizados Jogos Pan-americanos, melhores até do que os de 1975, que ele organizou na capital do seu país, a Cidade do México.

**PARTICIPANTES**
4.453 atletas, de 38 países: Antígua e Barbuda, Antilhas Holandesas, Argentina, Aruba, Bahamas, Barbados, Belize, Bermuda, Bolívia, Brasil, Canadá, Chile, Costa Rica, Colômbia, Cuba, El Salvador, Equador, Estados Unidos, Granada, Guatemala, Guiana, Haiti, Honduras, Ilhas Cayman, Ilhas Virgens, Ilhas Virgens Britânicas, Jamaica, México, Nicarágua, Panamá, Paraguai, Peru, Porto Rico, República Dominicana, Suriname, Trinidad e Tobago, Uruguai e Venezuela.

**MODALIDADES**
31: Atletismo, basquete, beisebol, boxe, canoagem, ciclismo, esgrima, natação, nado sincronizado, saltos ornamentais, pólo aquático, futebol, ginástica, handebol, hipismo, hóquei sobre grama, judô, levantamento de peso, luta livre, luta greco-romana, patinação sobre rodas, pentatlo moderno, remo, softbol, taekwondo, tênis, tênis de mesa, tiro, tiro com arco, vela e vôlei. Voltou a patinação e o pentatlo moderno e ainda estrearam a canoagem, o handebol e o taekwondo.

**NAS AMÉRICAS**
O presidente Ronald Reagan afirma desconhecer o desvio de dinheiro iraniano para os "contras". Queda de avião Fokker provoca a morte de jogadores e dirigentes do time de futebol Alianza de Lima. O político norte-americano R. Budd Dwyer, acusado de corrupção, convoca a imprensa e se mata em frente às câmeras. Chile assina convenção da ONU contra tortura e tratamentos ou penas cruéis ou degradantes. Morre Fred Astaire, bailarino e ator norte-americano. Papa João Paulo II visita os Estados Unidos

**NO MUNDO**
É redigido o Protocolo de Montreal sobre substâncias que destroem a camada de ozônio.A ONU celebra em 11 de julho o Dia Mundial da População,

FRED ASTAIRE. Camada de Ozônio. YURI ROMANENKO. Superpopulação

pois se calcula que nessa data o planeta atingiu cinco bilhões de habitantes. Regressa à Terra, a bordo da cápsula Soyuz TM-3, o cosmonauta soviético Yuri Romanenko, após ter estabelecido um recorde de permanência ininterrupta no espaço: 326 dias. O primeiro *e-mail* é enviado da China (para a Alemanha). O soviético Gari Kasparov é campeão mundial de xadrez, em Sevilla.

## Quadro de Medalhas / Indianápolis 1987

| Posição | País | Ouro | Prata | Bronze | Total |
|---|---|---|---|---|---|
| 1 | Estados Unidos | 169 | 120 | 81 | 370 |
| 2 | Cuba | 75 | 52 | 48 | 175 |
| 3 | Canadá | 30 | 56 | 75 | 161 |
| 4 | Brasil | 14 | 14 | 33 | 61 |
| 5 | Argentina | 12 | 14 | 22 | 48 |
| 6 | México | 9 | 10 | 18 | 37 |
| 7 | Venezuela | 3 | 12 | 12 | 27 |
| 8 | Colômbia | 3 | 8 | 13 | 24 |
| 9 | Porto Rico | 3 | 6 | 20 | 29 |
| 10 | Costa Rica | 3 | 4 | 6 | 13 |
| 11 | Jamaica | 2 | 3 | 8 | 13 |
| 12 | Uruguai | 2 | 2 | 2 | 6 |
| 13 | Chile | 1 | 2 | 4 | 7 |
| 14 | Suriname | 1 |  | 1 | 2 |
| 15 | Peru |  | 4 | 3 | 7 |
| 16 | Rep. Dominicana |  | 3 | 9 | 12 |
| 17 | Panamá |  | 3 | 1 | 4 |
| 18 | Bahamas |  | 2 | 3 | 5 |
| 19 | Equador |  | 1 | 5 | 6 |
| 20 | I. V. Americanas |  | 1 | 1 | 2 |
| 21 | Trinidad e Tobago |  | 1 | 1 | 2 |
| 22 | Guatemala |  |  | 2 | 2 |
| 23 | Ant. Holandesas |  |  | 1 | 2 |
| 24 | Bermuda |  |  | 1 | 1 |
| 25 | Guiana |  |  | 1 | 1 |
| 26 | El Salvador |  |  | 1 | 1 |
| 27 | Paraguai |  |  | 1 | 1 |

YOELBI QUESADA, ouro no salto triplo. Venceria também em 1995 e 1999. Foto: Sporting-Heroes.Net

# XI – Havana

*08 a 18.08 de 1991*

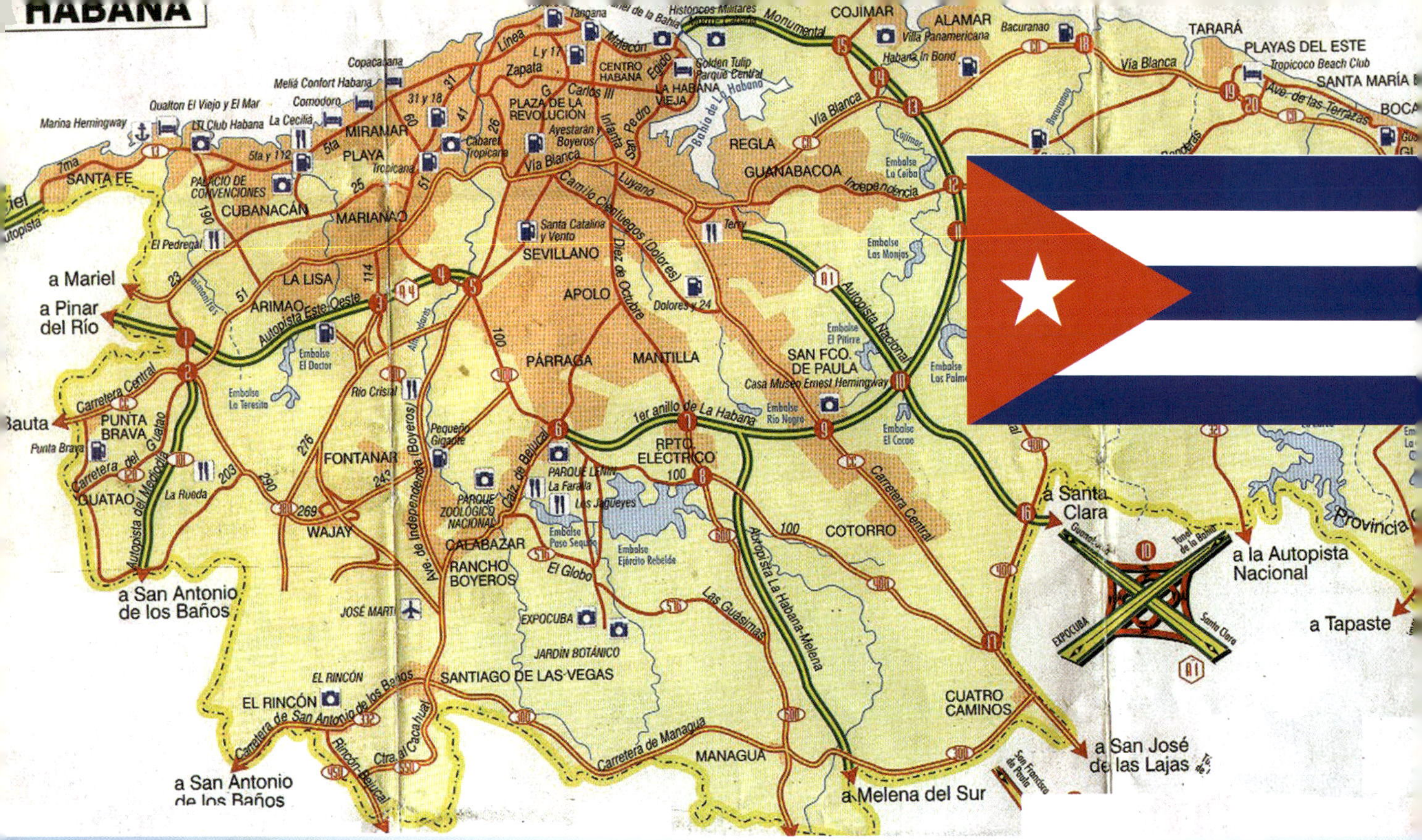
HABANA
a Mariel
a Pinar del Río
Bauta
PUNTA BRAVA
GUATAO
a San Antonio de los Baños
EL RINCÓN
SANTA FE
CUBANACÁN
MIRAMAR
PLAYA
MARIANAO
LA LISA
ARIMAO
FONTANAR
WAJAY
SEVILLANO
APOLO
PÁRRAGA
MANTILLA
CALABAZAR
RANCHO BOYEROS
SANTIAGO DE LAS VEGAS
MANAGUA
a Melena del Sur
COTORRO
CUATRO CAMINOS
a San José de las Lajas
a Santa Clara
a la Autopista Nacional
a Tapaste
REGLA
GUANABACOA
SAN FCO. DE PAULA
RPTO. ELÉCTRICO
COJÍMAR
ALAMAR
TARARÁ
PLAYAS DEL ESTE
SANTA MARÍA
Vía Blanca
Carretera Central
Autopista Nacional
Provincia

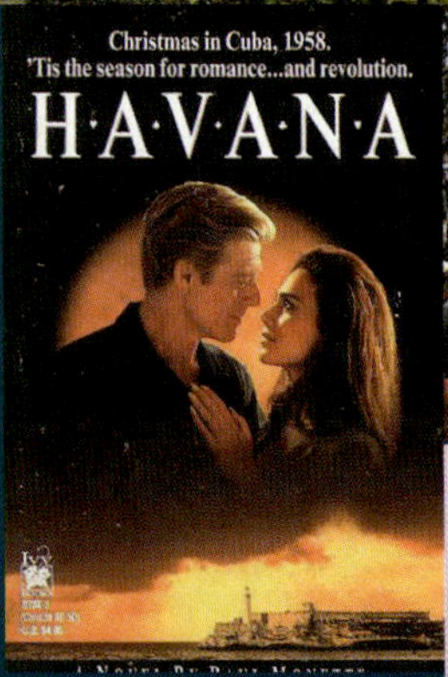
Christmas in Cuba, 1958.
'Tis the season for romance...and revolution.
H·A·V·A·N·A

HABANOS
Cigars

# Cuba na frente

Todas as vantagens de se competir em casa foram utilizadas por Cuba para conseguir a façanha de superar os Estados Unidos nos Jogos de Havana, em 1991, repetindo uma proeza que só fora conseguida pela Argentina nos primeiros Jogos Pan-americanos, em 1951. Não seria exagero afirmar, porém, que, apesar da supremacia em várias modalidades, como atletismo, canoagem, remo, judô, ginástica, boxe e nos esportes coletivos, foi o pouco popular, feio e desvalorizado levantamento de peso que fez a balança pender para o lado cubano. Todas as 30 medalhas de ouro colocadas em jogo nesse esporte foram vencidas por atletas da Ilha, o que acabou se revelando decisivo, já que a diferença final foi de apenas 10 medalhas douradas a mais do que os norte-americanos (140 a 130 a favor de Cuba).

Mesmo não levando os seus melhores atletas para disputar boa parte das modalidades, os Estados Unidos enviaram uma equipe forte e homogênea a Cuba, que manteve a supremacia do país na soma geral de medalhas (352, contra 265 dos cubanos) e conservou o domínio na natação, saltos ornamentais, nado sincronizado, patinação artística, tiro e tiro com arco.

Novamente algumas modalidades pareceram feudos norte-americanos ou cubanos, restando poucas com maior diversidade de ganhadores. Além de todas as provas do levantamento de peso, Cuba venceu as oito da ginástica masculina, 11 das 12 do boxe; sete das 10 da esgrima; oito das nove da canoagem masculina, oito das nove do judô feminino; nove das 13 do remo masculino; 18 no atletismo e cinco dos 13 esportes coletivos.

JAVIER SOTOMAYOR, primeiro de três títulos no Pan. Campeão olímpico em Barcelona/92. Foto: Sporting-Heroes.Net

Os Estados Unidos contra-atacaram ganhando as 12 provas do tiro com arco (ou arco e flecha); 24 na natação; 21 no tiro (ou tiro esportivo); cinco das seis dos saltos ornamentais; sete das 10 da luta livre; cinco das seis da patinação artística, e foram melhores ainda na vela (quatro de ouro), tênis de mesa (quatro), tênis (três), ciclismo feminino (três) e boliche (três).

Dos competidores restantes — com exceção do Brasil, que será analisado em seguida —, destaque para a Argentina, que ganhou sete medalhas de ouro na patinação de velocidade (ou corrida com patins) e três ouros em esportes coletivos; para o Canadá, que ganhou três das quatro provas eqüestres e duas das três medalhas na canoagem masculina; e para o México, que apresentou melhoras em alguns esportes, conquistando seis medalhas de ouro no atletismo e três no remo, e se deu bem em duas novas modalidades, dominando a pelota basca (vencendo sete em nove possíveis) e ganhando mais dois ouros no boliche.

A cubana Ana Quirot tornou-se o destaque do atletismo não só por vencer as provas de 400 e 800 metros, como por estabelecer recordes pan-americanos para ambas: 49s61 para os 400 e 1m58s71 para os 800. No ano seguinte ela ganharia a medalha de bronze na Olimpíada de Barcelona.

Outro destaque dos Jogos de Havana foi o vencedor do salto em altura, o cubano Javier Sotomayor, que ganharia também a medalha de ouro no ano seguinte, em Barcelona. O salto em altura feminino foi vencido pela cubana Ioamnet Quintero Alvarez, que conquistou o bronze nos Jogos Olímpicos de 1992. Mais um cubano, Yoelvis Quesada, venceu o salto triplo em Havana e ganhou o bronze na Olimpíada de 1996, em Atlanta.

Na natação, dois vencedores em Havana voltariam ao pódio em Barcelona: o brasileiro Gustavo Borges, ouro nos 100 metros nado livre, seria prata em 1992, e Anthony Nesty, do Suriname, ouro nos 100 metros borboleta em Havana e bronze na mesma prova em Barcelona. Nos saltos ornamentais, o norte-americano Mark Lenzi, ouro no trampolim, repetiria a façanha na Olimpíada. E, no judô, o meio-médio norte-americano Jason Morris trocaria o seu ouro no Pan pela prata olímpica.

JAVIER SOTOMAYOR

Uma das modalidades que apresentou um nível técnico bem elevado foi o tiro, no qual foram estabelecidos dois recordes mundiais: o cubano Alfredo Torres marcou 224 pontos na prova de skeet, e na mesma modalidade, por equipes, os atiradores norte-americanos estabeleceram a marca de 445 pontos.

Nos esportes coletivos, Cuba venceu no beisebol, pólo aquático, handebol, vôlei masculino e feminino. A seleção feminina de vôlei, comandada por jovens estrelas como Regla Torres e Mireya Luis, se consagraria com o inédito tricampeonato olímpico (1992/1996/2000). No vôlei masculino, o time que explodiria seria o do Brasil, que trocaria a prata de Havana pelo ouro olímpico em Barcelona.

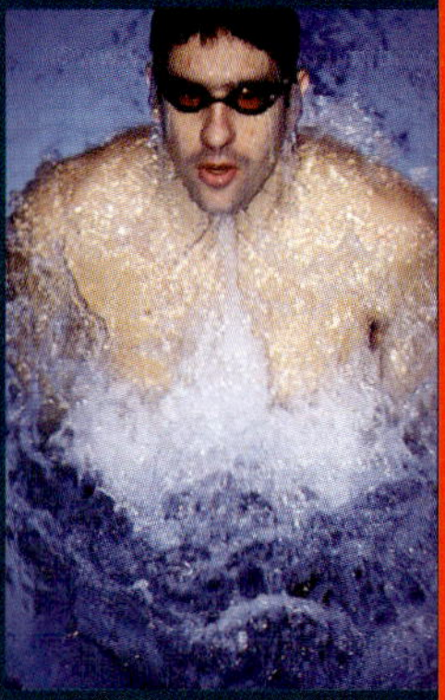

GUSTAVO BORGES

Depois dos cubanos, a Argentina seria a mais bem-sucedida em esportes coletivos, com três medalhas de ouro, todas no hóquei: sobre patins e sobre a grama, masculino e feminino. Os Estados Unidos não ganharam nenhum título no basquete. O dos homens ficou com Porto Rico e o das mulheres com o Brasil. Restaram aos norte-americanos o curioso softbol e, surpreendentemente, o futebol, que em Havana só aceitou jogadores com menos de 23 anos.

Favorecidos pelo boicote dos países sul-americanos, principalmente de Brasil, Argentina e Uruguai, os Estados Unidos contaram com um time que fez boa figura no Mundial Sub-20 de 1989, que contava com jovens valores como Brad Friedel, Joe-Max Moore, Steve Snow, Cobi Jones e Claudio Reyna. Para chegar ao título em Havana, eles venceram Cuba nas semifinais e o México na final, ambos por 2 a 1.

REGLA TORRES

## Um recorde vitórias

Em Havana, o Brasil superou o seu recorde de medalhas em uma edição dos Jogos Pan-americanos. Ganhou 21 douradas, superando as 14 obtidas em São Paulo, Caracas e Indianápolis, e acumulou 79 no total, contra 61 de Indianápolis. Ficou novamente em quarto, como em 1983 e 1987, porém bastariam mais duas medalhas de ouro para superar o Canadá e terminar a competição em terceiro lugar. E conseguiu isso com 304 atletas, 84 a menos do que em 1963.

É verdade que no Pan de 1963 a equipe brasileira terminou em segundo lugar, posição jamais repetida, e dominou várias modalidades, como o boxe, tênis, vela e quatro esportes coletivos (futebol, pólo aquático e vôlei masculino e feminino), mas em Havana o esporte brasileiro mostrou maior versatilidade e se saiu melhor em modalidades nas quais ainda engatinhava na década de 1960.

ERONILDES ARAÚJO

Antes dependente das provas de salto triplo e em distância no atletismo, em Havana o Brasil confirmou sua condição de um dos melhores do continente em provas de pista. Robson Caetano, medalha de bronze nos 200 metros dos Jogos Olímpicos de Seul, foi o mais rápido no Pan de 1991, levando o ouro nos 100 (10s32) e nos 200 (20s15); Adauto Domingues ganhou os 3.000 metros com obstáculos (8m36s01); Eronildes de Araújo triunfou nos 400

ROBSON CAETANO foi o mais rápido de Havana: ouro nos 100 e 200 metros.Foto: Agência Estado

metros com barreiras (49s96); José Mauro Valente venceu nos 1.500 metros (3m42s91) e Pedro da Silva venceu o decatlo (7.762 pontos).

Na natação masculina, o Brasil ganhou três medalhas de ouro e só ficou atrás dos Estados Unidos. Gustavo Borges, de apenas 18 anos, natural de Ribeirão Preto, São Paulo, iniciou uma das mais vitoriosas carreiras da natação brasileira com o ouro nos 100 metros nado livre (49s48). Rogério Aoki Romero, nascido em Londrina, mas radicado em Belo Horizonte, venceu a prova dos 200m costas (2m01s07) e Emmanuel Fortes Nascimento, Gustavo Borges, Julio César Rebolal Lopes e Teófilo Ferreira formaram a equipe do revezamento 4x100m livre que ganhou o ouro com o tempo de 3m23s28. Tanto a natação, como o atletismo, além dos ouros, ainda ganharam mais duas pratas e três bronzes.

A ginasta Luisa Parente marcou uma etapa importante na evolução da ginástica brasileira ao conquistar duas medalhas de ouro em Havana: nas barras assimétricas e no salto. Aos 28 anos, depois de ganhar inúmeros títulos nacionais e sul-americanos e ter sido a primeira ginasta brasileira a participar de uma Olimpíada (Seul, 1988), Luisa Parente estava no auge de sua forma. Abandonou a profissão após o Pan de 1995, aos 32 anos. Formou-se em Educação Física e Direito e hoje trabalha pela divulgação da ginástica no Brasil.

O tênis de mesa também mostrou sua força, com três medalhas de ouro. Hugo Hoyama participou de todas: venceu no individual, nas duplas, com Cláudio Kano, e por equipes, com Kano, Carlos Kawai e Silnei Fernando Yuta. A partir de Havana, Hoyama e Gustavo Borges travariam uma luta particular pelo recorde de medalhas em Jogos Pan-americanos. A vitória sobre os Estados Unidos por 3 a 0, no torneio por equipes, representou a 100ª medalha de ouro brasileira em Jogos Pan-americanos.

O judô e a vela conquistaram seus ouros, mas apenas um cada: com o judoca peso ligeiro Shigueto Yamazaki e o velejador Peter Tanscheit, da classe Laser. O hipismo viveu seus melhores momentos e venceu em saltos por equipe, com um time formado por André Johannpeter, Luiz Felipe Azevedo, Marcelo Artiaga de Castro e Vitor Alves Teixeira.

Apesar de muita confusão, com briga entre o técnico Thomaz Koch e a jogadora Gisele Miró, o tênis não passou em branco e ganhou medalhas de ouro com as equipes feminina (Andrea Vieira e Claudia Chabalgoity) e masculina (Nelson Aerts e William Kyriakos Junior). A grande surpresa foi o lutador de taekwondo Fábio Goulart, vencedor da categoria 83 quilos.

O vôlei masculino ficou com a prata, mas mostrou uma equipe de grande potencial — com Tande, Giovane, Maurício, Marcelo Negrão... — que se tornaria campeã olímpica em Barcelona. O futebol não foi, acompanhando o boicote dos países sul-americanos, e o basquete masculino, de quem se esperava muito após o título no Pan anterior, sentiu demais a falta do cestinha Oscar, que estava jogando na Itália e já tinha anunciado sua despedida da seleção (Oscar voltou atrás em 1992, convencido pelo amigo e técnico Ary Vidal).

De qualquer forma, o time fez uma boa campanha e poderia ter tido sorte melhor do que o quinto lugar que obteve. Das sete partidas que fez, só perdeu uma, e apertado, para Cuba (96 a 92). Chegou a derrotar com facilidade Porto Rico, que ficaria com a medalha de ouro, e o México, com a de prata (79 a 62 e 81 a 58, respectivamente). Os cestinhas do time orientado por José Medalha foram Paulinho Villas Boas (132), Marcel (115), Josuel (57), Gérson (57), Pipoca (72), Fernando Minuci (53) e Rolando (39).

Das vitórias nacionais, entretanto, nenhuma foi mais gratificante do que a das meninas do basquete. Com um time de muito talento e personalidade, na qual se destacavam Hortência, Paula e Janeth, o Brasil derrotou Cuba por 97 a 76 (empate de 44 no primeiro tempo), diante de 12 mil pessoas, entre elas o presidente Fidel Castro, para realizar uma façanha muito parecida com a do basquete masculino em Indianápolis.

Para chegar ao ouro, o time orientado pela técnica Maria Helena Cardoso precisou ganhar sete partidas, incluindo duas sobre Cuba e duas sobre o Canadá. A ordem dos jogos foi a seguinte: 87 a 84 nos Estados Unidos; 74 a 66 no Canadá; 90 a 87 em Cuba; 83 a 56 na Argentina; 87 a 78 no Canadá e 97 a 76 em Cuba. As cestinhas da equipe foram Hortência (133 pontos), Paula (110), Marta (92), Janeth (87), Nádia (24) e Ruth (23).

## Estrelas improváveis

Em 1983 o editor de esportes de *O Globo* encomendou à sucursal paulista uma matéria sobre a seleção brasileira que naquele ano disputaria o Mundial Feminino, em São Paulo. Após ouvir técnicos e jogadoras, redigi a matéria de uma página que prognosticava no mínimo o quinto lugar para o Brasil e preconizava que as jovens Paula, 21 anos, e Hortência, 23, seriam consideradas novas estrelas do esporte. Mas o Rio não tinha basquete feminino e os jornalistas de lá, o editor de *O Globo* inclusive, nutriam uma imagem depreciativa do basquete feminino brasileiro, além de nunca terem ouvido falar em Paula e Hortência. Resultado: acharam que eu estava delirando e a matéria foi pro lixo.

Naquele Mundial, vencido pela União Soviética, o Brasil terminou efetivamente na quinta colocação — mesmo perdendo jogos no finzinho, pela falta de experiência — e Paula e Hortência, como os especialistas previram, foram consideradas duas das melhores jogadoras do mundo. Um mês depois do Mundial, o Brasil já estava participando do Pan-americano de Cali e conquistando, graças a uma vitória dramática sobre o Canadá (83 a 81), uma medalha de bronze que representou o primeiro pódio importante de uma geração que levaria o basquete feminino brasileiro a um nível jamais imaginado.

A medalha de ouro no Pan de Cuba não foi o melhor que Paula e Hortência (além da ótima Janeth) conseguiriam juntas. O título impensado veio na Austrália, em 1994, quando a seleção se tornou campeã mundial, quebrando uma escrita que vinha desde 1953, em 11 edições, dominadas sempre por União Soviética (seis títulos) e Estados Unidos (cinco). A equipe brasileira, orientada pelo técnico Miguel Ângelo da Luz, tropeçou na Eslováquia e na China na fase de classificação, mas cresceu muito na fase final, derrotando Espanha (92 a 87), Estados Unidos (110 a 107) e, na decisão, a China (96 a 87).

As heroínas do Brasil na Austrália foram: Adriana Aparecida dos Santos (8 pontos no campeonato), Alessandra Santos de Oliveira (51), Cíntia Silva dos Santos, ou "Cíntia Tuiú" (23), Dalila Bulcão Mello (2), Helen Cristina Santos Luz (11), Hortência de Fátima Marcari (221), Janeth dos Santos Arcain (149), Leila de Souza Sobral (71), Maria Paula Gonçalves da Silva (181), Roseli do Carmo Gustavo (23), Ruth Roberta de Souza (30) e Simone Pontello (16).

Em 1996, depois de ter se casado, tido o primogênito João Vitor e anunciado seu abandono das quadras, Hortência resolveu atender o apelo geral para que voltasse à seleção brasileira que disputaria a Olimpíada de Atlanta. O resultado não poderia ter sido melhor. Comandada novamente por Miguel Ângelo da Luz e ao lado das talentosas Paula e Janeth, coadjuvadas por Marta, Leila, Alessandra, Silvinha, Cíntia Tuiú, Branca, Roseli, Adriana e Claudia, conquistou uma inédita medalha de prata olímpica para o basquete brasileiro, vencendo até Rússia (82 a 68) e China (98 a 83) e só perdendo a final para a fantástica equipe norte-americana.

O comandante FIDEL CASTRO se rende ao talento de PAULA e HORTÊNCIA, campeãs do basquete. Foto: Agência Estado

BRASIL

# Rivalidade estimulante

Hortência de Fátima Marcari e Maria Paula Gonçalves da Silva têm muita coisa em comum: ambas são "caipiras", ou seja, nasceram no interior do estado de São Paulo. Hortência, no dia 23 de setembro de 1959, em Potirendaba; Paula, em Osvaldo Cruz, no dia 11 de março de 1962. As duas também mostraram desde cedo uma aptidão incomum para o basquete. No entanto, em 1977, ainda adolescentes, não suportaram a pressão da torcida peruana e perderam a final do Sul-americano, para o Peru.

Mas amadureceram e se tornaram grandes jogadoras juntas. Na prática, uniam-se apenas na seleção brasileira, pois sempre jogaram em times rivais, mas era essa rivalidade que as fazia melhorar continuamente. "Paula é a pessoa mais importante em minha carreira", admitiu Hortência. "Diante do seu talento, precisei treinar muito para tentar ser melhor do que ela."

Elas dividiram (e dividem) os fãs. Há os que preferem a liderança, o passe preciso e a decisão de "Magic" Paula nos arremessos, mas é igualmente grande a preferência pela "Rainha" Hortência, dona do arremesso mais perfeito e vistoso do basquete brasileiro. Escolhida como a melhor ala do mundo em 1994, Hortência é a maior cestinha da seleção feminina brasileira, com 936 pontos em 36 jogos (média de 26 por partida). Entre seus recordes, tem um que dificilmente será batido: marcou 121 pontos em uma partida dos Jogos Regionais entre o seu time, Sorocaba, contra Socorro.

Ambas tiveram a suprema glória de serem convidadas para fazer parte do Hall da Fama do basquetebol feminino no Naismith Memorial Basketball Hall, nos Estados Unidos. Extremamente competitivas e de gênio forte, Paula e Hortência passaram a vida brigando nas quadras e nem mesmo quando passaram a jogar pela mesma equipe — a Nossa Caixa/Ponte Preta, de Campinas — a situação mudou. Como os adversários não eram problema, acabavam discutindo entre si. No intervalo de uma partida o bate-boca foi temperado com tapas e chutes.

Hortência ri quando se lembra dessas passagens. "Há jogadores que pensam durante a jogada. Paula pensa duas ou três jogadas na frente. Além de todo o seu talento, Paula é linda e generosa. É uma pena que o Brasil não a conheça como pessoa. No dia em que conhecer, cairá de quatro." Hortência abandonou o basquete em 1995, Paula em 2000. Ambas continuam trabalhando pelo esporte.

# Curiosidades

Cerca de 35 mil pessoas compareceram ao recém-construído Estádio Pan-americano para a abertura do evento. Carruagens, cartazes coloridos, 300 crianças carregando a imagem do mascote dos Jogos — Tocopan, um pássaro — e ginastas distraíram o público

Depois de afirmar que aquele era "um grande dia para o continente", o presidente da Organização de Desportos Pan-americana (Odepa), o mexicano Mario Vasquez Rana, anunciou o presidente de Cuba, Fidel Castro, para abrir os Jogos. O líder cubano, no menor discurso da sua vida, declarou simplesmente: "Distintos convidados, atletas e compatriotas, eu declaro abertos os décimos primeiros Jogos Pan-americanos. Obrigado".

A bandeira da Odepa foi dobrada e entregue ao lendário pugilista Teófilo Stevenson; a pira olímpica foi acesa pelo recordista mundial de salto em altura Javier Sotomayor e o juramento do atleta ficou a cargo da velocista Ana Quirot, todos ídolos cubanos.

O momento econômico não era dos melhores para Cuba. O império soviético, que bancava o desenvolvimento da Ilha, estava em ruínas — como o muro de Berlim. Mas o empenho do governo e do povo cubano para fazer um grande evento valeu a pena. Construiu-se o Estádio Pan-americano e uma vila olímpica cujas instalações foram consideradas melhores do que as de Indianápolis.

A vila olímpica foi construída através de um grande mutirão que não poupou nem mesmo astros do esporte. O recordista mundial do salto em altura, Javier Sotomayor, deixou de participar da temporada européia para pôr as mãos na massa.

O Comitê Olímpico Norte-americano considerou os alojamentos muito quentes (não havia ar-condicionado) e também não confiou na comida. Assim, decidiu alojar os atletas norte-americanos em Tampa, na Flórida, e estabelecer uma ponte aérea entre esta cidade e Havana, num vôo de 45 minutos.

O maior motivo de queixa dos atletas visitantes foi a alimentação — em qualidade e quantidade insatisfatórias. A segurança também foi redobrada para evitar manifestações contra o governo de Fidel Castro.

A equipe brasileira de ciclismo ganhou, do governo cubano, duas bicicletas chinesas. Elas faziam parte de um lote de um milhão de bicicletas importadas para incentivar o povo cubano a pedalar e economizar combustível.

O presidente Fidel Castro assistiu à derrota de Cuba para o Brasil na final do basquete feminino (97 a 76) e na entrega de medalhas resolveu brincar com Paula. "Você é a número oito, não é? Você fica sem medalha. Você acabou com o time de Cuba." Depois, perguntou quantos arremessos Paula e Hortência treinavam por dia e terminou tirando uma foto ao lado das duas brasileiras.

Os Estados Unidos dominaram novamente a natação, mas pela primeira vez na história dos Jogos ficaram sem medalha numa prova de revezamento. No 4x100m livre masculino, o quarteto norte-americano foi desqualificado nas eliminatórias por causa de um erro na passagem de John Keppeler para James Harvey. Antes, os Estados Unidos haviam vencido todas as provas de revezamento, com uma única exceção em Cali/1971, quando o Canadá ganhou o ouro no revezamento feminino 4x100m medley.

O tênis brasileiro viveu uma crise em Havana. Fernando Roese, ouro de simples em Indianápolis, desistiu de ir em cima da hora e foi substituído por Nelson Aerts. Gisele Miró, também campeã no Pan de 1987, teve uma crise de gastroenterite e o técnico Thomaz Koch resolveu escalá-la apenas para as duplas. Gisele não gostou e abandonou a equipe. Ao retornar à sua casa, em Curitiba, anunciou que estava abandonando o tênis e, magoada, disse que Koch alegou que ela estava em Havana fazendo turismo.

O governo federal e o Comitê Olímpico Brasileiro estavam em plena campanha para que Brasília sediasse a Olimpíada de 2000, mas o técnico da seleção brasileira masculina de handebol, Antonio Carlos Simões, nervoso com a derrota na final, disse que queria "homenagear" Vicente Matheus, presidente do Corinthians, que extinguiu o handebol do clube, e o presidente Fernando Collor, que "não dá base nenhuma ao esporte, não oferece infra-estrutura e vem falar em Olimpíada 2000".

A equipe brasileira de vela sofreu para participar do Pan. O navio que levaria os barcos para Cuba quebrou e só poucos dias antes do embarque é que se conseguiu garantir a ida dos barcos, apesar de não se saber como seriam trazidos de volta. Em Havana, o forte calor causou desidratação e alguns velejadores ainda tiveram diarréia. Mesmo assim, como sempre, a vela brasileira fez bonito, com o ouro de Peter Tanscheit no Laser, mais quatro pratas e dois bronzes.

A cerimônia de encerramento começou com meia hora de atraso, à espera do presidente Fidel Castro. As delegações desfilaram ao som da tradicional música cubana "Guantanamera". O presidente da Odepa, que quatro anos antes havia declarado que os Jogos de Indianápolis foram os melhores já organizados, repetiu o elogio aos Jogos de Havana e complementou: "... Jogos sem luxo e sem ostentação". Finalmente, a bandeira da Argentina foi hasteada e entoou-se o Hino Nacional Argentino, em homenagem a Mar Del Plata, sede dos Jogos em 1995.

PARTICIPANTES

4.519 atletas, de 39 países: Antígua e Barbuda, Antilhas Holandesas, Argentina, Aruba, Bahamas, Barbados, Belize, Bermuda, Bolívia, Brasil, Canadá, Chile, Colômbia, Costa Rica, Cuba, El Salvador, Equador, Estados Unidos, Granada, Guatemala, Guiana, Haiti, Honduras, Ilhas Cayman, Ilhas Virgens, Ilhas Virgens Britânicas, Jamaica, México, Nicarágua, Panamá, Paraguai, Peru, Porto Rico, República Dominicana, São Vicente e Granadinas, Suriname, Trinidad e Tobago, Uruguai e Venezuela.

MODALIDADES

30: Atletismo, basquete, beisebol, boliche, boxe, canoagem, ciclismo, esgrima, natação, nado sincronizado, saltos ornamentais, pólo aquático, futebol, ginástica (artística e rítmica), handebol, hipismo, hóquei sobre grama, judô, levantamento de peso, lutas, patinação sobre rodas, remo, softbol, taekwondo, tênis, tênis de mesa, tiro com arco, tiro esportivo, vela e vôlei. O boliche estreou no Pan em Havana.

ATENÇÃO: Nesta contagem, os tipos de lutas (livre, greco-romana) foram consideradas uma só modalidade, assim como as ginásticas (rítmica e artística). Porém, natação, nado sincronizado, saltos ornamentais e pólo aquático foram considerados modalidades diferentes e não generalizados como "esportes aquáticos", visto que só têm em comum o fato de serem praticados em piscina.

NAS AMÉRICAS

Segunda visita ao Brasil do papa João Paulo II, que em Florianópolis beatifica madre Paulina. O jogador de basquete Earvin "Magic" Johnson declara ser portador do vírus da Aids. O presidente Carlos Menem, da Argentina, anuncia pacote econômico para reduzir gastos públicos. Jorge Serrano vence as eleições presidenciais da Guatemala. A empresa aérea norte-americana PanAm encerra suas atividades. O piloto Ayrton Senna conquista o tricampeonato de Fórmula 1. No Haiti, nova tentativa de golpe de Estado.

NO MUNDO

Tropas do Iraque são destroçadas na Primeira Guerra do Golfo, que durou de 18 de janeiro a 28 de fevereiro. Muitas repúblicas da União Soviética declaram-se independentes: Geórgia, Letônia, Ucrânia, Bielorrússia, Azerbaijão, Uzbequistão, Quirguízia, Tadjiquistão, Armênia, Turcomenistão e Cazaquistão. A soja geneticamente modificada é lançada comercialmente. O Pacto de Varsóvia se dissolve. Morre Freddie Mercury, vocalista da banda inglesa Queen. O Soviete Supremo dissolve a União Soviética.

MAGIC JOHNSON. Guerra do IRAQUE. AYRTON SENNA. FREDDIE MERCURY

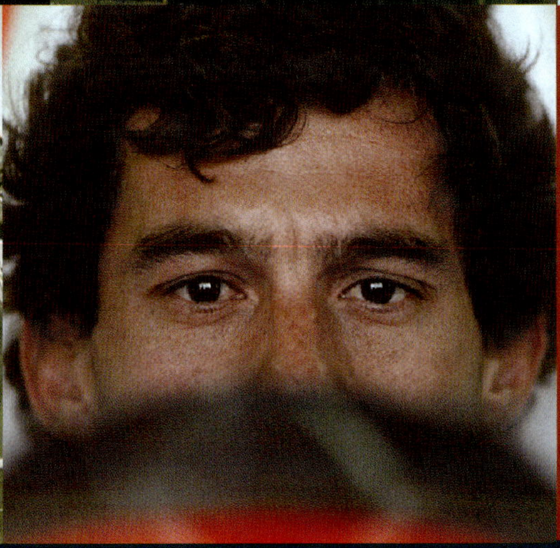

## Quadro de Medalhas / Havana 1991

| Posição | País | Ouro | Prata | Bronze | Total |
|---|---|---|---|---|---|
| 1 | Cuba | 140 | 62 | 63 | 265 |
| 2 | Estados Unidos | 130 | 125 | 97 | 352 |
| 3 | Canadá | 22 | 46 | 59 | 127 |
| 4 | Brasil | 21 | 21 | 37 | 79 |
| 5 | México | 14 | 23 | 38 | 75 |
| 6 | Argentina | 11 | 15 | 29 | 55 |
| 7 | Colômbia | 5 | 15 | 21 | 41 |
| 8 | Venezuela | 4 | 14 | 20 | 38 |
| 9 | Porto Rico | 3 | 13 | 11 | 27 |
| 10 | Chile | 2 | 1 | 7 | 10 |
| 11 | Jamaica | 2 | 1 | 5 | 8 |
| 12 | Suriname | 1 | 2 | 1 | 4 |
| 13 | Trinidad e Tobago | 1 | 1 |  | 2 |
| 14 | Costa Rica | 1 |  | 1 | 2 |
| 15 | Rep. Dominicana |  | 5 | 4 | 9 |
| 16 | Guatemala |  | 1 | 5 | 6 |
| 17 | Nicarágua |  | 1 | 2 | 3 |
| 18 | Bahamas |  | 1 | 1 | 2 |
| 19 | Equador |  | 1 | 1 | 2 |
| 20 | Bolívia |  | 1 |  | 1 |
| 21 | Panamá |  | 1 |  | 1 |
| 22 | Uruguai |  | 1 |  | 1 |
| 23 | Peru |  |  | 3 | 3 |
| 24 | Guiana |  |  | 2 | 2 |
| 25 | I. V. Americanas |  |  | 2 | 2 |
| 26 | Haiti |  |  | 1 | 1 |

JOAQUIM CRUZ, superando contusões para voltar a ganhar os 1.500 metros oito anos após Indianápolis. Foto: Agência Estado

# XII – Mar del Plata

*11 a 26.03 de 1995*

ARGENTINA
Serena
Coquimbo
La Rioja
Dean Funes
Mar Chiquita
San Cristóbal
Cruzú Cuatiá
Paso de los Libres
Uruguaiana
Santa Maria
San Juan
Cruz del Eje
Santa Fe
La Paz
Monte Caseros
Pôrto Alegre
Salto Grande Res.
Santana do Livramento
Córdoba
Rafaela
Villa Carlos Paz
San Francisco
Santa Fe
Alta Gracia
Concordia
Salto
Caucete
Santo Tomé
Paraná
Villa Dolores
Córdoba
Río Tercero
Villa María
Cañada de Gómez
Entre Ríos
Paysandú
Bell Ville
Victoria
Concepción del Uruguay
Mendoza
Gualeguaychú
Mar
Valparaíso
Godoy Cruz
San Martín
San Luis
Rosario
Río Cuarto
Villa Constitución
Gualeguay
Santiago
Mercedes
Venado Tuerto
San Nicolás
Mendoza
San Luis
Rufino
Pergamino
Distrito Federal
Rancagua
Zárate
San Rafael
Junín
Mercedes
Buenos Aires
General Alvear
Bragado
Chivilcoy
La Plata
Montevideo
Talca
General Pico
Pehuajó
Nueve de Julio
Chascomús
Río de la Plata
Salado
Trenque Lauquén
Santa Rosa
Las Flores
Chillán
Olavarría
Azul
Dolores
Concepción
Colorado
General Acha
Buenos Aires
Tandil
La Pampa
Coronel Pringles
Bío-Bío
Neuquén
Balcarce
Mar del Plata
Cinco Saltos
Bahía Blanca
Tres Arroyos
Zapala
Neuquén
Cipolletti
Necochea
Laguna Blanca N.P.
General Roca
Río Colorado
Coronel Rosales
Cutral-Có

Juegos Deportivos Panamericanos
1995

DON JOSE DI BONA
VERONICA ALEJANDRA N

# A Olimpíada das Américas

Tudo foi maior nos Jogos de Mar del Plata. Entraram mais sete esportes e o número de atletas atingiu o recorde de 5.144. Mas o crescimento não foi apenas quantitativo. O nível técnico de algumas modalidades se igualou ao das Olimpíadas. Uma comparação entre os medalhistas de Mar del Plata e dos Jogos Olímpicos de Atlanta, no ano seguinte, deixou evidente aquilo que alguns "especialistas" em esporte faziam questão de ignorar: que o Pan-americano não é apenas a segunda competição poliesportiva do mundo em tamanho, mas também é uma das melhores.

Obviamente, se a Olimpíada reúne o mundo todo, seu padrão técnico terá de ser mais elevado do que qualquer outra competição regional. Mas, assim como há modalidades dominadas por países europeus, há outras onde prevalecem asiáticos, africanos, atletas da Oceania e das Américas. As próprias diferenças físicas e culturais tornam os povos e seus continentes complementares. E os países da América, como ficou claro mais uma vez em Mar del Plata, têm uma riqueza cultural que se expressa vitoriosamente em muitos esportes.

O resultado geral, em si, esteve dentro do previsível, com a Argentina se valendo do fato de competir em casa para bater o seu recorde de medalhas, com 40 de ouro e 159 no total. Porém, o trio dianteiro se manteve intocável, com os Estados Unidos na frente (170 de ouro e 425 no total), seguidos por Cuba (112 e 238) e Canadá (47 e 177).

O Brasil ganhou 18 de ouro e 82 no total, mas, numa competição que distribuiu tantas medalhas, o resultado não foi dos melhores — e fez o país cair para o sexto lugar, ultrapassado, além da Argentina, pelo México, que acumulou 23 de ouro e 80 medalhas no total (como se sabe, o número de medalhas de ouro é que define a classificação).

O mais importante que se constatou a partir de Mar del Plata — depois de se cruzarem os resultados com os de Atlanta, no ano seguinte —, é que existe uma relação mais estreita do que se pode imaginar entre essas duas competições. Prova disso é que uma quantidade significativa de atletas ganhou medalhas na Argentina e na Olimpíada de Atlanta, em 1996. Enumerá-los é importante para destacar essa relação entre os Jogos Pan-americanos e Olímpicos.

No atletismo, o equatoriano Jefferson Perez Quezada venceu a marcha de 20 quilômetros tanto no Pan de 1995 como na Olimpíada do ano seguinte; o cubano Yoelbi Quesada, bicampeão pan-americano do salto triplo em 1991/95, ficou com o bronze em Atlanta e o arremessador de martelo Lance Deal, dos Estados Unidos, venceu essa prova na Argentina e ficou em segundo em Atlanta.

Três atletas medalhistas em Mar Del Plata subiriam ao pódio olímpico cinco anos depois, em Sydney: o jamaicano Greg Haughton, vencedor dos 400 metros em 1995 e bronze em 2000; o cubano Ivan Pedroso, vencedor do salto em distância em 1995 e em Sydney, e o cubano Javier Sotomayor, tricampeão pan-americano em 1995 e medalha de prata em 2000.

No atletismo feminino, é interessante destacar que um pódio inteiro da Olimpíada de Atlanta foi composto por atletas reveladas em Jogos Pan-americanos. Nos 400 metros com barreiras, o bronze olímpico ficou com a norte-americana Tonja Buford-Bailey, que tinha sido prata na Argentina; o segundo lugar foi para outra norte-americana, J. Kimberly Batten, ouro em Mar del Plata, e o título olímpico foi conquistado pela jamaicana Marie Deon Hemmings, prata no Pan de Havana, em 1991.

Na natação masculina, o norte-americano Jeffrey Rouse, campeão dos 100 costas, ganhou o ouro na mesma prova em Atlanta. Seu compatriota Brad Bridgewater, ouro nos 200 costas, repetiu o feito na Olimpíada. Outro que repetiu a medalha (no caso, a prata) foi o norte-americano Erick Namesnik nos 400 medley, mesma prova em que seu compatriota Curtis Myden venceu em Mar Del Plata e terminou em terceiro na Olimpíada. O brasileiro Fernando Scherer, ouro nos 50 metros em 95, ficou com o bronze em 96. Gustavo

ERIK NAMESNIK. BRAD BRIDGEWATER. FERNANDO SCHERER. GUSTAVO BORGES

JEFFERSON PEREZ QUESADA, Equador: ouro ... de marcha e campeão olímpico em Atlanta. Foto: Sporting-Heroes.Net

AMY VAN DYKEN

Borges, campeão dos 100 e 200 livre na Argentina, também se manteve no pódio em Atlanta, onde foi bronze nos 100 e prata nos 200.

Entre as mulheres, a norte-americana Amy Van Dyken ganhou a prata nos 100 metros nado livre no Pan e alcançou o ouro na Olimpíada. O mesmo fenômeno aconteceu com sua compatriota Brooke Bennet, que trocou a prata nos 800 metros livre pelo ouro em Atlanta.

Nos 200 medley, a canadense Marianne Limpert ficou na mesma: segundo lugar em Mar del Plata, e em Atlanta. Nos 100 livre, Angel Martino, dos Estados Unidos, trocou o ouro no Pan pelo bronze olímpico.

No boxe, a inter-relação continuou: o cubano Ariel Hernández Ascuy, medalha de ouro na categoria médio em 1995, tornou-se bicampeão olímpico em 1996. Outro cubano, Hector Vinent Charón, categoria médio ligeiro, deu uma bela volta por cima: de bronze em Mar del Plata, subiu para o ouro em Atlanta. Mais um cubano, Arnaldo Mesa, bicampeão pan-americano (1991/95) dos pesos-pena, ganhou a medalha de prata dos pesos-galo em Atlanta. Porém, ninguém foi tão indiscutível como o peso-pesado cubano Felix Savon, que, além de tricampeão pan-americano em 1987/91/95, também foi tricampeão olímpico (1992/96/2000).

Dois campeões de lutas bisaram o feito em Atlanta, mesmo enfrentando os fortes adversários do Leste europeu: Tom Brands, dos Estados Unidos, na categoria pena (66kg) da luta livre, e Feliberto A. Aguilera, de Cuba, na categoria leve (74kg) da luta greco-romana. Além deles, outros dois campeões do Pan ganharam a prata olímpica: Towsend Saunders, dos Estados Unidos, da categoria leve de luta livre, e seu compatriota Dennis Hall, peso-galo da greco-romana.

No levantamento de peso, o cubano Pablo Lara, da categoria 77 quilos, não se contentou em chegar ao tricampeonato pan-americano na Argentina. No ano seguinte realizou o sonho de ganhar o ouro olímpico. Sonho que virou rotina para o maravilhoso time feminino de vôlei de Cuba, campeão na Argentina e tricampeão em Atlanta.

Nos saltos ornamentais, o mexicano Fernando Platas, segundo lugar no trampolim do Pan, conseguiria a prata também nos Jogos de Sydney/2000, enquanto a canadense Annie Pellestier, campeã do trampolim em Mar del Plata, ficaria com a medalha de bronze em Atlanta.

Outros casos a serem lembrados são os do ciclista canadense Curtis M. Harnett, que ganhou a prova de velocidade em Mar del Plata e foi bronze em Atlanta; do esgrimista cubano Ivan Trevejo, prata em espada individual no Pan e bronze na Olimpíada; do judoca brasileiro Henrique Guimarães, categoria meio-leve, bronze tanto no Pan como na Olimpíada — mesmo caso do judoca norte-americano Jimmy Pedro na categoria leve.

Dessa forma, comparando apenas os medalhistas do Pan de 1995 com os da Olimpíada de Atlanta, no ano seguinte, sem levar em conta o elevado nível técnico que alguns esportes não citados alcançaram nos países americanos — como é o caso de quase todas as modalidades coletivas, da vela, hipismo, vôlei de praia, ginástica olímpica... — e restringindo-nos apenas aos exemplos citados, já teríamos 32 medalhas olímpicas (12 de ouro, 9 de prata e 11 de bronze) obtidas por atletas que um ano antes disputavam o Pan-americano de Mar Del Plata.

## As honras para atletismo e natação

O Brasil levou uma delegação numerosa para a Argentina — 401 atletas —, mas não participou de todas as modalidades. Ficou fora do esqui aquático, hóquei sobre a grama, patinação artística, pelota basca, raquetebol e softbol. Porém, montou uma equipe forte nos dois esportes olímpicos que são considerados básicos e definem o estágio esportivo de um país, a natação e o atletismo; e neles obteve grande sucesso.

A natação — onde brilharam Gustavo Borges e Fernando Scherer, o Xuxa —, conseguiu 16 medalhas, sendo três de ouro, sete de prata e seis de bronze. Gustavo venceu as provas de 100 e 200 metros livre, mas foi Xuxa quem obteve o resultado técnico mais expressivo, ao vencer o recordista mundial Tom Jagger na final dos 50 metros nado livre. Na verdade, Jagger, dos Estados Unidos, ficou em terceiro, com 22s75, atrás do seu compatriota William Pilczuk, com 22s71. Xuxa marcou 22s65.

ERONILDES DE ARAÚJO ganha o segundo de seus três ouros nos 400m com barreiras

O atletismo conquistou 12 medalhas, quatro a menos do que a natação, mas cinco foram de ouro, todas nas provas de pista: Joaquim Cruz, aos 32 anos e recuperado de cirurgia no tendão de Aquiles, ganhou a prova dos 1.500 metros; Zequinha Barbosa ficou com o ouro nos 800; Eronildes Araújo tornou-se bicampeão pan-americano nos 400 metros com barreiras; Carmen de Oliveira venceu nos 10.000 metros e Wander do Prado Moura nos 3.000 com obstáculos.

HUGO HOYAMA

Outro esporte individual que se fartou de subir ao pódio foi o judô, com 13 medalhas, mas apenas uma de ouro, a do peso-pesado José Mario Tranquillini. O tênis de mesa, ao contrário, ganhou cinco medalhas, mas três de ouro, todas com participação de Hugo Hoyama, campeão individual, de duplas e por equipe. Cláudio Kano dividiu com Hugo as vitórias em duplas e equipes e perdeu dele na decisão individual. Ambos significavam para o tênis de mesa brasileiro a mesma saudável rivalidade que Paula e Hortência nutriam no basquete.

Kano atingiu no Pan de 1995 a marca de 12 medalhas, superando na época o recorde do nadador Djan Madruga, com 11. Kano, que faleceria em um acidente de moto na marginal Pinheiros, em São Paulo, um dia antes de embarcar para a Olimpíada de Atlanta/1996, foi recordista em títulos brasileiros (31) e em sul-americanos (21), mas, curiosamente, nunca ganhou uma medalha de ouro individual no Pan, quase sempre superado pelo companheiro Hugo Hoyama.

A vela, esporte olímpico mais bem-sucedido do Brasil, e o hipismo, também fizeram bonito em Mar Del Plata: Robert Scheidt, o melhor do mundo da classe Laser, confirmou seu favoritismo, e Marcia Pellicano venceu na classe Europa. Uma medalha de prata foi conquistada na classe Lightning e uma de bronze na Laser feminino.

O hipismo viveu um momento emocionante com a medalha de ouro por equipe na prova de saltos, que proporcionou não só o retorno de Nelson Pessoa, vencedor da mesma prova em Winnipeg/1967, como a oportunidade de dividir a conquista com seu filho, Rodrigo. Completaram a equipe Vitor Alves Teixeira e André Johannpeter. Outra medalha de ouro foi obtida pelo Conjunto Completo de Equitação (CCE), com André Luiz Giovanini, Luciano Miranda Drubi, Ruy Leme da Fonseca Filho e Serguei Fofanoff.

Dos novos esportes, o karatê foi o que mais se destacou, com cinco medalhas. José Carlos Gomes Oliveira, hoje técnico da modalidade em São Bernardo do Campo, ganhou o ouro no kumitê open e também uma prata por equipes. Outro destaque foi Iara Oliveira de Souza, prata individual na categoria 52 quilos e outra por equipe. Ao todo, o karatê brasileiro fez cinco pódios em Mar Del Plata.

RODRIGO PESSOA

ROBERT SCHEIDT,
seu primeiro ouro na classe Laser.
Fotos: Divulgação

Nos esportes coletivos, pela primeira vez desde 1955, o Brasil voltou para casa sem medalha de ouro. Os melhores desempenhos foram do hóquei sobre patins e do handebol masculino, que ficaram com a prata. O vôlei enviou equipes inexperientes e passou longe do pódio. O futebol foi desclassificado nas quartas, por Honduras (ler mais em Curiosidades). O basquete feminino não fez parte dos Jogos, e, no masculino, um Brasil renovado, sem Oscar, Marcel, Israel, Gérson e outros heróis de Indianápolis, até que não foi mal e saiu com uma honrosa medalha de bronze.

Jogaram Fernando Minucci (que marcou 97 pontos no Pan), Luís Felipe (106), Josuel (85), Chuí (75), Rogério Klafke (92), Rolando (76), João Batista (42), Luizão (35), Demétrius (21), Seabra (37), Gema (11) e Janjão (16). Orientado pelo técnico Ary Vidal, o Brasil começou bem, vencendo Porto Rico (102 a 88), Estados Unidos (101 a 98), Uruguai (107 a 83) e México (125 a 75). Mas depois pegou a forte Argentina, incentivada por uma multidão delirante, e perdeu por 20 pontos (75 a 95). Poderia ter garantido o segundo lugar se vencesse novamente os Estados Unidos, mas perdeu por 89 a 85. Finalmente, na decisão da medalha de bronze, derrotou o Uruguai por 98 a 85.

O Brasil terminou o Pan com 18 medalhas de ouro, três a menos do que em Havana, mas com um total de 82, três a mais do que em 1991. Na classificação geral caiu de quarto para o sexto lugar, superado também por Argentina e México, além dos costumeiros Estados Unidos, Cuba e Canadá. No último dia de competição, porém, os brasileiros festejaram a vitória de Leandro Macedo no triatlo, prova que encerrou o Pan-americano de Mar Del Plata.

# Dois talentos sobre a mesa

O Pan de Mar Del Plata foi o último que pôde reunir dois dos três maiores jogadores da história do tênis de mesa brasileiro. Os canhotos Cláudio Mitsuhiro Kano, de estilo variado, 29 anos, nascido em São Paulo em 18/12/1965, e Hugo Hoyama, de jogo agressivo, 26 anos (São Bernardo do Campo, 09/05/1969) uniram-se para ser tetracampeões por equipe e bi em duplas, e ainda decidiram o título individual, vencido por Hoyama — um desempenho que consolidava o tênis de mesa masculino como a única modalidade/categoria dominada amplamente pelo Brasil nos Jogos Pan-americanos.

Graças principalmente a eles, o Brasil chegou, com os resultados de Mar Del Plata, ao total de nove medalhas de ouro vencidas das 12 disputadas desde o Pan de Caracas, quando o tênis de mesa foi introduzido nos Jogos. Em apenas quatro Pan-americanos, com a disputa de somente três provas por edição, a equipe masculina de mesa-tenistas brasileiros acumulava o montante de nove medalhas de ouro, seis de prata e cinco de bronze, muito mais do que esportes que competem em muito mais provas há muito mais tempo.

Certamente fariam muito mais juntos se Cláudio Kano, jogador habilidoso e carismático, que ainda hoje tem os vídeos de seus jogos disputados pelos fãs, um ano depois do Pan, em 01/07/1996, não tivesse entrado nas estatísticas que apontam uma morte de motoqueiro por dia em São Paulo, e falecido em um acidente na marginal Pinheiros. Sem o amigo, referência e grande adversário, Hoyama ganharia apenas uma medalha de bronze por equipes no Pan de Winnipeg, mas conquistaria mais um ouro de duplas em Santo Domingo (com Thiago Monteiro). Agora treina para bater no Rio o recorde de oito medalhas de ouro que divide com o nadador Gustavo Borges.

"O Cláudio Kano foi meu amigo e grande parceiro. Aprendi muito com ele, principalmente por ser canhoto, como eu. Foi contra ele que ganhei o torneio mais importante para minha carreira, o Pan-americano em Havana, Cuba. A partir daquele momento me tornei o número um do Brasil. Ele foi um dos responsáveis pelo lugar que ocupo hoje no esporte. Cláudio me proporcionou uma das minhas maiores alegrias, mas também minha maior tristeza, quando nos deixou em 1996", diz Hoyama.

Hoyama lembra que teve de trabalhar duro para superar Cláudio Kano, número um do país no início da década de 1990. Vitorioso em todas as competições na América do Sul, Kano também conseguiu bons resultados internacionais, terminando em sexto lugar nas Copas do Mundo de 1987 e 1989. Também foi o primeiro brasileiro a participar de uma Olimpíada, em Seul/1988.

CLÁUDIO KANO e HUGO HOYAMA, a grande dupla do tênis de mesa. Foto: Agência Estado

O técnico de Hoyama, Ricardo Kobayashi, era muito exigente. Quando perdia, ou mesmo quando permitia que o adversário fizesse mais do que dez pontos, Hoyama era obrigado a fazer mil movimentos na frente do espelho, ou correr dez quilômetros. Num esforço para adquirir a têmpera necessária para derrotar Kano, Hoyama foi obrigado pelo treinador e pelo pai a trabalhar em uma fazenda toda manhã, antes dos treinos. O resultado veio com o título no Pan de Havana, derrotando Cláudio Kano na final.

Com o ouro em duplas e o bronze individual que obteve em Santo Domingo, Hugo Hoyama se equiparou a Cláudio Kano no número de medalhas, mas ultrapassou o saudoso amigo em uma medalha de ouro. Até agora, Hoyama tem oito de ouro, sendo duas individuais, três de duplas e três por equipes; uma de prata (duplas) e três de bronze (individual, duplas mistas e equipe).

Ao contrário de Cláudio Kano, de estilo mais natural, Hugo Hoyama teve de treinar muito para se tornar um mesa-tenista de alto nível. Costuma dizer que treinou oito horas por dia durante 17 anos. Tornou-se famoso por ter um dos ataques mais fortes do mundo, principalmente após o saque. Jogou na

Liga Belga como profissional e venceu vários atletas famosos, entre eles dois campeões mundiais. No Pan do Rio, aos 38 anos, o pequeno Hoyama (1,69m, 67 quilos), terá duas chances — nas simples e duplas — para quebrar o recorde de Gustavo Borges, já que o tênis de mesa não tem mais a competição por equipes.

# Esporte popular. E de tradição

Um dos mais praticados no Brasil, onde perde apenas para o futebol, o tênis de mesa também é um dos mais populares do mundo. Só na China há dez milhões de atletas registrados. Ao contrário do que se imagina, o esporte não tem origem asiática, tendo nascido e se desenvolvido na Inglaterra durante a segunda metade do século XIX, inspirado no tênis de campo. Versões dão conta de que se teria originado entre as tropas inglesas na Índia, que, devido ao calor, preferiam jogar um "tênis" à sombra.

Trazido por ingleses, o "ping-pong", como era chamado a princípio, começou a ser praticado no Brasil em 1905, em São Paulo. O primeiro campeonato por equipes aconteceu em 1912, em São Paulo. Até 1922 os campeões foram Vitória Ideal Clube, Mackenzie, ACM e Clube Atlético Ipiranga. Em 22/11/1929 fundou-se a Associação Paulista de Pingue-Pongue, que mudou seu nome para Federação Paulista de Tênis de Mesa em 1941.

O primeiro grande nome do tênis de mesa brasileiro — para muitos, ainda o melhor de todos — foi Ubiracy Rodrigues da Costa, o "Biriba", nascido em São Paulo em 26/06/1945. Talento precoce, aos 13 anos, em 1958, venceu dois bicampeões mundiais em um ginásio do Ibirapuera completamente lotado: os japoneses Toshiyaki Tanaka e Ichiro Oguimura.

Em 1959, ainda com 13 anos, Biriba tornou-se uma sensação do Mundial de Dortmund, Alemanha, ao vencer quase todos os seus jogos e levar o Brasil a uma inédita sexta colocação. Dois anos depois, no Mundial de Pequim, Biriba eliminou, de virada, o campeão mundial Jung Kuo Tuan, que lutava pelo bicampeonato em sua própria casa. O placar desse jogo histórico foi: 19/21, 21/18, 15/21, 21/16 e 21/15.

Na América do Sul Biriba não tinha adversários. Era tão habilidoso com uma raquete nas mãos que chegou a fazer exibições com os Harlem Globe Trotters do basquete. Cheguei a entrevistar Biriba para a revista *Placar* e quis saber por que ele não foi campeão mundial. Respondeu que os chineses vieram com a novidade do *topspin* (efeito que faz a bola quicar e pular alto e longe da mesa) e isso atrapalhou o seu jogo e seus planos.

Em 1977 o Comitê Olímpico Internacional reconheceu o tênis de mesa como esporte olímpico. Seis anos depois ele foi incluído nos Jogos Pan-americanos de Caracas. Hoje o esporte é tão popular que os campeonatos mundiais são disputados por mais de 800 jogadores de 100 países, que jogam em mais de 40 mesas, num período de 13 dias. Os chineses dominam o esporte. Alguns países das Américas, como República Dominicana e Argentina, usam chineses naturalizados para contrabalançar o predomínio de brasileiros e norte-americanos no continente.

Há alguns anos, para promover o esporte, foi instalada uma mesa no viaduto do Chá, centro de São Paulo, e se ofereceu um prêmio a quem devolvesse um saque de Hugo Hoyama. Formaram-se longas filas, mas ninguém conseguiu. Pode parecer simples, mas um jogador profissional consegue bater na bola com um efeito de 90 giros por segundo, a uma velocidade que pode alcançar 160 km/h.

## Curiosidades

A abertura dos Jogos se deu no dia 12 de março, no estádio municipal de Mar Del Plata. O trânsito intenso foi considerado responsável por apenas metade dos 35 mil lugares do estádio estarem ocupados. O presidente da Argentina, Carlos Saul Menen, chegou sob vaias e estava acompanhado de Juan Antonio Samaranch, presidente do COI, João Havelange, presidente da Fifa, e do astro Pelé.

Após o desfile de atletas dos 44 países participantes realizou-se uma parada com um grupo de atletas que participaram dos primeiros Jogos Pan-americanos, em Buenos Aires, 44 anos antes. O presidente da Odepa, Mario Vasquez Rana, cumprimentou a Argentina por realizar "os maiores Jogos da história..., suplantados apenas pelas Olimpíadas".

O maratonista Leonardo Malgor carregou a tocha e acendeu a pira olímpica (sua escolha causou polêmica, pois nasceu no Uruguai). No fim, estudantes dançaram ao som da canção "Toda América", em meio a um *show* de luzes e fogos.

Com 600 mil habitantes, a jovem Mar del Plata, fundada em 1874, está situada no centro-oeste da Argentina, 400 quilômetros ao sul de Buenos Aires, e é um dos balneários mais populares do país, além de importante porto de pesca. Mas ela não realizou o Pan sozinha. As competições foram disputadas em outras seis cidades: Buenos Aires, Paraná, Santa Fé, Tandil, Necochea e Miramar.

O futebol foi disputado em Tandil e Necochea; Paraná, considerada a capital argentina do softbol, ficou com essa modalidade; Santa Fé recebeu o esqui aquático; Miramar realizou as provas de mountain bike e Buenos Aires recebeu nove esportes.

Com uma seleção jovem, mas repleta de jogadores que se tornariam famosos, como Sorín, Crespo, Zanetti e Ortega, a Argentina ganhou o ouro no futebol em uma decisão dramática contra o México. A medalha de bronze ficou com a Colômbia, que venceu Honduras por 3 a 0.

O futebol brasileiro saiu da competição sem medalha, mas invicto. Depois de vencer seu grupo com duas vitórias e um empate (1 a 1 com o Chile), até então o mesmo retrospecto da Argentina, que na primeira fase empatou com Honduras em 2 a 2, o Brasil enfrentou a boa equipe de Honduras nas quartas-de-final.

Após o empate em 0 a 0, os hondurenhos venceram na disputa de pênaltis por 8 a 7. O herói da partida foi o goleiro Flores, que salvou quatro penalidades e ainda converteu o gol que eliminou o time brasileiro.

O time do Brasil escalado pelo técnico Pupo Gimenez para o jogo contra Honduras foi: Adílson (Atlético-MG), Alberto II (Atlético-PR), Ronaldo Guiaro (Atlético-MG), Bordon (São Paulo) e Nenê I (Juventus-SP); Edmílson (São Paulo), Fabrício I (Palmeiras), Cairo (Atlético-MG), depois Ferreira (Palmeiras), Sandro (Santos), Ânderson (São Paulo) e Silvinho II (Ferroviária).

O Pan de Mar del Plata voltou a ter um controle rígido de *doping* e três atletas foram eliminados da competição pelo uso de substâncias proibidas. O levantador de peso Rolando Marchinares, do Peru, por utilizar nandrolona, mesmo caso do levantador de peso Nelson Stanley, de Honduras. O exame do remador Silken Laumann, do Canadá, deu positivo em efedrina.

O Brasil mais uma vez não teve qualquer atleta punido por *doping*. Desde o Pan de Mar Del Plata o Comitê Olímpico Brasileiro passou a fazer exames preventivos nas delegações que participam de competições internacionais.

Sete novas modalidades estrearam em Mar Del Plata e em algumas o Brasil se deu muito bem. No triatlo, a vitória ficou com o gaúcho, radicado em

Brasília, Leandro Corrieri Macedo. Mesmo sem ter um físico de superatleta (1,74m, 68 quilos), há muito Leandro era apontado como um dos melhores triatletas das Américas, a ponto de ser campeão do Circuito Mundial em 1991. O ouro no Pan, aos 27 anos, foi um prêmio à sua carreira, que prosseguiu com as participações nas Olimpíadas de Sydney e Atenas e deve se encerrar no Pan do Rio.

Outro nome que surgiu no esporte brasileiro foi o de Sebastián Ariel Cuattrin, um dos melhores canoístas das Américas. Nascido em Rosário em 06/09/1973, mas vivendo no Brasil desde a infância e naturalizado brasileiro, Sebastián Cuattrin começou a remar aos 13 anos, nas águas do rio Doce, em Governador Valadares (MG), e aos 15 anos já era campeão mineiro.

Com físico privilegiado de 1,83m e 84 quilos, e obsessão pelos treinos, Cuattrin — que hoje vive em Piraju, interior de São Paulo — começou em Mar Del Plata a sua sucessão de bons resultados em Pan-americanos, que hoje somam cinco medalhas de prata e duas de bronze. Também já participou de quatro Olimpíadas e quer encerrar a carreira nos Jogos da China. Antes, porém, pretende conquistar no Rio o primeiro ouro da canoagem brasileira em um Pan-americano.

O velejador Robert David Hirst, da classe Laser, foi o solitário representante das Ilhas Virgens Britânicas, e se classificou em oitavo lugar. Melhor sorte teve Jerome Romain, da pequena Dominica. Jerome conseguiu a medalha de bronze no salto triplo, com17,24m.

O pugilista brasileiro Acelino Freitas, mais tarde famoso como "Popó", ficou com a medalha de prata na categoria ligeiro (até 60 quilos) ao perder a final para o cubano Julio González. O baiano Popó, que como profissional seria campeão mundial dos superpena (59 quilos) e leve (62 quilos), venceu 29 lutas seguidas por nocaute.

Dois meses depois de ser campeão no Pan de Mar del Plata entre os pesos-pesados, o pugilista norte-americano Antonio Leon Tarver (21/11/1968), conhecido como "Magic Man", ganhou o Campeonato Mundial Amador, em Berlim. Em 2006 ele foi medalha de bronze na categoria meio-pesado da Olimpíada de Atlanta e atuou como Mason "The Line" Dixon, o adversário de Rocky Balboa na sexta versão de Rocky, estrelada por Silvester Stallone.

PARTICIPANTES

5.144 atletas, de 42 países: Antígua e Barbuda, Antilhas Holandesas, Argentina, Aruba, Bahamas, Barbados, Belize, Bermuda, Bolívia, Brasil, Canadá, Chile, Colômbia, Costa Rica, Cuba, Dominica, El Salvador, Equador, Estados Unidos, Granada, Guatemala, Guiana, Haiti, Honduras, Ilhas Cayman, Ilhas Virgens, Ilhas Virgens Britânicas, Jamaica, México, Nicarágua, Panamá, Paraguai, Peru, Porto Rico, República Dominicana, Santa Lúcia, São Cristóvão e Neves, São Vicente e Granadinas, Suriname, Trinidad e Tobago, Uruguai e Venezuela.

MODALIDADES

37: Atletismo, badminton, basquete, beisebol, boliche, boxe, canoagem, ciclismo, esgrima, natação, nado sincronizado, saltos ornamentais, pólo aquático, esqui aquático, futebol, ginástica (artística e rítmica), handebol, hipismo, hóquei sobre grama, judô, karatê, levantamento de peso, lutas, patinação sobre rodas, pelota basca, raquetebol, remo, softbol, squash, taekwondo, tênis, tênis de mesa, tiro com arco, tiro esportivo, triatlo, vela e vôlei. Sete esportes estrearam em Mar del Plata: Badminton, esqui aquático, karatê, pelota basca, raquetebol, squash e triatlo. Observação: "Tiro esportivo" é o mesmo que tiro.

NAS AMÉRICAS

O jogador de futebol americano e ator Orenthal James Simpson, ou O. J. Simpson, é absolvido da acusação de matar a facadas sua ex-esposa Nicole Brown e o amigo dela, Ronald Goldman. Mike Tyson volta aos ringues depois da prisão por drogas, nocauteia o desconhecido irlandês Peter McNeeley aos 89 segundos de luta e ganha US$ 25 milhões. Presidentes eleitos na América do Sul: Fernando Henrique Cardoso no Brasil, Carlos Menen na Argentina e Alberto Fujimori no Peru.

O. J. SIMPSON. MIKE TYSON. ALBERTO FUJIMORI. Terremoto em Kobe. Vírus Ebola. YITZHAK RABIN

NO MUNDO

Áustria, Finlândia e Suécia juntam-se à União Européia. Terremoto em Kobe, no Japão, com intensidade de 7.3 na escala Richter, mata mais de 6 mil pessoas. Em Tóquio, atentado terrorista em cinco estações de metrô, com o gás sarin, mata 12 pessoas. Epidemia do vírus Ebola ataca o Zaire e aterroriza o mundo. Pesquisadores enxertam uma orelha humana nas costas de um rato. É assassinado Yitzhak Rabin, primeiro-ministro de Israel. A França realiza testes atômicos no Atol de Mururoa.

## Quadro de Medalhas / Mar del Plata 1995

| Posição | País | Ouro | Prata | Bronze | Total |
|---|---|---|---|---|---|
| 1 | Estados Unidos | 170 | 145 | 110 | 425 |
| 2 | Cuba | 112 | 66 | 60 | 238 |
| 3 | Canadá | 47 | 61 | 69 | 177 |
| 4 | Argentina | 40 | 45 | 74 | 159 |
| 5 | México | 23 | 20 | 37 | 80 |
| 6 | Brasil | 18 | 27 | 37 | 82 |
| 7 | Venezuela | 9 | 14 | 25 | 48 |
| 8 | Colômbia | 5 | 15 | 28 | 48 |
| 9 | Chile | 2 | 6 | 10 | 18 |
| 10 | Porto Rico | 1 | 9 | 12 | 22 |
| 11 | Uruguai | 1 | 4 | 3 | 8 |
| 12 | Guatemala | 1 | 1 | 6 | 8 |
| 13 | Rep. Dominicana | 1 | 1 | 5 | 7 |
| 14 | Antilhas Holandesas | 1 | 1 | 4 | 6 |
| 15 | Equador | 1 | 1 | 3 | 5 |
| 16 | Peru | | 3 | 4 | 7 |
| 17 | I. V. Americanas | | 3 | | 3 |
| 18 | Jamaica | | 2 | 2 | 4 |
| 19 | Nicarágua | | 2 | 2 | 4 |
| 20 | Bahamas | | 2 | 1 | 3 |
| 21 | Paraguai | | 1 | 2 | 3 |
| 22 | Costa Rica | | 1 | 1 | 2 |
| 23 | Dominica | | 1 | | 1 |
| 24 | El Salvador | | 1 | | 1 |
| 25 | Panamá | | 1 | | 1 |
| 26 | Trinidad e Tobago | | | 6 | 6 |
| 27 | Honduras | | | 2 | 2 |
| 28 | Suriname | | | 2 | 2 |
| 29 | Antígua e Barbuda | | | 1 | 1 |
| 30 | Bermuda | | | 1 | 1 |
| 31 | S. V. e Granadinas | | | 1 | 1 |

VANDERLEI CORDEIRO DE LIMA, ouro na maratona e futuro herói olímpico em Atenas. Foto: Agência Estado

# XIII – Winnipeg

*23.07 a 08.08 de 1999*

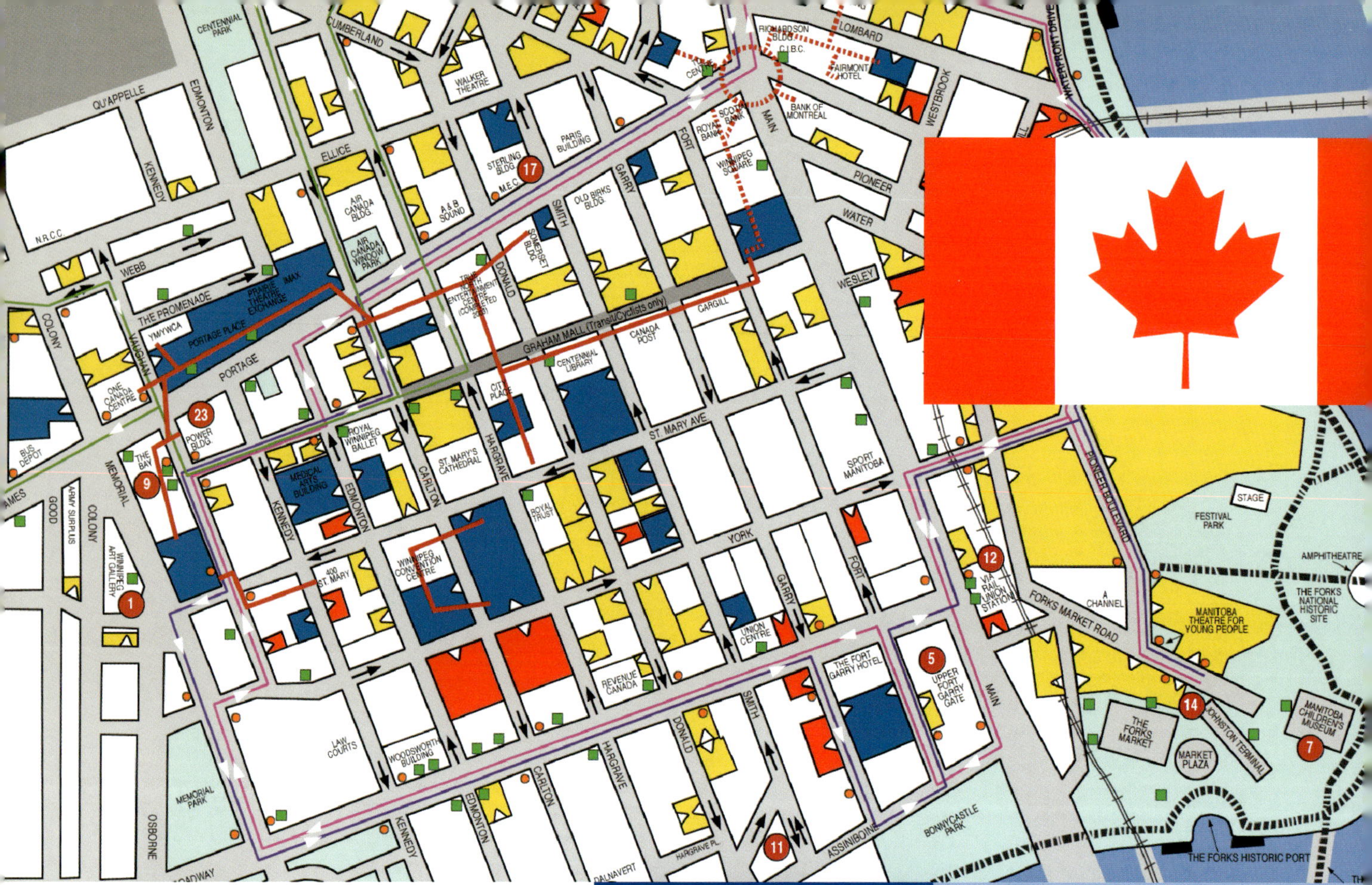

CENTENNIAL PARK
CUMBERLAND
QU'APPELLE
EDMONTON
KENNEDY
N.R.C.C.
WEBB
THE PROMENADE
YMYWCA
PORTAGE PLACE
IMAX
PORTAGE
ELLICE
AIR CANADA BLDG.
AIR CANADA WINDOW PARK
WALKER THEATRE
A & B SOUND
STERLING BLDG.
PARIS BUILDING
OLD BIRKS BLDG.
SMITH
DONALD
GARRY
FORT
MAIN
LOMBARD
C.I.B.C.
FAIRMONT HOTEL
BANK OF MONTREAL
WINNIPEG SQUARE
ROYAL BANK
WESTBROOK
PIONEER
WATER
WESLEY
CARGILL
GRAHAM MALL (Transit/Cyclists only)
CANADA POST
CENTENNIAL LIBRARY
CITY PLACE
ST. MARY AVE
ONE CANADA CENTRE
COLONY
VAUGHAN
BUS DEPOT
MEMORIAL
THE BAY
POWER BLDG.
ROYAL WINNIPEG BALLET
MEDICAL ARTS BUILDING
CARLTON
HARGRAVE
ST. MARY'S CATHEDRAL
ROYAL TRUST
YORK
SPORT MANITOBA
WINNIPEG CONVENTION CENTRE
400 ST. MARY
WINNIPEG ART GALLERY
GOOD
ARMY SURPLUS
REVENUE CANADA
UNION CENTRE
THE FORT GARRY HOTEL
UPPER FORT GARRY GATE
VIA RAIL UNION STATION
PIONEER BOULEVARD
FORKS MARKET ROAD
A CHANNEL
FESTIVAL PARK
STAGE
AMPHITHEATRE
THE FORKS NATIONAL HISTORIC SITE
MANITOBA THEATRE FOR YOUNG PEOPLE
THE FORKS MARKET
MARKET PLAZA
JOHNSTON TERMINAL
MANITOBA CHILDREN'S MUSEUM
THE FORKS HISTORIC PORT
BONNYCASTLE PARK
ASSINIBOINE
LAW COURTS
WOODSWORTH BUILDING
MEMORIAL PARK
OSBORNE
HARGRAVE PL.
WATERFRONT DRIVE

Office DEPOT
99
FUSION

PAN AMERICAN GAMES
JEUX PANAMÉRICAINS
JUEGOS PANAMERICANOS
Winnipeg'99
Canada

# A vitória do equilíbrio

O Pan de 1999 mostrou uma animadora tendência de equilíbrio entre os países mais bem classificados. Vinte e dois anos antes, quando os Jogos foram realizados pela primeira vez na mesma Winnipeg, os norte-americanos ganharam 128 medalhas de ouro, contra 17 dos segundos colocados, os canadenses (111 a mais!). Dessa vez, os Estados Unidos continuaram na frente, mas não com a vantagem esmagadora de outras edições. Conquistaram 106 medalhas douradas, mas Cuba ficou com 69 e o Canadá veio logo atrás, com 64. Outra briga boa, pela quarta posição, colocou frente a frente os eternos rivais Brasil e Argentina. Ambos terminaram com 25 medalhas de ouro, mas o Brasil ficou à frente pela quantidade de pratas (32 a 19).

Com raríssimas exceções, e a não ser que seja usado como forma de propaganda política, o esporte reflete o nível de desenvolvimento de uma nação. Assim, o crescimento esportivo do Canadá não foi surpresa. Até porque o país que compete em casa tem uma série de vantagens, tais como: maior interesse do governo e das empresas em apoiar a equipe; maior espaço na mídia e, conseqüentemente, maior motivação para os atletas; total familiaridade com o ambiente dos Jogos (clima, alimentação, língua); apoio do público durante as competições e, o que não deveria ser assim — mas estatisticamente está provado que ainda é —, eventual favorecimento de árbitros e jurados.

Claro que o fator principal sempre é uma equipe forte e bem treinada, e foi isso que o Canadá apresentou para ficar a apenas cinco medalhas de ouro de Cuba e superar o adversário em número total de medalhas (196 a 155). Para chegar a esse resultado, o Canadá, basicamente, fez melhor o que já fazia bem. De segundo colocado distante na natação feminina, por exemplo, em Winnipeg as canadenses superaram as norte-americanas, com nove medalhas de ouro contra sete. Outros quatro ouros canadenses vieram da natação masculina.

Esportes que sempre deram medalhas douradas ao Canadá, como ciclismo (4), canoagem (4), remo (3), pólo aquático (1), vela (1), squash (2), hipismo (1), repetiram a dose, mas nenhum confirmou uma hegemonia tão marcante como o softbol masculino, no qual chegou ao sexto título consecutivo em seis edições disputadas.

Quanto a Cuba, mesmo perdendo o apoio financeiro da União Soviética e seus aliados, manteve a educação esportiva como prioridade em suas escolas, deslocou recursos para sustentar o intercâmbio internacional de seus atletas e graças a isso, como provou em Winnipeg, continuou sendo uma potência esportiva. Em 1999 voltou a dominar amplamente algumas modalidades, como boxe, levantamento de peso, esgrima (nove ouros, só deixou de ganhar um), beisebol, basquete feminino, vôlei e handebol masculinos e ginástica masculina, na qual se destacou Eric López, com cinco medalhas de ouro, sendo quatro individuais.

Em um patamar um pouco abaixo, porém crescendo solidamente, o Brasil mostrou uma clara evolução nos esportes básicos: o atletismo e a natação. Ambos conquistaram sete medalhas de ouro. A natação masculina teve sete vitórias, a mesma quantidade obtida por norte-americanos e canadenses somados. O atletismo também ganhou sete medalhas de ouro e 16 no total.

A Argentina continuou usufruindo dos progressos advindos do Pan de Mar del Plata. O legado esportivo que fica a um país patrocinador dos Jogos sempre eleva o seu padrão esportivo. Em Winnipeg, o país teve um excelente desempenho no remo, que lhe deu sete medalhas de ouro. Outros esportes vencedores foram: patinação (4), canoagem (3), atletismo (2), boxe (2), vela (2), ciclismo (1), ginástica (1), hóquei sobre a grama (1), judô (1) e tiro (1). O time feminino de hóquei sobre a grama, que os argentinos chamam de "Las Leonas", fez jus ao apelido e conquistou o tetracampeonato pan-americano, vencendo todas as edições do Pan.

# Campeões e heróis pan-olímpicos

O interessante é que a competição se tornou mais equilibrada sem perder o elevado nível técnico. Prova disso é que muitos atletas coadjuvantes em Winnipeg se tornaram campeões olímpicos no ano seguinte, em Sydney. A começar pela nadadora Beth Botsford, dos Estados Unidos: prata nos 200 metros costas em Winnipeg, ouro nos 100m costas da Olimpíada.

Na luta greco-romana, o peso leve Feliberto Aguilera, de Cuba, perdeu a final dos Jogos Pan-americanos, mas ganhou a medalha de ouro na Olimpíada. Mesmo caso do cavaleiro norte-americano David O'Connor, prata no Conjunto Completo de Equitação em Winnipeg e ouro em Sydney. O time feminino de vôlei de Cuba fez o mesmo percurso, para infelicidade das brasileiras, campeãs de Winnipeg e medalhas de bronze na Olimpíada.

O triatleta canadense Simon Whitfield, mesmo competindo em casa, só conseguiu a medalha de bronze em 1999. Um ano depois, porém, comemorou o título olímpico. A atiradora norte-americana Nancy Johnson, medalha de prata no Pan na carabina standard 3x20, individual, subiu o degrau que faltava no pódio em Sydney.

Alguns, que já chegaram ao máximo no Pan-americano, provaram em Sydney que não eram só os melhores das Américas. Caso do cubano Ivan Pedroso, bicampeão pan-americano do salto em distância (1995/99), que venceu a prova também na Olimpíada. Ou da fera do taekwondo Steven Lopes, dos Estados Unidos, medalha de ouro da categoria leve tanto em Winnipeg como em Sydney.

No boxe, 2/3 do pódio pan-americano da categoria leve se repetiu na Olimpíada. Mario Kindelan, de Cuba, ficou com o ouro nas duas competições, e o mexicano Cristian Bejarano com o bronze em ambas. No peso médio, o cubano Jorge Gutierrez comemorou os dois títulos, enquanto seu compatriota Diogenes Luna ficou em terceiro nas duas competições.

Na categoria leve da luta livre, como aconteceu no vôlei feminino, o equilíbrio foi tão grande que as posições do Pan se inverteram na Olimpíada. O canadense Daniel Igali ganhou bronze em Winnipeg e ouro em Sydney, exatamente o oposto do norte-americano Lincoln Mcilray, campeão em 1999 que caiu para terceiro no ano seguinte.

No ciclismo, ninguém pôde dizer que o norte-americano Marty Nothstein, bicampeão pan-americano de velocidade, era um fenômeno "regional". O rapaz foi prata em Atlanta e subiu para ouro em Sydney. Por outro lado, seu compatriota Eric Hartwell, um dos favoritos nos Jogos Pan-

IVAN PEDROSO, vencedor do salto em distância no Pan e na Olimpíada. Foto: Sporting Heroes/[illegible]

americanos por ter sido o segundo colocado na prova do quilômetro contra o relógio da Olimpíada de Atlanta, só ganhou nova prata em Winnipeg.

Outros atletas que obtiveram pódio no Pan de Winnipeg e na Olimpíada de Sydney (a primeira medalha se refere ao Pan): Lazaro Rivas, Cuba, luta greco-romana, peso-mosca, ouro e prata; Chris Huffins, Estados Unidos, decatlo, ouro e bronze; Osleydes Menendez, Cuba, lançamento do dardo, feminino, ouro e bronze; Kaitin Sandeno, Estados Unidos, natação, 800 metros, ouro e bronze; Kendal Cross, Estados Unidos, luta livre, peso-galo, ouro e prata; Joel Romero, Cuba, luta livre, peso médio, bronze e prata; Aléxis Rodrigues, Cuba, luta livre, prata na categoria superpesado do Pan (até 130 kg) e bronze na categoria pesado da Olimpíada (120 kg); Serena Amato, Argentina, vela, classe Europa, ouro e bronze.

## Enfim o terceiro dígito

Em números absolutos, o Brasil teve em 1999 a sua melhor participação em um Pan-americano. Ganhou mais medalhas de ouro (25) e pela primeira vez chegou ao terceiro dígito no total de medalhas (101). Teve um ótimo desempenho no atletismo e na natação, foi campeão no vôlei feminino sobre a poderosa Cuba, no basquete masculino e no handebol feminino, esporte que deu também a prata entre os homens.

O nado sincronizado voltou ao pódio depois de 16 anos, com o terceiro lugar do dueto formado pelas irmãs Carolina e Isabela de Moraes. O pólo aquático feminino, pela primeira vez na história dos Jogos, também terminou em terceiro lugar. O Brasil mostrou força em várias modalidades novas, como karatê, canoagem e, principalmente, GRD, ou ginástica rítmica desportiva.

É preciso destacar as meninas da GRD porque elas definiram o quarto lugar para o Brasil, posição disputada até o fim com a Argentina. Com a medalha de ouro que elas obtiveram no último dia, o Brasil ficou empatado com o adversário em medalhas douradas (25) e terminou na frente pelo número de medalhas de prata. Nunca essa rivalidade tão feroz, outrora resolvida aos socos e pontapés nos campos de futebol, foi decidida com tanta graça e beleza. As heroínas da GRD em Winnipeg foram Alessandra Ferezin, Camila Ferezin, Dayane Camilo da Silva, Flávia Cristina de Faria, Juliana Coradine e Michele Salzano.

A equipe feminina de vôlei, dirigida pelo técnico Bernardo Rocha de Rezende, o Bernardinho, conseguiu a façanha de derrotar as cubanas, bicampeãs olímpicas, e ganhar o seu primeiro ouro pan-americano desde o

Bicampeãs olímpicas, as cubanas foram surpreendidas pelo Brasil. Foto: Divulgação

bicampeonato de 1959/63. Foi emocionante ver as estrelas cubanas Mireya Luis, Regla Bell e Yumilka Ruiz, entre outras, cair diante das brasileiras Leila, Virna, Karin, Walewska...

O basquete masculino, que não havia se classificado no Pré-Olímpico para os Jogos de Sydney, compensou a perda com a sua quarta medalha de ouro em Pan-americanos. Com uma marcação mais atenta, o técnico Hélio Rubens Garcia conseguiu armar uma equipe harmoniosa, sólida, que perdeu por dois pontos para os Estados Unidos na fase de classificação, mas venceu com facilidade os norte-americanos na decisão do título, por 95 a 78. Jogaram e marcaram para o Brasil em Winnipeg: André Luís Guimarães Fonseca "Ratto" (17), Aristides Josuel dos Santos (56), Aylton Tesch Cardoso Junior (34), Caio Eduardo de Mello Cazziolato (56), Demétrius Conrado Ferraciu (35), Hélio Rubens Garcia Filho "Helinho" (43), Marcelo Magalhães Machado "Marcelinho" (34), Michel Ferreira do Nascimento (8), Rogério Klafke (68), Sandro França Varejão (38) e Vanderlei Mazzuchini Junior (60).

O atletismo brasileiro deu um *show* à parte. Eronildes Araújo venceu pela terceira vez consecutiva a prova dos 400 metros com barreiras, igualando o feito de Adhemar Ferreira da Silva no salto triplo em 1951/55/59. Aos 28 anos, Eronildes superou os norte-americanos Eric Thomas e Torrance Zellner e fez o tempo de 48s23, o melhor até ali entre todos os vencedores dessa prova no Pan. Depois ele também ganhou a prata no revezamento 4x400, batendo o recorde brasileiro e sul-americano (2m58s56) ao lado de Sanderlei Parrela, Claudinei Quirino e Anderson dos Santos.

A história de Eronildes, hoje formado em Educação Física e técnico profissional, é a mesma da maioria dos ídolos brasileiros do atletismo. De origem bem humilde, Eronildes Nunes de Araújo nasceu em Bom Jesus da Lapa, Bahia, em 31 de dezembro de 1970. Dois anos depois, a família (pais Arnaldo e Joana, e irmãos Altemar, Regina e Onilde), rumou para Brasília, na esperança de dias melhores. Moraram em um barraco alugado em Taguatinga, depois se mudaram para Ceilândia, onde Eronildes, então estudante da sétima série, aceitou um convite para fazer um teste de velocidade na pista de carvão do CIEF de Brasília. Saiu-se tão bem que, sem qualquer treino, foi inscrito pelo técnico Antonio Carlos Feijão nos Jogos Escolares Estudantis em Campo Grande/MS. Depois de alguma dificuldade na fase classificatória, mais confiante, Eronildes venceu a prova de 400 metros rasos com uma vantagem de 30 segundos para o segundo colocado.

Além dos títulos pan-americanos, Eronildes se manteve entre os melhores do mundo nos 400 metros com barreiras, prova em que foi quarto lugar no Mundial de Sevilha/1999 (48s13), oitavo lugar na Olimpíada de Atlanta/1996 (48s78), campeão do Troféu Brasil e do Campeonato Ibero-americano em 2000 e nono lugar na Olimpíada de Barcelona/1992. Eronildes é detentor do recorde brasileiro e sul-americano da prova, 48s04, obtido em Nice, França, em 12 de julho de 1995.

Outra memorável vitória do atletismo brasileiro em Winnipeg veio no revezamento 4x100 masculino. Rafael Oliveira, Claudinei da Silva, Edson Ribeiro e André Silva ganharam a medalha de ouro e ainda marcaram o recorde pan-americano, com o tempo de 38s18. O atletismo proporcionou, ainda, surpresas agradáveis com as vitórias de Claudinei Quirino nos 200 metros, Elenilson da Silva nos 10 mil, Elisângela Adriano no lançamento de disco, Vanderlei Cordeiro na maratona e Maurren Higa Maggi no salto em distância.

Da natação, porém, surgiram os grandes vitoriosos do Brasil em Winnipeg: o catarinense Fernando Scherer, o Xuxa, se tornou o primeiro brasileiro a ganhar quatro medalhas de ouro numa só edição do Pan, estabelecendo recordes pan-americanos em todas as provas. Venceu as provas de nado livre dos 50 metros (mesma em que foi medalha de bronze na Olimpíada de Atlanta, três anos antes) e 100 metros, revezamento 4x100 e revezamento 4x100 medley. Mas Xuxa teve um rival à altura na própria equipe brasileira: o paulista de Ribeirão Preto Gustavo Borges.

FERNANDO SCHERER e GUSTAVO BORGES, a natação brasileira em seu nível mais alto. Foto: Agência Estado

Em Winnipeg, Borges venceu os 200 metros nado livre e participou dos revezamentos 4x100 livre e 4x100 medley. Ainda ganhou prata no revezamento 4x200 livre e bronze nos 100 livre, somando 15 medalhas em todas as suas participações no Pan. Sua derrota para Xuxa nos 100 metros foi uma surpresa, pois nessa prova Borges tinha sido prata na Olimpíada de Barcelona e bronze em Atlanta.

Dos bons resultados da natação brasileira no Pan de 1999, porém, o que ficará marcado pelo ineditismo é a vitória no revezamento 4x100m medley, que quebrou a hegemonia da equipe norte-americana desde os primeiros Jogos, em 1951. O Brasil competiu com Alexandre Massura, Marcelo Tomazini, Xuxa e Gustavo Borges e venceu por 30 centésimos os norte-americanos Matthew Allen, Glenn Moses, Harold Schroeder e Scott Tucker.

No hipismo, a equipe de saltos conseguiu um bicampeonato memorável, superando norte-americanos e canadenses. O Brasil competiu com Rodrigo Pessoa, Vitor Alves Teixeira, Bernardo Resende Alves e Álvaro Affonso de Miranda Neto, o Doda. No ano seguinte, com as substituições de Vitor Teixeira e Bernardo Alves por Luiz Felipe Azevedo e André Johannpeter, a equipe conquistaria a segunda medalha de bronze consecutiva nos Jogos Olímpicos.

Dos esportes estreantes, o vôlei de praia logo de início se revelou um território brasileiro. Das seis medalhas em disputa, os atletas nacionais ficaram com metade. Entre as mulheres, Adriana Behar e Shelda foram campeãs, enquanto na chave masculina, vencida pelos canadenses Jody Holden e Conrad Leinemann, a prata ficou com os brasileiros Adriano Dias e Luis Barbosa da Silva, e o bronze com Roberto Lopes e Vieira Franco, também do Brasil.

## Unidos pelo desafio

A competição entre ambos exigiu o máximo de cada um; desse modo, as carreiras do paulista Gustavo Borges e do catarinense Fernando Scherer, o Xuxa, seguiram sempre paralelas, como nas raias de uma piscina. Juntos fizeram da década de 1990 a década de ouro da natação brasileira e provaram que, melhor do que um ídolo isolado, a receita para se popularizar um esporte é contar com dois deles, de preferência rivais.

Gustavo França Borges, moreno, um pouco mais velho e mais alto, nasceu no dia 2 de dezembro de 1972, em Ribeirão Preto. No auge da forma tinha 2,03m e 98 quilos. Fernando de Queiroz Scherer, loiro, quase dois anos mais jovem, nasceu em Florianópolis em 6 de outubro de 1974, 1,92m e 80 quilos. Ambos treinaram nos Estados Unidos, ficaram entre os mais rápidos do mundo nas provas de nado livre (Xuxa nos 50 e 100 metros, Borges nos 100 e 200), ganharam medalhas olímpicas e (muitas) pan-americanas e, juntos, se uniram no revezamento 4x100m livre que, por algum tempo, foi o mais rápido do mundo.

A natação chegou à vida de Gustavo Borges aos 10 anos, quando começou as aulas no Clube Ituveravense, de Ituverava, cidade do interior de São Paulo para a qual a família se mudou um dia depois do nascimento do futuro campeão. "O esporte com mais estrutura na cidade era a natação", lembra Borges, que morou em Ituverava até os 15 anos.

Só aos 14 anos, quando já tinha optado pelo tênis, é que Xuxa procurou as piscinas do Clube 12 de Agosto, em Florianópolis, para seguir a recomendação médica de praticar a natação como forma de evitar os resfriados constantes. Mostrou tanta facilidade na piscina que o técnico Carlos Camargo logo o levou para as primeiras competições. Oito anos depois o garoto já estava subindo ao pódio da Olimpíada de Atlanta.

Outro ponto em comum na carreira de Borges e Xuxa é que foram reconhecidos internacionalmente quando treinavam nos Estados Unidos. Gustavo Borges ganhou as provas que disputou no High School Swimming Championship e estabeleceu um recorde mundial para as 100 jardas estilo livre. Dias depois ganhou a medalha de bronze do US Open, superando o recordista mundial dos 100m livre, Matt Biond, ouro na Olimpíada de Seul/1988. Xuxa, por sua vez, saiu do Flamengo para treinar em Coral Springs em 1998 e nesse mesmo ano foi eleito o melhor nadador do mundo pela revista especializada *Swimworld*.

O Pan-americano de Winnipeg, duelo que Xuxa venceu, foi apenas uma etapa da competição particular entre os dois, que teve o primeiro capítulo importante no Pan de 1995, em Mar del Plata. Lá, Xuxa ganhou a medalha de ouro nos 50 metros, Gustavo nos 100 e 200 metros, e ambos se juntaram nos revezamentos 4x100 e 4x200 que ficaram em segundo lugar. Na verdade, a prova de intersecção, aquela em que se viam frente a frente para provar quem era o melhor, era a dos 100 metros. E em 95 Borges venceu, enquanto Xuxa ficou com a medalha de bronze.

Na Olimpíada de Atlanta, em 1996, a melhor da história para a natação nacional, Borges ficou em segundo nos 200 metros, Xuxa em terceiro nos 50 e Borges foi melhor nos 100, ganhando a medalha de bronze. Individualmente não ganhariam mais medalhas olímpicas, mas se uniriam nos Jogos de Sydney para uma valorosa medalha de bronze no 4x100 livre, superados apenas pela campeã Austrália e pelos Estados Unidos.

No Pan de Santo Domingo, em 2003, Xuxa seria o único dos dois a ganhar uma medalha de ouro individual (50m livre). Mas Borges, que dividiria com ele a vitória no revezamento 4x100, ainda conseguiria uma prata e dois bronzes, aumentando o seu recorde como atleta brasileiro com maior número de medalhas em Jogos Pan-americanos. Ele e Xuxa ganharam 15 medalhas de ouro nos Jogos, somando-se Santo Domingo, mas Borges tem uma a mais, além de mais oito pratas e três bronzes, num total de 19.

Aposentados como atletas, até começar o Pan do Rio eles ainda serão recordistas pan-americanos nas provas em que eram especialistas: Xuxa nos 50 (22s22) e 100 (49s19) metros nado livre, registrados em Winnipeg/1999, e Gustavo Borges nos 200m (1m48s49), obtido em Winnipeg.

Mesmo adversários por tanto tempo, foi na equipe de revezamento, porém, que viveram, juntos, um dos momentos mais emocionantes da natação brasileira, ao baterem o recorde mundial do revezamento 4x100m em piscina curta. Na verdade, Scherer e Borges já faziam parte da equipe detentora do recorde, mas, estimulados pelo prêmio de um patrocinador, caíram na piscina do Vasco em 20 de dezembro de 1998 para superar a marca de 3m12s11, estabelecida em 05/12/1993 no 1º Mundial de Piscina Curta de Mallorca, Espanha. Na oportunidade, os dois tiveram a companhia de Teófilo Ferreira e José Carlos de Souza Júnior. No Rio, Carlos Jayme e Alexandre Massura substituíram Teófilo e José Carlos.

Xuxa mergulhou primeiro e fez os seus 100 metros em 47s27; depois Jayme, 48s49; Massura, 47s93; e por fim Gustavo, 46s76. O recorde, 3m10s45, foi muito comemorado. Xuxa e Borges se abraçaram efusivamente. Afinal, mesmo depois de dois mundiais em piscina curta e vários campeonatos europeus e norte-americanos, o Brasil continuava com a equipe mais rápida do mundo, à frente da Austrália de Ian Thorpe e Michael Klim, da Rússia de Alexandr Popov e dos Estados Unidos de Bill Pilczuk (hoje o recorde é da Suécia, que em 16/03/2000 marcou 3m09s57 na Olimpíada de Atenas).

A busca pela perfeição, pelo centésimo de segundo a menos, que marcou as carreiras de Gustavo Borges e Fernando Scherer, iniciou uma nova etapa na natação brasileira, que deixou de ser um fenômeno de heróis solitários, para começar a evoluir como equipe. Como em toda história de um grande atleta, nada veio sem muito esforço. Mesmo o talentoso Xuxa nadava de 10 a 15 mil metros todos os dias. Gustavo Borges não ficava atrás e lembra que várias vezes se perguntou se era mesmo isso que queria. Felizmente para o esporte brasileiro, era.

"Várias vezes eu acordei às cinco da manhã para treinar e me perguntava: 'É isso mesmo que eu quero?'. A última coisa que eu queria era pular numa piscina fria, às 5h30 da manhã. Mas nunca perdi um treino por falta de vontade. Podia estar cansado, ter dormido mal à noite, mas sempre ia treinar. É nesses dias que surgem os campeões. Enquanto outros resolvem ficar dormindo, você está lá buscando mais uma chance de melhorar. Os dias não voltam atrás."

# Curiosidades

Saudada entusiasticamente pela multidão de 40 mil pessoas que compareceu ao Winnipeg Stadium para a cerimônia de abertura, a delegação do Canadá foi a última a desfilar. Sua bandeira foi carregada pela ciclista Tanya Dubnicoff, nascida em Winnipeg. O time canadense masculino de pólo aquático pegou uma bandeira gigante do Canadá e saiu correndo com ela pelo campo. A maioria das músicas do evento foram compostas por Victor Davis, outro nativo de Winnipeg.

Depois de desfile da polícia montada e de *show* de acrobacias da força aérea canadense, a princesa Anne, representando a rainha Elizabeth II, disse que lembrava quando seu pai esteve ali, 32 anos atrás. "Eu me lembro da elegância da cerimônia de abertura, a mesma que vejo esta noite. A maior diferença é que não está chovendo... Estou empolgada para ver algumas competições nestes próximos dias... Espero que todos vocês (atletas) alcancem suas metas e transformem seus sonhos em realidade."

Em 1967 a tocha tinha sido carregada por 10 indígenas de Minneápolis para Winnipeg. Em 1999, os sete corredores remanescentes daquele grupo levaram-na até o estádio dirigindo canoas motorizadas, passaram-na a Ida Whitford, atleta indígena de 12 anos, que a repassou a Alwyn Morris (canoagem/caiaque) e Silken Laumann (remo), que subiram as escadas do estádio e acenderam a pira. O juramento do atleta foi feito por Sherman Greenfeld (raquetebol) e Denyse Julien (badminton), e o juramento oficial por Janice McClintock (hóquei sobre a grama).

A medalha de prata foi um prêmio mais do que merecido para a triatleta brasileira Carla Moreno. Antes da viagem, ela foi assaltada em Campinas (SP) e lhe roubaram o carro, com sua bicicleta e documentos. Teve de conseguir nova bicicleta no dia do embarque e por menos de cinco minutos não perdeu o avião. Quando desembarcou, descobriu que sua bagagem havia se extraviado.

A medalha de ouro da judoca Vânia Ishii na categoria meio-médio teve um significado especial para sua família e para o judô brasileiro. Ela conseguiu realizar uma meta que já tinha sido de sua irmã, Tânia, que ganhou bronze no Pan de Caracas/1983 e chegou a disputar a Olimpíada de Seul. O mais importante, porém, é que Vânia é filha de Chiaki Ishii, o japonês-brasileiro que em Munique/1972 ganhou a primeira medalha olímpica do judô brasileiro. Chiaki, que na época ficou chateado, pois queria ganhar o ouro e se sentiu prejudicado pelos árbitros, que teriam favorecido o alemão Paul Barth, hoje diz que reconhece o que sua medalha fez pelo judô brasileiro.

O Brasil só não fez dobradinha na maratona porque Eder Fialho confundiu *ketchup* com molho de tomate. Ele vinha bem e só chegaria atrás de Vanderlei Cordeiro de Lima, mas sentiu dor de barriga e teve de fazer um *pit stop* rapidinho de 40 segundos, e foi superado pelo venezuelano Maza Lares. Fialho, que ganhou a medalha de bronze, explicou que no jantar encheu o macarrão de *ketchup*, imaginando que fosse extrato de tomate.

Oito atletas tiveram seus exames de *doping* reprovados. Um dos casos estarreceu o mundo esportivo, pois envolveu nada menos do que o maior saltador em altura da história do atletismo, o cubano Javier Sotomayor, detentor do recorde mundial da prova (2,45m, obtido em Salamanca em 23/07/1993).

Aos 31 anos (13/10/1967, Limonar), Sotomayor tentava o seu quarto título pan-americano consecutivo quando seu exame de sangue mostrou que havia consumido altas doses de cocaína quatro ou cinco dias antes de competir. Em conseqüência disso, perdeu a medalha de ouro em Winnnipeg, foi suspenso por um ano e precisou que o COI anulasse sua pena para competir na Olimpíada de Sydney, na qual conquistou a medalha de prata.

Com 1,94m, mas uma técnica (de costas, ou flop) e impulsão formidáveis, Sotomayor alcançava na maioria dos saltos no mínimo 35 centímetros a mais do que sua altura. Além das medalhas em Olimpíadas e Pan-americanos, foi seis vezes campeão mundial e fez 17 dos 24 melhores saltos de todos os tempos. Em Winnipeg, não fosse a eliminação, ele ganharia o ouro com 2,30m — medalha que acabou dividida entre os canadenses Kwaku Boateng e Mark Boswell, ambos com 2,25m.

Os outros exames que detectaram o uso de substâncias proibidas foram de Steve Vezina, do time de hóquei sobre patins do Canadá, positivo para efedrina, pseudoefedrina e nandrolona; Juana Rosario Arrendel, do salto em extensão da República Dominicana, stanozolol; William Vargas e Ramon Delgado, ambos do levantamento de peso de Cuba, nandrolona; Roberto Vizcarra e Hector Alvarez, ambos do time de beisebol do México, nandrolona, e Ray Martinez, do beisebol de Cuba, que se recusou a fazer o exame.

JAVIER SOTOMAYOR seria tetra, mas foi pego no exame antidoping. Foto: Sporting-Heroes.Net

Nove integrantes da delegação de Cuba aproveitaram a viagem ao exterior para pedir asilo político. Dessa vez, além de sete atletas, também um técnico e um jornalista resolveram sair da Ilha.

A tevê canadense bateu os recordes de horas de transmissão de um Pan-americano. O canal a cabo TSN transmitiu 50 horas do evento e a CBC 38 horas.

O Vasco teve de fretar um vôo para que a dupla Adriana Behar e Shelda chegasse a tempo de competir — e ganhar a medalha de ouro no vôlei de praia. Elas haviam disputado uma etapa do circuito mundial no Japão na véspera do início do Pan. Um ano antes de Winnipeg, a dupla conquistara a medalha de ouro no Goodwill Games, em Nova York, e um ano depois seria prata na Olimpíada de Sydney.

O público, animado, fez a contagem regressiva para o início da cerimônia de encerramento do Pan de Winnipeg/1999. O prefeito de Winnipeg, Glen Murray, discursou aos atletas: "Vocês mostraram que esporte e cidadania são a mesma coisa. Winnipeg é, e sempre será, o coração deste grande país e a casa de todas as Américas". Para encerrar, ele disse obrigado em todas as línguas faladas nas Américas — inglês, espanhol, francês, português e em muitas línguas indígenas.

Depois que o primeiro-ministro canadense Jean Chretien agradeceu aos atletas pelo "privilégio de vê-los transformar seus sonhos em realidade", o presidente da Odepa, Mario Rana, pediu ao prefeito de Winnipeg que entregasse a bandeira da entidade desportiva das Américas para o prefeito de Santo Domingo, capital da República Dominicana, sede do Pan de 2003. Para concluir, Rana disse que aqueles tinham sido "os melhores Jogos de nossa história".

PARTICIPANTES

5.275 atletas, de 42 países: Antígua e Barbuda, Antilhas Holandesas, Argentina, Aruba, Bahamas, Barbados, Belize, Bermuda, Bolívia, Brasil, Canadá, Chile, Colômbia, Costa Rica, Cuba, Dominica, El Salvador, Equador, Estados Unidos, Granada, Guatemala, Guiana, Haiti, Honduras, Ilhas Cayman, Ilhas Virgens, Ilhas Virgens Britânicas, Jamaica, México, Nicarágua, Panamá, Paraguai, Peru, Porto Rico, República Dominicana, Santa Lúcia, São Cristóvão e Neves, São Vicente e Granadinas, Suriname, Trinidad e Tobago, Uruguai e Venezuela.

BILL CLINTON. BIDU SAYÃO. Canal do Panamá. O dinheiro da Europa. A gigantesca London Eye. A volta de XANANA GUSMÃO

MODALIDADES

37: Atletismo, badminton, basquete, beisebol, boliche, boxe, canoagem, ciclismo, esgrima, natação, nado sincronizado, saltos ornamentais, pólo aquático, esqui aquático, futebol, ginástica (artística e rítmica), handebol, hipismo, hóquei sobre grama, judô, karatê, levantamento de peso, lutas, patinação sobre rodas, pentatlo moderno, raquetebol, remo, softbol, squash, taekwondo, tênis, tênis de mesa, tiro com arco, tiro esportivo, triatlo, vela e vôlei (de quadra e de praia). A partir desse Pan as mulheres passaram a competir também em futebol, pentatlo moderno, levantamento de peso e pólo aquático.

NAS AMÉRICAS

Abertura do processo de *impeachment* do presidente Bill Clinton. Alfonso Portillo é eleito presidente da Guatemala. Ocorre um blecaute nas regiões Sul, Sudeste e Centro-Oeste do Brasil, em partes da Argentina, Uruguai e Paraguai. Os Estados Unidos passam o controle do canal do Panamá para o Panamá. Morre Balduína de Oliveira Sayão, a soprano brasileira de fama internacional Bidu Sayão. Morre o norte-americano Joe Dimaggio, um dos grandes do beisebol, que em 1954 ficou nove meses casado com a atriz Marilyn Monroe.

NO MUNDO

O euro entra em vigor em 11 dos 15 países da União Européia. A Austrália aceita pela primeira vez a independência de Timor Leste. O líder revolucionário Xanana Gusmão retorna ao Timor Leste e é eleito presidente. O Comitê Olímpico Internacional exclui seis de seus dirigentes, acusados de corrupção. Tropas russas invadem a Chechênia. Boris Yeltsin renuncia à presidência da Rússia. Macau, última colônia européia na Ásia, passa a domínio chinês. Em Londres é inaugurada a London Eye, maior roda-gigante do planeta.

Quadro de Medalhas / Winnipeg 1999

| Posição | País | Ouro | Prata | Bronze | Total |
|---|---|---|---|---|---|
| 1 | Estados Unidos | 106 | 110 | 80 | 296 |
| 2 | Cuba | 69 | 39 | 47 | 155 |
| 3 | Canadá | 64 | 52 | 80 | 196 |
| 4 | Brasil | 25 | 32 | 44 | 101 |
| 5 | Argentina | 25 | 19 | 28 | 72 |
| 6 | México | 11 | 16 | 30 | 57 |
| 7 | Colômbia | 7 | 17 | 18 | 42 |
| 8 | Venezuela | 7 | 16 | 17 | 40 |
| 9 | Jamaica | 3 | 4 | 6 | 13 |
| 10 | Guatemala | 2 | 1 | 1 | 4 |
| 11 | Bahamas | 2 | | 1 | 3 |
| 12 | Porto Rico | 1 | 3 | 8 | 12 |
| 13 | Chile | 1 | 4 | 7 | 12 |
| 14 | Rep. Dominicana | 1 | 3 | 6 | 10 |
| 15 | Equador | 1 | 2 | 5 | 8 |
| 16 | Bermuda | 1 | 2 | | 3 |
| 17 | Suriname | 1 | | 1 | 2 |
| 18 | Ant. Holandesas | 1 | | | 1 |
| 19 | Peru | | 2 | 6 | 8 |
| 20 | Uruguai | | 1 | 3 | 4 |
| 21 | Barbados | | 1 | 1 | 2 |
| | Panamá | | 1 | 1 | 2 |
| 23 | Honduras | | 1 | | 1 |
| | Ilhas Caymans | | 1 | | 1 |
| 25 | Costa Rica | | | 1 | 1 |
| | El Salvador | | | 1 | 1 |
| | Trinidad e Tobago | | | 1 | 1 |

JOANNA HAYES, ouro nos 400m com barreiras no Pan e nos 100m com barreiras em Atenas. Foto: Sporting-Heroes.Net

# XIV - Santo Domingo

*01 a 17.08 de 2003*

Mao
Sabaneta
Moca
Santiago
Salcedo
Nagua
Península
de Samaná
Parque Nacional
La Vega
San Francisco
de Macorís
Jarabacoa
Cordillera Central
Cotuí
Elias Piña
Constanza
Bonao
San Juan de la
Maguana
Parque Nacional José
del Carmen Ramírez
Monte
Plata
DOMINICAN
REPUBLIC
de Macorís
Neiba
Azua
San
Cristóbal
Santo
Domingo
La
Romana
Baní
Barahona

# Sem lugar garantido

Os dirigentes esportivos de Cuba devem ter ficado impressionados com a performance do Canadá em Winnipeg, que por pouco não causou a queda dos cubanos para uma posição abaixo do segundo lugar no quadro geral de medalhas, o que não acontecia desde 1967. Assim, Cuba enviou a equipe mais forte que poderia para Santo Domingo, o que lhe permitiu distanciar-se novamente dos canadenses, que, por sua vez, se viram pressionados pelo crescimento do esporte brasileiro. Com exceção dos Estados Unidos, nenhum país parecia ter lugar garantido no Pan de 2003.

Na ponta, com uma vantagem de 45 medalhas de ouro e 118 no total sobre seus maiores rivais, os Estados Unidos reinaram mais uma vez. Se Cuba não ameaçou a liderança norte-americana, também não se viu ameaçada, já que conquistou 43 medalhas de ouro a mais do que o terceiro colocado. A briga pelo terceiro lugar é que foi dramática. Brasil e Canadá empataram no número de medalhas douradas (29), o que levou a decisão para as de prata (57 a 40 para os canadenses).

Com base nos retrospectos de Argentina em 1995 e Canadá em 1999, analistas afirmaram que esses países decepcionaram em Santo Domingo, mas a verdade é que eles viveram apenas um fenômeno comum na história dos Jogos Pan-americanos, e que pode ser chamado de "refluxo". Depois de subir muito no quadro de medalhas quando compete em casa, todo país apresenta uma queda quando volta a ser visitante. A Argentina, que foi a quarta colocada em Mar del Plata, caiu para sétima em 2003, e o Canadá se manteve em terceiro a duras penas.

O México ficou em quinto lugar com um bom rendimento. Ganhou 20 medalhas de ouro e 79 no total, limites que não havia alcançado nas duas vezes que organizou os Jogos, em 1955 e 1975. Outra nação que apresentou um crescimento animador foi a Venezuela, que empreendeu uma luta equilibradíssima pelo sexto lugar com a Argentina, e acabou vencendo por uma medalha de prata (21 a 20), empatando nas medalhas de ouro (16) e bronze (27).

YIPSI MORENO trocou a prata de Winnipeg pelo ouro em Santo Domingo. Foto: Sporting-Heroes.Net

# Time olímpico de cuba

A prova de que Cuba inscreveu o melhor do seu esporte no Pan de 2003 é que na Olimpíada de Atenas, um ano depois, todas as nove medalhas de ouro cubanas foram conquistadas por atletas que participaram dos Jogos de Santo Domingo. Destes, oito venceram as duas competições, e apenas uma, Osleidys Menendez, campeã olímpica do lançamento do dardo, ganhou apenas o bronze na República Dominicana. Os outros foram:

RIGONDEAUX, à direita

Boxe: Guillermo Rigondeaux, peso-galo; Yan Bartelemy Varela, mosca-ligeiro; Yuriorkis Gamboa Toledano, mosca; Mario César Kindelan, leve, e Odlanier Solis Fonte, pesado. Luta livre: Yandro Miguel Quintana, galo. Arremesso de peso, feminino: Yumileide Cumba. Beisebol, equipe masculina.

Há mais nomes na lista de campeões cubanos em Santo Domingo que ganharam medalhas de prata em Atenas: o pugilista meio-médio Lorenzo Aragón; a lutadora de taekwondo Yanelis Labrada, categoria 49 quilos, e a lançadora de martelo Yipsi Moreno. O pugilista peso-pesado Michel Lopez foi prata no Pan e bronze na Olimpíada; mas a equipe feminina de vôlei, ouro em Santo Domingo, falhou na tentativa de buscar o quarto título olímpico seguido e ficou com a medalha de bronze em Atenas. Três judocas cubanos também trocaram o ouro do Pan pelo bronze olímpico: o meio-leve Yordanis Arencibia e as mulheres Yurisleidy Lupetey, peso leve, e Amarilys Savón, meio-leve.

Os Estados Unidos não costumam levar para o Pan todos os seus melhores atletas, mas também não escalam uma delegação de reservas. Tanto que muitos de seus medalhistas olímpicos passam antes pela competição das Américas. Joanna Hayes, por exemplo, um ano antes de ganhar os 100 metros com barreiras em Atenas, tinha vencido a prova dos 400 com barreiras em Santo Domingo. O lutador de taekwondo Steven Lopez (68 a 80 quilos) e o barco oito com timoneiro foram campeões nas duas competições.

Alguns atletas norte-americanos conseguiram se sair melhor na Olimpíada do que no Pan. Em Santo Domingo, Cael Sanderson conseguiu apenas o bronze na categoria médios da luta livre, mas em Atenas realizou o sonho do ouro. O nadador Gary Hall Junior perdeu para o brasileiro Fernando Scherer a final dos 50 metros em 2003 e no ano seguinte entrou para a galeria dos campeões olímpicos.

Dois norte-americanos campeões das Américas em 2003 não repetiram o feito em Atenas, mas chegaram perto. Em uma das provas mais valorizadas do atletismo, Lauryn Williams conquistou a medalha de prata olímpica, mesmo caso de Toby Stevenson, vencedor do salto com vara em Santo Domingo.

OSLEIDYS MENENDEZ, campeã pan-americana e olímpica do lançamento do dardo. Foto: Sporting-Heroes.Net

Os exemplos se sucedem. Um dos astros do Pan de Santo Domingo, o ídolo local Félix Sanchez, repetiu a vitória nos 400 metros com barreiras na Olimpíada. A mexicana Ana Guevara, medalha de ouro nos 400 metros rasos no Pan, ganhou a prata em Atenas. O Brasil também teve os seus destaques nas duas competições.

O velejador Robert Scheidt fez barba e cabelo, ganhando a classe Laser no Pan e na Olimpíada. O vôlei masculino, que não passou do bronze em Santo Domingo, conquistou o ouro olímpico em 2004. O time feminino de futebol, campeão pan-americano, ficou com a prata na Olimpíada. Outros dois medalhistas de ouro em 2003 ganharam a medalha de bronze em Atenas: o maratonista Vanderlei Cordeiro de Lima e o judoca, categoria meio-médio, Flávio Canto.

Santo Domingo mostrou que os Jogos Pan-americanos seguem duas tendências: a melhora do nível técnico em todas as modalidades e um equilíbrio maior entre os países de ponta. Os Estados Unidos ainda têm uma grande reserva para se manter na liderança, mas Cuba deverá ser cada vez mais pressionada por Canadá e Brasil. Aliás, não fossem algumas modalidades que distribuem muitas medalhas e nas quais têm ampla liderança, como boxe e levantamento de peso, e os cubanos teriam muito mais dificuldades para manter a vice-liderança esportiva das Américas.

FÉLIX SANCHEZ, herói dominicano em Santo Domingo e Atenas. Foto: Sporting-Heroes.Net

# Mais perto do futuro

O melhor desempenho brasileiro na história dos Jogos foi um alento para aqueles que, há décadas, vêm apregoando que o destino do país é se tornar uma potência esportiva. Enquanto adversários poderosos perdiam força, a delegação brasileira foi a que mais vezes subiu ao pódio em relação ao Pan anterior. Com uma delegação recorde de 467 atletas — 280 homens e 187 mulheres —, que só não competiu no hóquei sobre a grama, softbol, raquetebol e pelota basca, o Brasil ganhou 21,7% a mais de medalhas do que em Winnipeg (123 a 101), sendo 16% a mais de ouro (29 a 25), 25% a mais de prata (40 a 32) e 23% a mais nas medalhas de bronze.

O Brasil ganhou medalha em 30 das 37 modalidades em que competiu, outro recorde. Levando-se em conta só as medalhas de ouro, o judô, que em Winnipeg só ganhou uma, foi a que teve o melhor desempenho em 2003, com cinco. Natação, ginástica rítmica desportiva e vela ganharam três cada. O handebol, único esporte coletivo que venceu no masculino e no feminino, e o tênis, ganharam duas. As outras douradas vieram do futebol feminino, basquete masculino, tênis de mesa, karatê e das surpreendentes canoagem e patinação artística.

O esporte que mais contribuiu para o total de medalhas foi a natação, que em Santo Domingo ganhou 21, superando as 16 conquistadas pelo atletismo brasileiro em Winnipeg/1999 e pela própria natação em Mar del Plata/1995. O velocista Fernando Scherer, o Xuxa, derrotou o campeão olímpico Gary Hall Jr., dos Estados Unidos, e se tornou tricampeão dos 50 metros nado livre, igualando-se ao triplista Adhemar Ferreira da Silva (1951/55/59), a Eronildes Araújo, dos 400 metros com barreiras (1991/95/99), e ao velejador Robert Scheidt, melhor do mundo na classe Laser, que também chegou ao terceiro título consecutivo na República Dominicana.

Outro grande destaque das piscinas foi Gustavo Borges, que ganhou uma medalha de ouro no revezamento 4x100m livre (com Xuxa, Jáder Souza e Carlos Jayme), duas de prata nos revezamentos 4x100 medley e 4x200 livre e um bronze nos 100m livre. Com esse resultado, Borges disparou como o atleta brasileiro com mais medalhas conquistadas em Jogos Pan-americanos: 19. Nas medalhas de ouro ele está empatado com o mesa-tenista Hugo Hoyama, que em Santo Domingo também chegou a oito douradas com o título de duplas, ao lado de Thiago Monteiro.

Uma das medalhas mais comemoradas da natação veio da técnica e experiência do veterano Rogério Romero, que aos 33 anos ganhou a medalha

de ouro nos 200m costas, repetindo o feito de 12 anos atrás, no Pan de Havana. Em contraposição, muita gente jovem de talento deu suas caras em Santo Domingo. Kaio Márcio foi prata nos 200m borboleta, assim como Thiago Pereira nos 200m medley e Flávia Delaroli nos 50 metros. Kaio ainda ganhou outra prata no 4x100m medley. Os três têm tudo para brilhar no Pan do Rio.

Em modalidades coletivas ou por equipe, em Santo Domingo o Brasil sagrou-se bicampeão em basquete masculino, handebol feminino, ginástica rítmica desportiva e revezamento 4x100m do atletismo (medalha confirmada oito meses após os Jogos, devido ao *doping* do norte-americano Mickey Grimes). Outros bicampeões foram a tenista Joana Cortez, ouro nas duplas, dessa vez ao lado de Bruna Colósio (em Winnipeg ela jogou com Vanessa Menga), a karateca Lucélia de Carvalho e o maratonista Vanderlei Cordeiro de Lima, o mesmo que seria atrapalhado por um espectador quando liderava a maratona da Olimpíada de Atenas.

Mais do que se sair bem em esportes nos quais já tem alguma tradição, a delegação brasileira mostrou versatilidade em Santo Domingo e surpreendeu em modalidades nas quais não se esperava muito. Os saltos ornamentais conseguiram suas primeira medalhas, de prata, com Juliana Veloso e Cassius Duran na plataforma de 10 metros. Carlos Campos e Fábio Demarchi ganharam o primeiro ouro da canoagem, assim como Marcel Stürmer na patinação artística e Márcia Narloch na maratona feminina.

Mesmo competindo com uma fratura no pé direito, Carolina de Moraes, ao lado da irmã gêmea Isabela, conquistou uma preciosa medalha de bronze no nado sincronizado, algo que a modalidade não conseguia desde os Jogos de São Paulo, em 1963. Outra conquista que exigiu muita fibra foi a do tenista Fernando Meligeni, que, sob forte calor e após três horas de partida, virou o jogo contra o chileno Marcelo Rios, ex-número um do *ranking* mundial, e, emocionado, pôde abandonar as quadras da maneira que sempre sonhou: ganhando um torneio importante para o Brasil.

no alto JULIANA VELOSO.
ROGÉRIO ROMERO. Seleção brasileira de basquete.
Fotos: Divulgação

# O príncipe das águas

No caso de Roberto Scheidt, ganhar três medalhas de ouro consecutivas em Jogos Pan-americanos parece fácil. Para quem se integrou com tal perfeição ao maleável barco Laser e com ele foi nove vezes campeão mundial e ganhou duas medalhas de ouro e uma de prata em Jogos Olímpicos, o que pode haver de tão especial em ser o melhor das Américas?

Quando o vemos, com seus 1,89m e 81 quilos, dominar o pequeno e leve Laser, que pesa apenas 65 quilos, temos a impressão de que Scheidt está dirigindo um barquinho de brinquedo e que não há qualquer dificuldade em manobrá-lo. Pois aí é que nos enganamos redondamente. Ser campeão no Laser é a coisa mais difícil que existe na vela, pois há 200 mil barcos Laser no mundo e nenhum tem nada de especial. Todos são iguais, não há equipamento superior. A diferença está em quem veleja e é preciso ter muita força, fôlego e talento para levar o barquinho mais rápido.

O corpo de Scheidt é ideal para o Laser, pois não é pesado e proporciona muitas alavancas. Como sabe que o físico é importante, pedala e nada para manter a forma e fortalecer os músculos das pernas e do abdome. Mantém uma dieta saudável que exclui carne vermelha, congelados e doces. Prefere diversas pequenas refeições a se empanturrar no almoço e no jantar. Toma 500 mg de vitaminas C e E por dia. Para relaxar após as regatas, faz exercícios de ioga.

Só mesmo tanta força física e mental para dominar, por uma década, flotilhas de até 170 barcos que participam dos mundiais, e chegar a alcançar nove vitórias em 14 regatas contra os melhores do mundo no Laser. A maior vitória de Scheidt, porém, provavelmente tenha sido convencer ao mundo da vela que ele não é apenas o piloto de um barquinho de brinquedo, mas um dos melhores velejadores, a ponto de ser escolhido duas vezes pela Federação Internacional de Vela como o melhor do mundo.

"Um velejador de Laser consegue triunfar em qualquer classe", diz, sem arrogância. Seus antigos companheiros de classe, todos vencidos por ele, hoje são profissionais de sucesso, muitos deles em barcos da America's Cup. Essa é uma das razões que o fez mudar de categoria e tentar uma vaga para a Olimpíada de Pequim na classe Star.

O desafio será enorme, pois terá pela frente o patrício Torben Grael, que já ganhou cinco medalhas olímpicas, entre elas a de ouro em Atenas. Mas Robert está acostumado a desafios desde os nove anos, quando seu pai, Fritz Scheidt, que em 1960 não conseguiu vaga para disputar a Olimpíada de

Roma com um Flying-Dutchman, deu-lhe um Optimist, um "caixote de madeira" próprio para a iniciação dos pequenos velejadores.

O garoto começou a praticar na represa de Guarapiranga, mesmas águas que já tinham revelado grandes campeões da vela. No início de 1984, aos 10 anos (nasceu em 15 de abril de 1973, em São Paulo), participou de seu primeiro campeonato brasileiro, e chegou apenas na 42ª posição. O resultado não o esmoreceu. Praticou bastante e no ano seguinte tornou-se campeão sul-americano em Algarrobo, no Chile.

Competiu com Snipe até ganhar corpo para velejar com Laser. Seu primeiro título importante no barco que o consagraria foi justamente a medalha de ouro nos Jogos Pan-americanos de 1995, em Mar del Plata. "O título na Argentina me deu destaque e surgiram os primeiros patrocínios", lembra Scheidt, que naquele mesmo ano ganhou o seu primeiro título mundial.

Sem adversários na Laser, Scheidt priorizou a classe Star em 2006. Ele acredita que nesse barco sua carreira irá mais longe e aos 35 anos poderá disputar a Olimpíada de Pequim. No Star, um barco de 670 quilos, o ativo Scheidt tem a companhia do proeiro Bruno Prada, de temperamento mais tranqüilo, que o ajuda "na parte tática da regata".

Em sua primeira temporada juntos, ambos não poderiam ter se saído melhor. Com dois primeiros lugares, cinco segundos, um terceiro e um décimo nono, Scheidt e Prada terminaram o ano na primeira posição do *ranking* mundial de Star. No final de 2006, Scheidt convocou a imprensa para anunciar que tentaria uma vaga para Pequim competindo na Star e resumiu a diferença entre os dois barcos: "Na Laser, o contato com o barco é que faz a diferença, ao contrário da Star, em que é necessário regular as velas, mexer no mastro e em outras partes".

ROBERT SCHEIDT, tricampeão pan-americano e duas vezes campeão olímpico. Foto: Sporting-Heroes.Net

## CURIOSIDADES

Os Jogos foram abertos ao som de salsa e música latina diante de 30 mil pessoas que lotaram o Estádio Olímpico Juan Pablo Duarte, em Santo Domingo. Cerca de 5.000 atletas desfilaram, representando os países participantes. O prefeito de Nova York, Michael Bloomberg, compareceu à cerimônia. O presidente da República Dominicana, Hipolito Mejia, declarou a abertura da competição.

A tocha olímpica foi passada entre vários ídolos dominicanos — Félix Sanchez, campeão mundial dos 400 metros, o velocista Juan Nunez, o mesa-tenista Mario Alvarez, o campeão mundial de boxe Joan Guzman, o jogador de beisebol Pedro Martinez, lançador do Boston Red Sox, e o lendário Juan Marichal, único dominicano a fazer parte do Hall da Fama em Cooperstown. Marichal levou a chama para o alto do estádio, onde um garoto com o uniforme da seleção dominicana de beisebol, sobrinho de Luis Pujols, *catcher* do San Francisco Giants, acendeu a pira.

Um fato negativo na abertura dos Jogos foram os ferimentos sofridos por muitos manifestantes fora do estádio. Eles protestavam contra os milhões de dólares gastos pelo governo para organizar os Jogos, em meio aos muitos problemas econômicos e sociais do país. A delegação brasileira também protestou pelo fato de utilizarem uma bandeira nacional irregular no desfile das delegações.

O time feminino de pólo aquático de Cuba treinou com uma equipe masculina de veteranos para tentar conseguir uma medalha em Santo Domingo. Sheila Gómez, 30 anos, antecipou que os adversários mais temidos seriam Estados Unidos, Canadá e Brasil — ela estava certa, pois as medalhas de ouro, prata e bronze foram distribuídas nesta mesma ordem.

O primeiro domingo de competição foi animador para Cuba, que pulou à frente do quadro geral de medalhas com 11 de ouro e quatro de bronze, contra seis de ouro, nove de prata e seis de bronze dos Estados Unidos. Das medalhas douradas cubanas, sete vieram da luta greco-romana, na qual todos os cubanos foram campeões: Lázaro Rivas (categoria 55 quilos), Roberto Monzón (60), Juan Luis Marén (66), Filiberto Azcuy (74), Luis Méndez (84), Ernesto Peña (96) e Mijail López (120).

A vitória mais empolgante da delegação brasileira no Pan de 2003 aconteceu na final masculina do handebol. A Argentina chegou a ter quatro gols de vantagem, o Brasil passou à frente, mas os argentinos empataram em 24 a 24 a 20 segundos para o final do tempo regulamentar de 60 minutos. Na prorrogação, outro *show* de gols, e o Brasil venceu por 31 a 30, ganhando a medalha de ouro e a vaga para a Olimpíada de Pequim.

Ainda animados pela ótima campanha e o quarto lugar quando jogaram em casa, em Mar del Plata/1995, a delegação argentina, com 350 atletas que participariam de 35 esportes, fazia cálculos de pelo menos repetir o quarto lugar em Santo Domingo. Contavam principalmente com uma ótima atuação do nadador José Meolans, considerado um dos nadadores mais rápidos do mundo. Mas Meolans só venceu uma prova, a dos 100 metros nado livre.

Com a ascensão da Venezuela, com quem se igualou em número de medalhas de ouro (16), mas ficou atrás por uma de prata (20 a 21), a orgulhosa Argentina caiu para sétimo lugar. O remo conseguiu apenas uma medalha de ouro, com Walter Naneder e Marcos Morales no barco dois sem. O destaque foi o hóquei sobre a grama, campeão tanto no feminino (cinco vezes seguidas) como no masculino. A agradável surpresa foi a pelota basca, com dois ouros: Marcelo Franco e Javier Nicosia, na pelota de borracha, e Darío Rolletelni, Pablo Fusto, Fernando Abadía e Guillermo Filipo na pelota de couro, 36 metros.

O primeiro caso de *doping* em Santo Domingo foi da atleta Letitia Vriesde, do Suriname, vencedora dos 800 metros. Com sua desclassificação, a medalha de ouro passou para a cubana Adriana Muñoz e a brasileira Christiane Ritz ficou com a de bronze. O exame de Vriesde apontou quantidade excessiva de cafeína, cujo efeito estimulante diminui a sensação de cansaço. Claro que isso não quer dizer apenas exagerar nas xícaras de cafezinho. A cafeína no corpo de Vriesde equivalia a 18 litros de café, muito superior ao limite de 12 microgramas por mililitro de urina estabelecido pelo COI.

Outro caso de *doping* registrado foi o do norte-americano Mickey Grimes, atleta dos 100 metros e dos revezamentos 4x100 e 4x400 metros. A substância encontrada, efedrina, é um potente estimulante do sistema nervoso central que acelera o metabolismo. Em doses pequenas, ela pode ser utilizada para a perda de peso, mas é perigosa por aumentar os batimentos cardíacos e a pressão arterial, podendo elevar rapidamente a temperatura do corpo. Com a punição a Grimes e a desclassificação da equipe norte-americana dos 4x100, o Brasil herdou o ouro nessa prova.

O time brasileiro feminino de basquete foi prejudicado por um erro no placar eletrônico, que apontou um ponto inexistente para os Estados Unidos, na semifinal. Graças a essa falha, o jogo terminou empatado. O Brasil perdeu na prorrogação e acabou ficando com a medalha de bronze.

Como resultado do interesse que os Jogos Pan-americanos despertaram no público canadense, entusiasmado com a performance de seus atletas em Winnipeg, a rede tevê CBC pagou 10 milhões de dólares para transmitir 16 horas de competições e da cerimônia de abertura em Santo Domingo.

A seleção brasileira masculina de basquete, comandada pelo técnico Aluísio Elias Xavier Ferreira, o "Lula", compensou a não classificação no Pré-Olímpico com sua quarta medalha de ouro no Pan. A equipe venceu suas cinco partidas, duas delas contra a surpreendente República Dominicana, contra quem fez a final. Os cestinhas do time foram Guilherme Giovanonni (94 pontos) e Marcelo Magalhães Machado, o "Marcelinho" (79). O time dos Estados Unidos, desfalcado dos jogadores que disputaram o Pré-Olímpico, perdeu a semifinal para o Brasil por 92 a 80 e acabou em quarto lugar, sem medalha. Dos jogadores norte-americanos, o que acabaria se destacando é o atacante Emeka Okafor, 20 anos, 2,08m, 115 quilos, do College Connecticut, que no ano seguinte, jogando pelo Charlotte Bobcats, seria eleito o melhor novato da NBA.

Quase um terço das medalhas de ouro brasileiras foram conquistadas por mulheres (32,1%). Os destaques foram a ginástica rítmica desportiva, com três ouros, as equipes de futebol e handebol, a maratonista Márcia Narloch, a judoca Edinanci Silva, a dupla do tênis Bruna Colósio e Joana Cortez, e a carateca Lucélia de Carvalho, vencedora da categoria kumitê 58 quilos. Lucélia se tornou a primeira brasileira a ganhar dois títulos consecutivos em provas individuais

Na cerimônia de encerramento, o prefeito do Rio de Janeiro, César Maia, aceitou a bandeira da Odepa das mãos do diretor da entidade, Jay Payano. Maia beijou a bandeira e ergueu-a para os aplausos da multidão. Um gigantesco panorama do Rio de Janeiro convidou todos para os Jogos Pan-americanos de 2007. A dominicana Amelia Veja, Miss Universo, disse adeus em nome do seu país.

**PARTICIPANTES**

5.196 atletas, de 44 países: Antígua e Barbuda, Antilhas Holandesas, Argentina, Aruba, Bahamas, Barbados, Belize, Bermuda, Bolívia, Brasil, Canadá, Chile, Colômbia, Costa Rica, Cuba, Dominica, El Salvador, Equador, Estados Unidos, Granada, Guadalupe, Guatemala, Guiana, Haiti, Honduras, Ilhas Cayman, Ilhas Virgens, Ilhas Virgens Britânicas, Jamaica, Martinica, México, Nicarágua, Panamá, Paraguai, Peru, Porto Rico, República Dominicana, Santa Lúcia, São Cristóvão e Neves, São Vicente e Granadinas, Suriname, Trinidad e Tobago, Uruguai e Venezuela.

**MODALIDADES**

39: Atletismo, badminton, basquete, beisebol, boliche, boxe, canoagem, karatê, ciclismo, esgrima, esqui aquático, futebol, ginástica (artística e rítmica), handebol, hipismo, hóquei sobre grama, hóquei sobre patins, judô, levantamento de peso, lutas, nado sincronizado, natação, patinação (artística e de velocidade), pelota basca, pentatlo moderno, pólo aquático, raquetebol, remo, saltos ornamentais, softbol, squash, taekwondo, tênis, tênis de mesa, tiro, tiro com arco, triatlo, vela e vôlei (de quadra e de praia).

**NAS AMÉRICAS**

Luís Inácio Lula da Silva assume a presidência do Brasil. O presidente Hugo Chávez, da Venezuela, visita Lula em Brasília e propõe a integração energética entre países latino-americanos. A nave Columbia explode a 20.000 km/h, dezoito vezes a velocidade do som, matando seus sete tripulantes. A Assembléia Nacional de Cuba reelege Fidel Castro para mais cinco anos de presidência. O ex-presidente da Argentina, Carlos Menen, desiste de tentar nova candidatura. Morre Celly Campelo, cantora e precursora do rock no Brasil.

CARLOS MENEM. CELLY CAMPELLO. FIDEL CASTRO

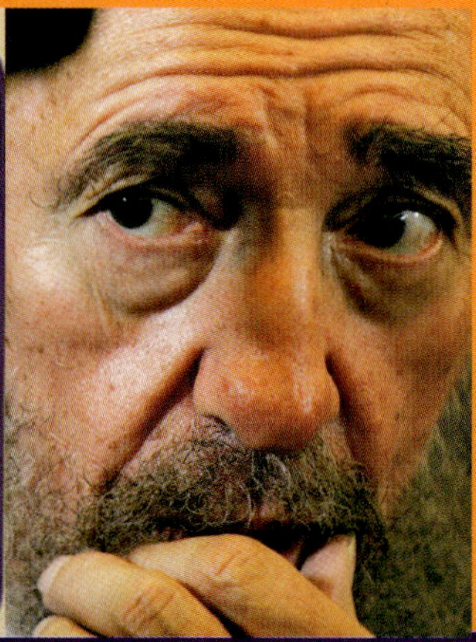

DOLLY. MARTE. HOMO FLORESIENSIS. MICHAEL SCHUMACHER

**NO MUNDO**

Pela primeira vez em 60.000 anos, o planeta Marte passa próximo à Terra e é visível a olho nu; a uma distância de 55.758.006 quilômetros. Escavações arqueológicas descobrem a espécie humana *Homo floresiensis*. Aos seis anos de idade, padecendo de doença pulmonar progressiva, é sacrificada a ovelha Dolly, primeiro clone de um mamífero adulto. Ao chegar em oitavo lugar no GP do Japão, Michael Schumacher torna-se hexacampeão mundial de Fórmula 1, superando o recorde do argentino Juan Manuel Fangio.

Quadro de Medalhas / Santo Domingo 2003

| Posição | País | Ouro | Prata | Bronze | Total |
|---|---|---|---|---|---|
| 1 | Estados Unidos | 117 | 80 | 73 | 270 |
| 2 | Cuba | 72 | 41 | 39 | 152 |
| 3 | Canadá | 29 | 57 | 42 | 128 |
| 4 | Brasil | 29 | 40 | 54 | 123 |
| 5 | México | 20 | 27 | 32 | 79 |
| 6 | Venezuela | 16 | 21 | 27 | 64 |
| 7 | Argentina | 16 | 20 | 27 | 63 |
| 8 | Colômbia | 11 | 8 | 24 | 43 |
| 9 | Rep. Dominicana | 10 | 12 | 19 | 41 |
| 10 | Jamaica | 5 | 2 | 6 | 13 |
| 11 | Porto Rico | 3 | 4 | 9 | 16 |
| 12 | Equador | 3 | 1 | 5 | 9 |
| 13 | Chile | 2 | 10 | 10 | 22 |
| 14 | Trinidad e Tobago | 2 | 4 | 1 | 7 |
| 15 | Uruguai | 2 | 1 | 5 | 8 |
| 16 | Peru | 1 | 1 | 8 | 10 |
| 17 | Guatemala | | 3 | 9 | 12 |
| 18 | El Salvador | | 2 | 2 | 4 |
| 19 | Bahamas | | 2 | | 2 |
| 20 | Haiti | | 1 | 2 | 3 |
| 21 | Guiana | | 1 | 1 | 2 |
| 22 | Granada | | 1 | 1 | 2 |
| 23 | Bermuda | | 1 | | 1 |
| 24 | Ilhas Caymans | | 1 | | 1 |
| 25 | Bolívia | | | 2 | 2 |
| 26 | Panamá | | | 2 | 2 |
| 27 | Barbados | | | 1 | 1 |
| 28 | Ant. Holandesas | | | 1 | 1 |
| 29 | Honduras | | | 1 | 1 |
| 30 | Costa Rica | | | 1 | 1 |
| 31 | Santa Lúcia | | | 1 | 1 |

# XV - Rio de Janeiro

*13 a 29.07 de 2007*

COPACABANA
BOTAFOGO
Morro dos Cabritos
Morro de São João
LEME
Morro da Babilônia
Urca
Pão de Açúcar
Praia Vermelha
Praia do Leme
Copacabana
Praia do Arpoador
Ponta de Arpoador
Lagoa Rodrigo de Freitas
AV. ATLÂNTICA
AV. PRINCESA ISABEL
AVENIDA N.S. DE COPACABANA
RUA BARATA RIBEIRO
Praia de Botafogo
RUA VOLUNTÁRIOS DA PÁTRIA
RUA SÃO CLEMENTE
AV. PASTEUR
AV. VENCESLAU BRÁS
ORDEM E PROGRESSO

# Um Brasil melhor

O Brasil organiza a XV edição dos Jogos Pan-americanos justamente na melhor fase de seu esporte. Talvez não haja nenhum atleta que possa ser chamado de "deus olímpico", como nos tempos de Adhemar Ferreira da Silva, mas, o que é melhor, há muitos mais que se destacam em suas modalidades e por isso certamente subirão, aos montes, nos pódios deste Pan. Uma análise das circunstâncias da competição e das possibilidades brasileiras nas inúmeras modalidades desses Jogos deixa a convicção de que, depois de 40 anos, o Brasil voltará a figurar entre as três delegações mais bem classificadas das Américas.

Só no período de 12 anos que vai da terceira à quinta edição dos Jogos — numa época em que o esporte era basicamente amador, o Canadá parecia pouco interessado e Cuba ainda não via no campo esportivo a possibilidade de educar seus jovens e ao mesmo tempo propagar sua ideologia —, é que o Brasil conseguiu maior destaque, com a terceira colocação em Chicago/1959 e Winnipeg/1967 e a segunda nos Jogos de São Paulo, em 1963, quando dominou os esportes coletivos — ouro no futebol, pólo aquático e vôlei masculino e feminino —, liderou o quadro de medalhas em vela, tênis e boxe, e ainda apresentou o judô ao mundo, esporte que se tornaria olímpico a partir dos Jogos de Tóquio, no ano seguinte.

Mesmo em Santo Domingo, quando bateu o seu recorde de medalhas de ouro, 29, a equipe brasileira não conseguiu um índice melhor do que no longínquo Pan-americano de 1963. Com a multiplicação das modalidades e, conseqüentemente, das medalhas, subir mais vezes ao pódio nem sempre significa evoluir. Em 2003, o Brasil conquistou 8,8% das medalhas douradas, 0,2% menos do que em São Paulo.

Todos esses índices, porém, deverão ser suplantados no Rio. O Canadá, que em Santo Domingo se manteve à frente do Brasil por apenas uma medalha de ouro, dificilmente conseguirá resistir desta vez.

A ascensão brasileira é tão evidente que o Comitê Olímpico de Cuba, desde o final de 2006, convocou e está testando mais de 1.000 atletas, dos quais 500 participam dos Jogos em 2007. Sabe-se que em mais de uma modalidade — casos de boxe, lutas, vôlei e beisebol — os cubanos estão entre os melhores do mundo. Também costumam, nos Jogos Pan-americanos, liderar a ginástica masculina, esgrima e levantamento de peso. Por isso, desde os Jogos de Cali, em 1971, não perdem a segunda posição no quadro geral de medalhas. Em 2007 Cuba só não terá representantes em futebol, equitação, boliche, esqui aquático e squash.

## Os reis do Pan vêm aí

Por mais forte que seja a equipe cubana, dificilmente conseguirá vencer os arqui-rivais norte-americanos em campo neutro. Realizou a proeza em Havana, 1991, mas em casa tudo fica menos difícil. No Rio, com uma equipe de 1.400 pessoas, entre as quais o maior grupo de atletas do Pan (700), além de técnicos e preparadores físicos, os Estados Unidos estão preparados para manter a hegemonia.

Delegações do United States Olympic Comitee (USOC) visitaram regularmente as obras no Rio de Janeiro. Eles são profissionais e levam o Pan muito a sério. Os atletas convocados são obrigados a seguir um detalhado código de conduta, que começa falando da honra que é representar os Estados Unidos nos Jogos Pan-americanos. Os mais jovens são lembrados de que o Pan pode representar o início de uma bem-sucedida carreira olímpica, como este livro já mostrou em capítulos anteriores.

Certamente o Rio assistirá a atletas norte-americanos que brilharão na Olimpíada de Pequim, ou em outras importantes competições internacionais. Eles podem estar no atletismo, na natação, nas lutas, no boxe, nos saltos ornamentais, nunca se sabe. Muitos são bem jovens, mas isso não é um empecilho para modalidades como a natação, por exemplo, na qual as grandes marcas vêm no auge da força física. O lendário Mark Spitz ganhou sete medalhas de ouro, todas com recorde mundial, aos 22 anos (Munique/1972).

E, por falar em natação, os nadadores norte-americanos foram convocados com seis meses de antecedência para o Pan do Rio. Entre eles, um veterano de 32 anos, diabético, ganhador de dez medalhas olímpicas, das quais cinco de ouro. Seu nome é Gary Hall Jr., que já ganhou e perdeu do brasileiro Fernando Scherer nos 50 metros nado livre — um velho clássico das piscinas que não será revivido nestes Jogos. Os rapazes e moças escolhidos para manter, nas piscinas do Rio, a liderança dos Estados Unidos nas piscinas do Pan, é a seguinte:

Homens: David Ash, 200m peito; Randall Bal, 100m costas; Richard Berens, 100m borboleta; Nick Brunelli, 50 e 100m livre e 4x100m livre; Andrew Callahan, 400m medley; Patrick Cary, 200m borboleta; Ian Clark, 200m costas; Scott Clary, 200m costas; Eddie Erazo, 200m borboleta; Mark Gangloff, 100m peito; Andrew Grant, 4x200m livre; Gary Hall, 50m livre; Robert Margalis, 200 e 1.500m livre, 200 e 400m medley e 4x200 livre; Peter Marshall, 100m costas; Patrick O'Neil, 100m borboleta; Matthew Owen, 200m livre e 4x200m livre; Matthew Patton, 400m livre; Chip Peterson, 1.500m livre; Geoffrey Rathgeber, 200m medley; Alex Righi, 4x100m livre; Dale Rogers, 100m livre, 4x100m livre e 4x200m livre; Christian Schurr, 100m peito; Scott Spann, 200m peito; Gabe Woodward, 4x100m livre; Tobias Work, 400m livre.

Mulheres: Adrienne Binder, 800m livre e 400m medley; Katie Carroll, 200m livre e 4x200m livre; Maritza Correia, 50m livre e 4x100m livre; Teresa Crippen, 200m costas, 400m medley e 4x200m livre; Leah Gingrich, 800m livre; Kirsten Groome, 400m livre; Keri Hehn, 200m peito; Kathleen Hersey, 100 e 200m borboleta; Courtney Kalisz, 200m borboleta; Michele King, 100m livre e 4x100m livre; Emily Kukors, 200m medley; Caitlin Leverenz, 200m peito; Claire Maust, 400m livre; Michelle McKeehan, 100m peito; Ava Ohlgren, 200m livre e 4x200m livre; Allison Schmitt, 4x200m livre; Julia Smit, 100 e 200m costas e 200 medley; Lauren Thies, 100m livre e 4x100m livre; Elizabeth Tinnon, 100m peito; Brielle White, 100m costas; Samantha Woodward, 50m livre, 100m borboleta e 4x100m livre.

# Tudo dá certo... e o Brasil é vice.

Caso todos os esportes brasileiros repitam no Rio suas melhores atuações nos Jogos Pan-americanos, então o Brasil ganha 61 medalhas de ouro e ultrapassa Cuba, ficando com a segunda posição. Para isso, atletismo e natação teriam de repetir suas atuações em Winnipeg/1999, quando conquistaram sete vitórias cada um; o judô ganharia cinco de ouro, como em Santo Domingo; a vela, quatro, como em Caracas; o tênis e o boxe, três, como em São Paulo; a ginástica rítmica desportiva (Santo Domingo), o tênis de mesa (Mar del Plata), e o remo (Caracas), outras três; o hipismo (Mar del Plata) e a ginástica (Havana), mais duas, e todas as modalidades que no máximo ganharam uma medalha de ouro numa edição dos Jogos, repetiriam o feito, casos de esgrima, tiro, ciclismo, taekwondo, canoagem, karatê, triatlo, patinação artística, vôlei de praia (feminino) e pentatlo moderno.

Há ainda os esportes coletivos, quase todos já vencidos pelo Brasil nas categorias masculina e feminina, casos de futebol, basquete, vôlei e handebol. Estes também teriam de repetir suas façanhas no Rio, a exemplo do pólo aquático masculino, campeão em 1963. O pólo aquático feminino ainda não ganhou medalha de ouro, como os hóqueis (sobre patins e sobre a grama), o beisebol e o pouco praticado softbol.

A diferença entre Cuba e Brasil em 2003 foi de 43 medalhas de ouro (72 a 29). Obviamente, se o Brasil conquistar 43 medalhas douradas a mais no Rio, muitas delas serão tiradas dos cubanos, que, então, provavelmente obteriam menos que as conseguidas pelos brasileiros. Tudo isso é teoria, claro. Há muitas variantes. Algumas a favor, outras contra. Para o boxe brasileiro, por exemplo, parece bastante improvável repetir o sucesso de seus períodos áureos.

No final da década de 1950 e começo da seguinte, o Brasil tinha uma forte escola pugilística, com mestres como Valdemar Zumbano e o exigente Kid Jofre, pai de Éder, campeão mundial dos galos. Mas depois, ao mesmo tempo em que o boxe nacional perdeu suas principais referências, treinadores do Leste europeu colocaram os cubanos entre os melhores pugilistas do mundo. Eles são amplamente favoritos no Rio. Basta dizer que ganharam cinco medalhas de ouro na Olimpíada de Atenas/2004.

Seria uma façanha para o boxe nacional conseguir ao menos uma medalha de ouro no Rio. Além dos cubanos, há os norte-americanos, mexicanos, venezuelanos e, na América do Sul, os argentinos ainda são mais fortes. Os pugilistas brasileiros de melhor cartel, que participaram dos últimos Jogos Olímpicos e têm mais experiência, são Myke Carvalho (64kg), Glaucélio Abreu (75kg) e Washington Silva (81kg).

Por outro lado, muitos atletas brasileiros devem se superar no Rio. A preparação foi bem melhor do que nos Pans anteriores e estarão bem mais motivados por competir em casa, impulsionados pela paixão do torcedor. A natação e o atletismo têm equipes que podem brigar por medalhas na maioria das provas. Com experiência internacional, muitos atletas estão entre os melhores do mundo em suas especialidades.

No atletismo, a lista dos que podem subir ao pódio é extensa. Há atletas entre os melhores do mundo, casos de Jadel Gregório (salto triplo), Fabiana Murer (salto com vara) e Maurren Maggi (salto em distância). Há muitos outros que estão entre os primeiros das Américas, como: Hudson de Souza (1.500m e 3.000m com obstáculos, e 5.000m), Marilson dos Santos (5.000m e 10.000m), Vanderlei Cordeiro de Lima (maratona), Franck Caldeira (10.000m e maratona), Vicente Lenilson (100m), Matheus Inocêncio e Anselmo Gomes da Silva (110m com barreiras), Lucélia Peres (5.000m e 10.000m), Marcia Narloch (maratona), Elisângela Adriano (arremesso do peso e lançamento do disco) e as equipes de revezamento 4x100m e 4x400m, entre outros.

Para Katsuhico Nakaya, técnico de atletismo especializado em provas de velocidade, do clube BMS, da Bolsa de Mercados & Futuros de São Paulo, "é provável que o Brasil supere (suas performances anteriores no atletismo), por um motivo muito claro: o investimento. Não se evolui sem investimento. E o atletismo cresceu de uma maneira mais global. A terceira do *ranking* mundial é Fabiana Murer, que tem tudo para ganhar medalha de ouro no Rio, assim como Marilson dos Santos, as maratonas masculina e feminina, o Jadel Gregório...", analisa Nakaya, responsável pelo treinamento das atletas brasileiras nas provas de velocidade.

O paranaense Jadel Gregório (Jandaia do Sul, 16/09/1980) — que passou a se chamar Jade Abdul Ghani Gregório depois que se converteu ao islamismo — tem tudo para conquistar a sexta medalha de ouro do Brasil no salto triplo, reavivando uma tradição que começou com Adhemar Ferreira da Silva (tricampeão em 1951/55/59) e teve outro grande momento com João Carlos de Oliveira (1975/79). Com 2,02m e 104 quilos, Jadel começou 2007 como o primeiro do *ranking* mundial no salto triplo. No Pan ele também participará, como favorito, do salto em distância.

FLÁVIO CANTO: bronze em 1995, prata em 1999, ouro em 2003. Foto: Agência Estado

## Kaio, Scheidt, Canto...

A natação, iniciando nova fase, após as aposentadorias de Gustavo Borges e Fernando Scherer (que se despediu quatro meses antes do Pan), poderá sentir a falta de maior experiência, mas continua com excelentes representantes. Gustavo Borges acredita que "temos três jovens nadadores que podem ser medalhistas olímpicos no futuro: Thiago Pereira, Kaio Márcio e César Cielo. O César, por exemplo, está entrando em uma lacuna nos 100m livre que nossa geração deixou. O Thiago já fez final olímpica, o César está em ascensão e o Kaio bateu recorde mundial e teve uma temporada excelente".

Uma das novas atrações das piscinas, o paraibano Kaio Márcio Ferreira Costa de Almeida (João Pessoa, 19/10/1984) não é nenhum gigante. Tem 1,75 metro e 74 quilos, o que o faz ser considerado baixo entre os nadadores velocistas. Mas compensa a estatura com uma agilidade impressionante. Com 18 anos, ganhou a medalha de prata nos 200m borboleta no Pan de Santo Domingo e em 2004 participou da Olimpíada de Atenas. Bateu o recorde mundial dos 50m borboleta em piscina curta em 27 de dezembro de 2005, em Santos. Fez o tempo de 22s60, superando o norte-americano Ian Crocker (22s71). No início de 2007, entretanto, o recorde da prova era do sul-africano Roland Schoeman, com 20s98 obtidos em Hamburgo, Alemanha.

Outros nomes da natação que, confirmados na seletiva, poderão brigar pelo pódio, são: Fabíola Molina, 100m costas; Flavia Delaroli, 50m livre; Renata Burgos, 50m livre; André Schultz, 200m medley; Armando Negreiros, 400m livre; Eduardo Deboni, 4x100m livre; Felipe Araújo, 400m livre; Felipe Lima, 100m peito; Fernando Silva, 100m borboleta; Gabriel Mangabeira, 100m borboleta; Henrique Barbosa, 200m peito; Leonardo Guedes, 100m costas; Lucas Salatta, 200m costas e 4x200m livre; Nicolas Oliveira, 200m livre, 4x100m livre e 4x200m livre, e Rodrigo Castro, 4x100m livre e 4x200m livre.

A vela, segundo esporte a ganhar mais medalhas para o Brasil nos Jogos (ver quadro com estatísticas na parte final do livro), deverá manter a ótima média, apesar dos problemas para definir o local de competição. Em Santo Domingo, as classes Laser, Snipe e Mistral conquistaram o ouro, enquanto a J24 ficou com a prata. No Rio estão programadas ainda as provas de Laser Radial feminina, prancha a vela Neil Pryde RS:X (masculino e feminino), Lightning, Hobbie Cat 16 e Sunfish.

O tricampeão da Laser, Robert Scheidt, mesmo depois de anunciar que sua prioridade é tentar uma vaga para disputar a classe Star na Olimpíada de Pequim, quer chegar ao tetracampeonato pan-americano da classe Laser, na qual tem oito títulos mundiais e duas medalhas olímpicas de ouro. "É uma pena que a Star não tenha sido incluída no programa do Pan", disse Scheidt, que ao lado do proeiro Bruno Prada buscará representar o Brasil na classe Star em Pequim, roubando a vaga dos campeões olímpicos Torben Grael e Marcelo Ferreira.

Como quarto esporte mais vitorioso do Brasil nos Pan-americanos — apesar de não ter participado das três primeiras edições dos Jogos —, do judô se espera sempre um punhado de medalhas. Em Santo Domingo foram 10 (cinco de ouro, uma de prata e quatro de bronze). No Rio se espera uma dúzia. Um dos favoritos é Flávio Canto, campeão do último Pan e medalha de bronze na Olimpíada de Atenas na categoria meio-médio (81 quilos). Mas, *grosso modo*, todos os judocas brasileiros têm chances de medalha no Rio. Definida em seletiva realizada em dezembro de 2006, em Belo Horizonte, a equipe é a seguinte:

Masculino — 60kg: Denílson Lourenço e Alexandre Lee; 66kg: João Derly e Leandro Cunha; 73kg: Leandro Guilheiro e Pedro Guedes; 81kg: Flávio Canto e Tiago Camilo; 90kg: Hugo Pessanha e Carlos Honorato; 100kg: Luciano Correa e Leonardo Leite; 100kg: Daniel Hernandes e João Gabriel Schilliter. Técnico: Luiz Shinohara.

Feminino — 48kg: Sarah Menezes e Daniela Polzin; 52kg: Juliene Ariecha e Erica Miranda; 57kg: Danielle Zangrando e Ketleyn Quadros; 63kg: Vania Ishii e Danielle Yuri; 70kg: Mayra Aguiar e Marcia Vieira; 78kg: Edinanci Silva e Claudirene Cezar; 78kg: Priscila Marques e Viviane Oliveira. Técnica: Rosicléia Campos.

Com atletas mais experientes, ou com uma equipe jovem, o tênis brasileiro é outro esporte com ótimas possibilidades de justificar a sua quinta posição entre os brasileiros que mais conquistaram medalhas pan-americanas. Gustavo Kuerten, mesmo abaixo de sua melhor forma, anunciou que quer buscar este título inédito, como fez Fernando Meligeni em Santo Domingo. Guga, Flávio Saretta, Ricardo Mello, André Sá, Marcos Daniel e Júlio Silva têm tarimba suficiente para representar bem o esporte que já foi defendido em Pans anteriores por Thomaz Koch, Maria Esther Bueno, Ronald Barnes e Edison Mandarino.

Mas a nova geração talvez possa até conseguir mais, pois o que lhe falta em vivência, sobra em garra e condição física — fundamentais para enfrentar o calor do Rio. Assim, Thiago Alves, Rogério Dutra Silva, Ricardo Hocevar e André Ghem não podem ser descartados. Entre as mulheres, a escolha ficará entre Jeniffer Widjaja, Roxane Vaisemberg, Larissa Carvalho, Carla Tiene, Letícia Sobral, a veterana Maria Fernanda Alves e a duplista bicampeã dos Jogos, Joana Cortez.

DIEGO HYPÓLITO, uma das atrações da ginástica pan-americana. Foto: Agência Estado

DAIANE DOS SANTOS: o Pan pode lhe dar o que a Olimpíada negou. Foto: Agência Estado

# O sonho de Hoyama. E da ginástica

Com apenas três medalhas de ouro a menos do que o tênis de quadra (10 a 13), o tênis de mesa, mais especificamente Hugo Hoyama, pode viver um momento glorioso neste Pan. Com oito medalhas de ouro na competição, empatado com o nadador aposentado Gustavo Borges, Hoyama pode se tornar o atleta brasileiro com mais vitórias nos Jogos. Em Santo Domingo ele ganhou a medalha de ouro nas duplas, ao lado de Thiago Monteiro, que também competirá no Rio. Na categoria feminina, Ligia Silva é a mesa-tenista brasileira com mais possibilidades.

Porém, poucos esportes têm tanta chance de se consagrar no Pan do Rio como a ginástica artística. Com três atletas classificados entre os melhores do mundo — Diego Hypólito, Daiane dos Santos e Daniele Hypólito —, além de promessas como Caio Costa e Laís Souza, a apresentação da ginástica artística brasileira tem tudo para dar um *show* e, pela divulgação dos Jogos, elevar extraordinariamente a popularidade desse esporte no país.

Isto sem falar na ginástica rítmica desportiva, ou GRD, campeã das três categorias que disputou em Santo Domingo.

Outros esportes que em condições normais têm grandes possibilidades de título são o handebol e o vôlei, tanto no masculino como no feminino; o futebol, principalmente no feminino; o basquete, com chances iguais no masculino e feminino, mesmo caso do vôlei de praia, e o estreante futsal, que o Brasil sugeriu e foi aceito após votação dos 42 países membros da Odepa, a Organização Desportiva Pan-americana.

Considerado o melhor vôlei masculino do mundo no momento, o Brasil não quer perder a chance de conquistar sua terceira medalha de ouro pan-americana diante de seu público. O técnico Bernardinho já avisou que "essa geração vitoriosa não tem e quer o ouro. Claro que os outros torneios são importantes, mas o Pan é especial". Há quatro anos o Brasil foi surpreendido pela Venezuela na semifinal e terminou com a medalha de bronze. Sua última conquista aconteceu há 24 anos, em Caracas. Antes, tinha vencido em São Paulo. A seleção feminina ganhou o Pan três vezes: 1959/63/99.

O basquete, esporte coletivo brasileiro mais bem-sucedido nos Jogos, com sete títulos, dois a mais do que o vôlei, tentará a terceira vitória consecutiva no masculino e a primeira no feminino desde Havana, quando Paula e Hortência foram premiadas e elogiadas no pódio por Fidel Castro. Remanescente daquela equipe campeã no Pan de 1991, campeã do mundo em 1994, medalha de prata na Olimpíada de Atlanta/1996 e bronze em

Dá para imaginar uma seleção tirando o ouro das craques do Brasil? Foto: Agência Estado

Sydney/2000, a ala Janeth dos Santos Arcain (Carapicuíba, São Paulo, 11/04/1969), pode ser um dos destaques destes Jogos.

Medalha de prata na Olimpíada de Atenas, o futebol feminino tem tudo para repetir no Rio o ouro que ganhou em Santo Domingo. Quanto ao torneio masculino, jogado por equipes sub-20 em 2003 (com vitória da Argentina na final contra o Brasil), deverá ser realizado apenas com equipes sub-17, pois a Fifa marcou um mundial da categoria sub-20 justamente para o mês de julho, no Canadá.

Campeão no masculino e feminino em Santo Domingo, o handebol brasileiro — um dos esportes mais praticados nos colégios do país — já está transcendendo as Américas e recebendo elogios dos especialistas europeus. Tudo indica que o sucesso do último Pan se repetirá no Rio e o handebol, além de ganhar mais duas medalhas de ouro, garantirá o seu lugar na Olimpíada de Pequim. As seleções puderam manter um intercâmbio importante desde 2003 e estão ainda mais fortes. Ambas mantêm os times-base medalhas de ouro em 2003, mas já se prepara uma renovação.

O técnico da seleção feminina, o espanhol Juan Oliver Coronado, convocou 40 atletas, quatro por posição, muitas bem jovens, porque sabe que, depois de 2008, boa parte das jogadoras abandonará a carreira. No time masculino, o técnico Jordi Ribera, também espanhol, aos poucos tem experimentado novos jogadores. Para os desafios contra a seleção de Cuba, que serviram de preparação para o Pan, Rivera chamou também os juniores Flávio Mendes dos Reis e Ales Abrão Silva, de 20 anos, e Uelington da Silva Ferreira, de 19.

O remo, sétimo esporte brasileiro em número de medalhas no Pan (37, sendo 8 de ouro), que acumulou quatro pratas e dois bronzes em Santo Domingo, treinou sua equipe por dois meses no Rio Grande do Sul e programou outro período de treinos na Áustria antes dos Jogos. Seus atletas mais credenciados são Anderson Nocetti, que já participou de duas Olimpíadas, e Thiago Gomes e Sobral Junior, que competiram em Atenas/2004 e ganharam prata no último Pan-americano. No Sul-americano de 2006, os brasileiros ganharam três medalhas de ouro, seis de prata e duas de bronze.

Sem o cavaleiro Rodrigo Pessoa, o Brasil perdeu a chance de se tornar tetracampeão de saltos por equipe em Santo Domingo, ficando com a medalha de bronze. Mas Rodrigo está de volta para ajudar o Brasil a ganhar o Pan e, conseqüentemente, se classificar para os Jogos Olímpicos de Pequim. Ele também tem boas possibilidades de se tornar o primeiro brasileiro a conquistar uma medalha de ouro individual, superando seu pai, Nelson Pessoa, medalha de prata em Winnipeg/1967. O hipismo também terá boas possibilidades nas provas de adestramento. O esporte, dentre os individuais, é o nono brasileiro em medalhas, com cinco de ouro, três de prata e sete de bronze.

# Para alguns, é hora do salto

Algumas modalidades coletivas podem aproveitar o Pan para um salto de qualidade. Não será surpresa tão grande a vitória do pólo aquático masculino, prata em 2003; ou mesmo do feminino, bronze. O hóquei sobre patins já bateu na prata três vezes. A tarefa quase impossível é do beisebol, que compete com algumas das melhores seleções do mundo: Cuba, três vezes campeã nas quatro edições em que o esporte fez parte das Olimpíadas e eneacampeã pan-americana (nove últimas edições) e Estados Unidos, campeão olímpico em Sydney, com o campeonato nacional mais valorizado do planeta. Há ainda a República Dominicana, Venezuela e Porto Rico, países onde a modalidade é das mais praticadas.

Mas o primeiro pódio do beisebol brasileiro em um Pan não é impossível. A seleção mantém uma base há dois anos e em dezembro de 2005 foi campeã sul-americana, surpreendendo a Venezuela na final. No Pan de Santo Domingo, o time conseguiu a quinta colocação. Para o Pan do Rio, a equipe conseguiu reunir seus melhores jogadores, muitos dos quais atuam em ligas profissionais dos Estados Unidos e do Japão. A fase final de preparação foi realizada no moderníssimo centro de treinamento de Ibiúna, em São Paulo.

A angústia do ciclismo só não é parecida com a do beisebol porque há muito tempo um fenômeno chamado Anésio Argenton conquistou o ouro em Chicago/1959 e o bronze em São Paulo/1963 na prova do km contra o relógio. Mesmo participando do Pan desde a primeira edição, em 1951, os ciclistas brasileiros só ganharam uma medalha de ouro (aquela do Argenton), quatro de prata e seis de bronze. Um Pan no Brasil é uma excelente oportunidade de se começar a mudar isso.

No Rio, o ciclismo nacional entrará com sua força máxima, com exceção do profissional Murilo Fischer, que deverá participar da Volta da França. As chances maiores estão nas provas de km contra relógio, estrada e resistência em estrada. O mountain bike tem boas possibilidades de medalha e o BMX será uma novidade nos Jogos. Clemilda Fernandes, tricampeã da Copa América, é uma das esperanças da equipe. Ela pretende conquistar uma medalha no Pan e vaga para a Olimpíada de Pequim. Brasil, Colômbia e Venezuela terão o máximo de ciclistas possíveis na competição: 17 nas provas de pista e estrada, quatro em BMX e três em mountain bike.

Bem mais recentes nos Jogos (o beisebol vem desde 1951), outras modalidades contam, naturalmente, com medalhas. O triatlo, campeão em

ATHENS 2004
1248

JADEL GREGÓRIO, ou JADE ABDUL GHANI GREGÓRIO: mantendo a tradição do salto triplo brasileiro. Foto: Agência Estado

1995 com Leandro Macedo; prata em 1999 com Carla Moreno, e prata em 2003, com Virgílio de Castilho, quer mais. Carla e Virgílio competem no Rio, assim como Antonio Carlos da Silva, Juraci Moreira, Sandra Soldan e Mariana Ohata, que começou o ano na 26ª posição do *ranking* mundial. Bastante similar ao triatlo, as maratonas aquáticas estréiam no Pan do Rio, e o Brasil já tem uma atleta entre as favoritas: Poliana Okimoto.

A emergente canoagem, que ganhou o seu primeiro ouro em Santo Domingo, no K-2 500, preparou sua equipe masculina em São Bernardo do Campo e a feminina em Caxias do Sul. O argentino naturalizado brasileiro Sebastian Cuattrin busca o seu primeiro ouro e é um dos destaques do caiaque, ao lado de Carlos Augusto Campos, Edson Silva e Roberto Maehler. Nas provas de canoa, o Brasil será representado por Nivalter Santos, Wladimir Moreno e Rogério Souza, e no caiaque feminino por Naiane Fragoso, Ariela Pinto, Bruna Gama, Juliana Domingos e Daniela Alvarez.

O tiro com arco, que tem apenas quatro bronzes pan-americanos, se preparou no Brasil e na Itália. O melhor arqueiro nacional é Leonardo de Carvalho, no arco recurvo. O karatê, com 19 medalhas pan-americanas (três de ouro), o que o torna o esporte brasileiro de luta mais bem-sucedido depois do judô, confia que seus nove representantes, seis homens e três mulheres, possam conseguir medalhas, como o também promissor taekwondo, que já ganhou sete medalhas nos Jogos, sendo uma de ouro.

Dos esportes, e dos ídolos emergentes, um dos maiores é o patinador gaúcho Marcel Stürmer, que aos 18 anos ganhou a medalha de ouro em Santo Domingo na categoria livre. Hoje Marcel é reconhecido internacionalmente como um dos melhores patinadores do mundo e grande favorito para o Pan do Rio. O mesmo otimismo contagia o pentatlo moderno, modalidade que tem apenas três provas por edição do Pan e que já deu ao Brasil duas medalhas de ouro e quatro de prata — a última delas em Santo Domingo, com o segundo lugar de Samantha Harvey. A atual campeã sul-americana é a pernambucana Yane Marques.

Por outro lado, quatro esportes tradicionais, responsáveis por dar grande vantagem aos cubanos a cada edição dos Jogos, continuam pouco valorizadas no Brasil. Nenhuma delas fez um campeão em Santo Domingo e não se deve esperar nada muito melhor no Rio. Nas lutas, o Brasil só ganhou três medalhas de prata em toda a história dos Pan-americanos. O levantamento de peso também nunca conquistou uma de ouro, e a esgrima ganhou uma, com Arthur Kramer em Winnipeg/1967. O histórico tiro acumula o econômico cartel de dois ouros, 12 pratas e 20 bronzes — tiro que proporcionou as primeiras alegrias olímpicas ao Brasil, com a medalha de ouro de Guilherme Paraense e a de prata de Afrânio Costa nos ancestrais Jogos da Antuérpia, em 1920.

MARCEL STÜRMER, uma alegre surpresa. A felicidade por uma medalha. Fotos: Divulgação

O interessante é que, em dois esportes antes proibidos às mulheres — lutas e tiro —, são elas que representam as maiores esperanças de medalha para o Brasil no Pan. Campeã pan-americana júnior de luta olímpica e do brasileiro de Beach Wrestling e vice-campeã mundial júnior e da Copa Brasil, a paulista Aline da Silva Ferreira, 20 anos (18/10/1986), é hoje o grande nome da luta olímpica no Brasil e tem boas chances de ganhar uma preciosa medalha no Rio.

No tiro, um dos destaques da equipe nacional é Janice Teixeira, tricampeã sul-americana, nove vezes campeã nacional e medalha de bronze em Santo Domingo na fossa olímpica, sua especialidade. No Rio, Janice tentará fazer companhia a Bertino Alves de Souza (pistola livre, 50m, Cali/1971) e Athos Pisoni (skeet, México/1975), únicos atiradores brasileiros que puseram no peito uma medalha de ouro dos Jogos Pan-americanos.

Mas o Pan também é uma oportunidade de se botar a cara pra fora. Ao menos é assim que pensa Cláudio Rocha, técnico da seleção brasileira feminina de hóquei sobre a grama, que a muito custo montou uma equipe e a está treinando para os Jogos. Para juntar seu exército "brancaleone de saias", Rocha apelou até para o orkut. Através desse *site* de relacionamentos ele encontrou Mariana Bonifacino, 21 anos, que pratica o esporte desde os oito anos, é brasileira de nascimento, mas vive no Uruguai. Quando viajou com a seleção brasileira para um amistoso em Montevidéu, Rocha convidou Mariana para jogar no time. Ela jogou, agradou e já está treinando para a primeira participação do Brasil no hóquei sobre a grama, esporte que é dominado nas Américas pelas argentinas, pentacampeãs pan-americanas. No fim, Rocha ganhou também o reforço de Cristina, de 16 anos, irmã de Mariana. Ambas treinaram com a equipe em Florianópolis, fizeram amistosos em Buenos Aires e estão prontas para tentar uma boa estréia no Rio.

# Curiosidades

A menos de cinco meses para o evento, o Governo Brasileiro anunciou que já havia desembolsado cerca de R$ 1,5 bilhão com o Pan, sendo: R$ 112,9 milhões com tecnologia de informação; R$ 52,5 milhões com serviços de áudio e vídeo; R$ 46,7 milhões com telecomunicações; R$ 82,7 milhões com a construção do complexo esportivo Deodoro; R$ 60 milhões com o parque aquático do Autódromo de Jacarepaguá; R$ 189,3 milhões com a construção da Vila Pan-americana; R$ 165 milhões com a reforma e ampliação do aeroporto Santos Dumont; R$ 385 milhões com segurança; R$ 16 milhões com a compra de equipamentos esportivos e R$ 8,4 milhões com o laboratório Ladetec.

Os Jogos Pan-americanos do Rio verão o nascimento de duas nações. Curaçao e Saint Maarten, que hoje fazem parte das Antilhas Holandesas, se tornarão independentes justamente durante a realização dos Jogos. Elas farão parte da comunidade holandesa, assim como Aruba.

Os Jogos também assistirão à estréia das maratonas aquáticas, provas de travessias a nado de rios, lagos e de trechos de oceano de 5km, 10km e 20km. A prova de 10km fará parte do programa da Olimpíada de Pequim. E o melhor é que o Brasil tem uma das melhores das Américas, a paulista Poliana Okimoto, que em setembro conquistou duas medalhas de prata (5km e 10km) no mundial de Nápoles, na Itália.

A pequena distância entre os locais de competição e a vila olímpica — um raio de 25 quilômetros — foi um dos fatores decisivos para que o Rio de Janeiro ganhasse a disputa com San Antonio (Texas, EUA) para sediar o Pan de 2007. Outro trunfo foi o belo projeto do Estádio João Havelange, para provas de atletismo, com capacidade inicialmente anunciada de 60 mil pessoas.

As cerimônias de abertura e encerramento e o torneio de futebol serão realizadas no lendário Estádio do Maracanã, construído especialmente para a Copa do Mundo de futebol de 1950. Mas a reforma do estádio andou devagar em 2006 e o ginásio do Maracanãzinho, que receberá o torneio de vôlei, teve as obras paralisadas por três meses devido à falência da construtora. O comitê organizador dos Jogos recorreu, então, ao governo federal e conseguiu a promessa da liberação de mais R$ 30 milhões, elevando para R$ 110 milhões o custo das obras no complexo do Maracanã.

Desde os Jogos de Porto Rico, em 1979, quando o simpático Coqui foi eleito (é um sapinho, mas não o chamem de sapo perto de um porto-riquenho), todos os Jogos Pan-americanos têm um mascote. No Rio, em vez de um bichinho, o Sol foi o escolhido e uma votação popular elegeu "Cauê" — que vem do tupi e quer dizer "Salve!" — como o nome do astrinho sorridente. Os outros dois nomes que concorriam eram "Luca", de origem latina, que significa "Luminoso", e "Kuara", que significa Sol em guarani.

Com idade mínima de 18 anos, preferencialmente com conhecimentos de inglês e espanhol e disponibilidade de trabalhar cerca de seis horas diárias e pelo menos dez dias durante o evento, 20 mil pessoas atuarão como voluntárias nos Jogos de 2007. Divididas por sua área profissional, elas prestarão serviços no atendimento aos espectadores, credenciamento, recepção nos aeroportos e área médica. Os voluntários receberão uniformes, alimentação, transporte dentro do Rio de Janeiro e um certificado de participação.

Em troca de uma concessão para usar o local por 50 anos, a empresa francesa GL comprometeu-se a investir R$ 70 milhões no complexo Riocentro, na Barra da Tijuca, onde 11 esportes serão disputados. Ao todo, 20 modalidades acontecerão em locais provisórios, que não se destinarão à prática esportiva depois do Pan.

Uma das obras que cumpriu o cronograma foi a construção dos 17 prédios que compõem a Vila Pan-americana. No início de 2007, a comissão organizadora anunciou que 97% dos apartamentos já estavam concluídos, faltando apenas obras de infra-estrutura.

O consórcio que ganhou a licitação desistiu da idéia e a prefeitura do Rio foi obrigada a assumir as obras milionárias do Autódromo Nelson Piquet, em Jacarepaguá, que abrigarão velódromo, parque aquático e a arena para as provas de ginástica e basquete. Uma disputa com a Confederação Brasileira de Automobilismo sobre o traçado da pista atrasou a obra, que deveria ficar pronta antes de setembro de 2006 e só foi iniciada cinco meses antes. O orçamento inicial era de R$ 600 milhões.

O brasileiro que ganhar uma medalha de ouro nas provas de atletismo também engordará sua conta bancária em R$ 10 mil. O incentivo foi anunciado no início de 2007 pela Confederação Brasileira de Atletismo.

O amante do esporte não poderá se queixar da diversidade de modalidades à sua disposição no Pan do Rio, em número bem maior do que os 28 esportes que farão parte dos Jogos Olímpicos de Pequim, em 2008. O futsal fará sua estréia em Jogos Pan-americanos e outros não-olímpicos estarão presentes, como karatê, boliche, esqui aquático, patinação (de velocidade e artística) e squash.

A vela, segundo esporte a ganhar mais medalhas para o Brasil em Jogos Pan-americanos (24 de ouro e 56 no total), começou 2007 sem saber se seria disputada no Pan ou não. É que a Justiça, atendendo uma queixa do Instituto do Patrimônio Histórico e Artístico Nacional (Iphan), bloqueou a construção da garagem para os barcos na Marina da Glória, local das regatas.

O remo não estava numa situação muito mais tranqüila. A implosão de uma das arquibancadas do Estádio de Remo da Lagoa, no final de 2006, provocou nova polêmica. O local é tombado pelo Patrimônio Histórico e por isso o Ministério Público Estadual ameaçou entrar com uma ação contra o governo do estado. Para a Lagoa estão programadas as provas de remo, canoagem e esqui aquático.

A ação do crime organizado, que no dia 28 de dezembro de 2006 gerou pânico entre a população e causou 19 mortes, acelerou a implantação de um vultoso sistema de segurança para assegurar a tranqüilidade do público, das delegações e dos 700 mil turistas esperados para julho no Rio. Serão empregados 14 mil agentes de segurança, 27 aeronaves, 600 câmeras espalhadas pela cidade e pelo menos um policial de cada um dos 41 países visitantes. Tudo isso vai custar 385 milhões de reais.

Como cadeiras são quebradas em todos os jogos de futebol no Maracanã, o governo do Rio de Janeiro decidiu fechar o estádio com muita antecedência e preservá-lo para os Jogos Pan-americanos. Isso contrariou o presidente do Flamengo, Kleber Leite, pois o seu clube deixaria de jogar no mínimo oito partidas no estádio. "Quero avisar ao governador Sérgio Cabral que o Pan-americano do Flamengo é a (Taça) Libertadores", discursou Kleber.

Todos concordam que a infra-estrutura montada para o Pan do Rio será um legado muito importante para o esporte brasileiro. O nadador Gustavo Borges, hoje empresário ligado aos esportes, visitou a piscina no conjunto Júlio Delamare e ficou impressionado: "Ela ficou maravilhosa. Sinto até inveja de quem está nadando nela hoje, zerada como está. O projeto do parque aquático (no Autódromo) também está muito bonito".

PARTICIPANTES

5.500 atletas, de 42 países: Antígua e Barbuda, Antilhas Holandesas, Argentina, Aruba, Bahamas, Barbados, Belize, Bermuda, Bolívia, Brasil, Canadá, Chile, Colômbia, Costa Rica, Cuba, Dominica, El Salvador, Equador, Estados Unidos, Granada, Guatemala, Guiana, Haiti, Honduras, Ilhas Cayman, Ilhas Virgens, Ilhas Virgens Britânicas, Jamaica, México, Nicarágua, Panamá, Paraguai, Peru, Porto Rico, República Dominicana, Santa Lúcia, São Cristóvão e Neves, São Vicente e Granadinas, Suriname, Trinidad e Tobago, Uruguai e Venezuela.

MODALIDADES

41: Atletismo, badminton, basquete, beisebol, boliche, boxe, canoagem, ciclismo, esgrima, esqui aquático, futsal, futebol, ginástica artística (inclui ginástica de trampolim), ginástica rítmica desportiva, handebol, hipismo, hóquei sobre a grama, hóquei sobre patins (na sua nova versão, "em linha"), judô, karatê, levantamento de peso, luta greco-romana, luta livre, nado sincronizado, natação (inclui maratonas aquáticas), patinação (artística e de velocidade), pentatlo moderno, pólo aquático, remo, saltos ornamentais, softbol, squash, taekwondo, tênis, tênis de mesa, tiro esportivo (ou apenas tiro), tiro com arco (ou arco e flecha), triatlo, vela, vôlei e vôlei de praia. O futsal foi incluído no Pan do Rio. A ginástica de trampolim, que entrou na Olimpíada de Sydney, faz parte da ginástica artística.

*NAS AMÉRICAS*

Desabamento nas obras da linha 4 do metrô interdita mais de 70 casas no bairro de Pinheiros, em São Paulo (12/01). O papa Bento XVI confirma presença na conferência dos bispos da América Latina, de 09 a 13 de maio, em Aparecida do Norte, interior do Estado de São Paulo. A Venezuela organiza a Copa América de Futebol (26/06 a 15/07). Morre, aos 81 anos, o cartunista japonês Iwao Takamoto, criador do personagem Scooby-Doo. Aos 84 anos, morre Yvonne De Carlo, atriz norte-americana famosa pelo seriado *Os Monstros*.

*NO MUNDO*

A Nasa confirma, depois de receber imagens da sonda Cassini, a presença de lagos de metano em Titã, satélite de Saturno. A Eslovênia adota o euro e a Bulgária e a Romênia aderem oficialmente à União Européia. Dia 18 de fevereiro começa o ano 4705 do calendário chinês, o ano do porco. Eclipse lunar total dia(s) 3(4) de março. A Microsoft anuncia lançamento mundial da nova versão do Windows, o Windows Vista. Morre em Genebra, aos 94 anos, o italiano Carlo Ponti, produtor de mais de 140 filmes.

Buraco no metrô. TAKAMOTO e o SCOOBY-DOO. PAPA BENTO XVI. Ano do Porco. BILL GATES e o Windows Vista. YVONNE DE CARLO. Sonda Cassini em Titã

# MEDALHAS DO BRASIL

## PAN 51

### OURO

Atletismo, salto triplo: Adhemar Ferreira da Silva.
Natação, 1.500m livre, masculino: Tetsuo Okamoto.
Natação, 400m livre, masculino: Tetsuo Okamoto.
Pentatlo moderno: Eric Tinoco Marques.
Vela, classe Star: Gastão Souza e Roberto Bueno.

### PRATA

Atletismo, salto triplo: Helio Coutinho da Silva.
Atletismo, 400m com barreiras: Wilson Gomes Carneiro.
Atletismo, arremesso de peso, feminino: Vera Trezoitko.
Boxe, peso médio: Paulo Sacoman.
Boxe, peso meio-pesado: Lucio Grottone.
Luta livre, 90 kg: Antenor da Silva Prata.
Natação, 200m peito masculino: Willy Otto Jordan.
Natação, revezamento 4x200 m livre masculino: Aram Boghossian, João Gonçalves, Ricardo Esberad Capanema e Tetsuo Okamoto.
Pentatlo moderno, equipe masculina: Aloysio Alves Borges, Edgard Manuel Brilhante, Eduardo Lela de Medeiros e Eric Tinoco Marques.
Pólo aquático: Alfonso Zaparoli, Armando João Caropresco, Claudino Caiado de Castro, Edson Perri, Guilherme Schall, Isaac dos Santos Moraes, João Havelange, Leo Rossi, Luiz Antonio dos Santos, Milton Busin, Nelson Brescia, Samuel Scheimberg e Saverio Gregorut.
Remo, barco dois sem: Henrique Fusquini e Walter Karl.
Remo, barco quatro sem: Alberto Santos, Alvaro Fonseca, Ivo Ritman e Manoel Amorim.
Tiro, skeet por equipe: Antonio Snizeck, Edimar Eichemberg, Guido Albertini e Max Schrappe.
Tiro, tiro rápido, por equipe: Ademar Faller, Adhaury da Costa Rocha, João Sobocinski e Pedro Simão.
Vela, classe Snipe: Geraldo Luiz Matoso e Jean Robert Maligo.

### BRONZE

Atletismo, salto em altura, feminino: Elizabeth Clara Müller.
Atletismo, salto com vara, masculino: Sinibaldo Gerbasi.
Atletismo, salto em altura, masculino: Adilson de Almeida Luz.
Atletismo, arremesso do peso, masculino: Nadim Severo Marreis.
Atletismo, salto em distância, feminino: Wanda dos Santos.
Basquete masculino: Alberto Marson, Alfredo Rodrigues da Motta, Almir Nelson Almeida, Ardelin Pinto, Helio Marques Pereira, José Luiz Azevedo, Mario Jorge Fonseca Hermes, Massenet Sorcinelli, Paulo Rodrigues de Siqueira, Sebastião Gimenez, Tales Monteiro e Zenny de Azevedo.
Esgrima, sabre, masculino: Estevão Molnar.
Esgrima, sabre por equipe, masculino: Estevão Molnar, Frederico Taveira Serrão, Hugler Matt e Damasio de Sá.
Natação, 400m livre, feminino: Piedade Coutinho Tavares.
Natação, revezamento 4x100m, livre feminino: Ana Lucia Santa Rita, Idamis Busin, Piedade Coutinho Tavares e Talita Alencar Rodrigues.
Tênis, dupla feminina: Helena Stark e Silvia Villari.
Tiro, carabina deitado por equipe, masculino: Alberto Pereira Braga, Antonio Martins Guimarães, Ernani Martins Neves e João Sobocinski.

## PAN 55

### OURO

Atletismo, salto triplo: Adhemar Ferreira da Silva.
Boxe, meio-pesado: Luiz Ignácio.

### PRATA

Atletismo, salto em altura, feminino: Deise Jordelina de Castro.
Boxe, pesado: Waldemar Adão.
Levantamento de peso, meio-pesado: Bruno Barabani.

### BRONZE

Atletismo, 200m, masculino: José Telles da Conceição.
Atletismo, 400m com barreiras: Wilson Gomes Carneiro.
Atletismo, 80m com barreiras, feminino: Wanda dos Santos.
Atletismo, salto em altura, masculino: José Telles da Conceição.
Atletismo, salto em distância, masculino: Ary Façanha de Sá.
Basquete feminino: Neuci Ramos da Silva, Agláe Giorgio, Nair Kanawatti, Wanda Lima Bezerra, Eugenia Rindeika, Isaura Marly G. Álvares, Marlene José Bento, Zilah Helen L. Santos, Maria Aparecida Cardoso, Zilda Ubrich, Laura Rodrigues e Nivea Figueiredo Silva.
Basquete masculino: Wlamir Marques, Amaury Antonio Passos, Almir Nelson de Almeida, Mayr Facci, Wilson Bombarda, Edson Bispo dos Santos, Pedro Vicente Fonseca, Leonardo V. Ribeiro Paraíso, Moacyr Penha Ribeiro, Carlos Marino, Willi Pecher e Zenny de Azevedo.
Boxe, peso meio-médio ligeiro: Celestino Pinto.
Pólo aquático masculino: Adhemar Grijó Filho, Amaury Fonseca, Denir Freitas Ribeiro, Edson Perri, Eduardo Antonio Alijó, Everaldo Luiz A. Cruz, Hilton de Almeida, Márvio Kelly dos Santos, Roberto Lara de Araújo, Rodney Stuart Bell e Rolf Egon Kesterner.
Tênis, dupla feminina: Ingrid Charlotte Metzner e Maria Esther Bueno.
Tênis, simples feminina: Ingrid Charlotte Metzner.
Vôlei feminino: Celma Freire de Araújo, Helena Valente Duarte, Hildegarde Caroline Lassen, Isaura Marli Álvares, Lilian Collier, Maria Imaculada Machado, Maria José D. Barros, Marlene Guedes Schenkel, Norma Rosa Vaz, Sônia Freire Araújo, Vera Trezoitko e Zilda Ulbrich.
Vôlei masculino: Atila Gonçalves Martins, Fernando Pavan, Gilberto Geraldo T. Barcelos, Jorge Almeida Belo, Jorge de Melo Bittencourt, José Gil Carneiro Mendonça, Lúcio Cunha Figueiredo, Mario Figueira Sobrinho, Oscar Cunha Pinheiro, Parker Gilbert C. Carvalho, Reginaldo T. Lyra Silva e Urbano Brochado Santiago.

## PAN 59

### OURO

Atletismo, salto triplo: Adhemar Ferreira da Silva.
Boxe, peso-galo: Waldomiro Claudiano Pinto.
Boxe, peso-médio: Abraão Francisco de Souza.
Ciclismo, quilômetro contra o relógio: Anésio Argenton.
Pentatlo moderno: Wenceslau Malta.
Vela, classe Lightning: Antonio Barbosa, Axel Schmidt e Eric Schmidt.
Vela, classe Snipe: Marcos Barros e Reinaldo Conrad.
Vôlei feminino: Hidegarde Caroline Lassen, Ingeborg Ingrid Crause, Iriana Silveira Sá Carvalho, Lia de Freitas, Lilian Hilda E. Poetscher, Lucia Mendes de Moraes, Maria Alice S. Ricciardi, Marina Conceição Calistre, Marta Maraglia, Norma Rosa Vaz, Rosamaria Bastos O'Shea e Vera Trezoitko.

### PRATA

Atletismo, 80m com barreiras: Wanda dos Santos.
Basquete feminino: Angelina Bizarro, Genesia Isabel Cardoso, Izaura Marli G. Álvares, Maria Helena Cardoso, Maria Helena Campos, Marlene José Bento, Marta Helga Kampmann, Zilda Nepomuceno, Nadir Bazani, Zilda Ubrich, Nair Kanawatti e Neuci Ramos da Silva.
Boxe, peso-mosca: José Neves Martins.
Futebol masculino: Antônio Benedito Francoso, Dari Batista, Décio Teixeira, Edilson Rodrigues Vieira, Edmar Japiassu Maia, Edson Luiz de Carvalho, Elson Iazegi Beyruth, Gerson Oliveira Nunes, Hércules Correa Torres, Hilton Cabral de Almeida, Humberto Martins Barbosa, José Germano Sales, José Maria Silva, José Ribamar Celestino, José Ricardo da Silva, Manoel José Dias, Manoel Martins de Souza, Nelson Purchio, Ouraci Francisco Chagas, Roberto Rodrigues Pessoa, Rubens Caetano e Villadoniga Souza Rodrigues.
Hipismo, saltos por equipe: Antonio Moraes Carvalho, Francisco Rabello, Nelson Pessoa e Renyldo Ferreira.
Pentatlo moderno, equipe: Breno Vignoli, João Botelho Santiago, José Wilson Pereira e Wenceslau Malta.
Remo, barco dois sem: Edgard Gijsen e Milton Bruno Meurer.
Vôlei masculino: Alexandre P. Studart, Álvaro Caira, Arlindo Lopes Corrêa, Átila Gonçalves Martins, Décio Viotti de Azevedo, João Carlos C. Quaresma, Joel Ramalho Jr., José Silverio A. Lage, Luiz Eduardo Pons, Roque Midley Maron, Sérgio Boris B. Borges e Urbano Brochado Santiago.

## BRONZE

Basquete masculino: Carlos Barone Neto, Carlos Domingo Massoni, Carmo de Souza, Edson Bispo dos Santos, Fernando Pereira de Freitas, Jathy Eduardo Schall, Pedro Vicente Fonseca, Wlamir Marques, Waldemar Blatkauskas, Wilson Bombarda, Waldir Geraldo Boccardo e Zenny de Azevedo.

Boxe, peso médio ligeiro: Hélio Crescêncio.

Boxe, meio-médio: Manoel Alves Teixeira.

Boxe, peso-pesado: Jurandir Nicolau.

Pólo aquático masculino: Adhemar Grijó Filho, Everardo Luiz Cruz Filho, Flávio Ribeiro Ratto, Hilton de Almeida, João Gonçalves Filho, Luiz Daniel, Marvio Kelly dos Santos, Paulo Bruzzi Cochrane, Rodney Stuart Bell e Sylvio Kelly dos Santos.

Remo, barco quatro com: Adriano Soares, João Almeida, João Calixto, Jorge Rodrigues e Nelson Guarda.

# PAN 63

## OURO

Boxe, peso ligeiro: Luiz Leônidas César.

Boxe, peso médio-ligeiro: Elcio Neves.

Boxe, peso-pena: Rosemiro Mateus Santos.

Futebol: Adevaldo Virgilio Neto, Airton Baptista Santos, Arlindo Santos Cruz, Carlos Alberto Torres, Claudio Olinto Carvalho, Decio Antonio C. Bianco, Dirceu Ferreira, Evaldo Cruz, Heitor Amorim Perocca, Helio Dias de Oliveira, Íris Pereira de Souza, Jair Ventura Filho (Jairzinho), Joaquim Cardoso Neto, José Carlos G. Ferreira, Luiz Henrique F. Menezes, Menott Tomaso Sobrinho, Othon Valentim Filho, Rivadavia Alves Pereira, Santo Zanin e Waldir Vicente.

Judô, peso médio: Lhofei Shiozawa.

Pólo aquático: Adhemar Grijó Filho, Aladar Szabo, Flávio Ribeiro Ratto, Ivo Carotini, João Gonçalves Filho, Luiz Carlos A. Valim, Luiz Daniel, Luiz Euardo P. Lima, Marvio Kelly dos Santos e Paulo Carotini.

Tênis, dupla masculina: Carlos "Lelé" Fernandes e Ronald Barnes.

Tênis, simples feminina: Maria Esther Bueno.

Tênis, simples masculina: Ronald Barnes.

Vela, classe Finn: Hans Helmuth Domscke.

Vela, classe Flying Dutchman: Joaquim Roderbourg e Klaus Hendricksen.

Vela, classe Snipe: Ralph Conrad e Reinaldo Conrad.

Vôlei feminino: Corina V. Lasperg, Elda M. S. Pimenta, Eunice Rondino, Joana M. C. Silva, Leila F. Peixoto, Lia Freitas, Marina Celistre, Marlene Dunishian, Norma Rosa Vaz, Tania L. Fagundes, Vera Trezoitko e Zilda Ulbrich.

Vôlei masculino: Carlos E. Albano Feitosa, Décio Viotti de Azevedo, Fábio Starling Carvalho, Giuseppe Mezzalma, João Cláudio França, Josias Ramalho, Luiz Roberto Moraes, Marco Antonio Volpi, Newton Emanuel Victor, Pedro Barbosa de Andrade, Roque Midley Maron e Victor Mario B. Borges.

## PRATA

Atletismo, 3.000m com obstáculos: Sebastião Mendes.

Atletismo, salto em distância feminino: Íris Gonçalves dos Santos.

Basquete feminino: Angelina Bizarro, Delcy Ellender Marques, Diva Lucia Marchetti, Isaura Marly G. Álvares, Maria Amélia R. Gomes, Maria Helena Campos, Maria Helena Cardoso, Marlene José Bento, Nadir Lea Bazzani, Neuci Ramos da Silva, Nilza Monte Garcia e Norma Pinto de Oliveira.

Basquete masculino: Amaury Antonio Passos, Antonio Salvador Sucar, Carlos Domingos Massoni, Carmo de Souza, Celso Luiz Scarpini, Edson Bispo L. dos Santos, Friedrich Wilhem Braun, Luiz Claudio Menon, Ubiratan Pereira Maciel, Victor Mirschawka, Waldemar Blatkauskas e Wlamir Marques.

Boxe, peso leve: João Henrique Silva.

Boxe, peso meio-médio: Rubens Vasconcelos.

Boxe, peso meio-médio ligeiro: Orlando Nunes Ribeiro.

Boxe, peso-mosca: Pedro Dias.

Boxe, peso-pesado: José Edson Jorge.

Esgrima, espada por equipe, masculino: Aloysio Alves Borges, Arthur Cramer, Carlos Rodrigues do Couto e José Maria de Andrade Pereira.

Judô, peso absoluto: Jorge Mehdi.

Judô, pesado: Milton Lovato.

Pentatlo moderno, equipe, masculino: João Botelho Santiago, José Wilson Pereira e Nilo Jaime Silva.

Remo, oito com: Ado Steiner, Edson Schmidt, Erich Passig, Ernesto Vahl Filho, Jobel Furtado, Manuel Silveira, Rui Souza Lopes, Teodoro Rogério Vahl e Walfredo Santos.

Remo, quatro com: Alberto Blemer, Antemidio Anselmo Julião, Assis Garcia Ramos, Audifax Barbosa e Sylvio Augusto de Souza.

Remo, quatro sem: Edgard Roberto Knirien, Fritz Muller, Harry Edmundo Klein e Jorge Rodrigues.
Remo, skiff: Ivon Pital Miguel.
Tênis, dupla feminina: Maria Esther Bueno e Maureen Schwartz.
Tênis, dupla mista: Maria Esther Bueno e Thomaz Koch.
Vela, classe Lightning: Axel Schmidt, Eric Schmidt e Robinson Hasselmann.

### BRONZE

Atletismo, 80m com barreiras: Wanda dos Santos.
Atletismo, lançamento de dardo, feminino: Íris Gonçalves dos Santos.
Atletismo, lançamento de dardo, masculino: Walter Gaertner Almeida.
Atletismo, lançamento de martelo, masculino: Roberto Chap Chap.
Atletismo, revezamento 4x100m, feminino: Edir Braga Ribeiro, Erica Lopes da Silva, Inês Pimenta e Leontina Santos.
Atletismo, salto triplo: Mario Gomes.
Boxe, peso meio-pesado: Rubens Oliveira.
Ciclismo, quilômetro contra o relógio: Anésio Argenton.
Natação, 100 m costas, masculino: Athos de Oliveira Junior.
Natação, revezamento 4x100m livre, feminino: Angela Maria Palioli, Eliana Souza Motta, Maria Lourdes Teixeira e Vera Maria Formiga.
Natação, revezamento 4x200m livre, masculino: Antonio Celso Guimarães, Antonio Renzo Filho, Athos de Oliveira Jr. e Peter Wolfgang Metzner.
Nado sincronizado, equipe: Ana Luisa Corrêa, Ana Maria Oliveira, Cecilia Ghezzi, Eliana Chaves Uruguai, Fiametta Palazo, Ignez Barros Porto, Leny Filelini e Maria Helena Nascimento.
Remo, dois com, masculino: Adriano Soares, Antemidio Anselmo Julião e Audifax Barbosa.
Remo, double skiff, masculino: Edgard Gijsen e Francesco Tedesco.
Tênis, dupla masculina: Iarte Adam e Thomaz Koch.
Tiro, pistola livre por equipe, masculino: Álvaro dos Santos Jr., Beneveduto Tilli, Durval Ferreira Guimarães e Francisco Estrella.

## PAN 67

### OURO

Basquete feminino: Delcy E. Marques, Elza A. Pacheco, Jacy B. G. Azevedo, Lais E. A. Silva, Lucia Maria Borges, Marlene J. Bento, Nadir Bazani, Neusa M. Camargo, Nilza M. Garcia, Norma P. Oliveira, Rosália B. Vasconcelos e Angélica Bizarro.
Esgrima, espada, masculino: Arthur Kramer.
Hipismo, saltos por equipe: Antonio Simões, José Reynoso, Nelson Pessoa e Renyldo Ferreira.
Judô, peso leve: Takeshi Miura.
Judô, peso ligeiro: Akira Ono.
Natação, 100m peito, masculino: Sylvio Fiolo.
Natação, 200m peito, masculino: Sylvio Fiolo.
Tênis, simples, masculino: Thomaz Koch.
Tênis, dupla masculina: José Edison Mandarino e Thomaz Koch.
Vela, classe Finn: Joerg Bruder.
Vela, classe Snipe: Carlos Henrique de Lorenzi e Nelson Piccolo.

### PRATA

Atletismo, salto triplo: Nelson Prudêncio.
Boxe, peso médio: Luiz Fabre.
Esgrima, espada por equipe, masculino: Arthur Cramer, Carlos Rodrigues do Couto, Dario Marcondes do Amaral e José Maria de Andrade Pereira.
Hipismo, saltos: Nelson Pessoa.
Judô, peso médio: Lhofei Shiozawa.
Levantamento de peso, peso welter: Koji Michi.
Pólo aquático masculino: Ivo Kesselring Carotin, João Gonçalves Filho, Henrique Fillelini, Luiz Eduardo P. Lima, Claudio Rinaldi C. Lima, Pedro Pinciroli Jr., Arnaldo Marsili, Marcos Vargas da Costa, Rodney Stuart Bell e Paulo Kesselring Carotini.
Vela, classe Flying Dutchman: Burkhard Cordes e Reinaldo Conrad.
Vela, classe Lightning: Bruno Prada, Fernão Dias Paes Leme, Mario Borges Jr. e Renato Augusto da Matta.
Vôlei masculino: Antonio Carlos Moreno, Mario Guy Faria Mariz, Paulo Sevciuc, Victor Mario B. Borges, Décio Viotti Azevedo, Carlos Eduardo A. Feitosa, Mario Stiebler Dunlop, Arnaldo Jagle, Sergio Teles Pires Sobrinho, Fernando Marcos S. Blaser, Marco Antonio Volpi e Gelson Albino Schuch.

## BRONZE

Atletismo, pentatlo: Aída dos Santos.
Judô, peso absoluto: Jorge Mehdi.
Levantamento de peso, peso welter: Luiz Gonzaga de Almeida.
Natação, revezamento 4x100m medley, masculino: Ilson Pinto Asturiano, João Costa Lima Neto, Sylvio Fiolo e Waldyr Mendes Ramos.
Remo, barco dois com: Claudio Angeli, José Carlos Angeli e Sylvio Augusto de Souza.

# PAN 71

## OURO

Basquete feminino: Lais Elena A. Silva, Maria Helena Campos, Odila Fernandes Camargo, Elza Arnelas Pacheco, Nilsa Monte Garcia, Maria Helena Cardoso, Norma Pinto Oliveira, Jacy B. G. Azevedo, Nadir Bazani, Marlene José Bento, Delcy Ellender Marques e Benedita Analia Castro.
Basquete masculino: Washington Joseph, Francisco Sergio Garcia, Roberto José Corrêa, Milton Setrini Jr., Hélio Rubens Garcia, Marcos Abdala Leite, José Aparecido Santos, Luiz Claudio Menon, Adilson Freitas Nascimento, Luiz Martins de Mello, Emil Assed Rached e Carlos Domingo Massoni.
Remo, barco dois com: Atalibio Magioni, Celenio Martins Silva e Manuel Tereso Novo.
Remo, double skiff: Edgard Gijsen e Harry Edmundo Klein.
Remo, quatro sem: Atalibio Magioni, Milton Teixeira, Mopir Miguel Bancov e Waldir Kuntze.
Tiro, pistola livre (50m): Bertino Alves de Souza.
Vela, classe Finn: Joerg Bruder.
Vela, Lightning: Manfred Shaaffhausen, Mario Buckup e Peter Ficker.
Vela, Snipe: João Pedro Reinhard e Ralph Walter Christian.

## PRATA

Atletismo, salto em distância, feminino: Silvina das Graças Pereira.
Atletismo, salto triplo: Nelson Prudêncio.
Boxe, peso meio-pesado: Waldemar Paulino Oliveira.
Ciclismo, estrada: Luis Carlos Flores.
Esgrima, espada por equipe: Arthur Cramer, Dario Marcondes do Amaral, José Maria de Andrade Pereira e Marcos Borges.
Natação, 100m livre, masculino: José Roberto Diniz Aranha.
Remo, dois sem: Milton Teixeira e Waldir Kuntze.

## BRONZE

Atletismo, heptatlo: Aída dos Santos.
Boxe, peso-pesado: Vicente Maximiliano Campos.
Levantamento de peso, 110kg, arranque: Tamer Chaim.
Levantamento de peso, 110kg, arremesso: Tamer Chaim.
Levantamento de peso, 110kg, força: Tamer Chaim.
Levantamento de peso, 110kg, total: Tamer Chaim.
Levantamento de peso, 82,5kg, arremesso: Luiz Gonzaga de Almeida.
Natação, 100m borboleta, feminino: Lucy Maurity Burle.
Natação, 100m peito, masculino: Sylvio Fiolo.
Natação, revezamento 4x100m livre, feminino: Lucila Martins, Lucy Maurity Burle, Maria Teresa Hungerbuler e Rosemary Peres Ribeiro.
Natação, revezamento 4x100m livre, masculino: Flavio Dutra Machado, José Roberto Diniz Aranha, Paulo Zanetti e Ruy Tadeu Aquino Oliveira.
Natação, revezamento 4x100m medley masculino: César Lourenço, Flavio Dutra Machado, José Roberto Diniz Aranha e Sylvio Fiolo.
Natação, revezamento 4x200m livre masculino: Alfredo Botelho, Flavio Dutra Machado, José Roberto Diniz Aranha e Ruy Tadeu Aquino Oliveira.
Vôlei masculino: Alexandre Abeid, Luiz Eymard Zech Coelho, Lino de Melo Gama, Paulo Roberto Freitas, Delano Couto Jorge Franco, Decio Cataruzzi, Mario Marcos Joubert Procópio, Jorge Américo Oliveira de Souza, João Ernesto Jenz, Hélio de Oliveira, Aderval Luiz Arvani e Antonio Carlos Moreno.

## OURO

Atletismo, salto em distância, masculino: João Carlos de Oliveira.
Atletismo, salto triplo: João Carlos de Oliveira.
Futebol masculino: Alberto Raimundo Marques, Carlos Roberto Gallo, Carlos Eduardo Ribeiro, Claudio Adalberto Adão, Eudes Lacerda Medeiros, Edino Nazareth Filho, Francisco Fraga Silva, José Carlos Cassano, João Batista da Silva, João José dos Santos, Luiz Alberto Pirola, Marcelo Santos Oliveira, Onofre Aluizio Batista, Rosemiro Correa Souza e Roberto Franqueira.
Judô, peso meio-pesado, masculino: Ricardo Oliveira Campos.
Remo, dois sem: Érico Vicente Souza e Raul Bagattini.
Remo, double skiff: Gilberto Gerhardt e Mario Franco Castro Filho.
Tiro, skeet individual, masculino: Athos Pisoni.
Vela, classe Flying Dutchman: Burkhard Cordes e Reinaldo Conrad.

## PRATA

Atletismo, 3.000m com obstáculos, masculino: José Romão da Silva.
Boxe, peso médio: Fernando José Martins.
Judô, peso leve, masculino: Roberto Machusso.
Judô, médio, masculino: Carlos Eduardo Motta.
Levantamento de peso, 56kg, arranque: Paulo Batista de Sene.
Levantamento de peso, 56kg, arremesso: Paulo Batista de Sene.
Tênis, dupla feminina: Maria Cristina Andrade e Wanda Bustamante Ferraz.
Tênis, simples feminina: Patrícia Medrado.
Tiro, carabina deitado, masculino: Durval Ferreira Guimarães.
Tiro, skeet por equipe: Athos Pisoni, José Pedro Costa, Romeu Luchiari Junior e Sergio Cunha Bastos.
Vela, classe Finn: Cláudio Biekarck.
Vela, classe Snipe: Gregório Rocha Pontes e Luiz André Almeida Reis.
Vôlei masculino: Paulo Roberto Peterlle, Bernard Rajzman, Celso Alexandre Kalache, Antonio Carlos Moreno, Paulo Roberto de Freitas, William Carvalho da Silva, Jean Luc Rosat, Fernando Roscio D'Avila, José Oswaldo Marcelino, Mauro Henrique Fialho, Eloi Lacerda de Oliveira Neto e Sergio Danilas.

## BRONZE

Atletismo, 200m, feminino: Silvina das Graças Pereira.
Atletismo, 400m, masculino: Delmo da Silva.
Basquete masculino: Adilson F. Nascimento, Fausto Gianecchini, Gilson Trindade de Jesus, José Geraldo de Castro, Hélio Rubens Garcia, Marcel Ramon P. de Souza, Marcos Antonio Abdala Leite, Milton Setrini Jr., Paulo César Esteves, Roberto José Corrêa, Sérgio Toledo Machado e Ubiratan Pereira Maciel.
Boxe, peso meio-pesado: João Rodrigues Santos.
Boxe, peso-pesado: Jair de Campos.
Esgrima, espada por equipe, masculino: Arthur Cramer, Francisco Itálico Buonafina, Frederico Alencar e Ronaldo Schwantes.
Hipismo, adestramento por equipe: Diana Paes Leme, Gérson Borges e Ingrid Trokyo.
Judô, peso meio-leve, masculino: Luiz Shinohara.
Judô, peso-pesado, masculino: Fenelon Oscar da Silva.
Levantamento de peso, completo, arranque: Eduardo Soares de Souza.
Natação, 1.500m livre, masculino: Djan Madruga.
Natação, 100m costas, masculino: Rômulo Arantes.
Natação, 100m peito, masculino: Sylvio Fiolo.
Natação, 200m borboleta, feminino: Rosemary Peres Ribeiro.
Natação, 400m livre, masculino: Djan Madruga.
Natação, revezamento 4x100m livre, feminino: Christiane Paquelet, Lucy Maurity Burle, Maria Elisa Guimarães e Rosemary Peres Ribeiro.
Natação, revezamento 4x100m medley, feminino: Christiane Paquelet, Cristini Bassani Teixeira, Flavia Nadalutti e Lucy Maurity Burle.
Natação, revezamento 4x100m medley, masculino: Akcel de Godoy, José Luciano Namorado, Rômulo Arantes e Sylvio Fiolo.
Natação, revezamento 4x200m livre, masculino: Djan Madruga, José Luciano Namorado, Paul Henry Jovanneau e Rômulo Arantes.
Remo, dois com, masculino: Antonio Augusto Pistoia, Edilson Cunha Bezerra e Francisco Penedo Tambasco.
Tênis, dupla masculina: João Américo Soares Jr. e João Carlos Schimdt Filho.
Tiro, carabina deitado por equipe, masculino: Durval Ferreira Guimarães, Edmar Viana Sales, Milton Sobocinski e Waldemar Capucci.
Tiro, fossa olímpica por equipe, masculino: Athos Pisoni, Francisco Alavaugarte, Marcos Olsen e Mario Morganti.

## OURO

Atletismo, salto em distância, masculino: João Carlos de Oliveira.

Atletismo, salto triplo, masculino: João Carlos de Oliveira.

Futebol masculino: Carlos Alberto Sollito, Cleo Inacio Hickman, Cristóvão Borges Santos, Dalmir Estigarriba, Edson Board, Gilcimar Wilson Francisco, Jackson Liberato Ramos, João Luiz dos Santos, Luiz Carlos Silva Mattos, Luiz Carlos Cosmo Silva, Luiz Henrique Dias, Oswaldo Silva Dantas, Rogério Paes F. Corrêa, Silvio Paiva, Waldoir Marques de Souza e Wagner Basílio.

Judô, peso absoluto, masculino: Oswaldo Cupertino Simões.

Judô, ligeiro, masculino: Luiz Shinohara.

Judô, meio-médio, masculino: Carlos Alberto da Cunha.

Judô, meio-pesado, masculino: Carlos Alberto Pacheco.

Remo, dois com, masculino: Laildo Ribeiro Machado, Manuel Tereso Novo e Waldir Kuntze.

Vela, classe Lightning: Joaquim Feneberg, Mario Buckup e Ralph Walter Christian.

## PRATA

Atletismo, 400m com barreiras, masculino: Antônio Euzébio Dias Ferreira.

Boxe, peso médio: Carlos Antunes de Fonseca.

Hóquei sobre patins masculino: Antônio Dorian Requena, José Ricardo G. Frei, Haroldo Percio Requena, Mario O. Guedes Alcoforado, Mauricio Barbosa Duque, Moacir Neuenschwander, Paulo Peres e Silvio Angerami Azevedo.

Judô, meio-leve, masculino: Luís Onmura.

Natação, 1.500m livre, masculino: Djan Madruga.

Natação, 100m costas, masculino: Rômulo Arantes.

Natação, 400m livre, masculino: Djan Madruga.

Natação, revezamento 4x200m livre, masculino: Cyro Delgado, Djan Madruga, Jorge Fernandes e Marcus Mattioli.

Remo, barco four skiff, masculino: Gilberto Gerhardt, José Claudio Lazzaroto, Paulo Cesar Dworakowski e Waldemar Trombeta.

Tiro, fossa olímpica por equipe, masculino: Flávio Antonio Bonet, Francisco Alavaugarte, Marcos Olsen e Paulo Monteiro Assis.

Tiro, pistola de ar por equipe, masculino: Bertino Alves de Souza, Paulo Ramalho Lamego, Silvio Souza Carvalho e Wilson Scheidemantel.

Vela, classe Soling: Eduardo Souza Ramos, Manfredo Kaufman Jr. e Thomas Nicolaus Heinmann.

Vôlei masculino: Aloisio Alves, Antonio Carlos G. Ribeiro, Antonio Carlos Moreno, Bernard Rajzman, Deraldo Wanderley, Helder Zech Coelho, João Alves Granjeiro Neto, José Montanaro Jr., Mario Xandó O. Netto, Mauro Henrique Fialho, Renan Dal Zotto e William Carvalho da Silva.

## BRONZE

Atletismo, 1.500m, masculino: Agberto Guimarães.

Atletismo, 800m, masculino: Agberto Guimarães.

Atletismo, revezamento 4x100m, masculino: Altevir Silva Araújo Filho, Milton Costa de Castro, Nelson Rocha dos Santos e Ruy da Silva.

Basquete masculino: Adilson Freitas Nascimento, Evaristo Souza Soares, Fausto C. Giannecchini, Hélio Rubens Garcia, José Carlos Santos Saiani, José Geraldo de Castro, Marcel Ramon P. de Souza, Marcelo Vido, Marcos Abdala Leite, Milton Setrini Jr., Oscar Daniel B. Schmidt e Ubiratan Pereira Maciel.

Boxe, médio ligeiro: Francisco Carlos de Jesus.

Ginástica, equipe masculina: Gilmarcio Antunes Sanches, Hélio Sampaio Araújo, João Francisco Levy, João Luiz Ribeiro, Luiz Tadeu Braga e Reinaldo Ferreira Calinsque.

Judô, peso leve, masculino: Roberto Machusso.

Judô, pesado, masculino: Oswaldo Cupertino Simões.

Levantamento de peso, 90kg, total: Nelson Dias de Carvalho.

Natação, 200m costas, masculino: Djan Madruga.

Natação, 200m livre, masculino: Djan Madruga.

Natação, revezamento 4x100m livre, masculino: Cyro Delgado, Djan Madruga, Marcus Mattioli e Rômulo Arantes.

Remo, barco quatro sem, masculino: Edson Figueiredo Menezes, Henrique Gustavo Johann, Oscar Alfredo Sommer e Raul Bagattini.

Tiro com arco (antes conhecido como arco e flecha), equipe, feminino: Arci Zelia Kempner, Claudia Nunes Vasquez e Daisy Schmidt Pereira.

Tiro, carabina deitado por equipe, masculino: Dilson Reis, Durval Ferreira Guimarães, Milton Sobocinski e Waldemar Capucci.

Vela, classe Snipe: Boris Osterbren e Ernesto Ary Neugebauer.

Vôlei feminino: Celia R. Oliveira Garritano, Denise Porto Matioli, Eliana Maria N. Aleixo, Fernanda Emerick Silva, Heloisa Helena S. Roese, Ivonete Neves, Jacqueline Louise C. Silva, Lenice Peluso Oliveira, Maria A. Castanheira, Maria Isabel B. Salgado Alencar, Monica Caetano Silva e Rita de Cássia Teixeira.

## OURO

Atletismo, 1.500m, masculino: Agberto Guimarães.
Atletismo, 100m, feminino Esmeralda Garcia.
Atletismo, 800m, masculino: Agberto Guimarães.
Atletismo, heptatlo: Conceição Aparecida Geremias.
Natação, 200m medley, masculino: Ricardo Prado.
Natação, 400m medley, masculino: Ricardo Prado.
Remo, barco dois sem, masculino: Ricardo Carvalho e Ronaldo Carvalho.
Tênis de mesa, dupla masculina: Claudio Kano e Ricardo Tetsuo Ikoushi.
Tênis de mesa, equipe masculina: Aristides Nascimento, Claudio Kano e Ricardo Tetsuo Ikoushi.
Vela, classe 470: José Luiz Ribeiro e Paulo Roberto Ribeiro.
Vela, classe Laser: Pedro Bulhões Fonseca.
Vela, classe Lightning: Cláudio Biekarck, Gunnar Ficker e Ralph Berger.
Vela, classe Soling: Daniel Adler, Ronaldo Senfft e Torben Grael.
Vôlei masculino: Amauri Ribeiro, Antonio Carlos G. Ribeiro, Bernard Rajzman, Bernardo Rocha Rezende, Domingos Lampariello Neto, Fernando Roscio Ávila, Marcus Vinícius Freire, Mario Xandó Oliveira Neto, Renan Dal Zotto, Ronaldo Pereira Macedo, Ruy Campos Nascimento e William Carvalho da Silva.

## PRATA

Atletismo, 400m com barreiras, masculino: Antônio Euzébio Dias Ferreira.
Atletismo, 800m, masculino: Zequinha Barbosa.
Atletismo, revezamento 4x400m, masculino: Agberto Guimarães, Evaldo Rosa, Gerson Andrade Souza e Zequinha Barbosa.
Basquete masculino: Adilson Freitas Nascimento, Fausto Cisotto Giannecchini, Gerson Victalino, Israel Machado Andrade, Jorge Guerra, Marcel Ramon Ponickwar de Souza, Marcelo Vido, Marcos Abdala Leite, Milton Setrini Jr., Nilo M. Guimarães, Ricardo Cardoso Guimarães e Silvio Maluezi.
Futebol masculino: Adalberto Machado, Carlos Caetano B. Verri, Edson Bonifácio, Edson Santana Souza, Everaldo A. Rogério, Heitor Camarin Jr., Hugo José Duarte, Jorge Amorim Campos, José Augusto Bagattini, José Ferreira Neto, Marcus V. Nascimento, Mauricio Poggi Vilela, Paulo Sergio Belotti, Paulo Roberto F. Primo, Hélio Ricardo D. Conceição, Marcio Antonio de Paula e Valdir Eduardo Carvalho.
Judô, peso leve, masculino: Luís Onmura.
Judô, peso ligeiro, feminino: Inez Nazareth.
Judô, peso ligeiro, masculino: Luiz Shinohara.
Judô, meio-pesado, masculino: Aurélio Miguel.
Judô, pesado, masculino: Frederico Flexa.
Natação, 1.500m livre, masculino: Marcelo Jucá.
Natação, 200m borboleta, masculino: Ricardo Prado.
Natação, 200m costas, masculino: Ricardo Prado.
Natação, revezamento 4x100m livre, masculino: Cyro Delgado, Djan Madruga, Jorge Fernandes e Ronald Couce Menezes.
Natação, revezamento 4x200m livre, masculino: Cyro Delgado, Djan Madruga, Jorge Fernandes e Marcelo Jucá.
Remo, barco quatro com, masculino: Denis Marinho, José Raimundo Ribeiro, Mauro Santos, Nilton Alonso e Walter Hime Soares.
Tênis de mesa, individual masculino: Ricardo Tetsuo Ikoushi.
Tiro, fossa olímpica, masculino: Marcos Olsen.
Tiro, pistola livre (50m), masculino: Silvio Souza Carvalho.
Vela, classe Star: Peter Ficker e Werner Sonksen.

## BRONZE

Atletismo, 400m, masculino: Gerson Andrade Souza.
Atletismo, revezamento 4x100m, masculino: Gerson Andrade Souza, João Batista Silva, Nelson Rocha dos Santos e Robson Caetano.
Atletismo, salto com vara, masculino: Tomas Waldemar Hintnaus.
Basquete feminino: Anne M. Krabenborg, Dayse P. Mendes, Elisa Garcia, Hortência F. Marcari, Maria A. G. Silva, Maria Paula G. Silva, Marta S. Sobral, Solange M. Castro, Soraya Brandão, Suzete Pereira Silva, Vanda R. Dal Col e Vania Somayo Teixeira.
Boxe, peso meio-médio: Antonio Benedito Madureira.
Boxe, mosca-ligeiro: Manoelito Santos.
Ciclismo, perseguição por equipes: Antonio Hunger, Fernando Louro, Hans Ficher e Mauro Ribeiro.
Ginástica artística, equipe feminina: Altair Prado, Claudia Magalhães, Denilce Campos, Jaqueline Pires, Mirian Fernandes e Tatiana Figueiredo.
Hipismo, adestramento: Orlando Facada.

Hipismo, adestramento por equipe: Iliana Diniz, José Sheleder e Orlando Facada.
Judô, peso leve, feminino: Tânia Ishii.
Judô, médio, masculino: Walter Carmona.
Judô, meio-leve, feminino: Solange Almeida Pessoa.
Judô, meio-leve, masculino: Sérgio Santos.
Judô, meio-médio, feminino: Carla Lívia Muller Duarte.
Judô, pesado, feminino: Soraia André.
Natação, 400m livre, masculino: Marcelo Jucá.
Tênis de mesa, dupla mista: Claudio Kano e Sandra T. Noda.
Tiro com arco, 70m: Renato Emílio.
Tiro com arco, equipe feminina: Ana Beatriz Miranda, Claudia Nunes Vasquez e Martha Emílio.
Tiro com arco, individual geral, masculino: Renato Emílio.
Tiro, pistola livre por equipe, masculino: Durval Ferreira Guimarães, Silvio Souza Carvalho e Wilson Scheidemantel.
Tiro, pistola standard, masculino: Delival Silva Nobre.

## PAN 87

### OURO
Atletismo, 1.500m, masculino: Joaquim Cruz.
Atletismo, 3.000m com obstáculos, masculino: Adauto Domingues.
Atletismo, maratona, masculino: Ivo Machado Rodrigues.
Basquete masculino: André Ernesto Stofel, Gerson Victalino, Israel M. Campello Andrade, João José Viana, Jorge Guerra, Marcel Ramon P. Souza, Maury Ponickwar Souza, Oscar Daniel B. Schmidt, Paulo Villas Boas Almeida, Ricardo Cardoso Guimarães, Rolando Ferreira Jr. e Silvio Malvezi.
Futebol masculino: Ademir Roque Kaefer, André Alves Cruz, Carlos Eduardo Marangon, Claudio José Taffarel, Edvaldo Oliveira Chaves, Evair Aparecido Paulino, Geraldo Dutra Pereira, Hamilton de Souza, Luiz Carlos A. Guerra, Marcio P. Monteiro, Nelson L. Kerchner, Raí S. V. Oliveira, Ricardo G. Raimundo, Ricardo R. B. Rocha, Sergio D. Luz, Valdo Candido Filho, Washington C. Santos e Willian D. H. Menezes.
Judô, peso ligeiro, feminino: Mônica Angelucci.
Judô, ligeiro, masculino: Sergio Pessoa.
Judô, médio, masculino: Rinaldo Cagianno.
Judô, meio-pesado, feminino: Soraia André.
Judô, meio-pesado, masculino: Aurélio Miguel.
Remo, barco dois sem, masculino: Ricardo Carvalho e Ronaldo Carvalho.
Tênis, simples feminina: Gisele Miró.
Tênis, simples masculina: Fernando Roese.
Tênis de mesa, equipe masculina: Claudio Kano, Edson Takahashi e Hugo Hoyama.

### PRATA
Atletismo, 200m, masculino: Robson Caetano.
Atletismo, 5.000m, masculino: Adauto Domingues.
Atletismo, 800m, masculino: José Luis (Zequinha) Barbosa.
Basquete feminino: Hortência de Fátima Marcari, Janeth S. Arcain, Maria Paula Gonçalves da Silva (Paula), Maria Angélica Gonçalves da Silva (Branca), Maria J. Bertolotti, Marta S. Sobral, Nadia B. Lima, Neusa M. Ribeiro, Ruth R. Souza, Vania Hernandes Souza, Vania S. Teixeira e Vanira Hernandes Souza.
Ciclismo, estrada, masculino: Marcos Mazzaron.
Judô, peso leve, masculino: Luís Onmura.
Judô, meio-leve, masculino: Nelson Onmura.
Judô, pesado, masculino: Frederico Flexa.
Luta livre, 90kg, masculino: Roberto Leitão.
Natação, 200m costas, masculino: Ricardo Prado.
Natação, 400m livre, masculino: Cristiano Michelena.
Remo, barco oito com, masculino: Angelo Rosso Neto, Carlos Bezerra, Claudio Melo Tavares, Denis Marinho, Flavio Melo, Helder Lima, José Raimundo Ribeiro, Mauro Santos e Nilton Alonso.
Tênis de mesa, dupla masculina: Claudio Kano e Hugo Hoyama.
Vela, classe Laser: Jonas Penteado.

## BRONZE

Atletismo, 800m, feminino: Soraya Vieira Telles.

Atletismo, revezamento 4x100m, feminino: Claudilea Santos Oliveira, Cleide Amaral, Inês Antônio Ribeiro e Sheila Oliveira Santos.

Boxe, peso meio-médio ligeiro: Wanderley de Oliveira.

Boxe, peso-mosca: Hamilton Rodrigues.

Boxe, superpesado: Carlos Barcelete.

Ciclismo, perseguição por equipe, masculino: Antonio Hunger, Antonio Silvestre, Fernando Louro e Paulo Jamur.

Ginástica, barras assimétricas, feminino: Luisa Parente.

Ginástica artística, equipe masculina: Carlos Fulcher, Carlos Sabino, Gerson Gnoato, Guilherme Pinto, Marco Antonio Monteiro e Ricardo Nassar.

Handebol feminino: Anita A. Pires, Carla S. Vasconcelos, Claudia F. Monteiro, Eliane A. Dias, Elza Giovanelli, Isabela Maroja, Kelma M. M. Silva, Marcia K. Tornin, Marcia R. Tomadon, Margarete M. Pioresan, Nivia C. P. Cruz, Simone M. R. Lima e Tania M. S. Becker.

Handebol masculino: Drean F. Dutra, Edson R. Rizzo, Everaldo V. Lopes, Gilberto J. Cardoso, José L. B. A. Ramalho, José L. L. Vieira, José R. Nascimento, Luiz S. Sumaio, Marcelo M. F. Sampaio, Osvaldo Inocente Filho, Paulo S. Bittar, Sergio Hortelan e Vinícius F. Tetti.

Hóquei sobre patins: Claudio M. Gomes, Ermano B. Santos Filho, Fabio T. N. Mainardi, Fernando L. Jesus, Lauro Terroso Neto, Leonidas A. Agra, Maurício B. Duque, Roberto M. Caribe, Silvio Brancacco e Vitor M. N. Santos.

Judô, peso absoluto, feminino: Ivana Santana.

Judô, absoluto, masculino: Rogério Cherubin.

Judô, meio-médio, feminino: Soraya Carvalho.

Judô, pesado, feminino: Rosimeri Salvador.

Natação, 200m medley, masculino: Ricardo Prado.

Natação, revezamento 4x100m livre, masculino: Cristiano Michelena, Cyro Delgado, Jorge Fernandes e Julio Cesar Rebolal Lopes.

Natação, revezamento 4x100m medley, masculino: Cicero Tontelli, Jorge Fernandes, Otavio Silva e Ricardo Prado.

Natação, revezamento 4x200m livre, masculino: Cristiano Michelena, Cyro Delgado, Jorge Fernandes e Julio Cesar Rebolal Lopes.

Pólo aquático masculino: Ayrton P. C. Silva, Eduardo R. V. Comini, Eric T. Borges, Fernando Rocha Filho, Fernando Carsalade, Francisco Chaves Neto, Gilberto Gargiulo, Gilberto Guimarães, Hélio F. Gomes Filho, João Meireles, Mario E. A. Souto, Sergio S. Figueiredo Jr. e Silvio Manfredi.

Remo, barco dois sem peso leve, masculino: João Deboni e José Almeida.

Taekwondo, 83kg, masculino: Gilberto Medeiros.

Tênis, dupla mista: Fernando Roese e Gisele Miró.

Tênis de mesa, individual masculino: Carlos Kawai.

Tênis de mesa, individual masculino: Claudio Kano.

Tiro, fogo central por equipe, masculino: Alfredo Lalia, Beneveduto Tilli e Durval Ferreira Guimarães.

Tiro, fossa olímpica por equipe, masculino: Alain Dufour, Marcos Olsen e Rodrigo Bastos.

Tiro, pistola de ar, feminino: Nara Amaral.

Vela, classe Lightning: Carlos Wanderley, Cláudio Biekarck e Gunnar Ficker.

Vela, classe Snipe: Ivan Pimenta e Marcos Vianna.

Vela, classe Soling: Daniel Adler, Ronaldo Senfft e Torben Grael.

Vela, classe Star: Carlos McCourtney e Gastão Brun.

Vôlei masculino: Antonio C. A. Gouveia, Bernard Rajzman, Domingos Lamparielo, Elberto Furtado Jr., Helder Z. Coelho, José Francisco Filho, Leonildo P. Prá Filho, Luis A. P. Rodrigues, Marcelo L. Dutra, Mario X. Oliveira Neto, Paulo A. J. Silva e Renan Dal Zotto.

# PAN 91

## OURO

Atletismo, 1.500m, masculino: José Mauro Valente.

Atletismo, 100m, masculino: Robson Caetano.

Atletismo, 200m, masculino: Robson Caetano.

Atletismo, 3.000m com obstáculos, masculino: Adauto Domingues.

Atletismo, 400m com barreiras, masculino: Eronildes Araújo.

Atletismo, decatlo: Pedro Ferreira Silva Filho.

Basquete feminino: Adriana A. dos Santos, Ana Lucia Mota, Hortencia Fátima Marcari, Janeth Santos Arcain, Joycenara Batista, Maria Paula Gonçalves Silva, Marta Souza Cabral, Nadia Bento Lima, Roseli Carmo Gustavo, Ruth Roberta Souza, Simone Pontello e Vania Hernandez Souza.

Ginástica artística, barras assimétricas: Luisa Parente.
Ginástica artística, salto, feminino: Luisa Parente.
Hipismo, saltos por equipe: André Johannpeter, Luiz Felipe Azevedo, Marcelo Artiaga de Castro e Vitor Alves Teixeira.
Judô, peso ligeiro, masculino: Shigueto Yamazaki.
Natação, 100m livre, masculino: Gustavo Borges.
Natação, 200m costas, masculino: Rogério Romero.
Natação, revezamento 4x100m livre, masculino: Emmanuel Fortes Nascimento, Gustavo Borges, Julio Cesar Rebolal Lopes e Teófilo Ferreira.
Taekwondo, 83kg, masculino: Fabio Goulart.
Tênis, equipe feminina: Andréa Vieira e Claudia Chabalgoity.
Tênis, equipe masculina: Nélson Aerts e William Kyriakos Junior.
Tênis de mesa, dupla masculina: Claudio Kano e Hugo Hoyama.
Tênis de mesa, equipe masculina: Carlos Kawai, Claudio Kano, Hugo Hoyama e Silnei Fernando Yuta.
Tênis de mesa, individual, masculino: Hugo Hoyama.
Vela, classe Laser: Peter Tanscheit.

## PRATA

Atletismo, maratona, masculino: José Carlos Santana.
Atletismo, salto triplo, masculino: Anísio Souza Silva.
Ginástica rítmica desportiva, conjunto: Alessandra Frederico, Alessandra Seligman, Bibiana Castro, Débora Morais, Gabriela Baal e Valquiria Rosário.
Handebol masculino: Almir Albuquerque Santos, Antonio Carlos Gonçalves Dias, Claudio Oliveira Brito, Fausto José Steinwandter, Gilberto Jesus Cardoso, Ivan Bruno Mazieiro, Ivan Raimundo Pinheiro, José Luiz Lopes Vieira, José Ronaldo Nascimento, Oswaldo Inocente Filho, Paulo Roberto Martins, Sergio Hortelan e Valmir Augusto Fassina.
Hóquei sobre patins masculino: Alan Karan, Antonio Carlos Cavalaro, Fabio Tadeu Mainard, Flavio Pontes Guidi, Jurandir da Silva, Leonidas Azzi Agra, Marcelo Magnus Cavalaro, Maurício Barbosa Duque, Roberto Miranda Caribe e Vitor Manuel Santos.
Judô, peso leve, masculino: Sérgio Ricardo Oliveira.
Judô, meio-leve, feminino: Patrícia Dias Bevilacqua.
Natação, 200m livre, masculino: Gustavo Borges.
Natação, revezamento 4x100m medley, feminino: Ana Catarina Azevedo, Celina Mayumi Endo, Glicia Quitiba Lofego e Paoletti Gomes Filippini.
Natação, revezamento 4x200m livre, masculino: Cassiano Leal, Emmanuel Fortes Nascimento, Gustavo Borges, Teófilo Ferreira.
Taekwondo, mais de 83 quilos, masculino: Lúcio Aurélio de Freitas.
Tênis, dupla feminina: Andréa Vieira e Claudia Chabalgoity.
Tênis, dupla mista: Claudia Chabalgoity e William Kyriakos Junior.
Tênis de mesa, individual, masculino: Claudio Kano.
Vela, classe 470: Bernardo Muller Arndt e Eduardo Costa Melcher.
Vela, classe Finn: Christoph Bergman.
Vela, classe Laser, feminina: Marion Scheel.
Vela, classe Snipe: Antonio Feltrim Paes Leme e Luiz Marcelo Maia.
Vôlei feminino: Adriana Ramos Samuel, Ana Beatriz Moser, Ana Flávia Chiritaro Daniel, Ana Margarida Vieira Álvares, Ana Maria Volponi Freitas, Cilene Falleiro Rocha, Cristina Pacheco Lopes, Fernanda Porto Venturini, Helia Rogério de Souza, Kerly Cristiane P. dos Santos, Ricarda Raquel B. Lima e Silvana Khul C. Pacitti.
Vôlei masculino: Alexandre Ramos Samuel, Allan Lobo Cocato, André Felipe Ferreira, Antonio Carlos Aguiar Gouveia, Carlos Roberto Toaldo, Gilmar Nascimento Teixeira, Giovane Farinazzo Gavio, Janelson Santos Carvalho, Jorge Edson Souza Brito, Marcelo Telles Negrão, Maurício Camargo Lima e Talmo Curto de Oliveira.

## BRONZE

Atletismo, 3.000m, feminino: Carmen de Oliveira.
Atletismo, marcha atlética 20km, masculino: Marcelo Moreira Dalma.
Boxe, peso médio: Lucas França.
Boxe, peso meio-médio ligeiro: Luiz Fernando Silva.
Boxe, peso-mosca: Luiz Claudio Freitas.
Boxe, peso-pena: Rogério Dezorzi.
Ciclismo, prova de estrada, masculino: Wanderley Magalhães.
Hipismo, saltos: Vitor Alves Teixeira.
Judô, peso absoluto, feminino: Soraia André.
Judô, peso ligeiro, feminino: Mônica Angelucci.
Judô, meio-médio, masculino: Renato Dagnino.

Judô, pesado, feminino: Edilene Andrade.
Judô, pesado, masculino: Frederico Flexa.
Judô, superligeiro, feminino: Maria Cristina de Souza.
Judô, superligeiro, masculino: Sumio Tsujimoto.
Levantamento de peso, categoria 100kg, arranque: Edmilson da Silva Dantas.
Levantamento de peso, 100kg, arremesso: Edmilson da Silva Dantas.
Levantamento de peso 100kg — total: Edmilson da Silva Dantas.
Natação, 100m borboleta, masculino: Eduardo Piccinini.
Natação, 50m livre, masculino: Gustavo Borges.
Natação, revezamento 4x100m livre, feminino: Isabelle Marques Vieira, Paoletti Gomes Filippini, Paula Marsiglia e Paula Renata Aguiar.
Pólo aquático masculino: Antonio Carlos Costa, Armando Gutfreund, Daniel Polidoro Mameri, Eduardo Vale Comini, Eric Tebbe Borges, Fernando Alberto Rocha Filho, Giuliano Bertolucci, Hélio Frederico Gomes Filho, João Antonio Meireles, Paulo Francisco J. Abreu, Paulo R. Vale Comini, Roberto Bruno S. Chiappini e Rodney Andrew Bell.
Remo, barco dois com, masculino: Alexandre Dias Fernandes, Marcos Alves Arantes e Oswaldo Kuster Neto.
Remo, dois sem, masculino: Carlos Almeida e Claudio Melo Tavares.
Taekwondo, categoria 50kg, masculino: Cesar Galvão Nascimento.
Tênis, simples feminina: Andréa Vieira e Cláudia Chabalgoity.
Tênis, simples masculina: Marcelo Saliola.
Tênis de mesa, dupla masculina: Carlos Kawai e Silnei Fernando Yuta.
Tênis de mesa, equipe feminina: Carla Angela Tibério, Lyanne Miuky Kosaka, Marta Hitomi Massuda e Mônica Doti.
Tiro, carabina três posições por equipe, feminino: Angelamaria Lachtermacher, Lucia Maria Bosco e Victoria Egger.
Tiro, carabina deitado por equipe, feminino: Angelamaria Lachtermacher, Lucia Maria Bosco e Victoria Egger.
Tiro, fogo central por equipe, masculino: Durval Ferreira Guimarães e Jodson Gomes Edington Junior.
Tiro, pistola de ar, feminino: Tânia Maria Giansante.
Tiro, pistola de ar, masculino: Wilson Scheidemantel.
Tiro, pistola de ar por equipe, masculino: Alejandro Gabriel Stisin, Durval Ferreira Guimarães e Wilson Scheidemantel.
Vela, classe 470, feminino: Claudia Swan e Monica Scheel.
Vela, classe Lightning: Cláudio Biekarck, Gunnar Ficker e Marcelo Batista.

## PAN 95

### OURO

Atletismo, 1.500m, masculino: Joaquim Cruz.
Atletismo, 10.000m, feminino: Carmen de Oliveira.
Atletismo, 3.000m com obstáculos, masculino: Wander do Prado Moura.
Atletismo, 400m com barreiras, masculino: Eronildes Araújo.
Atletismo, 800m, masculino: Zequinha Barbosa.
Hipismo, CCE (Conjunto Completo de Equitação) por equipe: André Luiz Giovanini, Luciano Miranda Drubi, Ruy Leme da Fonseca Filho e Serguei Fofanoff.
Hipismo, saltos por equipe: André Johannpeter, Nelson Pessoa, Rodrigo Pessoa e Vitor Alves Teixeira.
Judô, peso-pesado, masculino: José Mario Tranquillini.
Karatê, kumitê, open, masculino: José Carlos Gomes Oliveira.
Natação, 100m livre, masculino: Gustavo Borges.
Natação, 200m livre, masculino: Gustavo Borges.
Natação, 50m livre, masculino: Fernando Scherer (Xuxa).
Tênis de mesa, dupla masculina: Claudio Kano e Hugo Hoyama.
Tênis de mesa, equipe masculina: Carlos Kawai, Claudio Kano e Hugo Hoyama.
Tênis de mesa, individual masculino: Hugo Hoyama.
Triatlo, masculino: Leandro Macedo.
Vela, classe Europa: Marcia Pellicano.
Vela, Laser, masculino: Robert Scheidt.

### PRATA

Atletismo, 10.000m, masculino: Valdenor Pereira dos Santos.
Atletismo, 400m com barreiras, masculino: Everson da Silva Teixeira.
Atletismo, 5.000m, masculino: Wander do Prado Moura.
Atletismo, 800m, feminino: Luciana de Paula Mendes.

Boxe, peso leve: Acelino Popó de Freitas.

Handebol masculino: Agberto Correa de Matos, Claudio Oliveira Brito, Daniel Pinheiro Andrade, Eduardo Henrique Reis, Fausto José Steinwandter, Gilberto de Jesus Cardoso, Ivan Bruno Maziero, Ivan Raimundo Pinheiro, José Ronaldo Nascimento, Marcelo Minhoto Sampaio, Marcos Antonio César, Milton Fonseca Pelizzari, Wingliton Rocha Barros e Oswaldo Inocente Filho.

Hóquei sobre patins masculino: Fabio Bossi, Flavio Pontes Guidi, Gustavo Leandro Marques, Karam Feres Jr., Leonardo Azzi Agra, Leonidas Azzi Agra, Luzardo Francisco C. Silveira, Mauricio Reis Lazaro, Rodrigo Pontes Braz e Romeu Sandro Nogueira.

Judô, peso médio, masculino: Carlos Eduardo Matt.

Judô, meio-pesado, masculino: Daniel Fausto Dell'Aquila.

Judô, peso-pesado, feminino: Edilene Andrade.

Karatê, kumitê, 52kg, feminino: Iara Oliveira de Souza.

Karatê, kumitê, equipe feminina: Iara Oliveira de Souza, Rosemeire Perez Barbosa e Scheila, Yuka Yonamine.

Karatê, kumitê, equipe masculina: Altamiro Cruz (Didi), Antônio Carlos de Sousa Rocha Pinto (Pré), Erivaldo Alves Pinto e José Carlos Gomes Oliveira.

Natação, 1.500m livre, masculino: Luiz Lima.

Natação, 100m borboleta, feminino: Gabrielle Rose.

Natação, 100m borboleta, masculino: Eduardo Piccinini.

Natação, 400m livre, masculino: Luiz Lima.

Natação, revezamento 4x100m livre, masculino: Eduardo Piccinini, Fernando Scherer (Xuxa), Gustavo Borges e Roberto Piovesan.

Natação, revezamento 4x100m medley, masculino: André Teixeira, Gustavo Borges, Oscar Godoi e Rogerio Romero.

Natação, revezamento 4x200m livre, masculino: Cassiano Leal, Fernando Scherer (Xuxa),Gustavo Borges e Teófilo Ferreira.

Pólo aquático masculino: Adriano Marsili, Alexandre Miguel Lopes, Armando Gutfreund, Daniel Polidoro Mameri, Diogo Figueiredo Freitas, Erik Michael Seegerer, Guilherme Pinciroli, Michel Pontes Vieira, Paulo Cesar Fernandes, Ricardo Perrone, Roberto Bruno S. Chiappini, Rodrigo Yacubian Fernandes e Yansel Alves Galindo.

Remo, double skiff, masculino: Dirceu Marinho e Marcellus Marcili.

Taekwondo, 83kg, masculino: Lúcio Aurélio de Freitas.

Tênis de mesa, individual masculino: Claudio Kano.

Tiro, fogo central, masculino: Julio Antonio Almeida.

Tiro, fogo central por equipe, masculino: Fernando Cardoso Junior, Julio Antonio Almeida e Mauriverth Spena Junior.

Vela, classe Lightning: Cláudio Biekarck, Gunnar Ficker e Marcelo Batista.

## BRONZE

Atletismo, 10.000m, masculino: Ronaldo da Costa.

Atletismo, 100m, masculino: André Domingos.

Atletismo, maratona, masculino: Luiz Carlos da Silva.

Basquete masculino: Alberto Leite de Seabra, André Matoso da Silva, Aristides Josuel dos Santos, Demetrius Conrado Ferracciu, João Batista dos Santos Guia, Joelcio Joerke, Luis Fernando Silva, Luiz Felipe Faria de Azevedo, Marco Aurélio P. dos Santos, Rogério Klafke, Rolando Ferreira Junior e Wilson Fernando K. Minucci.

Canoagem, K-1 1.000, masculino: Sebastian Cuattrin.

Canoagem, K-2 1.000, masculino: Alvaro Koslowski e Sebastian Cuattrin.

Ciclismo, perseguição por equipe, masculino: Hernandes Quadri, Jamil Elias Svaiden, Márcio May e Mauro Ribeiro.

Ginástica rítmica desportiva, conjunto: Camila Ferezin, Dayane Camilo da Silva, Fernanda Festa Resende, Luciana Damiani Barichelo e Luciane Maria de Oliveira.

Handebol feminino: Aliteia Priscila Puzi, Andrea Maio Saramento, Aurea Comparim, Cristina da Silva Landgraf, Ema Teresa Lorenzon, Eva Paula Fernandes Freire, Margarida Conte, Maria José Batista Sales, Nivia Cátia Pereira da Cruz, Rosana Ferreira Aleluia, Rosangela Silva Oliveira, Rose Anne Gomes Silva, Veronica Soares Gomes e Soraya Novaes da Silva.

Hipismo, CCE individual: André Luiz Giovanini.

Judô, peso leve, feminino: Danielle Zangrando.

Judô, peso leve, masculino: Sergio Ricardo Oliveira.

Judô, peso ligeiro, feminino: Andrea Berti.

Judô, peso ligeiro, masculino: Carlos Anderson Bortole.

Judô, peso médio, feminino: Vânia Ishii.

Judô, peso médio, masculino: Flavio Canto.

Judô, meio-leve, masculino: Henrique Guimarães.

Judô, meio-pesado, feminino: Valeria Brandino.

Judô, superligeiro, masculino: Rodolfo Yamayose.

Karatê, kumitê, 80kg, masculino: Altamiro Cruz (Didi).

Levantamento de peso, 99kg, arranque: Edmilson da Silva Dantas.

Levantamento de peso, 99kg, arremesso: Edmilson da Silva Dantas.

Natação, 100m costas, feminino: Fabíola Molina.

Natação, 100m livre, masculino: Fernando Scherer (Xuxa).
Natação, 200m borboleta, masculino: André Teixeira.
Natação, 200m costas, masculino: Rogério Romero.
Natação, revezamento 4x100m livre, feminino: Gabrielle Rose, Paula Marsiglia, Paula Renata Aguiar e Raquel Takaya.
Natação, revezamento 4x100m medley, feminino: Fabíola Molina, Gabrielle Rose, Patricia Ribeiro e Paula Renata Aguiar.
Remo, barco dois sem, masculino: Carlos Almeida e Claudio Melo Tavares.
Squash, simples feminina: Flávia Resende Roberts.
Squash, equipe feminina: Alessandra Bello, Aline da Silva, Flávia Roberts e Karina Adrianne Kerr.
Squash, equipe masculina: Luiz Eduardo Borges, Luiz Felipe Borges, Mário de Oliveira e Paul Conelly.
Squash, equipe geral.
Tênis, Copa das Nações, feminino: Andréa Vieira, Luciana Camargo Tella, Miriam D'Agostini e Vanessa Menga.
Tênis, dupla feminina: Andréa Vieira e Luciana Camargo Tella.
Tênis de mesa, dupla mista: Hugo Hoyama e Livia Simone Kosaka.
Tiro, pistola livre (50m), masculino: Jodson Gomes Edington Junior.
Vela, classe Laser, feminino: Maria Krahe.

## PAN 99

### OURO
Atletismo, 10.000m, masculino: Elenilson da Silva.
Atletismo, 200m, masculino: Claudinei Quirino.
Atletismo, 400m com barreiras, masculino: Eronildes Araújo.
Atletismo, lançamento de disco, feminino: Elisângela Adriano.
Atletismo, maratona, masculino: Vanderlei Cordeiro.
Atletismo, revezamento 4x100m, masculino: André Domingos, Claudinei Quirino, Edson Luciano Ribeiro e Raphael Raymundo de Oliveira.
Atletismo, salto em distância, feminino: Maurren Higa Maggi.
Basquete masculino: André Luiz Fonseca Guimarães, Aristides Josuel dos Santos, Aylton Tesch Junior, Caio Eduardo de Mello Cazziolato, Demétrius Conrado Ferraciú, Hélio Rubens Garcia Filho, Luis Fernando de Souza, Marcelo Magalhães Machado, Michel Ferreira do Nascimento, Rogério Klafke, Sandro França Varejão e Vanderlei Mazzuchini Júnior.
Ginástica rítmica desportiva, conjunto: Alessandra Ferezin, Camila Ferezin, Dayane Camilo da Silva, Flávia Cristina de Faria, Juliana Coradine e Michele Salzano.
Handebol feminino: Aline da Conceição da Silva, Chana Franciela Masson, Dilane Azambuja Roese, Idalina Borges Mesquita, Juceli Aparecida Sales, Lucila Viana da Silva, Margarida Conte, Maria José Batista Sales, Rosana Ferreira de Aleluia, Sandra Silva de Oliveira, Margareth Lobo Montão, Valéria Maria de Oliveira e Viviane Rodrigues Jacques.
Hipismo, saltos por equipe: Álvaro Affonso de Miranda Neto (Doda), André Johannpeter, Bernardo Resende Alves e Vitor Alves Teixeira.
Judô, peso meio-médio, feminino: Vânia Ishii.
Karatê, mais de 60kg, feminino: Lucélia de Carvalho.
Natação, 50m livre, masculino: Fernando Scherer (Xuxa).
Natação, 100m livre, masculino: Fernando Scherer (Xuxa).
Natação, 200m costas, masculino: Leonardo Costa.
Natação, 200m livre, masculino: Gustavo Borges.
Natação, 400m livre, masculino: Luiz Lima.
Natação, revezamento 4x100m livre, masculino: André Cordeiro, Cesar Quintaes, Fernando Scherer (Xuxa) e Gustavo Borges.
Natação, revezamento 4x100m medley, masculino: Alexandre Massura, Fernando Scherer (Xuxa), Gustavo Borges e Marcelo Tomazini.
Tênis, dupla feminina: Joana Cortez e Vanessa Menga.
Tênis, dupla masculina: André Sá e Paulo Taicher.
Vela, classe Laser, masculino: Robert Scheidt.
Vôlei feminino: Andrea dos Santos Teixeira, Carolina Demartini de Albuquerque, Elisângela Almeida de Oliveira, Érika Kelly Pereira Coimbra, Helia Rogério de Souza, Janina Déia Chagas da Conceição, Karin Rodrigues Negrão, Leila Gomes de Barros, Raquel Peluci Xavier da Silva, Renata Lúcia de Oliveira Carvalho, Virna Cristine Dantas Dias e Walewska Moreira de Oliveira.
Vôlei de praia feminino: Adriana Brandão Behar e Shelda Kelly Bruno Bede.

### PRATA
Atletismo, 100m com barreiras, feminino: Maurren Higa Maggi.
Atletismo, 200m, feminino: Lucimar Moura.
Atletismo, 5.000m, masculino: Elenilson da Silva.
Atletismo, revezamento 4x400m, masculino: Anderson Jorge dos Santos, Claudinei Quirino, Eronildes Araújo e Sanderlei Parrela.

Atletismo, salto em altura, feminino: Luciane Dambacher.
Boxe, peso meio-médio ligeiro: Kelson Carlos.
Boxe, meio-pesado: Laudelino Barros.
Canoagem, K-1 1.000, masculino: Sebastian Cuattrin.
Canoagem, K-2 1.000, masculino: Carlos Campos e Sebastian Cuattrin.
Ginástica artística, salto sobre o cavalo, feminino: Daiane dos Santos.
Handebol masculino: Alexandre Flávio R. Folhas, Alexandre Morelli Vasconcelos, Bruno Bezerra de Menezes Souza, Carlos Alberto Freitas Silva, Carlos Luciano Ertel, Fábio Ferraresi Vanini, Gustavo Henrique Lopes da Silva, Hélio Lisboa Justino, Ivan Raimundo Pinheiro, Leonardo Luis Tezelli Bortolini, Lucio Mauro da Silva Martins, Marcos Paulo dos Santos e Milton Fonseca Pelissari.
Hipismo, CCE por equipe: Artemus de Almeida, Luciano Miranda Drubi e Marcelo Tosi, Serguei Fofanoff.
Judô, peso ligeiro, masculino: Denilson Lourenço.
Judô, meio-médio, masculino: Flavio Canto.
Judô, pesado, masculino: Daniel Hernandes.
Karatê, kumitê, 60kg, feminino: Maria Cecília de Almeida (Ciça).
Karatê, kumitê, 75kg, masculino: Antônio Carlos de Sousa Rocha Pinto (Pré).
Karatê, kumitê, 80kg, masculino: Nelson Luiz Bittencourt.
Karatê, kumitê, acima de 80kg, masculino: Altamiro Cruz (Didi).
Natação, 1.500m livre, masculino: Luiz Lima.
Natação, 100m costas, masculino: Alexandre Massura.
Natação, revezamento 4x200m livre, masculino: André Cordeiro, Gustavo Borges, Leonardo Costa e Rodrigo Castro.
Remo, barco dois sem, masculino: Alexandre Altair Soares e Gibran Cunha.
Squash, equipe masculina: Luiz Eduardo Borges, Mário de Oliveira, Paul Conelly e Ronivaldo Conceição.
Triatlo, feminino: Carla Moreno.
Vela, classe Europa: Fernanda Guedes.
Vela, classe Hobie Cat: Cláudio Cardoso e Patrícia Kirschner.
Vela, classe Lightning: Cláudio Biekarck, Gunnar Ficker e Marcelo Batista.
Vela, classe Mistral, masculino: Ricardo Winicki (Bimba).
Vela, classe Snipe: Alexandre Paradeda e Flávio Fernandes.
Vôlei masculino: André Heller, Carlos Cesar da Silva, Douglas Chiarotti, Gilberto Amaury de Godoy Filho, Gustavo Endres, Joel dos Santos Monteiro, Marcelo Elgarten, Marcelo Teles Negrão, Nalbert Tavares Bitencourt, Paulo Ricardo de M. Ferreira, Renato Santos Felizardo e Ricardo Bermudez Garcia.
Vôlei de praia masculino: Luis Antonio Barbosa da Silva (Lula) e Francismar Adriano Dias Garrido (Garrido).

### BRONZE
Atletismo, 1.500m, masculino: Hudson Santos de Souza.
Atletismo, 100m, masculino: Claudinei Quirino.
Atletismo, maratona, feminino: Viviany Anderson Oliveira.
Atletismo, maratona, masculino: Eder Fialho.
Boxe, peso-pesado: Marcelino Novaes.
Boxe, superpesado: Claudio Marcio Aires.
Canoagem, K-1 500, masculino: Carlos Campos.
Canoagem, K-2 500, masculino: Carlos Campos e Sebastian Cuattrin.
Canoagem, K-4 1.000, masculino: André Lúcio Caye, Carlos Campos, Roger Caumo e Sebastian Cuattrin.
Ciclismo, 50 km contra o relógio, masculino: Márcio May.
Ciclismo, estrada, feminino: Janildes Fernandes Silva.
Ginástica artística, equipe, feminino: Camila Comin, Daiane dos Santos, Daniele Hypólito, Heine Araújo, Marília Gomes e Patrícia Aoki.
Ginástica artística, solo, feminino: Daiane dos Santos.
Hipismo, saltos, individual: Vitor Alves Teixeira.
Hóquei sobre patins masculino: Alex Fillipini Borba, Clerimar Reinaldo da Silva, Daniel Ambrósio Bellangero, Eric Hayashida, Érico Airoldi Mesquita, Fábio de Almeida Bossi, Pablo Gomes Navarro, Paulo Henrique Sums, Renato Lopes Nogueira e Rubens Vaz de Oliveira Barros.
Judô, peso leve, feminino: Danielle Zangrando.
Judô, peso leve, masculino: Sebástian Pereira.
Judô, meio-leve, feminino: Fabiane Hukuda.
Judô, meio-pesado, feminino: Edinanci Silva.
Judô, meio-pesado, masculino: Marcelo Figueiredo.
Judô, peso-pesado, feminino: Priscila Marques.
Karatê, menos de 60kg, masculino: Sidirley Souza.
Karatê, kumitê, 65kg, masculino: Célio René Trindade Vieira.

Karatê, kumitê, 75kg, masculino: Massimiliano Pagano (Max).
Natação, 100m livre, masculino: Gustavo Borges.
Natação, 200m livre, masculino: Leonardo Costa.
Natação, revezamento 4x100m livre, feminino: Flávia Delaroli, Juliana Machado, Rebeca Gusmão e Tatiana Lemos.
Natação, revezamento 4x100m medley, feminino: Fabíola Molina, Patrícia Comini, Tanya Schuh e Tatiana Lemos.
Natação, revezamento 4x200m livre, feminino: Ana Carolina Muniz, Monique Ferreira, Nayara Ledoux Ribeiro e Tatiana Lemos.
Nado sincronizado, dueto: Carolina de Moraes e Isabela de Moraes.
Patinação artística, livre, dupla: Luciana Hyodo Roiha e Max Santos.
Patinação artística, livre, feminino: Janaína Espíndola.
Patinação artística, livre, masculino: Diego Dores.
Pólo aquático feminino: Ana Regina Monteiro Alba, Antonella Pacheco Bertolucci, Camila Hermeto Pedrosa, Cláudia Leoncio Graner, Cristiana de Andrade Pinciroli, Cristina de Camargo Beer, Mariana Barreto Fleury, Mariana Delboni Secches, Mariana Toneti Roriz, Mariangela Nascimento Corrêa e Raquel Kibone Maizza Chiappini.
Squash, equipe feminina: Carmen Amazonas, Flávia Roberts e Karen Redfern.
Squash, individual masculino: Ronivaldo Conceição.
Tênis, simples masculina: Paulo Taicher.
Tênis de mesa, equipe feminina: Eugênia Ferreira, Lígia Santos e Lyanne Miuky Kosaka.
Tênis de mesa, equipe masculina: Carlos Kawai, Hugo Hoyama e Thiago Monteiro.
Tiro, fossa dublê, individual, masculino: Luiz Carlos Graça.
Vela, classe Finn: Bruno Prada.
Vela, classe Laser Radial: Isabela Malpigui.
Vela, Mistral, feminino: Christina Mattoso Maia.
Vôlei de praia masculino: Franco José Vieira Neto (Franco) e Roberto Lopes da Costa.

## PAN 2003

### OURO

Atletismo, 1.500m, masculino: Hudson Santos de Souza.
Atletismo, 5.000m, masculino: Hudson Santos de Souza.
Atletismo, maratona, feminino: Márcia Narloch.
Atletismo, maratona, masculino: Vanderlei Cordeiro de Lima.
Atletismo, revezamento 4x100m, masculino: André Domingos, Claudinei Quirino, Edson Luciano Ribeiro e Vicente Lenilson.
Basquete masculino: Anderson Varejão, Alex Ribeiro Garcia, André Luiz Quirino Pereira, Arnaldo de Souza Moreira Filho, André Luis Chueri, Demétrius Conrado Ferraciú, Guilherme Giovannoni, Marcelo Magalhães Machado, Renato Lamas Pinto, Tiago Valentim (Tiagão), Tiago Splitter, Tau Ceramica (Espanha) e Valter Apolinário (Valtinho).
Canoagem, K-2 500, masculino: Carlos Campos e Fábio Demarchi.
Futebol feminino: Miraildes Motta (Formiga), Andréia Suntaque, Giselle Pereira de Vasconcellos, Tania Maria Pereira Ribeiro, Renata Fernandes dos Diniz, Mônica Angélica de Paula, Juliana Ribeiro Cabral, Rosana dos Santos Augusto, Tatiana Naiara Torres, Renata Aparecida Costa, Rafaela Andrade de Moraes, Michelle Aparecida Reis, Elaine Estrela Moura, Cristiane Rozeira de Souza, Kelly Cristina da Silva, Karina Balestra da Luz, Marta Vieira da Silva e Andréia dos Santos (Maycon).
Ginástica rítmica desportiva, conjunto: Ana Maria Maciel, Dayane Camilo da Silva, Fernanda Cavalieri, Gabriela Andrioli, Natalia Eidt e Thalita Nakadomari.
Ginástica rítmica desportiva, conjunto, arco e bola: Ana Maria Maciel, Dayane Camilo da Silva, Fernanda Cavalieri, Gabriela Andrioli e Thalita Nakadomari.
Ginástica rítmica desportiva, conjunto, fitas: Ana Maria Maciel, Dayane Camilo da Silva, Gabriela Andrioli, Natalia Eidt e Thalita Nakadomari.
Handebol feminino: Aline Waleska Lopes Rosas, Alexandra Priscila do Nascimento, Célia Janete da Costa, Cristina Márcia da Silva, Daniela Oliveira Piedade, Darly Zogby de Paula, Fabiana Carvalho Diniz, Idalina Borges Mesquita, Juceli Aparecida Sales da Rosa, Margareth Lobo Montão, Sandra Sílvia de Oliveira, Sílvia Helena Araújo Pinheiros, Tayra Rodrigues e Viviane Jacques.
Handebol masculino: Alexandre Flávio R. Folhas, Alexandre Morelli Vasconcelos, Bruno Bezerra de M. Souza, Daniel Baldacin, Eduardo Henrique dos Reis, Fábio Ferraresi Vanini, Gustavo Henrique L. da Silva, Hélio Lisboa Justino, Jardel Pizzinato, Jair Henrique Alves Júnior, Jaqson Luiz Kojoroski, José Ronaldo do Nascimento, Marcos Paulo dos Santos, Renato Tupan Ruy e Winglitton Rocha Barros.
Judô, peso leve, masculino: Luis Francisco Camilo.
Judô, meio-médio, masculino: Flávio Canto.
Judô, meio-pesado, feminino: Edinanci Silva.
Judô, meio-pesado, masculino: Mário Sabino.
Judô, pesado, masculino: Daniel Hernandes.

Karatê, acima de 58kg, feminino: Lucélia de Carvalho.
Natação, 200m costas, masculino: Rogério Romero.
Natação, 50m livre, masculino: Fernando Scherer (Xuxa).
Natação, revezamento 4x100m livre, masculino: Carlos Jayme, Fernando Scherer (Xuxa), Gustavo Borges e Jader Souza.
Patinação artística, livre, masculino: Marcel Stürmer.
Tênis, dupla feminina: Bruna Colósio e Joana Cortez.
Tênis, simples masculina: Fernando Meligeni.
Tênis de mesa, dupla masculina: Hugo Hoyama e Thiago Monteiro.
Vela, classe Laser, masculino: Robert Scheidt.
Vela, classe Mistral, masculino: Ricardo Winicki (Bimba).
Vela, classe Snipe: Bruno Amorim e Dante Bianchi.

## PRATA

Atletismo, 10.000m, masculino: Marílson Gomes dos Santos.
Atletismo, 800m, masculino: Osmar dos Santos.
Atletismo, arremesso de peso, feminino: Elisângela Adriano.
Atletismo, marcha atlética, 50km, masculino: Mário José dos Santos Júnior.
Atletismo, salto triplo, masculino: Jadel Gregório.
Canoagem, K-1 1.000, masculino: Sebastian Cuattrin.
Canoagem, K-1 500, masculino: Sebastian Cuattrin.
Canoagem, K-4 1.000, masculino: André Lúcio Caye, Carlos Campos, Sebastian Cuattrin e Sebastian Szubski.
Ciclismo, estrada, 85km, feminino: Janildes Fernandes Silva.
Ciclismo, mountain bike, masculino: Edvando Cruz.
Futebol masculino: Dagoberto Pelendire, Fernando Henrique dos Anjos, Jefferson de Oliveira Galvão, Adailton José dos Santos Filho, Gabriel dos Santos Nascimento, Irineu Calixto Couto, Simão Rodrigues dos Santos, Dyego Rocha Coelho, Moreno Aoas Vidal, Leandro de Oliveira da Luz, Jardel Pereira de Sousa, Wendel Raul Gonçalves Gomes, Alexandro Silva de Sousa, Diego de Souza Gama, Marcelo da Paixão Nicácio, Cleiton Ribeiro Xavier, Vagner Silva de Souza e William Junior Sales.
Ginástica artística, equipe, masculino: Danilo Nogueira, Diego Hypólito, Michel Conceição, Mosiah Rodrigues, Victor Rosa e Vitor Camargo.
Ginástica artística, barras assimétricas, feminino: Daniele Hypólito.
Ginástica artística, salto sobre o cavalo, masculino: Diego Hypólito.
Ginástica artística, solo, masculino: Michel Conceição.
Ginástica artística, trave: Daniele Hypólito.
Judô, meio-médio, feminino: Vânia Ishii.
Karatê, 80kg, masculino: Nélson Luiz Bittencourt.
Luta livre, 96kg, masculino: Antoine Jaoude.
Natação, 200m borboleta, masculino: Kaio Márcio.
Natação, 200m medley, masculino: Thiago Pereira.
Natação, 50m livre, feminino: Flávia Delaroli.
Natação, revezamento 4x100m medley, masculino: Eduardo Fischer, Gustavo Borges, Kaio Márcio e Paulo Maurício Machado.
Natação, revezamento 4x200m livre, feminino: Ana Carolina Muniz, Mariana Brochado, Monique Ferreira e Paula Baracho.
Natação, revezamento 4x200m livre, masculino: Carlos Jayme, Gustavo Borges, Rafael Mosca e Rodrigo Castro.
Pentatlo moderno, feminino: Samantha Harvey.
Pólo aquático masculino: André Capiberibe, André Luiz Pessanha (Pará), André Raposo (Quito), Felipe Perrone, Daniel Mameri, Erik Seegerer, Fábio Chiquidimo, Gabriel Reis Lopes, Leandro Machado (Flipper), Roberto Seabra (Beto), Rodrigo Santos (Rodriguinho), Vicente Guida Berlanga e Yansel Alves Galindo.
Remo, barco dois sem, masculino: Alexandre Altair Soares e Gibran Cunha.
Remo, double skiff, masculino: Anderson Nocetti e Marcellus Marcili.
Remo, double skiff, peso leve, masculino: José Carlos Sobral Júnior e Thiago Gomes.
Remo, four skiff, peso leve, masculino: Gustavo Villela, João Borges Júnior, Ronaldo Vargas e Rui Schaedler Valle.
Saltos ornamentais, plataforma 10m, feminino: Juliana Veloso.
Saltos ornamentais, plataforma 10m, masculino: Cassius Duran.
Squash, equipe masculina: Luciano Barbosa, Rafael Alarcon e Ronivaldo Conceição.
Tênis de mesa, dupla masculina: Bruno Anjos e Gustavo Tsuboi.
Tênis de mesa, individual, masculino: Thiago Monteiro.
Tiro, fossa olímpica, masculino: Rodrigo Bastos.
Triatlo, masculino: Virgilio de Castilho.
Vela, classe J24: Alan Adler, Daniel Santiago, João Carlos Jordão e Mauricio Santa Cruz.
Vôlei de praia masculino: Luiz Corrêa de Jesus (Luizão) e Paulo Emílio (Paulão).

## BRONZE

Atletismo, 110 com barreiras, masculino: Márcio Simão dos Santos.
Atletismo, 200m, masculino: André Domingos.
Atletismo, 5.000m, masculino: Marílson Gomes dos Santos.
Atletismo, 800m, feminino: Christiane Ritz.
Atletismo, 800m, masculino: Fabiano Peçanha.
Atletismo, revezamento 4x400m, feminino: Geisa Coutinho, Joseane Tito, Lucimar Teodoro e Maria Laura Almirão.
Basquete feminino: Cíntia Silva do Santos, Adriana Moisés (Adrianinha), Alessandra Santos de Oliveira, Jacqueline Godoy, Jucimara Dantas (Mamá), Kelly da Silva Santos, Lilian Cristina Lopes Gonçalves, Micaela Martins Jacintho, Renata Santos de Oliveira, Sílvia Andréa Luz (Silvinha), Soeli Zakreski (Ega) e Vivian Cristina Lopes.
Boxe, meio-médio ligeiro: Marcos André Costa.
Boxe, mosca: James Dean Pereira.
Canoagem, K-2 1.000, masculino: Fábio Demarchi e Roger Caumo.
Ginástica artística, barra fixa: Mosiah Rodrigues.
Ginástica artística, cavalo com alças: Mosiah Rodrigues.
Ginástica artística, equipe, feminino: Ana Paula Rodrigues, Camila Comin, Caroline Molinari, Daiane dos Santos, Daniele Hypólito e Laís Souza.
Ginástica artística, individual geral, feminino: Daniele Hypólito.
Ginástica artística, salto sobre o cavalo, masculino: Michel Conceição.
Ginástica rítmica desportiva, maça: Tayanne Mantovaneli.
Hipismo, saltos por equipe: Álvaro Affonso de Miranda Neto (Doda), Bernardo Resende Alves, César Almeida e Karina Johannpeter.
Hóquei sobre patins masculino: Daniel Bellangero, Emanuel de Queiroz, Eric Hayashida, Fábio Asse Gonçalves, Luiz Gustavo Vinagre Barros, Pablo Gomes Navarro, Renato Lopes Nogueira, Rogério Watanabe Polido, Danilo Aurélio Frugis e Eduardo Martins Kwok.
Judô, peso leve, feminino: Tânia Ferreira.
Judô, peso médio, masculino: Carlos Honorato.
Judô, meio-leve, feminino: Fabiane Hukuda.
Judô, meio-leve, masculino: Henrique Guimarães.
Karatê, kata, feminino: Cintia Lassalvia.
Karatê, kata, masculino: Jurandir Andrade.
Karatê, kumitê, 62kg, masculino: Sidirley Souza.
Karatê, kumitê, 74kg, masculino: Emmanuel Santana.
Natação, 100m borboleta, masculino: Kaio Márcio.
Natação, 100m livre, masculino: Gustavo Borges.
Natação, 100m peito, masculino: Eduardo Fischer.
Natação, 200m borboleta, masculino: Pedro Monteiro.
Natação, 200m livre, feminino: Mariana Brochado.
Natação, 200m livre, masculino: Rodrigo Castro.
Natação, 200m peito, masculino: Marcelo Tomazini.
Natação, 400m livre, feminino: Monique Ferreira.
Natação, 400m livre, masculino: Bruno Bonfim.
Natação, 400m medley, feminino: Joanna Maranhão.
Natação, 400m medley, masculino: Thiago Pereira.
Natação, revezamento 4x100m livre, feminino: Flávia Delaroli, Monique Ferreira, Rebeca Gusmão e Tatiana Lemos.
Nado sincronizado, dueto: Carolina de Moraes e Isabela de Moraes.
Nado sincronizado, equipe: Beatriz Leite, Camile de Oliveira, Caroline Hildebrandt, Gláucia Souza, Isabela de Moraes, Ludmilla Coelho da Silva, Mariana Vigneron e Roberta Fernandes.
Patinação artística, livre, feminino: Mayra Ramos.
Pólo aquático feminino: Ana Carolina Vasconcelos, Andréa Guida Berlanga, Camila Hermeto Pedrosa, Cláudia Leoncio Graner, Flávia Alvarenga Fernandes, Mariana Tonetti Roriz, Maria Cecília Marques, Marina Canetti, Mayla Siracusa, Melina Martins Teno, Tess Flore Badoco, Rubi Lira Palmieri e Viviane Filellini Costa.
Remo, barco four skiff, masculino: Allan Bitencourt, Anderson Nocetti, Leandro Tozzo e Marcellus Marcili.
Remo, barco four skiff peso leve: Gustavo Villela dos Santos, João Hildebrando Borges Junior, Ronaldo da Gama Vargas e Rui Schaedler Valle.
Remo, quatro sem, masculino: Alexandre Altair Soares, Claudiomar Iung, Gibran Cunha e Oswaldo Kuster Neto.
Saltos ornamentais, trampolim 3m, feminino: Juliana Veloso.
Squash, equipe, feminino: Flávia Roberts, Karen Redfern e Patrícia Pamplona.
Squash, individual, masculino: Ronivaldo Conceição.
Taekwondo, 68kg, masculino: Diogo Silva.
Taekwondo, acima de 80kg, masculino: Walassi Ollier.
Tênis de mesa, individual, masculino: Hugo Hoyama.
Tiro, carabina de ar, 10m, masculino: Fábio Coelho.

Tiro, fossa olímpica, feminino: Janice Gil Teixeira.
Vôlei masculino: Nalbert Tavares Bitencourt, Anderson Rodrigues, André Heller, André Luiz da Silva Nascimento, Dante Guimarães Amaral, Gilberto Amauri de Godoy (Giba), Giovane Farinazzo Gavio, Gustavo Endres, Maurício Camargo Lima, Ricardo Bermudez (Ricardinho), Rodrigo Santana (Rodrigão) e Sérgio Dutra (Escadinha).
Vôlei de praia feminino: Ana Richa e Larissa França.

## PAN 2007

Para manter o seu livro atualizado, anote cada medalha conquistada pelo Brasil no Pan Rio/2007. Siga o padrão do texto dos Jogos Pan-americanos anteriores. Anote primeiro o esporte, depois a prova, o sexo (masculino ou feminino) e por fim o nome do atleta ou atletas premiados. Exemplo: Atletismo, salto triplo, masculino: Jadel de Souza.
No caso de uma competição por equipes, coloque o nome dos atletas do time-base, ou, se conseguir, o nome completo de todos os atletas da delegação. Quaisquer dúvidas, sugestões ou informações, envie seu e-mail para ????????????????@editoraplaneta.com.br

### OURO

PRATA

BRONZE

## RESULTADOS DE 1951 a 2003

A partir desta página você terá resultados e estatísticas referentes a todos os Jogos Pan-americanos já realizados.

Atualize seu livro anotando os nomes dos campeões, vices e terceiros colocados do Pan Rio/2007. E preencha o quadro de medalhas referente a este evento.

## ATENÇÃO, OS NÚMEROS FALAM

A simples análise dos resultados mostra quais países costumam se destacar em cada esporte e quais atletas são os grandes vitoriosos em suas modalidades. A análise das marcas também demonstra a evolução técnica do esporte pan-americano.

Note como o país que sedia os Jogos, devido ao investimento e à motivação gerada pela mídia, tem um desempenho bem superior do que quando atua como visitante. Perceba, por exemplo, que o Brasil dominou as competições de boxe, tênis, vela, além dos esportes coletivos, quando o Pan foi realizado em São Paulo, em 1963.

No final dos Resultados, há um capítulo de Estatísticas com curiosidades e recordes brasileiros, pan-americanos e mundiais nas modalidades mais expressivas.

O autor aguarda suas opiniões, dúvidas, críticas e sugestões através do e-mail odir@editoraplaneta.com.br

Bering Sea
Alaska (US)
Yukon
Fairbanks
Dawson
Anchorage
Gulf of Alaska
Juneau
Prince Rupert
Mackenzie
Great Bear Lake
Great Slave Lake
Fort Resolution
Elizabeth Islands
Victoria Island
Baffin Bay
Baffin Island
Thule
Godthab
Chesterfield Inlet
Hudson Bay
Churchill
Canada
Edmonton
Calgary
Port Alice
Vancouver
Seattle
Saskatoon
Regina
Lake Winnipeg
Winnipeg
Fort Rupert
Goose Bay
Newfoundland
St. John's
Thunder Bay
Lake Superior
Québec
Montréal
Ottawa
St. Lawrence River
Fredericton
Saint John
Halifax
Lake Huron
Lake Michigan
Toronto
Lake Ontario
L. Erie
Portland
Boise
Fargo
Minneapolis
Milwaukee
Chicago
Detroit
Salt Lake City
Cheyenne
Missouri
Omaha
Sacramento
San Francisco
Oakland
Denver
Kansas City
Boston
New York
Philadelphia
Washington
Las Vegas
Los Angeles
San Diego
Tijuana
Colorado
United States
Wichita
St. Louis
Indianapolis
Phoenix
Albuquerque
Santa Fé
Oklahoma City
Nashville
Norfolk
Memphis
Atlanta
Wilmington
El Paso
Ciudad Juarez
Fort Worth
Dallas
Mississippi
Charleston
Savannah
Houston
New Orleans
Tallahassee
Orlando
Tampa
Miami
Chihuahua
Mexico
Monterrey
Culiacán
La Paz
Gulf of Mexico
Bahamas
Nassau
Tampico
Guadalajara
León
Puerto Vallarta
Veracruz
Mérida
Cancun
La Habana
Cuba
Holguin
Santiago de Cuba
Jamaica
Kingston
Haiti
Port-au-Prince
Dom. Rep.
Santo-Domingo
Puerto Rico (US)
San Juan
Acapulco
Belize
Belmopan
Honduras
Tegucigalpa
Guatemala
San Salvador
El Salvador
Nicaragua
Managua
Bluefields
San José
Limón
Costa Rica
Panama
Caribbean Sea
Antigua and Barbuda
Guadeloupe (Fr)
Dominica
Martinique (Fr)
Saint Lucia
Barbados
Grenada
Trinidad & Tobago
Caracas
Maracaibo
Barranquilla
Cartagena
Venezuela
Ciudad Bolivar
Orinoco
Guyana
Georgetown
Paramaribo
Cayenne
Surinam
Fr. Guyana
Medellin
Colombia
Bogota
Buenaventura
Cali
Boa Vista
Esmeraldas
Ecuador
Quito
Guayaquil
Galápagos-Islands (Ec.)
Equator
Iquitos
Manaus
Amazonas
Belém
São Luis
Fortaleza
Natal
Recife
Brazil
Porto Velho
Trujillo
Peru
Callao
Lima
Cuzco
Bolivia
Lake Titicaca
La Paz
Cochabamba
Santa Cruz
Sucre
Arequipa
Arica
Mato Grosso
Brasilia
Goiania
Salvador
Belo Horizonte
Paraguay
Asunción
Antofagasta
Tucumán
Santiago del Estero
Corrientes
São Paulo
Rio de Janeiro
Santos
Curitiba
Florianopolis
Porto Alegre
Argentina
Paraná
Rosario
Chile
Mendoza
Valparaiso
Santiago
Uruguay
Montevideo
Buenos Aires
La Plata
Mar del Plata
Neuquén
Bahía Blanca
Valdivia
Puerto Montt
San Carlos de Bariloche
Viedma
Rawson
Comodoro Rivadavia
Puerto Aisén
Calafate
Rio Gallegos
Falkland Islands (GB)
Port Stanley
Punta Arenas
Ushuaia
Cape Horn
South Georgia (GB)
PACIFIC
OCEAN
ATLANT
OCEAN
Tropic of Cancer
Honolulu
Hawaii (US)
Hilo
Kiribati
Îles Marquises (Fr.)
French Polynesia
Papeete
PACIFIC
Pitcairn (GB)
Easter Island (Ch.)
Tropic of Capricorn
Îles Australes (Fr.)
OCEAN

## PAÍSES PARTICIPANTES

De apenas 21 nações nos primeiros Jogos Pan-americanos, em Buenos Aires/1951 — incluindo a Grécia, convidada —, hoje são 42 os países que competem nos Jogos, todos membros da Organização Desportiva Pan-Americana (Odepa), entidade fundada em 08/08/1948 que congrega os comitês olímpicos dos países americanos. O principal objetivo da entidade, além de defender ideais esportivos e sociais, é justamente realizar os Jogos Pan-americanos, de quatro em quatro anos.

Os países filiados à Odepa e suas siglas são os seguintes:

Antilhas Holandesas — AHO
Antígua e Barbuda — ANT
Argentina — ARG
Aruba — ARU
Bahamas — BAH
Barbados — BAR
Belize — BIZ
Bermuda — BER
Bolívia — BOL
Brasil — BRA
Canadá — CAN
Chile — CHI
Colômbia — COL
Costa Rica — CRC
Cuba — CUB
Dominica — DMA
Equador — ECU
El Salvador — ELS
Estados Unidos da América — EUA
Granada — GRN
Guatemala — GUA
Guiana — GUI
Haiti — HAI
Honduras — HON
Ilhas Cayman — CAI
Ilhas Virgens — ISV
Ilhas Virgens Britânicas — IVB
Jamaica — JAM
México — MEX
Nicarágua — NCA
Panamá — PAN
Paraguai — PAR
Peru — PER
Porto Rico — PRC
República Dominicana — DOM
Santa Lúcia — LCA
Saint Kitts e Nevis — SKN
S. Vicente e Granadinas — VIN
Suriname — SUR
Trinidad e Tobago — TRI
Uruguai — URU
Venezuela — VEN

Masculino

**100 METROS**

| Pan | Ouro | Prata | Bronze |
|---|---|---|---|
| 1951 | Rafael Fortún | Arthur Bragg | Herb McKenley |
| | CUB 10s6 | EUA 10s6 | JAM 11s0 |
| 1955 | Rodney Richard | Michael Agostini | Willie Williams |
| | EUA 10s3 | TRI 10s4 | EUA 10s4 |
| 1959 | Ray Norton | Michael Agostini | Enrique Figuerola |
| | EUA 10s3 | FIO-TRT 10s4 | CUB 10s5 |
| 1963 | Enrique Figuerola | Arquimides Herrera | Ira Murchison |
| | CUB 10s3 | VEN 10s4 | EUA 10s5 |
| 1967 | Harry Jerome | Willie Turner | Hermes Ramirez |
| | CAN 10s2 | EUA 10s2 | CUB 10s3 |
| 1971 | Donald Quarrie | Lennox Miller | Delano Meriwether |
| | JAM 10s2 | JAM 10s3 | EUA 10s3 |
| 1975 | Silvio Leonard | Hasely Crawford | Hermes Ramirez |
| | CUB 10s15 | TRI 10s21 | CUB 10s34 |
| 1979 | Silvio Leonard | Harvey Glance | Emmit King |
| | CUB 10s13 | EUA 10s19 | EUA 10s30 |
| 1983 | Leandro Peñalver | Sam Graddy | Osvaldo Lara |
| | CUB 10s06 | EUA 10s18 | CUB 10s21 |
| 1987 | Lee McRae | Raymond Stewart | Juan Núñez |
| | EUA 10s26 | JAM 10s27 | DOM 10s44 |
| 1991 | Robson Cs da Silva | Andre Cason | Jeff Williams |
| | BRA 10s32 | EUA 10s35 | EUA 10s48 |
| 1995 | Glenroy Gilbert | Joel Isasi | André da Silva |
| | CAN 10s21 | CUB 10s23 | BRA 10s23 |
| 1999 | Bernard Williams | Fredy Mayola | Claudinei da Silva |
| | EUA 10s08 | CUB 10s10 | BRA 10s13 |
| 2003 | Michael Frater | Marcello Scales | Anson Henry |
| | JAM 10s21 | EUA 10s22 | CAN 10s30 |

O vencedor da prova, Mickey Grimes, dos EUA, com 10s10, foi desclassificado após o exame *antidoping*. O brasileiro Edson Luciano chegou em quinto, com 10s31.

| Pan | Ouro | Prata | Bronze |
|---|---|---|---|
| 2007 | ______ | ______ | ______ |
| | ______ | ______ | ______ |

**200 METROS**

| Pan | Ouro | Prata | Bronze |
|---|---|---|---|
| 1951 | Rafael Fortún | Arthur Bragg | Herb McKenley |
| | CUB 21s3 | EUA 21s4 | JAM 21s5 |
| 1955 | Rodney Richard | Charles Thomas | Michael Agostini |
| | EUA 20s7 | EUA 21s3 | TRI 21s4 |
| | | | José T. da Conceição |
| | | | BRA 21s4 |
| 1959 | Ray Norton | Lester Carney | Michael Agostini |
| | EUA 20s6 | EUA 21s1 | FIO-TRT 21s1 |
| 1963 | Rafael Romero | Ollan Cassell | Arquimides Herrera |
| | VEN 21s2 | EUA 21s2 | VEN 21s2 |
| 1967 | John Carlos | Jerry Bright | Pablo Montes |
| | EUA 20s5 | EUA 20s9 | CUB 21s0 |
| 1971 | Donald Quarrie | Marshall Dill | Edwin Roberts |
| | JAM 19s8 | EUA 20s3 | TRI 20s3 |
| 1975 | James Gilkes | Larry Brown | Michael Sands |
| | GUY 20s43 | EUA 20s69 | BAH 20s98 |
| 1979 | Silvio Leonard | James Gilkes | Donald Coleman |
| | CUB 20s37 | GUY 20s46 | EUA 20s56 |
| 1983 | Elliot Quow | Leandro Peñalver | Bernard Jackson |
| | EUA 20s42 | CUB 20s53 | EUA 20s81 |
| 1987 | Floyd Heard | Robson Caetano da Silva | Wallace Spearmon |
| | EUA 20s25 | BRA 20s49 | EUA 20s53 |
| 1991 | Robson C. da Silva | Kevin Little | Félix Stevens |
| | BRA 20s15 | EUA 20s63 | CUB 20s76 |
| 1995 | Iván Garcia | Andrew Tynes | Sebastián Keitel |
| | CUB 20s29 | BAH 20s33 | CHI 20s55 |
| 1999 | Claudinei da Silva | Curtis Perry | Sebastián Keitel |
| | BRA 20s30 | EUA 20s58 | CHI 20s82 |
| 2003 | Kenny Brokenbuu | Christopher Williams | André D. da Silva |
| | EUA 20s42 | JAM 20s54 | BRA 20s68 |
| 2007 | ______ | ______ | ______ |
| | ______ | ______ | ______ |

**400 METROS**

| Pan | Ouro | Prata | Bronze |
|---|---|---|---|
| 1951 | Malvin Whitfield | Hugo Maiocco | Herb McKenley |
| | EUA 47s8 | EUA 48s0 | JAM 48s2 |
| 1955 | Louis Jones | James Lee | Jesse Nashburn |
| | EUA 45s4 | EUA 45s6 | EUA 46s3 |
| 1959 | George Kerr | Basil Ince | Malcolm Spence |
| | FIO-JAM 46s1 | FIO-TRT 46s4 | FIO-JAM 46s6 |
| 1963 | James Johnson | Melville Spence | Clift Bertrand |
| | EUA 46s7 | JAM 46s8 | TRI 47s3 |
| 1967 | Lee Evans | Vincent Matthews | Don Domansky |
| | EUA 44s9 | EUA 45s1 | CAN 45s8 |
| 1971 | John Smith | Fred Newhouse | Fernando Acevedo |
| | EUA 44s6 | EUA 45s0 | PER 45s3 |
| 1975 | Ronald Ray | Alberto Juantorena | Delmo da Silva |
| | EUA 44s45 | CUB 44s80 | BRA 45s53 |
| 1979 | Anthony Darden | Alberto Juantorena | Willie Smith |
| | EUA 45s11 | CUB 45s24 | EUA 45s30 |
| 1983 | Cliff Wiley | Lázaro Martinez | Gerson As de Souza |
| | EUA 45s02 | CUB 45s37 | BRA 45s45 |
| 1987 | Raymond Pierre | Bertland Cameron | Roberto Hernandez |
| | EUA 44s60 | JAM 44s72 | CUB 45s13 |
| 1991 | Roberto Hernandez | Ian Morris | Jeff Reynolds |
| | CUB 44s52 | TRI 45s24 | EUA 45s81 |
| 1995 | Norberto Tellez | Omar Mena | Eswort Coombs |
| | CUB 45s30 | CUB 45s64 | VIN 45s68 |
| 1999 | Gregory Haughton | Danny McCray | Alejandro Cardenas |
| | JAM 44s59 | EUA 44s83 | MEX 44s92 |
| 2003 | Mitch Potter | Geyman Lopez | Alleyne Francique |
| | EUA 45s11 | CUB 45s13 | GRN 45s51 |
| 2007 | ______ | ______ | ______ |
| | ______ | ______ | ______ |

**800 METROS**

| Pan | Ouro | Prata | Bronze |
|---|---|---|---|
| 1951 | Malvin Whitfield | William Brown | Hugo Maiocco |
| | EUA 1m53s2 | EUA 1m53s3 | EUA 1m53s6 |
| 1955 | Arnold Sowell | Lonnie SPRCrier | Ramón Sandoval |
| | EUA 1m49s7 | EUA 1m50s0 | CHI 1m52s4 |
| 1959 | Thomas Murphy | George Kerr | Anthony Seth |
| | EUA 1m49s4 | FIO-JAM 1m49s4 | GUY 1m49s7 |
| 1963 | Don Bertoia | Siegmar Ohlemann | William Conliffe |
| | CAN 1m48s3 | CAN 1m48s7 | EUA 1m48s8 |
| 1967 | Wade Bell | William Crothers | Brian McLaren |
| | EUA 1m49s2 | CAN 1m49s9 | CAN 1m50s3 |
| 1971 | Kenneth Swenson | Arthur Sandison | Byron Dyce |
| | EUA 1m48s0 | EUA 1m48s4 | JAM 1m48s4 |
| 1975 | Luis Medina | Leandro Civil | Carlos Martinez |
| | CUB 1m47s98 | CUB 1m48s75 | MEX 1m48s78 |
| 1979 | James Robinson | Alberto Juantorena | Agberto Guimaraes |
| | EUA 1m46s3 | CUB 1m46s4 | BRA 1m46s8 |
| 1983 | Agberto Guimaraes | José L. Barbosa | Stanley Redwine |
| | BRA 1m46s31 | BRA 1m46s65 | EUA 1m47s26 |
| 1987 | Johnny Gray | José L. Barbosa | Stanley Redwine |
| | EUA 1m46s79 | BRA 1m47s37 | EUA 1m47s73 |
| 1991 | Ocky Clark | Terril Davis | Tommy Asinga |
| | EUA 1m46s91 | EUA 1m46s99 | SUR 1m47s24 |
| 1995 | José L. Barbosa | Alain Miranda | William Sumner |
| | BRA 1m46s02 | CUB 1m46s88 | EUA 1m47s58 |
| 1999 | Johnny Gray | Norberto Tellez | Z. Whitmarsh |
| | EUA 1m45s38 | CUB 1m45s40 | CAN 1m45s94 |
| 2003 | Achraf Tadili | Osmar dos Santos | Fabiano Peçanha |
| | CAN 1m45s05 | BRA 1m45s64 | BRA 1m46s39 |
| 2007 | ______ | ______ | ______ |
| | ______ | ______ | ______ |

**1.500 METROS**

| Pan | Ouro | Prata | Bronze |
|---|---|---|---|
| 1951 | Browning Ross | Guillermo Solá | John E. Twomey |
| | EUA 4m00s4 | CHI 4m00s5 | EUA 4m02s0 |

| Ano | 1º | 2º | 3º |
|---|---|---|---|
| 1955 | Juan Miranda | Wess Santee | Fred Bwyer |
| | ARG 3m53s2 | EUA 3m53s2 | EUA 3m55s8 |
| 1959 | Dyrol Burleson | James E. Grelle | Edward Morán |
| | EUA 3m49s1 | EUA 3m49s9 | EUA 3m50s1 |
| 1963 | James E. Grelle | James Beatty | Don Bertoia |
| | EUA 3m43s5 | EUA 3m43s6 | CAN 3m55s0 |
| 1967 | Thomas Von Ruden | Samuel Bair | David Bailey |
| | EUA 3m43s4 | EUA 3m44s1 | CAN 3m44s9 |
| 1971 | Martin Liquori | William Smart | James Grawford |
| | EUA 3m42s1 | CAN 3m43s3 | EUA 3m43s7 |
| 1975 | Anthony Waldrop | Carlos Martinez | Luis Medina |
| | EUA 3m45s09 | MEX 3m45s98 | CUB 3m49s84 |
| 1979 | Donald Paige | Todd Harbour | Agberto Guimaraes |
| | EUA 3m40s5 | EUA 3m41s5 | BRA 3m41s5 |
| 1983 | Agberto Guimaraes | Ross Donoghue | Chuck Aragón |
| | BRA 3m42s91 | EUA 3m43s09 | EUA 3m44s57 |
| 1987 | Joaquim C. Cruz | Jim Spivey | Steve Scott |
| | BRA 3m47s34 | EUA 3m47s46 | EUA 3m47s76 |
| 1991 | José M. Valente | William Burke | Daniel Bertoia |
| | BRA 3m42s90 | EUA 3m43s04 | CAN 3m43s71 |
| 1995 | Joaquim C. Cruz | Terrance Herrington | Jason Pyrah |
| | BRA 3m40s26 | EUA 3m40s97 | EUA 3m42s34 |
| 1999 | Graham Hodd | Michael Stember | Hudson Souza |
| | CAN 3m41s20 | EUA 3m41s96 | BRA 3m42s18 |
| 2003 | Hudson de Souza | Michael Stember | Grant Robinson |
| | BRA 3m45s72 | EUA 3m46s31 | EUA 3m46s68 |
| 2007 | ____________ | ____________ | ____________ |
| | ____________ | ____________ | ____________ |

## 5.000 METROS

| Ano | 1º | 2º | 3º |
|---|---|---|---|
| 1951 | Ricardo Bralo | John Es Twomey | Gustavo Rojas |
| | ARG 14m57s2 | EUA 14m57s5 | CHI 15m06s4 |
| 1955 | Osvaldo Suárez | Horace Ashenfelter | Jaime Correa |
| | ARG 15m30s6 | EUA 15m31s4 | CHI 15m39s2 |
| 1959 | William Dellinger | Osvaldo Suarez | Douglas Kyle |
| | EUA 14m28s4 | ARG 14m28s6 | CAN 14m33s0 |
| 1963 | Osvaldo Suarez | Charles Clark | Robert Keyser |
| | ARG 14m25s8 | EUA 14m27s2 | EUA 14m29s2 |
| 1967 | Van Nelson | Louis Scott | Juan Martinez |
| | EUA 13m47s4 | EUA 13m54s0 | MEX 13m54s0 |
| 1971 | Steve Prefontaine | Stephen Staggebergs | Mario Perez |
| | EUA 13m52s5 | EUA 14m00s7 | MEX 14m04s0 |
| 1975 | Domingo Tibaduiza | Theodore Castañeda | Rodolfo Gomez |
| | COL 14m02s0 | EUA 14m03s2 | MEX 14m05s3 |
| 1979 | Matt Centrowitz | Herbert Lindsay | Rodolfo Gomez |
| | EUA 14m01s0 | EUA 14m04s1 | MEX 14m05s0 |
| 1983 | Eduardo Castro | Gerardo Alcalá | Domingo Tibaduiza |
| | MEX 13m54s11 | MEX 13m54s37 | COL 13m59s68 |
| 1987 | Arturo Barrios | Adauto Domingues | Omar Aguilar |
| | MEX 13m41s40 | BRA 13m46s41 | CHI 13m47s86 |
| 1991 | Arturo Barrios | Ignacio Fragoso | Antonio Silio |
| | MEX 13m35s83 | MEX 13m45s15 | ARG 14m02s72 |
| 1995 | Armando Quintanilla | Wander do Prado Moura | Silvio Rs Guerra |
| | MEX 13m30s35 | BRA 13m45s53 | ECU 13m52s29 |
| 1999 | José Galván | Elenilson Da Silva | Jeff Schiebler |
| | MEX 13m42s04 | BRA 13m43s13 | CAN 13m43s66 |
| 2003 | Hudson de Souza | José David Galván | Marilson dos Santos |
| | BRA 13m50s71 | MEX 13m52s91 | BRA 13m56s90 |
| 2007 | ____________ | ____________ | ____________ |
| | ____________ | ____________ | ____________ |

## 10.000 METROS

| Ano | 1º | 2º | 3º |
|---|---|---|---|
| 1951 | Charles C. Stone | Ricardo Bralo | E. Bustamante |
| | EUA 31m08s6 | ARG 31m09s4 | ARG 32m31s8 |
| 1955 | Osvaldo Suárez | Vicente Suarez | Jaime Correa |
| | ARG 32m42s6 | MEX 33m00s4 | CHI 33m42s6 |
| 1959 | Osvaldo Suárez | Douglas Kyle | Robert Soth |
| | ARG 30m17s2 | CAN 30m18s0 | EUA 30m21s8 |
| 1963 | Peter McArdle | Osvaldo Suarez | Eligio Galicia |
| | EUA 29m52s1 | ARG 30m26s7 | MEX 30m27s8 |
| 1967 | Van Nelson | Dave Ellis | Tom Larris |
| | EUA 29m17s4 | CAN 29m18s4 | EUA 29m21s6 |
| 1971 | Frank Shorter | Juan Martinez | Álvaro Mejía |
| | EUA 28m50s8 | MEX 29m05s2 | COL 29m06s8 |
| 1975 | Luis Hernandez | Rodolfo Gomez | Domingo Tibaduiza |
| | MEX 29m19s28 | MEX 29m21s22 | COL 29m25s45 |
| 1979 | Rodolfo Gomez | Enrique Aquino | Frank Shorter |
| | MEX 29m02s4 | MEX 29m03s9 | EUA 29m06s4 |
| 1983 | José Gomez | Domingo Tibaduiza | Mark Nenow |
| | MEX 29m14s75 | COL 29m17s12 | EUA 29m22s46 |
| 1987 | Bruce Bickford | Rolando Vera | Paul McCloy |
| | EUA 28m20s37 | ECU 28m22s56 | CAN 28m38s07 |
| 1991 | Martín Pitayo | Angel Rodriguez | Juan J. Linares |
| | MEX 29m45s49 | CUB 29m54s41 | CUB 30m09s58 |
| 1995 | Armando Quintanilla | Valdenor Ps dos Santos | Ronaldo da Costa |
| | MEX 28m57s41 | BRA 29m04s79 | BRA 29m07s68 |
| 1999 | Elenilson da Silva | David Galván | Peter Julian |
| | BRA 28m43s50 | MEX 28m44s03 | EUA 28m44s55 |
| 2003 | Teodoro Vega | Marilson dos Santos | Dan Browne |
| | MEX 28m49s38 | BRA 28m19s48 | EUA 29m06s23 |
| 2007 | ____________ | ____________ | ____________ |
| | ____________ | ____________ | ____________ |

## MARATONA

| Ano | 1º | 2º | 3º |
|---|---|---|---|
| 1951 | Delfo Cabrera | Luis R. Gorno | Luis Velázquez |
| | ARG 2h35m00s2 | ARG 2h45m00s0 | GUA 2h46m02s8 |
| 1955 | Doroteo Flores | Onésimo Rodriguez | Luis Velázquez |
| | GUA 2h59m09s2 | MEX 3h02m21s6 | GUA 3h05m25s2 |
| 1959 | John Kelley | James Green | Gordon Dickson |
| | EUA 2h27m54s2 | EUA 2h32m16s9 | CAN 2h36m18s6 |
| 1963 | Fidel Negrete | Gordon McKenzie | Peter McArdle |
| | MEX 2h27m55s6 | EUA 2h31m17s2 | EUA 2h34m14s0 |
| 1967 | Andrew Boychuk | Agustín Calle | Alfredo Peñaloza |
| | CAN 2h23m02s4 | COL 2h25m50s2 | MEX 2h27m48s2 |
| 1971 | Frank Shorter | José Garcia | Hernán Barreneche |
| | EUA 2h22m40s0 | MEX 2h26m30s0 | COL 2h27m10s0 |
| 1975 | Rigoberto Mendoza | Charles Smead | Tom Howard |
| | CUB 2h25m02s81 | EUA 2h25m31s53 | CAN 2h25m45s42 |
| 1979 | Radamés Gonzalez | Luis Barbosa | Richard Hugson |
| | CUB 2h24m09s0 | COL 2h24m44s0 | CAN 2h25m34s0 |
| 1983 | Jorge Gonzalez | César Mercado | Miguel Cruz |
| | PRC 2h12m43s0 | PRC 2h20m30s0 | MEX 2h21m12s0 |
| 1987 | Ivo Rodrigues | Ronald Lanzoni | Jorge Gonzalez |
| | BRA 2h20m13s0 | CRC 2h20m39s0 | PRC 2h21m14s0 |
| 1991 | Alberto Cuba | José C. Santana | Radamés Gonzalez |
| | CUB 2h19m27s0 | BRA 2h19m29s0 | CUB 2h23m05s0 |
| 1995 | Benjamin Paredes | Mark Coogan | Luiz C. da Silva |
| | MEX 2h14m44 | EUA 2h15m21 | BRA 2h15m46 |
| 1999 | Vanderlei Lima | Rubén Maza | Eder Fialho |
| | BRA 2h17m20 | VEN 2h19m56 | BRA 2h20m09 |
| 2003 | Vanderlei Lima | Bruce Deacon | Diego Colorado |
| | BRA 2h19m17 | CAN 2h20m25 | COL 2h21m48 |
| 2007 | ____________ | ____________ | ____________ |
| | ____________ | ____________ | ____________ |

## 3.000 METROS COM OBSTÁCULOS

| Ano | 1º | 2º | 3º |
|---|---|---|---|
| 1951 | Charles C. Stone | Browning Ross | Pedro Caffa |
| | EUA 9m32s0 | EUA 9m32s0 | ARG 9m44s6 |
| 1955 | Guillermo Solá | Santiago Nova | Eligio Galicia |
| | CHI 9m46s8 | CHI 9m50s4 | MEX 9m54s2 |
| 1959 | Phil Coleman | Charles Jones | Alfredo Tinoco |
| | EUA 8m56s4 | EUA 8m56s6 | MEX 8m58s0 |
| 1963 | Jeffrey Fishback | Sebastiao Mendes | A. Etchechury |
| | EUA 9m07s9 | BRA 9m12s8 | URU 9m17s3 |
| 1967 | Chris McCubbins | Conrad Nightingale | Domingo Amaizón |
| | EUA 8m38s2 | EUA 8m51s2 | ARG 8m55s0 |
| 1971 | Michael Manley | Sidney Sink | Antonio Villanueva |
| | EUA 8m42s2 | EUA 8m42s9 | MEX 8m46s0 |
| 1975 | Michael Manley | José da Silva | Octavio Guadarrama |
| | EUA 9m04s29 | BRA 9m05s31 | MEX 9m15s0 |

| | | | |
|---|---|---|---|
| 1979 | Henry Marsh<br>EUA 8m43s6 | William McCullought<br>EUA 8m44s7 | Demetrio Cabanillas<br>MEX 8m52s4 |
| 1983 | Emilio Ulloa<br>CHI 8m57s62 | Carmelo Ríos<br>PRC 9m01s47 | Greg Duhaine<br>CAN 9m06s03 |
| 1987 | Adauto Domingues<br>BRA 8m23s26 | Henry Marsh<br>EUA 8m23s77 | Brian Abshire<br>EUA 8m27s30 |
| 1991 | Adauto Domingues<br>BRA 8m36s01 | Ricardo Vera<br>URU 8m36s83 | Juan R. Conde<br>CUB 8m37s53 |
| 1995 | Wander do Prado Moura<br>BRA 8m14s41 | Brian Diemer<br>EUA 8m30s58 | Richard Reese<br>EUA 8m31s58 |
| 1999 | Joel Bourgeois<br>CAN 8m35s03 | Francis O'Neill<br>EUA 8m35s73 | Jean-Nicolas D.<br>CAN 8m39s52 |
| 2003 | Néstor Nieves<br>VEN 8m34s26 | Joel Bourgeois<br>CAN 8m36s78 | Anthony Famiglietti<br>EUA 8m40s22 |
| 2007 | __________<br>__________ | __________<br>__________ | __________<br>__________ |

### 110 metros com barreiras

| | | | |
|---|---|---|---|
| 1951 | Richard Attlesey<br>EUA 14s0s | Estanislao Kocourek<br>ARG 14s2 | Samuel Anderson<br>CUB 14s2 |
| 1955 | Jack Davis<br>EUA 14s3 | Keith Gardner<br>JAM 14s7 | Evaristo Iglesias<br>CUB 14s7 |
| 1959 | Hayes Jones<br>EUA 13s6 | Lee Calhoun<br>EUA 13s7 | Elías Gilbert<br>EUA 14s0 |
| 1963 | Blaine Lindgreen<br>EUA 13s8 | Willie May<br>EUA 14s0 | Lázaro Betancourt<br>CUB 14s3 |
| 1967 | Earl McCullough<br>EUA 13s4 | Willie Davenport<br>EUA 13s5 | Juan Morales<br>CUB 14s3 |
| 1971 | Rodney Milburn<br>EUA 13s4 | Arnaldo Bristol<br>PRC 13s8 | Juan Morales<br>CUB 13s8 |
| 1975 | Alejandro Casañas<br>CUB 13s44 | John Smith<br>BAH 13s72 | Arnaldo Bristol<br>PRC 13s74 |
| 1979 | Renaldo Nehemiah<br>EUA 13s20 | Alejandro Casañas<br>CUB 13s46 | Charles Foster<br>EUA 13s56 |
| 1983 | Roger Kingdom<br>EUA 13s44 | Alejandro Casañas<br>CUB 13s51 | Tony Campbell<br>EUA 13s54 |
| 1987 | Andrew Parker<br>JAM 13s82 | Modesto Castillo<br>DOM 13s96 | Ernesto Torres<br>PRC 14s68 |
| 1991 | Cletus Clark<br>EUA 13s71 | Alexis Sanchez<br>CUB 13s76 | Elbert Ellis<br>EUA 13s89 |
| 1995 | Roger Kingdom<br>EUA 13s39 | Emilio Valle<br>CUB 13s40 | Courtney Hawkins<br>EUA 13s54 |
| 1999 | Anier Garcia<br>CUB 13s17 | Yoel Hernandez<br>CUB 13s24 | Eugene Swift<br>EUA 13s41 |
| 2003 | Yuniel Hernandez<br>CUB 13s35 | Larry Wade<br>EUA 13s35 | Márcio de S.Simão<br>BRA 13s45 |
| 2007 | __________<br>__________ | __________<br>__________ | __________<br>__________ |

### 400 metros com barreiras

| | | | |
|---|---|---|---|
| 1951 | Jaime Aparicio<br>COL 53s4s | Wilson Gomez<br>BRA 53s7 | Donald Halderman<br>EUA 54s5 |
| 1955 | Josh Culbreath<br>EUA 51s5 | Jaime Aparicio<br>COL 51s8 | Wilson Gomez<br>BRA 53s0 |
| 1959 | Josh Culbreath<br>EUA 51s2 | Richard Howard<br>EUA 51s3 | Clifton Cushman<br>EUA 53s0 |
| 1963 | Juan C. Dyrska<br>ARG 50s2 | William Atterbury<br>EUA 50s4 | Russell Rogers<br>EUA 51s1 |
| 1967 | Ronald Whitney<br>EUA 50s7 | Russell Rogers<br>EUA 51s3 | Robert McLaren<br>CAN 51s4 |
| 1971 | Ralph Mann<br>EUA 49s1 | James Seymour<br>EUA 50s3 | José J. Hildalgo<br>VEN 51s6 |
| 1975 | James King<br>EUA 49s80 | Ralph Mann<br>EUA 50s04 | Dámaso Alfonso<br>CUB 50s19 |
| 1979 | James Walker<br>EUA 49s66 | Antonio E. Dias<br>BRA 50s85 | Frank Montié<br>CUB 51s30 |
| 1983 | Frank Montié<br>CUB 50s02 | Antonio E. Dias<br>BRA 50s08 | James King<br>EUA 50s31 |
| 1987 | Winthrop Graham<br>JAM 48s49 | Kevin Young<br>EUA 48s74 | David Patrick<br>EUA 49s47 |
| 1991 | Eronildes N. de Araujo<br>BRA 49s96 | McClinton Neal<br>EUA 50s05 | Torrance Zellner<br>EUA 50s21 |
| 1995 | Eronildes N. de Araujo<br>BRA 49s29 | Everson da Silva<br>BRA 50s24 | Llimi Rivas<br>COL 50s37 |
| 1999 | Eronildes N. de Araujo<br>BRA 48s23 | Eric Thomas<br>EUA 48s40 | Torrance Zellner<br>EUA 48s45 |
| 2003 | Félix Sanchez<br>DOM 48s19 | Eric Thomas<br>EUA 48s74 | Dean Griffiths<br>JAM 49,35 |

O tempo do vencedor é recorde pan-americano. O tricampeão Eronildes Araujo terminou em oitavo, com 51s19.

| | | | |
|---|---|---|---|
| 2007 | __________<br>__________ | __________<br>__________ | __________<br>__________ |

### Salto em altura

| | | | |
|---|---|---|---|
| 1951 | Virgil Ds Severns<br>EUA 1,95m | Carl Clark<br>EUA 1,90 | Adilson de Almeida<br>BRA 1,90 |
| 1955 | Ernest Shelton<br>EUA 2,01 | Herman Wyatt<br>EUA 2,01 | José Tellez<br>BRA 1,91 |
| 1959 | Charles Dumas<br>EUA 2,10 | Robert Gardner<br>EUA 2,04 | Ernie Haisley<br>FIO-TRT 2,01 |
| 1963 | Gene Johnson<br>EUA 2,11 | Teodoro Palacios<br>GUA 2,04 | Anton Norris<br>BAR 2,04 |
| 1967 | Edward Caruthers<br>EUA 2,19 | Otis Burrell<br>EUA 2,16 | Roberto Abugattas<br>PER 2,05 |
| 1971 | Pat Matzdorf<br>EUA 2,10 | Wilfred Wedman<br>CAN 2,10 | Luis Arbulu<br>PER 2,05 |
| 1975 | Thomas Wood<br>EUA 2,25 | John Beers<br>CAN 2,17 | Rick Cuttell<br>CAN 2,17 |
| 1979 | Franklin Jacobs<br>EUA 2,26 | Benn Fields<br>EUA 2,19 | Milton Ottey<br>CAN 2,19 |
| 1983 | Juan F. Centelles<br>CUB 2,29 | Leo Williams<br>EUA 2,27 | Jorge L. Alfaro<br>CUB 2,25 |
| 1987 | Javier Sotomayor<br>CUB 2,32 | Troy Kemp<br>BAH 2,28 | Jerome Carter<br>EUA 2,28 |
| 1991 | Javier Sotomayor<br>CUB 2,35 | Troy Kemnp<br>BAH 2,32 | Hollis Conway<br>EUA 2,32 |
| 1995 | Javier Sotomayor<br>CUB 2,40 | Steve Smith<br>EUA 2,29 | Gilmar Mayo<br>COL 2,26 |
| 1999 | Kwaku Boateng<br>CAN 2,25<br>Mark Boswell<br>CAN 2,25 | Não houve | Charles Clinger<br>EUA 2,15 |
| 2003 | Germaine Mason<br>JAM 2,34 | Jamie Neto<br>EUA 2,28 | Terrance Woods<br>EUA 2,22 |

Os brasileiros Fabrício Romero e Jessé Lima se classificaram em quinto e sexto, respectivamente.

| | | | |
|---|---|---|---|
| 2007 | __________<br>__________ | __________<br>__________ | __________<br>__________ |

### Salto com vara

| | | | |
|---|---|---|---|
| 1951 | Bob Richards<br>EUA 4,50m | Jaime Piqueras<br>PER 3,90 | Sinibaldo Gerbasi<br>BRA 3,90 |
| 1955 | Bob Richards<br>EUA 4,50 | Robert Smith<br>EUA 4,30 | Donald Laz<br>EUA 4,30 |
| 1959 | Donald Bragg<br>EUA 4,64 | James Graham<br>EUA 4,32 | Rolando Cruz<br>PRC 4,32 |
| 1963 | David Tork<br>EUA 4,90 | Henry Wadsworth<br>EUA 4,75 | Rubén Cruz<br>PRC 4,30 |
| 1967 | Robert Seagren<br>EUA 4,90 | Robert Raftis<br>CAN 4,75 | Robert Yard<br>CAN 4,45 |
| 1971 | Jan Johnson<br>EUA 5,33 | David Roberts<br>EUA 5,20 | Bruce Simpson<br>CAN 4,90 |
| 1975 | Earl Bell<br>EUA 5,40 | Bruce Simpson<br>CAN 5,20 | Roberto Moré<br>CUB 5,20 |
| 1979 | Bruce Simpson<br>CAN 5,15 | Greg Woepse<br>EUA 5,05 | Brian Morrisette<br>ISV 4,85 |
| 1983 | Mike Tully<br>EUA 5,45 | Jeff Buckingham<br>EUA 5,25 | Thomas Hintnaus<br>BRA 5,20 |
| 1987 | Mike Tully<br>EUA 5,71 | Rubén M. Camino<br>CUB 5,s50 | Scott Davis<br>EUA 5,30 |

| | | | |
|---|---|---|---|
| 1991 | Patrick Manson<br>EUA 5,50 | Douglas Wood<br>EUA 5,35 | Ángel Garcia<br>CUB 5,20 |
| 1995 | Patrick Manson<br>EUA 5,75 | William Deering<br>EUA 5,60 | Alberto A. Manzano<br>CUB 5,40 |
| 1999 | Patrick Manson<br>EUA 5,60 | Jordan Henning<br>EUA 5,55 | Jason Pearce<br>CAN 5,30 |
| 2003 | Toby Stevenson<br>EUA 5,45 | Russ Bulleri<br>EUA 5,40 | Dominic Johnson<br>LCA 5,40 |
| 2007 | ____<br>____ | ____<br>____ | ____<br>____ |

**Salto em distância**

| | | | |
|---|---|---|---|
| 1951 | Gailord Ds Bryan<br>EUA 7,14m | Albino Geist<br>ARG 7,09 | James W. Holland<br>EUA 6,95 |
| 1955 | Roselyn Rangel<br>EUA 8,03 | John Bennet<br>EUA 8,01 | Ary Facanha<br>BRA 7,84 |
| 1959 | Irvin Roberson<br>EUA 7,97 | Gregory Bell<br>EUA 7,60 | Lester Bird<br>FIO-JAM 7,46 |
| 1963 | Ralph Boston<br>EUA 8,11 | Darriell Horn<br>EUA 8,02 | Juan Muñoz<br>VEN 7,46 |
| 1967 | Ralph Boston<br>EUA 8,29 | Robert Beamon<br>EUA 8,07 | Wellesley Clayton<br>JAM 7,66 |
| 1971 | Arnie Robinson<br>EUA 8,02 | James Moore<br>EUA 7,98 | Michael Mason<br>CAN 7,65 |
| 1975 | João Carlos de Oliveira<br>BRA 8,19 | Arnie Robinson<br>EUA 7,94 | Albert Lanier<br>EUA 7,91 |
| 1979 | João Carlos de Oliveira<br>BRA 8,18 | David Giralt<br>CUB 8,15 | Carl Lewis<br>EUA 8,13 |
| 1983 | Jaime Jefferson<br>CUB 8,03 | Vesco Bradley<br>EUA 7,99 | Juan F. Ortiz<br>CUB 7,91 |
| 1987 | Carl Lewis<br>EUA 8,75 | Larry Myricks<br>EUA 8,58 | Jaime Jefferson<br>CUB 8,51 |
| 1991 | Jaime Jefferson<br>CUB 8,26 | Llewellyn Starks<br>EUA 8,01 | Iván Pedroso<br>CUB 7,96 |
| 1995 | Iván Pedroso<br>CUB 8,50 | Jaime Jefferson<br>CUB 8,23 | Elmer Williams<br>PRC 8,00 |
| 1999 | Iván Pedroso<br>CUB 8,52 | Karem Streete-Thompson<br>CAY 8,12 | Luis F. Meliz<br>CUB 8,06 |
| 2003 | Iván Pedroso<br>CUB 8,23 | Luis Meliz<br>CUB 8,20 | Victor Castilho<br>VEN 7,98 |
| 2007 | ____<br>____ | ____<br>____ | ____<br>____ |

**Salto triplo**

| | | | |
|---|---|---|---|
| 1951 | Adhemar F. da Silva<br>BRA 15s19m | Helio Coutinho<br>BRA 15,17 | Bruno Witthaus<br>ARG 14,34 |
| 1955 | Adhemar F. da Silva<br>BRA 16s56 | Arnold Devonish<br>VEN 16,13 | Víctor Hernandez<br>CUB 15,60 |
| 1959 | Adhemar F. da Silva<br>BRA 15s90 | Hernan Stokes<br>EUA 15,39 | William Sharpe<br>EUA 15,15 |
| 1963 | William Sharpe<br>EUA 15.15 | Ramón Lopez<br>CUB 15,08 | Mario Gomes<br>BRA 14,97 |
| 1967 | Charles Craig<br>EUA 16.54 | Nelson Prudencio<br>BRA 16,45 | José Hernandez<br>CUB 15,95 |
| 1971 | Pedro Pérez Dueña<br>CUB 17.40 | Nelson Prudencio<br>BRA 16,82 | John Craft<br>EUA 16,32 |
| 1975 | João C. de Oliveira<br>BRA 17.89 | Tom Haynes<br>EUA 17,20 | Caleb Rahman<br>EUA 16,98 |
| 1979 | João C. de Oliveira<br>BRA 17,27 | Willie Banks<br>EUA 16,88 | James Butts<br>EUA 16,69 |
| 1983 | Jorge As Reyna<br>CUB 17,05 | Lázaro Betancourt Jr<br>CUB 16,75 | José Salazar<br>VEN 16,26 |
| 1987 | Michael Conley<br>EUA 17,31 | Willie Banks<br>EUA 16,87 | Frank Rutheford<br>BAH 16,68 |
| 1991 | Yoelbi Quesada<br>CUB 17,06 | Anisio Souza<br>BRA 16,72 | Wendel Lawrence<br>BAH 16,69 |
| 1995 | Yoelbi Quesada<br>CUB 17,67 | Jerome Romain<br>DMA 17,24 | Joel Garcia<br>CUB 17,21 |
| 1999 | Yoelbi Quesada<br>CUB 17,19 | Lamark Carter<br>EUA 17,09 | Michael Calvo<br>CUB 17,03 |
| 2003 | Yoandri Betanzos<br>CUB 17,26 | Jadel Gregório<br>17,03 | Yoelbi Quesada<br>16,78 |
| 2007 | ____<br>____ | ____<br>____ | ____<br>____ |

**Arremesso de peso**

| | | | |
|---|---|---|---|
| 1951 | James E. Fuchs<br>EUA 17,25m | Juan Kahnert<br>ARG 14,27 | Nadim S. Marreis<br>BRA 14,07 |
| 1955 | Parry O'Brien<br>EUA 17,59 | Fortune Gordien<br>EUA 15,98 | Martin Engel<br>EUA 14,62 |
| 1959 | Parry O'Brien<br>EUA 19,04 | Dallas Long<br>EUA 18,51 | David Davis<br>EUA 17,01 |
| 1963 | David Davis<br>EUA 18,52 | William Joe<br>EUA 17,77 | Cosme Di Cursi<br>ARG 16,26 |
| 1967 | Randy Matson<br>EUA 19,83 | Neil Steinhauer<br>EUA 19,45 | David Steen<br>CAN 18,51 |
| 1971 | Allan Fuerbach<br>EUA 19,76 | Karl Saab<br>EUA 19,10 | Michael Mercer<br>CAN 18,01 |
| 1975 | Bruce Pirnie<br>CAN 19,28 | Bishop Dolegiewicz<br>CAN 19,18 | Terence Albritton<br>EUA 19,18 |
| 1979 | David Laut<br>EUA 20,22 | Bishop Dolegiewicz<br>CAN 19,67 | Bruno Pauletto<br>CAN 19,61 |
| 1983 | Luis M. Delís<br>CUB 18,24 | Gert Weil<br>CHI 17,30 | Hubbert Maingot<br>TRI 16,48 |
| 1987 | Gert Weil<br>CHI 20,21 | Gregory Tafralis<br>EUA 20,17 | Paul Ruiz<br>CUB 18,86 |
| 1991 | Gert Weil<br>CHI 19,47 | Paul Ruiz<br>CUB 19,30 | Cottrell Hunter<br>EUA 19,08 |
| 1995 | Cottrell Hunter<br>EUA 20,52 | Jorge Montenegro<br>CUB 18,94 | Gert Weil<br>CHI 18,71 |
| 1999 | Bradley Mears<br>EUA 19,93 | Jamie Beyer<br>EUA 18,95 | Bradley Snyder<br>CAN 18,74 |
| 2003 | Reese Hoofa<br>EUA 20,95 | Marco Antonio Verni<br>CHI 20,14 | Brad Snyder<br>CAN 20,10 |

A marca do vencedor é recorde pan-americano.

| | | | |
|---|---|---|---|
| 2007 | ____<br>____ | ____<br>____ | ____<br>____ |

**Lançamento do disco**

| | | | |
|---|---|---|---|
| 1951 | James E. Fuchs<br>EUA 48,91m | Richard Doyle<br>EUA 47,28 | Elvio Porta<br>ARG 44,93 |
| 1955 | Fortune Gordien<br>EUA 53,10 | Parry O'Brien<br>EUA 51,07 | Hernán Haddad<br>CHI 47,17 |
| 1959 | Alfred Oerter<br>EUA 58,13 | Richard Cochran<br>EUA 54,44 | Parry O'Brien<br>EUA 51,84 |
| 1963 | Robert Humphreys<br>EUA 57,82 | David Davis<br>EUA 51,05 | Lambertus Rebel<br>AHO 49,78 |
| 1967 | Gary Carlssen<br>EUA 57,50 | Richard Babka<br>EUA 56,88 | George Bruce<br>CAN 56,20 |
| 1971 | Richard Drescher<br>EUA 62,26 | Tim Vollmer<br>EUA 61,06 | Ain Roost<br>CAN 58,06 |
| 1975 | John Powell<br>EUA 62,36 | Julián Morrinson<br>CUB 59,88 | Jay Silvester<br>EUA 59,82 |
| 1979 | Mac Wilkins<br>EUA 63,30 | Bradley Cooper<br>BAH 62,16 | Luis M. Delís<br>CUB 61,60 |
| 1983 | Luis Ms Delís<br>CUB 67,32 | Bradley Cooper<br>BAH 62,38 | Juan Martinez<br>CUB 62,04 |
| 1987 | Luis M. Delís<br>CUB 67,14 | Bradley Cooper<br>BAH 64,56 | Randy Heisler<br>EUA 62,76 |
| 1991 | Anthony Washington<br>EUA 65,04 | Roberto Moya<br>CUB 63,92 | Juan Martinez<br>CUB 63,52 |
| 1995 | Roberto Moya<br>CUB 63,58 | Alexis Elizalde<br>CUB 62,00 | Randy Heisler<br>EUA 60,12 |
| 1999 | Anthony Washington<br>EUA 64,25 | Alexis Elizalde<br>CUB 61,99 | Jason Tunks<br>CAN 61,75 |
| 2003 | Jason Tunks<br>CAN 63,70 | Frank Casañas<br>CUB 62,61 | Lois Martinez<br>CUB 61,36 |
| 2007 | ____<br>____ | ____<br>____ | ____<br>____ |

### Lançamento do martelo

| | | | |
|---|---|---|---|
| 1951 | Emilio Ortiz | Manuel Etchepare | Arturo Ms Borquez |
| | ARG 48,04m | ARG 46,12 | CHI 45,70 |
| 1955 | Robert Backus | Martin Engel | Elvio Porta |
| | EUA 54,91 | EUA 54,36 | ARG 51,45 |
| 1959 | Albert Hall | Harold Connolly | Robert Backus |
| | EUA 59,72 | EUA 59,72 | EUA 59,60 |
| 1963 | Albert Hall | James Morgan | Robert Chap |
| | EUA 62,74 | EUA 58,56 | BRA 57,92 |
| 1967 | Thomas Gage | Enrique Samuells | George Frenn |
| | EUA 65,32 | CUB 64,66 | EUA 64,08 |
| 1971 | Albert Hall | George Frenn | Darwin Piñayrua |
| | EUA 65,84 | EUA 65,68 | URU 61,54 |
| 1975 | Lawrence Hart | Ángel Cabrera | Scott Neilson |
| | EUA 66,56 | CUB 65,24 | CAN 64,56 |
| 1979 | Scott Neilson | Armando Orozco | Genovevo Morejón |
| | CAN 69,64 | CUB 68,48 | CUB 67,66 |
| 1983 | Genovevo Morejón | Harold Willers | Alfredo Luis Gs |
| | CUB 65,34 | CAN 64,22 | CUB 63,16 |
| 1987 | Judd Logan | Andrés Charadia | Vicente Sanchez |
| | EUA 77,24 | ARG 69,36 | CUB 66,02 |
| 1991 | James Driscoll | Judd Logan | René Diaz |
| | EUA 72,78 | EUA 70,32 | CUB 68,36 |
| 1995 | Lance Deal | Alberto Sanchez | Andrés Charadía |
| | EUA 75,64 | CUB 73,94 | ARG 71,78 |
| 1999 | Lance Deal | Kevin McMahaon | Juan Cerra |
| | EUA 79,61 | EUA 73,41 | ARG 70,68 |
| 2003 | Juan Cerra | James Parker | John McEwen |
| | ARG 75,53 | EUA 74,35 | EUA 71,49 |
| 2007 | ______ | ______ | ______ |
| | ______ | ______ | ______ |

### Lançamento do dardo

| | | | |
|---|---|---|---|
| 1951 | Ricardo Heber | Stephens Seymour | Horts Walter |
| | ARG 68,08m | EUA 67,08 | ARG 66,33 |
| 1955 | Franklyn Held | Ricardo Heber | Reinaldo Oliver |
| | EUA 69,77 | ARG 66,15 | PRC 65,56 |
| 1959 | Buster Quist | Philip Conley | Albert Cantello |
| | EUA 70,50 | EUA 69,94 | EUA 69,81 |
| 1963 | Daniel Studney | Nicholas Kovalakides | Walter de Almeida |
| | EUA 75,60 | EUA 73,71 | BRA 64,61 |
| 1967 | Frank Covelli | Garry Stenlund | Justo P. Perelló |
| | EUA 74,28 | EUA 73,96 | CUB 71,96 |
| 1971 | Cary Feldman | William Skinner | Amado Morales |
| | EUA 81,52 | EUA 80,36 | PRC 76,14 |
| 1975 | Sam Colson | Juan Jarvis | Raúl Fernandez |
| | EUA 83,82 | CUB 82,30 | CUB 77,90 |
| 1979 | Duncan Atwood | Antonio Gonzalez | Raúl Pupo |
| | EUA 84,16 | CUB 84,12 | CUB 81,96 |
| 1983 | Laslo Babits | Ramón Gonzalez | Amado Morales |
| | CAN 81,40 | CUB 78,34 | PRC 77,40 |
| 1987 | Duncan Atwood | Ramón Gonzalez | Juan de la Garza |
| | EUA 78,68 | CUB 75,58 | MEX 73,76 |
| 1991 | Ramón Gonzalez | Michael Barnett | Luis C. Lucumí |
| | CUB 79,12 | EUA 77,40 | COL 77,38 |
| 1995 | Emeterio Gonzalez | Edgar Bauman | Todd Riech |
| | CUB 79,28 | PAR 78,70 | EUA 77,82 |
| 1999 | Emeterio Gonzalez | Luis Rigondeaux | Tom Petranoff |
| | CUB 77,46 | CUB 76,24 | EUA 75,95 |
| 2003 | Emeterio Gonzalez | Isbel Luaces | Breaux Greer |
| | CUB 81,72 | CUB 80,95 | EUA 79,21 |
| | A marca do vencedor é recorde pan-americano. | | |
| 2007 | ______ | ______ | ______ |
| | ______ | ______ | ______ |

### Decatlo

| | | | |
|---|---|---|---|
| 1951 | Hernán Figueroa | Hernán Alzamora | Enrique Salazar |
| | CHI 6 610 pontos | PER 6 063 | GUA 4 380 |
| 1955 | Rafer Johnson | Robert Richard | Hernan Figueroa |
| | EUA 6 994 | EUA 6 886 | CHI 5 740 |
| 1959 | David Edstrom | Philip Mulkey | George Stulac |
| | EUA 7 254 | EUA 6 062 | CAN 5 989 |
| 1963 | John D. Martin | William D. Gairdner | Héctor Thomas |
| | EUA 7 335 | CAN 6 812 | VEN 6 751 |
| 1967 | William Toomey | Héctor Thomas | David Thoreson |
| | EUA 8 044 | VEN 7 312 | EUA 7 295 |
| 1971 | Rick Wanamaker | Hodge Russell | Jesus Mirabal |
| | EUA 7 648 | EUA 7 314 | CUB 7 295 |
| 1975 | Bruce Jenner | Fred Nixon | Jesus Mirabal |
| | EUA 8 045 | EUA 8 019 | CUB 7 582 |
| 1979 | Robert Coffman | Tito Steiner | Zenon Smiechowski |
| | EUA 8 078 | ARG 7 638 | CAN 7 337 |
| 1983 | Dave Steen | Douglas Fernandez | Freddy Aberdeen |
| | CAN 7 958 | VEN 7 726 | VEN 7 262 |
| 1987 | Mike Gonzalez | Keith Robinson | Gordon Orlikov |
| | EUA 7 649 | EUA 7 573 | CAN 7 441 |
| 1991 | Pedro Ferreira | Eugenio Balanqué | S. Blockburger |
| | BRA 7 762 | CUB 7 726 | EUA 7 262 |
| 1995 | Kip Janvrin | Eugenio Balanqué | Alejandro Cardenas |
| | EUA 8 049 | CUB 7 948 | MEX 7 387 |
| 1999 | Chris Huffins | Daniel Steele | Raúl Duany |
| | EUA 8 170 | EUA 8 070 | CUB 7 730 |
| 2003 | Stephen Moore | Luiggi Llanos | Yonelvis Águila |
| | EUA 7 809 | PRC 7 704 | CUB 7 593 |
| 2007 | ______ | ______ | ______ |
| | ______ | ______ | ______ |

### Marcha 20 quilômetros

| | | | |
|---|---|---|---|
| 1951 | Henry Laskau | Luis Turza | Martín Casas |
| | EUA 50m26s8 | ARG 52m27s5 | ARG 52m59s6 |
| 1955-1959 | Não foi realizada | | |
| 1963 | Alex Oakley | Nicola Marrone | Ronald Lloyd |
| | CAN 1h42m43s2 h | CAN 1h46m34s9 | EUA 1h49m44s2 |
| 1967 | Ronald Laird | José Pedraza | Félix Capella |
| | EUA 1h33m05s2 | MEX 1h34m50s6 | CAN 1h35m44s6 |
| 1971 | Goetz Klopfer | Thomas Dooley | José Oliveros |
| | EUA 1h37m30s0 | EUA 1h38m16s0 | MEX 1h40m26s0 |
| 1975 | Daniel Bautista | Domingo Colín | Larry Young |
| | MEX 1h33m05s87 | MEX 1h33m58s33 | EUA 1h37m53s16 |
| 1979 | Daniel Bautista | Neal Pyke | Todd Scully |
| | MEX 1h28m15s0 | EUA 1h30m17s0 | EUA 1h32m30s0 |
| 1983 | Ernesto Canto | Raúl Gonzalez | Héctor Moreno |
| | MEX 1h28m12s0 | MEX 1h29m21s0 | COL 1h30m05s0 |
| 1987 | Carlos Mercenario | Timothy Lewis | Querubin Moreno |
| | MEX 1h24m50s0 | EUA 1h25m50s0 | COL 1h27m08s0 |
| 1991 | Héctor Moreno | Joel Sanchez | Marcelo Moreira |
| | COL 1h24m56s0 | MEX 1h25m45s0 | BRA 1h26m42s0 |
| 1995 | Jefferson Pérez | Daniel Garcia | Julio R. Martinez |
| | ECU 1h22m52s8 | MEX 1h22m56s4 | GUA 1h28m10s3 |
| 1999 | Bernardo Segura | Daniel Garcia | Jefferson Pérez |
| | MEX 1h20m17 | MEX 1h20m28 | ECU 1h20m46 |
| 2003 | Jefferson Pérez | Bernardo Segura | Alejandro Lopez |
| | ECU 1h23m06 | MEX 1h23m31 | MEX 1h24m33 |
| 2007 | ______ | ______ | ______ |
| | ______ | ______ | ______ |

### Marcha 50 quilômetros

| | | | |
|---|---|---|---|
| 1951 | Sixto Ibáñez | Hs Js Jackson | Armando Gonzalez |
| | ARG 5h06m06s8 | TRI 5h21m12s9 | ARG 5h27m00s2 |
| 1955-1963 | Não foi realizada | | |
| 1967 | Larry Young | Félix Capella | Goetz Klopfer |
| | EUA 4h26m20s8 | CAN 4h35m59s6 | EUA 4h37m59s2 |
| 1971 | Larry Young | Gabriel Hernandez | John Knifton |
| | EUA 4h38m31s0 | MEX 4h38m46s0 | EUA 4h42m14s8 |
| 1975 | Não foi realizada | | |
| 1979 | Raúl Gonzalez | Martín Bermúdez | Marco Rs Evoniuk |
| | MEX 4h05m17s0 | MEX 4h11m13s0 | EUA 4h24m23s0 |
| 1983 | Raúl Gonzalez | Martín Bermúdez | Querubín Moreno |
| | MEX 4h00m45s0 | MEX 4h04m21s0 | COL 4h23m20s0 |
| 1987 | Martín Bermúdez | Raúl Gonzalez | Héctor Moreno |
| | MEX 3h58m54s0 | MEX 4h07m27s0 | COL 4h18m48s0 |

| | | | |
|---|---|---|---|
| 1991 | Carlos Mercenario | Miguel Rodrigues | Edel Oliva |
| | MEX 4h03m09s0 | MEX 4h04m06s0 | CUB 4h16m27s0 |
| 1995 | Carlos Mercenario | Miguel Rodrigues | Julio C. Urías |
| | MEX 3h47m55s0 | MEX 3h48m22s0 | GUA 3h49m37s0 |
| 1999 | Joel Sanchez | Carlos Mercenario | Philip Dunn |
| | MEX 4h06m31s | MEX 4h09m48s | EUA 4h13m45s |
| 2003 | Germán Sanchez | Mário José dos Santos | Luis Garcia |
| | MEX 4h05m01s | 4h07m36s | GUA 4h12m14s |
| 2007 | ____________ | ____________ | ____________ |
| | ____________ | ____________ | ____________ |

### Revezamento 4 x 100 metros

| | | | |
|---|---|---|---|
| 1951 | EUA 41s0 | CUB 41s2 | ARG 41s8 |
| | Donald Campbell | Jesus Farrés | Mariano Acosta |
| | Richard Attlesey | Ángel Garcia | Fernando Lapuente |
| | John Ws Voight | Raúl Mazorra | Gerardo Bonnhoff |
| | Arthur Bragg | Rafael Fortún | Adelio Marquez |
| 1955 | EUA 40s7 | VEN 41s2 | MEX 41s5 |
| | Willie Williams | Clide Bonas | Juan Goya |
| | John Bennet | Apolinar Solorzano | René Ahumada |
| | Charles Thomas | Guillermo Gutiérrez | Javier Souza |
| | Rodney Richard | Juan Leyva | Sergio Higueras |
| 1959 | EUA 40s4 | VEN 41s1 | FIO 41s1 |
| | Hayes Jones | Emilio Romero | D. Johnson-JAM |
| | Robert Poynter | Lloyd Murad | Clift Bertrand-TRT |
| | William Woodhouse | Clide Bonas | Wilton Jackson-TRT |
| | Ray Norton | Rafael Romero | M. Agostini-TRT |
| 1963 | EUA 40s4 | VEN 40s5 | TRI 40s7 |
| | Ira Murchison | José Thomas | Cipriani Phillip |
| | Brooks Johnson | Horacio Esteves | Irving Joseph |
| | Ollan Cassell | Arquimides Herrera | Anthony Jones |
| | Earl Young | Rafael Romero | Clift Bertrand |
| 1967 | EUA 39s0 | CUB 39s2 | COL 39s9 |
| | Earl McCullough | Félix Eugellés | Jaime Uribe |
| | Jerry Bright | Juan Morales | Hernando Arrechea |
| | Ron Copeland | Hermes Ramirez | Carlos Alvarez |
| | Willie Turner | Pablo Montes | Pedro Grajales |
| 1971 | JAM 39s2 | CUB 39s8 | EUA 39s8 |
| | Alfred Daley | Pablo Bandomo | Willie Deckard |
| | Karl Lawson | Pablo Montes | Marshall Dill |
| | Lennox Miller | Juan Morales | Ron Draper |
| | Donald Quarrie | Hermes Ramirez | Rodney Milburn |
| 1975 | EUA 38s31 | CUB 38s46 | CAN 38s86 |
| | Clancy Edwards | Hermes Ramirez | Hugh Fraser |
| | Larry Brown | Alejandro Casañas | Marvin Nash |
| | Donald Merrick | Pablo Montes | Albin Dukowski |
| | Bill Collins | José Triana M. | Robert Martin |
| 1979 | EUA 38s85 | CUB 39s14 | BRA 39s44 |
| | Mike Robertson | Osvaldo Lara | Milton C. de Castro |
| | Harvey Glance | Alejandro Casañas | N. R. dos Santos |
| | Clifford Wiley | Silvio Leonard | Ruy da Silva |
| | Steve Riddick | Juan Saborit | Altevir de Araujo |
| 1983 | EUA 38s49 | CUB 38s55 | BRA 39s08 |
| | Sam Graddy | Osvaldo Lara | Robson Caetano |
| | Ken Robinson | Leandro Peñalver | N. R. dos Santos |
| | Elliot Quow | Silvio Leonard | Katsuico Nakaia |
| | Bernard Jackson | José L. Isalgué | Gerson de Souza |
| 1987 | EUA 38s41 | CUB 38s86 | JAM 38s86 |
| | Lee McRae | Ricardo Chacón | John Mair |
| | Lee McNeill | Leandro Peñalver | Andrew Smith |
| | Harvey Glance | Sergio M. Querol | Clive Wright |
| | Carl Lewis | Andrés Simón | Raymond Stewart |
| 1991 | CUB 39s08 | CAN 39s95 | ISV 41s02 |
| | Jorge L. Aguilera | Everton Anderson | Derry Pemberton |
| | Leandro Peñalver | Michael Dwyer | Neville Hodge |
| | Félix Stevens | Peter Ogilvie | Keith Smith |
| | Joel Lamela | Donovan Bailey | Kevin Robinson |
| 1995 | CUB 38s67 | EUA 39s12 | MEX 39s77 |
| | Joel Isasi | Dionicio Napier | Jaime Barragán |
| | Joel Lamela | Ron Clark | Alejandro Cardenas |
| | Alfredo Garcia | Wendel Gaskin | Carlos Villaseñor |
| | Jorge L. Aguilera | Robert Reading | Miguel Miranda |
| 1999 | BRA 38s18 | CAN 38s49 | JAM 38s82 |
| | Rafael Oliveira | Donovan Bailey | Garth Robinson |
| | Claudinei da Silva | Glenroy Gilbert | Patrick Jarret |
| | Édson Ribeiro | Brad McCuaig | Christopher Williams |
| | André Silva | Trevito Betty | Dwight Thomas |
| 2003 | BRA 38s44 | TRI 38s53 | JAM 39s08 |
| | André Domingos | | |
| | Claudinei Quirino | | |
| | Edson Luciano Ribeiro | | |
| | Vicente Lenilson | | |
| 2007 | ____________ | ____________ | ____________ |
| | ____________ | ____________ | ____________ |

### Revezamento 4 x 400 metros

| | | | |
|---|---|---|---|
| 1951 | EUA 3m09s9 | CHI 3m17s7 | ARG 3m18s4 |
| | Hugo Maiocco | Jaime Itlman | Máximo Guerra |
| | William Brown | Jorn Gevert | Guido Veronese |
| | John W. Voight | Reinaldo Ms Muller | Eduardo Valducci |
| | Malvin Whitfield | Gustavo Ahlers | Julio Ferreyra |
| 1955 | EUA 3m07s2 | JAM 3m12s5 | VEN 3m15s6 |
| | Jesse Nashburn | Keith Gardner | Guillermo Gutierrez |
| | Lonnie SPRCrier | Richard Stick | Apolinar Solórzano |
| | James Lee | Melville Spence | Evaristo Eddie |
| | Louis Jones | Allan Moore | Juan Leyva |
| 1959 | FIO 3m05s3 | EUA 3m05s8 | PRC 3m12s4 |
| | Malcolm Spence-JAM | Edward Southern | Ramón Zayas |
| | Melville Spence-JAM | Josh Culbreath | Josué Cains |
| | Basil Ince-TRT | Jack Yerman | Ivan Rodriguez |
| | George Kerr-JAM | David Mills | Manuel Rivera |
| 1963 | EUA 3m09s6 | VEN 3m12s0 | JAM 3m12s6 |
| | Richard Edmunds | Arístides Pinedo | Anthony Carr |
| | James Johnson | Leslie Mentor | Rupert Hoilete |
| | Ollan Cassell | Victor Maldonado | Malcolm Spence |
| | Earl Young | Hortensio Herrera | Melville Spence |
| 1967 | EUA 3m02s0 | CAN 3m04s8 | JAM 3m05s9 |
| | Elbert Stinson | George Arnold | Ancel Styles |
| | Emmett Taylor | Robert McLaren | Neville Myton |
| | Vincent Matthews | Ross McKenzie | Alex McDonald |
| | Lee Evans | Don Domansky | Clifton Forbes |
| 1971 | EUA 3m00s6 | JAM 3m04s0 | TRI 3m04s5 |
| | Alexander Dale | Leighton Prietsly | Edwin Roberts |
| | Fred Newhouse | Trevor Campbell | Benedic Cayenne |
| | Tommie Turner | Alfred Daley | Kent Bernard |
| | John Smith | Garth Case | James Trevor |
| 1975 | EUA 3m00s76 | CUB 3m02s82 | CAN 3m03s92 |
| | Herman Frazier | Eddy Gutiérrez | Glenn Bogue |
| | Robert Taylor | Carlos Álvarez | Ron Jackson |
| | Maurice Peoples | Damaso Alfonso | Bryan Saunders |
| | Ronald Ray | Alberto Juantorena | Don Domansky |
| 1979 | EUA 3m03s8 | JAM 3m04s7 | CUB 3m06s3 |
| | James Walker | Ian Stapleton | Frank Montié |
| | Herman Frazier | Floyd Brown | Carlos Álvarez |
| | Maurice Peoples | Bertland Cameron | Alberto Juantorena |
| | Anthony Darden | Colin Bradford | Pedro Tanis |
| 1983 | EUA 3m03s47 | BRA 3m02s79 | CUB 3m03s15 |
| | Alonzo Babers | Evaldo da Silva | Lázaro Martinez |
| | Michael Bradley | José Ls Barbosa | Carlos Reyté |
| | James Rolle | Agberto Guimaraes | Agustín Pavó |
| | Eddie Carey | Gerson de Souza | Hector Herrera |
| 1987 | EUA 2m59s54 | CUB 2m59s72 | JAM 3m03s57 |
| | Mark Rowe | Leandro Peñalver | Mark Senior |
| | Kevin Robinzine | Agustin Pavó | Devon Morris |
| | Raymond Pierre | Lázaro Martinez | Beres Long |
| | Roddie Haley | Roberto Hernandez | Winthrop Graham |
| 1991 | CUB 3m01s93 | EUA 3m02s02 | JAM 3m02s12 |
| | Agustín Pavó | Clarence Daniel | Michael Anderson |
| | Héctor Herrera | Quincy Watts | Howard Burnett |
| | Jorge Valentín | Jeff Reynolds | Seymour Fagan |
| | Lázaro Martínez | Gabriel Luke | Patrick O'Connor |

| | | | |
|---|---|---|---|
| 1995 | CUB 3m01s53 | JAM 3m02s11 | TRI 3m02s24 |
| | Iván Garcia | Orville Taylor | Robert Guy |
| | Jorge L. Crusellas | Dennis Blake | Neil de Silva |
| | Omar Mena | Roxbert Martin | Hayden Stephen |
| | Norberto Tellez | Michael McDonald | Ian Morris |
| 1999 | JAM 2m57s97 | BRA 2m58s56 | EUA 3m00s94 |
| | Michael McDonald | Claudinei da Silva | Deon Minor |
| | Gregory Haughton | Anderson Santos | Torrance Zellner |
| | Danny McFarlane | Eronildes Araujo | Alvin Harrison |
| | Davian Clarke | Sanderley Parrela | Danny McCray |
| 2003 | JAM 3m01s81 | EUA 3m01s87 | DOM 3m02s02 |
| | Michael Campbell | | |
| | Sanjay Ayre | | |
| | Lansford Spence | | |
| | Davian Clarke | | |
| 2007 | ____________ | ____________ | ____________ |
| | ____________ | ____________ | ____________ |

## Feminino

### 60 METROS

| | | | |
|---|---|---|---|
| 1955 | Bertha Diaz | Isabelle Daniels | Mabel Landry |
| | CUB 7s5 | EUA 7s6 | EUA 7s6 |
| 1959 | Isabelle Daniels | Barbara Jones | Não houve |
| | EUA 7s4 | EUA 7s4 | |
| | Carlotta Gooden | | |
| | PAN 7s4 | | |
| 1963-1999 | Não foi realizada | | |

### 100 METROS

| | | | |
|---|---|---|---|
| 1951 | Julia Sanchez | Jean Patton | Lilian Heinz |
| | PER 12s2 | EUA 12s3 | ARG 12s7 |
| 1955 | Bárbara Jones | As Mae Faggs | Maria Castelli |
| | EUA 11s5 | EUA 11s8 | ARG 12s0 |
| 1959 | Lucinda Williams | Wilma Rudolph | Carlotta Gooden |
| | EUA 12s1 | EUA 12s3 | PAN 12s3 |
| 1963 | Edith McGuire | Miguelina Cobián | Marilyn White |
| | EUA 11s5 | CUB 11s5 | EUA 11s7 |
| 1967 | Bárbara Farrell | Miguelina Cobián | Irene Piotrowski |
| | EUA 11s5 | CUB 11s6 | CAN 11s7 |
| 1971 | Iris Davis | Stephanie Berto | Silvia Chivás |
| | EUA 11s25 | CAN 11s4 | CUB 11s4 |
| 1975 | Pamela Giles | Patricia Loverock | Marjorie Bailey |
| | EUA 11s38 | CAN 11s41 | CAN 11s42 |
| 1979 | Evelyn Ashford | Brenda Morehead | Angela Taylor |
| | EUA 11s07 | EUA 11s11 | CAN 11s36 |
| 1983 | Esmeralda Garcia | Jacqueline Washington | Luisa Ferrer |
| | BRA 11s31 | EUA 11s33 | CUB 11s38 |
| 1987 | Gail Devers | Diane Williams | Pauline Davis |
| | EUA 11s14 | EUA 11s25 | BAH 11s47 |
| 1991 | Liliana Allen | Chrystie Gaines | Beverley McDonald |
| | CUB 11s39 | EUA 11s46 | JAM 11s52 |
| 1995 | Chrystie Gaines | Liliana Allen | Heather Samuel |
| | EUA 11s05 | CUB 11s16 | ANT 11s33 |
| 1999 | Chandra Sturrup | Angela Williams | Peta-Gaye Dowdie |
| | BAH 11s10 | EUA 11s16 | JAM 11s20 |
| 2003 | Lauryn Williams | Angela Williams | Liliane Allen |
| | EUA 11s12 | EUA 11s15 | MEX 11s28 |
| 2007 | ____________ | ____________ | ____________ |
| | ____________ | ____________ | ____________ |

### 200 METROS

| | | | |
|---|---|---|---|
| 1951 | Jean Patton | Nell Cs Jackson | Adriana Millard |
| | EUA 25s3 | EUA 25s7 | CHI 26s1 |
| 1955 | Não foi realizada | | |
| 1959 | Lucinda Williams | Isabelle Daniels | Sally McCallum |
| | EUA 24s2 | EUA 24s8 | CAN 25s1 |
| 1963 | Vivian Brown | Miguelina Cobián | Loraine Dunn |
| | EUA 23s9 | CUB 24s0 | PAN 24s7 |
| 1967 | Wyomia Tyus | Bárbara Farrell | Miguelina Cobián |
| | EUA 23s7 | EUA 23s8 | CUB 23s8 |
| 1971 | Stephanie Berto | Fulgencia Romay | Esther Stroy |
| | CAN 23s57 | CUB 23s7 | EUA 23s8 |
| 1975 | Chandra Cheeseborough | Pamela Giles | Silvina Pereira |
| | EUA 22s77 | EUA 22s91 | BRA 23s17 |
| 1979 | Evelyn Ashford | Angela Taylor | Merlene Ottey |
| | EUA 22s24 | CAN 22s74 | JAM 22s79 |
| 1983 | Randy Givens | LeShon Nedd | Luisa Ferrer |
| | EUA 23s14 | EUA 23s39 | CUB 23s39 |
| 1987 | Gwen Torrence | Randy Givens | Pauline Davis |
| | EUA 22s52 | EUA 22s71 | BAH 22s99 |
| 1991 | Liliana Allen | Ximena Restrepo | Merlene Fraxier |
| | CUB 23s11 | COL 23s16 | JAM 23s48 |
| 1995 | Liliana Allen | Dahlia Duhaney | Omegia Keeys |
| | CUB 22s73 | JAM 23s03 | EUA 23s24 |
| 1999 | Debbie Ferguson | Lucimar de Moura | Felipa Palacios |
| | BAH 22s83 | BRA 23s03 | COL 23s05 |
| 2003 | Roxana Dias | Cydonie Mothersielle | Allison Felix |
| | CUB 22s69 | CAY 22s86 | EUA 22s93 |
| 2007 | ____________ | ____________ | ____________ |
| | ____________ | ____________ | ____________ |

### 400 METROS

| | | | |
|---|---|---|---|
| 1951-1967 | Não foi realizada | | |
| 1971 | Marilyn Neufville | Carmen Trustée | Ivonne Saunders |
| | JAM 52s34 | CUB 52s80 | JAM 53s10 |
| 1975 | Joyce Yakobowich | Debra Sapenter | Lorna Forde |
| | CAN 51s62 | EUA 52s22 | BAR 52s36 |
| 1979 | Sharon Dabney | June Griffith | Patricia Jackson |
| | EUA 51s81 | GUY 51s81 | EUA 52s32 |
| 1983 | Charmaine Crooks | Ana Fs Quirot | Easter Gabriel |
| | CAN 51s49 | CUB 51s83 | EUA 52s45 |
| 1987 | Ana F. Quirot | Jillian Richardson | Denean Howard |
| | CUB 50s27 | CAN 50s35 | EUA 50s72 |
| 1991 | Ana F. Quirot | Ximena Restrepo | Jearl Miles |
| | CUB 49s61 | COL 50s14 | EUA 50s82 |
| 1995 | Julia E. Duporty | Nancy McLeon | Flirtisha Harris |
| | CUB 50s77 | CUB 51s81 | EUA 52s51 |
| 1999 | Ana Guevara | Michelle Collins | Claudine Williams |
| | MEX 50s91 | EUA 51s21 | JAM 51s98 |
| 2003 | Ana Guevara | Hazel-Ann Regis | Aliann Pompey |
| | MEX 50s36 | GRN 51s56 | GUY 52s06 |
| 2007 | ____________ | ____________ | ____________ |
| | ____________ | ____________ | ____________ |

### 800 METROS

| | | | |
|---|---|---|---|
| 1951-1959 | Não foi realizada | | |
| 1963 | Abigail Hoffman | Leah Ferris | Norren Deuling |
| | CAN 2m10s2 | EUA 2m13s6 | CAN 2m14s8 |
| 1967 | Madeline Manning | Doris Brown | Abigail Hoffman |
| | EUA 2m02s3 | EUA 2m02s9 | CAN 2m04s6 |
| 1971 | Abigail Hoffman | Doris Brown | Penny Werthner |
| | CAN 2m05s5 | EUA 2m05s9 | CAN 2m06s3 |
| 1975 | Kathy Weston | Abigail Hoffman | Não houve |
| | EUA 2m04s93 | CAN 2m05s25 | |
| | A terceiro lugar, a canadense Joan Wenzel, foi desclassificada. | | |
| 1979 | Essie Kelley | Julie Brown | Aurelia Pentón |
| | EUA 2m01s2 | EUA 2m01s2 | CUB 2m02s1 |
| 1983 | Nery McKeen | Ranza Clarke | Alejandra Ramos |
| | CUB 2m02s20 | CAN 2m02s44 | CHI 2m03s65 |
| 1987 | Ana F. Quirot | Delisa Floyd | Soraya Telles |
| | CUB 1m59s06 | EUA 2m00s54 | BRA 2m00s56 |
| 1991 | Ana F. Quirot | Alisa Hill | Celeste Halliday |
| | CUB 1m58s71 | EUA 1m59s99 | EUA 2m01s41 |
| 1995 | Meredith Rainey | Luciana de P. Mendes | Letitia Vriesde |
| | EUA 1m59s44 | BRA 2m01s71 | SUR 2m02s25 |
| 1999 | Letitia Vriesde | Zulia Calatayud | Meredith Valmon |
| | SUR 1m59s95 | CUB 2m00s67 | EUA 2m01s51 |
| 2003 | Adriana Munoz | Marian Burnett | C. R. dos Santos |
| | CUB 2m02s96 | GUY 2m03s58 | BRA 2m04s37 |
| 2007 | ____________ | ____________ | ____________ |
| | ____________ | ____________ | ____________ |

## 1.500 metros

1951-1971 Não foi realizada

| | | | |
|---|---|---|---|
| 1975 | Janice Merrill | Thelma Wright | Abigail Hoffman |
| | EUA 4m18s32 | CAN 4m22s32 | CAN 4m26s25 |
| 1979 | Mary Decker | Julie Brown | P. Werthner-Bales |
| | EUA 4m05s7 | EUA 4m06s4 | CAN 4m14s8 |
| 1983 | Ranza Clarke | Cynthia Bremser | Missy Kane |
| | CAN 4m16s18 | EUA 4m17s67 | EUA 4m21s39 |
| 1987 | Linda Sheskey | Deborah Bowker | Brit McRoberts |
| | EUA 4m07s84 | CAN 4m08s43 | CAN 4m11s35 |
| 1991 | Alisa Hill | Letitia Vriesde | Sarah Howell |
| | EUA 4m13s12 | SUR 4m16s75 | CAN 4m17s95 |
| 1995 | Sara Thorsett | Sarah Howell | Marta Orellana |
| | EUA 4m21s84 | CAN 4m22s10 | ARG 4m22s44 |
| 1999 | Marla Runyan | Leah Pells | Stephanie Best |
| | EUA 4m16s86 | CAN 4m16s86 | EUA 4m18s44 |
| 2003 | Adriana Munoz | Mary-Jane Harrelson | Mardrea Hyman |
| | CUB 4m09s57 | EUA 4m09s72 | JAM 4m10s8 |
| 2007 | ______ | ______ | ______ |
| | ______ | ______ | ______ |

## 3.000 metros

1951-75 Não foi realizada

| | | | |
|---|---|---|---|
| 1979 | Janice Merrill | Julie Brown | Gery Fitch |
| | EUA 8m53s6 | EUA 8m59s9 | CAN 9m35s7 |
| 1983 | Joan Benoit | Brenda Webb | Mónica Regonesi |
| | EUA 9m14s19 | EUA 9m28s89 | CHI 9m41s87 |
| 1987 | Mary Knisely | Angela Chalmers | Leslie Seymour |
| | EUA 9m06s75 | CAN 9m14s48 | EUA 9m19s26 |
| 1991 | Sabrina Dornhoefer | Maricarmen Diaz | Carmen Oliveira |
| | EUA 9m16s15 | MEX 9m19s05 | BRA 9m19s18 |

1995-2003 Não foi realizada

| | | | |
|---|---|---|---|
| 2007 | ______ | ______ | ______ |
| | ______ | ______ | ______ |

## 5.000 metros

1951-1991 Não foi realizada

| | | | |
|---|---|---|---|
| 1995 | Adriana Fernandez | Maricarmen Diaz | C. E. Montgomery |
| | MEX 15m46s32 | MEX 15m46s43 | CAN 15m46s80 |
| 1999 | Adriana Fernandez | Bertha Sanchez | Blake Philips |
| | MEX 15m56m57 | COL 15m59m04 | EUA 15m59m77 |
| 2003 | Adriana Fernandez | Nora Rocha | Nicole Jefferson |
| | MEX 15m30s65 | MEX 15m40s98 | EUA 15m42s40 |

O tempo da vencedora é recorde pan-americano.

| | | | |
|---|---|---|---|
| 2007 | ______ | ______ | ______ |
| | ______ | ______ | ______ |

## 10.000 metros

1951-1983 Não foi realizada

| | | | |
|---|---|---|---|
| 1987 | Marty Cooksey | Nancy Tinari | Patty Murray |
| | EUA 33m00s00 | CAN 33m02s51 | EUA 33m38s12 |
| 1991 | Maricarmen Diaz | Lisa L. Harvey | Maria L. Servin |
| | MEX 34m21s13 | CAN 34m25s62 | MEX 34m55s94 |
| 1995 | Carmen Furtado | Carol E. Montgomery | Maricarmen Diaz |
| | BRA 33m10s19 | CAN 33m13s58 | MEX 33m14s59 |
| 1999 | Nora Rocha | Stella Castro | Tina Connelly |
| | MEX 32m56s61 | COL 33m05s97 | CAN 33m27s87 |
| 2003 | Adriana Fernandez | Yudelkis Martinez | Bertha Sanchez |
| | MEX 33m16s05 | CUB 33m55s12 | COL 33m56s17 |
| 2007 | ______ | ______ | ______ |
| | ______ | ______ | ______ |

## Maratona

1951-83 Não foi realizada

| | | | |
|---|---|---|---|
| 1987 | Maricarmen Cardenas | Debra Warner | Maribel Durruty |
| | MEX 2h52m06s | EUA 2h54m49s | CUB 2h56m21s |
| 1991 | Olga Ávalos | Maribel Durruty | Emperatriz Wilson |
| | MEX 2h43m36s | CUB 2h46m04s | CUB 2h48m48s |
| 1995 | Maria Trujillo | Jennifer Martin | Emma Cabrera |
| | EUA 2h43m56s | EUA 2h44m10s | MEX 2h46m36s |
| 1999 | Erika Olivera | Iglandini Gonzalez | Viviany Oliveira |
| | CHI 2h37m41s | COL 2h40m06s | BRA 2h40m55s |
| 2003 | Márcia Narloch | Mariela Gonzalez | Érika Oliveira |
| | BRA 2h39m54s | CUB 2h42m55s | CHI 2h44m52s |

A brasileira Maria Guimarães terminou na quinta colocação, com 2h51m58s.

| | | | |
|---|---|---|---|
| 2007 | ______ | ______ | ______ |
| | ______ | ______ | ______ |

## 100 metros com barreiras

| | | | |
|---|---|---|---|
| 1951 | Eliana Gaete | Marion Huber | Nancy Phillips |
| | CHI 11s9 | CHI 12s0 | EUA 12s1 |
| 1955 | Eliana Gaete | Bertha Diaz | Wanda dos Santos |
| | CHI 11s7 | CUB 11s8 | BRA 11s8 |
| 1959 | Bertha Diaz | Wanda dos Santos | Marian Monroe |
| | CUB 11s2 | BRA 11s5 | CAN 11s5 |
| 1963 | Jo Ann Terry | Jennifer Wingerson | Wanda dos Santos |
| | EUA 11s3 | CAN 11s4 | BRA 11s5 |
| 1967 | Cherrie Sherrard | Mamie Rallings | Thora Best |
| | EUA 10s8 | EUA 10s8 | TRI 10s9 |
| 1971 | Patty Johnson | Marlene Elejalde | Penny May |
| | EUA 13s1 | CUB 13s5 | CAN 13s7 |
| 1975 | Edith Noeding | Debra LaPlante | Marlene Elejalde |
| | PER 13s56 | EUA 13s68 | CUB 13s80 |
| 1979 | Debra LaPlante | Sharon Lane | Grisel Machado |
| | EUA 12s90 | CAN 13s56 | CUB 13s60 |
| 1983 | Benita Fitzgerald | Kim Turner | Elida Aveillé |
| | EUA 13s16 | EUA 13s39 | CUB 13s41 |
| 1987 | Lavonna Martin | Stephanie Hightower | Aliuska Lopez |
| | EUA 12s81 | EUA 12s82 | CUB 12s91 |
| 1991 | Aliuska Lopez | Odalys Adams | Arnita Myricks |
| | CUB 12s99 | CUB 13s06 | EUA 13s23 |
| 1995 | Aliuska Lopez | Donalda Duprey | Odalys Adams |
| | CUB 12s68 | CAN 13s16 | CUB 13s17 |
| 1999 | Aliuska Lopez | Maurren Higa-Maggi | Miesha McKelvy |
| | CUB 12s76 | BRA 12s86 | EUA 12s91 |
| 2003 | Brigitte Foster | Perdita Felicien | Lacena Golden-Clark |
| | JAM 12s67 | CAN 12s70 | JAM 12s79 |

O tempo da vencedora é recorde pan-americano.

| | | | |
|---|---|---|---|
| 2007 | ______ | ______ | ______ |
| | ______ | ______ | ______ |

## 400 metros com barreiras

1951-79 Não foi realizada

| | | | |
|---|---|---|---|
| 1983 | Judith Brown | Sharrieffa Barksdale | Gwen Wall |
| | EUA 56s03 | EUA 56s09 | CAN 56s93 |
| 1987 | Judith King | Sandra Farmer | Latanya Sheffield |
| | EUA 54s23 | JAM 54s59 | EUA 56s15 |
| 1991 | Lency Montelier | Deon Hemmings | Tonja Buford |
| | CUB 57s34 | JAM 57s54 | EUA 57s81 |
| 1995 | Kim Batten | Tonja Bufford | Lency Montelier |
| | EUA 54s74 | EUA 55s05 | CUB 55s74 |
| 1999 | Daimí Pernía | Andrea Blackett | Michelle Johnson |
| | CUB 53s44 | BAR 53s98 | EUA 54s22 |
| 2003 | Joanna Hayes | Daimí Pernía | Andréa Blackett |
| | EUA 54s77 | CUB 55s10 | BAR 55s24 |
| 2007 | ______ | ______ | ______ |
| | ______ | ______ | ______ |

## Salto em altura

| | | | |
|---|---|---|---|
| 1951 | Jacinta Sandiford | Lucy Lopez | Elizabeth C.Müller |
| | ECU 1,45m | CHI 1,45 | BRA 1,45 |
| | | | Julia Alfisi |
| | | | ARG 1,45 |
| | | | Gladys Is Erbetta |
| | | | ARG 1,45 |
| 1955 | Mildred McDaniel | Ds J. de Castro | Verenda Thomas |
| | EUA 1,68 | BRA 1,59 | EUA 1,59 |
| 1959 | Ann Flynn | Renata Frederichs | Não houve |
| | EUA 1,61 | CHI 1,50 | |
| | | Alice Whitty | |
| | | CAN 1,50 | |

| | | | |
|---|---|---|---|
| 1963 | Eleanor Montgomery<br>EUA 1,68 | Diane Gerace<br>CAN 1,65 | Patricia Callender<br>BAR 1,62 |
| 1967 | Eleanor Montgomery<br>EUA 1,78 | Susan Night<br>CAN 1,72 | Franzetta Perham<br>EUA 1,69 |
| 1971 | Debbie Brill<br>CAN 1,85 | Audrey Reid<br>JAM 1,75 | Andrea Bruce<br>JAM 1,70 |
| 1975 | Joni Huntley<br>EUA 1,89 | Louise Walker<br>CAN 1,86 | Andrea Bruce<br>JAM 1,83 |
| 1979 | Louise Ritter<br>EUA 1,93 | Pamela Spencer<br>EUA 1,87 | Debbie Brill<br>CAN 1,85 |
| 1983 | Colleen Sommer<br>EUA 1,91 | Silvia Costa<br>CUB 1,88 | Joni Huntley<br>EUA 1,82 |
| 1987 | Colleen Sommer<br>EUA 1,96 | Silvia Costa<br>CUB 1,92 | Mazell Thomas<br>JAM 1,88 |
| 1991 | Ioamnet Quintero<br>CUB 1,88 | Maria C. Garcia<br>CUB 1,85 | Jan Wohlschlag<br>EUA 1,80 |
| 1995 | Ioamnet Quintero<br>CUB 1,94 | Silvia Costa<br>CUB 1,91 | Angela Bradburn<br>EUA 1,91 |
| 1999 | Solange Witteveen<br>ARG 1,88 | Luciane Dambacher<br>BRA 1,85 | Nicole Forrester<br>CAN 1,85 |
| 2003 | Juana Rosário Arrendel<br>DOM 1,94 | Romari Rifka<br>MEX 1,94 | Yarianni Argüelles<br>CUB 1,89 |
| | A brasileira Luciana Dambacher ficou em décimo lugar, com 1,75m. | | |
| 2007 | __________<br>__________ | __________<br>__________ | __________<br>__________ |

SALTO COM VARA

| | | | |
|---|---|---|---|
| 1951-1995 | Não foi realizada | | |
| 1999 | Alejandra Garcia<br>ARG 4,30m | Kellie Sutle<br>EUA 4,25 | Deborah Gyurcsek<br>URU 4,15 |
| 2003 | Melissa Mueller<br>EUA 4,40 | Carolina Torres<br>CHI 4,30 | Stephanie McCann<br>CAN 4,20 |
| 2007 | __________<br>__________ | __________<br>__________ | __________<br>__________ |

SALTO EM DISTÂNCIA

| | | | |
|---|---|---|---|
| 1951 | Beatriz Kretschmer<br>CHI 5,42m | Lisa P. Teubner<br>CHI 5,20 | Wanda dos Santos<br>BRA 5,18 |
| 1955 | Não se realizou | | |
| 1959 | Annie Smith<br>EUA 5,73 | Margaret Matthews<br>EUA 5,72 | Willie White<br>EUA 5,70 |
| 1963 | Willie White<br>EUA 6,15 | Iris Goncalves<br>BRA 5,65 | Edith McGuire<br>EUA 5,48 |
| 1967 | Irene Martinez<br>CUB 6,33 | Gisela Vidal<br>VEN 6,20 | Willie White<br>EUA 6,17 |
| 1971 | Brenda Eisler<br>CAN 6,43 | Silvina das Gracas<br>BRA 6,35 | Marina Samuels<br>CUB 6,14 |
| 1975 | Ana B. Alexander<br>CUB 6,63 | Martha Watson<br>EUA 6,57 | Kathy McMillan<br>EUA 6,49 |
| 1979 | Kathy McMillan<br>EUA 6,46 | Ana B. Alexander<br>CUB 6,31 | Eloina Echevarria<br>CUB 6,27 |
| 1983 | Kathy McMillan<br>EUA 6,70 | Eloína Echevarría<br>CUB 6,61 | Patricia Johnson<br>EUA 6,33 |
| 1987 | Jackie Joyner<br>EUA 7,45 | Jennifer Innis<br>EUA 6,85 | Eloína Echevarría<br>CUB 6,42 |
| 1991 | Dianne Guthrie<br>JAM 6,64 | Eloína Echevarría<br>CUB 6,60 | Julieth Bright<br>EUA 6,53 |
| 1995 | Niurka Montalvo<br>CUB 6,89 | Andrea Avila<br>ARG 6,52 | Jackie Edwards<br>BAH 6,50 |
| 1999 | Maurreen Higa-Maggi<br>BRA 6,59 | Angela Brown<br>EUA 6,51 | Elva Gelbourne<br>JAM 6,41 |
| 2003 | Alice Falaye<br>CAN 6,43 | Jackie Edwards<br>BAH 6,41 | Yangelis Savigne<br>CUB 6,40 |
| 2007 | __________<br>__________ | __________<br>__________ | __________<br>__________ |

SALTO TRIPLO

| | | | |
|---|---|---|---|
| 1951-91 | Não foi realizada | | |
| 1995 | Laiza M. Carrillo<br>CUB 14,09m | Niurka Montalvo<br>CUB 13,90 | Andrea Avila<br>ARG 13,84 |
| 1999 | Yamilé Aldama<br>CUB 14,77 | Suzette Lee<br>JAM 14,09 | Magdelín Martinez<br>CUB 13,98 |
| 2003 | Mabel Gay<br>CUB 14,42 | Yuliana Perez<br>EUA 13,99 | Yusmay Bicet<br>CUB 13,90 |
| 2007 | __________<br>__________ | __________<br>__________ | __________<br>__________ |

ARREMESSO DE PESO

| | | | |
|---|---|---|---|
| 1951 | Ingeborg Mello<br>ARG 12,45m | Vera Trezoitko<br>BRA 11,59 | Ingeborg Pfuller<br>ARG 11,58 |
| 1955 | Não foi realizada | | |
| 1959 | Earlene Brown<br>EUA 14,68 | Sharon Shepherd<br>EUA 13,48 | Wanda Wejzgrowicz<br>EUA 13,11 |
| 1963 | Nancy McCredie<br>CAN 15,32 | Cynthia Wyatt<br>EUA 14,27 | Sharon Shepherd<br>EUA 14,10 |
| 1967 | Nancy McCredie<br>CAN 15,18 | Lynn Graham<br>EUA 14,88 | Maureen Dowds<br>CAN 14,35 |
| 1971 | Lynn Graham<br>EUA 15,75 | Grecia Hamilton<br>CUB 14,63 | Rosa Molina<br>CHI 14,50 |
| 1975 | Maria Es Sarria<br>CUB 18,03 | Hilda Ramirez<br>CUB 17,28 | Lucette Moreau<br>CAN 16,96 |
| 1979 | Maria E. Sarria<br>CUB 18,81 | Maren Seidler<br>EUA 18,57 | Carmen Ionescu<br>CAN 16,50 |
| 1983 | Maria Es Sarria<br>CUB 19,34 | Lorna Griffin<br>EUA 16,61 | Rosemarie Hauch<br>CAN 16,38 |
| 1987 | Ramona Pagel<br>EUA 18,56 | Maria E. Sarria<br>CUB 18,12 | Belsys Laza<br>CUB 18,06 |
| 1991 | Belsys Laza<br>CUB 18,87 | Connie Price<br>EUA 18,30 | Ramona Pagel<br>EUA 17,76 |
| 1995 | Connie Price-Smith<br>EUA 19,17 | Ramona Pagel<br>EUA 18,50 | Yumileidis Cumba<br>CUB 18,47 |
| 1999 | Connie Price-Smith<br>EUA 19,06 | Yumisleide Cumbá<br>CUB 18,67 | Teri Tunks<br>EUA 18,03 |
| 2003 | Yumileide Cumbá<br>CUB 19,31 | Elisângela Adriano<br>BRA 18,48 | Flor Vasquez<br>DOM 18,14 |
| 2007 | __________<br>__________ | __________<br>__________ | __________<br>__________ |

LANÇAMENTO DO DISCO

| | | | |
|---|---|---|---|
| 1951 | Ingeborg Mello<br>ARG 38,55m | Ingeborg Pfuller<br>ARG 36,88 | Theresa Kaszubsky<br>EUA 35,90 |
| 1955 | Ingeborg Pfuller<br>ARG 43,19 | Isabel Avellán<br>ARG 40,06 | Alejandrina Herrera<br>CUB 38,00 |
| 1959 | Earlene Brown<br>EUA 49,31 | Pamela Kurrell<br>EUA 42,19 | Marjorie Larney<br>EUA 42,18 |
| 1963 | Nancy McCredie<br>CAN 50,18 | Ingeborg Pfuller<br>ARG 47,83 | Sharon Shepherd<br>EUA 47,29 |
| 1967 | Carol Moseke<br>EUA 49,24 | Carol Martin<br>CAN 47,94 | Caridad Agüero<br>CUB 46,68 |
| 1971 | Carmen Romero<br>CUB 57,20 | Maria C. Betancourt<br>CUB 51,76 | Carol Martin<br>CAN 50,04 |
| 1975 | Carmen Romero<br>CUB 60,16 | Maria C. Betancourt<br>CUB 58,52 | Jane Haist<br>CAN 53,12 |
| 1979 | Carmen Romero<br>CUB 60,58 | Maria C. Betancourt<br>CUB 60,44 | Carmen Ionescu<br>CAN 57,14 |
| 1983 | Maritza Martén<br>CUB 59,62 | Lorna Griffin<br>EUA 56,52 | Penny Neer<br>EUA 53,32 |
| 1987 | Maritza Martén<br>CUB 65,58 | Hilda E. Ramos<br>CUB 61,34 | Connie Price<br>EUA 59,52 |
| 1991 | Bárbara Echevarría<br>CUB 63,50 | Hilda Es Ramos<br>CUB 63,38 | Lacy Barnes<br>EUA 60,32 |
| 1995 | Maritza Martén<br>CUB 61,22 | Bárbara Echevarría<br>CUB 60,20 | Kristin Kuehl<br>EUA 56,92 |
| 1999 | Elisangela Adriano<br>BRA 60,92 | Aretha Hill<br>EUA 59,08 | Kristin Kuehl<br>EUA 57,21 |
| 2003 | Aretha Hill<br>EUA 63,30 | Ana Elys Fernandez<br>CUB 1,26 | Yania Ferrales<br>CUB 60,03 |
| 2007 | __________<br>__________ | __________<br>__________ | __________<br>__________ |

### Lançamento do martelo

1951-91 Não foi realizada

| Ano | 1º | 2º | 3º |
|---|---|---|---|
| 1995 | Alexandria Given | Maria E. Villamizar | Sonja Fitts |
| | EUA 58,92m | COL 56,14 | EUA 56,06 |
| 1999 | Dawn Ellerbe | Yipsi Moreno | Carolyn Wittrin |
| | EUA 65,36 | CUB 63,03 | CAN 61,28 |
| 2003 | Ypsi Moreno | Yunaika Crawford | Candice Scott |
| | CUB 74,25 | CUB 69,57 | TRI 69,06 |
| | A marca da vencedora é recorde pan-americano. | | |
| 2007 | ____________ | ____________ | ____________ |
| | ____________ | ____________ | ____________ |

### Lançamento do dardo

| Ano | 1º | 2º | 3º |
|---|---|---|---|
| 1951 | Amelia A. Bert | Berta Chiú | Judith Caballero |
| | EUA 38,08m | MEX 37,97 | PAN 37,78 |
| 1955 | Karen Anderson | Estrella Puente | Amelia Wershoven |
| | EUA 49,15 | URU 43,43 | EUA 43,06 |
| 1959 | Marlene Ahrens | Marjorie Larney | Amelia Wood |
| | CHI 45,38 | EUA 43,65 | EUA 42,96 |
| 1963 | Marlene Ahrens | Francis Davenport | Iris Goncalves |
| | CHI 49,93 | EUA 47,93 | BRA 35,51 |
| 1967 | Bárbara Friedrich | RaNae Bair | Judy Dahlgren |
| | EUA 53,26 | EUA 51,64 | CAN 45,46 |
| 1971 | Tomasa Nuñez | Sherry Calvert | Roberta Brown |
| | CUB 54,02 | EUA 51,52 | EUA 50,94 |
| 1975 | Sherry Calvert | Maria A. Beltrán | Lynn Cannon |
| | EUA 54,70 | CUB 54,36 | EUA 48,64 |
| 1979 | Maria Cs Colón | Lynn Cannon | Cathy Sulinski |
| | CUB 62,30 | EUA 56,48 | EUA 56,44 |
| 1983 | Maria C. Colón | Mayra Vila | Marieta Riera |
| | CUB 63,76 | CUB 63,32 | VEN 53,60 |
| 1987 | Ivonne Leal | Maria Cs Colón | Marieta Riera |
| | CUB 63,70 | CUB 61,66 | VEN 57,10 |
| 1991 | Dulce M. Garcia | Donna Mayhew | Herminia Bouza |
| | CUB 64,78 | EUA 58,44 | CUB 56,70 |
| 1995 | Xiomara Rivero | Laverne Eve | Valerie Tulloch |
| | CUB 63,92 | BAH 61,28 | CAN 60,58 |
| 1999 | Osleidys Menéndez | Xiomara Rivero | Laverne Eve |
| | CUB 65,85 | CUB 62,46 | BAH 61,24 |
| 2003 | Kim Kreiner | Laverne Eve | Osleyidys Menéndez |
| | EUA 60,86 | BAH 60,68 | CUB 60,20 |
| 2007 | ____________ | ____________ | ____________ |
| | ____________ | ____________ | ____________ |

### Heptatlo

1951-1963 Não foi realizada

| Ano | 1º | 2º | 3º |
|---|---|---|---|
| 1967 | Pat Winslow | Jennifer Meldrum | Aída dos Santos |
| | EUA 4 680 pontos | CAN 4 724 | BRA 4 531 |
| 1971 | Debbie Van Kiekebelt | Penny May | Aída dos Santos |
| | CAN 4 290 | CAN 4 112 | BRA 3 887 |
| 1975 | Diane Jones | Gale Fitzgerald | Andrea Bruce |
| | CAN 4 673 | EUA 4 486 | JAM 4 391 |
| 1979 | Diane Jones | Jodi Anderson | Jillian Ross |
| | CAN 4 605 | EUA 4 434 | CAN 4 112 |
| 1983 | Conceicao Geremias | Cindy Greiner | Élida Aveillé |
| | BRA 6 084 | EUA 6 068 | CUB 5 755 |
| 1987 | Cindy Greiner | Connie Polman-Tuin | Jolanda Jones |
| | EUA 6 184 | CAN 5 862 | EUA 5 823 |
| 1991 | Dede Natham | Sharon Hainer | Magalys Garcia |
| | EUA 5 778 | EUA 5 770 | CUB 5 690 |
| | Não teve o mínimo de cinco participantes. | | |
| 1999 | Magalys Garcia | Sheila Burrell | Nicole Haynes |
| | CUB 6 290 | EUA 6 244 | EUA 6 000 |
| 2003 | Tiffany Lott-Hogan | Nicole Haynes | Magalys Garcia |
| | EUA 6 064 | CAN 5 969 | CUB 5 864 |
| 2007 | ____________ | ____________ | ____________ |
| | ____________ | ____________ | ____________ |

### Marcha 10 quilômetros

1951-1983 Não foi realizada

| Ano | 1º | 2º | 3º |
|---|---|---|---|
| 1987 | Maria Colin | Ann Peel | Maryanne Torrellas |
| | MEX 47m17s15 | CAN 47m17s97 | EUA 47m35s12 |
| 1991 | Graciela Mendoza | Debbi Lawrence | Maricela Chávez |
| | MEX 46m41s56 | EUA 46m51s53 | MEX 47m44s73 |
| 1995 | Graciela Mendoza | Michelle Rohl | Francisca Martinez |
| | MEX 46m31s93 | EUA 46m36s52 | MEX 47m44s78 |
| 1999-2003 | Não foi realizada | | |
| 2007 | ____________ | ____________ | ____________ |
| | ____________ | ____________ | ____________ |

### Marcha 20 quilômetros

1951-95 Não foi realizada

| Ano | 1º | 2º | 3º |
|---|---|---|---|
| 1999 | Graciela Mendoza | Rosario Sanchez | Michel Rohl |
| | MEX 1h34m19s | MEX 1m34m46s | EUA 1m35m22s |
| 2003 | Victoria Palácios | Maria Del Rosário Sanchez | Joanne Dow |
| | MEX 1h35m16s | MEX 1h35m21s | EUA 1h35m48s |
| 2007 | ____________ | ____________ | ____________ |
| | ____________ | ____________ | ____________ |

### Revezamento 4 x 100 metros

| Ano | 1º | 2º | 3º |
|---|---|---|---|
| 1951 | EUA 48s7 | CHI 49s3 | ARG 49s8 |
| | Dolores Dwyer | Eliana Gaete | Ana Ms Fontán |
| | Janet Moreau | Beatriz Kretschmer | Olga Bianchi |
| | Nell Cs Jackson | Hildegard Kreft | Teresa Carvajal |
| | Jean Patton | Adriana Millard | Lilian Heinz |
| 1955 | EUA 47s0 | ARG 47s2 | CHI 49s3 |
| | Isabelle Daniels | Lilian Heinz | Beatriz Kretschmer |
| | Mabel Landry | Lilian Rs Buglia | Carmen Venegas |
| | As Mae Faggs | Gladys Is Erbetta | Eliana Gaete |
| | Bárbara Jones | Maria Ls Castelli | Elda Selane |
| 1959 | EUA 46s4 | PAN 48s2 | CAN 48s5 |
| | Isabelle Daniels | Marcela Daniel | Heather Campbell |
| | Wilma Rudolph | Jean Holmes | Maureen Rever |
| | Lucinda Williams | Silvia Hunte | Sally McCallum |
| | Bárbara Jones | Carlotta Gooden | Valerie Jerome |
| 1963 | EUA 45s6 | CUB 46s4 | BRA 48s1 |
| | Willie White | Irene Martinez | Leontina Santos |
| | Marilyn White | Fulgencia Romay | Erica Lopes da Silva |
| | Norma Harris | Nereida Borges | Edir Bragga Ribeiro |
| | Vivian Brown | Miguelina Cobián | Inés Pimenta |
| 1967 | CUB 44s6 | CAN 45s5 | JAM 47s1 |
| | Marcia Garbey | Jennifer Meldrum | Audrey Reid |
| | Violeta Quesada | Judith Dallimore | Una Morris |
| | Cristina Hechavarría | Irene Piotrowski | Carol Cummings |
| | Miguelina Cobián | Janice Maddin | Vilma Charlton |
| 1971 | EUA 44s59 | CUB 45s0 | COL 45s9 |
| | Orien Brown | Silvia Chivas | Aida Ortiz |
| | Patricia Hawkins | Marlene Elejalde | Ana Cs Maquilón |
| | Mattline Render | Fulgencia Romay | Elsy Rivas |
| | Iris Davis | Carmen Ls Valdés | Juana Mosquera |
| 1975 | EUA 42s90 | CUB 43s65 | CAN 43s68 |
| | Martha Watson | Marlene Elejalde | Marjorie Bailey |
| | Brenda Morehead | Silvia Chivás | Patricia Loverock |
| | Chandra Cheeseborough | Carmen Ls Valdés | Joanne McTagart |
| | Pamela Giles | Fulgencia Romay | Joyce Yakubowich |
| 1979 | EUA 43s30 | JAM 44s18 | CUB 46s26 |
| | Valerie Brisco | Lelieth Hodges | Marta Zulueta |
| | Karen Hawkins | Rosie Alwood | Silvia Chivás |
| | Chandra Cheeseborough | Carmetta Drummond | Isabel Taylor |
| | Brenda Morehead | Merlene Ottey | Eloína Echevarría |
| 1983 | EUA 43s21 | TRI 44s63 | CAN 44s77 |
| | Alice Jackson | Julian Forde | Karen Nelson |
| | Jacqueline Washington | Janice Bernard | Tanya Brothers |
| | Brenda Cliette | Esther Hope | Charmaine Crooks |
| | Randy Givens | Angela Williams | Jillian Richardson |
| 1987 | EUA 42s91 | CUB 44s16 | BRA 45s37 |
| | Sheila Echols | Eusebia Riquelme | Inês Ribeiro |
| | Gwen Torrence | Aliuska Lopez | Cleide Amaral |
| | Michelle Finn | Susana Armenteros | Claudilea Santos |
| | Gail Devers | Liliana Allen | Sheila Santos |

| | | | |
|---|---|---|---|
| 1991 | JAM 43s79 | CUB 44s31 | EUA 44s62 |
| | Cheryl Phillips | Eusebia Riquelme | Arnita Myricks |
| | Merlene Frazier | Idalmis Bonne | Anita Howard |
| | Beverley McDonald | Julia Es Duporty | Lamonda Miller |
| | Dahlia Duhaney | Liliana Allen | Chrystie Gaines |
| 1995 | EUA 43s55 | CUB 44s08 | COL 44s10 |
| | Shantel Twiggs | Miriam Ferrer | Elia Ms Mera |
| | Richelle Webb | Aliuska Lopez | Felipa As Palacios |
| | Flirtisha Harris | Dainelski Pérez | Libia Ps Rodrigues |
| | Chrystie Gaines | Liliana Allen | Mirtha Brock |
| 1999 | JAM 42s62 | EUA 43s37 | CUB 43s52 |
| | Kerry-An Richards | Passion Richardson | Idalia Hechavarría |
| | Aleen Bailey | Angela Williams | Mercedes Carnesolta |
| | Beverly Grant | Torri Edwards | Virgen Benavides |
| | Peta-Gaye Dowdie | Sheila Burrell | Miladis Lazo |
| 2003 | EUA 43s06 | CUB 43s40 | JAM 43s71 |
| 2007 | ______ | ______ | ______ |
| | ______ | ______ | ______ |

**Revezamento 4 x 400 metros**

1951-67 Não foi realizada

| | | | |
|---|---|---|---|
| 1971 | EUA 3m32s4 | CUB 3m34s0 | JAM 3m34s0 |
| | Esther Stroy | Beatriz Castillo | Beverley Franklin |
| | Mavis Laing | Marcela Chibás | Ruth Williams |
| | Gwendolyn Norman | Aurelia Pentón | Ivonne Saunders |
| | Cherryl Toussaint | Carmen Trustée | Marilyn Neufville |
| 1975 | CAN 3m30s36 | EUA 3m30s64 | CUB 3m31s65 |
| | Margaret McGowan | Sharon Dabney | Ela Cabreja |
| | Joanne McTagart | Pat Helms | Regla Lopez |
| | Rachelle Campbell | Debra Sapenter | Asunción Acosta |
| | Joyce Yakubowich | Kathy Weston | Aurelia Pentón |
| 1979 | EUA 3m29s4 | CUB 3m36s3 | CAN 3m37s6 |
| | Sharon Dabney | Ana Ls Guibert | Michelle Racette |
| | Patricia Jackson | Ana Fs Quirot | Marita Payne |
| | Rosalyn Bryant | Nery McKeen | Janette Wood |
| | Essie Kelley | Aurelia Pentón | A. Mackie-Morelli |
| 1983 | EUA 3m29s97 | CAN 3m30s24 | CUB 3m30s76 |
| | Alice Jackson | Andrea Page | Mayra Guerra |
| | Judith Brown | Gwen Wall | Nery McKeen |
| | Easter Gabriel | Christine Slythe | Mercedes Álvarez |
| | Kelia Bolton | Charmaine Crooks | Ana Fs Quirot |
| 1987 | EUA 3m23s35 | CAN 3m29s18 | JAM 3m29s50 |
| | Rochelle Stevens | Charmaine Crooks | Cathy Rattray |
| | Denean Howard | Marita Payne | Vivienne Spence |
| | Valerie Brisco | Molly Killingbeck | Ilrey Oliver |
| | Diane Dixon | Jillian Richardson | Sandie Richards |
| 1991 | EUA 3m24s21 | CUB 3m24s91 | JAM 3m28s83 |
| | Natasha Kaiser | Julia Es Duporty | Vivienne Spence |
| | Tasha Downing | Odalmis Limonta | Cathy Rattray |
| | Maicel Malone | Nancy McLeon | Sandie Richards |
| | Jearl Miles | Ana Fs Quirot | Inez Turner |
| 1995 | CUB 3m27s45 | EUA 3m31s22 | COL 3m38s54 |
| | Surella Morales | Trevia Williams | Elia Ms Mera |
| | Nancy McLeon | Flirtisha Harris | Libia Ps Rodrigues |
| | Idalmis Bonne | Crystal Irving | Felipa As Palacios |
| | Julia Es Duporty | Terri Dendy | Mirtha Brock |
| 1999 | CUB 3m26s70 | EUA 3m27s50 | BAR 3m30s27 |
| | Julia Es Duporty | Yolanda Nelson | Andrea Blackett |
| | Zulia Calatayud | Michelle Collins | Melissa Straker |
| | Idalmis Bonne | Andrea Anderson | Tanya Oxley |
| | Daimí Pernía | Shanelle Porter | Joanne Durant |
| 2003 | EUA 3m27s76 | JAM 3m27s34 | BRA 3m28s07 |
| 2007 | ______ | ______ | ______ |
| | ______ | ______ | ______ |

## Badminton

### Categorias Masculinas

| Pan | Ouro | Prata | Bronze |
|---|---|---|---|
| **Simples** | | | |
| 1951-1991 Não se realizou | | | |
| 1995 | Jaimie Dawson | Iain Sydie | Mario Carulla |
| | CAN | CAN | PER |
| | | | Kevin Han |
| | | | EUA |
| 1999 | Kevin Han | Arthur Stuart | Pedro Yang |
| | EUA | CAN | GUA |
| | | | Mario Carulla |
| | | | PER |
| 2003 | Mike Beres | Andrew Dabeka | Kyle Hunter |
| | CAN | CAN | CAN |
| | | | Pedro A. Yang |
| | | | GUA |
| 2007 | ______ | ______ | ______ |
| | ______ | ______ | ______ |
| **Duplas** | | | |
| 1951-1991 Não se realizou | | | |
| 1995 | CAN | EUA | CAN |
| | Iain Sydie | Kevin Han | Jaimie Dawson |
| | Anil Kaul | Thomas Reidy | Darryll Yung |
| | | | JAM |
| | | | Paul Leyow |
| | | | Roy Paul |
| 1999 | CAN | EUA | MEX |
| | Brent Olynyk | Howard Bach | Bernardo Monreal |
| | Iain Sydie | Mark Manha | Luis López |
| | | | CAN |
| | | | Mike Beres |
| | | | Bryan Moody |
| 2003 | EUA | GUA | CAN |
| | Howard Bach | Pedro A. Yang | Mike Beres |
| | Kevin Han | Erick Anguiamo | Kyle Hunter |
| | | | JAM |
| | | | Bradley Graham |
| | | | Charles Pyne |
| 2007 | ______ | ______ | ______ |
| | ______ | ______ | ______ |

### Categorias Femininas

| | | | |
|---|---|---|---|
| **Simples** | | | |
| 1951-91 Não se realizou | | | |
| 1995 | Denyse Julien | Sian Deng | Kathy Zimmerman |
| | CAN | CAN | EUA |
| | | | Beverly Tang Choon |
| | | | TRI |
| 1999 | Yeping Tang | Charmaine Reid | Denyse Julien |
| | EUA | CAN | CAN |
| | | | Kara Solmundson |
| | | | CAN |
| 2003 | Nigella Saunders | Anna Rice | Lorena Blanco |
| | JAM | CAN | PER |
| | | | Sandra Jimeno |
| | | | PER |
| 2007 | ______ | ______ | ______ |
| | ______ | ______ | ______ |
| **Duplas** | | | |
| 1951-91 Não se realizou | | | |
| 1995 | CAN | CAN | EUA |
| | Sian Deng | Milaine Cloutier | Linda French |
| | Denyse Julien | Robbyn Hermitage | Erika Von Heiland |

| | | | |
|---|---|---|---|
| | | | EUA |
| | | | Ann French |
| | | | Kathy Zimmerman |
| 1999 | CAN | CAN | PER |
| | Robbyn Hermitage | Charmaine Reid | Adrien Kocsis |
| | Milaine Cloutier | Denyse Julien | Doriana Rivera |
| | | | EUA |
| | | | Stefanie Westermann |
| | | | Kathy Zimmerman |
| 2003 | CAN | CAN | PER |
| | Charmaine Reid | Denyse Julien | Lorena Blanco |
| | Helen Nichol | Anna Rice | Valeria Rivero |
| | | | PER |
| | | | Doriana Rivera |
| | | | Sandra Jimeno |
| 2007 | ___________ | ___________ | ___________ |
| | ___________ | ___________ | ___________ |

DUPLAS MISTAS

| | | | |
|---|---|---|---|
| 1951-1991 | Não se realizou | | |
| 1995 | CAN | CAN | JAM |
| | Denyse Julien | Sian Deng | Terry Leyow |
| | Darryll Yung | Anil Kaul | Paul Leyow |
| | | | EUA |
| | | | Linda French |
| | | | Michael Edstrom |
| 1999 | CAN | CAN | PER |
| | Iain Sydie | Brent Olynyk | Mario Carulla |
| | Denyse Julien | Robbyn Hermitage | Adrien Kocsis |
| | | | EUA |
| | | | Yeping Tang |
| | | | Christopher Hales |
| 2003 | CAN | CAN | JAM |
| | Denyse Julien | Patrick Jody | Nigella Saunders |
| | Phillipe Bourret | Mike Beres | Charles Pyne |
| | | | EUA |
| | | | Mary Mangkalakiri |
| | | | Rajiv Rai |
| 2007 | ___________ | ___________ | ___________ |
| | ___________ | ___________ | ___________ |

## BOLICHE

### Provas Masculinas

| Pan | Ouro | Prata | Bronze |
|---|---|---|---|

INDIVIDUAL

| | | | |
|---|---|---|---|
| 1951-1987 | Não foi realizado | | |
| 1991 | Patrick Healey | Luis Serfaty | Jonathan D. Juneau |
| | EUA | VEN | EUA |
| 1995 | William Rowe | Patrick Healey | Marco Zepeda |
| | CAN 1.295 pontos | 1.260 | 1.237 |
| 1999 | Não foi realizado | | |
| *2003 | Daniel Falconi | Marcos Baeza | Bill Hoffman |
| | MEX 2.607 pontos | MEX 2.555 | EUA 2.552 |
| | O brasileiro Flávio Rezende ficou em nono lugar, com 2.441 pontos. | | |
| 2007 | ___________ | ___________ | ___________ |
| | ___________ | ___________ | ___________ |

DUPLAS

| | | | |
|---|---|---|---|
| 1951-1991 | Não foi realizado | | |
| 1995 | EUA 2. 559 pontos | AHO 2.545 | CAN 2.463 |
| | Patrick Healey | Sanir Daou | Mark Doi |
| | Chris Barnes | Carlos Finx | William Rowe |
| 1999 | Não foi realizado | | |
| 2003 | EUA 4.891 pontos | CAN 4.891 | COL 4.877 |
| | Bill Hoffmann | Danyck Brière | Jaime Andrés Gomez |
| | Scott Pohl | George Lambert IV | Jorge David Romero |
| | Brasil ficou em décimo terceiro lugar, com 4.509 pontos. | | |
| 2007 | ___________ | ___________ | ___________ |
| | ___________ | ___________ | ___________ |

QUADRAS

| | | | |
|---|---|---|---|
| 1951-1991 | Não foi realizado | | |
| 1995 | EUA 4.923 pontos | VEN 4.684 | CAN 4.677 |
| | Patrick Healey | Agustín de Farías | Mark Doi |
| | Mark VanMeter | Pedro Avendaño | Douglas Schatz |
| | John Eiss | Arturo Hernández | Paul Gyarmati |
| | Chris Barnes | Pedro Carreyo | William Rowe |
| 1999 | Não foi realizado | | |
| 2003 | Não foi realizado | | |
| 2007 | ___________ | ___________ | ___________ |
| | ___________ | ___________ | ___________ |

MESTRES

| | | | |
|---|---|---|---|
| 1951-1991 | Não foi realizado | | |
| 1995 | Patrick Healey | Pedro Carreyo | Agustín de Farías |
| | EUA 3.464 pontos | VEN 3.410 | VEN 3.404 |
| 1999 | David Romero | Michael Mullin | Mark Doi |
| | COL 3.544 pontos | EUA 3.529 | CAN 3.518 |
| 2003 | Não foi realizado | | |
| 2007 | ___________ | ___________ | ___________ |
| | ___________ | ___________ | ___________ |

EQUIPES

| | | | |
|---|---|---|---|
| 1951-1987 | Não foi realizado | | |
| 1991 | EUA 7.442 pontos | VEN 7.007 | MEX 6.989 |
| | Steve P. Kloempken | Pedro Carreyo | Alfonso Rodríguez |
| | Ralph J. Solan | Pedro E. Cardoso | Roberto Silva |
| | Jonathan D. Juneau | Luis Serfaty | Daniel Falconi |
| | Patrick Healey | Francisco Carabaño | Luis J. Iserte |
| 1995 | Não foi realizado | | |
| 1999 | EUA 14.798 pontos | CAN 14.354 | MEX 14.157 |
| | John Eiss | Alan Tone | Roberto Silva |
| | Michael Mullin | Mark Doi | Víctor de la Fuente |
| | Tony Manna | Mathieu Chouinard | Daniel Falconi |
| | John Gaines | J Lessard | Ernesto Ávila |
| 2003 | EUA | CAN | MEX |
| 2007 | ___________ | ___________ | ___________ |
| | ___________ | ___________ | ___________ |

### Provas Femininas

INDIVIDUAL

| | | | |
|---|---|---|---|
| 1951-1987 | Não foi realizado | | |
| 1991 | Edda Piccini | Julie Gardner | Mandy L. Wilson |
| | MEX | EUA | EUA |
| 1995 | Catharine Willis | Mariela Alarza | Lisa Bishop |
| | CAN 1.305 pontos | VEN 1.266 | EUA 1.212 |
| 1999 | Não foi realizado | | |
| 2003 | Shannon Pluhowsky | Sofia Granda Rodriguez | Clara J. Guerrero |
| | EUA 2.459 pontos | GUA 2.424 | COL 2.408 |
| | Jaqueline Costa, do Brasil, ficou em décimo sétimo lugar, com 2.210 pontos. | | |
| 2007 | ___________ | ___________ | ___________ |
| | ___________ | ___________ | ___________ |

DUPLAS

| | | | |
|---|---|---|---|
| 1951-1991 | Não foi realizado | | |
| 1995 | EUA 2.548 pontos | MEX 2.463 | VEN 2.445 |
| | Missy Howard | Georgina Serratos | Margalit Mizrachi |
| | Lesia Stark | Gabriela Sandoval | Mariela Alarza |
| 1999 | Não foi realizado | | |
| 2003 | MEX 4.807 pontos | EUA 4.715 | COL 4.702 |
| | Iliana Lomeli | Shannon Pluhowsky | Clara J. Guerrero |
| | Adriana Perez | Staly Werth | Sara Vargas |
| 2007 | ___________ | ___________ | ___________ |
| | ___________ | ___________ | ___________ |

QUADRAS

| | | | |
|---|---|---|---|
| 1951-1991 | Não foi realizado | | |
| 1995 | CAN 4.676 pontos<br>Sandra Lowe<br>Anne Saasto<br>Deborah Ship<br>Catharine Willis | EUA 4.557<br>Lisa Bishop<br>Lesia Stark<br>Missy Howard<br>Elizabeth Johnson | VEN 4.547<br>Margalit Mizrachi<br>Marianela Lista<br>Mirella de Trasolini<br>Mariela Alarza |
| 1999 | Não foi realizado | | |
| 2003 | Não foi realizado | | |
| 2007 | ____________<br>____________ | ____________<br>____________ | ____________<br>____________ |

MESTRES

| | | | |
|---|---|---|---|
| 1951-1991 | Não foi realizado | | |
| 1995 | Elizabeth Johnson<br>EUA 2.726 pontos | Edda Piccini<br>MEX 2.590 | Luz Leal<br>COL 2.485 |
| 1999 | Janette Piesczynski<br>EUA 3.328 | Alicia Marcano<br>VEN 3.328 | Jennifer Willis<br>CAN 3.282 |
| 2003 | Não foi realizado | | |
| 2007 | ____________<br>____________ | ____________<br>____________ | ____________<br>____________ |

EQUIPES

| | | | |
|---|---|---|---|
| 1951-1987 | Não foi realizado | | |
| 1991 | EUA 6.733 pontos<br>Maureen Webb<br>Julie Gardner<br>Mandy L. Wilson<br>Linda A. Norry | VEN 6.687<br>Mirella de Trasolini<br>Gisela Sánchez<br>Mariela Alarza<br>Gabriela Bigai | MEX 6.627<br>Edda Piccini<br>Ana M. Ávila<br>Leticia Rosas<br>Celia Flores |
| 1995 | Não foi realizado | | |
| 1999 | EUA 13.816 pontos<br>Janette Piesczynski<br>Debbie Kuhn<br>Kelly Kulick<br>Tennelle Grijalva | COL 13.516<br>Clara Guerrero<br>Paola Gomez<br>Sara Vargas<br>Maria Salazar | MEX 13.425<br>Leticia Ituarte<br>Gloria Ortega<br>Veronica Hernandez<br>Maria Martinez |
| 2003 | EUA | COL | MEX |
| 2007 | ____________<br>____________ | ____________<br>____________ | ____________<br>____________ |

## BOXE

48 QUILOS — MOSCA LIGEIRO

| Pan | Ouro | Prata | Bronze |
|---|---|---|---|
| 1951-1967 | Não houve | | |
| 1971 | Rafael Carbonell<br>CUB | Héctor Velázquez<br>CHI | Salvador Garcia<br>MEX<br>Juan C. Ríos<br>ARG |
| 1975 | Jorge Hernandez<br>CUB | Eleoncio Mercedes<br>DOM | Reinaldo Becerra<br>VEN<br>Arturo Urruzquieta<br>MEX |
| 1979 | Héctor Ramirez<br>CUB | Richard Sandoval<br>EUA | Eduardo Burgos<br>CHI<br>Gilberto Sosa<br>MEX |
| 1983 | Rafael Ramos<br>PRC | Paul Gonzalez<br>EUA | Héctor Diaz<br>DOM<br>Manoelito Santos<br>BRA |
| 1987 | Luis Rolón<br>PRC | Michael Carbajal<br>EUA | Juan Torres<br>CUB<br>Jesus Herrera<br>DOM |
| 1991 | Rogelio Marcelo<br>CUB | Ricardo Lopez<br>MEX | Nelson Dieppa<br>PRC<br>Fernando Retayud<br>COL |
| 1995 | Edgar Velázquez<br>VEN | Juan Ramirez<br>CUB | Oscar Baca<br>HON<br>Albert Guardado<br>EUA |
| 1999 | Maikro Romero<br>CUB | Liborio Romero<br>MEX | Patricio Calero<br>ECU<br>Ivan Calderon<br>PRC |
| 2003 | Yan Bartelemy<br>CUB | Carlos Jose Tamaro<br>COL | Raul Castaneda<br>MEX<br>Jose Jefferson Perez<br>VEN |
| 2007 | ____________<br>____________ | ____________<br>____________ | ____________<br>____________ |

51 QUILOS — MOSCA

| Pan | Ouro | Prata | Bronze |
|---|---|---|---|
| 1951 | Adalberto Barenghi<br>ARG | Germán Pardo<br>CHI | Raúl Macias G.<br>MEX |
| 1955 | Hilario Correa<br>MEX | Lugo M. Vega<br>CHI | Ramón Arias<br>VEN |
| 1959 | Miguel Botta<br>ARG | José Neves<br>BRA | Tito Blanco<br>VEN |
| 1963 | Floreal G. Garcia<br>URU | Pedro Dias<br>BRA | Robert Carmody<br>EUA |
| 1967 | Francisco Rodrigues<br>VEN | Ricardo Delgado<br>MEX | Harlan Marbley<br>EUA<br>Walter Henry<br>CAN |
| 1971 | Francisco Rodrigues<br>VEN | Arturo Delgado<br>MEX | Douglas Rodrigues<br>CUB<br>Bobby Hunter<br>EUA |
| 1975 | Ramón Duvalón<br>CUB | Victor Vinueza<br>ECU | Roberto Espinosa<br>ELS<br>Alfredo Pérez<br>VEN |
| 1979 | Alberto Mercado<br>PRC | Pedro Nolasco<br>DOM | Ian Clyde<br>CAN<br>Jerome Coffee<br>EUA |
| 1983 | Pedro Reyes<br>CUB | Laureano Ramirez<br>DOM | Jesus Poll<br>VEN<br>Steve McCrory<br>EUA |
| 1987 | Adalberto Regalado<br>CUB | David Grimán<br>VEN | Hamilton Rodrigues<br>BRA<br>Rafael Ramos<br>PRC |
| 1991 | José Ramos<br>CUB | David Serradas<br>VEN | José C. Freitas<br>BRA<br>Stephen Rose<br>GUY |
| 1995 | Juan Guzmán<br>DOM | Raúl Gonzalez<br>CUB | José Lopez<br>VEN<br>José J. Cotto<br>PRC |
| 1999 | Omar Narvaez<br>ARG | José Navarro<br>EUA | Manuel Mantilla<br>CUB<br>Daniel Ponce<br>MEX |
| 2003 | Yuriolkis Gamboa<br>CUB | Juan Carlos Payano<br>DOM | James Dean<br>BRA<br>Raul B. Hirales<br>MEX |
| 2007 | ____________<br>____________ | ____________<br>____________ | ____________<br>____________ |

54 QUILOS — GALO

| Pan | Ouro | Prata | Bronze |
|---|---|---|---|
| 1951 | Ricardo Gonzalez<br>ARG | Alí Martucci<br>VEN | Juan G. Rodrigues<br>CHI |

| | | | |
|---|---|---|---|
| 1955 | Salvador Enriquez<br>VEN | Wardy Yee<br>EUA | Roberto Lobos<br>CHI |
| 1959 | Waldo Claudiano<br>BRA | Carlos Carnete<br>ARG | Petros Spanakos<br>EUA |
| 1963 | Abel C. Almaraz<br>ARG | Marcial Gutiérrez<br>PAN | Arthur Jones<br>EUA |
| 1967 | Juvencio Martinez<br>MEX | Fermín Espinosa<br>CUB | Guillermo Velázquez<br>CHI<br>Armando Mendoza<br>VEN |
| 1971 | Pedro Flórez<br>MEX | Calixto Pérez<br>COL | Roger Buchely<br>ECU<br>Ricardo Carreras<br>EUA |
| 1975 | Orlando Martinez<br>CUB | Bernard Taylor<br>EUA | Alejandro Silva<br>PRC<br>Ángel Pacheco<br>VEN |
| 1979 | Jackie Beard<br>EUA | Luis Pizarro<br>PRC | Santiago Caballero<br>VEN<br>Lázaro Héctor<br>CUB |
| 1983 | Manuel Vilches<br>VEN | Pedro Nolasco<br>DOM | Robinson Pitalua<br>COL<br>Floyd Favors<br>EUA |
| 1987 | Manuel Martinez<br>CUB | Michael Collins<br>EUA | Domingo Damigella<br>ARG<br>Rafael del Valle<br>PRC |
| 1991 | Enrique Carrión<br>CUB | Carlos Gerena<br>PRC | Luis As Ojeda<br>VEN<br>Javier Calderón<br>MEX |
| 1995 | Juan Despaigne<br>CUB | José M. Cotto<br>PRC | Jhonny Nolazco<br>DOM<br>Claude Lambert<br>CAN |
| 1999 | Gerald Tucker<br>EUA | Neumar Cedeño<br>VEN | Waldemar Font<br>CUB<br>Ceferino Labrada<br>ARG |
| 2003 | Guillermo Rigondeaux<br>CUB | Abner Mares<br>MEX | Andrew Kooner<br>CAN<br>Jonhy E. Perez<br>COL |
| 2007 | | | |

57 QUILOS — PENA

| | | | |
|---|---|---|---|
| 1951 | Francisco Nuñez<br>ARG | Augusto Carcamo<br>CHI | Juan Ms Alvarado<br>MEX |
| 1955 | Oswaldo Cañete<br>ARG | Claudio Barrientos<br>CHI | Marcial Galicia<br>MEX |
| 1959 | Carlos Aro<br>ARG | Charles Brown<br>EUA | Mario Garate<br>CHI |
| 1963 | Rosemiro Mateus<br>BRA | Héctor J. Pace<br>ARG | Charles Brown<br>EUA |
| 1967 | Miguel Garcia<br>ARG | Francisco Oduardo<br>CUB | Freiton Caban<br>PRC<br>Albert Robinson<br>EUA |
| 1971 | Juan F. Garcia<br>MEX | José Batista<br>VEN | Manuel Torres<br>CUB<br>Enrique Alonso<br>PAN |
| 1975 | David Armstrong<br>EUA | Genovevo Griñán<br>CUB | Hugo Rengifo<br>VEN<br>Carlos Calderón<br>PRC |
| 1979 | Bernard Taylor<br>EUA | Naudy Piñero<br>VEN | Felipe Orozco<br>COL<br>Ramón Sosa<br>ARG |
| 1983 | Adolfo Horta<br>CUB | Santos Córdova<br>PRC | Bernard Gray<br>EUA<br>Rafael Zuñiga<br>COL |
| 1987 | Kelcie Banks<br>EUA | Emilio Villegas<br>DOM | José Avelar<br>ELS<br>Esteban Flores<br>PRC |
| 1991 | Arnaldo Mesa<br>CUB | Kenneth L. Friday<br>EUA | Rogério de Brito<br>BRA<br>Arnulfo Castillo<br>MEX |
| 1995 | Arnaldo Mesa<br>CUB | Alexander Trujillo<br>PRC | Luis José<br>DOM<br>Cristian Rodrigues<br>ARG |
| 1999 | Yudel Johnson<br>CUB | Zaya Younan<br>CAN | Aaron Torres<br>EUA<br>Jorge Martinez<br>MEX |
| 2003 | Likar Ramos<br>COL | Aaron Garcia<br>EUA | Yosvani Aguilera<br>CUB<br>Jonathan Batista<br>DOM |
| 2007 | | | |

60 QUILOS — LEVE

| | | | |
|---|---|---|---|
| 1951 | Oscar Galardo<br>ARG | Fernando Araneda<br>CHI | Willie F. Hunter<br>EUA |
| 1955 | Miguel As Péndola<br>ARG | Gerardo Clemente<br>PRC | Ricardo C. Orta<br>VEN |
| 1959 | Abel Laudonio<br>ARG | Gualberto Gutiérrez<br>URU | Mario Romero<br>VEN |
| 1963 | Roberto Caminero<br>CUB | João H. da Silva<br>BRA | Barry Foster<br>JAM |
| 1967 | Enrique Regüeiferos<br>CUB | Luis Minami<br>PER | Ronald Harris<br>EUA<br>Juan Rivero<br>URU |
| 1971 | Luis Dávila<br>PRC | Alfonso Pérez<br>COL | Marco Jurado<br>ECU<br>James Busceme<br>EUA |
| 1975 | Chris Clarke<br>CAN | Aaron Pryor<br>EUA | Odalis J. Pérez<br>VEN<br>Luis Echaide<br>CUB |
| 1979 | Adolfo Horta<br>CUB | Roberto Andino<br>PRC | Rafael Rodrigues<br>DOM<br>Guillermo Fernandez<br>VEN |
| 1983 | Pernell Whitaker<br>EUA | Ángel Herrera<br>CUB | Alberto M. Cortéz<br>ARG<br>Ángel Beltres<br>DOM |
| 1987 | Julio Gonzalez<br>CUB | José Pérez<br>VEN | Héctor Arroyo<br>PRC<br>Marc Menard<br>CAN |
| 1991 | Julio Gonzalez<br>CUB | Patrice Brooks<br>EUA | William Irwing<br>CAN<br>Leslie Deltroi<br>JAM |
| 1995 | Julio Gonzalez<br>CUB | Acelino "Popó" Freitas<br>BRA | Francisco Osorio<br>COL |

| | | | |
|---|---|---|---|
| | | | Michael Strange<br>CAN |
| 1999 | Mario Kindelán<br>CUB | Dana Laframbroise<br>CAN | Patric Lopez<br>VEN<br>Cristian Bejerano<br>MEX |
| 2003 | Mario Kindelán<br>CUB | Alexander de Jesus<br>PRC | Manuel Felix Diaz<br>DOM<br>Francisco X. Vargas<br>MEX |
| 2007 | ____________<br>____________ | ____________<br>____________ | ____________<br>____________ |

*63,5 QUILOS — MEIO-MÉDIO LIGEIRO

Em Santo Domingo a categoria foi disputada até 64 quilos.

| | | | |
|---|---|---|---|
| 1951 | Oscar Pietta<br>ARG | Cristóbal Hernandez<br>CUB | José L. Noriega<br>MEX |
| 1955 | J. Carlos Rivero<br>ARG | William F. Morton<br>EUA | Celestino Pinto<br>BRA |
| 1959 | Vincent Shomo<br>EUA | Luis Aranda<br>ARG | Humberto Dip<br>MEX |
| 1963 | Adolfo Moreira<br>ARG | Orlando Nuñes<br>BRA | Quincey Daniels<br>EUA |
| 1967 | James Wallington<br>EUA | Hugo Sclarandi<br>ARG | Alfredo Morales<br>MEX<br>Guillermo Salcedo<br>VEN |
| 1971 | Enrique Regüeiferos<br>CUB | José Vázquez<br>COL | Wiley Johnson<br>EUA<br>Reginald Forde<br>GUY |
| 1975 | Ray Leonard<br>EUA | Víctor Corona<br>CUB | Jesus Navas<br>VEN<br>Jesus Marte<br>DOM |
| 1979 | Lemuel Steeples<br>EUA | Hugo Hernandez<br>ARG | Pedro Cruz<br>PRC<br>José Aguilar<br>CUB |
| 1983 | Candelario Duvergel<br>CUB | Jerry Page<br>EUA | Genaro León<br>MEX<br>Giovanni Sepúlveda<br>DOM |
| 1987 | Candelario Duvergel<br>CUB | Todd Foster<br>EUA | Wanderley Oliveira<br>BRA<br>Daniel Cueto<br>PAN |
| 1991 | Steve Johnston<br>EUA | Edgar I. Ruiz<br>MEX | Luis F. da Silva<br>BRA<br>Aníbal Acevedo<br>PRC |
| 1995 | Walter J. Cruce<br>ARG | Luis Pérez<br>PRC | Fernando Vargas<br>EUA<br>Héctor Vinent<br>CUB |
| 1999 | Víctor Castro<br>ARG | Kelson Pinto<br>BRA | Diógenes Luna<br>CUB<br>Corey Bernard<br>EUA |
| 2003 | Patric Lopez<br>VEN | Isidro Mosquea<br>DOM | Marcos Costa<br>BRA<br>Juan D. Navarro<br>MEX |
| 2007 | ____________<br>____________ | ____________<br>____________ | ____________<br>____________ |

67 QUILOS — MEIO-MÉDIO

| | | | |
|---|---|---|---|
| 1951 | Ubaldo Pereyra<br>ARG | Paulo Sacoman<br>BRA | Manuel B. Vargas<br>CHI |
| 1955 | Joseph Js Dorando<br>EUA | Nicolás Nigri<br>ARG | Não houve |
| 1959 | Alfredo Cornejo<br>CHI | Aurelio Gonzalez<br>ARG | Manuel Alves<br>BRA |
| 1963 | Misael Vilugrón<br>CHI | Rubens Vasconcelos<br>BRA | Mario Pereyra<br>ARG |
| 1967 | Andrés Molina<br>CUB | Mario O. Guilloti<br>ARG | Alfonso Ramirez<br>MEX<br>Jesse Valdez<br>EUA |
| 1971 | Emilio Correa<br>CUB | Larry Carlisle<br>EUA | Jóvito Díaz<br>VEN<br>Sergio Lozano<br>MEX |
| 1975 | Clinton Jackson<br>EUA | Kenneth Bristol<br>GUY | Pedro Gamarro<br>VEN<br>Emilio Correa<br>CUB |
| 1979 | Andrés Aldama<br>CUB | Michael McCallum<br>JAM | José Baret<br>DOM<br>Javier Colín<br>MEX |
| 1983 | Louis Howard<br>EUA | José Aguilar<br>CUB | Luis Garcia<br>VEN<br>Antonio Madureira<br>BRA |
| 1987 | Juan Cs Lemus<br>CUB | Kenneth Gould<br>EUA | Pedro Frías<br>DOM<br>Rey Rivera<br>PRC |
| 1991 | Juan Hernandez S.<br>CUB | Gregory Johnson<br>CAN | Santos I. Beltrán<br>MEX<br>José C. Guzmán<br>VEN |
| 1995 | David Reid<br>EUA | Daniel Santos P.<br>PRC | Hércules Kyvelos<br>CAN<br>Tomás E. Leyva<br>GUA |
| 1999 | Juan Hernandez<br>CUB | Jeremy Molitor<br>CAN | Charlie Navarro<br>VEN<br>Le Chaunce Shepherd<br>EUA |
| 2003 | Não foi disputada | | |
| 2007 | ____________<br>____________ | ____________<br>____________ | ____________<br>____________ |

*71 QUILOS — MÉDIO-LIGEIRO

Em Santo Domingo a categoria foi disputada até 69 quilos.

| | | | |
|---|---|---|---|
| 1951 | Não houve | | |
| 1955 | Paul Wright<br>EUA | Raúl Tovar<br>VEN | Manuel A. Sáenz<br>ARG |
| 1959 | Wilbert McClure<br>EUA | José Burgos<br>VEN | Helio Crescencio<br>BRA |
| 1963 | Elcio Neves<br>BRA | Manuel Sanchez<br>PER | Osvaldo Mariño<br>ARG |
| 1967 | Rolando Garbey<br>CUB | Víctor Galíndez<br>ARG | Agustín Zaragosa<br>MEX<br>Donato Paduano<br>CAN |
| 1971 | Rolando Garbey<br>CUB | Emeterio Villanueva<br>MEX | Bernard Guindon<br>CAN<br>Reginald Jones<br>EUA |
| 1975 | Rolando Garbey<br>CUB | Michael Prevost<br>CAN | Alfredo Lemus<br>VEN<br>Charles Walker<br>EUA |
| 1979 | José Molina<br>PRC | James Shuler<br>EUA | Francisco Jesus<br>BRA<br>Jorge Amparo<br>DOM |

| | | | |
|---|---|---|---|
| 1983 | Orestes Solano<br>CUB | Dennis Milton<br>EUA | Darío Matteoni<br>ARG<br>Héctor Ortiz<br>PRC |
| 1987 | Orestes Solano<br>CUB | Freddy Sanchez<br>PRC | Frank Liles<br>EUA<br>Gary Smikles<br>JAM |
| 1991 | Juan Cs Lemus<br>CUB | Miguel Jiménez<br>PRC | Lucas Franca<br>BRA<br>Ravea Springs<br>EUA |
| 1995 | Alfredo Duvergel<br>CUB | Derbys Alvarez<br>VEN | Kirt Sinnette<br>TRI<br>Jason Smith<br>CAN |
| 1999 | Jorge Gutiérrez<br>CUB | Scott McIntosch<br>CAN | David Black<br>JAM<br>Darnel Wilson<br>EUA |
| 2003 | Lorenzo Arangón<br>CUB | Juan McPherson<br>EUA | Alfredo Angulo<br>MEX<br>Euris Gonzales<br>DOM |
| 2007 | ______<br>______ | ______<br>______ | ______<br>______ |

75 QUILOS — MÉDIO

| | | | |
|---|---|---|---|
| 1951 | Não foi disputada. | | |
| 1955 | Orville E. Pitts<br>EUA | Miguel Safatle Ali<br>CHI | Não houve |
| 1959 | Abrahão de Souza<br>BRA | Bobby Foster<br>EUA | Carl Crawford<br>GUY |
| 1963 | Luiz L. César<br>BRA | Leonardo Alcolea<br>CUB | Fidel Odreman<br>VEN |
| 1967 | Jorge Ahumada<br>ARG | Luís Fabre<br>BRA | Joaquin Delís<br>CUB<br>Carlos M. Franco<br>URU |
| 1971 | Faustino Quinales<br>VEN | Jerry Otis<br>EUA | Agustín Zaragosa<br>MEX<br>Carlos M. Franco<br>URU |
| 1975 | Alejandro Montoya<br>CUB | Fernando Martins<br>BRA | Nicolás Arredondo<br>MEX<br>Idelfonso Gomez<br>NCA |
| 1979 | José Gomez<br>CUB | Carlos Fonseca<br>BRA | Oscar Florentin<br>ARG<br>Alfred Thomas<br>GUY |
| 1983 | Bernardo Comas<br>CUB | Alfredo Delgado<br>PRC | John Smith<br>TRI<br>Pedro Gamarro<br>VEN |
| 1987 | Ángel Espinosa<br>CUB | Otis Grant<br>CAN | Carlos Herrera<br>VEN<br>Juan Montiel<br>URU |
| 1991 | Ramón Garbey<br>CUB | Chris Johnson<br>CAN | Richard Santiago<br>PRC<br>Michael DeMoss<br>EUA |
| 1995 | Ariel Hernandez<br>CUB | Ricardo Araneda<br>CHI | Jhon Arroyo<br>COL<br>Ronald Simms<br>EUA |
| 1999 | Johanson Martinez<br>CUB | Arthur Palac<br>EUA | Jim Rodrigues<br>VEN<br>José Herrera<br>COL |
| 2003 | Juan Ubaldo<br>DOM | Yordanis Despaigne<br>CUB | Alexander Brand<br>COL<br>Jean Pascal<br>CAN |
| 2007 | ______<br>______ | ______<br>______ | ______<br>______ |

81 QUILOS — MEIO-PESADO

| | | | |
|---|---|---|---|
| 1951 | Rinaldo Ansaloni<br>ARG | Lucio Gratone<br>BRA | John T. Stewart<br>EUA |
| 1955 | Luiz Ignácio, "Luizão"<br>BRA | Abel M. Escalante<br>ARG | John T. Stewart<br>EUA |
| 1959 | Amos Johnson<br>EUA | Rafael Gargiulo<br>ARG | Carlos Lucas<br>CHI |
| 1963 | Fred Lewis<br>EUA | Ronald Holmes<br>JAM | Ruben Alves<br>BRA |
| 1967 | Arthur Redden<br>EUA | Juan J. Torres<br>ARG | Manuel Castañon<br>MEX<br>Marijan Kholar<br>CAN |
| 1971 | Raymond Russell<br>EUA | Waldemar de Oliveira<br>BRA | William Titley<br>CAN<br>Humberto Salguero<br>ARG |
| 1975 | Orestes Pedroso<br>CUB | Leon Spinks<br>EUA | João Batista<br>BRA<br>Juan D. Suárez<br>ARG |
| 1979 | Anthony Tucker<br>EUA | Dennis Jackson<br>PRC | Clemente Ortiz<br>DOM<br>Patrick Fennel<br>CAN |
| 1983 | Pablo Romero<br>CUB | Evander Holyfield<br>EUA | Miguel A. Mosna<br>ARG<br>Carlos Salazar<br>VEN |
| 1987 | Pablo Romero<br>CUB | Nelson Adams<br>PRC | Wilfred Moses<br>GUY<br>Andrew Maynard<br>EUA |
| 1991 | Orestes Solano<br>CUB | Raimundo R. Yant<br>VEN | Robert Dale<br>CAN<br>Terrence Poole<br>GUY |
| 1995 | Antonio Tarver<br>EUA | Thompson Garcia<br>ECU | Edgardo Santos P.<br>PRC<br>Gabriel Hernandez<br>DOM |
| 1999 | Humberto Savigne<br>CUB | Laudelino Barros<br>BRA | Hugo Garay<br>ARG<br>Troy A. Ross<br>CAN |
| 2003 | Ramiro Reducindo<br>MEX | Yoan Pablo Hernandez<br>CUB | Argenis Casimiro<br>DOM<br>Edgar R. Muñoz<br>VEN |
| 2007 | ______<br>______ | ______<br>______ | ______<br>______ |

91 QUILOS — PESADO

| | | | |
|---|---|---|---|
| 1951 | Jorge Vertone<br>ARG | Victor Bignon<br>CHI | Norvel L. Lee<br>EUA |
| 1955 | Alesci P. Miteff<br>ARG | Adao Waldemar<br>BRA | Norvel L. Lee<br>EUA |
| 1959 | Allen Hudson<br>EUA | Eduardo Corletti<br>ARG | Jurandyr Nicolau<br>BRA |
| 1963 | Lee Carr<br>EUA | José E. Jorge<br>BRA | Raul N. Aguilar<br>URU |

| Pan | Ouro | Prata | Bronze |
|---|---|---|---|
| 1967 | Forrest Ward<br>EUA | José L. Cabrera<br>CUB | Ricardo Aguad<br>ARG<br>Não houve |
| 1971 | Duane Bobick<br>EUA | Joaquin Rocha<br>MEX | Teófilo Stevenson<br>CUB<br>Vicente M. de Campo<br>BRA |
| 1975 | Teófilo Stevenson<br>CUB | Michael Dokes<br>EUA | Trevor Barbick<br>JAM<br>Jair de Campos<br>BRA |
| 1979 | Teófilo Stevenson<br>CUB | Narciso Maldonado<br>PRC | Rufus Hadley<br>EUA<br>Luis Castillo<br>ECU |
| 1983 | Aurelio Toyo<br>CUB | Henry Tillman<br>EUA | Virgilio Frias<br>DOM<br>Alex Stewart<br>JAM |
| 1987 | Félix Savon<br>CUB | Juan Diaz<br>ARG | Domenic D'Amico<br>CAN<br>Michael Brent<br>EUA |
| 1991 | Félix Savon<br>CUB | Shannon Briggs<br>EUA | Tom Glesby<br>CAN<br>Não houve |
| 1995 | Félix Savon<br>CUB | Lamon Brewster<br>EUA | Moisés Rolón<br>PRC<br>Santiago Palavecino<br>ARG |
| 1999 | Odlanier Solis<br>CUB | Mark Simmons<br>CAN | Kerron Speid<br>JAM<br>Marcelino Novaes<br>BRA |
| 2003 | Odlanier Solis<br>CUB | Kertson Manswell<br>TRI | Jason Douglas<br>CAN<br>Devin Vargar<br>EUA |
| 2007 | ________<br>________ | ________<br>________ | ________<br>________ |

#### MAIS DE 91 QUILOS — SUPERPESADO

1951-1979 Não houve

| Pan | Ouro | Prata | Bronze |
|---|---|---|---|
| 1983 | Jorge L. Gonzalez<br>CUB | Eloy Loaiza<br>VEN | Tyrell Biggs<br>EUA<br>Não houve |
| 1987 | Jorge L. Gonzalez<br>CUB | Lennox Lewis<br>CAN | Carlos Barcelete<br>BRA<br>Riddick Bowe<br>EUA |
| 1991 | Roberto Balado<br>CUB | Harold Arroyo<br>PRC | Elio Ibarra<br>ARG<br>Terry Campbell<br>CAN |
| 1995 | Leonardo Martinez<br>CUB | Jean F. Bergeron<br>CAN | Romulo Cuarez<br>VEN<br>Lance Whitaker<br>EUA |
| 1999 | Alexis Rubalcaba<br>CUB | Davin King<br>EUA | Cláudio Silva<br>BRA<br>Manuel Azar<br>ARG |
| 2003 | Jason Estrada<br>EUA | Michael Lopez<br>CUB | Victor Bisbal<br>PRC<br>Sebastian I. Ceballo<br>ARG |
| 2007 | ________<br>________ | ________<br>________ | ________<br>________ |

## CANOAGEM

### Provas Masculinas

#### C-1.500 METROS

1951-1983 Não se realizou

| Pan | Ouro | Prata | Bronze |
|---|---|---|---|
| 1987 | Jim Terrell<br>EUA 2m06s25 | Stephen Wasteneys<br>CAN 2m07s94 | Jorge E. Montero<br>CUB 2m12s47 |
| 1991 | Armando Silega<br>CUB 1m57s87 | Paul Pageau<br>CAN 1m58s14 | José R. Ferrer<br>MEX 2m00s26 |
| 1995 | Jim Terrell<br>EUA 1m55s0 | Attila Buday<br>CAN 1m55s13 | Juan Martinez<br>MEX 1m57s90 |
| 1999 | Ledy Frank Balceiro<br>CUB 1m51s232 | Stephen Giles<br>CAN 1m51s442 | Jim Terrell<br>EUA 1m55s132 |
| 2003 | Javier Correa<br>ARG | Sebastian Cuattrin<br>BRA | Mark de Jonge<br>CAN |
| 2007 | ________<br>________ | ________<br>________ | ________<br>________ |

#### C-2.500 METROS

1951-1983 Não se realizou

| Pan | Ouro | Prata | Bronze |
|---|---|---|---|
| 1987 | CUB 1m57s22<br>Juan Aballi<br>Jorge E. Montero | CAN 2m00s57<br>Jack Chubaty<br>Max Tracy | EUA 2m00s86<br>Rodney McLain<br>Bruce Merritt |
| 1991 | CUB 1m45s46<br>Juan Aballi<br>Fernando Zamora | MEX 1m50s53<br>Juan Martinez<br>Alfredo Morales | CAN 1m52s26<br>Gavin Maxwell<br>James C. O'Leary |
| 1995 | CAN 1m47s54<br>Mike Oryschak<br>Danny Howe | MEX 1m47s77<br>Antonio Romero<br>Ramon Ferrer | CUB 1m47s91<br>Juan Aballi<br>Fernando Zamora |
| 1999 | CUB 1m44s994<br>Leobaldo Pereira<br>Ibrahim Rojas | CAN 1m45s326<br>Maxime Boilard<br>Howard Pellerin | EUA 1m48s988<br>Nathan Johnson<br>Jordan Malloch |
| 2003 | CUB 1m46s669 | MEX 1m49s029 | CAN 1m49s297 |
| | A canoa dos brasileiros Rogério Santos e Antonio Borges ficou em quinto lugar,com o tempo de 1m52s009. | | |
| 2007 | ________<br>________ | ________<br>________ | ________<br>________ |

#### C-1, 1.000 METROS

1951-1983 Não se realizou

| Pan | Ouro | Prata | Bronze |
|---|---|---|---|
| 1987 | Bruce Merritt<br>EUA 4m21s83 | Armando Silega<br>CUB 4m23s64 | Stephen Wasteneys<br>CAN 4m23s79 |
| 1991 | Armando Silega<br>CUB 4m06s19 | Paul Pageau<br>CAN 4m07s35 | Fred C. Spaulding<br>EUA 4m09s28 |
| 1995 | Ledy Frank Balceiro<br>CUB 4m12s98 | Juan Martinez<br>MEX 4m13s60 | Danny Howe<br>CAN 4m14s53 |
| 1999 | Stephen Giles<br>CAN 4m06s130 | Ledy Frank Balceiro<br>CUB 4m09s380 | José A. Romero<br>MEX 4m17s890 |
| 2003 | Tom Hall<br>CAN | José Romero<br>MEX | Darwin Correa<br>URU |
| | Euvaldo Ramos, dos Brasil, ficou em quarto lugar. | | |
| 2007 | ________<br>________ | ________<br>________ | ________<br>________ |

#### C-2, 1.000 METROS

1951-1983 Não se realizou

| Pan | Ouro | Prata | Bronze |
|---|---|---|---|
| 1987 | CAN 3m50s13<br>Jack Chubaty<br>Max Tracy | EUA 3m53s10<br>Rodney McLain<br>Jim Terrell | CUB 3m57s38<br>Juan Aballi<br>Jorge E. Montero |
| 1991 | CUB 3m42s49<br>Juan Aballi<br>Fernando Zamora | MEX 3m46s19<br>José A. Romero<br>José R. Ferrer | CAN 3m51s28<br>James C. O'Leary<br>Gavin Maxwell |
| 1995 | CUB 3m34s42<br>Ibrahim Rojas<br>José Yordi | CAN 3m34s92<br>Tamas Buday<br>Attila Buday | MEX 3m43s46<br>Juan Martinez<br>Ramon Ferrer |

| | | | |
|---|---|---|---|
| 1999 | CUB 3m59s250 | CAN 4m00s972 | EUA 4m10s222 |
| | Leobaldo Pereira | Tamas Buday Jr. | Nathan Johnson |
| | Ibrahim Rojas | Attila Buday | Jordan Malloch |
| 2003 | CUB 3m46s295 | CHI 3m49s095 | MEX 3m49899 |
| | A canoa brasileira ficou em quarto lugar, com o tempo de 3m50s559. | | |
| 2007 | ____________ | ____________ | ____________ |
| | ____________ | ____________ | ____________ |

K-1, 500 METROS

1951-1983 Não se realizou

| | | | |
|---|---|---|---|
| 1987 | Norman Bellingham | Luis E. Perez | Jeff Houser |
| | EUA 1m49s00 | CUB 1m54s06 | CAN 1m58s45 |
| 1991 | Angel Perez | Michael Herbert | Scott Kerrigan |
| | CUB 1m40s55 | EUA 1m41s17 | CAN 1m45s00 |
| 1995 | Peter Newton | Emmanuel Auger | Sergio Mangin |
| | EUA 1m42s63 | CAN 1m44s45 | ARG 1m44s84 |
| 1999 | Javier Correa | Peter Newton | Carlos Campos |
| | ARG 1m39s117 | EUA 1m41s225 | BRA 1m41s749 |
| 2003 | Javier Correa | Sebastian Cuattrin | Mark de Jonge |
| | ARG | BRA | CAN |
| 2007 | ____________ | ____________ | ____________ |
| | ____________ | ____________ | ____________ |

K-2, 500 METROS

1951-1983 Não se realizou

| | | | |
|---|---|---|---|
| 1987 | EUA 1m38s97 | CUB 1m42s74 | CAN 1m44s61 |
| | Michael Herbert | Marlo M. Marcheco | Tom Ladanyi |
| | Terry Kent | Jorge L. Mendez | Eric Myles |
| 1991 | CUB 1m35s26 | EUA 1m35s86 | ARG 1m38s71 |
| | Angel Perez | Mark D. Hamilton | Mauricio Vergauven |
| | Luis Fernandez | Peter Newton | José L. Marello |
| 1995 | EUA 1m35s51 | CUB 1m35s93 | ARG 1m38s33 |
| | Peter Newton | Marcelino Cipriano | Diego Canepa |
| | Stein Jorgensen | Luis E. Perez | Sergio Mangin |
| 1999 | EUA 1m30s509 | ARG 1m32s359 | BRA 1m33s577 |
| | Stein Jorgensen | Javier Correa | Carlos Campos |
| | John Mooney | Abelardo Sztrum | Sebastian Cuattrin |
| 2003 | BRA 1m33s098 | ARG 1m33s570 | MEX 1m33s918 |
| | Carlos Campos | Miguel Correa | Manuel Cortina |
| | Fábio Demarchi | Fernando Redondo | Ricardo Reza |
| 2007 | ____________ | ____________ | ____________ |
| | ____________ | ____________ | ____________ |
| | ____________ | ____________ | ____________ |

K-4, 500 METROS

1951-1987 Não se realizou

| | | | |
|---|---|---|---|
| 1991 | CUB 1m25s28 | CAN 1m27s01 | EUA 1m28s09 |
| | Angel Perez | Scott Kerrigan | Mitch M. Kahn |
| | Luis Fernandez | Jason Moffat | Neil C. Barlow |
| | Marlo M. Marcheco | Jeff Albon | Curt J. Bader |
| | Luis A. Estevez | Ashley G. McColgan | Patrick Richardson |
| 1995 | CUB 1m27s06 | EUA 1m27s92 | ARG 1m29s25 |
| | Luis E. Perez | Christopher Ball | Abelardo Sztrum |
| | Rafael Varona | Curt J. Bader | Diego Canepa |
| | Marcelino Cipriano | Michael Harbold | Ariel Basvalto |
| | Yoani Ventura | Michael Herbert | Javier Correa |

1999-2003 Não se realizou

K-1, 1.000 METROS

1951-1983 Não se realizou

| | | | |
|---|---|---|---|
| 1987 | Gregory Barton | Jorge L. Garcia | Atilio Vasquez |
| | EUA 3m47s26 | CUB 4m06s03 | ARG 4m08s91 |
| 1991 | Michael Herbert | Angel Perez | Peter Giles |
| | EUA 3m43s81 | CUB 3m47s54 | CAN 3m56s14 |
| 1995 | Abelardo Sztrum | Peter Newton | Sebastian Cuattrin |
| | ARG 3m46s72 | EUA 3m48s53 | BRA 3m48s63 |
| 1999 | Javier Correa | Sebastian Cuattrin | Adrian Richardson |
| | ARG 3m39s527 | BRA 3m42s683 | CAN 3m44s335 |
| 2003 | Javier Correa | Sebastian Cuattrin | Rami Zur |
| | ARG 3m38s123 | BRA 3m40s243 | EUA 3m40s491 |
| 2007 | ____________ | ____________ | ____________ |
| | ____________ | ____________ | ____________ |

K-2, 1.000 METROS

1951-1983 Não se realizou

| | | | |
|---|---|---|---|
| 1987 | EUA 3m22s30 | CUB 3m33s95 | CAN 3m35s38 |
| | Gregory Barton | Marlo M. Marcheco | Jeff Houser |
| | Norman Bellingham | Jorge L. Mendez | Liam Jewell |
| 1991 | CUB 3m22s28 | ARG 3m25s62 | CAN 3m27s64 |
| | Marlo M. Marcheco | José L. Marello | Peter Giles |
| | Luis A. Estevez | Mauricio Vergauven | Alan R. Gibb |
| 1995 | ARG 3m24s37 | CUB 3m26s67 | BRA 3m27s47 |
| | Abelardo Sztrum | Marcelino Cipriano | Sebastian Cuattrin |
| | Javier Correa | Luis E. Perez | Álvaro Koslowski |
| 1999 | ARG 3m33s086 | BRA 3m34s862 | CUB 3m37s272 |
| | Javier Correa | Carlos Campos | Luis Fernandez |
| | Abelardo Sztrum | Sebastian Cuattrin | Marcelino Cipriano |
| 2003 | CUB 3m21s371 | EUA 3m22s107 | BRA 3m23s307 |
| | Lancy Martinez | Luis Estrada | Roger Caumo |
| | Yoel Mendoza | Carlos Lopez | Fabio Demarchi |
| 2007 | ____________ | ____________ | ____________ |
| | ____________ | ____________ | ____________ |

K-4, 1.000 METROS

1951-1983 Não se realizou

| | | | |
|---|---|---|---|
| 1987 | EUA 3m02s90 | CUB 3m08s65 | ARG 3m12s51 |
| | Curt J. Bader | Luis Fernandez | Juan Labrin |
| | Michael Harbold | Marlo M. Marcheco | José L. Marello |
| | Terry White | Jorge L. Garcia | Fernando Chaparro |
| | Michael Herbert | Jorge L. Mendez | Gustavo Birillo |
| 1991 | CUB 3m04s83 | EUA 3m08s05 | CAN 3m08s51 |
| | Angel Perez | Mitch M. Kahn | Scott Kerrigan |
| | Luis Fernandez | Neil C. Barlow | Alan R. Gibb |
| | Marlo M. Marcheco | Curt J. Bader | Ashley G. McColgan |
| | Luis A. Estevez | Patrick Richardson | Peter Giles |
| 1995 | CUB 3m02s87 | EUA 3m03s06 | ARG 3m08s72 |
| | Marcelino Cipriano | Michael Herbert | Javier Correa |
| | Rafael Varona | Michael Harbold | Juan Labrin |
| | Luis E. Perez | Neil C. Barlow | Fernando Ortiz |
| | Yoani Ventura | Stein Jorgensen | Sergio Mangin |
| 1999 | EUA 3m15s520 | CUB 3m18s434 | BRA 3m19s780 |
| | Stein Jorgensen | Marcelino Cipriano | Andre Caye |
| | Peter Newton | Yoel Mendoza | Carlos Campos |
| | Justin Piasecki | René Pedroso | Roger Caumo |
| | John Mooney | Luis Fernandez | Sebastian Cuattrin |
| 2003 | CUB | BRA | ARG |
| | | André Lúcio Caye | |
| | | Carlos Campos | |
| | | Sebastian Cuattrin | |
| | | Sebastian Szubski | |
| 2007 | ____________ | ____________ | ____________ |
| | ____________ | ____________ | ____________ |

Provas Femininas

K-1, 500 METROS

1951-1983 Não se realizou

| | | | |
|---|---|---|---|
| 1987 | Tracy Phillips | Erika Revesz | Veronica Arbo |
| | EUA 2m08s49 | CAN 2m13s59 | ARG 2m13s78 |
| 1991 | Corrina Kennedy | Tatiana Valdes | Megan M. Duffy |
| | CAN 2m02s46 | CUB 2m03s49 | EUA 2m10s81 |
| 1995 | Alexandra Harbold | Erika Duron | Anmary Lopez |
| | EUA 2m02s37 | MEX 2m02s81 | CUB 2m03s23 |
| 1999 | Karen Furneaux | Kathryn Colin | Mariela Suarez |
| | CAN 1m52s173 | EUA 1m53s585 | CUB 1m56s651 |
| 2003 | Ruth Nortje | Maria Fernanda Laura | Jill d'Alessio |
| | EUA 1m56s575 | ARG 1m58s735 | CAN 2m01s319 |
| | Ariela Pinto, do Brasil, ficou em sexto lugar, com o tempo de 2m09s395. | | |

| | | | |
|---|---|---|---|
| 2007 | ___ | ___ | ___ |
| | ___ | ___ | ___ |

**K-2, 500 METROS**

| | | | |
|---|---|---|---|
| 1951-1983 | Não se realizou | | |
| 1987 | EUA 2m00s31 | CAN 2m03s81 | ARG 2m04s53 |
| | Shirley Dery-Batlik | Louise Hine | Maria Millavro |
| | Sheila Conover | Cindy Leonard | Corina Martin |
| 1991 | CAN 1m48s59 | CUB 1m49s28 | EUA 1m51s91 |
| | Tessa Desouza | Tatiana Valdés | Sharon Attlesey |
| | Corrina Kennedy | Mirlenis Aguilera | DeAnne Hemmes |
| 1995 | EUA 1m46s55 | CAN 1m48s06 | MEX 1m51s56 |
| | DeAnne Hemmes | Kelly O'Leary | Renata Hernández |
| | Tracy Phillips | Marie-Jose Gibeau | Sandra Rojas |
| 1999 | CAN 1m44s199 | EUA 1m44s417 | CUB 1m46s157 |
| | Marie-Jose Gibeau | Kathryn Colin | Daylen Hernandez |
| | Carrie Lightbound | Tamara Jenkins | Mirlenis Aguilera |
| 2003 | EUA 1m47s757 | CAN 1m52s517 | ARG 1m52s993 |
| 2007 | ___ | ___ | ___ |

**K-4, 500 METROS**

| | | | |
|---|---|---|---|
| 1951-1983 | Não se realizou | | |
| 1987 | EUA 1m43s87 | CAN 1m47s36 | CUB 1m47s97 |
| | Sheila Conover | Erika Revesz | Paula G. Rivas |
| | Shirley Dery-Batlik | Cindy Leonard | Elisa Zaldivar |
| | Tracy Phillips | Louise Hine | Vilma La O Sanchez |
| | Jojo Toeppner | Zandra Rubinger | Belkis Martinez |
| 1991 | CUB 1m39s78 | CAN 1m40s38 | EUA 1m43s81 |
| | Mirlenis Aguilera | Tessa Desouza | Lori A. Schick |
| | Elisa Zaldivar | Corrina Kennedy | Sharon Attlesey |
| | Tatiana Valdes | Lucy G. Slade | DeAnne Hemmes |
| | Yamile Ley | Leslie A. Young | Helen L. Collins |
| 1995 | CAN 1m37s55 | EUA 1m39s62 | CUB 1m41s50 |
| | Catharine Breckendrige | Tracy Phillips | Mirlenis Aguilera |
| | Danica Rice | DeAnne Hemmes | Anmary Lopez |
| | Jessica Ferguson | Alexandra Harbold | Mariela Suarez |
| | Marie-Jose Gibeau | Kathy Hendrickson Borg | Yamile Ley |
| 1999 | CAN 1m41s546 | CUB 1m43s318 | EUA 1m44s166 |
| | Karen Furneaux | Daylen Hernandez | Kathryn Colin |
| | Marie-Jose Gibeau | Mariela Suarez | Tamara Jenkins |
| | Carrie Lightbound | Yamile Ley | Julia Sorzano |
| | Liza Racine | Mirlenis Aguilera | Alexandra Harbold |
| 2003 | CAN 1m38s950 | EUA 1m39s910 | ARG 1m42s538 |
| 2007 | ___ | ___ | ___ |
| | ___ | ___ | ___ |

## CICLISMO

### Provas Masculinas

**VELOCIDADE**

| Pan | Ouro | Prata | Bronze |
|---|---|---|---|
| 1951 | Antonio Gimenez | Carlos Martinez | Mario Massanes |
| | ARG 12s6 | ARG 12s8 | CHI 12s15 |
| 1955 | Jorge Batiz | Juan C. Perez | Cenobio Ruiz |
| | ARG 11s5 | URU 11s8 | MEX 12s6 |
| 1959 | Juan Canto | Jack Disney | Carlos Vásquez |
| | ARG 11s8 | EUA 11s9 | ARG 12s4 |
| 1963 | Roger Gibbon | James Rossi | Edgardo Molinaroli |
| | TRI 12s4 | EUA | ARG 13s2 |
| 1967 | Roger Gibbon | Oscar Garcia | Carl Leusenkamp |
| | TRI 12s29 | ARG | EUA 11s83 |
| 1971 | Leslie King | Daniel Larreal | Víctor Limba |
| | TRI 11s41 | VEN | ARG 11s95 |
| 1975 | Steve Woznick | Octavio Dazán | Carl Leusenkamp |
| | EUA 11s154 | ARG | EUA 10s904 |
| 1979 | Gordon Singleton | Jesus Perez | Dagoberto Pino |
| | CAN 11s26 | CUB 11s49 | CUB 11s87 |
| 1983 | Nelson Vails | Les Barczewski | José Urquijo |
| | EUA 10s96 | EUA | CHI 12s04 |
| 1987 | Ken Carpenter | Mark Gorski | Curtis Harnett |
| | EUA | EUA | CAN |
| 1991 | Richard Young | D. Hiram Flores | John Gonzalez |
| | CAN | CUB | COL |
| 1995 | Martin Nothstein | Christian Arrue | Gil Cordovés |
| | EUA | CHI | CUB |
| 1999 | Martin Nothstein | Christian Arrue | Julio C. Herrera |
| | EUA | EUA | CUB |
| 2003 | Barry Forde | Leonardo Narvaez | Giddeon Massie |
| | BAR | COL | EUA |
| 2007 | ___ | ___ | ___ |
| | ___ | ___ | ___ |

**KM CONTRA O RELÓGIO**

| | | | |
|---|---|---|---|
| 1951 | Clodomiro Cortoni | Hernán Messanes | Jorge Sobrevila |
| | ARG 1m12s9 | CHI 1m15s9 | ARG 1m16s0 |
| 1955 | Antonio Di Micheli | Octavio Echeverri | Luis P. Serra |
| | VEN 1m09s8 | COL 1m10s5 | URU 1m11s2 |
| 1959 | Anesio Argenton | David Staub | Ricardo Senn |
| | BRA 1m12s3 | EUA 1m12s4 | ARG 1m13s0 |
| 1963 | Carlos Vásquez | Roger Gibbon | Anesio Argenton |
| | ARG 1m09s0 | TRI 1m10s1 | BRA 1m11s0 |
| 1967 | Roger Gibbon | Jack Simes | Carlos Vásquez |
| | TRI 1m09s33 | EUA 1m10s94 | ARG 1m12s03 |
| 1971 | Jocelyn Lowell | Leslie King | Harold Halsey |
| | CAN 1m07s65 | TRI 1m08s61 | EUA 1m08s76 |
| 1975 | Jocelyn Lowell | David Weller | Steve Woznick |
| | CAN 1m05s307 | JAM 1m05s973 | EUA 1m06s102 |
| 1979 | Gordon Singleton | David Weller | Richard Thormen |
| | CAN 1m07s300 | JAM 1m08s670 | CHI 1m08s830 |
| 1983 | Rory O'Reilly | Marcelo O. Alexandre | David Weller |
| | EUA 1m05s54 | ARG 1m06s61 | JAM 1m06s64 |
| 1987 | Curtis Harnett | Gene Samuel | Leonard Nitz |
| | CAN 1m05s839 | TRI 1m06s204 | EUA 1m06s863 |
| 1991 | Gene Samuel | Erin Hartwell | Germán Garcia |
| | TRI 1m05s496 | EUA 1m06s435 | ARG 1m07s474 |
| 1995 | Gil Cordovés | Erin Hartwell | Gene Samuel |
| | CUB 1m05s688 | EUSA 1m06s269 | TRI 1m07s630 |
| 1999 | Julio C. Herrera | Erin Hartwell | Douglas Baron |
| | CUB 1m04s487 | EUA 1m05s347 | CAN 1m05s508 |
| 2003 | Ahmed Lopez | Christian Stahl | Benjamin Martinez |
| | CUB 1m04s423 | EUA 1m06s751 | BOL 1m06s862 |

O brasileiro Róbson Dias ficou em nono lugar, com o tempo de 1m10s390.

| | | | |
|---|---|---|---|
| 2007 | ___ | ___ | ___ |
| | ___ | ___ | ___ |

**4.000 METROS, PERSEGUIÇÃO INDIVIDUAL**

| | | | |
|---|---|---|---|
| 1951 | Jorge Vallmitjana | Pedro Salas | Hernán Llerena |
| | ARG 5m18s1 | ARG 5m18s3 | PER 5m32s0 |
| 1955-1963 | Não se realizou | | |
| 1967 | Martín Rodríguez | Juan Merlos | Radamés Treviño |
| | COL 4m58s31 | ARG 5m11s56 | MEX 5m16s03 |
| 1971 | Martín Rodríguez | Juan C. Álvarez | Francisco J. Huerta |
| | COL 4m46s12 | ARG | MEX 4m56s59 |
| 1975 | Balbino Jaramillo | Francisco J. Huerta | Fernando Vera |
| | COL 4m49s630 | MEX 4m53s745 | CHI 4m56s908 |
| 1979 | Claude Langlois | Fernando Vera | Juan Rivera |
| | CAN 4m58s282 | CHI 5m00s204 | CUB 5m04s390 |
| 1983 | David Grylls | José Ruiz | Gabriel Curuchet |
| | EUA 4m48s80 | VEN 4m50s96 | ARG |
| 1987 | Gabriel Curuchet | David Brinton | Patrick Beauchemin |
| | ARG 4m47s24 | EUA 4m49s08 | CAN 4m52s08 |
| 1991 | Raúl Domínguez | Dirk Copeland | Miguel Droguett |
| | CUB 4m44s84 | EUA 4m48s80 | CHI 4m52s89 |
| 1995 | Kent Bostick | Walter Perez | Brian Walton |
| | EUA 4m35s839 | ARG 4m36s831 | CAN 4m40s050 |
| 1999 | Dylan Casey | Walter Perez | Marlon Perez |
| | EUA 4m29s513 | ARG 4m31s642 | COL 4m34s823 |

| | | | |
|---|---|---|---|
| 2003 | Edgardo Simon | Marco Arraigado | Alexander Gonzalez |
| | ARG 4m38s036 | CHI 4m38s737 | COL 4m50s780 |
| 2007 | ____________ | ____________ | ____________ |
| | ____________ | ____________ | ____________ |

**4.000 METROS, PERSEGUIÇÃO POR EQUIPES**

| | | | |
|---|---|---|---|
| 1951 | ARG | CHI | VEN |
| | Oscar Giacche | Jaime Acevedo | Jorge Hinestroza |
| | Rodolfo Caccavo | Gabriel Miqueles | Héctor Alvarado |
| | Pedro Salas | Ermanno Robino | Luis Toro |
| | Alberto Garcia | Alfonso Moreno | Andoni Ituarte |
| 1955 | ARG 4m43s2 | URU 4m52s2 | MEX 4m55s7 |
| | Clodomiro Cortoni | Luis Serra | Viviano Gonzalez |
| | Ricardo Senn | Alberto Velázquez | Francisco Lozano |
| | Dulio Biganzoli | Julio Sobrera | Rubén Ramírez |
| 1959 | EUA 4m52s6 | URU 4m57s0 | ARG 4m59s5 |
| | Richard Cortright | Rodolfo Rodino | Ricardo Senn |
| | Charles Hewitt | Juan J. Timón | Antonio Alexandre |
| | Robert Pfarr | Eduardo Puertollano | Héctor Acosta |
| | James Rossi | Héctor Placeres | Federico Cortés |
| 1963 | URU 5m10s5 | ARG | MEX 5m48s1 |
| | Rubén Etchebarne | Ernesto Contreras | Mauricio Mata |
| | Alberto Camilo | Héctor Acosta | Jacinto Brito |
| | Luis P. Serra | Alberto Trillo | Melesio Soto |
| | Juan J. Timón | Juan Brotto | Enrique Barajas |
| 1967 | ARG 4m44s58 | MEX 4m52s44 | EUA 4m57s24 |
| | Juan Merlos | Radamés Treviño | Harry Cutting |
| | Juan C. Álvarez | Sabas Cervantes | Wesley Chowen |
| | Ismael Morán | Agustín Alcántara | Michael Cone |
| | Vicente Chancay | Adolfo Belmonte | William Kund |
| 1971 | COL 4m28s29 | ARG 4m32s75 | EUA 4m39s77 |
| | Martín Rodríguez | Juan C. Álvarez | John Vande Velde |
| | José R. Garcés | Raúl Halkett | David Channer |
| | Jorge Hernández | Juan C. Haedo | David Mulica |
| | Luis H. Diaz | José Pittaro | Michael Hiltner |
| 1975 | EUA 4m29s030 | COL 4m31s359 | MEX 4m34s292 |
| | Ronald Skarin | John J. Quinceño | Francisco Vásquez |
| | Ralph Therrio | Balbino Jaramillo | Ernesto Hernández |
| | Roger Young | Luis H. Diaz | Rubén Camacho |
| | Paul Deem | Jaime Galeano | Francisco J. Huerta |
| 1979 | CHI 4m43s932 | CUB 4m45s447 | ARG 4m45s641 |
| | Richard Thormen | Juan Rivera | Pedro O. Caíno |
| | Fernando Vera | Gustavo Vázquez | Carlos M. Álvarez |
| | Sergio Aliste | Antonio Madera | Eduardo Trillini |
| | Roberto Muñoz | Reynaldo Cabrera | Juan C. Haedo |
| 1983 | EUA 4m22s01 | CUB 4m32s00 | BRA 4m40s28 |
| | David Grylls | Eliecer Padrón | Hanz Fischer |
| | Leonard Nitz | Rubén Companioni | Mauro Ribeiro |
| | Brent Emery | José A. Hernández | Antonio Hunger |
| | Steve Hegg | Antonio Quintero | Fernando Louro |
| 1987 | EUA 4m26s18 | ARG 4m27s38 | BRA 4m29s97 |
| | Leonard Nitz | Gabriel Curuchet | Fernando Louro |
| | David Brinton | Juan Curuchet | Antonio Hunger |
| | David Lettieri | Rubén Priede | Antonio C. Silvestre |
| | Carl Sundquist | Sergio Llamazares | Paulo Jamur |
| 1991 | CUB 4m26s98 | EUA 4m32s01 | ARG 4m35s05 |
| | Raúl Domínguez | Chris Colleta | Gustavo Guglielmone |
| | Noel de la Cruz | Jim Pollak | Fabio Paclánica |
| | Noel Betancourt | Tim Quigley | Hugo Pratisoli |
| | Eugenio Castro | Matt Hamon | Erminio Suárez |
| 1995 | EUA 4m19s025 | CUB (alcançada) | BRA 4m33s583 |
| | Carl Sundquist | Iván Domínguez | Hernández Quadri |
| | Zachary Conrad | Reinaldo Rodríguez | Mauro Ribeiro |
| | Mariano Friedick | Eugenio Castro | Marcio May |
| | Adam Laurent | Héctor Ajete | Jamil Suaiden |
| 1999 | EUA 4m20s240 | CUB 4m27s658 | ARG 4m29s660 |
| | Thomas Mulkey | Yoel Mariño | Walter Perez |
| | Adam Laurent | Yosvany Gutiérrez | Gonzalo Garcia |
| | Derek Bouchard | Reinaldo Rodríguez | Edgardo Simón |
| | Mariano Friedick | Luis A. Romero | Gustavo Artacho |
| 2003 | CHI 4m20s584 | ARG 4m21s828 | COL 4m22s495 |
| 2007 | ____________ | ____________ | ____________ |
| | ____________ | ____________ | ____________ |

**50 KM CONTRA O RELÓGIO**

| | | | |
|---|---|---|---|
| 1951 | Oscar Giacche | Héctor Rojas | Rodolfo Caccavo |
| | ARG | CHI | ARG |
| 1955-1991 | Não se realizou | | |
| 1995 | Clay Mosely | Jesús Zárate | Servando Figueredo |
| | EUA 1h04m36s0 | MEX 1h05m53s0 | URU 1h06m12s0 |
| 1999 | Eric Wohlberg | Levi Leipheimer | Marcio May |
| | CAN 1h 07m30s91 | EUA 1h08m02s25 | BRA 1h09m38s90 |
| 2003 | José Serpa | Chris Baldwin | Raul Chacon |
| | COL 1h04m45s | EUA 1h05m24s | VEN 1h05m40s |
| | Os brasileiros Murilo Fischer (1h06m30s) e Márcio May (1h06m59s) ficaram na sexta e sétima posições. | | |
| 2007 | ____________ | ____________ | ____________ |
| | ____________ | ____________ | ____________ |

**CORRIDA POR PONTOS**

| | | | |
|---|---|---|---|
| 1951-1979 | Não se realizou | | |
| 1983 | John Beckman | Juan Curuchet | Peter Aldrige |
| | EUA 39 pontos | ARG 36 | JAM 33 |
| 1987 | Federico Moreira | Manuel Youshimatz | Conrado Cabrera |
| | URU 7 | MEX 49 (-1) | CUB 46 (-1) |
| 1991 | Erminio Suárez | Jairo Giraldo | Conrado Cabrera |
| | ARG 34 | COL 9 | CUB 61 (-1) |
| 1995 | Brian Walton | Milton Wynants | Juan Merheb |
| | CAN 26 | URU 22 (-2) | PUR 21 (-2) |
| 1999 | Marlon Perez | Luis Martínez | Milton Wynants |
| | COL 24 | MEX 16 | URU 15 |
| 2003 | Milton Wynantes | Marco Arriagada | Leonardo Duque |
| | URU | CHI | COL |
| 2007 | ____________ | ____________ | ____________ |
| | ____________ | ____________ | ____________ |

**KEIRIN**

| | | | |
|---|---|---|---|
| 1951-1995 | Não se realizou | | |
| 1999 | Martin Nothstein | John Gonzalez | Mario Joseph |
| | EUA | COL | TRI |
| 2003 | Barry Forde | Giddeon Massie | Ruben Osorio |
| | BAR | EUA | VEN |
| 2007 | ____________ | ____________ | ____________ |
| | ____________ | ____________ | ____________ |

**MADISON**

| | | | |
|---|---|---|---|
| 1951-1995 | Não se realizou | | |
| 1999 | ARG 14 pontos | EUA 39-4 | CHI 28-4 |
| | Juan Curuchet | James Carney | Richard Rodríguez |
| | Gabriel Curuchet | Brian Whitcomb | Luis Sepúlveda |
| 2003 | ARG 20 | COL 11 | EUA 8 |
| 2007 | ____________ | ____________ | ____________ |
| | ____________ | ____________ | ____________ |

**100 KM CONTRA O RELÓGIO, POR EQUIPES**

| | | | |
|---|---|---|---|
| 1951-1963 | Não se realizou | | |
| 1967 | ARG 2h 20m49s0 | MEX 2h 22m17s0 | COL 2h 25m46s0 |
| | Delmo Delmastro | Rodolfo Brito | Álvaro Pachón |
| | Luis Breppe | Radamés Treviño | Carlos Montoya |
| | Juan C. Álvarez | Adolfo Belmonte | Martín Rodríguez |
| | Juan Cavallieri | Agustín Alcántara | Severo Hernández |
| 1971 | CUB 2h 11m11s0 | COL 2h 11m49s0 | ARG 2h 13m08s0 |
| | Galio Albelo | Álvaro Pachón | Roberto Breppe |
| | Aldo Arencibia | Rafael A. Niño | Juan C. Álvarez |
| | Roberto Menéndez | Miguel Samacá | Miguel Dalleves |
| | Pedro Rodríguez | Martín Rodríguez | Raúl Labbate |
| 1975 | MEX 2h 09s28s98 | CUB 2h 11m16s80 | COL 2h 13m31s07 |
| | Rodolfo Vitela | Aldo Arencibia | Álvaro Pachón |
| | Francisco J. Huerta | Carlos Cardet | Jaime Galeano |
| | Ceferino Estrada | José Prieto | Alfonso Flores |
| | José L. Castañeda | Roberto Menéndez | Luis C. Manrique |

| | | | |
|---|---|---|---|
| 1979 | EUA 2h 15m42s025 | CUB 2h 19m26s014 | CAN 2h 23m14s054 |
| | Wayne Stetina | Carlos Cardet | Eon D'Ornellas |
| | Andrew Weaver | Aldo Arencibia | Pierre Harvey |
| | Thomas M. Sain | Edilberto Rodríguez | Bernard Willock |
| | Thomas Doughty | Aníbal Torres | Norman St Aubin |
| 1983 | EUA 2h 03m20s0 | CUB 2h 06m20s0 | VEN 2h 07m04.0 |
| | Davis Phinney | Eduardo Alonso | Justo Galaviz |
| | Thurlow Rogers | Roberto Rodríguez | Mario Medina |
| | Andrew Weaver | Orestes Mora | Fernando Correa |
| | Jeff Bradley | Osmani Álvarez | Eulogio Calá |
| 1987 | EUA 2h 09m17s0 | CUB 2h 14m01s0 | MEX 2h 16m55s0 |
| | Steve Hegg | Eduardo Alonso | Luis R. Ramos |
| | Andy Paulin | Jorge Salazar | Gabriel Cano |
| | John Frey | Eduardo Cruz | Bernardo Cólex |
| | Kent Bostick | Osmani Álvarez | Felipe Enríquez |
| 1991 | CUB 2h 08m56s0 | Não houve | EUA 2h 09m33s0 |
| | Eduardo Alonso | | John Loehner |
| | Eliecer Valdés | | Richard McClung |
| | Mario Perez | | Dave Nicholson |
| | Roberto Rodríguez | | Steve Larsen |
| | COL 2h 08m56s0 | | |
| | Asdrúbal Patiño | | |
| | Héctor Palacios | | |
| | Juan D. Fajardo | | |
| | Rubén Marín | | |
| 1995-2003 | Não se realizou | | |
| 2007 | ____________ | ____________ | ____________ |
| | ____________ | ____________ | ____________ |

ESTRADA INDIVIDUAL

| | | | |
|---|---|---|---|
| 1951 | Oscar Muleiro | Oscar Pezoa | Humberto Varisco |
| | ARG 3h 58m29s8 | ARG 3h 59m54s0 | ARG 3h 59m54s0 |
| 1955 | Ramón Hoyos | Benjamín Jiménez | Alberto Velázquez |
| | COL 4h 33m01s0 | COL 4m33m33s0 | URU 4h 35m03s0 |
| 1959 | Ricardo Senn | Francisco Lozano | René Deceja |
| | ARG 4h 32m52s0 | MEX 4h 32m52s2 | URU 4h 32m52s4 |
| 1963 | Gregorio Carrizales | Wilde Baridon | Delmo Delmastro |
| | VEN 4h 42m34s0 | URU 4h 42m39s0 | ARG 4h 43m20s0 |
| 1967 | Marcel Roy | Vicente Chancay | Heriberto Diaz |
| | CAN 5h 03m04s0 | ARG 5h 03m15s0 | MEX 5h 03m15s0 |
| 1971 | John Howard | Luis C. Flórez | Jaime Galeano |
| | EUA 4h 47m54s0 | BRA 4h 47m55s0 | COL 4h 48m04s0 |
| 1975 | Aldo Arencibia | Alfonso Flores | Carlos Cardet |
| | CUB 4h 13m52s76 | COL 4h 13m54s75 | CUB 4h 14m26s86 |
| 1979 | Carlos Cardet | Bernardo Cólex | Gonzalo Marin |
| | CUB 4h 30m39s35 | MEX 4h 30m40s97 | COL 4h 33m30s10 |
| 1983 | Luis R. Ramos | Carlos Jaramillo | Gustavo Parra |
| | MEX 4h 44m07s2 | COL 4h 44m07s8 | VEN 4h 44m07s9 |
| 1987 | Luis R. Ramos | Marcos Mazzaron | Enrique Campos |
| | MEX 4h 48m53.0 | BRA 4h 49m04s0 | VEN 4h 52m08s0 |
| 1991 | Robinson Merchan | Heriberto Rodríguez | Wenderley Magalhaes |
| | VEN 3h 49m57s0 | CUB 3h 49m57s0 | BRA 3h 49m58s0 |
| 1995 | Brian Walton | Mariano Friedick | Fred Rodríguez |
| | CAN 3h 49m33s0 | EUA 3h 50m20s0 | EUA 3h 51m02s0 |
| 1999 | Brian Walton | Gord Fraser | Pedro P. Perez |
| | CAN 4h 46m26 | CAN 4h 48m18 | CUB 4h 48m18 |
| 2003 | Milton Wynants | Pedro Perez | Jose Medina |
| | URU | CUB | CHI |
| 2007 | ____________ | ____________ | ____________ |
| | ____________ | ____________ | ____________ |

ESTRADA POR EQUIPES

| | | | |
|---|---|---|---|
| 1951 | ARG 16h 21m07s0 | MEX 16h 24m03s7 | PER 16h30m49s4 |
| | Oscar Muleiro | Ricardo Garcia | Hernán Llerena |
| | Oscar Pezoa | Sergio Sánchez | Oscar Rodríguez |
| | Humberto Varisco | Juventino Cepeda | Pedro O. Mathey |
| | Alberto Garcia | Enrique Giménez | Sergio Mello |
| 1955 | COL 13 pontos perdidos | URU 21 | MEX 30 |
| | Ramon Hoyos | Alberto Velázquez | Magdaleno Cano |
| | Efraín Forero | Luis Chazaro | Antonio Solís |
| | Benjamín Jiménez | Américo Benítez | Rafael Vaca |
| 1959 | ARG 20 | MEX 23 | URU 23 |
| | Ricardo Senn | Francisco Lozano | René Deceja |
| | Héctor Acosta | Filiberto Mercado | Walter Moyano |
| | Carlos Vásquez | Jacinto Brito | Rodolfo Rodino |
| 1963 | URU 14h 10m45s0 | EUA 14h 29m13s0 | VEN 14h 37m56s0 |
| | Wilde Baridon | Michael Hiltner | Gregorio Carrizales |
| | Juan J. Bettega | Robert Teltzlaff | Armando Blanco |
| | Tomás Correa | Robert Parson | Silvio Rodríguez |
| 1967-2003 | Não se realizou | | |
| 2007 | ____________ | ____________ | ____________ |
| | ____________ | ____________ | ____________ |

MOUNTAIN BIKE

| | | | |
|---|---|---|---|
| 1951-1991 | Não se realizou | | |
| 1995 | David Juárez | Andrés Brenes | Sandro Miranda |
| | EUA 1h 47m14s0 | CRC 1h 47m24s0 | ARG 1h 49m04s0 |
| 1999 | Steve Edward Larsen | Carl Swenson | Christopher Sheppard |
| | EUA 2h 19m21s87 | EUA 2h 20m31s76 | CAN 2h 20m51s72 |
| 2003 | Jeremiah Bishop | Edivandro Cruz | Deiber Esquivel |
| | EUA | BRA | CRC |
| 2007 | ____________ | ____________ | ____________ |
| | ____________ | ____________ | ____________ |

## Provas Femininas

VELOCIDADE

| | | | |
|---|---|---|---|
| 1951-1983 | Não se realizou | | |
| 1987 | Connie P. Young | Renee Duprel | Olga Ruyol |
| | EUA | EUA | CUB |
| 1991 | Tanya Dubnicoff | Julie Gregg | Jessica Grieco |
| | CAN | EUA | EUA |
| 1995 | Tanya Dubnicoff | Connie P. Young | Nancy Contreras |
| | CAN | EUA | MEX |
| 1999 | Tanya Dubnicoff | Jennie Reed | Yumari Gonzalez |
| | CAN | EUA | CUB |
| 2003 | Tanya Lindenmuth | Daniela Larreal | Chris Witty |
| | EUA | VEN | EUA |
| 2007 | ____________ | ____________ | ____________ |
| | ____________ | ____________ | ____________ |

500 METROS CONTRA O RELÓGIO

| | | | |
|---|---|---|---|
| 1951-1995 | Não se realizou | | |
| 1999 | Tanya Dubnicoff | Nancy Contreras | Yumari Gonzalez |
| | CAN 35s394 | MEX 35s962 | CUB 36s255 |
| 2003 | Nancy Contreras | Chris Wittly | Yumari Gonzalez |
| | MEX 35s463 | EUA 36s304 | CUB 36s559 |
| 2007 | ____________ | ____________ | ____________ |
| | ____________ | ____________ | ____________ |

3.000 METROS, PERSEGUIÇÃO INDIVIDUAL

| | | | |
|---|---|---|---|
| 1951-1983 | Não se realizou | | |
| 1987 | R. Twigg-Whitehead | Kelly-Ann Carter | Enedilma Poveda |
| | EUA 3m48s48 | CAN 3m53s95 | CUB 4m09s12 |
| 1991 | Kendra Kneeland | Clara Hughes | Tatiana Fernandez |
| | EUA 3m58s85 | CAN 4m07s43 | CUB 4m14s12 |
| 1995 | Jane Eickhoff | Yoanka Gonzalez | Belem Guerrero |
| | EUA 3m47s199 | CUB (alcançada) | MEX 4m03s144 |
| 1999 | Erin Veenstra | Maria L. Calle | Yoanka Gonzalez |
| | EUA 3m47s158 | COL 3m51s309 | CUB 3m51s943 |
| 2003 | Maria Luísa Calle | Yoanka Gonzalez | Clara Hughes |
| | COL 3m47s422 | CUB 3m49s338 | CAN 3m58s241 |
| 2007 | ____________ | ____________ | ____________ |
| | ____________ | ____________ | ____________ |

50 KM CONTRA O RELÓGIO POR EQUIPES

| | | | |
|---|---|---|---|
| 1951-1987 | Não se realizou | | |
| 1991 | EUA 1h 03m53s0 | CUB 1h 05m59s0 | CAN 1h 08m30s0 |
| | Janice Bolland | Odalys Toms | Edie Fisher |
| | Shari Rodgers | Tatiana Fernandez | Clara Hughes |
| | JeAnne Golay | María T. Gonzalez | Sharon Keogh |

| | | | |
|---|---|---|---|
| | Deirdre Demet | Enedilma Poveda | Denise Kelly |
| 1995-2003 | Não se realizou | | |
| 2007 | ___________ | ___________ | ___________ |
| | ___________ | ___________ | ___________ |

ESTRADA (85 KM)

| | | | |
|---|---|---|---|
| 1951-1983 | Não se realizou | | |
| 1987 | R. Twigg-Whitehead | I. Thompson-Benedict | Sara Louise Neil |
| | EUA 1h 37m24s0 | EUA 1h 40m47s0 | CAN 1h 48m29s0 |
| 1991 | JeAnne Golay | Odalys Toms | Janice Bolland |
| | EUA 1h 31m21s0 | CUB 1h32m31s0 | EUA 1h32m31s0 |
| 1995 | JeAnne Golay | Clara Hughes | Yacel Ojeda |
| | EUA 1h 30m12s0 | CAN 1h30m13s0 | CUB 1h30m24s0 |
| 1999 | Karen Dunn | Yoanka Gonzalez | Janildes Fernandes |
| | EUA 2h 11m32s | CUB 2h11m32s | BRA 2h11m32s |
| 2003 | Yoanka Gonzalez | Janildes Fernandes | Yeilin Fernandes |
| | CUB 2h21m19s | BRA 2h21m19s | CUB 2h21m19s |

Os cronômetros registraram o mesmo tempo para 20 ciclistas, que romperam a linha de chegada emparelhadas. A decisão veio no photofinish. A brasileira Janildes Fernandes da Silva atingiu 54km/h no sprint final, deixando em quarto lugar a mexicana Belem Guerrero, campeã mundial da prova. Foi a segunda medalha brasileira numa prova de estrada no Pan e a primeira feminina. O pioneiro foi Marcos Mazzaron, em Indianápolis/1987.

| | | | |
|---|---|---|---|
| 2007 | ___________ | ___________ | ___________ |
| | ___________ | ___________ | ___________ |

CORRIDA POR PONTOS

| | | | |
|---|---|---|---|
| 1951-1991 | Não se realizou | | |
| 1995 | Jane Eickhoff | Belem Guerrero | Dania Perez |
| | EUA 45 pontos | MEX 27 | CUB 22 |
| 1999 | Erin Veenstra | Belem Guerrero | Maria L. Calle |
| | EUA 42 | MEX 23 | COL 22 |
| 2003 | Clara Hughes | Maria Molina de Ortiz | Yoanka Gonzalez |
| | CAN | GUA | CUB |

A brasileira Rosana Kirsch terminou na oitava posição.

| | | | |
|---|---|---|---|
| 2007 | ___________ | ___________ | ___________ |
| | ___________ | ___________ | ___________ |

*30 KM CONTRA O RELÓGIO

*Em 1995 e 99 a distância foi de 25 quilômetros.

| | | | |
|---|---|---|---|
| 1951-1991 | Não se realizou | | |
| 1995 | Deirdre Demet | Yacel Ojeda | Clara Hughes |
| | EUA 34m11s0 | CUB 35m02s0 | CAN 36m04s0 |
| 1999 | Elisabeth Emery | Lyne Bessette | Mary Holden |
| | EUA 37m39s84 | CAN 37m59s76 | EUA 38m35s07 |
| 2003 | Kimberly Bruckner | Clara Hughes | Kristin Armstrong |
| | EUA 41m11s | CAN 41m49s | EUA 42m43 |

As brasileiras Rosane Kirch (44m00s) e Janildes Fernandes (44m19s) ficaram em sexto e sétimo lugares.

| | | | |
|---|---|---|---|
| 2007 | ___________ | ___________ | ___________ |
| | ___________ | ___________ | ___________ |

MOUNTAIN BIKE

| | | | |
|---|---|---|---|
| 1951-1991 | Não se realizou | | |
| 1995 | Alison Sydor | Juliana Furtado | Jimena Florit |
| | CAN 1h 21m13s0 | EUA 1h 24m58s0 | ARG 1h 29m38s0 |
| 1999 | Alison Dunlap | Alison Sydor | Jimena Florit |
| | EUA 2h 09m44s68 | CAN 2h 12m04s06 | ARG 2h 18m27s61 |
| 2003 | Jimena Florit | Mary McConneloug | Francisca Campos |
| | ARG | EUA | CHI |
| 2007 | ___________ | ___________ | ___________ |
| | ___________ | ___________ | ___________ |

## ESGRIMA

Provas Masculinas

FLORETE INDIVIDUAL

| Pan | Ouro | Prata | Bronze |
|---|---|---|---|
| 1951 | Félix Galimi | José M. Rodriguez | Nathaniel Lubell |
| | ARG 7-1 | ARG 6-2 | EUA 6-2 |
| 1955 | Harold Goldsmith | Albert Axelrod | Fulvio Galimi |
| | EUA 6-1 | EUA 6-1 | ARG 6-2 |
| 1959 | Harold Goldsmith | Albert Axelrod | Joseph Paletta |
| | EUA 7-1 | EUA 6-2 | EUA 5-3 |
| 1963 | Guillermo Saucedo | Albert Axelrod | Herbert Cohen |
| | ARG 6-1 | EUA 4-3 | EUA 4-3 |
| 1967 | Guillermo Saucedo | Albert Axelrod | Orlando Nannini |
| | ARG 5-0 | EUA 3-2 | ARG 3-2 |
| 1971 | Eduardo Jons | Jesus Gil | Uriah Jones |
| | CUB 5-0 | CUB 3-2 | EUA 3-2 |
| 1975 | Martin Lang | Eduardo Jons | Enrique Salvat |
| | EUA 5-0 | CUB 4-1 | CUB 3-2 |
| 1979 | Heriberto Gonzalez | Fernando Lupiz | John Nonna |
| | CUB 4-1 | ARG 3-2 | EUA 3-2 |
| 1983 | Efigenio Favier | Rafael Magallanes | Gregory Massialas |
| | CUB | VEN | EUA |
| 1987 | Guillermo Betancourt | Tulio Diaz | Michael Marx |
| | CUB | CUB | EUA |
| 1991 | Guillermo Betancourt | Elvis Gregory | Nicolas Bergeron |
| | CUB | CUB | CAN |
| | | | Nick Bravin |
| | | | EUA |
| 1995 | Elvis Gregory | Rolando Tucker | Leandro C. Marchetti |
| | CUB | CUB | ARG |
| | | | Nick Bravin |
| | | | EUA |
| 1999 | Rolando Tucker | Elvis Gregory | Zaddick Longenbach |
| | CUB | CUB | EUA |
| | | | Carlos Rodriguez |
| | | | VEN |
| 2003 | Dan Kellner | Jonathan Tiomkin | Raul Peroja |
| | EUA | EUA | CUB |
| | | | Reiner Suarez |
| | | | CUB |

O brasileiro Marcos Cardoso foi eliminado nas quartas-de-final, por Tiomkin, por 15 a 8.

| | | | |
|---|---|---|---|
| 2007 | ___________ | ___________ | ___________ |
| | ___________ | ___________ | ___________ |

FLORETE POR EQUIPES

| | | | |
|---|---|---|---|
| 1951 | EUA | ARG | CUB |
| | Nathaniel Lubell | Félix Galimi | Jorge Agostini |
| | Edward Vebell | José M. Rodriguez | Armando Barrientos |
| | Byron Krieger | Raúl Saucedo | Abelardo Menéndez |
| | Albert Wolff | Santiago Massini | Miguel Olivella |
| | Miguel de Capriles | E. Sastre | |
| | Tibor Nyilas | Fulvio Galimi | |
| 1955 | ARG | EUA | VEN |
| | Fulvio Galimi | Allan S. Kwartler | Gustavo Gutiérrez |
| | Santiago Massini | Harold Goldsmith | Augusto Gutiérrez |
| | Félix Galimi | Tibor Nyilas | Nelson Nieves |
| | E. Marcelo | José R. de Capriles | Oscar Cabrera |
| | | Albert Axelrod | M. Vargas |
| | | Paul Makler | A. Ávila |
| 1959 | EUA | VEN | CAN |
| | Harold Goldsmith | Augusto Gutiérrez | Joseph Vida |
| | Albert Axelrod | Antonio Cómez | Abbey Silverstone |
| | Joseph Paletta | Jesus Gruber | Carl Schwende |
| | Gene Glazer | Freddy Quintero | John Andru |
| | Lawrence Silvermann | Oscar Cabrera | Robert Foxcroft |
| | Edwin Richards | | Jack Dalton |

| 1963 | EUA | ARG | VEN |
|---|---|---|---|
| | Albert Axelrod | Guillermo Saucedo | Jesus Gruber |
| | Herbert Cohen | Alfredo Hernández | Nelson Nieves |
| | Edwin Richards | Juan C. Bascolo | Augusto Gutiérrez |
| | Martin Davis | Orlando Nannini | Luis R. Garcia |
| | Anthony Zombolas | Santiago Massini | |
| | Lawrence Anastasi | | |
| 1967 | ARG | EUA | CUB |
| | Orlando Nannini | Edwin Richards | Enrique Penabella |
| | Guillermo Saucedo | Robert Russell | Luis Morales |
| | Fernando Petrella | Jeffrey Checkes | Dagoberto Borges |
| | Evaristo Prendes | Albert Axelrod | Orlanto Ruiz |
| 1971 | EUA | CUB | MEX |
| | Uriah Jones | Eduardo Jons | Carlos Calderón |
| | Tyrone Simmons | Jesus Gil | Valeriano Pérez |
| | Carl Borack | Enrique Penabella | Vicente Calderón |
| | Daniel Cantillon | Enrique Salvat | Ernesto Fernandez |
| | | | José M. Pérez |
| 1975 | CUB | EUA | MEX |
| | Eduardo Jons | Edward Ballinger | Carlos Calderón |
| | Enrique Salvat | Albert Davis | Vicente Calderón |
| | Leonardo McKenzie | Martin Lang | Rodolfo Campero |
| | Jorge Garbey | Walter Krause | Victor Robles |
| | | Brooke Makler | Sergio Muñoz |
| 1979 | CUB | EUA | ARG |
| | Efigenio Favier | Michael Marx | Fernando Lupiz |
| | Heriberto Gonzalez | Gregory Massialas | Marcelo Cardarelli |
| | Eduardo Jons | Edward Donofrio | Hernán Casanova |
| | Pedro Hernández | John Nonna | Marcelo Roncali |
| 1983 | CUB | EUA | VEN |
| | Efigenio Favier | Gregory Massialas | Rafael Magallanes |
| | Heriberto Gonzalez | Mark Smith | Moisés Requena |
| | Tulio Diaz | Jack Tichacek | Antonio Gomez |
| | Ángel Garcia | Michael Marx | Gustavo Olivares |
| 1987 | CUB | CAN | EUA |
| | Guillermo Betancourt | Stephen Angers | Michael Marx |
| | Efigenio Favier | Benoit Giasson | Peter Lewison |
| | Tulio Diaz | Luc Rocheleaux | Gregory Massialas |
| | Ángel Garcia | Dan Nowosielski | David Littell |
| | Oscar Garcia | Michel Dessureault | Jeffrey Bukantz |
| 1991 | CUB | EUA | CAN |
| | Guillermo Betancourt | Nick Bravin | Nicolas Bergeron |
| | Tulio Diaz | Jerome Demarque | Benoit Giasson |
| | Elvis Gregory | Dean Hinton | Nicolas Chouinard |
| | Oscar Garcia | Jack Tichacek | Dan Nowosielski |
| | Rolando Tucker | Al Carter | Jean-Francois Pinel |
| 1995 | CUB | EUA | ARG |
| | Elvis Gregory | Nick Bravin | Leandro C. Marchetti |
| | Rolando Tucker | Zaddick Longenbach | Alberto I. Gonzalez |
| | Oscar Garcia | Alan Weber | Christian C. Arslanian |
| | Ignacio Gonzalez | Sean McClain | Juan P. Barbosa |
| 1999 | CUB | EUA | VEN |
| | Oscar Garcia | Clifford Bayer | Carlos Rodriguez |
| | Rolando Tucker | Daniel Kellner | Enrique da Silva |
| | Raúl Perojo | Zaddick Longenbach | Rafael Suarez |
| | Elvis Gregory | David Lidow | Carlos Pineda |
| 2003 | EUA | CUB | VEN |
| | Na disputa da medalha de bronze, o Brasil perdeu para a Venezuela por 45 a 25. | | |
| 2007 | | | |
| | | | |

ESPADA INDIVIDUAL

| 1951 | Antonio Villamil | Benito Ramos | Edward Vebell |
|---|---|---|---|
| | ARG 7-2 | MEX 7-2 | EUA 6-3 |
| 1955 | Raúl Martínez | Sewall Shurtz | Jean R. Camous |
| | ARG 8-0 | EUA 6-2 | VEN 6-2 |
| 1959 | Roland Wommack | Michael D'Asaro | Alberto Balestrini |
| | EUA 6-1 | EUA 4-3 | ARG 4-3 |
| 1963 | Frank Anger | Sergio Vergara | Alberto Balestrini |
| | EUA 7-0 | CHI 5-2 | ARG 4-3 |
| 1967 | Arthur Telles | Frank Anger | Paul Pesthy |
| | BRA 4-1 | EUA 3-2 | EUA 3-2 |
| 1971 | Stephen Netburn | Silvio Fernandez | James Melcher |
| | EUA 3-2 | VEN 3-2 | EUA 3-2 |
| 1975 | Omar Vergara | Scott E. Bozek | Paul Pesthy |
| | ARG 4-1 | EUA 4-1 | EUA 2-3 |
| 1979 | Mario de Brelaz | Paul Pesthy | Alberto Quiroga |
| | ARG 4-1 | EUA 3-2 | CUB 3-2 |
| 1983 | Agapito Nussa | Jean-Marc Chouinard | Timothy Glass |
| | CUB | CAN | EUA |
| 1987 | Carlos A. Pedroso | Wilfredo Loyola | Jean-Marc Chouinard |
| | CUB | CUB | CAN |
| 1991 | Lázaro Castro | Jon Normile | Juan M. Paz |
| | CUB | EUA | COL |
| | | | Dan Nowosielski |
| | | | CAN |
| 1995 | Carlos A. Pedroso | Tamir Bloom | Iván Trevejo |
| | CUB | EUA | CUB |
| | | | Paris Inostroza |
| | | | CHI |
| 1999 | Carlos A. Pedroso | Jonathan Peña | Arturo Simont |
| | CUB | PRC | MEX |
| | | | Laurie Shong |
| | | | CAN |
| 2003 | Camilo Boris | Silvio Fernandez | Victor Bernier |
| | CUB | VEN | PRC |
| | | | Paris Inostroza |
| | | | CHI |
| 2007 | | | |
| | | | |

ESPADA POR EQUIPES

| 1951 | ARG | EUA | CUB |
|---|---|---|---|
| | Antonio Villamil | Edward Vebell | Carlos Lamar |
| | Guido Lavalle | Albert Wolff | Roberto Mañalich |
| | Raúl Saucedo | Fred R. Weber | Jorge Agostini |
| | Floro Diaz | Byron Krieger | Roberto Garcia |
| | Vito Simonetti | Nathaniel Lubell | Miguel Olivella |
| | A. Repetto | Miguel de Capriles | |
| 1955 | ARG | EUA | VEN |
| | Floro Diaz | Sewall Shurtz | Jean R. Camous |
| | Raúl Martinez | Rex R. Dyer | Nelson Nieves |
| | Santiago Massini | Paul Makler | Augusto Gutiérrez |
| | Adolfo Philippeaux | Abraham D. Cohen | Oscar Cabrera |
| | Félix Galimi | José R. de Capriles | Gustavo Gutiérrez |
| | Alfredo Daverede | Harold Goldsmith | |
| 1959 | EUA | CUB | ARG |
| | Richard Berry | Roberto Garcia | Carlos Velázquez |
| | Roland Wommack | Roberto Mañalich | Alberto Balestrini |
| | Paul Levy | Roberto Jordán | Arturo Acuña |
| | Henry Kolowrat | Miguel Ollivella | Floro Diaz |
| | Michael D'Asaro | José Pereda | Mauricio Muñoz |
| | Howard Fried | Eduardo Álvarez | Francisco Serp |
| 1963 | EUA | BRA | ARG |
| | Lawrence Anastasi | Aloysio Alves | Raúl Martínez |
| | James Melcher | Arthur Telles | Omar Vergara |
| | Frank Anger | Jollé M. Pereira | Guillermo Saucedo |
| | Michael D'Asaro | Carlos R. Couto | Alberto Balestrini |
| | James Margolis | | Floro Diaz |
| | Gilbert Eisner | | |
| 1967 | EUA | BRA | VEN |
| | Carl Borack | Arthur Telles | Roberto Drayer |
| | Ralph Spinella | Dario Marcondes | Silvio Fernandez |
| | Frank Anger | Carlos Rodriguez | Clemente Piñero |
| | Paul Pesthy | José M. de Andrade | Luis R. Garcia |
| 1971 | EUA | BRA | CUB |
| | Stephen Netburn | José M. de Andrade | Gustavo Oliveros |
| | James Melcher | Arthur Telles | Ramón Infante |
| | George Masin | Dario Marcondes | Victor Suarez |
| | Robert Beck | Marcus Alves | José R. Arencibia |
| 1975 | EUA | CUB | BRA |
| | William Reith | Ricardo Cabrera | Arthur Cramer |

| | | | |
|---|---|---|---|
| | Paul Pesthy | José R. Arencibia | Federico Alencar |
| | Broke Makler | Narciso Simet | Ronaldo Schwantes |
| | Scott E. Bozek | Victor Suarez | Francisco Buonafina |
| 1979 | EUA | CUB | ARG |
| | Peter Schifrin | Alberto Quiroga | Osvaldo Gaspar |
| | Paul Pesthy | Narciso Simet | Mario de Brelaz |
| | Scott E. Bozek | Genaro Pérez | G. Spangenberg |
| | Charles Shelley | Victor Suarez | Juan Pirán |
| 1983 | CAN | EUA | VEN |
| | Jean-Marc Chouinard | Timothy Glass | Florencio Marrero |
| | Alain Cote | Robert Nieman | Francisco Castillo |
| | Jacques Cardyn | Paul Pesthy | Carlos Agreda |
| | Michel Dessureault | Peter Schifrin | Ricardo Vitanza |
| | Daniel Perreault | Gregory Massialas | Wilmer Parra |
| 1987 | CUB | EUA | COL |
| | Carlos A. Pedroso | Steve Trevor | Mauricio Rivas |
| | Wilfredo Loyola | Charles Shelley | Francisco Pinto |
| | Agapito Nussa | Robert Marx | Joaquin Pinto |
| | Lazaro Castro | Robert Stull | Juan M. Paz |
| | Pedro Merencio | George Masin | Fabio Lozano |
| 1991 | CUB | COL | EUA |
| | César Aguilera | Juan M. Paz | Jon Normile |
| | Lázaro Castro | Mauricio Rivas | Robert Marx |
| | Miguel de la Rosa | Oscar Arango | Joseph Socolof |
| | Iván Trevejo | Nelson Ruiz | Chris O'Loughlin |
| | Camilo Boris | William E. Gonzalez | James Carpenter |
| 1995 | CUB | EUA | COL |
| | Carlos A. Pedroso | Tamir Bloom | Mauricio Rivas |
| | Iván Trevejo | Michael Marx | Juan M. Paz |
| | Lázaro Castro | James O'Neill | Carlos E. Carrasquilla |
| | César Aguilera | James Carpenter | William E. Gonzalez |
| 1999 | CUB | CHI | COL |
| | Ivan Trevejo | Luciano Inostroza | Mauricio Rivas |
| | Carlos A. Pedroso | Paris Inostroza | Saúl Vasco |
| | Nelson Loyola | Sergio Penzo | Juan Paz |
| | Camilo Boris | Javier Gutiérrez | William Gonzalez |
| 2003 | CUB | VEN | PRC |
| 2007 | ____________ | ____________ | ____________ |
| | ____________ | ____________ | ____________ |

SABRE INDIVIDUAL

| | | | |
|---|---|---|---|
| 1951 | Tibor Nyilas | George V. Worth | Estevao Molnar |
| | EUA 5-2 | EUA 5-2 | BRA 5-2 |
| 1955 | Antonio Haro | George V. Worth | Rex R. Dyer |
| | MEX 5-2 | EUA 5-2 | EUA 5-2 |
| 1959 | Allen Kwartler | Walter Farber | Teodoro Golliardi |
| | EUA 4-2 | EUA 4-2 | URU 4-2 |
| 1963 | Michael D'Asaro | Walter Farber | Chaba Pallaghy |
| | EUA 6-1 | EUA 6-1 | EUA 5-2 |
| 1967 | Anthony Keane | Román Quinos | Peter Samek |
| | EUA 5-0 | ARG 3-2 | CAN 2-3 |
| 1971 | Alex Orban | Manuel Ortiz | Román Quinos |
| | EUA 5-0 | CUB 4-1 | ARG 3-2 |
| 1975 | Manuel Ortiz | Guzmán Salazar | Peter Westbrook |
| | CUB 4-1 | CUB 4-1 | EUA 4-1 |
| 1979 | Manuel Ortiz | Peter Westbrook | José Laverdeza |
| | CUB 5-0 | EUA 4-1 | CUB 2-3 |
| 1983 | Peter Westbrook | Manuel Ortiz | Jean-Paul Banos |
| | EUA | CUB | CAN |
| 1987 | Jean-Paul Banos | Peter Westbrook | Jean-Marie Banos |
| | CAN | EUA | CAN |
| 1991 | Steve Mormando | Alexis Leyva | Jean-Marie Banos |
| | EUA | CUB | CAN |
| | | | Michael Lofton |
| | | | EUA |
| 1995 | Peter Westbrook | Aristides Faure | Carlos J. Bravo |
| | EUA | CUB | VEN |
| | | | Alexis Leyva |
| | | | CUB |
| 1999 | Candido Maya | Akhnaten Spencer-El | Aristides Faure |
| | CUB | EUA | CUB |
| | | | Michel Boulos |
| | | | CAN |
| 2003 | Ivan Lee | Carlos Bravo | Miguel Boulous |
| | EUA | VEN | CAN |
| | | | Jason Rogers |
| | | | EUA |
| 2007 | ____________ | ____________ | ____________ |
| | ____________ | ____________ | ____________ |

SABRE POR EQUIPES

| | | | |
|---|---|---|---|
| 1951 | EUA | ARG | BRA |
| | George V. Worth | Ercole Gonzalez R. | Estevao Molnar |
| | Nathaniel Lubell | Guillermo Watkins | Federico Serrao |
| | Byron Krieger | Fernando Huergo | Matt Hugler |
| | Fred R. Weber | José M. Casanova | Damasio de Sa |
| | Miguel de Capriles | Albino Agüero | |
| | Tibor Nyilas | Edgardo Pomini | |
| 1955 | EUA | URU | ARG |
| | Rex R. Dyer | Teodoro Golliardi | Guillermo Watkins |
| | Allen Kwartler | Juan Paladino | Fernando Huergo |
| | Tibor Nyilas | José Lardizábal | Daniel Sande |
| | George V. Worth | Ricardo Rimini | Félix Galimi |
| 1959 | EUA | ARG | CAN |
| | Allen Kwartler | Albino Agüero | John Andru |
| | Tibor Nyilas | José Casanova | Joseph Vida |
| | Walter Farber | Gustavo Vasallo | Paul Szabolcsy |
| | George V. Worth | Rafael Gonzalez | Carl Schwende |
| | William Goering | Carlos Velázquez | |
| | Alfonso Morales | | |
| 1963 | EUA | ARG | CHI |
| | Michael D'Asaro | Juan C. Bascolo | Héctor Bravo |
| | Alfonso Morales | Guillermo Saucedo | Sergio Riveros |
| | Walter Farber | Alfredo Hernández | José Benko |
| | Harold Mayer | Julián Velázquez | Roberto Lowy |
| | Chaba Pallaghy | Floro Diaz | |
| | Edwin Richards | | |
| 1967 | EUA | ARG | CAN |
| | Thomas Balla | Alberto Lanteri | Peter Samek |
| | Csaba Call | Román Quinos | Leslie Samek |
| | Walter Farber | Norberto Mattiazzo | John Andru |
| | Anthony Keane | Gustavo Vasallo | Robert Foxcroft |
| 1971 | CUB | EUA | MEX |
| | Manuel Ortiz | Anthony Keano | Gustavo Chapela |
| | Guzmán Salazar | Alex Orban | Vicente Calderón |
| | Francisco de la Torre | Eugene Hamori | Román Gomez |
| | Gustavo Oliveros | William Goering | Roberto Alva |
| 1975 | CUB | EUA | ARG |
| | Manuel Ortiz | Paul Aportol | José Casanova |
| | Guzmán Salazar | Peter Westbrook | Juan Cavajda |
| | Lázaro Mora | Alex Orban | Marcelo Méndez |
| | Francisco de la Torre | Thomas Losonczy | Fernando Lupiz |
| | Adolfo Polo | Steven Kaplan | Pablo Moyano |
| 1979 | CUB | EUA | ARG |
| | Manuel Ortiz | Peter Westbrook | José L. Cinchini |
| | Ramón Hernández | Phillip Reilly | Atilio L. Tass |
| | José Laverdeza | Stanley Lekach | José Casanova |
| | Guzmán Salazar | Edgar House | Tomás A. Remete |
| 1983 | CUB | EUA | CAN |
| | Manuel Ortiz | Peter Westbrook | Jean-Paul Banos |
| | José Ortiz | Stanley Lekach | Jean-Marie Banos |
| | José Laverdeza | Edgar House | Marc Lavoie |
| | Jorge L. Trejo | Phillip Reilly | Eli Sukunda |
| | Walfrido Vidal | Steve Mormando | Claude Marcil |
| 1987 | CUB | EUA | CAN |
| | José Ortiz | Peter Westbrook | Jean-Paul Banos |
| | Carlos D. Trejo | Robert Cottingham | Jean-Marie Banos |
| | Jorge L. Trejo | Michael Lofton | Wulfe Balk |
| | Walfrido Vidal | Steve Mormando | Dan Nowosielski |
| | José Laverdeza | Paul Friedberg | Luc Rocheleaux |
| 1991 | CUB | EUA | CAN |
| | Alexis Leyva | Michael Lofton | Tony Plourde |

| | | | |
|---|---|---|---|
| | Pedro P. Cabezas | Steve Mormando | Jean-Marie Banos |
| | Geovanis Pérez | Peter Westbrook | Evens Grabel |
| | Arístides Faure | John Friedberg | Bruno Deschenes |
| | Agustín Garcia | David Stollman | Jean-Paul Banos |
| 1995 | EUA | CUB | CAN |
| | Peter Westbrook | Arístides Faure | Tony Plourde |
| | Tamasz Strzalkowski | Pedro P. Cabezas | Jean-Marie Banos |
| | Michael D'Asaro jr | Agustín Garcia | Bogdan Nowo |
| | John Friedberg | Alexis Leyva | |
| 1999 | CAN | CUB | EUA |
| | Michel Boulos | Arístides Faure | Herby Raynaud |
| | Evens Grabel | Cándido Maya | Terrence Lasker |
| | Marc-Olivier Hassoun | Abel Caballero | Akhnaten Spencer-El |
| | | Elvis Gregory | Keeth Smart |
| 2003 | EUA | VEN | CUB |
| | A equipe brasileira se classificou em sexto lugar. | | |
| 2007 | ___________ | ___________ | ___________ |
| | ___________ | ___________ | ___________ |

## Provas Femininas

### FLORETE INDIVIDUAL

| | | | |
|---|---|---|---|
| 1951 | Elsa Irigoyen | Irma de Antequeda | Lilia Rositto |
| | ARG 6-0 | ARG 4-2 | ARG 4-2 |
| 1955 | Maxine Mitchell | Irma de Antequeda | Eve G. Siegel |
| | EUA 7-1 | ARG 6-2 | EUA 5-3 |
| 1959 | Pilar Roldán | Maxine Mitchell | Stella Spino |
| | MEX 6-1 | EUA 5-2 | PAN 5-2 |
| 1963 | Mireya Rodriguez | Harriet King | Janice Romary |
| | CUB 6-1 | EUA 5-2 | EUA 4-3 |
| 1967 | Pilar Roldán | Harriet King | Pacita Wiedel |
| | MEX 4-1 | EUA 3-2 | CAN 3-2 |
| 1971 | Margarita Rodriguez | Ruth White | Irene Forbes |
| | CUB 5-0 | EUA 4-1 | CUB 2-3 |
| 1975 | Margarita Rodriguez | Nikki Franke | Blanca Estrada |
| | CUB 4-1 | EUA 3-2 | MEX 3-2 |
| 1979 | Mercedes del Risco | Margarita Rodriguez | Nikki Franke |
| | CUB 4-1 | CUB 4-1 | EUA 3-2 |
| 1983 | Margarita Rodriguez | Lourdes Lozano | Clara Alfonso |
| | CUB | MEX | CUB |
| 1987 | Caitlin Bilodeaux | Madeleine Philion | Caridad Estrada |
| | EUA | CAN | CUB |
| 1991 | Caridad Estrada | Sandra Giancola | Bárbara Hernández |
| | CUB | ARG | CUB |
| | | | Caitlin Bilodeaux |
| | | | EUA |
| 1995 | Ann Marsh | Idoris Diaz | Bárbara Hernández |
| | EUA | CUB | CUB |
| | Felicia Zimmerman | | |
| | EUA | | |
| 1999 | Migsey Dussú | Cecilia Esteva | Adlín Benítez |
| | CUB | MEX | CUB |
| | | | Julie Mahoney |
| | | | CAN |
| 2003 | Mariana Gonzalez | Emily Cross | Arianne Ribot |
| | VEN | EUA | CUB |
| | | | Erinn Smart |
| | | | EUA |
| 2007 | ___________ | ___________ | ___________ |
| | ___________ | ___________ | ___________ |

### FLORETE POR EQUIPES

| | | | |
|---|---|---|---|
| 1951-1955 | Não se realizou | | |
| 1959 | EUA | PAN | VEN |
| | Maxine Mitchell | Stella Spino | Ingrid Sander |
| | Harriet King | Marlene Worthington | Belkis Leal |
| | Vivienne Sokol | Lilia Lombana | Rosa Navarro |
| 1963 | EUA | VEN | ARG |
| | Anne M. Drungis | Ursula M. de Gomez | Esther H. Romano |
| | Janice Romary | Belkis Leal | Elsa Irigoyen |
| | Maxine Mitchell | Norma Santini | Raquel Arrieta |
| | Harriet King | Rosa Navarro | Irma de Antequeda |
| | Bonnie L. Linkmayer | Omaira Marquis | Elda Casarino |
| | Tommy F. Angell | | Alicia Ayvazian |
| 1967 | EUA | CUB | CAN |
| | Verónica Smith | Margarita Rodriguez | Pacita Wiedel |
| | Harriet King | Norma Obrador | Sigrid Chatel |
| | Maxine Mitchell | Milady Tack-Fang | Donna Hennyey |
| | Janice Romary | Alina Expósito | Louise Agoues |
| 1971 | EUA | CUB | COL |
| | Harriet King | Margarita Rodriguez | Aleyda Rubio |
| | Ruth White | Marlene Infante | Gloria Garcia |
| | Marie Grompone | Irene Forbes | Aura M. Bustillo |
| | Tommy F. Angell | Esther Garcia | Teresa Vargas |
| 1975 | CUB | CAN | EUA |
| | Margarita Rodriguez | Donna Hennyey | Denise O'Connor |
| | Marlene Fonst | Chantal Gilbert-Payel | Nikki Franke |
| | Milady Tack-Fang | Susan Stewart | Anne P. O'Donnell |
| | Esther Garcia | Louise Leblanc | Gay K. D'Assaro |
| | Faeurette Campeau | Sheila Armstrong | |
| 1979 | CUB | CAN | EUA |
| | Mercedes del Risco | Chantal Gilbert-Payel | Debra Waples |
| | Margarita Rodriguez | Louise Leblanc | Gay K. D'Assaro |
| | Clara Alfonso | Patty Balz | Ann P. Russell |
| | Esther Garcia | Jacynthe Poirier | Nikki Franke |
| | Mercedes Atencio | Karen Bergenstein | |
| 1983 | CUB | EUA | ARG |
| | Margarita Rodriguez | Jana Angelakis | Sandra Giancola |
| | Clara Alfonso | Vincent Bradford | Maria A. Sinigaglia |
| | Esther Garcia | Andrea Metkus | Silvana I. Giancola |
| | Mercedes del Risco | Margo Miller | Constanza Oriani |
| | Caridad Estrada | Debra Waples | Gabriela Laperuta |
| 1987 | EUA | CUB | MEX |
| | Caitlin Bilodeaux | Caridad Estrada | Blanca Estrada |
| | Elaine Cheris | Hildelisa Rodriguez | Lourdes Lozano |
| | Sharon Monplaisir | Bárbara Hernández | Lourdes Roldán |
| | Mary Jane O'Neill | Mayra Hechevarría | Fabiana Lopez |
| | Molly Sullivan | Edelmis Márquez | |
| 1991 | EUA | CUB | ARG |
| | Caitlin Bilodeaux | Bárbara Hernández | Andrea Chiuchich |
| | Sharon Monplaisir | Caridad Estrada | Sandra Giancola |
| | Molly Sullivan | Miraida Garcia | Yanina Iannuzzi |
| | Ann Marsh | Mailia Acuña | Maria L. Lede |
| | Jane Hall | Migsey Dussu | |
| 1995 | CUB | EUA | ARG |
| | Bárbara Hernández | Ann Marsh | Alejandra Carbone |
| | Migsey Dussu | Felicia Zimmerman | Sandra Giancola |
| | Idoris Diaz | Olga Chernyak | Jimena Pampin |
| | Caridad Estrada | Monique de Bruin | Yanina Lannuzzi |
| 1999 | CUB | VEN | EUA |
| | Adlín Benítez | Mariana Gonzalez | SEUAn Jennings |
| | Migsey Dussu | Johanne B. Fuenmayor | Iris Zimmermann |
| | Odalis Gorguet | Sandra Torres | Julie Smith |
| | Lismaite Trujillo | | Stephanie Eim |
| 2003 | Não se realizou | | |
| 2007 | ___________ | ___________ | ___________ |

### ESPADA INDIVIDUAL

| | | | |
|---|---|---|---|
| 1951-1983 | Não se realizou | | |
| 1987 | Tamara Esteri | Yamila Figueroa | Vincent Bradford |
| | CUB | CUB | EUA |
| 1991 | Taimí Chappé | Angélica Dueñas | Sandra Giancola |
| | CUB | MEX | ARG |
| | | | Yolitzin Martínez |
| | | | MEX |
| 1995 | Leslie Marx | Milagros Palma | Yurina Suarez |
| | EUA | CUB | CUB |

| | | | |
|---|---|---|---|
| | | | Yolitzin Martínez<br>MEX |
| 1999 | Miraida Garcia<br>CUB | Tamara Esteri<br>CUB | Élida Aguera<br>ARG<br>Nhi Lan Le<br>EUA |
| 2003 | Eimey Gomez<br>CUB | Sherraine Mackay<br>CAN | Endrina Alvarez<br>VEN<br>Jesika Jimenez<br>PAN |
| 2007 | ____________<br>____________ | ____________<br>____________ | ____________<br>____________ |

ESPADA POR EQUIPES

1951-1987 Não se realizou

| | | | |
|---|---|---|---|
| 1991 | EUA<br>Margo Miller<br>Donna Stone<br>Cathy McClellan<br>Larel Clark<br>Elaine Cheris | CUB<br>Yamila Figueroa<br>Taimí Chappé<br>Dianiselys Marín<br>Maria A. Pérez<br>Ileana Duarte | MEX<br>Angélica Dueñas<br>Yolitzin Martínez<br>Josefa Zapata<br>Maria A. Garcia<br>Lourdes Roldán |
| 1995 | EUA<br>Leslie Marx<br>Margo Miller<br>Rachel Haugh<br>Donna Stone | CUB<br>Zuleydis Ortiz<br>Milagros Palma<br>Yurina Suarez<br>Miraida Garcia | CAN<br>Sherraine Shalm<br>Maureen Griffin<br>Heather Landymore<br>Marie-F. Hervieu |
| 1999 | CUB<br>Tamara Esteri<br>Zuleydis Ortiz<br>Eimey Gomez<br>Miraida Garcia | CAN<br>Sherraine Shalm<br>Heather Landymore<br>Monique Kavelaars | EUA<br>Stephanie Eim<br>Nhi Lan Le<br>Sarah Orman |
| 2003 | CUB | EUA | CAN |
| 2007 | ____________ | ____________ | ____________ |

## ESQUI AQUÁTICO

### Provas Masculinas

| Pan | Ouro | Prata | Bronze |
|---|---|---|---|

FIGURAS

1951-1991 Não se realizou

| | | | |
|---|---|---|---|
| 1995 | Jaret Llewellyn<br>CAN 1.000,0 pontos | Tory Baggiano<br>EUA 983,9 | Sergio Font<br>MEX 890,6 |
| 1999 | Jaret Llewellyn<br>CAN 10.560 | Russell Gay<br>EUA 9.960 | Javier Julio<br>ARG 9.560 |
| 2003 | Jaret Llewellyn<br>EUA | Russell Gay<br>EUA | Jorge R. Ignacio<br>ARG |
| 2007 | ____________<br>____________ | ____________<br>____________ | ____________<br>____________ |

SALTOS

1951-1991 Não se realizou

| | | | |
|---|---|---|---|
| 1995 | Jaret Llewellyn<br>CAN 1.000,0 pontos | Carl Roberge<br>EUA 964,3 | Sammy Duval<br>EUA 920,3 |
| 1999 | Freddy Krueger<br>EUA 64,5 | Jaret Llewellyn<br>CAN 63,7 | Simón Siegert<br>COL 61,4 |
| 2003 | Freddy Krueger<br>EUA | Jaret Llewellyn<br>CAN | Ryan Dodd<br>CAN |
| 2007 | ____________<br>____________ | ____________<br>____________ | ____________<br>____________ |

SLALOM

1951-91 Não se realizou

| | | | |
|---|---|---|---|
| 1995 | Carl Roberge<br>EUA 1.000,0 pontos | Kreg Llewellyn<br>CAN 928,6 | Jorge Renosto<br>ARG 910,7 |
| 1999 | Andrew Ross<br>CAN 63,00 | Kreg Llewellyn<br>CAN 59,00 | Emiliano Botana<br>ARG 55,50 |
| 2003 | Andrew Ross<br>CAN 61 bóias | Jorge Suarez<br>MEX 57 | Javier Julio<br>ARG 56,5 |

Os brasileiros Nicholas Fuldaver (53) e Fernando Neves (45) ficaram em sexto e sétimo lugares.

| | | | |
|---|---|---|---|
| 2007 | ____________<br>____________ | ____________<br>____________ | ____________<br>____________ |

### Provas Femininas

FIGURAS

1951-1991 Não se realizou

| | | | |
|---|---|---|---|
| 1995 | Tawn Larsen<br>EUA 1.000,0 pontos | Kim de Macedo<br>CAN 905,3 | Lorena Botana<br>ARG 810,5 |
| 1999 | Rhoni Barton<br>EUA 6.350 | Lorena Botana<br>ARG 5.360 | Mariana Ramírez<br>MEX 5.170 |
| 2003 | Regina Jaquess<br>EUA | Rhoni Barton<br>EUA | Mariana Ramirez<br>MEX |
| 2007 | ____________<br>____________ | ____________<br>____________ | ____________<br>____________ |

SALTOS

1951-1991 Não se realizou

| | | | |
|---|---|---|---|
| 1995 | Sherri Slone<br>EUA 1.000,0 pontos | Kim de Macedo<br>CAN 963,6 | Andrea Gaytan<br>MEX 664,0 |
| 1999 | Rhoni Barton<br>EUA 45,9 | Karen Truelove<br>EUA 43,4 | Kim de Macedo<br>CAN 39,4 |
| 2003 | Karissa Wedd<br>CAN | Rhoni Barton<br>EUA | Regina Jaquess<br>EUA |
| 2007 | ____________<br>____________ | ____________<br>____________ | ____________<br>____________ |

SLALOM

1951-1991 Não se realizou

| | | | |
|---|---|---|---|
| 1995 | Deena Mapple<br>EUA 1.000,0 pontos | Susan Graham<br>CAN 1.000,0 | Kim de Macedo<br>CAN 867,9 |
| 1999 | Kristi Johnson<br>EUA 62,00 | Susan Graham<br>CAN 56,50 | Karen Truelove<br>EUA 55,50 |
| 2003 | Karen Truelove<br>EUA | Regina Jaquess<br>EUA | Mariana Ramirez<br>MEX |
| 2007 | ____________<br>____________ | ____________<br>____________ | ____________<br>____________ |

### Provas Mistas

EQUIPES

1951-1991 Não se realizou

| | | | |
|---|---|---|---|
| 1995 | CAN 8.462,2 pontos<br>Kim de Macedo<br>Susan Graham<br>Kreg Llewellyn<br>Jaret Llewellyn<br>Drew Ross<br>Jim Clunie | EUA 7.741,8<br>Deena Mapple<br>Sherri Slone<br>Tawn Larsen<br>Carl Roberge<br>Tory Baggiano<br>Sammy Duval | ARG 6.900,2<br>Lorena Botana<br>Marion Rochaix<br>Jorge Renosto<br>Javier Julio<br>Adam Botana<br>Martin Lopez |

1999-2003 Não se realizou

## GINÁSTICA ARTÍSTICA

### Provas Masculinas

EXERCÍCIOS COMBINADOS

| | | | |
|---|---|---|---|
| 1951 | William Rotzheim<br>EUA 111,30 pontos | Rafael Lecuona<br>CUB 110,10 | Juan Caviglia<br>ARG 108,70 |
| 1955 | John Beckner<br>EUA 113,40 | Joseph Kotys<br>EUA 113,20 | Jack Miles<br>EUA 111,95 |
| 1959 | John Beckner<br>EUA 114,30 | Abraham Grossfeld<br>EUA 112,95 | Donald Tonry<br>EUA 112,60 |
| 1963 | Wilhelm Weiller<br>CAN 115,67 | Donald Tonry<br>EUA 115,20 | Jay F. Werner<br>EUA 113,70 |

| | | | |
|---|---|---|---|
| 1967 | Fred Roethlisberger<br>EUA 110,75 | Armando Valles<br>MEX 109,35 | Mark Cohn<br>EUA 109,15 |
| 1971 | Jorge Rodriguez<br>CUB 110,25 | John Crosby<br>EUA 109,70 | Jorge Cuervo<br>CUB 109,65 |
| 1975 | Jorge Cuervo<br>CUB 112,85 | Roberto L. Richard<br>CUB 112,50 | Kurt Thomas<br>EUA 111,50 |
| 1979 | Casimiro Suarez<br>CUB 112,95 | Jorge F. Roche<br>CUB 112,40 | Warren Long<br>CAN 111,35<br>Enrique Bravo<br>CUB 111,35 |
| 1983 | Casimiro Suarez<br>CUB 116,10 | Brian Babcock<br>EUA 114,30 | Israel Sanchez<br>CUB 114,05 |
| 1987 | Scott Johnson<br>EUA 116,250 | Casimiro Suarez<br>CUB 115,500 | Tim Daggett<br>EUA 115,050 |
| 1991 | Erick Lopez<br>CUB 58,30 | José A. Tejada<br>CUB 58,10 | Félix Aguilera<br>CUB 57,75 |
| 1995 | Erick Lopez<br>CUB 56,375 | John Roethlisberger<br>EUA 55,725 | Lázaro Lamelas<br>CUB 55,400 |
| 1999 | Erick Lopez<br>CUB 56,725 | Alexander Jeltkov<br>CAN 55,000 | Lázaro Lamelas<br>CUB 54,950 |
| 2003 | Erick Lopez<br>CUB 56,200 | David Durante<br>EUA 54,625 | Giovanni Quintero<br>COL 54,550 |

O brasileiro Danilo Nogueira ficou em nono, com 52,375 pontos.

| | | | |
|---|---|---|---|
| 2007 | ____________<br>____________ | ____________<br>____________ | ____________<br>____________ |

EXERCÍCIOS DE SOLO

| | | | |
|---|---|---|---|
| 1951 | Juan Caviglia<br>ARG 19,05 pontos | William Rotzheim<br>EUA 17,95 | Francisco Cascante<br>CUB 17,30 |
| 1955 | John Beckner<br>EUA 18,80 | Joseph Kotys<br>EUA 18,55 | Abraham Grossfeld<br>EUA 18,45<br>Juan Caviglia<br>ARG 18,45 |
| 1959 | Abraham Grossfeld<br>EUA 19,300 | Jamile Ashmore<br>EUA 19,050 | Donald Tonry<br>EUA 18,750 |
| 1963 | Wilhelm Weiller<br>CAN 19,52 | Héctor Ramirez<br>CUB 19,25 | Donald Tonry<br>EUA 19,20 |
| 1967 | Héctor Ramirez<br>CUB 18,45 | Richard Lloyd<br>EUA 18,35 | Armando Garcia<br>MEX 18,30<br>David Thor<br>EUA 18,30 |
| 1971 | John Crosby<br>EUA 18,500 | Jorge Rodriguez<br>CUB 18,475 | Emilio Sagré<br>CUB 18,275 |
| 1975 | Peter M. Kormann<br>EUA 18,700 | Jorge Cuervo<br>CUB 18,650 | Bart Conner<br>EUA 18,575 |
| 1979 | Casimiro Suarez<br>CUB 19,200 | Warren Long<br>CAN 19,000 | Jorge F. Roche<br>CUB 18,550 |
| 1983 | Casimiro Suarez<br>CUB 19,450 | Jesús Rivera<br>CUB 19,300 | Mark Caso<br>EUA 19,175 |
| 1987 | Casimiro Suarez<br>CUB 19,475 | Scott Johnson<br>EUA 19,425 | Félix Aguilera<br>CUB 19,175 |
| 1991 | Damián Meriño<br>CUB 9,700<br>Mike Racanelli<br>EUA 9,700 | Não houve | Trent Dimas<br>EUA 9,550 |
| 1995 | Damián Meriño<br>CUB 9,625 | William Roth<br>EUA 9,500 | Kristan A. Burley<br>CAN 9,487 |
| 1999 | Eric Pedercini<br>ARG 9,400 | Yohandy Diaz<br>CUB 9,350 | Víctor Solórzano<br>VEN 9,050 |
| 2003 | Brandon O'Neil<br>CAN 9,500 | Michel Conceição<br>BRA 9,375 | Clayton Strother<br>EUA 9,375 |

Diego Hypólito, do Brasil, ficou em quarto lugar, com 9,350 pontos.

| | | | |
|---|---|---|---|
| 2007 | ____________<br>____________ | ____________<br>____________ | ____________<br>____________ |

SALTO SOBRE O CAVALO

| | | | |
|---|---|---|---|
| 1951 | Ángel Aguiar<br>CUB 19,15 pontos | Rafael Lecuona<br>CUB 19,05 | Ovidio Ferrari<br>ARG 18,95 |
| 1955 | Joseph Kotys<br>EUA 19,45 | Donald Holder<br>EUA 19,25<br>Jack Miles<br>EUA 19,25 | Não houve |
| 1959 | John Beckner<br>EUA 19,050 | Richard Monpetit<br>CAN 18,475<br>Gregor Weiss<br>EUA 18,475 | Não houve |
| 1963 | Wilhelm Weiller<br>CAN 19,52 | Jay F. Werner<br>EUA 19,35 | Donald Tonry<br>EUA 19,17 |
| 1967 | Jorge Rodriguez<br>CUB 18,60 | Octavio Suarez<br>CUB 18,40 | Fred Roethlisberger<br>EUA 18,35<br>Roger Dion<br>CAN 18,35<br>Rogelio Mendoza<br>MEX 18,35 |
| 1971 | Jorge Cuervo<br>CUB 18,900 | Jorge Rodriguez<br>CUB 18,800 | John Crosby<br>EUA 18,750 |
| 1975 | Jorge Cuervo<br>CUB 18,850 | Kurt Thomas<br>EUA 18,775 | Marshall Avener<br>EUA 18,725 |
| 1979 | Casimiro Suarez<br>CUB 19,475 | Warren Long<br>CAN 19,325 | Ricardo Mazabel<br>PER 18,900 |
| 1983 | Casimiro Suarez<br>CUB 19,700 | Israel Sanchez<br>CUB 19,575<br>Jorge Marín<br>VEN 19,575 | Não houve |
| 1987 | Casimiro Suarez<br>CUB 19,500 | Scott Johnson<br>EUA 19,413 | Alejandro Peniche<br>MEX 19,325 |
| 1991 | Erick Lopez<br>CUB 9,750 | Casimiro Suarez<br>CUB 9,737 | Alejandro Peniche<br>MEX 9,700<br>Víctor Colón<br>PRC 9,700 |
| 1995 | Víctor Solórzano<br>VEN 9,593 | Lázaro Lamelas<br>CUB 9,462 | Kristan A. Burley<br>CAN 9,450 |
| 1999 | Abel Driggs<br>CUB 9,587 | Yohandy Diaz<br>CUB 9,575 | Kristan A. Burley<br>CAN 9,475 |
| 2003 | Eric Lopez<br>CUB 9,456 | Diego Hypólito<br>BRA 9,443 | Michel Conceição<br>BRA 9,393 |
| 2007 | ____________<br>____________ | ____________<br>____________ | ____________<br>____________ |

ARGOLAS

| | | | |
|---|---|---|---|
| 1951 | Ángel Aguiar<br>CUB 19,00 pontos | Fernando Lecuona<br>CUB 18,80 | Roberto Villacián<br>CUB 18,65 |
| 1955 | Richard Beckner<br>EUA 19,05 | Donald Holder<br>EUA 18,85 | Abraham Grossfeld<br>EUA 18,35<br>Jack Miles<br>EUA 18,35 |
| 1959 | Jamile Ashmore<br>EUA 19,000<br>Abraham Grossfeld<br>EUA 19,000 | Não houve | Nino Marion<br>CAN 18,475 |
| 1963 | Jamile Ashmore<br>EUA 19,60 | Abraham Grossfeld<br>EUA 19,23 | Wilhelm Weiller<br>CAN 19,22 |
| 1967 | Armando Valles<br>MEX 18,90 | Fred Roethlisberger<br>EUA 18,35<br>Mark Cohn<br>EUA 18,35 | Não houve |
| 1971 | John Crosby<br>EUA 18,725 | John Ellas<br>EUA 18,700 | Andre Simard<br>CAN 18,525<br>Jorge Rodriguez<br>CUB 18,525 |
| 1975 | Jorge Cuervo<br>CUB 18,975<br>Roberto L. Richard<br>CUB 18,975 | Não houve | Bart Conner<br>EUA 18,775 |
| 1979 | Jorge F. Roche<br>CUB 19,225 | Mario Castro<br>CUB 18,875 | Jeffrey Lafleur<br>EUA 18,600 |
| 1983 | Casimiro Suarez<br>CUB 19,325 | Israel Sanchez<br>CUB 19,275 | Mark Caso<br>EUA 19,200 |
| 1987 | Scott Johnson<br>EUA 19,450 | José Fraga<br>CUB 19,375 | Luis Cartaya<br>CUB 19,350<br>Brian Ginsberg<br>EUA 19,350 |

| | | | |
|---|---|---|---|
| 1991 | Damián Meriño<br>CUB 9,900 | Erick Lopez<br>CUB 9,825 | Bob Stelter<br>EUA 9,625 |
| 1995 | Damián Meriño<br>CUB 9,725 | John Roethlisberger<br>EUA 9,550 | Erick Lopez<br>CUB 9,500 |
| 1999 | Erick Lopez<br>CUB 9,650 | Sergio Alvariño<br>ARG 9,500 | Diego Lizardi<br>PRC 9,475 |
| 2003 | Eric Lopez<br>CUB 9,700 | Regulo Carmona<br>VEN 9,675 | Abel Driggs<br>CUB 9,525 |
| 2007 | ________<br>________ | ________<br>________ | ________<br>________ |

BARRAS PARALELAS

| | | | |
|---|---|---|---|
| 1951 | Pedro Lonchibucco<br>ARG 18,85 pontos | Enrique Rapesta<br>ARG 18,75 | Juan Caviglia<br>ARG 18,60 |
| 1955 | John Beckner<br>EUA 19,30<br>Richard Beckner<br>EUA 19,30 | Não houve | Abraham Grossfeld<br>EUA 19,25 |
| 1959 | John Beckner<br>EUA 19,200 | Gregor Weiss<br>EUA 19,025 | Donald Tonry<br>EUA 18,850 |
| 1963 | Donald Tonry<br>EUA 19,37 | Wilhelm Weiller<br>CAN 19,28 | Garland O'Quinn<br>EUA 19,25 |
| 1967 | Fred Roethlisberger<br>EUA 18,95<br>Richard Lloyd<br>EUA 18,95 | Não houve | Arno Lascari<br>EUA 18,90 |
| 1971 | John Ellas<br>EUA 18,450 | John Crosby<br>EUA 18,400 | David Butzman<br>EUA 18,300 |
| 1975 | Roberto L. Richard<br>CUB 18,875 | Gene Whelan<br>EUA 18,700 | Jorge Cuervo<br>CUB 18,525 |
| 1979 | Roberto L. Richard<br>CUB 19,175 | Daniel Muens<br>EUA 18,750 | Enrique Bravo<br>CUB 18,500 |
| 1983 | Roberto L. Richard<br>CUB 19,250 | Thomas Beach<br>EUA 19,150 | Casimiro Suarez<br>CUB 19,125 |
| 1987 | Scott Johnson<br>EUA 19,575 | Casimiro Suarez<br>CUB 19,550 | Félix Aguilera<br>CUB 19,225 |
| 1991 | Erick Lopez<br>CUB 9,675<br>Dominick Minicucci<br>EUA 9,675 | Não houve | Isidro Ibarrondo<br>ARG 9,600<br>Félix Aguilera<br>CUB 9,600<br>Luis Lopez<br>MEX 9,600 |
| 1995 | Erick Lopez<br>CUB 9,425 | Lázaro Lamelas<br>CUB 9,275 | Isidro Ibarrondo<br>ARG 9,250 |
| 1999 | Erick Lopez<br>CUB 9,550 | Jorge G. Lopez<br>COL 9,525 | Abel Driggs<br>CUB 9,300 |
| 2003 | Eric Lopez<br>CUB 9,650 | Abel Driggs<br>CUB 9,450 | Jorge Giraldo<br>COL 9,400 |

Michel Conceição, do Brasil, terminou em oitavo lugar, com 9,150 pontos.

| | | | |
|---|---|---|---|
| 2007 | ________<br>________ | ________<br>________ | ________<br>________ |

CAVALO COM ALÇAS

| | | | |
|---|---|---|---|
| 1951 | Rafael Lecuona<br>CUB 19,00 pontos | William Rotzheim<br>EUA 18,55 | Ovidio Ferrari<br>ARG 18,20 |
| 1955 | John Beckner<br>EUA 19,45 | Rafael Lecuona<br>CUB 19,40 | Joseph Kotys<br>EUA 19,00 |
| 1959 | Gregor Weiss<br>EUA 18,800 | Richard Monpetit<br>CAN 18,725 | Garland O'Quinn<br>EUA 18,650<br>John Beckner<br>EUA 18,650 |
| 1963 | Garland O'Quinn<br>EUA 19,25 | Wilhelm Weiller<br>CAN 19,02 | Richard Monpetit<br>CAN 18,95 |
| 1967 | Mark Cohn<br>EUA 19,15 | Richard Lloyd<br>EUA 18,90 | David Thor<br>EUA 18,80 |
| 1971 | Jorge Rodriguez<br>CUB 18,075 | John Crosby<br>EUA 18,050 | John Ellas<br>EUA 17,900 |
| 1975 | Roberto L. Richard<br>CUB 18,725 | Kurt Thomas<br>EUA 18,600 | Gene Whelan<br>EUA 18,325 |
| 1979 | Roberto L. Richard<br>CUB 19,300 | Enrique Bravo<br>CUB 18,820 | Jean Choquette<br>CAN 18,500 |
| 1983 | Lázaro Amador<br>CUB 19,275 | Brian Babcock<br>EUA 19,125 | Israel Sanchez<br>CUB 19,075 |
| 1987 | Tim Daggett<br>EUA 19,500 | Scott Johnson<br>EUA 19,200 | Félix Aguilera<br>CUB 19,150<br>Mario González<br>PRC 19,150<br>Tony Pineda<br>MEX 19,150 |
| 1991 | José A. Tejada<br>CUB 9,800 | Félix Aguilera<br>CUB 9,750 | Dominick Minicucci<br>EUA 9,700 |
| 1995 | Erick Lopez<br>CUB 9,450 | Mihai Bagiu<br>EUA 9,350 | Richard N. Ikeda<br>CAN 9,300 |
| 1999 | Erick Lopez<br>CUB 9,700 | Carycel Briseño<br>VEN 9,450 | Jorge G. Lopez<br>COL 9,350 |
| 2003 | Eric Lopez<br>CUB 9,750 | Luis Vargas<br>PRC 9,587 | Clayton Strother<br>EUA 9,450<br>Mosiah Rodrigues<br>BRA 9,450 |

Danilo Nogueira, do Brasil, ficou em quinto lugar, com 9,437 pontos.

| | | | |
|---|---|---|---|
| 2007 | ________<br>________ | ________<br>________ | ________<br>________ |

BARRA FIXA

| | | | |
|---|---|---|---|
| 1951 | William Rotzheim<br>EUA 19,15 pontos | Juan Caviglia<br>ARG 18,65 | César Bonoris<br>ARG 18,50 |
| 1955 | Abraham Grossfeld<br>EUA 19,60 | Jack Miles<br>EUA 19,40 | Joseph Kotys<br>EUA 19,30 |
| 1959 | Abraham Grossfeld<br>EUA 19,425 | John Beckner<br>EUA 19,225 | Donald Tonry<br>EUA 19,175 |
| 1963 | Abraham Grossfeld<br>EUA 19,57 | Wilhelm Weiller<br>CAN 19,45 | Jay F. Werner<br>EUA 19,25 |
| 1967 | Fred Roethlisberger<br>EUA 18,85 | Armando Valles<br>MEX 18,70 | David Thor<br>EUA 18,65 |
| 1971 | Jorge Rodriguez<br>CUB 18,550 | John Crosby<br>EUA 18,475 | Jorge Cuervo<br>CUB 18,300<br>Brent Simmons<br>EUA 18,300 |
| 1975 | Jorge Cuervo<br>CUB 19,150 | Gene Whelan<br>EUA 18,925 | Kurt Thomas<br>EUA 18,875 |
| 1979 | Jorge F. Roche<br>CUB 19,450 | Roberto L. Richard<br>CUB 19,250 | Warren Long<br>CAN 19,100 |
| 1983 | Casimiro Suarez<br>CUB 19,550 | Jesús Rivera<br>CUB 19,475 | Billy Paul<br>EUA 19,250 |
| 1987 | Félix Aguilera<br>CUB 19,725 | Casimiro Suarez<br>CUB 19,625<br>Scott Johnson<br>EUA 19,625 | Não houve |
| 1991 | Félix Aguilera<br>CUB 9,900 | Luis Lopez<br>MEX 9,800 | Trent Dimas<br>EUA 9,750 |
| 1995 | John Roethlisberger<br>EUA 9,275 | William Roth<br>EUA 9,200<br>Víctor Colón<br>PRC 9,200 | Não houve |
| 1999 | Alexander Jeltkov<br>CAN 9,700 | Erick Lopez<br>CUB 9,450 | Luis Vargas<br>PRC 9,400 |
| 2003 | Tomy Ramos<br>PRC 9,550 | Michael Brito<br>CUB 9,475 | Mosiah Rodriguez<br>BRA 9,450 |
| 2007 | ________<br>________ | ________<br>________ | ________<br>________ |

POR EQUIPES

| | | | |
|---|---|---|---|
| 1951 | ARG 634,45 pontos<br>Mario Fizbein<br>Ovidio Ferrari<br>César Bonoris<br>Jorge Soler<br>Enrique Rapesta | CUB 622,25<br>José A. Vázquez<br>Raimundo Rey<br>Francisco Cascante<br>Baldomero Rubiera<br>Roberto Villacián | MEX 574,75<br>José Savignon<br>Manuel Ortiz<br>Carlos Duarte<br>José Rosellón<br>Rubén Lira |

| | | | |
|---|---|---|---|
| | Pedro Lonchibucco | Fernando Lecuona | Guillermo Yáñez |
| | Juan Caviglia | Ángel Aguiar | Manuel Guzmán |
| | Roberto Nuñez | Rafael Lecuona | Everardo Peña |
| 1955 | EUA 567,60 | CUB 524,65 | ARG 513,90 |
| | John Beckner | Rafael Lecuona | Juan Caviglia |
| | Joseph Kotys | Luis Santana | Ovidio Ferrari |
| | Jack Miles | Francisco Cascante | César Bonoris |
| | Abraham Grossfeld | Baldomero Rubiera | Enrique Rapesta |
| | Donald Holder | Ángel Franco | Joaquín Zbikowski |
| | Richard Beckner | Roberto Villacián | Jaroslav Slanina |
| 1959 | EUA 564,70 | CAN 531,80 | ARG 514,15 |
| | John Beckner | Richard Monpetit | Juan Caviglia |
| | Abraham Grossfeld | Carl Girard | Ricardo Licenciato |
| | Donald Tonry | Hans Gerbig | César Bonoris |
| | Gregor Weiss | Dieter Weichert | Martín Carranza |
| | Garland O'Quinn | Nino Marion | Bautista di Giacomo |
| | Jamile Ashmore | William Vennels | José Flecha |
| 1963 | EUA 570,64 | CAN 555,47 | CUB 537,05 |
| | Donald Tonry | Wilhelm Weiller | Octavio Suarez |
| | Jay F. Werner | Richard Monpetit | Héctor Ramirez |
| | Abraham Grossfeld | Roger Dion | Andrés González |
| | Garland O'Quinn | Nino Marion | Félix Padrón |
| | Jamile Ashmore | Iván Boisclair | Luis de Pablo |
| | Fred Orlofsky | | Juan Pizarro |
| 1967 | EUA 548,55 | CUB 536,55 | MEX 529,15 |
| | Fred Roethlisberger | Héctor Ramirez | Armando Valles |
| | David Thor | Octavio Suarez | Armando Garcia |
| | Mark Cohn | Jorge Rodriguez | Fernando Valles |
| | Arno Lascari | Andrés González | Rogelio Mendoza |
| | Robert Emery | Luis Hernandez | Enrique Garcia |
| | Richard Lloyd | Carlos Garcia | Enrique Salazar |
| 1971 | CUB 540,90 | EUA 537,65 | CAN 510,55 |
| | Jorge Rodriguez | John Crosby | Sidney Jensen |
| | Jorge Cuervo | John Ellas | Andre Simard |
| | Emilio Sagré | David Butzman | Steplien Mitruk |
| | René Badell | Thomas Lindner | Iván Boisclair |
| | Miguel Garcia | Brent Simmons | Richard Bigras |
| | Luis Ramirez | Gary Anderson | Ronald Hunter |
| 1975 | EUA 554,95 | CUB 553,30 | MEX 521,10 |
| | Kurt Thomas | Jorge Cuervo | Fernando Decena |
| | Gene Whelan | Roberto L. Richard | Rogelio Mendoza |
| | Bart Conner | Jorge Rodriguez | Gerardo Araujo |
| | Peter M. Kormann | José Tejeda | Luis Garcia |
| | Marshall Avener | Jorge F. Roche | José L. Sosa |
| | Glenn Tidwell | Roberto Arego | José Vilchis |
| 1979 | CUB 562,25 | CAN 550,55 | BRA 514,50 |
| | Casimiro Suarez | Warren Long | Helio S. de Araujo |
| | Jorge F. Roche | Jean Choquette | Joao L. Ribeiro |
| | Enrique Bravo | Mark Epprecht | Reinaldo Ferreira |
| | Roberto L. Richard | Nigel Rothwell | Mario Alburquerque |
| | Adolfo Fernandez | Pierre Clavel | Altair M. Rodriguez |
| | Mario Castro | Owen Walstrom | João F. Tavarez |
| 1983 | CUB 572,05 | EUA 567,50 | CAN 548,30 |
| | Casimiro Suarez | Brian Babcock | David Arnold |
| | Israel Sanchez | Mark Caso | Yves Dion |
| | Roberto L. Richard | Billy Paul | Marshall Garfield |
| | Jesús Rivera | Thomas Beach | Curtis Hibbert |
| | Lázaro Amador | Mario McCutcheon | Guy Lemelin |
| | Mario Castro | Joey Ray | James Rozon |
| 1987 | EUA 577,050 | CUB 574,100 | BRA 550,800 |
| | Tim Daggett | Casimiro Suarez | Carlos Fulcher |
| | Kevin Davis | Félix Aguilera | Gerson Snoatto |
| | Brian Ginsberg | Lázaro Amador | Marco Monteiro |
| | Scott Johnson | Luis Cartaya | Ricardo Nassar |
| | Charles Lakes | José Fraga | Guilherme Pinto |
| | Tom Schlesinger | Jesús Rivera | Carlo Sabino |
| 1991 | CUB 580,550 | EUA 575,450 | MEX 558,300 |
| | Erick Lopez | Trent Dimas | Alejandro Peniche |
| | José A. Tejada | Dominick Minicucci | Luis Lopez |
| | Félix Aguilera | Mike Racanelli | Francisco Lopez |
| | Raúl Menéndez | Bob Stelter | Andrés Sanchez |
| | Casimiro Suarez | Mark Warburton | Oscar A. Figueroa |
| | Damián Meriño | Jeff Lutz | Licurgo Diaz |
| 1995 | EUA 551,150 | CUB 550,900 | CAN 546,100 |
| | John Roethlisberger | Erick Lopez | Kristan A. Burley |
| | William Roth | Damián Meriño | Peter M. Schmidt |
| | Mihai Bagiu | Abel Driggs | Travis L. Romagnoli |
| | Christopher Waller | Lázaro Lamelas | Alan Nolet |
| | Stephen McCain | Yoel Gutiérrez | Jason Papp |
| | Chainey Umphrey | Félix Aguilera | Jason Hardabura |
| | Kip Simons | Francisco Diaz | Richard N. Ikeda |
| 1999 | CUB 222,375 | EUA 216,000 | CAN 215,150 |
| | Abel Driggs | Michael Ashe | Roshan Amendra |
| | Adonis Vázquez | Raj Bhavsar | Kristan Burley |
| | Erick Lopez | Michael Dutka | Grant Golding |
| | Francisco Diaz | Stephen McCain | Darin Good |
| | Lázaro Lamelas | Michael Moran | Richard N. Ikeda |
| | Yohandy Diaz | James Young | Alexander Jeltkov |
| 2003 | CUB 221,475 | BRA 216,375 | EUA 215,925 |
| | | Danilo Nogueira | |
| | | Diego Hypólito | |
| | | Michel Conceição | |
| | | Mosiah Rodrigues | |
| | | Victor Rosa | |
| | | Vitor Camargo | |
| 2007 | ___________ | ___________ | ___________ |
| | ___________ | ___________ | ___________ |

## Provas descontinuadas

### EXERCÍCIOS COM MAÇAS

| | | | |
|---|---|---|---|
| 1955 | Francisco J. Álvarez | Donald Holder | Jack Miles |
| | MEX 9,40 pontos | EUA 7,85 | EUA 7,60 |
| 1959 | Francisco J. Álvarez | Porfirio Rivera | Ron Munn |
| | MEX 9,60 | MEX 7,10 | EUA 6,90 |

### ASCENSÃO NA CORDA

| | | | |
|---|---|---|---|
| 1955 | Donald Perry | Baldomero Rubiera | Roberto Villacián |
| | EUA 2s9 (2,9 segundos) | CUB 3s9 | CUB 4s9 |
| 1959 | Garvin Smith | Nino Marion | Richard Monpetit |
| | EUA 3s0 | CAN 5s2 | CAN 5s6 |

### TRAMPOLIM (CAMA ELÁSTICA)

| | | | |
|---|---|---|---|
| 1955 | Donald Harper | William Roy | Eduardo Fereda |
| | EUA 9,90 pontos | EUA 8,35 | VEN 6,10 |
| 1959 | Ron Munn | Harold Holmes | Abraham Grossfeld |
| | EUA 9,55 | EUA 6,60 | EUA 6,05 |

### TUMBLING (ACROBACIA)

| | | | |
|---|---|---|---|
| 1955 | William Roy | Joseph Kotys | Juan Caviglia |
| | EUA 9,60 pontos | EUA 8,65 | ARG 7,65 |
| 1959 | Harold Holmes | Jamile Ashmore | Abraham Grossfeld |
| | EUA 9,75 | EUA 9,00 | EUA 7,50 |

### EXERCÍCIOS DE SOLO POR EQUIPES

| | | | |
|---|---|---|---|
| 1951 | ARG 99,00 pontos | CUB 97,20 | MEX 91,75 |
| | José A. Vázquez | Mario Fizbein | José Savignon |
| | Raimundo Rey | Ovidio Ferrari | Manuel Ortiz |
| | Francisco Cascante | César Bonoris | Carlos Duarte |
| | Baldomero Rubiera | Jorge Soler | José Rosellón |
| | Roberto Villacián | Enrique Rapesta | Rubén Lira |
| | Fernando Lecuona | Pedro Lonchibucco | Guillermo Yáñez |
| | Ángel Aguiar | Juan Caviglia | Manuel Guzmán |
| | Rafael Lecuona | Roberto Nuñez | Everardo Peña |
| 1955 | EUA 92,15 | CUB 87,85 | ARG 87,25 |
| | John Beckner | Rafael Lecuona | Juan Caviglia |
| | Joseph Kotys | Luis Santana | Ovidio Ferrari |
| | Jack Miles | Francisco Cascante | César Bonoris |
| | Abraham Grossfeld | Baldomero Rubiera | Enrique Rapesta |
| | Donald Holder | Ángel Franco | Joaquín Zbikowski |
| | Richard Beckner | Roberto Villacián | Jaroslav Slanina |

SALTO SOBRE O CAVALO POR EQUIPES

| | | | |
|---|---|---|---|
| 1951 | CUB 109,80 pontos | ARG 108,40 | MEX 102,55 |
| | Mario Fizbein | José A. Vázquez | José Savignon |
| | Ovidio Ferrari | Raimundo Rey | Manuel Ortiz |
| | César Bonoris | Francisco Cascante | Carlos Duarte |
| | Jorge Soler | Baldomero Rubiera | José Rosellón |
| | Enrique Rapesta | Roberto Villacián | Rubén Lira |
| | Pedro Lonchibucco | Fernando Lecuona | Guillermo Yáñez |
| | Juan Caviglia | Ángel Aguiar | Manuel Guzmán |
| | Roberto Nuñez | Rafael Lecuona | Everardo Peña |
| 1955 | EUA 95,85 | ARG 88,75 | CUB 85,95 |
| | John Beckner | Juan Caviglia | Rafael Lecuona |
| | Joseph Kotys | Ovidio Ferrari | Luis Santana |
| | Jack Miles | César Bonoris | Francisco Cascante |
| | Abraham Grossfeld | Enrique Rapesta | Baldomero Rubiera |
| | Donald Holder | Joaquín Zbikowski | Ángel Franco |
| | Richard Beckner | Jaroslav Slanina | Roberto Villacián |

ARGOLAS POR EQUIPES

| | | | |
|---|---|---|---|
| 1951 | CUB 108,95 pontos | ARG 104,35 | MEX 97,90 |
| | José A. Vázquez | Mario Fizbein | José Savignon |
| | Raimundo Rey | Ovidio Ferrari | Manuel Ortiz |
| | Francisco Cascante | César Bonoris | Carlos Duarte |
| | Baldomero Rubiera | Jorge Soler | José Rosellón |
| | Roberto Villacián | Enrique Rapesta | Rubén Lira |
| | Fernando Lecuona | Pedro Lonchibucco | Guillermo Yáñez |
| | Ángel Aguiar | Juan Caviglia | Manuel Guzmán |
| | Rafael Lecuona | Roberto Nuñez | Everardo Peña |
| 1955 | EUA 92,65 | CUB 87,30 | ARG 83,75 |
| | John Beckner | Rafael Lecuona | Juan Caviglia |
| | Joseph Kotys | Luis Santana | Ovidio Ferrari |
| | Jack Miles | Francisco Cascante | César Bonoris |
| | Abraham Grossfeld | Baldomero Rubiera | Enrique Rapesta |
| | Donald Holder | Ángel Franco | Joaquín Zbikowski |
| | Richard Beckner | Roberto Villacián | Jaroslav Slanina |

BARRAS PARALELAS POR EQUIPES

| | | | |
|---|---|---|---|
| 1951 | CUB 108,60 pontos | ARG 108,55 | MEX 96,40 |
| | José A. Vázquez | Mario Fizbein | José Savignon |
| | Raimundo Rey | Ovidio Ferrari | Manuel Ortiz |
| | Francisco Cascante | César Bonoris | Carlos Duarte |
| | Baldomero Rubiera | Jorge Soler | José Rosellón |
| | Roberto Villacián | Enrique Rapesta | Rubén Lira |
| | Fernando Lecuona | Pedro Lonchibucco | Guillermo Yáñez |
| | Ángel Aguiar | Juan Caviglia | Manuel Guzmán |
| | Rafael Lecuona | Roberto Nuñez | Everardo Peña |
| 1955 | EUA 95,45 | CUB 88,80 | ARG 84,10 |
| | John Beckner | Rafael Lecuona | Juan Caviglia |
| | Joseph Kotys | Luis Santana | Ovidio Ferrari |
| | Jack Miles | Francisco Cascante | César Bonoris |
| | Abraham Grossfeld | Baldomero Rubiera | Enrique Rapesta |
| | Donald Holder | Ángel Franco | Joaquín Zbikowski |
| | Richard Beckner | Roberto Villacián | Jaroslav Slanina |

CAVALO COM ALÇAS POR EQUIPE

| | | | |
|---|---|---|---|
| 1951 | ARG 104,50 pontos | CUB 102,05 | MEX 87,35 |
| | Mario Fizbein | José A. Vázquez | José Savignon |
| | Ovidio Ferrari | Raimundo Rey | Manuel Ortiz |
| | César Bonoris | Francisco Cascante | Carlos Duarte |
| | Jorge Soler | Baldomero Rubiera | José Rosellón |
| | Enrique Rapesta | Roberto Villacián | Rubén Lira |
| | Pedro Lonchibucco | Fernando Lecuona | Guillermo Yáñez |
| | Juan Caviglia | Ángel Aguiar | Manuel Guzmán |
| | Roberto Nuñez | Rafael Lecuona | Everardo Peña |
| 1955 | EUA 94,75 | CUB 88,25 | ARG 81,75 |
| | John Beckner | Rafael Lecuona | Juan Caviglia |
| | Joseph Kotys | Luis Santana | Ovidio Ferrari |
| | Jack Miles | Francisco Cascante | César Bonoris |
| | Abraham Grossfeld | Baldomero Rubiera | Enrique Rapesta |
| | Donald Holder | Ángel Franco | Joaquín Zbikowski |
| | Richard Beckner | Roberto Villacián | Jaroslav Slanina |

BARRA FIXA POR EQUIPES

| | | | |
|---|---|---|---|
| 1951 | ARG 109,65 pontos | MEX 98,80 | CUB 95,65 |
| | Mario Fizbein | José Savignon | José A. Vázquez |
| | Ovidio Ferrari | Manuel Ortiz | Raimundo Rey |
| | César Bonoris | Carlos Duarte | Francisco Cascante |
| | Jorge Soler | José Rosellón | Baldomero Rubiera |
| | Enrique Rapesta | Rubén Lira | Roberto Villacián |
| | Pedro Lonchibucco | Guillermo Yáñez | Fernando Lecuona |
| | Juan Caviglia | Manuel Guzmán | Ángel Aguiar |
| | Roberto Nuñez | Everardo Peña | Rafael Lecuona |
| 1955 | EUA 96,75 | ARG 88,30 | CUB 86,50 |
| | John Beckner | Juan Caviglia | Rafael Lecuona |
| | Joseph Kotys | Ovidio Ferrari | Luis Santana |
| | Jack Miles | César Bonoris | Francisco Cascante |
| | Abraham Grossfeld | Enrique Rapesta | Baldomero Rubiera |
| | Donald Holder | Joaquín Zbikowski | Ángel Franco |
| | Richard Beckner | Jaroslav Slanina | Roberto Villacián |

## Provas Femininas

EXERCÍCIOS COMBINADOS

| | | | |
|---|---|---|---|
| 1951-1955 | Não se realizou | | |
| 1959 | Ernestine Russell | Betty Maycock | Marie C. Larsen |
| | CAN 38,467 pontos | EUA 37,400 | CAN 36,434 |
| 1963 | Doris Fuchs | Kathleen Corrigan | Não houve |
| | EUA 77,21 | EUA 77,01 | |
| | | Dale McClements | |
| | | EUA 77,01 | |
| 1967 | Linda Metheny | Joyce Tanac | Kathy Gleason |
| | EUA 78,20 | EUA 76,34 | EUA 72,83 |
| 1971 | Roxanne Pierce | Linda Metheny | Kimberly Chace |
| | EUA 74,05 | EUA 73,35 | EUA 73,10 |
| 1975 | Ann Carr | Roxanne Pierce | Colleen Casey |
| | EUA 73,80 | EUA 73,60 | EUA 73,15 |
| 1979 | Monica Goermann | Jeanine Creek | Elfi Schlegel |
| | CAN 76,300 | EUA 75,150 | CAN 75,100 |
| 1983 | Orisel Martínez | Yumi Mordre | Lisa Wittwer |
| | CUB 76,00 | EUA 75,95 | EUA 75,85 |
| 1987 | Sabrina Mar | Kristie Phillips | Kelly Garrison-Steves |
| | EUA 77,975 | EUA 77,362 | EUA 77,300 |
| 1991 | Stephanie Woods | Chelle Stack | Romina Plataroti |
| | EUA 38,600 | EUA 38,525 | ARG 38,400 |
| 1995 | Shannon Miller | Amanda Borden | Amy Chow |
| | EUA 38,587 | EUA 38,575 | EUA 38,375 |
| 1999 | Morgan White | Michelle Conway | Jennie Thompson |
| | EUA 37,649 | CAN 37,618 | EUA 37,236 |
| 2003 | Chellsie Memmel | Nastia Liukin | Daniele Hypólito |
| | EUA 37,962 | EUA 37,874 | BRA 37,149 |
| | Camila Comin, do Brasil, ficou em oitavo lugar, com 35,737 pontos. | | |
| 2007 | ________ | ________ | ________ |
| | ________ | ________ | ________ |

SALTO SOBRE O CAVALO

| | | | |
|---|---|---|---|
| 1951-1955 | Não se realizou | | |
| 1959 | Ernestine Russell | Betty Maycock | Louise Parker |
| | CAN 19,367 pontos | EUA 19,067 | CAN 18,566 |
| 1963 | Dale McClements | Avis Tieber | Kathleen Corrigan |
| | EUA 19,54 | EUA 19,51 | EUA 19,46 |
| 1967 | Linda Metheny | Donna Schaenzer | Marie Walther |
| | EUA 18,500 | EUA 18,174 | EUA 18,016 |
| 1971 | Roxanne Pierce | Miriam Villacián | Adele Gleaves |
| | EUA 19,025 | CUB 18,700 | EUA 18,675 |
| 1975 | Colleen Casey | Debra Willcox | Roxanne Pierce |
| | EUA 18,725 | EUA 18,675 | EU 18,600 |
| 1979 | Jackie Cassello | Elfi Schlegel | Elsa L. Chivás |
| | EUA 19,475 | CAN 19,325 | CUB 19,125 |
| | | | Tania González |
| | | | CUB 19,125 |
| 1983 | Orisel Martínez | Luisa Prieto | Lisa Wittwer |
| | CUB 19,425 | CUB 19,400 | EUA 19,375 |

| | | | |
|---|---|---|---|
| 1987 | Laura Rodriguez<br>CUB 19,582 | Luisa Prieto<br>CUB 19,450 | Kristie Phillips<br>EUA 19,256 |
| 1991 | Luisa Parente<br>BRA 9,775 | Anne Woynerowski<br>EUA 9,662 | Jennifer Wood<br>CAN 9,650 |
| 1995 | Amy Chow<br>EUA 9,718 | Shannon Miller<br>EUA 9,706 | Annia Portuondo<br>CUB 9,662 |
| 1999 | Arasay Jova<br>CUB 9,450 | Daiane dos Santos<br>BRA 9,387 | Eddylin Zabaleta<br>VEN 9,231 |
| 2003 | Leyanet Gonzalez<br>CUB 9,512 | Courtney McCool<br>EUA 9,343 | Brenda Magaña<br>MEX 9,293 |

Laís Souza, do Brasil, ficou em quarto lugar, com 9,287 pontos.

| | | | |
|---|---|---|---|
| 2007 | ____________<br>____________ | ____________<br>____________ | ____________<br>____________ |

TRAVE

1951-1955 Não se realizou

| | | | |
|---|---|---|---|
| 1959 | Ernestine Russell<br>CAN 19,533 pontos | Betty Maycock<br>EUA 18,800 | Cassie Collawn<br>EUA 18,533 |
| 1963 | Doris Fuchs<br>EUA 19,46 | Dorothy Haworth<br>CAN 19,33 | Gail M. Daley<br>CAN 19,21 |
| 1967 | Linda Metheny<br>EUA 18,691 | Deborah Bailey<br>EUA 18,566 | Zulema Bregado<br>CUB 18,399 |
| 1971 | Kimberly Chace<br>EUA 18,550 | Vivian Garcia<br>CUB 18,450 | Roxanne Pierce<br>EUA 18,425<br>Linda Metheny<br>EUA 18,425 |
| 1975 | Ann Carr<br>EUA 18,800 | Colleen Casey<br>EUA 18,700 | Roxanne Pierce<br>EUA 18,450 |
| 1979 | Sherry Hawko<br>CAN 18,900 | Jackie Cassello<br>EUA 18,675 | Monica Goermann<br>CAN 18,375<br>Elsa L. Chivás<br>CUB 18,375 |
| 1983 | Elsa L. Chivás<br>CUB 19,275 | Orisel Martínez<br>CUB 19,000 | Tracy Butler<br>EUA 18,875 |
| 1987 | Kelly Garrison-Steves<br>EUA 19,388 | Tania Guía<br>CUB 19,287 | Elsa L. Chivás<br>CUB 19,263<br>Sabrina Mar<br>EUA 19,263 |
| 1991 | Leyanet González<br>CUB 9,700<br>Stephanie Woods<br>EUA 9,700 | Não houve | Odaimis Jiménez<br>CUB 9,650<br>Luisa Portocarrero<br>GUA 9,650 |
| 1995 | Amanda Borden<br>EUA 9,612 | Annia Portuondo<br>CUB 9,600 | Leyanet González<br>CUB 9,500 |
| 1999 | Lise Leveille<br>CAN 9,612 | Bárbara Rivarola<br>ARG 9,512 | Melina Sirolli<br>ARG 9,387 |
| 2003 | Nastia Liukin<br>EUA 9,550 | Daniele Hypólito<br>BRA 9,537 | Chellsie Memmel<br>EUA 9,462 |

A brasileira Ana Paula Rodrigues ficou em quarto lugar, com 8,962 pontos.

| | | | |
|---|---|---|---|
| 2007 | ____________<br>____________ | ____________<br>____________ | ____________<br>____________ |

EXERCÍCIOS DE SOLO

1951-1955 Não se realizou

| | | | |
|---|---|---|---|
| 1959 | Theresa Montefusco<br>EUA 19,100 pontos | Ernestine Russell<br>CAN 18,900 | Sharon Phelps<br>EUA 18,733 |
| 1963 | Avis Tieber<br>EUA 19,43 | Susan McDonnell<br>CAN 19,37 | Kathleen Corrigan<br>EUA 19,27 |
| 1967 | Linda Metheny<br>EUA 19,107 | Joyce Tanac<br>EUA 18,857 | Donna Schaenzer<br>EUA 18,499 |
| 1971 | Linda Metheny<br>EUA 18,950 | Kimberly Chace<br>EUA 18,800 | Lise Arsenault<br>CAN 18,550<br>Roxanne Pierce<br>EUA 18,550<br>Jennifer Diachum<br>CAN 18,550 |
| 1975 | Ann Carr<br>EUA 18,975 | Doris Howard<br>EUA 18,950 | Vicenta Cruzata<br>CUB 18,700<br>Roxanne Pierce<br>EUA 18,700 |
| 1979 | Jeanine Creek<br>EUA 19,350 | Heidi Anderson<br>EUA 19,275<br>Monica Goermann<br>CAN 19,275 | Não houve |
| 1983 | Yumi Mordre<br>EUA 19,275 | Orisel Martínez<br>CUB 19,225 | Lisa Wittwer<br>EUA 19,050 |
| 1987 | Kristie Phillips<br>EUA 19,538 | Sabrina Mar<br>EUA 19,425 | Laura Rodriguez<br>CUB 18,987 |
| 1991 | Chelle Stack<br>EUA 9,700 | Dayami Nuñez<br>CUB 9,625 | Georgina Benítez<br>CUB 9,600 |
| 1995 | Shannon Miller<br>EUA 9,812 | Amanda Borden<br>EUA 9,787 | Leyanet González<br>CUB 9,387 |
| 1999 | Yvonne Tousek<br>CAN 9,712 | Michelle Conway<br>CAN 9,687 | Daiane dos Santos<br>BRA 9,612 |
| 2003 | Tia Orlando<br>EUA 9,857 | Brenda Magaña<br>MEX 9,480 | Nastia Liukin<br>EUA 9,300 |

Camila Comin, do Brasil, ficou em quarto lugar, com 9,262 pontos.

| | | | |
|---|---|---|---|
| 2007 | ____________<br>____________ | ____________<br>____________ | ____________<br>____________ |

BARRAS ASSIMÉTRICAS

1951-1955 Não se realizou

| | | | |
|---|---|---|---|
| 1959 | Ernestine Russell<br>CAN 18,533 pontos | Theresa Montefusco<br>EUA 18,367 | Marie C. Larsen<br>CAN 18,267 |
| 1963 | Doris Fuchs<br>EUA 19,80 | Dale McClements<br>EUA 19,44 | Yolanda Williams<br>CUB 19,40 |
| 1967 | Susan McDonnell<br>CAN 18,641 | Linda Metheny<br>EUA 18,616 | Kathy Gleason<br>EUA 18,608 |
| 1971 | Roxanne Pierce<br>EUA 19,075 | Linda Metheny<br>EUA 18,950 | Kimberly Chace<br>EUA 18,425 |
| 1975 | Ann Carr<br>EUA 18,550<br>Roxanne Pierce<br>EUA 18,550 | Não houve | Diane Dumbar<br>EUA 18,350 |
| 1979 | Monica Goermann<br>CAN 19,075 | Elfi Schlegel<br>CAN 18,975<br>Tania González<br>CUB 18,975 | Não houve |
| 1983 | Lucy Wener<br>EUA 19,400 | Lisa Wittwer<br>EUA 19,275 | Tania González<br>CUB 19,050 |
| 1987 | Melissa Marlowe<br>EUA 19,637 | Sabrina Mar<br>EUA 19,512 | Luisa Ribeiro<br>BRA 19,263 |
| 1991 | Luisa Parente<br>BRA 9,775 | Mylene Fleury<br>CAN 9,625<br>Hillary Anderson<br>EUA 9,625 | Não houve |
| 1995 | Shannon Miller<br>EUA 9,812 | Amy Chow<br>EUA 9,725 | Annia Portuondo<br>CUB 9,650 |
| 1999 | Yvonne Tousek<br>CAN 9,662 | Julie Beaulieu<br>CAN 9,600 | Morgan White<br>EUA 9,537 |
| 2003 | Chellsie Memmel<br>EUA 9,575 | Daniele Hypólito<br>BRA 9,475 | Nastia Liukin<br>EUA 9,425 |

Ana Paula Rodrigues, do Brasil, foi a quarta colocada, com 9,400 pontos.

| | | | |
|---|---|---|---|
| 2007 | ____________<br>____________ | ____________<br>____________ | ____________<br>____________ |

POR EQUIPE

1951-1955 Não se realizou

| | | | |
|---|---|---|---|
| 1959 | EUA 179,633 pontos<br>Betty Maycock<br>Theresa Montefusco<br>Cassie Collawn<br>Sharon Phelps<br>Judy Klauser<br>Sharon Richardson | CAN 175,967<br>Ernestine Russell<br>Marie C. Larsen<br>Liesa Kroll<br>Rosemary Ripley<br>Margaret Schran<br>Louise Parker | Não houve |
| 1963 | EUA 384,21<br>Doris Fuchs<br>Kathleen Corrigan<br>Dale McClements<br>Avis Tieber | CAN 376,67<br>Gail M. Daley<br>Dorothy Haworth<br>Susan McDonnell<br>Maureen McDonald | CUB 347,88<br>Yolanda Williams<br>Julia Uría<br>Nancy Aldama<br>Yolanda Vega |

| | | | |
|---|---|---|---|
| | Marie Walther | Leissa A. Krol | Lilia Wong |
| | Muriel Grossfeld | | Teresa Oliva |
| 1967 | EUA 202,588 | CAN 189,130 | CUB 187,916 |
| | Linda Metheny | Susan McDonnell | Zulema Bregado |
| | Joyce Tanac | Sandra Hartley | Nancy Aldama |
| | Kathy Gleason | Marilyn Minaker | Manuela Ponce |
| | Marie Walther | Glenna Sebestyen | Yolanda Vega |
| | Donna Schaenzer | Suzanne Cloutier | Yolanda Williams |
| | Deborah Bailey | Dianne Masse | Julia Uría |
| 1971 | EUA 363,30 | CUB 351,65 | CAN 351,35 |
| | Roxanne Pierce | Vivian Garcia | Lise Arsenault |
| | Linda Metheny | Miriam Villacián | Jennifer Diachum |
| | Kimberly Chace | Nancy Aldama | Nancy McDonnell |
| | Adele Gleaves | Suzette Blanco | Teresa McDonnell |
| | Terry Spencer | Vicenta Cruzata | Lise Cullete |
| | Teresa Fileccia | Zulema Bregado | Micheline Turcotte |
| 1975 | EUA 367,30 | CUB 354,35 | MEX 352,70 |
| | Ann Carr | Alicia Sanchez | Herlinda Sanchez |
| | Roxanne Pierce | Ivonne Fonseca | Patricia Garcia |
| | Colleen Casey | Orisel Martínez | Teresa Diaz |
| | Debra Willcox | Vicenta Cruzata | Eunice Aguilar |
| | Diane Dumbar | Mayra Hernandez | Carmen Gomez |
| | Doris Howard | Estrella R. Valdés | Deby Grimberg |
| 1979 | CAN 376,45 | CUB 368,25 | MEX 360,50 |
| | Monica Goermann | Tania González | Esther Thomas |
| | Elfi Schlegel | Orisel Martínez | Gabriela Apellániz |
| | Sherry Hawko | Elsa L. Chivás | Michelle Popoff |
| | Diana Carnegie | Vicenta Cruzata | Olga Brito |
| | Ellen Stewart | Zulma Rodriguez | Estela de la Torre |
| | Carmen Alie | Anet Rubido | Patricia Garcia |
| | Shannon Fleming | Ileana Pérez | Yeini Gutiérrez |
| 1983 | EUA 378,25 | CUB 376,95 | BRA 357,45 |
| | Yumi Mordre | Orisel Martínez | Altair M. R. Prado |
| | Lisa Wittwer | Elsa L. Chivás | Jaqueline L. Pires |
| | Tracy Butler | Luisa Prieto | Tatiana Figueiredo |
| | Lucy Wener | Tania González | Claudia Magalhães C. |
| | Cindy Rosenberry | Anet Rubido | Miriam Fernandes |
| | Katrina Tinti | Isabel Cruzata | Denilze L. Campos |
| 1987 | EUA 385,950 | CUB 376,375 | CAN 368,725 |
| | Sabrina Mar | Elsa L. Chivás | Andrea Conway |
| | Kristie Phillips | Laura Rodriguez | Yanic Giguere |
| | Kelly Garrison-Steves | Tania Guia | Amelie Major |
| | Melissa Marlowe | Ibis Naredo | Theresa MacKenzie |
| | Hope Spivey | Judith Villa | Ildiko Hattayer |
| | Rhonda Faehn | Luisa Prieto | Daphne Vallieres |
| 1991 | EUA 380,770 | CUB 376,670 | CAN 373,820 |
| | Hillary Anderson | Odaimis Jiménez | Mylene Fleury |
| | Juliet Bangerter | Leyanet González | Colleen Johnson |
| | Kristin McDermott | Georgina Benítez | Stephanie Pierce |
| | Chelle Stack | Indira Hernandez | Tara Sherwood |
| | Stephanie Woods | Dayami Nuñez | Jennifer Wood |
| | Anne Woynerowski | Lisandra Cardoso | Stacey Galloway |
| 1995 | EUA 388,475 | CUB 369,125 | ARG 368,450 |
| | Shannon Miller | Annia Portuondo | Aldana Simone |
| | Amanda Borden | Leyanet González | Ana Destefano |
| | Katie Teft | Lisandra Cardoso | Romina Plataroti |
| | Amy Chow | Lidia Hidalgo | Romina Mazzoni |
| | Kristy Powell | Mayludis Bombino | Laura Alvarez |
| | Donielle Thompson | Arazai Jova | Nancy Diorio |
| | Mary Beth Arnold | Yureisy Bermúdez | Ariadna Argoitía |
| 1999 | CAN 148,944 | EUA 148,364 | BRA 147,639 |
| | Yvonne Tousek | Jeanette Antolin | Patricia Aoki |
| | Lise Leveille | Alyssa Beckerman | Daniele Hypolito |
| | Michelle Conway | Jamie Dantzscher | Heine Araujo |
| | Kate Richardson | Erinn Dooley | Marilia Gomes |
| | Emilie Fournier | Jennie Thompson | Daiane dos Santos |
| | Julie Beaulieu | Morgan White | Camila Comin |
| 2003 | EUA 148,982 | CAN 144,347 | BRA 143,372 |
| | | | Ana Paula Rodrigues |
| | | | Camila Comin |
| | | | Caroline Molinari |
| | | | Daiane dos Santos |
| | | | Daniele Hypólito |
| | | | Laís Souza |
| 2007 | ____ | ____ | ____ |
| | ____ | ____ | ____ |

## GINÁSTICA RÍTMICA DESPORTIVA (GRD)

| Pan | Ouro | Prata | Bronze |
|---|---|---|---|
| INDIVIDUAL GERAL | | | |
| 1951-1983 | Não se realizou | | |
| 1987 | Lourdes Medina | Diane Simpson | Mary Fuzesi |
| | CUB 38,500 pontos | EUA 38,150 | CAN 38,050 |
| 1991 | Lourdes Medina | Mary Fuzesi | Susan Cushman |
| | CUB 36,900 | CAN 36,500 | CAN 36,300 |
| 1995 | Yordania Corrales | Tamara Levinson | Jessica Davis |
| | CUB 36,675 | EUA 36,200 | EUA 35,850 |
| 1999 | Emilie Livingston | Jessica Howard | Yordania Corrales |
| | CAN 38,265 | EUA 38,264 | CUB 38,256 |
| 2003 | Mary Sanders | Olga Karmansky | Anahi Sosa |
| | EUA | EUA | ARG |
| | As brasileiras Larissa Barata e Tayanne Montovanelli ficaram em quarto e sétimo lugares. | | |
| 2007 | ____ | ____ | ____ |
| | ____ | ____ | ____ |
| CORDAS | | | |
| 1951-1983 | Não se realizou | | |
| 1987 | Diane Simpson | Lourdes Medina | Marina Kunyavsky |
| | EUA 19,500 pontos | CUB 19,150 | EUA 19,100 |
| 1991 | Lourdes Medina | Mary Fuzesi | N. Hewitt-Couturier |
| | CUB 9,550 | CAN 9,250 | EUA 9,200 |
| 1995 | Yordania Corrales | Kirenia Ruiz | Tamara Levinson |
| | CUB 9,266 | CUB 9,066 | EUA 9,033 |
| 1999-2003 | Não se realizou | | |
| 2007 | ____ | ____ | ____ |
| | ____ | ____ | ____ |
| ARCOS | | | |
| 1951-1983 | Não se realizou | | |
| 1987 | Lourdes Medina | Diane Simpson | Mary Fuzesi |
| | CUB 19,450 pontos | EUA 19,400 | CAN 19,100 |
| 1991 | Mary Fuzesi | Lourdes Medina | Não houve |
| | CAN 9,300 | CUB 9,200 | |
| | | Susan Cushman | |
| | | CAN 9,200 | |
| 1995-99 | Não se realizou | | |
| 2003 | Mary Sanders | Alexandra Orlando | Anahi Sosa |
| | EUA | CAN | ARG |
| | Taynanne Mantovanelli, do Brasil, ficou em quarto lugar. | | |
| 2007 | ____ | ____ | ____ |
| | ____ | ____ | ____ |
| MAÇAS | | | |
| 1951-1983 | Não se realizou | | |
| 1987 | Lourdes Medina | Mary Fuzesi | Marina Kunyavsky |
| | CUB 19,350 pontos | CAN 19,100 | EUA 18,900 |
| | | | Susan Cushman |
| | | | CAN 18,900 |
| 1991 | Lourdes Medina | Naomi Hewitt-Couturier | Yalili Fung |
| | CUB 9,500 | EUA 9,200 | CUB 9,100 |
| 1995 | Yordania Corrales | Jessica Davis | Tamara Levinson |
| | CUB 9,233 | EUA 9,116 | EUA 9,082 |
| 1999 | Não se realizou | | |
| 2003 | Mary Sanders | Alexandra Orlando | T. Mantovanelli |
| | EUA 25,025 | CAN 23,625 | BRA 23,325 |

| | | | |
|---|---|---|---|
| 2007 | | | |
| | | | |

FITAS

| | | | |
|---|---|---|---|
| 1951-1983 Não se realizou | | | |
| 1987 | Diane Simpson | Lourdes Medina | Mary Fuzesi |
| | EUA 19,400 pontos | CUB 19,250 | CAN 19,150 |
| | | | Thalia Fung |
| | | | CUB 19,150 |
| 1991 | Não se realizou | | |
| 1995 | Tamara Levinson | Jessica Davis | Luciana Eslava |
| | EUA 9,166 | EUA 9,100 | ARG 9,082 |
| 1999 | Não se realizou | | |
| 2003 | Mary Sanders | Alexandra Orlando | Cynthia Valdez |
| | EUA | CAN | MEX |
| 2007 | | | |
| | | | |

BOLAS

| | | | |
|---|---|---|---|
| 1951-1987 Não se realizou | | | |
| 1991 | Lourdes Medina | Mary Fuzesi | Jenifer E. Lovell |
| | CUB 9,450 pontos | CAN 9,300 | EUA 9,250 |
| | | | Madonna Gimotea |
| | | | CAN 9,250 |
| 1995 | Alejandra Unsain | Cecilia Schtutman | Tamara Levinson |
| | ARG 9,233 | ARG 9,150 | EUA 9,100 |
| 1999 | Não se realizou | | |
| 2003 | Mary Sanders | Olga Karmansky | Alexandra Orlando |
| | EUA | EUA | CAN |
| | A brasileira Tayanne Mantovanelli ficou em quinto lugar. | | |
| 2007 | | | |
| | | | |

EQUIPES

| | | | |
|---|---|---|---|
| 1951-1987 Não se realizou | | | |
| 1991 | CAN 108,650 pontos | CUB 108,300 | EUA 106,300 |
| | Mary Fuzesi | Lourdes Medina | N. Hewitt-Couturier |
| | Susan Cushman | Danelis Alarcón | Diane Simpson |
| | Madonna Gimotea | Yalili Fung | Jenifer E. Lovell |
| 1995 | EUA 71,250 | CUB 70,700 | ARG 70,400 |
| | Tamara Levinson | Yordania Corrales | Cecilia Schtutman |
| | Jessica Davis | Yamilé Sotolongo | Luciana Eslava |
| | Kirenia Ruiz | Alejandra Unsain | |
| 1999-2003 Não se realizou | | | |
| 2007 | | | |
| | | | |

EXERCÍCIOS DE CONJUNTO — FITAS

| | | | |
|---|---|---|---|
| 2003 | BRA 25,300 | CUB 19,400 | CAN 17,250 |
| | Ana Maria Maciel | | |
| | Dayane Camilo da Silva | | |
| | Gabriela Andrioli | | |
| | Natalia Eidt | | |
| | Thalita Nakadomari | | |
| 2007 | | | |
| | | | |
| | | | |
| | | | |
| | | | |
| | | | |

EXERCÍCIOS DE CONJUNTO — ARCOS/BOLAS

| | | | |
|---|---|---|---|
| 2003 | Brasil 23,250 | CUB 19,900 | CAN 18,200 |
| | Ana Maria Maciel | | |
| | Dayane Camilo da Silva | | |
| | Fernanda Cavalieri | | |
| | Gabriela Andrioli | | |
| | Thalita Nakadoma | | |
| 2007 | | | |
| | | | |

EXERCÍCIOS DE CONJUNTO (APRESENTAÇÕES DE FITA E ARCOS/BOLAS SOMADAS)

| | | | |
|---|---|---|---|
| 1951-1987 Não se realizou | | | |
| 1991 | CUB 36,250 pontos | BRA 35,550 | CAN 35,350 |
| | Nelly Ochoa | Gabriela Astiazara | Maddie Beamer |
| | Raima Pérez | Valquiria Aydos | Dorin Grunwald |
| | Yordania Corrales | Debora Sana | Vanessa Hii |
| | Yonaisy Amores | Bibiana Pitta | Alyssa Pearce |
| | Yuliex Cuevas | Alessandra Seligman | Katie Willis |
| | Laritza Jiménez | Alessandra Frederico | Colleen McDermott |
| 1995 | CUB 18,699 | EUA 18,599 | BRA 18,500 |
| | Yonaisy Amores | Mandy James | Dayane da Silva |
| | Llisell Pedraza | Aliane Mata | Luciana Barichelo |
| | Danae Varela | Challen Sievers | Camila Ferezin |
| | Yasleidy Rodriguez | Brandi Siegel | Fernanda Festa |
| | Yuliex Cuevas | Becky Turner | Luciane de Oliveira |
| 1999 | BRA 38,431 | CUB 37,732 | CAN 37,532 |
| | Alessandra Ferezin | Yordania Corrales | |
| | Camila Ferezin | Yasleidy Rodrigues | |
| | Dayane Camilo da Silva | Kirenia Ruiz | |
| | Flávia Cristina de Faria | Arletys Chacón | |
| | Juliana Coradine | Gissell Pedraza | |
| | Michele Salzano | | |
| 2003 | BRA 49,650 | CAN 41,600 | CUB 37,300 |
| | Ana Maria Maciel | | |
| | Dayane Camilo da Silva | | |
| | Fernanda Cavalieri | | |
| | Gabriela Andrioli | | |
| | Natalia Eidt | | |
| | Thalita Nakadoma | | |
| 2007 | | | |
| | | | |
| | | | |
| | | | |
| | | | |
| | | | |

## HIPISMO

ADESTRAMENTO INDIVIDUAL

| Pan | Ouro | Prata | Bronze |
|---|---|---|---|
| 1951 | José Larrain | Héctor Clavel | Justo J. Iturralde |
| | CHI 1.050 pontos | CHI 915,75 | ARG 846,25 |
| 1955 | Héctor Clavel | Robert J. Borg | José Larrain |
| | CHI 671 | EUA 651 | CHI 579 |
| 1959 | Patricia Galvin | José Mela | César Mendoza |
| | EUA 2.213 | CHI 2.011 | CHI 1.870 |
| 1963 | Patricia Galvin | Francisco D'Alessandri | Héctor Clavel |
| | EUA 1.674 | ARG 1.602 | CHI 940 |
| 1967 | Kyra Downton | Patricio Escudero | Guillermo Squella |
| | EUA 1.352 | CHI 1.309 | CHI 1.279,5 |
| 1971 | Christilot Hanson | Roberto Gomez | David Piraino |
| | CAN 1.832 | CHI 1.682 | CHI 1.617 |
| 1975 | Christilot Boylen-Hanson | John Winnett | Dorothy Morkis |
| | CAN 1.645 | EUA 1.638 | EUA 1.627 |
| 1979 | Hilda Gurney | Gwen Stockebrand | Carmen Tamayo |
| | EUA 1.357 | EUA 1.231 | COL 1.180 |
| 1983 | Carole Grant | Hilda Gurney | Orlando Facada |
| | EUA 1.291 | EUA 1.285 | BRA 1.258 |
| 1987 | Christilot Boylen | Martina Pracht | Margarita Nava |
| | CAN 974 | CAN 965 | MEX 935 |
| 1991 | Lorraine Stubbs | Ashley Munro | Jennifer Miller |
| | CAN 1.270 | CAN 1.253 | EUA 1.246 |
| 1995 | Patrick Burssens | Leslie Webb | Victoria Winter |
| | MEX 2.891 | EUA 2.780 | CAN 2.742 |

| | | | |
|---|---|---|---|
| 1999 | Deborah McDonald | Shannon Dueck | Bernardette Pujals |
| | EUA 223,78 | CAN 216,30 | MEX 216,23 |
| 2003 | Leslie Reid | Bernardette Pujals | Ivonne Losos de Muniz |
| | CAN 76.250 | MEX 72.800 | DOM 70.800 |
| 2007 | ____________ | ____________ | ____________ |
| | ____________ | ____________ | ____________ |

ADESTRAMENTO POR EQUIPES

| | | | |
|---|---|---|---|
| 1951 | CHI 2.797,50 pontos | ARG 2.382,25 | Não houve |
| | José Larrain | Justo J. Iturralde | |
| | Héctor Clavel | Humberto L. Terzano | |
| | Ernesto Silva | Amabrio S. del Villar | |
| 1955 | Não houve | | |
| 1959 | CHI 2.810 | EUA 2.708 | VEN 2.168 |
| | José Mela | Patricia Galvin | Eloy Anzola |
| | César Mendoza | Jessica Newberry | Carlos Fahrenbrg |
| | José Larrain | Karen McIntosh | Luis Villegas |
| 1963 | Não houve | | |
| 1967 | CHI 2.158 | EUA 1.929 | CAN 1.699 |
| | Patricio Escudero | Kyra Downton | Inés Fischer-Credo |
| | Guillermo Squella | Diane Fermin-Didot | Christilot Hanson |
| | Mario Díaz | Donald Plumb | Jean McKenzie |
| 1971 | CAN 4.885 | CHI 4.655 | COL 4.233 |
| | Christilot Hanson | Roberto Gomez | Héctor Rodriguez |
| | Cynthia Neale | David Piraino | Luis A. Torres |
| | Zoltan Sztehlo | Hernán Fagnille | Hugo Gamboa |
| 1975 | EUA 4.825 | CAN 4.573 | BRA 4.034 |
| | John Winnett | Christilot Boylen-Hanson | Ingrid Troyko |
| | Dorothy Morkis | Barbara Stracey | Gerson Borges |
| | Hilda Gurney | Lorraine Stubbs | Diana Paes |
| *1979 | Não houve | | |
| | * A competição foi realizada, mas não premiação. Na contagem, extra-oficial, os Estados Unidos ficaram em primeiro e o Brasil em segundo. | | |
| 1983 | EUA 3.555 | MEX 3.444 | BRA 3.243 |
| | Carole Grant | Cristóbal Egerstrom | Ileana Diniz |
| | Hilda Gurney | Margarita Nava | Orlando Facada |
| | Kay Meredith | Manuel Cid | José Scheleder |
| 1987 | CAN 3.816 | EUA 3.768 | MEX 3.751 |
| | Diana Billes | Ellin Dixon | Patrick Burssens |
| | Christilot Boylen | Ann Guptill | Cristóbal Egerstrom |
| | Eva Marie Pracht | Caroll Lavell | Margarita Nava |
| | Martina Pracht | Nancy Polzker | Joaquin Orth |
| 1991 | CAN 3.738 | EUA 3.726 | MEX 3.505 |
| | Ashley Munro | Gwen Blake | Cristóbal Egerstrom |
| | Lorraine Stubbs | Kathy Adams | Joaquín Orth |
| | Gina Smith | Jennifer Miller | Margarita Nava |
| | Leslie Reid | Tom Valter | Karina Amorós |
| 1995 | MEX 4.341 | EUA 4.303 | CAN 4.121 |
| | Patrick Burssens | Leslie Webb | Victoria Winter |
| | Antonio Rivera | Anne Gribbons | Louise Miechowsky |
| | Cristóbal Egerstrom | Guenter Seidel | Stefan Von Scalburg |
| | Lourdes Ariza | Elizabeth Ball | Nancy McLaughlin |
| 1999 | EUA 4.541 | COL 4.383 | MEX 4.332 |
| | Deborah McDonald | Stephanie O'Mara | Antonio Rivera |
| | Lynda Alicki | César Parra | Salvador Onate |
| | Donna Richardson | Marco Bernal | Patrick Burssens |
| | Betsie Rebard | Tatiana Londono | Bernardette Pujals |
| 2003 | EUA 206.550 | CAN 206.300 | MEX 195.350 |
| | A equipe brasileira ficou na sexta colocação, com 187.250 pontos. | | |
| 2007 | ____________ | ____________ | ____________ |
| | ____________ | ____________ | ____________ |

CONCURSO COMPLETO DE EQUITAÇÃO (CCE) INDIVIDUAL

| | | | |
|---|---|---|---|
| 1951 | Julio C. Sagasta | Fernando Urdapilleta | Hernán Vigil |
| | ARG +13,84 | ARG -3,50 | CHI -5,83 |
| 1955 | Walter Stalley | Octavio Ramirez | José E. Pérez |
| | EUA 387,4 | MEX 422,15 | MEX 427,50 |
| 1959 | Michael Page | Michael Plumb | Norman Elder |
| | EUA -22,80 | EUA -50,27 | CAN -80,27 |
| 1963 | Michael Page | Kevin Freeman | Carlos A. Moratorio |
| | EUA +78,73 | EUA +64,67 | ARG +48,43 |
| 1967 | Michael Plumb | Norman Elder | Michael Page |
| | EUA +82,40 | CAN +49,80 | EUA +31,65 |
| 1971 | Manuel Mendivil | Clint Banbury | Juan J. Neira |
| | MEX -7,55 | CAN -63,84 | COL -99,80 |
| 1975 | Tad Coffin | Bruce Davidson | David Bárcenas |
| | EUA -73,14 | EUA -76,87 | MEX -98,14 |
| 1979-1983 | Não houve | | |
| 1987 | Mike Huber | Emily MacGowan | Peter Gray |
| | EUA 45,2 | EUA 46,8 | BER 53,4 |
| 1991 | Não houve | | |
| 1995 | Bruce Davidson | F. Castaing | André Giovanini |
| | EUA 94,00 | ARG 94,60 | BRA 104,60 |
| 1999 | Mary J. Tumbridge | David O'Connor | Abigail Lufkin |
| | BER 74 | EUA 76 | EUA 95 |
| 2003 | Não se realizou | | |

CONCURSO COMPLETO DE EQUITAÇÃO (CCE) POR EQUIPES

| | | | |
|---|---|---|---|
| 1951 | ARG -17,82 pontos | CHI - 502,66 | Não houve |
| | Julio C. Sagasta | Hernán Vigil | |
| | Fernando Urdapilleta | Rolando Mosquera | |
| | Pedro Mercado | Guillermo Squella | |
| 1955 | MEX | Não houve | Não houve |
| | Octavio Ramirez | | |
| | José E. Pérez | | |
| | Refugio Conzález | | |
| 1959 | CAN -274,40 | EUA -348,49 | Não houve |
| | Norman Elder | Michael Page | |
| | Brian Herbison | Michael Plumb | |
| | Tom Gayford | William Haggard | |
| | James Elder | Walter Stalley | |
| 1963 | EUA +109,60 | Não houve | Não houve |
| | Michael Page | | |
| | Kevin Freeman | | |
| | William Haggard | | |
| 1967 | EUA -14,35 | Não houve | Não houve |
| | Michael Plumb | | |
| | Michael Page | | |
| | James Wofford | | |
| | Ernest Eckhardt | | |
| 1971 | CAN -440,94 | Não houve | Não houve |
| | Catherine Wedge | | |
| | Wendy Irving | | |
| | Clint Banbury | | |
| 1975 | EUA -255,75 | CAN -516,76 | MEX -604,81 |
| | Tad Coffin | James Henry | David Bárcenas |
| | Bruce Davidson | Peter Howard | Mariano Bucio |
| | Beth Perkins | Elizabeth Ashton | Manuel Mendivil |
| 1979-1983 | Não houve | | |
| 1987 | EUA 143,4 | CAN 201,0 | CHI 317,8 |
| | Mike Huber | Philippe DeSourdy | Juan E. González |
| | Emily MacGowan | Stuart Black | Víctor Rodriguez |
| | Patrick McGaughan | Moira Tone | Heinrich Huber |
| | Nanci Lindroth | Jamie Smart | Miguel Carmona |
| 1991 | Não houve | | |
| 1995 | BRA 348,40 | EUA 360,60 | Não houve |
| | A. Giovanini | Bruce Davidson | |
| | Luciano Drubi | Missy Ransehousen | |
| | Serguei Fofanoff | Mara DePuy | |
| | R. Fonseca | David O'Connor | |
| 1999 | EUA 280 | BRA 639 | Não houve |
| | David O'Connor | Artemus de Almeida | |
| | Abigail Lufkin | Luciano Drubi | |
| | Kerry Millikin | Serguei Fofanoff | |
| | Lauren Hart | Marcelo Tosi | |
| 2003 | Não se realizou | | |

PRÊMIO DAS NAÇÕES (SALTOS) INDIVIDUAL

| | | | |
|---|---|---|---|
| 1951 | Alberto Larraguibel | Carlos Delia | Ricardo Echeverria |
| | CHI 16 faltas | ARG 24 | CHI 24 |
| *1955-1959 | Não se realizou | | |

Nestes dois Jogos não houve premiação oficial para esta prova. Em 1955 o

México ficou com as medalhas de ouro e bronze, e a Argentina com a prata.
Em 1959 todos os medalhistas foram dos Estados Unidos.

| | | | |
|---|---|---|---|
| 1963 | Mary Mairs | Carlos Delia | Américo Simonetti |
| | EUA 9,75 | ARG 12,5 | CHI 13,16 |
| 1967 | James Day | Nelson Pessoa | Manuel Mendivil |
| | CAN 8 (38,7s) | BRA 8 (39,2s) | MEX 8 (42,8s) |
| 1971 | Elisa Fernandez | Jorge Llambi | Terrance Millan |
| | MEX 0 (34,5s) | ARG 0 (35,2s) | CAN 0 (35,9s) |
| 1975 | Fernando Senderos | Buddy Brown | Michael Matz |
| | MEX 4,0 | EUA 8,0 | EUA 12,0 |
| 1979 | Michael Matz | Gerardo Tazzer | Ian Millar |
| | EUA 13,266 | MEX 15,330 | CAN 21,005 |
| 1983 | Ann Kursinski | James Elder | Michael Matz |
| | EUA 10,72 | CAN 12,00 | EUA 13,60 |
| 1987 | Ian Millar | Rodney Jenkins | Alberto Valdez |
| | CAN 9,20 | EUA 14,25 | MEX 15,21 |
| 1991 | Danny Foster | Elizabeth Underhill | Victor Alves Texeira |
| | CAN 8,78 | CAN 11,50 | BRA 14,39 |
| 1995 | Michael Matz | Jaime Azcárraga | Luis Ximénez |
| | EUA 6,30 | MEX 7,88 | MEX 12,00 |
| 1999 | Ian Millar | Peter Wylde | Victor Alves Texeira |
| | CAN 10,41 | EUA 10,50 | BRA 11,62 |
| 2003 | Mark Watring | Chris Kappler | M. Goldstein-Engle |
| | PRC 5,83 | EUA 10,40 | EUA 12,82 |
| 2007 | ___________ | ___________ | ___________ |
| | ___________ | ___________ | ___________ |

PRÊMIO DAS NAÇÕES POR EQUIPES

| | | | |
|---|---|---|---|
| 1951 | CHI 64 faltas | ARG 100,25 | MEX 110,75 |
| | Alberto Larraguibel | Carlos Ruchti | Jorge Rodriguez |
| | César Mendoza | Argentino Molinuevo | Roberto Viñals |
| | Joaquín Larraín | Carlos Delia | Joaquín D'Harcourt |
| | Ricardo Echeverría | Rafael Campos | Alberto Valdez |
| 1955 | MEX 71,25 | ARG 109,75 | CHI 112,50 |
| | Jaime de la Garza | Pedro O. Mayorga | Mario Leuember |
| | Roberto Viñals | Jorge Lucardi | Leopoldo Rojas |
| | Joaquín D'Harcourt | Augusto Ruchti | Guillermo Aranda |
| | Humberto Mariles | Argentino Molinuevo | Oscar Cristi |
| 1959 | EUA 32 | BRA 59 | CHI 80,75 |
| | Frank Chapot | Francisco Rabelo | Gastón Zúñiga |
| | Hugh Wiley | Antonio Carvalho | Joaquín Larraín |
| | William Steinkraus | Renyldo Ferreira | Américo Simonetti |
| | George Morris | Nelson Pessoa | Oscar Cristi |
| 1963 | EUA 44,5 | ARG 52,5 | CHI 60,0 |
| | Mary Mairs | Carlos Delia | Américo Simonetti |
| | Frank Chapot | Jorge Amaya | Alejandro Pérez |
| | Kathryn Kusner | Carlos Damm | Gastón Zúñiga |
| | William Steinkraus | Jorge Osacar | Sergio Arredondo |
| 1967 | BRA 8,0 | EUA 20,0 | CAN 27,5 |
| | Nelson Pessoa | Kathryn Kusner | James Day |
| | Antonio A. Simoes | Mary Chapot | James Elder |
| | José R. Reynoso | Frank Chapot | Thomas Gayford |
| | Pedro Ferreira | William Steinkraus | Moffat Dunlop |
| 1971 | CAN 8,0 | MEX 16,25 | CHI 40,0 |
| | Thomas Gayford | Carlos Salinas | René Varas |
| | Barbara Simpson | Eduardo Higareda | Guido Larrondo |
| | Terrance Millan | Elisa Fernandez | Eugenio Lavin |
| | James Elder | Joaquín Pérez | Bárbara Barone |
| 1975 | EUA 44,25 | MEX 46,50 | CAN 76,75 |
| | Joseph Fargis | Luis Lazo | Norma Chornawka |
| | Michael Matz | Carlos Aguirre | Fred Sellinger |
| | Dennis Murphy | Fernando Senderos | Michel Vaillancourt |
| | Buddy Brown | Fernando Hernández | James Elder |
| 1979 | EUA 39,645 | CAN 66,045 | MEX 100,245 |
| | Norman Dello | Ian Millar | Fernando Senderos |
| | William Brown | Terry Leibel | Ricardo Guasch |
| | Michael Matz | John Simpson | Gerardo Tazzer |
| | Melanie Smith | Michel Vaillancourt | Carlos Aguirre |
| 1983 | EUA 16,92 | CAN 21,23 | MEX 28,94 |
| | Ann Kursinski | James Elder | Alberto Rivera |
| | Michael Matz | Ian Millar | Jaime Azcárraga |
| | Donald Cheska | Hugh Graham | Raúl Nieto |
| | Leslie Burr | Torchy Millar | Gerardo Tazzer |
| 1987 | CAN 5,97 | EUA 16,47 | MEX 51,64 |
| | Laura Balisky | Gregory Best | Gerardo Tazzer |
| | Lisa Carlsen | Rodney Jenkins | Alberto Valdez |
| | Ian Millar | Lisa Jacquin | Alberto Rivera |
| | Hugh Graham | Katharine Burdsall | Jaime Guerra |
| 1991 | BRA 22,61 | CAN 24,27 | EUA 32,77 |
| | Víctor A. Texeira | Sandra Anderson | Debbie Shaffner |
| | Luis F. de Azevedo | Danny Foster | Dorothy Alexander |
| | Marcelo Artiaga | Elizabeth Underhill | Rich Fellers |
| | André J. Bier | Ian Millar | Andre Dignelli |
| 1995 | BRA 23,35 | MEX 25,07 | EUA 27,45 |
| | Víctor A. Texeira | Luis Ximénez | Michael Matz |
| | Rodrigo Pessoa | Gerardo Tazzer | D. Alexander-Matz |
| | Nelson Pessoa | Jaime Azcárraga | Nona Garson |
| | André J. Bier | Jaime Guerra | Deborah Stephens |
| 1999 | BRA 10,79 | EUA 19,31 | CAN 30,29 |
| | Álvaro A. Miranda Neto | Margie Goldstein-Engle | Beth Underhill |
| | Bernardo Alves | Peter Wylde | Ian Millar |
| | André Johannpeter | Leslie Burr-Howard | Eric Lamaze |
| | Víctor A. Texeira | Alison Firestone | Jill Henselwood |
| 2003 | EUA | MEX | BRA |
| | | | Á. A. M. Neto (Doda) |
| | | | Bernardo R. Alve |
| | | | César Almeida |
| | | | Karina Johannpeter |
| 2007 | ___________ | ___________ | ___________ |
| | ___________ | ___________ | ___________ |

## JUDÔ

### Categorias Masculinas

| Pan | Ouro | Prata | Bronze |
|---|---|---|---|
| LIGEIRO (ATÉ 60 QUILOS) | | | |
| 1951-1975 | Não se realizou | | |
| 1979 | Luís Shinohara | Edward Liddie | Phil Takahashi |
| | BRA | EUA | CAN |
| | | | Rafael Gonzalez |
| | | | MEX |
| 1983 | Rafael Rodriguez | Luis Shinohara | Rafael Gonzalez |
| | CUB | BRA | MEX |
| | | | Phil Takahashi |
| | | | CAN |
| 1987 | Sérgio Pessoa | Kevin Y. Asano | Rafael Rodriguez |
| | BRA | EUA | CUB |
| | | | Jorge Di Nocco |
| | | | ARG |
| 1991 | Shigueto Yamasaki | Ewan Beaton | Israel Hernandez |
| | BRA | CAN | CUB |
| | | | Eddie Liddie |
| | | | EUA |
| 1995 | Ewan Beaton | Manolo Poulot | Jorge D. Lencina |
| | CAN | CUB | ARG |
| | | | Carlos A. Bortole |
| | | | BRA |
| 1999 | Manolo Poulot | Denilson Lauremco | Juan J. Jiménez |
| | CUB | BRA | DOM |
| | | | Jorge D. Lencina |
| | | | ARG |
| 2003 | Angelo Gómez | Modesto Lara | Miguel Albarracin |
| | CUB | DOM | ARG |
| | | | Reiver Alvarenga |
| | | | VEN |
| 2007 | ___________ | ___________ | ___________ |
| | ___________ | ___________ | ___________ |

MEIO-LEVE (ATÉ 66 QUILOS)

1951-1963 Não se realizou

| | | | |
|---|---|---|---|
| 1967 | Akira Ono<br>BRA | Patrick Bolger<br>CAN | Larry Fukuhara<br>EUA<br>Luis Gastón<br>CUB |
| 1971 | Não se realizou | | |
| 1975 | Brad Farrow<br>CAN | Héctor Rodriguez<br>CUB | Manuel Luna<br>VEN<br>Luís Shinohara<br>BRA |
| 1979 | Brad Farrow<br>CAN | Luis Onmura<br>BRA | Héctor Rodriguez<br>CUB<br>Gerardo Padilla<br>MEX |
| 1983 | Gerardo Padilla<br>MEX | James Martin<br>EUA | Ricardo Tuero<br>CUB<br>Sergio Sano<br>BRA |
| 1987 | Ismael Borboña<br>CUB | Nelson Onmura<br>BRA | Eduardo Landazury<br>COL<br>Victor Rivera<br>PRC |
| 1991 | Francisco Morales<br>ARG | Jean P. Cantin<br>CAN | Pablo Hernandez<br>CUB<br>James Pedro<br>EUA |
| 1995 | Israel Hernandez<br>CUB | Francisco J. Morales<br>ARG | Enrique C. Guimaraes<br>BRA<br>Taro P. Tan<br>CAN |
| 1999 | Martin Ríos<br>ARG | Luis Ortiz<br>VEN | Alex Ottiano<br>EUA<br>Yordanis Arencibia<br>CUB |
| 2003 | Yordanis Arenciba<br>CUB | Ludwing Ortiz<br>VEN | Henrique Guimarães<br>BRA<br>Alex Ottiano<br>EUA |
| 2007 | ____________<br>____________ | ____________<br>____________ | ____________<br>____________ |

LEVE (ATÉ 73 QUILOS)

1951-1959 Não se realizou

| | | | |
|---|---|---|---|
| 1963 | Toshiyuki Seino<br>EUA | Jorge Yamashita<br>BRA | Não houve |
| 1967 | Takeshi Miura<br>BRA | Toshiyuki Seino<br>EUA | René Arredondo<br>MEX<br>Ibrahín Torres<br>CUB |
| 1971 | Não se realizou | | |
| 1975 | Wayne Erdman<br>CAN | Roberto Machusso<br>BRA | Patrick Burris<br>EUA<br>Oscar Strático<br>ARG |
| 1979 | Guillermo D'Nelson<br>CUB | Kevin Doherty<br>CAN | Roberto Machusso<br>BRA<br>Andrés Puentes<br>MEX |
| 1983 | Guillermo D'Nelson<br>CUB | Luis Onmura<br>BRA | Omar Abdala<br>ARG<br>Michael Swain<br>EUA |
| 1987 | Michael Swain<br>EUA | Luis Onmura<br>BRA | Ignacio Sayú<br>CUB<br>Rómulo Álvarez<br>VEN |
| 1991 | Mario Gonzalez<br>MEX | Sergio Souza<br>BRA | Ismael Borboña<br>CUB<br>Dan Hatano<br>EUA |
| 1995 | James Pedro<br>EUA | Erick de la Paz<br>CUB | Sergio Oliveira<br>BRA<br>Jean P. Cantin<br>CAN |
| 1999 | James Pedro<br>EUA | Carlos Méndez<br>PRC | Israel Hernandez<br>CUB<br>Sebastian Pereira<br>BRA |
| 2003 | Luiz Camilo<br>BRA | Robert Martinez<br>CUB | Ernst Laraque<br>HAI<br>Jean François-Mareau<br>CAN |
| 2007 | ____________<br>____________ | ____________<br>____________ | ____________<br>____________ |

MEIO-MÉDIO (ATÉ 81 QUILOS)

1951-1975 Não se realizou

| | | | |
|---|---|---|---|
| 1979 | Carlos Cunha<br>BRA | Radamés Lora<br>DOM | Juan Ferrer L.<br>CUB<br>Brett Barron<br>EUA |
| 1983 | Brett Barron<br>EUA | Juan Ferrer L.<br>CUB | José Strático<br>ARG<br>Carlos Huttich<br>MEX |
| 1987 | Jason Morris<br>EUA | Carlos Huttich<br>MEX | Kilmar Campos<br>VEN<br>Andrés Franco<br>CUB |
| 1991 | Jason Morris<br>EUA | Armando Maldonado<br>CUB | Renato Dagnino<br>BRA<br>Darío Gastón<br>ARG |
| 1995 | Darío O. García<br>ARG | Jason Morris<br>EUA | Flavio Canto<br>BRA<br>Colin W. Morgan<br>CAN |
| 1999 | Gabriel Arteaga<br>CUB | Flavio Canto<br>BRA | Gastón García<br>ARG<br>Maxime Roberge<br>CAN |
| 2003 | Flávio Canto<br>BRA | Gabriel Arteaga<br>CUB | Ariel Sganga<br>ARG<br>Mario Valles<br>COL |
| 2007 | ____________<br>____________ | ____________<br>____________ | ____________<br>____________ |

MÉDIO (ATÉ 90 QUILOS)

1951-1959 Não se realizou

| | | | |
|---|---|---|---|
| 1963 | Lhofei Shiozawa<br>BRA | Paul Maruyama<br>EUA | Rómulo Etcheverry<br>URU |
| 1967 | Hayward Nishioka<br>EUA | Lhofei Shiozawa<br>BRA | Gordon Buttle<br>CAN<br>Gabriel Goldschmied<br>MEX |
| 1971 | Não se realizou | | |
| 1975 | Rainer Fischer<br>CAN | Carlos Motta<br>BRA | Steve J. Cohen<br>EUA<br>Rafael O. Kidd<br>DOM |
| 1979 | Louis Jani<br>CAN | Alexis Mundo<br>VEN | Leo White<br>EUA<br>Eduardo Novoa<br>CHI |
| 1983 | Louis Jani<br>CAN | Robert Berland<br>EUA | Alejandro Strático<br>ARG<br>Walter Carmona<br>BRA |
| 1987 | Rinaldo Caggiano<br>BRA | Charles Griffith<br>VEN | José Gonzalez<br>CUB |

| | | | |
|---|---|---|---|
| | | | William Medina<br>COL |
| 1991 | Joseph Wanag<br>EUA | José Veras<br>DOM | Andrés Franco<br>CUB<br>Hermate Souffrant<br>HAI |
| 1995 | Nicolás Gill<br>CAN | Carlos E. Matt<br>BRA | Brian Olson<br>EUA<br>Pablo M. Elisi<br>ARG |
| 1999 | Brian Olson<br>EUA | Eduardo Costa<br>ARG | Keith Morgan<br>CAN<br>Yosvany Despaigne<br>CUB |
| 2003 | Brian Olson<br>EUA | Keith Morgan<br>CAN | Yosuane Despaigne<br>CUB<br>Carlos Honorato<br>BRA |
| 2007 | ________<br>________ | ________<br>________ | ________<br>________ |

MEIO-PESADO (ATÉ 100 QUILOS)

1951-1963 Não se realizou

| | | | |
|---|---|---|---|
| 1967 | Michael Johnson<br>CAN | Rodolfo Pérez<br>ARG | William Paul<br>EUA<br>Rolando Sánchez<br>CUB |
| 1971 | Não se realizou | | |
| 1975 | Ricardo Campos<br>BRA | Irwin L. Cohen<br>EUA | Roberto Batista<br>CUB<br>C.Preobrazenski<br>CAN |
| 1979 | Carlos Pacheco<br>BRA | Venancio Gomez<br>CUB | Miguel Tudela<br>EUA<br>Sergio Komornickie<br>ARG |
| 1983 | Isaac Azcuy<br>CUB | Aurelio F. Miguel<br>BRA | Fabián Lannutti<br>ARG<br>Leo White<br>EUA |
| 1987 | Aurelio F. Miguel<br>BRA | Joe Meli<br>CAN | Belarmino Salgado<br>CUB<br>Leo White<br>EUA |
| 1991 | Belarmino Salgado<br>CUB | Leo White<br>EUA | Jorge Aguirre<br>ARG<br>Charles Griffith<br>VEN |
| 1995 | Keith Morgan<br>CAN | Daniel F. Dell'Aquila<br>BRA | Belarmino Salgado<br>CUB<br>Rafael Hueso<br>EUA |
| 1999 | Nicholas Gill<br>CAN | Yosvani Kessel<br>CUB | Marcelo Figueiredo<br>BRA<br>Ato Hand<br>EUA |
| 2003 | Mario Sabino<br>BRA | Nicholas Gill<br>CAN | Michael Barnes<br>EUA<br>Oreids Despaigne<br>CUB |
| 2007 | ________<br>________ | ________<br>________ | ________<br>________ |

PESADO (ACIMA DE 100 QUILOS)

1951-1959 Não se realizou

| | | | |
|---|---|---|---|
| 1963 | George Harris<br>EUA | Milton Lovato<br>BRA | Heraldo Viazzi<br>URU |
| 1967 | Allen Coage<br>EUA | Douglas Rogers<br>CAN | José L. Turletto<br>ARG<br>Eulalio Nicolaas<br>AHO |
| 1971 | Não se realizou | | |
| 1975 | Allen Coage<br>EUA | José Ibáñez<br>CUB | Fenelón da Silva<br>BRA<br>Juan Santos<br>PRC |
| 1979 | José Ibáñez<br>CUB | Jeese Goldstein<br>EUA | Oswaldo Simoes<br>BRA<br>Jaime Felipa<br>AHO |
| 1983 | Mark Berger<br>CAN | Federico F. Flexa<br>BRA | Jorge Fis<br>CUB<br>Douglas Nelson<br>EUA |
| 1987 | Frank E. Moreno<br>CUB | Federico F. Flexa<br>BRA | Douglas Nelson<br>EUA<br>Fred Blaney<br>CAN |
| 1991 | Frank E. Moreno<br>CUB | Orlando Baccino<br>ARG | Federico F. Flexa<br>BRA<br>James Bacon<br>EUA |
| 1995 | José M.Tranquilini<br>BRA | Frank E. Moreno<br>CUB | Damon Keeve<br>EUA<br>Orlando Baccino<br>ARG |
| 1999 | Angel V. Sanchez<br>CUB | Daniel Hernandes<br>BRA | Orlando Baccino<br>ARG<br>Douglas Cardozo<br>VEN |
| 2003 | Daniel Hernandes<br>BRA | Joel Brutus<br>HAI | Martin Boonzaayer<br>EUA<br>Rigoberto Trujillo<br>CUB |
| 2007 | ________<br>________ | ________<br>________ | ________<br>________ |

## Categorias Descontinuadas Masculinas

ABERTA (SEM LIMITE DE PESO)

1951-1959 Não se realizou

| | | | |
|---|---|---|---|
| 1963 | Benjamin Campbell<br>EUA | Medhi Kastriget<br>BRA | Joaquín Antrate<br>URU |
| 1967 | Douglas Rogers<br>CAN | James Westbrook<br>EUA | Humberto Medina<br>CUB<br>Medhi Kastriget<br>BRA |
| 1971 | Não se realizou | | |
| 1975 | José Ibáñez<br>CUB | Jaime Felipa<br>AHO | James Wooley<br>EUA<br>C. Preobrazenski<br>CAN |
| 1979 | Oswaldo Simoes<br>BRA | Héctor Estévez<br>PRC | José Ibáñez<br>CUB<br>Joseph Meli<br>CAN |
| 1983 | Venancio Gomez<br>CUB | Fred Blaney<br>CAN | Desiderio Lebrón<br>DOM<br>José Puentes<br>PRC |
| 1987 | Jorge Fis<br>CUB | Damon Keeve<br>EUA | Rogerio Cherobim<br>BRA<br>Fred Blaney<br>CAN |
| 1991 | Jorge Fis<br>CUB | Christophe Leininger<br>EUA | Charles Griffith<br>VEN<br>Orlando Baccino<br>ARG |

1995-2203 Não se realizou

Categorias Femininas

ATÉ 45 QUILOS

1951-1987 Não se realizou

| | | | |
|---|---|---|---|
| 1991 | Mabel Fonseca<br>CUB | Cathy Lee<br>EUA | Maria Villapol<br>VEN<br>Cristina Souza<br>BRA |
| 1995 | Milredis Turro<br>CUB | Sherrie Phillips<br>EUA | Evelyn Matías<br>PRC<br>Dora E. Maldonado<br>HON |

1999-2003 Não se realizou

ATÉ 48 QUILOS

1951-79 Não se realizou

| | | | |
|---|---|---|---|
| 1983 | Darlene Anaya<br>EUA | Inez Nasareth<br>BRA | Maria Villapol<br>VEN<br>Tina Takahashi<br>CAN |
| 1987 | Mônica Angelucci<br>BRA | Maricela Bonelli<br>CUB | Lynne Poirier<br>CAN<br>Darlene Anaya<br>EUA |
| 1991 | Legna Verdecia<br>CUB | Valerie Lafon<br>EUA | Mónica Angelucci<br>BRA<br>Brigitte Lastrade<br>CAN |
| 1995 | Amarilis Savón<br>CUB | Carolyne Lepage<br>CAN | Andrea Rodrigues<br>BRA<br>Maria Villapol<br>VEN |
| 1999 | Amarilis Savón<br>CUB | Roselys Guacarán<br>VEN | Lauren M. Meece<br>EUA<br>Adriana Ángeles<br>MEX |
| 2003 | Danieska Carrion<br>CUB | Carolyne Lepage<br>CAN | Lisseth Orozio<br>COL<br>Analy Rodriguez<br>VEN |
| 2007 | | | |

ATÉ 52 QUILOS

1951-1979 Não se realizou

| | | | |
|---|---|---|---|
| 1983 | Mary Lewis<br>EUA | Amanda Clayton<br>CAN | Cecilia Alacán<br>CUB<br>Solange E. Pessoa<br>BRA |
| 1987 | Lisa Boscarino<br>PRC | JoAnne Quiring<br>EUA | Maritza Pérez<br>CUB<br>Kathy Hubble<br>CAN |
| 1991 | Maritza Pérez<br>CUB | Patricia Dias<br>BRA | Lisa Boscarino<br>PRC<br>Carolina Mariani<br>ARG |
| 1995 | Legna Verdecia<br>CUB | Carolina Mariani<br>ARG | JoAnne Quiring<br>EUA<br>Nathalie Gosselin<br>CAN |
| 1999 | Legna Verdecia<br>CUB | Carolina Mariani<br>ARG | Luce Baillargeon<br>CAN<br>Fabiane Hukuda<br>BRA |
| 2003 | Amarily Savón<br>CUB | Charlee Min Kin<br>EUA | Fabiane Hukuda<br>BRA<br>Flor Velazquez<br>VEN |
| 2007 | | | |

ATÉ 57 QUILOS

1951-1979 Não se realizou

| | | | |
|---|---|---|---|
| 1983 | Ann Marie Burns<br>EUA | Natasha Hernandez<br>VEN | Inés Dantín<br>CUB<br>Tania Ishii<br>BRA |
| 1987 | Cecilia Alacán<br>CUB | Eve Trivella<br>EUA | Nathalie Gosselin<br>CAN<br>Olga Lugo<br>VEN |
| 1991 | Kate Donahoo<br>EUA | Altagracia Contreras<br>DOM | Kenia Rodriguez<br>CUB<br>Maniliz Segarra<br>PRC |
| 1995 | Driulis Gonzalez<br>CUB | Corinna Broz<br>EUA | Renee Hock<br>CAN<br>Danielle Zangrando<br>BRA |
| 1999 | Driulis Gonzalez<br>CUB | Roxane Garcia<br>PRC | Danielle Zangrando<br>BRA<br>Brigitte Lastrade<br>CAN |
| 2003 | Yuris Leidis Gonzalez<br>CUB | Rudymar Fleming<br>VEN | Tania Ferreira<br>BRA<br>Ellen Wilson<br>EUA |
| 2007 | | | |

ATÉ 63 QUILOS

1951-1979 Não se realizou

| | | | |
|---|---|---|---|
| 1983 | Robin Chapman<br>EUA | Nereida Brito<br>VEN | Diane Amyot<br>CAN<br>Carla L. Duarte<br>BRA |
| 1987 | Lynn J. Roethke<br>EUA | Natasha Hernandez<br>VEN | Soraya Carvalho<br>BRA<br>Amanda Clayton<br>CAN |
| 1991 | Ileana Beltrán<br>CUB | Lynn J. Roethke<br>EUA | Xiomara Y. Griffith<br>VEN<br>Eleonora Vargas<br>DOM |
| 1995 | Ileana Beltrán<br>CUB | Michelle Buckingham<br>CAN | Colleen McDonald<br>EUA<br>Xiomara Y. Griffith<br>VEN |
| 1999 | Vania Y. Ishii<br>BRA | Celita Schultz<br>EUA | Kenia Rodriguez<br>CUB<br>Eleucadia Vargas<br>DOM |
| 2003 | Driulis Gonzalez<br>CUB | Vania Y. Ishii<br>BRA | Daniela Krukower<br>ARG |
| 2007 | | | |

ATÉ 70 QUILOS

1951-1979 Não se realizou

| | | | |
|---|---|---|---|
| 1983 | Christine Penick<br>EUA | Lorraine Methot<br>CAN | Carolina Aguilar<br>VEN<br>Vilma Cianelli<br>CHI |
| 1987 | Sandra Greaves<br>CAN | Andrea Hernandez<br>DOM | Christine Penick<br>EUA<br>Marcia Quiñones<br>ECU |
| 1991 | Odalys Revé<br>CUB | Laura Martinell<br>ARG | Francis Gomez<br>VEN<br>Liliko Ogasawara<br>EUA |

| | | | |
|---|---|---|---|
| 1995 | Odalys Revé<br>CUB | Liliko Ogasawara<br>EUA | Dulce Pina D'Oleo<br>DOM<br>Vania Y. Ishii<br>BRA |
| 1999 | Sibelis Veranes<br>CUB | Xiomara Y. Griffith<br>VEN | Sandra Bacher<br>EUA<br>Lorena Briceño<br>ARG |
| 2003 | Regla Zuleta<br>CUB | Cristina Yannetsos<br>EUA | Diana Chala<br>ECU<br>Dulce Pina<br>DOM |
| 2007 | __________<br>__________ | __________<br>__________ | __________<br>__________ |

ATÉ 78 QUILOS

1951-1979 Não se realizou

| | | | |
|---|---|---|---|
| 1983 | Allison Henry<br>VEN | Nancy Jewitt<br>CAN | Nilda Espinosa<br>CUB<br>Belinda Binkley<br>EUA |
| 1987 | Soraia André<br>BRA | Allison Webb<br>CAN | Anny Hernandez<br>VEN<br>Maria Canga<br>ECU |
| 1991 | Niurka Moreno<br>CUB | Maria Canga<br>ECU | Tammy Hensley<br>EUA<br>Allison Webb<br>CAN |
| 1995 | Diadenis Luna<br>CUB | Francis Gomez<br>VEN | Valeria Brandino<br>BRA<br>Grace Jividen<br>EUA |
| 1999 | Diadenis Luna<br>CUB | Nichole Jenkins<br>CAN | Amy Tong<br>EUA<br>Edinanci Silva<br>BRA |
| 2003 | Edinanci Silva<br>BRA | Yurisel Laborde<br>CUB | Amy Cotton<br>CAN<br>Keivi Pinto<br>VEN |
| 2007 | __________<br>__________ | __________<br>__________ | __________<br>__________ |

ACIMA DE 78 QUILOS

1951-79 Não se realizou

| | | | |
|---|---|---|---|
| 1983 | Margaret Castro<br>EUA | Regla Povea<br>CUB | Soraia André<br>BRA<br>Sandra Greaves<br>CAN |
| 1987 | Nilmaris Santini<br>PRC | Margaret Castro<br>EUA | Estela Rodriguez<br>CUB<br>Rosimeri Salvador<br>BRA |
| 1991 | Estela Rodriguez<br>CUB | Nilmaris Santini<br>PRC | Edilene A. Andrade<br>BRA<br>Jane Patterson<br>CAN |
| 1995 | Daima Beltrán<br>CUB | Edilene A. Andrade<br>BRA | Colleen Rosensteel<br>EUA<br>Nancy L. Filteau<br>CAN |
| 1999 | Daima Beltrán<br>CUB | Colleen Rosensteel<br>EUA | Priscila Marques<br>BRA<br>Carmen Chala<br>ECU |
| 2003 | Daima Beltrán<br>CUB | Giovanna Blanco<br>VEN | Olia Berger<br>CAN<br>Carmen Chala<br>ECU |
| 2007 | __________<br>__________ | __________<br>__________ | __________<br>__________ |

Categorias Descontinuadas Femininas

ATÉ 45 QUILOS

1951-1987 Não se realizou

| | | | |
|---|---|---|---|
| 1991 | Mabel Fonseca<br>CUB | Cathy Lee<br>EUA | Maria Villapol<br>VEN<br>Cristina Souza<br>BRA |
| 1995 | Milredis Turro<br>CUB | Sherrie Phillips<br>EUA | Evelyn Matías<br>PRC<br>Dora E. Maldonado<br>HON |

1999-2003 Não se realizou

ABERTA (SEM LIMITE DE PESO)

1951-79 Não se realizou

| | | | |
|---|---|---|---|
| 1983 | Heidi Bauersachs<br>EUA | Allison Henry<br>VEN | Regla Povea<br>CUB<br>Sandra Greaves<br>CAN |
| 1987 | Margaret Castro<br>EUA | Estela Rodriguez<br>CUB | Francis Gomez<br>VEN<br>Ivana Santana<br>BRA |
| 1991 | Estela Rodriguez<br>CUB | Nilmaris Santini<br>PRC | Soraia André<br>BRA<br>Jane Patterson<br>CAN |

1995-2003 Não se realizou

| | | | |
|---|---|---|---|
| 2007 | __________<br>__________ | __________<br>__________ | __________<br>__________ |

## KARATÊ

Masculino

KATA

| Pan | Ouro | Prata | Bronze |
|---|---|---|---|
| 1995 | Christi Chutchurru<br>ARG | Fredy Arevalo<br>PER | Tredie Allas<br>EUA |
| 1999 | Akira Fukuda<br>EUA | José Antonio Diaz<br>VEN | Akio Tamashiro<br>PER |
| 2003 | José Antonio Diaz<br>VEN | Clay Morton<br>EUA | Jurandir Andrade<br>BRA<br>Akio Tamashiro<br>PER |
| 2007 | __________<br>__________ | __________<br>__________ | __________<br>__________ |

KUMITÊ — 62 KG

| | | | |
|---|---|---|---|
| 2003 | Alexis Carvajal<br>PER | Carlos Luces<br>VEN | Yusei Padron<br>CUB<br>Sidirley Souza<br>BRA |
| 2007 | __________<br>__________ | __________<br>__________ | __________<br>__________ |

KUMITÊ — 68 kg

| | | | |
|---|---|---|---|
| 2003 | Jean Carlos Peña<br>VEN | Saeed Baghbani<br>CAN | Dionisio Gustavo<br>DOM<br>Yordanis Torres<br>CUB |
| 2007 | __________<br>__________ | __________<br>__________ | __________<br>__________ |

KUMITÊ — 74 kg

| | | | |
|---|---|---|---|
| 2003 | Salomon Rubel | José Ignacio Pérez | Tetsuo A. Murayama |
| | DOM | VEN | MEX |
| | | | Emmanuel Santana |
| | | | BRA |
| 2007 | ___________ | ___________ | ___________ |
| | ___________ | ___________ | ___________ |

KUMITÊ — 80

| | | | |
|---|---|---|---|
| 1995 | Noel Hernández | Daniel Tesoro | Thomas Hodd |
| | CUB | ARG | EUA |
| 1999 | John Fonseca | Luis Nelson Sandenberg | Bravo Rodríguez |
| | EUA | BRA | CUB |
| | | | Antonio Puente Torres |
| | | | MEX |
| 2003 | John Fonseca | Luis Nelson Sandenberg | Ricardinho Pietersz |
| | EUA | BRA | AHO |
| | | | Jorge Strohmeier |
| | | | PER |
| 2007 | ___________ | ___________ | ___________ |
| | ___________ | ___________ | ___________ |

KUMITÊ — ACIMA DE 80

| | | | |
|---|---|---|---|
| 1995 | Eddy Obispo | Anibal Rossi | Otilio Cartagena |
| | AHO | ARG | PRC |
| 1999 | Douglas Selchan | Altamiro Cruz | Manuel Costa |
| | EUA | BRA | URU |
| | | | Yoel Diaz |
| | | | CUB |
| 2003 | Mario Toro | Sterling Felix | Luis Bolívar |
| | VEN | DOM | BOL |
| | | | Leandro Monzón |
| | | | ARG |
| 2007 | ___________ | ___________ | ___________ |
| | ___________ | ___________ | ___________ |

Categorias Masculinas Descontinuadas

KUMITÊ — 60 KG

| | | | |
|---|---|---|---|
| 1999 | Yusey Padron Hernández | Dov Sternberg | Eduardo Noguera |
| | CUB | EUA | VEN |
| | | | Sidirley Souza |
| | | | BRA |

KUMITÊ — 65 KG

| | | | |
|---|---|---|---|
| 1999 | George Kotaka | Alberto Espejo | William Preciado |
| | EUA | COL | ECU |
| | | | Enrique Vilela |
| | | | CUB |

KUMITÊ — 66 KG

| | | | |
|---|---|---|---|
| 1995 | Pablo Torres del Toro | Sergio Gavrelof | Carlos Espajo |
| | CUB | ARG | COL |

KUMITÊ — 70 KG

| | | | |
|---|---|---|---|
| 1999 | Anthony Boelbaai | Jaime Noguera | Jean Carlos Peña |
| | AHO | VEN | VEN |
| | | | Célio Vieira |
| | | | BRA |

KUMITÊ — 72 KG

| | | | |
|---|---|---|---|
| 1995 | José Vilela | Javier Strohmeier | Dustin Baldis |
| | CUB | PER | EUA |

KUMITÊ — 75

| | | | |
|---|---|---|---|
| 1999 | Ricardo Pérez | Antonio Pinto | Tetsuo A.Murayama |
| | VEN | BRA | MEX |
| | | | Massimiliano Pagano |
| | | | BRA |

KUMITÊ — ABERTA

| | | | |
|---|---|---|---|
| 1995 | José Gomez | Lazaro Montano | Eric Albino |
| | BRA | CUB | AHO |

KUMITÊ — POR EQUIPES

| | | | |
|---|---|---|---|
| 1995 | ARG | BRA | EUA e PAR |

KATA – Feminino

| | | | |
|---|---|---|---|
| 1995 | Melanie Genum | Sandy Kim | Paola Chaves |
| | EUA | PER | ARG |
| 1999 | Kellie Kennedy | Ulda Alarcon | Ana Martínez |
| | EUA | MEX | VEN |
| 2003 | Yohana Sánchez | Junko Arai | Cintia Lassalvia |
| | VEN | EUA | BRA |
| | | | Yessenia Reyes |
| | | | ECU |
| 2007 | ___________ | ___________ | ___________ |
| | ___________ | ___________ | ___________ |

KUMITÊ — 58 KG

| | | | |
|---|---|---|---|
| 2003 | Lucélia Ribeiro | Molly Sanchez | Cheryl Murphy |
| | BRA | PER | EUA |
| | | | Nassim Varasteh |
| | | | CAN |
| 2007 | ___________ | ___________ | ___________ |
| | ___________ | ___________ | ___________ |

KUMITÊ — ACIMA DE 58 KG

| | | | |
|---|---|---|---|
| 2003 | Heidy Rodríguez | Btissama Essadiqi | Marta Nader Embriz |
| | DOM | CAN | BRA |
| | | | Cheily González |
| | | | GUA |
| 2007 | ___________ | ___________ | ___________ |
| | ___________ | ___________ | ___________ |

Categorias Femininas Descontinuadas

KUMITÊ — 53 KG

| | | | |
|---|---|---|---|
| 1995 | Vivian Sosa | Lara Oliveira | Julia Seclen |
| | CUB | BRA | PER |
| 1999 | Beisy Quintana | Gladys Eusébio | Btissima Essadiqi |
| | CUB | PER | CAN |
| | | | Christina Muccini |
| | | | EUA |

KUMITÊ — 60 KG

| | | | |
|---|---|---|---|
| 1999 | Maria Wayow | Maria Maia | Barbara Chinen |
| | VEN | BRA | EUA |
| | | | Lisa Ling |
| | | | CAN |

KUMITÊ — ACIMA DE 53 KG

| | | | |
|---|---|---|---|
| 1995 | Nicole Poirier | Tracey Day | Lai How |
| | CAN | EUA | EUA |

KUMITÊ — ACIMA DE 60 KG

| | | | |
|---|---|---|---|
| 1999 | Lucelia Ribeiro | Katty Mercedes Acevedo | Cristina Madrid |
| | BRA | DOM | MEX |
| | | | Kimberly Morgan |
| | | | EUA |

KUMITÊ — POR EQUIPES

| | | | |
|---|---|---|---|
| 1995 | CUB | BRA | ARG e BRA |

## LEVANTAMENTO DE PESOS

*Categorias Masculinas

Até 1967 só se premiou o total (resultado das provas de força, arranque e arremesso). A partir de 1971 se passou a premiar em separado força, arranque, arremesso e total. Em 1975 saiu força, considerada prejudicial à saúde, e ficaram as outras. Em 1999 reduziram-se as categorias masculinas de dez para oito, para permitir a entrada de sete categorias femininas e, como era até 1967, passou-se a premiar apenas o total.

| Pan | Ouro | Prata | Bronze |
|---|---|---|---|

MOSCA (ATÉ 54 QUILOS) — TOTAL

| | | | |
|---|---|---|---|
| 1951-1967 | Não se realizou | | |
| 1971 | Juan Romero | Roberto Lindeborg | Chun Hou Chan |
| | COL 300,0 quilos | AHO 295,0 | CAN 292,5 |
| 1975 | Francisco Casamayor | Narciso Orán | Lázaro de la Cruz |
| | CUB 225,0 | PAN 197,5 | DOM 195,0 |
| 1979 | Francisco Casamayor | José Diaz | Alexis Vazquez |
| | CUB 232,5 | PAN 207,5 | VEN 205,0 |
| 1983 | Juan Hernandez | Humberto Fuentes | Ader Rincones |
| | CUB 240,0 | VEN 220,0 | VEN 195,0 |
| 1987 | Juan Hernandez | Humberto Fuentes | José Farfan |
| | CUB 227,5 | VEN 222,5 | VEN 202,5 |
| 1991 | Hector Arzola | Humberto Fuentes | Orlando Vazquez |
| | CUB 235,0 | VEN 230,0 | NCA 227,5 |
| 1995 | Jesus Aparicio | Juan C. Fernandez | Orlando Vazquez |
| | CUB 252,5 | COL 247,5 | NCA 242,5 |
| 1999-2003 | Não se realizou | | |

MOSCA — FORÇA

| | | | |
|---|---|---|---|
| *1971 | Roberto Lindeborg | Chun Hou Chan | A. Garcia |
| | AHO 97,5 quilos | CAN 95,0 | PRC 92,5 |

*Apenas em Cali/1971 se disputou a modalidade Força.

MOSCA – ARRANQUE

| | | | |
|---|---|---|---|
| 1971 | Chun Hou Chan | Juan Romero | Lester Francel |
| | CAN 90,0 quilos | COL 90,0 | COL 85,0 |
| 1975 | Francisco Casamayor | Porfirio de León | Lázaro de la Cruz |
| | CUB 97,5 | PRC 87,5 | DOM 87,5 |
| 1979 | Francisco Casamayor | Alexis Vazquez | José Diaz |
| | CUB 102,5 | VEN 95,0 | PAN 90,0 |
| 1983 | Juan Hernandez | Humberto Fuentes | José Diaz |
| | CUB 105,0 | VEN 95,0 | PAN 90,0 |
| 1987 | Juan Hernandez | Humberto Fuentes | José Farfan |
| | CUB 100,0 | VEN 97,5 | VEN 90,0 |
| 1991 | Humberto Fuentes | Hector Arzola | Orlando Vazquez |
| | VEN 105,0 | CUB 105,0 | NCA 100,0 |
| 1995 | Jesus Aparicio | Orlando Vazquez | Juan C. Fernandez |
| | CUB 110,0 | NCA 107,5 | COL 105,0 |
| 1999-2003 | Não se realizou | | |

MOSCA — ARREMESSO

| | | | |
|---|---|---|---|
| 1971 | Juan Romero | Lester Francel | Roberto Lindeborg |
| | COL 117,5 quilos | COL 115,0 | AHO 115,0 |
| 1975 | Francisco Casamayor | Narciso Orán | Rafael Ortega |
| | CUB 127,5 | PAN 112,5 | DOM 107,5 |
| 1979 | Francisco Casamayor | José Diaz | Rafael Ortega |
| | CUB 130,0 | PAN 117,5 | DOM 115,0 |
| 1983 | Juan Hernandez | Humberto Fuentes | Alfonso Young |
| | CUB 135,0 | VEN 125,0 | COL 110,0 |
| 1987 | Juan Hernandez | Humberto Fuentes | Jaime Rodrigues |
| | CUB 127,5 | VEN 125,0 | CHI 122,5 |
| 1991 | Hector Arzola | Orlando Vazquez | Humberto Fuentes |
| | CUB 130,0 | NCA 127,5 | VEN 125,0 |
| 1995 | Juan C. Fernandez | Jesus Aparicio | Orlando Vazquez |
| | COL 142,5 | CUB 142,5 | NCA 135,0 |
| 1999-2003 | Não se realizou | | |

GALO (ATÉ 56 QUILOS) — TOTAL

| | | | |
|---|---|---|---|
| 1951 | Joseph de Pietro | José Crespo | Maravilla Salas |
| | EUA 282,5 quilos | CUB 262,5 | MEX 257,5 |
| 1955 | Charles Vinci | Angel Famiglietti | Ignacio Suarez |
| | EUA 300,0 | PAN 287,5 | CUB 285,5 |
| 1959 | Charles Vinci | Angel Famiglietti | Grantly Sobers |
| | EUA 325,0 | PAN 295,0 | FIOTRT 295,0 |
| 1963 | Martín Diaz | Hector Curiel | Gary E. Hanson |
| | GUY 315,0 | AHO 310,0 | EUA 305,0 |
| 1967 | Fernando Baez | Anthony Phillips | Martín Diaz |
| | PRC 342,5 | BAR 320,0 | GUY 310,0 |
| 1971 | Rolando Chang | Fernando Baez | Carlos Lastre |
| | CUB 342,5 | PRC 335,0 | CUB 322,5 |
| 1975 | Carlos Lastre | Paulo B. de Sene | Fernando Baez |
| | CUB 237,5 | BRA 212,5 | PRC 210,0 |
| 1979 | Daniel Nuñez | Lázaro de la Cruz | Francisco Benítez |
| | CUB 262,5 | DOM 215,0 | MEX 215,0 |
| 1983 | Aristóteles Soler | José Ramirez | Porfirio de León |
| | CUB 247,5 | DOM 222,5 | PRC 217,5 |
| 1987 | Pedro L. Negrin | Tolentino Murillo | Christian Rivera |
| | CUB 245,0 | COL 237,5 | DOM 232,5 |
| 1991 | William Vargas | José Farfan | Carlos David |
| | CUB 267,5 | VEN 242,5 | COL 240,0 |
| 1995 | William Vargas | Bryan Jacob | Johnny Gonzalez |
| | CUB 285,0 | EUA 267,5 | COL 252,5 |
| 1999 | Sergio Álvarez | Nelson Castro | Juan Fernandez |
| | CUB 265,0 | COL 255,0 | COL 252,5 |
| 2003 | Nelson Castro | Tomas Aquino | Daniel A. Mendonza |
| | COL 262,5 | DOM 240,0 | HON 217,5 |
| 2007 | ____________ | ____________ | ____________ |
| | ____________ | ____________ | ____________ |

GALO — FORÇA

| | | | |
|---|---|---|---|
| 1971 | Fernando Baez | Anthony Phillips | Rolando Chang |
| | PRC 115,0 quilos | BAR 107,5 | CUB 107,5 |

GALO — ARRANQUE

| | | | |
|---|---|---|---|
| 1971 | Rolando Chang | Carlos Lastre | Jesus Conde |
| | CUB 102,5 quilos | CUB 97,5 | MEX 95,0 |
| 1975 | Carlos Lastre | Paulo B. de Sene | Edgar D. Torres |
| | CUB 97,5 | BRA 92,5 | GUA 92,5 |
| 1979 | Daniel Nuñez | Lázaro de la Cruz | Francisco Benítez |
| | CUB 117,5 | DOM 95,0 | MEX 95,0 |
| 1983 | Aristóteles Soler | Roberto Reyes | José Ramirez |
| | CUB 112,5 | DOM 100,0 | DOM 100,0 |
| 1987 | Pedro L. Negrin | Tolentino Murillo | Christian Rivera |
| | CUB 110,0 | COL 107,5 | DOM 102,5 |
| 1991 | William Vargas | José Farfan | Carlos David |
| | CUB 122,5 | VEN 107,5 | COL 105,0 |
| 1995 | William Vargas | Bryan Jacob | Roger Berrio |
| | CUB 127,5 | EUA 120,0 | COL 112,5 |
| 1999-2003 | Não se realizou | | |

GALO — ARREMESSO

| | | | |
|---|---|---|---|
| 1971 | Rolando Chang | Carlos Lastre | Fernando Baez |
| | CUB 132,5 quilos | CUB 127,5 | PRC 127,5 |
| 1975 | Carlos Lastre | Ezequiel Sanchez | Fernando Baez |
| | CUB 140,0 | COL 122,5 | PRC 122,5 |
| 1979 | Daniel Nuñez | Alberto Ruiz | Lázaro de la Cruz |
| | CUB 145,0 | PRC 122,5 | DOM 120,5 |
| 1983 | Aristóteles Soler | Salvador Figueroa | José L. Pacheco |
| | CUB 135,0 | MEX 125,0 | MEX 125,0 |
| 1987 | Pedro L. Negrin | José Diaz | Carlos David |
| | CUB 135,0 | PAN 130,0 | COL 130,0 |
| 1991 | William Vargas | José Farfan | Carlos David |
| | CUB 145,0 | VEN 135,0 | COL 135,0 |
| 1995 | William Vargas | Bryan Jacob | Johnny Gonzalez |
| | CUB 157,5 | EUA 147,5 | COL 142,5 |
| 1999-2003 | Não se realizou | | |

PENA (ATÉ 62 QUILOS) — TOTAL

| | | | |
|---|---|---|---|
| 1951 | Rodney Wilkes | Richard Greenawalt | Joseph Charlot |
| | TRI 325,0 quilos | EUA 300,0 | HAI 285,0 |
| 1955 | Carlos Chavez | Yas Kuzuhara | Edmundo Álvarez |
| | PAN 332,5 | EUA 320,0 | MEX 292,5 |
| 1959 | Isaac Berger | Maurice King | Mauro Alanis |
| | EUA 355,0 | FIO-TRT 330,0 | MEX 305,0 |
| 1963 | Isaac Berger | Pedro Serrano | Idelfonso Lee |
| | EUA 362,5 | PRC 335,0 | PAN 327,5 |
| 1967 | Walter Imahara | Manuel Mateos | Idelfonso Lee |
| | EUA 352,5 | MEX 342,5 | PAN 340,0 |
| 1971 | Manuel Mateos | Ignacio Guanche | Idelfonso Lee |
| | MEX 350,0 | CUB 342,5 | PAN 340,0 |
| 1975 | Rolando Chang | Andrés Santoyo | Elkin R. Velazquez |
| | CUB 255,0 | MEX 235,0 | COL 230,0 |

| | | | |
|---|---|---|---|
| 1979 | Victor Perez | Phillip Sanderson | Angel F. Garcia |
| | CUB 257,5 | EUA 250,0 | DOM 237,5 |
| 1983 | Hildemar Rodrigues | Abdel Gonzalez | Angel F. Garcia |
| | VEN 252,5 | COL 247,5 | DOM 242,5 |
| 1987 | Julio Loscos | Não houve | Gilles Desmarais |
| | CUB 270,0 | | CAN 262,5 |
| | Gabriel Enseñat | | |
| | CUB 270,0 | | |
| 1991 | Pedro L. Negrin | Bryan Jacob | Jhon W. Salazar |
| | CUB 277,5 | EUA 265,0 | COL 265,0 |
| 1995 | Idalberto Aranda | Gustavo Majauskas | Henry A. Blanco |
| | CUB 302,5 | ARG 285,0 | VEN 277,5 |
| 1999 | Roger Berrío | Marvin Jiménez | Legrand Sakamaki |
| | COL 277,5 | GUA 270,0 | EUA 262,5 |
| 2003 | Diego Fernando Salazar | Wladimir Rodriguez | Israel Rubio |
| | COL 310,0 | CUB 302,5 | VEN 280,0 |
| | Wellington Mendes, do Brasil, ficou em sexto lugar, com 245,0 quilos. | | |
| 2007 | ________ | ________ | ________ |
| | ________ | ________ | ________ |

PENA — FORÇA

| | | | |
|---|---|---|---|
| 1971 | Manuel Mateos | Idelfonso Lee | Ignacio Guanche |
| | MEX 112,5 quilos | PAN 105,0 | CUB 105,0 |

PENA — ARRANQUE

| | | | |
|---|---|---|---|
| 1971 | Idelfonso Lee | Ignacio Guanche | Manuel Mateos |
| | PAN 107,5 quilos | CUB 102,5 | MEX 100,0 |
| 1975 | Rolando Chang | Hildemar Rodrigues | Elkin R. Velazquez |
| | CUB 115,0 | VEN 100,0 | COL 100,0 |
| 1979 | Victor Perez | Phillip Sanderson | Michael Mercier |
| | CUB 112,5 | EUA 107,5 | CAN 105,0 |
| 1983 | Abdel Gonzalez | Hildemar Rodrigues | Tomás Rodrigues |
| | COL 112,5 | VEN 112,5 | PAN 110,0 |
| 1987 | Julio Loscos | Não houve | Gilles Desmarais |
| | CUB 120,0 | | CAN 115,0 |
| | Gabriel Enseñat | | |
| | CUB 120,0 | | |
| 1991 | Pedro L. Negrin | Bryan Jacob | Juan M. Cueto |
| | CUB 122,5 | EUA 120,0 | DOM 112,5 |
| 1995 | Idalberto Aranda | Gustavo Majauskas | Marcelo Gandolfo |
| | CUB 127,5 | ARG 125,0 | ARG 122,5 |
| 1999-2003 | Não se realizou | | |

PENA – ARREMESSO

| | | | |
|---|---|---|---|
| 1971 | Manuel Mateos | Ignacio Guanche | Carlos Suarez |
| | MEX 137,5 quilos | CUB 135,0 | COL 130,0 |
| 1975 | Rolando Chang | Andrés Santoyo | Dane Hussey |
| | CUB 140,0 | MEX 135,0 | EUA 132,5 |
| 1979 | Victor Perez | Phillip Sanderson | Angel F. Garcia |
| | CUB 145,0 | EUA 142,5 | DOM 135,0 |
| 1983 | Hildemar Rodrigues | Abdel Gonzalez | Angel F. Garcia |
| | VEN 140,0 | COL 135,0 | DOM 135,0 |
| 1987 | Julio Loscos | Não houve | Gilles Desmarais |
| | CUB 150,0 | | CAN 147,5 |
| | Gabriel Enseñat | | |
| | CUB 150,0 | | |
| 1991 | Pedro L. Negrin | Jhon W. Salazar | Gustavo Majauskas |
| | CUB 155,0 | COL 152,5 | ARG 147,5 |
| 1995 | Idalberto Aranda | Gustavo Majauskas | Henry A. Blanco |
| | CUB 175,0 | ARG 160,0 | VEN 157,5 |
| | Não se realizou | | |

LEVE (ATÉ 69 QUILOS) — TOTAL

| | | | |
|---|---|---|---|
| 1951 | Joseph Pitman | Carl de Souza | Hugo C. E. D'Atri |
| | EUA 345,0 quilos | TRI 335,0 | ARG 317,5 |
| 1955 | Joseph Pitman | Ambrose Cornet | Emilio Gonzalez |
| | EUA 355,0 | AHO 335,0 | ARG 327,5 |
| 1959 | Juan Torres | Paul Goldberg | Alberto Gumbs |
| | CUB 347,5 | EUA 345,0 | PAN 335,0 |
| 1963 | Anthony Garcy | Rudy Monk | Rudolph Cox |
| | EUA 380,0 | AHO 362,5 | BAR 347,5 |
| 1967 | Pastor Rodrigues | Hugo Gittens | Arnaldo Muñoz |
| | CUB 385,0 | TRI 367,5 | CUB 357,5 |
| 1971 | Pastor Rodrigues | James Benjamin | José Martinez |
| | CUB 392,5 | EUA 385,0 | COL 380,0 |
| 1975 | Roberto Urrutia | Daniel Cantore | Amaury Cordero |
| | CUB 300,0 | EUA 272,5 | DOM 257,5 |
| 1979 | Mario Ricardo V. | David Jones | Garry Bratty |
| | CUB 300,0 | EUA 265,0 | CAN 257,5 |
| 1983 | Julio Loscos | Francisco Alleguez | Claude Dallaire |
| | CUB 312,5 | CUB 302,5 | CAN 290,0 |
| 1987 | Raul Mora | Victor Echevarria | Langis Coté |
| | CUB 302,5 | CUB 297,5 | CAN 287,5 |
| 1991 | Victor Echevarria | Eyne Acevedo | José Medina |
| | CUB 315,0 | COL 290,0 | VEN 280,0 |
| 1995 | Rafael Gomez | Eyne Acevedo | Tim McRae |
| | CUB 312,5 | COL 310,0 | EUA 310,0 |
| 1999 | Jhonny Gonzalez | Heriberto Barbosa | Alexis Batista |
| | COL 315,0 | COL 315,0 | PAN 312,5 |
| 2003 | Yordani Borrero | Amílcar Pernia | Aristóteles Fuentes |
| | CUB 317,5 | VEN 315,0 | CUB 310,0 |
| 2007 | ________ | ________ | ________ |
| | ________ | ________ | ________ |

LEVE — FORÇA

| | | | |
|---|---|---|---|
| 1971 | José Martinez | Pastor Rodrigues | Cipriano Gutierrez |
| | COL 132,5 quilos | CUB 130,0 | COL 127,5 |

LEVE — ARRANQUE

| | | | |
|---|---|---|---|
| 1971 | Pastor Rodrigues | Victor Lopez | James Benjamin |
| | CUB 115,0 quilos | PRC 112,5 | EUA 112,5 |
| 1975 | Roberto Urrutia | Daniel Cantore | Amaury Cordero |
| | CUB 132,5 | EUA 117,5 | DOM 115,0 |
| 1979 | Mario Ricardo V. | Jacques Giasson | David Jones |
| | CUB 135,0 | CAN 122,5 | EUA 120,0 |
| 1983 | Julio Loscos | Francisco Alleguez | Claude Dallaire |
| | CUB 140,0 | CUB 135,0 | CAN 130,0 |
| 1987 | Raul Mora | Langis Coté | Victor Echevarria |
| | CUB 135,0 | CAN 130,0 | CUB 130,0 |
| 1991 | Victor Echevarria | Tolentino Murillo | Eyne Acevedo |
| | CUB 140,0 | COL 125,0 | COL 125,0 |
| 1995 | Rafael Gomez | Tim McRae | Gabriel Lemme |
| | CUB 137,5 | EUA 137,5 | ARG 135,0 |
| 1999-2003 | Não se realizou | | |

LEVE — ARREMESSO

| | | | |
|---|---|---|---|
| 1971 | James Benjamin | Pastor Rodrigues | Victor Lopez |
| | EUA 150,0 quilos | CUB 147,5 | PRC 142,5 |
| 1975 | Roberto Urrutia | Daniel Cantore | Valdemar Robles |
| | CUB 167,5 | EUA 155,0 | VEN 147,5 |
| 1979 | Mario Ricardo V. | David Jones | Garry Bratty |
| | CUB 165,0 | EUA 145,0 | CAN 142,5 |
| 1983 | Julio Loscos | Francisco Alleguez | Máximo Martinez |
| | CUB 172,5 | CUB 167,5 | DOM 162,5 |
| 1987 | Raul Mora | Não houve | Máximo Martinez |
| | CUB 167,5 | | DOM 160,0 |
| | Victor Echevarria | | |
| | CUB 167,5 | | |
| 1991 | Victor Echevarria | Eyne Acevedo | José A. Medina |
| | CUB 175,0 | COL 165,0 | VEN 160,0 |
| 1995 | Rafael Gomez | Eyne Acevedo | José A. Medina |
| | CUB 175,0 | COL 175,0 | VEN 172,5 |
| 1999-2003 | Não se realizou | | |

MÉDIO (ATÉ 77 QUILOS) — TOTAL

| | | | |
|---|---|---|---|
| 1951 | Peter George | Angel E. Sposato | Emerson L. Holder |
| | EUA 380,0 quilos | ARG 342,5 | PAN 315,0 |
| 1955 | Peter George | Julián Suarez | Don Heron |
| | EUA 405,0 | CUB 362,5 | JAM 342,5 |

| | | | |
|---|---|---|---|
| 1959 | Tommy Kono | Nazih Kerbage | Fred Marville |
| | EUA 407,5 | ARG 377,5 | FIOTRT 362,5 |
| 1963 | Joseph Puleo | José Figueroa | Pierre St Jean |
| | EUA 400,0 | PRC 387,5 | CAN 375,0 |
| 1967 | Russell Knipp | Koji Michi | Luis G. de Almeida |
| | EUA 430,0 | BRA 400,0 | BRA 400,0 |
| 1971 | Russell Knipp | Abel Lopez | Stanley Bailey |
| | EUA 450,0 | CUB 437,5 | TRI 405,0 |
| 1975 | Ignacio Guanche | James Napier | Daniel Robitaille |
| | CUB 302,5 | EUA 297,5 | CAN 275,0 |
| 1979 | Roberto Urrutia | Eric Rogers | Rogelio Weatherbee |
| | CUB 340,0 | CAN 277,5 | MEX 275,0 |
| 1983 | Julio Echenique | Jacques Demers | Cal Schake |
| | CUB 327,5 | CAN 325,0 | EUA 322,5 |
| 1987 | Pablo Lara | Francisco Alleguez | Roberto Urrutia |
| | CUB 325,0 | CUB 320,0 | EUA 315,0 |
| 1991 | Pablo Lara | Álvaro Velasco | Jorge Kassar |
| | CUB 340,0 | COL 322,5 | VEN 302,5 |
| 1995 | Pablo Lara | Álvaro Velasco | Walter Llerena |
| | CUB 362,5 | COL 327,5 | ECU 310,0 |
| 1999 | Idalberto Aranda | Walter Llerena | Oscar Chaplin III |
| | CUB 355,0 | ECU 332,5 | EUA 332,5 |
| 2003 | Chad Vaughin | Ferny Manzano | Octavio Mejias |
| | EUA 330,0 | COL 327,5 | VEN 327,5 |
| 2007 | ________ | ________ | ________ |
| | ________ | ________ | ________ |

MÉDIO — FORÇA

| | | | |
|---|---|---|---|
| 1971 | Russell Knipp | Abel Lopez | Keith Adams |
| | EUA 152,5 quilos | CUB 142,5 | CAN 132,5 |

MÉDIO — ARRANQUE

| | | | |
|---|---|---|---|
| 1971 | Abel Lopez | Russell Knipp | Stanley Bailey |
| | CUB 127,5 quilos | EUA 127,5 | TRI 125,0 |
| 1975 | James Napier | Ignacio Guanche | Daniel Robitaille |
| | EUA 140,0 | CUB 137,5 | CAN 117,5 |
| 1979 | Roberto Urrutia | José Fernandez | Rogelio Weatherbee |
| | CUB 150,0 | VEN 120,0 | MEX 120,0 |
| 1983 | Cal Schake | Julio Echenique | Jacques Demers |
| | EUA 150,0 | CUB 150,0 | CAN 140,0 |
| 1987 | Pablo Lara | Francisco Alleguez | Roberto Urrutia |
| | CUB 145,0 | CUB 140,0 | EUA 137,5 |
| 1991 | Pablo Lara | Álvaro Velasco | Arnold Franqui |
| | CUB 150,0 | COL 137,5 | PRC 132,5 |
| 1995 | Pablo Lara | Álvaro Velasco | Walter Llerena |
| | CUB 155,0 | COL 147,5 | ECU 142,5 |
| 1999-2003 | Não se realizou | | |

MÉDIO — ARREMESSO

| | | | |
|---|---|---|---|
| 1971 | Russell Knipp | Abel Lopez | Stanley Bailey |
| | EUA 170,0 quilos | CUB 167,5 | TRI 162,5 |
| 1975 | Ignacio Guanche | James Napier | Daniel Robitaille |
| | CUB 165,0 | EUA 157,5 | CAN 157,5 |
| 1979 | Roberto Urrutia | Eric Rogers | Rogelio Weatherbee |
| | CUB 190,0 | CAN 160,0 | MEX 155,0 |
| 1983 | Jacques Demers | Julio Echenique | Cal Schake |
| | CAN 185,0 | CUB 177,5 | EUA 172,5 |
| 1987 | Pablo Lara | Francisco Alleguez | Roberto Urrutia |
| | CUB 180,0 | CUB 180,0 | EUA 177,5 |
| 1991 | Pablo Lara | Álvaro Velasco | Jorge Kassar |
| | CUB 190,0 | COL 185,0 | VEN 170,0 |
| 1995 | Pablo Lara | Álvaro Velasco | David Santillo |
| | CUB 207,5 | COL 180,0 | EUA 170,0 |
| 1999-2003 | Não se realizou | | |

PESADO LIGEIRO (ATÉ 85 QUILOS) — TOTAL

| | | | |
|---|---|---|---|
| 1951 | Stanley A. Stanczyk | Osvaldo Forte | Orlando Garrido |
| | EUA 405,0 quilos | ARG 382,5 | CUB 380,0 |
| 1955 | Tommy Kono | Osvaldo Forte | Julián Pemberton |
| | EUA 437,5 | ARG 372,5 | AHO 345,0 |

| | | | |
|---|---|---|---|
| 1959 | James George | Enrique Gittens | Fernando Torres |
| | EUA 402,5 | VEN 375,0 | PRC 372,5 |
| 1963 | Tommy Kono | Fortunato Reyna | Michel Lipari |
| | EUA 435,0 | AHO 400,0 | CAN 397,5 |
| 1967 | Joseph Puleo | Angel V. Pagan | Pierre St Jean |
| | EUA 450,0 | PRC 427,5 | CAN 422,5 |
| 1971 | Michael Karchut | Juan Curbelo | Angel V. Pagan |
| | EUA 472,5 | CUB 460,0 | PRC 432,5 |
| 1975 | Lee James | Abel Lopez | Pablo Justiniani |
| | EUA 315,0 | CUB 312,5 | PAN 295,0 |
| 1979 | Julio Echenique | Thomas Hirtz | Ricardo Sequera |
| | CUB 322,5 | EUA 310,0 | VEN 282,5 |
| 1983 | Enrique Sabarit | David Muñoz | Gilles Poirier |
| | CUB 337,5 | MEX 320,0 | CAN 312,5 |
| 1987 | Pedro L. Rodrigues | William Letriz | Guy Greavette |
| | CUB 330,0 | PRC 315,0 | CAN 307,5 |
| 1991 | Emilio Lara | Julio Luna | Dean Goad |
| | CUB 342,5 | VEN 317,5 | EUA 310,0 |
| 1995 | Julio Luna | Eduardo Moreno | Erlyn A. Mena |
| | VEN 342,5 | CUB 335,0 | COL 322,5 |
| 1999 | Álvaro Velasco | José Llerena | Tim McRae |
| | COL 352,5 | ECU 340,0 | EUA 340,0 |
| 2003 | Hector Ballesteros | Yohandrys Hernandez | Jose Olivier Ruiz |
| | COL 360,0 | CUB 360,0 | COL 352,5 |
| 2007 | ________ | ________ | ________ |
| | ________ | ________ | ________ |

PESADO LIGEIRO — FORÇA

| | | | |
|---|---|---|---|
| 1971 | Juan Curbelo | Michael Karchut | Angel V. Pagan |
| | CUB 160,0 quilos | EUA 147,5 | PRC 142,5 |

PESADO LIGEIRO — ARRANQUE

| | | | |
|---|---|---|---|
| 1971 | Michael Karchut | Juan Curbelo | Angel V. Pagan |
| | EUA 142,5 quilos | CUB 130,0 | PRC 125,0 |
| 1975 | Lee James | Abel Lopez | Pablo Justiniani |
| | EUA 140,0 | CUB 135,0 | PAN 130,0 |
| 1979 | Julio Echenique | Thomas Hirtz | Amaury Cordero |
| | CUB 147,5 | EUA 147,5 | DOM 127,5 |
| 1983 | Enrique Sabarit | Gilles Poirier | David Muñoz |
| | CUB 145,0 | CAN 140,0 | MEX 140,0 |
| 1987 | Pedro L. Rodrigues | William Letriz | Guy Greavette |
| | CUB 150,0 | PRC 140,0 | CAN 137,5 |
| 1991 | Emilio Lara | Julio Luna | Silvain Leblanc |
| | CUB 150,0 | VEN 142,5 | CAN 140,0 |
| 1995 | Julio Luna | Gustavo Stasiukiewicz | Eduardo Moreno |
| | VEN 150,0 | ARG 145,0 | CUB 145,0 |
| 1999-2003 | Não se realizou | | |

PESADO LIGEIRO — ARREMESSO

| | | | |
|---|---|---|---|
| 1971 | Michael Karchut | Juan Curbelo | Luis de Almeida |
| | EUA 182,5 quilos | CUB 170,0 | BRA 167,5 |
| 1975 | Abel Lopez | Lee James | Pablo Justiniani |
| | CUB 177,5 | EUA 175,0 | PAN 165,0 |
| 1979 | Julio Echenique | Thomas Hirtz | Ricardo Sequera |
| | CUB 175,0 | EUA 162,5 | VEN 160,0 |
| 1983 | Enrique Sabarit | David Muñoz | Gilles Poirier |
| | CUB 192,5 | MEX 180,0 | CAN 172,5 |
| 1987 | Pedro L. Rodrigues | William Letriz | Glen Dodds |
| | CUB 180,0 | PRC 175,0 | CAN 172,5 |
| 1991 | Emilio Lara | Dean Goad | Julio Luna |
| | CUB 192,5 | EUA 177,5 | VEN 175,0 |
| 1995 | Julio Luna | Eduardo Moreno | Erlyn A. Mena |
| | VEN 192,5 | CUB 190,0 | COL 182,5 |
| 1999-2003 | Não se realizou | | |

MEIO-PESADO (ATÉ 94 QUILOS) — TOTAL

| | | | |
|---|---|---|---|
| 1951 | Não se realizou | | |
| 1955 | Dave Shepard | Bruno Barabani | Carlos Siegelshifer |
| | EUA 397,5 quilos | BRA 387,5 | ARG 367,5 |
| 1959 | Clyde Emrich | Philome LaGuerre | Adolph Williams |

| | | | |
|---|---|---|---|
| | EUA 432,5 | HAI 405,0 | GUY 387,5 |
| 1963 | Bill F. March | José A. Flores | John Lewis |
| | EUA 460,0 | AHO 457,5 | CAN 420,0 |
| 1967 | Phillip Grippaldi | Paul Bjarnason | Andrés Martinez |
| | EUA 475,0 | CAN 422,5 | CUB 417,5 |
| 1971 | Phillip Grippaldi | Patrick Holbrook | Wayne Wilson |
| | EUA 495,0 | EUA 485,0 | CAN 445,0 |
| 1975 | Phillip Grippaldi | Alberto Blanco | Frank Capsouras |
| | EUA 342,5 | CUB 340,0 | EUA 332,5 |
| 1979 | Daniel Zayas | Terry Hadlow | Nélson Carvalho |
| | CUB 327,5 | CAN 325,0 | BRA 280,0 |
| 1983 | Ciro Ibañez | Mario Parente | Jaime Molina |
| | CUB 370,0 | CAN 345,0 | PER 280,0 |
| 1987 | Omar Semanat | Gill Paramjit | Thomas Calandro |
| | CUB 345,0 | CAN 330,0 | EUA 325,0 |
| 1991 | Pedro L. Rodrigues | Bret Brian | Paul Flescher |
| | CUB 362,5 | EUA 340,0 | EUA 340,0 |
| 1995 | Carlos A. Hernandez | Dario Lecman | Tom Gough |
| | CUB 365,0 | ARG 365,0 | EUA 347,5 |
| 1999 | Carlos A. Hernandez | Dario Lecman | Julio Luna |
| | CUB 382,5 | ARG 380,0 | VEN 360,0 |
| 2003 | Julio Luna | Dario Lecman | Jairo Cossio |
| | VEN 395,0 | ARG 375,0 | COL 365,0 |
| 2007 | ____________ | ____________ | ____________ |
| | ____________ | ____________ | ____________ |

MEIO-PESADO — FORÇA

| | | | |
|---|---|---|---|
| 1971 | Phillip Grippaldi | Fortunato Reyna | Juan Benavides |
| | EUA 162,5 quilos | AHO 152,5 | CUB 150,0 |

MEIO-PESADO — ARRANQUE

| | | | |
|---|---|---|---|
| 1971 | Patrick Holbrook | Phillip Grippaldi | Wayne Wilson |
| | EUA 147,5 quilos | EUA 142,5 | CAN 127,5 |
| 1975 | Alberto Blanco | Frank Capsouras | Phillip Grippaldi |
| | CUB 147,5 | EUA 147,5 | EUA 145,0 |
| 1979 | Terry Hadlow | Daniel Zayas | James Curry |
| | CAN 145,0 | CUB 142,5 | EUA 135,0 |
| 1983 | Ciro Ibañez | Michael Cohen | Mario Parente |
| | CUB 160,0 | EUA 155,0 | CAN 152,5 |
| 1987 | Omar Semanat | Gill Paramjit | Thomas Calandro |
| | CUB 155,0 | CAN 150,0 | EUA 145,0 |
| 1991 | Pedro L. Rodrigues | Bret Brian | Paul Flescher |
| | CUB 170,0 | EUA 150,0 | EUA 150,0 |
| 1995 | Carlos A. Hernandez | Darío Lecman | Tom Gough |
| | CUB 165,0 | ARG 162,5 | EUA 155,0 |
| 1999-2003 | Não se realizou | | |

MEIO-PESADO — ARREMESSO

| | | | |
|---|---|---|---|
| 1971 | Patrick Holbrook | Phillip Grippaldi | Wayne Wilson |
| | EUA 192,5 quilos | EUA 190,0 | CAN 175,0 |
| 1975 | Phillip Grippaldi | Alberto Blanco | Frank Capsouras |
| | EUA 197,5 | CUB 192,5 | EUA 185,0 |
| 1979 | Daniel Zayas | Louis Mucardo | Terry Hadlow |
| | CUB 185,0 | EUA 180,0 | CAN 180,0 |
| 1983 | Ciro Ibánez | Mario Parente | José Garcés |
| | CUB 210,0 | CAN 192,5 | MEX 190,0 |
| 1987 | Omar Semanat | Gill Paramjit | Thomas Calandro |
| | CUB 190,0 | CAN 180,0 | EUA 180,0 |
| 1991 | Pedro L. Rodrigues | Bret Brian | Paul Flescher |
| | CUB 192,5 | EUA 190,0 | EUA 190,0 |
| 1995 | Dario Lecman | Carlos A. Hernandez | Tom Gough |
| | ARG 202,5 | CUB 200,0 | EUA 192,5 |
| 1999-2003 | Não se realizou | | |

PESADO (ATÉ 100 QUILOS) — TOTAL

| | | | |
|---|---|---|---|
| 1951-1975 | Não se realizou | | |
| 1979 | Alberto Blanco | Guy Carlton | Jacques Oliger |
| | CUB 357,5 quilos | EUA 335,0 | CHI 280,0 |
| 1983 | Michael Davis | José Guzmán | Não houve |
| | EUA 347,5 | DOM 295,0 | |
| 1987 | Denis Garon | Ken Clark | Bret Brian |
| | CAN 372,5 | EUA 322,5 | EUA 317,5 |
| 1991 | Omar Semanat | Wesley Barnett | Edmilson Silva |
| | CUB 382,5 | EUA 345,0 | BRA 332,5 |
| 1995 | Alexander Fonseca | Claudio Henschke | Peter Kelley |
| | CUB 352,5 | ARG 345,0 | EUA 345,0 |
| 1999-2003 | Não se realizou | | |

PESADO ATÉ 100 QUILOS — ARRANQUE

| | | | |
|---|---|---|---|
| 1979 | Alberto Blanco | Curtis Setterberg | Guy Carlton |
| | CUB 160,0 quilos | EUA 152,5 | EUA 147,5 |
| 1983 | Michael Davis | Bert Squires | José Guzmán |
| | EUA 157,5 | CAN 155,0 | DOM 135,0 |
| 1987 | Denis Garon | Germán Tozdjian | Ken Clark |
| | CAN 162,5 | URU 145,0 | EUA 142,5 |
| 1991 | Omar Semanat | Wesley Barnett | Edmilson Silva |
| | CUB 165,0 | EUA 157,5 | BRA 147,5 |
| 1995 | Peter Kelley | Claudio Henschke | Edmilson Dantas |
| | EUA 157,5 | ARG 155,0 | BRA 155,0 |
| 1999-2003 | Não se realizou | | |

PESADO ATÉ 100 QUILOS — ARREMESSO

| | | | |
|---|---|---|---|
| 1979 | Alberto Blanco | Guy Carlton | Jacques Oliger |
| | CUB 197,5 quilos | EUA 187,5 | CHI 155,0 |
| 1983 | Michael Davis | José Guzmán | Não houve |
| | EUA 190,0 | DOM 160,0 | |
| 1987 | Denis Garon | Ken Clark | Bret Brian |
| | CAN 210,0 | EUA 180,0 | EUA 177,5 |
| 1991 | Omar Semanat | Wesley Barnett | Edmilson Silva |
| | CUB 217,5 | EUA 187,5 | BRA 185,0 |
| 1995 | Alexander Fonseca | Claudio Henschke | Edmilson Dantas |
| | CUB 200,0 | ARG 190,0 | BRA 187,5 |
| 1999-2003 | Não se realizou | | |

PESADO (ATÉ 105 QUILOS) — TOTAL

| | | | |
|---|---|---|---|
| 1951 | John H. Davis | Lennox Kilgour | Norberto Ferreira |
| | EUA 482,5 quilos | TRI 402,5 | ARG 400,0 |
| 1955 | Norbert Shemansky | Humberto Selvetti | Eduardo Adriana |
| | EUA 472,5 | ARG 457,5 | AHO 412,5 |
| 1959 | David Ashman | Humberto Selvetti | Eduardo Adriana |
| | EUA 475,0 | ARG 475,0 | AHO 447,5 |
| 1963 | Sydney Henry | Brandon Bailey | Eduardo Adriana |
| | EUA 465,0 | TRI 442,5 | AHO 435,0 |
| 1967 | Joseph Dube | Ernesto Varona | Brandon Bailey |
| | EUA 527,5 | CUB 472,5 | TRI 460,0 |
| 1971 | Gary Deal | Robert Kemper | Tamer Chaim |
| | EUA 532,5 | EUA 517,5 | BRA 500,0 |
| 1975 | Russell Prior | Mark Cameron | Robert Santavy |
| | CAN 365,0 | EUA 355,0 | CAN 320,0 |
| 1979 | Mark Cameron | Javier Conzalez | Charles Nootens |
| | EUA 375,0 | CUB 360,0 | EUA 342,5 |
| 1983 | Kevin Roy | Rolando Villamil | Carlton Stamp |
| | CAN 355,0 | PAN 320,0 | JAM 315,0 |
| 1987 | David Bolduc | Richard Schutz | Robert Jones |
| | CAN 360,0 | EUA 345,0 | EUA 332,5 |
| 1991 | Ernesto Montoya | Richard Schutz | Humberto Gomez |
| | CUB 375,0 | EUA 360,0 | COL 315,0 |
| 1995 | Wesley Barnett | Osvaldo Bango | Pedro Marín |
| | EUA 375,0 | CUB 355,0 | VEN 342,5 |
| 1999 | Boris Burov | Michel Batista | Wesley Barnett |
| | ECU 397,5 | CUB 387,5 | EUA 380,0 |
| 2003 | Boris Burov | Michel Batista | Willian Solis |
| | ECU 392,5 | CUB 390,0 | COL 372,5 |
| 2007 | ____________ | ____________ | ____________ |
| | ____________ | ____________ | ____________ |

PESADO ATÉ 105 QUILOS — FORÇA

| | | | |
|---|---|---|---|
| 1971 | Robert Kemper | Gary Deal | Tamer Chaim |
| | EUA 182,5 quilos | EUA 182,5 | BRA 177,5 |

PESADO ATÉ 105 QUILOS — ARRANQUE

| | | | |
|---|---|---|---|
| 1971 | Gary Deal | Robert Kemper | Tamer Chaim |
| | EUA 157,5 quilos | EUA 142,5 | BRA 137,5 |
| 1975 | Russell Prior | Mark Cameron | Eduardo S. de Souza |
| | CAN 162,5 | EUA 155,0 | BRA 140,0 |
| 1979 | Mark Cameron | Javier Gonzalez | Charles Nootens |
| | EUA 162,5 | CUB 160,0 | EUA 155,0 |
| 1983 | Kevin Roy | Rolando Villamil | Jesus Lezama |
| | CAN 155,0 | PAN 145,0 | VEN 140,0 |
| 1987 | David Bolduc | Richard Schutz | Robert Jones |
| | CAN 165,0 | EUA 157,5 | EUA 150,0 |
| 1991 | Ernesto Montoya | Richard Schutz | Humberto Gomez |
| | CUB 175,0 | EUA 160,0 | COL 142,5 |
| 1995 | Osvaldo Bango | Wesley Barnett | Ramón Alvarez |
| | CUB 165,0 | EUA 165,0 | PRC 152,5 |
| 1999-2003 | Não se realizou | | |

PESADO ATÉ 105 QUILOS — ARREMESSO

| | | | |
|---|---|---|---|
| 1971 | Robert Kemper | Gary Deal | Tamer Chaim |
| | EUA 192,5 quilos | EUA 192,5 | BRA 185,0 |
| 1975 | Russell Prior | Mark Cameron | Robert Santavy |
| | CAN 202,5 | EUA 200,0 | CAN 187,5 |
| 1979 | Mark Cameron | Javier Gonzalez | Charles Nootens |
| | EUA 215,0 | CUB 200,0 | EUA 187,5 |
| 1983 | Kevin Roy | Carlton Stamp | Rolando Villamil |
| | CAN 200,0 | JAM 180,0 | PAN 175,0 |
| 1987 | David Bolduc | Richard Schutz | Robert Jones |
| | CAN 195,0 | EUA 187,5 | EUA 182,5 |
| 1991 | Ernesto Montoya | Richard Schutz | Humberto Gomez |
| | CUB 200,0 | EUA 200,0 | COL 172,5 |
| 1995 | Wesley Barnett | Osvaldo Bango | Pedro Marín |
| | EUA 210,0 | CUB 190,0 | VEN 190,0 |
| 1999-2003 | Não se realizou | | |

SUPERPESADO (ACIMA DE 105 QUILOS) — TOTAL

| | | | |
|---|---|---|---|
| 1951-1967 | Não se realizou | | |
| 1971 | Kenneth Patera | Fernando Bernal | Price Morris |
| | EUA 595,0 quilos | CUB 505,0 | CAN 482,5 |
| 1975 | Gerardo Fernandez | Bruce Wilhelm | Fernando Bernal |
| | CUB 380,0 | EUA 377,5 | CUB 367,5 |
| 1979 | Thomas Stock | Marc Cardinal | Jorge R. Gádala M. |
| | EUA 385,0 | CAN 380,0 | ESA 300,0 |
| 1983 | Reynaldo Chavez | William Boyd | Não houve |
| | CUB 372,5 | JAM 280,0 | |
| 1987 | Mario Martinez | John Bergman | Calvin Stamp |
| | EUA 397,5 | EUA 350,0 | JAM 332,5 |
| 1991 | Ernesto Agüero | Mario Martinez | Jeff Michels |
| | CUB 392,5 | EUA 367,5 | EUA 357,5 |
| 1995 | Modesto Sanchez | Mark Henry | Mario Martinez |
| | CUB 390,0 | EUA 370,0 | EUA 362,5 |
| 1999 | Shane Hamman | Cristian Escalante | Plaiter Reyes |
| | EUA 382,5 | CHI 370,0 | DOM 370,0 |
| 2003 | Hidelgar Murillo | Christian Escalante | Plaiter Reyes |
| | VEN 377,5 | CHI 372,5 | DOM 365,0 |
| 2007 | ______ | ______ | ______ |
| | ______ | ______ | ______ |

SUPERPESADO — FORÇA

| | | | |
|---|---|---|---|
| 1971 | Kenneth Patera | Fernando Bernal | Price Morris |
| | EUA 215,0 quilos | CUB 170,0 | CAN 162,5 |

SUPERPESADO — ARRANQUE

| | | | |
|---|---|---|---|
| 1971 | Kenneth Patera | Fernando Bernal | Price Morris |
| | EUA 170,0 quilos | CUB 145,0 | CAN 137,5 |
| 1975 | Gerardo Fernandez | Fernando Bernal | Bruce Wilhelm |
| | CUB 170,0 | CUB 167,5 | EUA 165,0 |
| 1979 | Thomas Stock | Marc Cardinal | Adolfo Ortega |
| | EUA 170,0 | CAN 167,5 | MEX 130,0 |
| 1983 | Reynaldo Chavez | William Boyd | Não houve |
| | CUB 170,0 | JAM 120,0 | |
| 1987 | Mario Martinez | John Bergman | Calvin Stamp |
| | EUA 180,0 | EUA 160,0 | JAM 145,0 |
| 1991 | Ernesto Agüero | Jeff Michels | Mario Martinez |
| | CUB 172,5 | EUA 162,5 | EUA 162,5 |
| 1995 | Mark Henry | Modesto Sanchez | Mario Martinez |
| | EUA 177,5 | CUB 175,0 | EUA 160,0 |
| 1999-2003 | Não se realizou | | |

SUPERPESADO — ARREMESSO

| | | | |
|---|---|---|---|
| 1971 | Kenneth Patera | Fernando Bernal | Price Morris |
| | EUA 210,0 quilos | CUB 190,0 | CAN 182,5 |
| 1975 | Bruce Wilhelm | Gerardo Fernandez | Fernando Bernal |
| | EUA 212,5 | CUB 210,0 | CUB 200,0 |
| 1979 | Thomas Stock | Marc Cardinal | Francisco Méndez |
| | EUA 215,0 | CAN 212,5 | CUB 210,0 |
| 1983 | Reynaldo Chavez | William Boyd | Não houve |
| | CUB 202,5 | JAM 160,0 | |
| 1987 | Mario Martinez | John Bergman | Calvin Stamp |
| | EUA 217,5 | EUA 190,0 | JAM 187,5 |
| 1991 | Ernesto Agüero | Mario Martinez | Jeff Michels |
| | CUB 220,0 | EUA 205,0 | EUA 195,0 |
| 1995 | Modesto Sanchez | Mario Martinez | Mark Henry |
| | CUB 215,0 | EUA 202,5 | EUA 192,5 |
| 1999-2003 | Não se realizou | | |

## Categorias femininas

48 QUILOS — TOTAL

| | | | |
|---|---|---|---|
| 1951-1995 | Não se realizou | | |
| 1999 | Tara Nott | Leydi Zuluaga | G. Candelario |
| | EUA 177,5 quilos | COL 152,5 | DOM 145,0 |
| 2003 | Tara Nott | Guillermina Candelario | Remigia Arcila |
| | EUA 175,0 | DOM 167,5 | VEN 165,0 |
| 2007 | ______ | ______ | ______ |
| | ______ | ______ | ______ |

53 QUILOS — TOTAL

| | | | |
|---|---|---|---|
| 1951-1995 | Não se realizou | | |
| 1999 | Robin Goad | Nancy Maneiro | Luz Gallego |
| | EUA 187,5 quilos | VEN 175,0 | COL 167,5 |
| 2003 | Mabel Mosquera | Yuderki Contreras | Wendy S. Amparo |
| | COL 195,0 | DOM 182,5 | DOM 177,5 |
| 2007 | ______ | ______ | ______ |
| | ______ | ______ | ______ |

58 QUILOS — TOTAL

| | | | |
|---|---|---|---|
| 1951-1995 | Não se realizou | | |
| 1999 | Maryse Turcotte | Nancy Niro | Zoraya Jiménez |
| | CAN 200,0 quilos | CAN 192,5 | MEX 190,0 |
| 2003 | Maria A. Escobar | Soraya Jimenez | Gretty Lugo |
| | ECU 210,0 | MEX 210,0 | VEN 207,5 |
| 2007 | ______ | ______ | ______ |
| | ______ | ______ | ______ |

63 QUILOS — TOTAL

| | | | |
|---|---|---|---|
| 1951-1995 | Não se realizou | | |
| 1999 | Miel McGerrigle | Maria Perea Alejandra | Sención Quezada |
| | CAN 195,0 quilos | COL 187,5 | DOM 182,5 |
| 2003 | Ubaldina Valoyes | Solenny Villasmil | Luz M. Acosta |
| | COL 210,0 | VEN 205,0 | MEX 202,5 |
| 2007 | ______ | ______ | ______ |
| | ______ | ______ | ______ |

69 QUILOS — TOTAL

| | | | |
|---|---|---|---|
| 1951-1995 | Não se realizou | | |
| 1999 | Lea Foreman | Miosotis Heredia | Eva Dimas |
| | EUA 215,0 quilos | DOM 205,0 | ELS 200,0 |
| 2003 | Julia Medina | Eva Maria Dimas | Miosótis Heredia |
| | COL | ELS | DOM |
| 2007 | ______ | ______ | ______ |
| | ______ | ______ | ______ |

75 QUILOS — TOTAL

| | | | |
|---|---|---|---|
| 1951-1995 | Não se realizou | | |
| 1999 | Wanda Rijo | Cara Heads | Jean Lassen |
| | DOM 220,0 | EUA 217,5 | CAN 210,0 |
| 2003 | Wanda Rijo | Nora Koppel | Raquel Lopez |
| | DOM 237,5 | ARG 225,0 | VEN 222,5 |
| 2007 | | | |
| | | | |

ACIMA DE 75 QUILOS — TOTAL

| | | | |
|---|---|---|---|
| 1951-1995 | Não se realizou | | |
| 1999 | Cheryl Haworth | Maria I. Urrutia | Carmenza Delgado |
| | EUA 252,5 quilos | COL 247,5 | COL 245,0 |
| 2003 | Carmenza Delgado | Seledina Nieve | Maria Carvajal |
| | COL 265,0 | ECU 257,5 | DOM 230,0 |
| 2007 | | | |
| | | | |

## LUTA LIVRE

Categorias masculinas

| Pan | Ouro | Prata | Bronze |
|---|---|---|---|
| MINIMOSCA (ATÉ 48 QUILOS) | | | |
| 1951-1967 | Não se realizou | | |
| 1971 | Sergio Gonzalez | Miguel Alonso | Oscar Luna |
| | EUA | CUB | VEN |
| 1975 | Jorge Frias | David R. Cowan | Miguel Alonso |
| | MEX | EUA | CUB |
| 1979 | William Rosado | Miguel Alonso | Alfredo Olvera |
| | EUA | CUB | MEX |
| 1983 | Cristobal Gonzalez | Richi Salamone | Carlos Villalta |
| | CUB | EUA | VEN |
| 1987 | Aldo Martinez | Tim Vanni | William J. Delgado |
| | CUB | EUA | COL |
| 1991 | Aldo Martinez | José A. Sabino | Tim Vanni |
| | CUB | DOM | EUA |
| 1995 | Alexis Vila | Paul Ragusa | Tim Vanni |
| | CUB | CAN | EUA |
| 1999-2003 | Não se realizou | | |
| MOSCA (ATÉ 55 QUILOS) | | | |
| 1951 | Perry R. Hugh | Manuel Varela | Rodolfo Dávila |
| | EUA | ARG | MEX |
| 1955 | Manuel Varela | Nicolas Basurto | Michael L. Krishart |
| | ARG | MEX | EUA |
| 1959 | Richard Wilson | Jorge Rosado | Manuel Varela |
| | EUA | MEX | ARG |
| 1963 | Andrew Fitch | Jorge Rosado | Carlos Zapata |
| | EUA | MEX | VEN |
| 1967 | Richard Sofman | Wanelge Castillo | Florentino Martinez |
| | EUA | PAN | MEX |
| 1971 | Miguel Tachin | Florentino Martinez | Wanelge Castillo |
| | CUB | MEX | PAN |
| 1975 | Eloy Abreu | James Haines | Pablo Gomez |
| | CUB | EUA | MEX |
| 1979 | Gene Mills | Luis Ocaña | Jorge Olvera |
| | EUA | CUB | MEX |
| 1983 | Ray Takahashi | Charles Heard | Alejandro Puerto |
| | CAN | EUA | CUB |
| 1987 | Carlos Varela | Greg Robbins | Chris Woodcroft |
| | CUB | EUA | CAN |
| 1991 | Carlos Varela | Bernardo Olvera | Larry Jones |
| | CUB | MEX | EUA |
| 1995 | Larry Jones | Carlos Varela | Tam Selwyn |
| | EUA | CUB | CAN |
| 1999 | Wilfredo Garcia | Paul Ragusa | Eric Akin |
| | CUB | CAN | EUA |
| 2003 | Stephen Abas | René Monteiro | Mischa Japaridze |
| | EUA | CUB | CAN |
| 2007 | | | |
| | | | |
| GALO (ATÉ 60 QUILOS) | | | |
| 1951 | Richard J. LeMeyre | Adolfo Diaz | Leonardo Basurto |
| | EUA | ARG | MEX |
| 1955 | Jack Blubaugh | Adolfo Diaz | Leonardo Basurto |
| | EUA | ARG | MEX |
| 1959 | David Auble | Eduardo Campbell | Héctor Iriarte |
| | EUA | PAN | GUA |
| 1963 | William Riddle | Eduardo Campbell | Ernest Chornomydz |
| | EUA | PAN | CAN |
| 1967 | Richard Sanders | Moisés Lopez | José Ramos |
| | EUA | MEX | CUB |
| 1971 | Donald Behm | Jorge Ramos | Eduardo Maggiolo |
| | EUA | CUB | ARG |
| 1975 | Jorge Ramos | Moisés Lopez | Mark Massery |
| | CUB | MEX | EUA |
| 1979 | Joseph Corso | Juan C. Rodriguez | José Pinto |
| | EUA | CUB | PAN |
| 1983 | Barry Davis | Rafael Torres | Orlando Cáceres |
| | EUA | CUB | PRC |
| 1987 | Alejandro Puerto | Rob Dawson | Jorge Olvera |
| | CUB | CAN | MEX |
| 1991 | Brad Penrith | Alejandro Puerto | Rob Dawson |
| | EUA | CUB | CAN |
| 1995 | Terry Brands | Rob Dawson | Alejandro Puerto |
| | EUA | CAN | CUB |
| 1999 | Guivi Sissaori | Eric Guerrero | Yoendry Albear |
| | CAN | EUA | CUB |
| 2003 | Yoandra M. Quintana | Gia Sissaouri | Eric Guerrero |
| | CUB | CAN | EUA |
| 2007 | | | |
| | | | |
| PENA (ATÉ 66 QUILOS) | | | |
| * Até 1999 o limite era 63 quilos. | | | |
| 1951 | Omar Blebel | Maurey G. Lewis | Guillermo Palomino |
| | ARG | EUA | MEX |
| 1955 | Omar Blebel | Alan Rice | José Yañez |
| | ARG | EUA | CUB |
| 1959 | Louis Giani | Roberto Vallejo | Ralph Caspesson |
| | EUA | MEX | CAN |
| 1963 | Ronald Finley | Matti Jutila | Mario Tovar |
| | EUA | CAN | MEX |
| 1967 | Michael Young | Roberto Vallejo | Francisco Ramos |
| | EUA | MEX | CUB |
| 1971 | David Pruzansky | Francisco Ramos | Patrick Bolger |
| | EUA | CUB | PAN |
| 1975 | Egon Beiler | José Ramos | James Humphrey |
| | CAN | CUB | EUA |
| 1979 | Andre Metzger | Raúl Cascaret | John Park |
| | EUA | CUB | CAN |
| 1983 | Randy Lewis | Rey E. Ramírez | Bob Robinson |
| | EUA | CUB | CAN |
| 1987 | John Smith | Joe Domarchuck | Enrique Valdes |
| | EUA | CAN | CUB |
| 1991 | John Smith | Aníbal Nieves | Lázaro Reinoso |
| | EUA | PRC | CUB |
| 1995 | Tom Brands | Aníbal Nieves | Carlos Ortiz |
| | EUA | PRC | CUB |
| 1999 | Cary Kolat | Carlos Ortiz | Marty Calder |
| | EUA | CUB | CAN |
| 2003 | Serguei Rondon | Jamil Kelly | Edinson Furtado |
| | CUB | EUA | COL |
| 2007 | | | |
| | | | |

MEIO-MÉDIO LIGEIRO (ATÉ 69 QUILOS)

| | | | |
|---|---|---|---|
| 1951 | Newton E. Copple | Osvaldo R. Blassi | José L. Pérez |
| | EUA | ARG | MEX |
| 1955 | Jay T. Evans | Juan Rolón | Mario Tovar |
| | EUA | ARG | MEX |
| 1959 | James Burke | Mario Tovar | José Yañez |
| | EUA | MEX | CUB |
| 1963 | Gregory K. Ruth | José Azzari | Kurt Boese |
| | EUA | GUA | CAN |
| 1967 | Gerald Bell | Ray Lougheed | Severino Águilar |
| | EUA | CAN | PAN |
| 1971 | Dan Gable | José Ramos | Segundo Olmedo |
| | EUA | CUB | PAN |
| 1975 | Lloyd Keaser | Clive Llewellyn | Daniel Pozo |
| | EUA | CAN | CUB |
| 1979 | Andre Rein | José Ramos | Egon Beiler |
| | EUA | CUB | CAN |
| 1983 | Raúl Cascaret | Lenny Zalesky | Pat Sullivan |
| | CUB | EUA | CAN |
| 1987 | Andre Metzger | Eugenio Montero | Pat Sulllvan |
| | EUA | CUB | CAN |
| 1991 | Townsend Saunders | Daniel Navarrete | José A. Diaz |
| | EUA | ARG | VEN |
| 1995 | Townsend Saunders | Craig Roberts | Jesus Rodriguez |
| | EUA | CAN | CUB |
| 1999 | Lincoln McLliravy | Yasmany Sánchez | Daniel Igali |
| | EUA | CUB | CAN |
| 2003 | Não se realizou | | |
| 2007 | ____ | ____ | ____ |
| | ____ | ____ | ____ |

*MEIO-MÉDIO (ATÉ 74 QUILOS)

* Até 1999 o limite era de 76 quilos.

| | | | |
|---|---|---|---|
| 1951 | Melvin A. Northrup | Alberto Longarella | José M. Lopez |
| | EUA | ARG | CUB |
| 1955 | Alberto Longarella | Melvin A. Northrup | Antonio Rosado |
| | ARG | EUA | MEX |
| 1959 | Douglas Blubaugh | Bruno Ochman | Antonio Rosado |
| | EUA | CAN | MEX |
| 1963 | Joseph Fitzgerald | Julio Graffigna | Juan Flores |
| | EUA | ARG | MEX |
| 1967 | Patrick Kelly | Alejandro Guevara | Nick Schori |
| | EUA | VEN | CAN |
| 1971 | Francisco Lebeque | Wells Wayne | Néstor Gonzalez |
| | CUB | EUA | ARG |
| 1975 | Francisco Lebeque | Carl Adams | James Miller |
| | CUB | EUA | CAN |
| 1979 | Leroy Kemp | Daniel Pozo | Mark Mongeon |
| | EUA | CUB | CAN |
| 1983 | Leroy Kemp | Candelario Ruiz | Ken Bradford |
| | EUA | CUB | CAN |
| 1987 | David Schultz | Raúl Cascaret | Gary Holms? |
| | EUA | CUB | CAN |
| 1991 | Kenneth Monday | Felipe Guzmán | Alberto Rodriguez |
| | EUA | MEX | CUB |
| 1995 | Alberto Rodriguez | David Hohl | David Schultz |
| | CUB | CAN | EUA |
| 1999 | Joe Williams | Yosmany Romero | Manuel Garcia |
| | EUA | CUB | PRC |
| 2003 | Joe Williams | Daniel Gonzalez | Zoltan Hunyady |
| | EUA | CUB | CAN |
| 2007 | ____ | ____ | ____ |
| | ____ | ____ | ____ |

*MÉDIO (ATÉ 84 QUILOS)

*Até 1999 o limite era de 85 quilos.

| | | | |
|---|---|---|---|
| 1951 | León Genuth | Louis Norton | Eduardo Assam |
| | ARG | EUA | MEX |
| 1955 | León Genuth | Webzel Hubel | Eduardo Assam |
| | ARG | EUA | MEX |
| 1959 | James Ferguson | Julio Graffigna | Pedro Pacheco |
| | EUA | ARG | VEN |
| 1963 | James Ferguson | Robert Steckle | Juan Miranda |
| | EUA | CAN | MEX |
| 1967 | Wayne Baughman | Julio Graffigna | Castor Gomez |
| | EUA | ARG | CUB |
| 1971 | Lupe Lara | Anderson Bob | Taras Hyrb |
| | CUB | EUA | CAN |
| 1975 | George Hicks | Richard Deschatelets | F. Goldschmied |
| | EUA | CAN | MEX |
| 1979 | Daniel Lewis | Clark Davis | José Carvajal |
| | EUA | CAN | CUB |
| 1983 | José Damián | Evelio Suárez | Chris Rinke |
| | CUB | VEN | CAN |
| 1987 | Mark Schultz | Lou Kok | Orlando Hernández |
| | EUA | CAN | CUB |
| 1991 | Kevin Jackson | Orlando Hernández | David Hohl |
| | EUA | CUB | CAN |
| 1995 | Kevin Jackson | Luis Varela | Ariel Ramos |
| | EUA | VEN | CUB |
| 1999 | Les Gutchs | Gary Holmes | Yoel Romero |
| | EUA | CAN | CUB |
| 2003 | Yoel Romero | Carl Rainville | Cael Sanderson |
| | CUB | CAN | EUA |
| 2007 | ____ | ____ | ____ |
| | ____ | ____ | ____ |

*MEIO-PESADO (ATÉ 96 QUILOS)

* Até 1999 o limite era 97 quilos.

| | | | |
|---|---|---|---|
| 1951 | Ulises Martorella | Athenor Da Silva | Donald G. McCann |
| | ARG | BRA | EUA |
| 1955 | Alfred E. Paulekas | Oscar Salazar | José L. Hernández |
| | EUA | VEN | MEX |
| 1959 | Frank Rosenmayr | Rod Carrow | César Ferreras |
| | EUA | CAN | VEN |
| 1963 | John H. Barden | César Ferreras | Juan C. Lisa |
| | EUA | VEN | ARG |
| 1967 | Harry Houska | Juan Caballero | Víctor Vernik |
| | EUA | CUB | ARG |
| 1971 | Russell Hellickson | Bárbaro Morgan | Raúl Carcía |
| | EUA | CUB | MEX |
| 1975 | Benjamin Paterson | Bárbaro Morgan | Terry Paice |
| | EUA | CUB | CAN |
| 1979 | Roy Baker | José Poll | Richard Deschatelets |
| | EUA | CUB | CAN |
| 1983 | Roberto Limonta | Elio Francone | Peter Bush |
| | CUB | ARG | EUA |
| 1987 | Doug Cox | Roberto Leitao | James Scherr |
| | CAN | BRA | EUA |
| 1991 | Roberto Limonta | Chris Campbell | Gregory Edgelow |
| | CUB | EUA | CAN |
| 1995 | Melvin Douglas | Evelio Suárez | Miguel Molina |
| | EUA | VEN | CUB |
| 1999 | Dominic Black | Wilfredo Morales | Dean Schmeichel |
| | EUA | CUB | CAN |
| 2003 | Daniel Cormier | Antoine Jaoude | Wilfredo Morales |
| | EUA | BRA | CUB |
| 2007 | ____ | ____ | ____ |
| | ____ | ____ | ____ |

PESADO (ATÉ 120 QUILOS)

| | | | |
|---|---|---|---|
| 1951 | Adolfo Ramírez | Ralph Schmidt | Luis Friedman |
| | ARG | EUA | PAN |
| 1955 | William Kerslake | José Puig | Arturo Meneses |
| | EUA | ARG | MEX |
| 1959 | Dale Lewis | Keith Maltman | Rudolf Padrón |
| | EUA | CAN | VEN |
| 1963 | Joe I. James | Santiago Karam | Sion E. Cohen |
| | EUA | VEN | PAN |
| 1967 | Larry Kristoff | Robert Chamberot | Javier Campos |
| | EUA | CAN | CUB |

| | | | |
|---|---|---|---|
| 1971 | Dominic Carollo | Francisco Lonchán | Daniel Vernik |
| | EUA | CUB | ARG |
| 1975 | Russell Hellickson | Lupe Lara | Claude Pilon |
| | EUA | CUB | CAN |
| 1979 | Russell Hellickson | Bárbaro Morgan | Michael Kappel |
| | EUA | CUB | CAN |
| 1983 | Greg Gibson | Richard Deschatelets | Luis M. Miranda |
| | EUA | CAN | CUB |
| 1987 | William Scherr | Luis M. Miranda | Gavin Carrow |
| | EUA | CUB | CAN |
| 1991 | Mark Coleman | John Matile | Angel Anaya |
| | EUA | CAN | CUB |
| 1995 | Wilfredo Morales | Mark Kerr | Gavin Carrow |
| | CUB | EUA | CAN |

1999-2003 Não se realizou

SUPER PESADO (MAIS DE 120 QUILOS)

1951-1967 Não se realizou

| | | | |
|---|---|---|---|
| 1971 | Jeffrey Smith | Félix Fonseca | Miguel Zambrano |
| | EUA | CUB | PER |
| 1975 | Michael McCready | Lázaro Morales | Carlos Braconi |
| | EUA | CUB | ARG |
| 1979 | James Jackson | Arturo Diaz | Wyatt Wishart |
| | EUA | CUB | CAN |
| 1983 | Cándido Mesa | Bruce Baumgartner | Robert Molle |
| | CUB | EUA | CAN |
| 1987 | Bruce Baumgartner | Domingo Mesa | Dan Payne |
| | EUA | CUB | CAN |
| 1991 | Bruce Baumgartner | Andrew Borodow | Domingo Mesa |
| | EUA | CAN | CUB |
| 1995 | Bruce Baumgartner | Angel Anaya | Andrew Borodow |
| | EUA | CUB | CAN |
| 1999 | Stephen Neal | Alexis Rodriguez | Wayne Weathers |
| | EUA | CUB | CAN |
| 2003 | Kerry McKoy | Edgar Becerra | Alexis Rodriguez |
| | EUA | VEN | CUB |
| 2007 | ________ | ________ | ________ |
| | ________ | ________ | ________ |

Categorias Femininas

48 QUILOS

| | | | |
|---|---|---|---|
| 2003 | Patricia Miranda | Lyndsay Belisle | Flor Quispe |
| | EUA | CAN | PER |
| 2007 | ________ | ________ | ________ |
| | ________ | ________ | ________ |

55 QUILOS

| | | | |
|---|---|---|---|
| 2003 | Tina George | Tonya Verbeek | Márcia Andrades |
| | EUA | CAN | VEN |
| 2007 | ________ | ________ | ________ |
| | ________ | ________ | ________ |

63 QUILOS

| | | | |
|---|---|---|---|
| 2003 | Sara McMann | Viola Yanik | Mabel Fonzeca |
| | EUA | CAN | PRC |
| 2007 | ________ | ________ | ________ |
| | ________ | ________ | ________ |

72 QUILOS

| | | | |
|---|---|---|---|
| 2003 | Toccara Montgomery | Ohenewa Akuffo | Yasmili Ramos |
| | EUA | CAN | VEN |

A brasileira Juliana Borges perdeu por 6 a 5 para Yasmili Ramos, na luta pela medalha de bronze.

| | | | |
|---|---|---|---|
| 2007 | ________ | ________ | ________ |
| | ________ | ________ | ________ |

## LUTA GRECO-ROMANA

48 QUILOS — MINI-MOSCA

1951-1971 Não se realizou

| | | | |
|---|---|---|---|
| 1975 | Silvano Valdes | Karoly Kancsar | Alfredo Olvera |
| | CUB | EUA | MEX |
| 1979 | Jorge Martinez | Alfredo Olvera | Gregg Williams |
| | CUB | MEX | EUA |
| 1983 | Reynaldo Jimenez | Tommy Jones | Gustavo Delgado |
| | CUB | EUA | MEX |
| 1987 | Reynaldo Jimenez | Victor H. Capacho | Eric Wetzel |
| | CUB | COL | EUA |
| 1991 | Mark Fuller | Geovani Mato | José A. Sabino |
| | EUA | CUB | DOM |
| 1995 | Mujaahid Maynard | Enrique Aguilar | Wilber Sanchez |
| | EUA | MEX | CUB |
| | Não se realizou | | |

*MOSCA (ATÉ 55 QUILOS)

* Até 1999 o limite era 54 quilos.

1951-1971 Não se realizou

| | | | |
|---|---|---|---|
| 1975 | Bruce Thompson | Enrique Jiménez | Raúl Trujillo |
| | EUA | MEX | CUB |
| 1979 | Bruce Thompson | Zoilo Montano | Jorge Muñoz |
| | EUA | CUB | MEX |
| 1983 | Edmundo Miranda | Mark Fuller | Daniel Aceves |
| | CUB | EUA | MEX |
| 1987 | Pedro Roque | Bernardo Olvera | Shawn Sheldon |
| | CUB | MEX | EUA |
| 1991 | Raúl Martinez | Ramón Mena | Shawn Sheldon |
| | CUB | PAN | EUA |
| 1995 | Raúl Martinez | Shawn Sheldon | Joel Medina |
| | CUB | EUA | VEN |
| 1999 | Lázaro Rivas | David Ochoa | Steven Mays |
| | CUB | VEN | EUA |
| 2003 | Lázaro Rivas | Brando Paulson | Eduardo Freites |
| | CUB | EUA | VEN |
| 2007 | ________ | ________ | ________ |
| | ________ | ________ | ________ |

*GALO (ATÉ 60 QUILOS)

* Até 1999 o limite era 58 quilos.

1951-1971 Não se realizou

| | | | |
|---|---|---|---|
| 1975 | Daniel Mello | Leonel Pérez | Alfredo Lopez |
| | EUA | CUB | MEX |
| 1979 | Leonel Pérez | Brian Gust | Henry Loret |
| | CUB | EUA | PRC |
| 1983 | Jesus Tejeda | Ernesto Bahena | Rob Herman |
| | CUB | MEX | EUA |
| 1987 | Amadoris Gonzalez | Ramón Mena | Anthony Amado |
| | CUB | PAN | EUA |
| 1991 | Amadoris Gonzalez | Víctor H. Capacho | Frank Famiano |
| | CUB | COL | EUA |
| 1995 | Dennis Hall | William Lara | Armando Fernandez |
| | EUA | CUB | MEX |
| 1999 | Dennis Hall | Roberto Monzón | Sidney Guzmán |
| | EUA | CUB | PER |
| 2003 | Roberto Monzón | Luis Liendo | Jim Gruenwald |
| | CUB | VEN | EUA |
| 2007 | ________ | ________ | ________ |
| | ________ | ________ | ________ |

*PENA (ATÉ 66 QUILOS)

*Até 1999 o limite era 63 quilos.

1951-1971 Não se realizou

| | | | |
|---|---|---|---|
| 1975 | Howard Stupp | Gary Alexander | Julio Gutiérrez |
| | CAN | EUA | MEX |
| 1979 | Douglas Yeats | René Rodriguez | John Hughes |
| | CAN | CUB | EUA |

| | | | |
|---|---|---|---|
| 1983 | René Rodriguez | Elio Hinojosa | Daniel Mello |
| | CUB | VEN | EUA |
| 1987 | Mario Olivera | Juan M. Mora | Dalen Wasmund |
| | CUB | MEX | EUA |
| 1991 | Juan L. Marén | Isaac Anderson | Winston Santos |
| | CUB | EUA | VEN |
| 1995 | Juan L. Marén | Winston Santos | David Zúñiga |
| | CUB | VEN | EUA |
| 1999 | Juan L. Marén | Enrique Cubas | Gleen Nieradka |
| | CUB | PER | EUA |
| 2003 | Juan L. Marén | Angelo Alberto Mota | Luis F. Izquierdo |
| | CUB | DOM | COL |
| 2007 | ____________ | ____________ | ____________ |
| | ____________ | ____________ | ____________ |

LEVE (ATÉ 69 QUILOS)

1951-1971 Não se realizou

| | | | |
|---|---|---|---|
| 1975 | Patrick Marcy | Erasmo Estrada | John McPhedron |
| | EUA | CUB | CAN |
| 1979 | Howard Stupp | Gary Pelci | Eduardo Garcia |
| | CAN | EUA | CUB |
| 1983 | Antonio Lopez | Jim Martinez | José Betancourt |
| | CUB | EUA | PRC |
| 1987 | Alexis Jiménez | Herminio Hidalgo | Jim Martinez |
| | CUB | PAN | EUA |
| 1991 | Andrew Seras | Cecilio Rodriguez | Juan M. Mora |
| | EUA | CUB | MEX |
| 1995 | Liubal Colás | Andrew Seras | José A. Diaz |
| | CUB | EUA | VEN |
| 1999 | Liubal Colás | David Zúñiga | Luis Izquierdo |
| | CUB | EUA | COL |
| 2003 | Não se realizou | | |
| 2007 | ____________ | ____________ | ____________ |
| | ____________ | ____________ | ____________ |

*MEIO-MÉDIO (ATÉ 76 QUILOS)

* Até 1999 o limite era 74 quilos.

1951-1971 Não se realizou

| | | | |
|---|---|---|---|
| 1975 | Idalberto Barbán | Michael Jones | Segundo Olmedo |
| | CUB | EUA | PAN |
| 1979 | John Mathews | Idalberto Barbán | Brian Renken |
| | EUA | CUB | CAN |
| 1983 | Jess Stuebing | James Andre | Francisco Barbur |
| | CAN | EUA | CUB |
| 1987 | David Butler | Víctor Romero | José Betancourt |
| | EUA | CUB | PRC |
| 1991 | Abel Sarmiento | David Butler | Nestor A. Garcia |
| | CUB | EUA | VEN |
| 1995 | Filiberto Azcuy | Antonio Garcia | Gordy Morgan |
| | CUB | VEN | EUA |
| 1999 | Matt Lindland | Filiberto Ascuy | Rodolfo Hernández |
| | EUA | CUB | MEX |
| 2003 | Filiberto Ascuy | José Uber Escobar | T. C. Dantzer |
| | CUB | COL | EUA |
| 2007 | ____________ | ____________ | ____________ |
| | ____________ | ____________ | ____________ |

*MÉDIO (ATÉ 84 QUILOS)

*Até 1999 o limite era 85 quilos.

1951-1971 Não se realizou

| | | | |
|---|---|---|---|
| 1975 | Daniel Chandler | René Vidal | Juan Flores |
| | EUA | CUB | MEX |
| 1979 | Daniel Chandler | Erasmo Estrada | Luis Santerre |
| | EUA | CUB | CAN |
| 1983 | Orlando Perez | Luis Santerre | Daniel Chandler |
| | CUB | CAN | EUA |
| 1987 | Chris Catalfo | Lou Kok | Juan Conde |
| | EUA | CAN | CUB |
| 1991 | Alfredo Linares | Luis Rondón | John Morgan |
| | CUB | VEN | EUA |
| 1995 | Alexis Banes | José Betancourt | Dan Henderson |
| | CUB | PRC | EUA |
| 1999 | Luis E. Mendez | Quincey Clark | Eddy Bartolozzi |
| | CUB | EUA | VEN |
| 2003 | Luis E. Mendez | Brad Vering | Eddy Bartolozzi |
| | CUB | EUA | VEN |
| 2007 | ____________ | ____________ | ____________ |
| | ____________ | ____________ | ____________ |

*MEIO-PESADO (ATÉ 96 QUILOS)

* Até 1999 o limite era 97 quilos.

1951-1971 Não se realizou

| | | | |
|---|---|---|---|
| 1975 | Willie Williams | Bárbaro Morgan | Javier Serrano |
| | EUA | CUB | MEX |
| 1979 | José Poll | Jerome Schmitz | Steve Daniar |
| | CUB | EUA | CAN |
| 1983 | Steve Fraser | Luis Figuera | José Poll |
| | EUA | VEN | CUB |
| 1987 | Guillermo Cruz | Derrick Waldroup | Doug Cox |
| | CUB | EUA | CAN |
| 1991 | Randy Couture | Reinaldo Peña | Gregory Edgelow |
| | EUA | CUB | CAN |
| 1995 | Reinaldo Peña | Michael Foy | Mario Gonzalez |
| | CUB | EUA | MEX |
| 1999 | Reinaldo Peña | Jason Klohs | Colbie Bell |
| | CUB | EUA | CAN |
| 2003 | Ernesto Peña | Justin Ruiz | Guillermo Talavera |
| | CUB | EUA | VEN |
| 2007 | ____________ | ____________ | ____________ |
| | ____________ | ____________ | ____________ |

100 quilos — pesado

1951-1971 Não se realizou

| | | | |
|---|---|---|---|
| 1975 | Brad Rheingans | Daniel Vernik | Lupe Lara |
| | EUA | ARG | CUB |
| 1979 | Brad Rheingans | Bárbaro Morgan | Raúl Garcia |
| | EUA | CUB | MEX |
| 1983 | René Vidal | Dennis Koslowski | Guillermo Diaz |
| | CUB | EUA | MEX |
| 1987 | Héctor Milián | Dennis Koslowski | Steve Marshall |
| | CUB | EUA | CAN |
| 1991 | Héctor Milián | James Johnson | John Matile |
| | CUB | EUA | CAN |
| 1995 | Héctor Milián | Jerry Jackson | Emilio Suárez |
| | CUB | EUA | VEN |

1999-2003 Não se realizou

*SUPERPESADO (ATÉ 120 QUILOS)

* Em 1999 o limite era 130 quilos. Até 1983 esta categoria abrangia 100 quilos ou mais.

1951-1971 Não se realizou

| | | | |
|---|---|---|---|
| 1975 | William Van Worth | Francisco Lonchán | Harry Geris |
| | EUA | CUB | CAN |
| 1979 | Arturo Diaz | William Lee | Miguel Zambrano |
| | CUB | EUA | PER |
| 1983 | Cándido Mesa | Jorge Añez | Ron Carlisle |
| | CUB | VEN | EUA |
| 1987 | Duane Koslowski | Arturo Diaz | Dan Payne |
| | EUA | CUB | CAN |
| 1991 | Matt Ghaffari | Wilfredo Pelayo | Andrew Borodow |
| | EUA | CUB | CAN |
| 1995 | Matt Ghaffari | Edwin Millet | Andrew Borodow |
| | EUA | PRC | CAN |
| 1999 | Héctor Milián | Dremiel Byers | Rafael Barreno |
| | CUB | EUA | VEN |
| 2003 | Mijian Lopes | Rulon Gardner | Rafael Bareno |
| | CUB | EUA | VEN |
| 2007 | ____________ | ____________ | ____________ |
| | ____________ | ____________ | ____________ |

## LUTA ESTILO SAMBO

(Só realizada nos Jogos de Caracas/1983)

### Categorias Masculinas

| | | | |
|---|---|---|---|
| **MINIMOSCA (48 QUILOS)** | | | |
| 1983 | Manuel Linares | James T. Jones | Angel Abreu |
| | VEN | EUA | CUB |
| **MOSCA (52 QUILOS)** | | | |
| 1983 | Lewis M. Dorrance | Eduardo Miranda | Oscar Luna |
| | EUA | CUB | VEN |
| **GALO (57 QUILOS)** | | | |
| 1983 | Steven Siroy | Aparicio Campos | Jorge Olvera |
| | EUA | CUB | MEX |
| **PENA (62 QUILOS)** | | | |
| 1983 | Manuel Luna | José Inagaki | Rey E. Ramírez |
| | VEN | PER | CUB |
| **LEVE (68 QUILOS)** | | | |
| 1983 | Bobby Sole | Rafael Meléndez | Jorge Navarrete |
| | EUA | VEN | ARG |
| **MEIO-MÉDIO (74 QUILOS)** | | | |
| 1983 | Lázaro Ruiz | Paul LaBlanc | Oscar Strático |
| | CUB | EUA | ARG |
| **MÉDIO (82 QUILOS)** | | | |
| 1983 | James R. Martin | Luis Delgado | Emilio Tamayo |
| | EUA | VEN | CUB |
| **MEIO-PESADO (90 QUILOS)** | | | |
| 1983 | Garry Kallos | Enrique Antonovich | Alberto Limonta |
| | CAN | ARG | CUB |
| **PESADO (100 QUILOS)** | | | |
| 1983 | Luis M. Miranda | Alfredo Young | Vertilio Amador |
| | CUB | ARG | VEN |
| **SUPERPESADO (MAIS DE 100 QUILOS)** | | | |
| 1983 | Bárbaro Morgan | José Siso | Juan C. Blander |
| | CUB | VEN | ARG |

### Categorias Femininas

| | | | |
|---|---|---|---|
| **44 QUILOS** | | | |
| 1983 | Roselis Palencia | Donna C. Turk | Não houve |
| VEN | EUA | | |
| **48 QUILOS** | | | |
| 1983 | Dinora Castillo | Andrea Godin | Não houve |
| | VEN | EUA | |
| **52 QUILOS** | | | |
| 1983 | Janet Trussell | Olga Lugo | Não houve |
| | EUA | VEN | |
| **56 QUILOS** | | | |
| 1983 | Bexaide Álvarez | Kelley Defoor | Não houve |
| | VEN | EUA | |
| **60 QUILOS** | | | |
| 1983 | Linn Roethke | Angela Palavecino | Xiomara Orozco |
| | EUA | ARG | VEN |
| **64 QUILOS** | | | |
| 1983 | Grace Jividen | Nilka Coronel | Susana Martinez |
| | EUA | VEN | ARG |
| **68 QUILOS** | | | |
| 1983 | Rebeca Scott | Isabel Farruggia | Carmen Graterol |
| | EUA | ARG | VEN |
| **72 QUILOS** | | | |
| 1983 | Laura Martinel | Ginger Lewallen | Trina Sosa |
| | ARG | EUA | VEN |
| **80 QUILOS** | | | |
| 1983 | Kiarina Gomez | Laura Carter | Não houve |
| | VEN | EUA | |
| **MAIS DE 80 QUILOS** | | | |
| 1983 | Ana Solórzano | Betsy Darrow | Não houve |
| | VEN | EUA | |

## NADO SINCRONIZADO

| Pan | Ouro | Prata | Bronze |
|---|---|---|---|
| **SOLO** | | | |
| 1951 | Não se realizou | | |
| 1955 | Belauh Gunding | Rebeca Garcia | Joanne M. Roger |
| | EUA 94,57 pontos | MEX 91,71 | EUA 90,00 |
| 1959 | Não se realizou | | |
| 1963 | Roberta Armstrong | Barbara Burke | Sandra Marks |
| | EUA 89,150 | EUA 88,545 | CAN 87,810 |
| 1967 | Não se realizou | | |
| 1971 | Heidi O'Rourke | Jocelyn Cartier | Eva Goverzensky |
| | EUA 130,58 | CAN 116,31 | MEX 105,43 |
| 1975 | Gail Johnson | Sylvie Fortier | Lourdes de la Guardia |
| | EUA 139,70 | CAN 138,37 | CUB 112,66 |
| 1979 | Helen Vanderburg | Michele Beaulieu | Lourdes de la Guardia |
| | CAN 197,30 | EUA 196,99 | CUB 172,88 |
| 1983 | Tracie Ruiz | Sharon Hambrook | Ana Amicarela |
| | EUA 190,499 | CAN 187,066 | VEN 166,683 |
| 1987 | Tracie Ruiz-Conforto | Sylvie Frechette | Teresa Pérez |
| | EUA 195,484 | CAN 188,184 | CUB 178,151 |
| 1991 | Rebekah Dyroen | Maria E. Giusti | Sonia Cárdenas |
| | EUA 181,372 | VEN 180,022 | MEX 176,625 |
| 1995 | Rebekah Dyroen-Lancer | Karen Clark | Maria Elena Giusti |
| | EUA 97,090 | CAN 95,595 | VEN 95,381 |
| 1999 | Não se realizou | | |
| 2003 | Rebekah Dyroen-Lancer | Karen Clark | Maria Elena Giusti |
| | EUA | CAN | VEN |
| 2007 | ____________ | ____________ | ____________ |
| | ____________ | ____________ | ____________ |
| **DUETO** | | | |
| 1951 | Não se realizou | | |
| 1955 | EUA 91,85 pontos | MEX 91,14 | CAN 88,85 |
| | Ellen G. Richard | Rebeca Garcia | Jeanne Becker |
| | Connie A. Todoroff | Gloria Botella | Beverly McKnight |
| 1959 | Não se realizou | | |
| 1963 | EUA 91,513 | EUA 86,858 | CAN 82,950 |
| | Barbara Burke | Marcia Blixt | Marilyn Malenfant |
| | Jo Anne Schaack | Marian Whitner | Sandra Marks |
| 1967 | Não se realizou | | |
| 1971 | EUA 132,50 | CAN 116,62 | MEX 106,66 |
| | Heidi O'Rourke | Jocelyn Cartier | Eva Goverzensky |
| | Joan Lang | Mado Ramsay | Malke Goverzensky |
| 1975 | EUA 135,460 | CAN 131,395 | CUB 109,715 |
| | Robin Curren | Laura Wilkin | Sara Martínez |
| | Amanda J. Norrish | Carol Stewart | Alicia Foyo |
| 1979 | CAN 196,37 | EUA 194,86 | MEX 179,23 |
| | Helen Vanderburg | Michele Barone | Mireya Andrade |
| | Kelly Kryczka | Linda Shelley | Gabriela Terroba |
| 1983 | EUA 188,550 | CAN 187,233 | MEX 165,142 |
| | Tracie Ruiz | Penny Vilagos | Pilar Ramírez |
| | Candy Costie | Vicky Vilagos | Claudia Novelo |

| | | | |
|---|---|---|---|
| 1987 | EUA 192,117 | CAN 183,450 | MEX 177,517 |
| | Karen Josephson | Karen Fonteyne | Lourdes Candini |
| | Sarah Josephson | Karen Sribney | Susana Candini |
| 1991 | EUA 177,994 | MEX 174,935 | CAN 174,452 |
| | Diane Ulrich | Sonia Cárdenas | Julie Bibby |
| | Tia Harding | Lourdes Olivera | Corinne Keddie |
| 1995 | EUA 96,451 | CAN 95,471 | MEX 92,270 |
| | Rebekah Dyroen-Lancer | Lisa Alexander | Wendy Aguilar |
| | Jill Sudduth | Erin Woodley | Lilian Leal |
| 1999 | CAN 97,289 | EUA 96,047 | BRA 93,874 |
| | Claire Carver-Dias | Rebecca Jasontek | Isabela de Moraes |
| | Fanny Letourneau | Emily Marsh | Carolina de Moraes |
| 2003 | EUA 95,917 | CAN 95,584 | BRA 91,833 |
| | Alison Bartosik | Fanny Létourneau | Carolina de Moraes |
| | Anna Koslova | Courtnay Stewart | Isabela de Moraes |
| 2007 | ______ | ______ | ______ |
| | ______ | ______ | ______ |
| | ______ | ______ | ______ |

EQUIPE

| | | | |
|---|---|---|---|
| 1951 | Não se realizou | | |
| 1955 | EUA 93,928 pontos | CAN 84,428 | MEX 84,428 |
| 1959 | Não se realizou | | |
| 1963 | EUA 84,397 | MEX 83,897 | BRA 61,360 |
| 1967 | Não se realizou | | |
| 1971 | EUA 128,872 | CAN 107,987 | MEX 101,105 |
| 1975 | EUA 135,315 | CAN 129,470 | MEX 108,632 |
| 1979 | EUA 196,57 | CAN 193,52 | MEX 174,56 |
| 1983 | CAN 188,427 | EUA 186,444 | MEX 163,900 |
| 1987 | EUA 190,60 | CAN 183,78 | MEX 174,86 |
| 1991 | EUA 177,6463 | CAN 176,4074 | CUB 171,7750 |
| 1995 | EUA 96,164 | CAN 95,059 | MEX 92,997 |
| 1999 | CAN 97.396 | EUA 97.317 | MEX 93.373 |
| 2003 | EUA 97,000 | CAN 96,416 | BRA 91,166 |
| 2007 | ______ | ______ | ______ |

## NATAÇÃO

Provas Masculinas

50 METROS NADO LIVRE

1951-1983 Não foi disputada

| Pan | Ouro | Prata | Bronze |
|---|---|---|---|
| 1987 | Tom Williams | Mike Neuhofel | Claude Lamy |
| | EUA 22s55 | EUA 22s84 | CAN 23s39 |
| | | | Hilton Woods |
| | | | AHO 23s39 |
| 1991 | Todd Pace | Adam Schmitt | Gustavo Borges |
| | EUA 22s60 | EUA 22s61 | BRA 22s82 |
| 1995 | Fernando de Queiróz | William Pilczuk | Tom Jager |
| | BRA 22s65 | EUA 22s71 | EUA 22s75 |
| 1999 | F. Scherer, "Xuxa" | José Meolans | Marcos Hernández |
| | BRA 22s24 | ARG 22s46 | CUB 22s79 |
| 2003 | Fernando Scherer | José Meolans | Gary Hall Jr. |
| | BRA 22s40 | ARG 22s42 | EUA 22s43 |

O brasileiro Jader Souza ficou em sexto, com 22s80.

| | | | |
|---|---|---|---|
| 2007 | ______ | ______ | ______ |
| | ______ | ______ | ______ |

100 METROS LIVRE

| Pan | Ouro | Prata | Bronze |
|---|---|---|---|
| 1951 | Richard Cleveland | Ronald Gora | Nicasio Silverio |
| | EUA 58s8 | EUA 59s5 | CUB 1,00s0 |
| 1955 | Clarke Scholls | George Park | Carl E. Woolley |
| | EUA 57s7 | CAN 58s7 | EUA 59s3 |
| 1959 | Jeffrey F. Farrell | Elton Follett | William Woolsey |
| | EUA 56s3 | EUA 57s2 | EUA 57s6 |
| 1963 | Stephen Clark | Steven Jackman | Daniel Sherry |
| | EUA 54s7 | EUA 54s8 | CAN 56s1 |
| 1967 | Donald Havens | Zachary Zom | Sandy Gilchrist |
| | EUA 53s79 | EUA 53s97 | CAN 54s85 |
| 1971 | Frank Heckl | José Aranha | Robert Kasting |
| | EUA 52s80 | BRA 53s74 | CAN 53s76 |
| 1975 | Richard Abbott | Jack Babashoff | Bruce Robertson |
| | EUA 51s96 | EUA 52s26 | CAN 53s44 |
| 1979 | David McCagg | Fernando Canales | John Newton |
| | EUA 50s77 | PRC 51s25 | EUA 51s45 |
| 1983 | Ambrose Gaines | Fernando Canales | Alberto Mestre |
| | EUA 50s38 | PRC 50s43 | VEN 51s09 |
| 1987 | Todd Dudley | Scott McCadam | Mark Andrews |
| | EUA 50s24 | EUA 50s81 | TRI 51s24 |
| 1991 | Gustavo Borges | Joel Thomas | Rodrigo González |
| | BRA 49s48 | EUA 50s55 | MEX 51s25 |
| 1995 | Gustavo Borges | Jon Olsen | Fernando de Queiroz |
| | BRA 49s31 | EUA 49s39 | BRA 49s79 |
| 1999 | Fernando Scherer | José Meolans | Gustavo Borges |
| | BRA 49s19 | ARG 49s94 | BRA 50s10 |
| 2003 | José Meolans | George Bovell | Gustavo Borges |
| | ARG 49s27 | TRI 49s61 | BRA 49s90 |

Jader Souza, do Brasil, ficou em quinto lugar, com 50s24.

| | | | |
|---|---|---|---|
| 2007 | ______ | ______ | ______ |
| | ______ | ______ | ______ |

200 METROS LIVRE

1951-1963 Não foi realizada

| Pan | Ouro | Prata | Bronze |
|---|---|---|---|
| 1967 | Donald Schollander | Ralph Hutton | Julio Arango |
| | EUA 1m56s01 | CAN 1m58s44 | COL 2m01s77 |
| 1971 | Frank Heckl | James McConica | Ralph Hutton |
| | EUA 1m56s36 | EUA 1m58s18 | CAN 1m59s89 |
| 1975 | Jorge Delgado | Rick Demont | Rex Favero |
| | ECU 1m55s45 | EUA 1m55s96 | EUA 1m57s08 |
| 1979 | Ambrose Gaines | David Larson | Djan Madruga |
| | EUA 1m51s22 | EUA 1m52s24 | BRA 1m52s34 |
| 1983 | Bruce Hayes | Alberto Mestre | Ambrose Gaines |
| | EUA 1m49s89 | VEN 1m50s36 | EUA 1m51s27 |
| 1987 | John Witchell | Carlos Scanavino | Brian Jones |
| | EUA 1m50s90 | URU 1m51s21 | EUA 1m52s11 |
| 1991 | Eric Diehl | Gustavo Borges | René Sáez |
| | EUA 1m49s67 | BRA 1m49s74 | CUB 1m52s14 |
| 1995 | Gustavo Borges | Gregory Burgess | Josh Davis |
| | BRA 1m48s49 | EUA 1m51s69 | EUA 1m51s92 |
| 1999 | Gustavo Borges | Scott Tucker | Leonardo Costa |
| | BRA 1m49s41 | EUA 1m50s99 | BRA 1m51s29 |
| | | | Mark Johnston |
| | | | CAN 1m51s29 |
| 2003 | George Bovell | Daniel Ketchum | Rodrigo Castro |
| | TRI 1m48s90 | EUA 1m49s34 | BRA 1m49s55 |
| 2007 | ______ | ______ | ______ |
| | ______ | ______ | ______ |

400 METROS LIVRE

| Pan | Ouro | Prata | Bronze |
|---|---|---|---|
| 1951 | Tetsuo Okamoto | William Heusner | Tonatiuh Gutiérrez |
| | BRA 4m52s4 | EUA 4m54s5 | MEX 4m57s2 |
| 1955 | James McLane | Wayne Moore | Oscar Kramer |
| | EUA 4m51s3 | EUA 4m53s4 | ARG 4m56s1 |
| 1959 | George Breen | George Harrison | Eugene Lenz |
| | EUA 4m31s4 | EUA 4m31s8 | EUA 4m34s9 |
| 1963 | Roy Saari | Donald Schollander | John Gilchrist |
| | EUA 4m19s3 | EUA 4m23s3 | CAN 4m29s1 |
| 1967 | Gregory Charlton | Ralph Hutton | Michael Burton |
| | EUA 4m10s23 | CAN 4m11s88 | EUA 4m15s74 |
| 1971 | James McConica | Steven Genter | Ralph Hutton |
| | EUA 4m08s97 | EUA 4m13s05 | CAN 4m15s75 |
| 1975 | Douglas Northway | Robert Hackett | Djan Madruga |
| | EUA 4m00s51 | EUA 4m03s38 | BRA 4m06s83 |
| 1979 | Brian Goodell | Djan Madruga | Peter Szmidt |
| | EUA 3m53s01 | BRA 3m57s46 | CAN 3m58s34 |
| 1983 | Bruce Hayes | Matt Cetlinski | Marcelo Juca |
| | EUA 3m53s17 | EUA 3m53s51 | BRA 3m55s66 |

| | | | |
|---|---|---|---|
| 1987 | Paul Robinson | Cristiano Michelena | Scott Brackett |
| | EUA 3m54s44 | BRA 3m55s37 | EUA 3m55s64 |
| 1991 | Sean Killion | Jorge Herrera | Eric Diehl |
| | EUA 3m50s38 | PRC 3m54s91 | EUA 3m58s06 |
| 1995 | Josh Davis | Luis Carneiro Silva | Jonathan Sakovich |
| | EUA 3m55s59 | BRA 3m56s33 | EUA 3m57s37 |
| 1999 | Luiz Lima | Austin Ramirez | Rick Say |
| | BRA 3m52s25 | EUA 3m53s64 | CAN 3m54s66 |
| 2003 | Ricardo Monastério | Francis Crippen | Bruno Bonfim |
| | VEN 3m50s01 | EUA 3m52s62 | BRA 3m54s82 |

Felipe Araujo (BRA) foi o quarto, com 3m56s64.

| | | | |
|---|---|---|---|
| 2007 | ____________ | ____________ | ____________ |
| | ____________ | ____________ | ____________ |

## 1.500 metros livre

| | | | |
|---|---|---|---|
| 1951 | Tetsuo Okamoto | Tonatiuh Gutiérrez | Efrén Fierro |
| | BRA 19m23s3 | MEX 19m24s5 | MEX 19m57s3 |
| 1955 | James McLane | Oscar Kramer | Gilberto Martínez |
| | EUA 20m04s0 | ARG 20m09s9 | COL 20m37s2 |
| 1959 | Alan Somers | George Breen | Gary Heinrich |
| | EUA 17m53s2 | EUA 17m55s0 | EUA 18m30s6 |
| 1963 | Roy Saari | John Gilchrist | Ralph Hutton |
| | EUA 17m26s2 | CAN 17m58s9 | CAN 18m08s6 |
| 1967 | Michael Burton | Ralph Hutton | Andrew Strenk |
| | EUA 16m44s40 | CAN 16m51s81 | EUA 17m03s43 |
| 1971 | Patrick Miles | Thomas McBreen | Guillermo García |
| | EUA 16m32s03 | EUA 16m32s99 | MEX 16m45s56 |
| 1975 | Robert Hackett | Paul Hartloff | Djan Madruga |
| | EUA 15m53s10 | EUA 15m57s32 | BRA 16m30s08 |
| 1979 | Brian Goodell | Djan Madruga | Robert Hackett |
| | EUA 15m24s36 | BRA 15m41s74 | EUA 15m46s83 |
| 1983 | Jeff Kostoff | Marcelo Juca | Carlos Scanavino |
| | EUA 15m30s67 | BRA 15m33s01 | URU 15m36s07 |
| 1987 | Alex Kostich | Lars Jorgensen | Chris Chalmers |
| | EUA 15m20s90 | EUA 15m24s09 | CAN 15m30s51 |
| 1991 | Alex Kostich | Jorge Herrera | Pedro L. Carrio |
| | EUA 15m21s36 | PRC 15m33s61 | CUB 15m39s73 |
| 1995 | Tomas Bruner | Luis Carneiro Silva | Ryan Cox |
| | EUA 15m13s90 | BRA 15m19s53 | EUA 15m37s28 |
| 1999 | Timothy Siciliano | Luiz Lima | Ricardo Monasterio |
| | EUA 15m14s94 | BRA 15m21s92 | VEN 15m28.64 |
| 2003 | Ricardo Monastério | Francis Crippen | Chris Thompson |
| | VEN 15m16s98 | EUA 15m19s63 | EUA 15m19s64 |

Luiz Lima, do Brasil, ficou em quarto lugar, com 15m41s41.

| | | | |
|---|---|---|---|
| 2007 | ____________ | ____________ | ____________ |
| | ____________ | ____________ | ____________ |

## 100 metros costas

| | | | |
|---|---|---|---|
| 1951 | Allen Stack | Pedro Galvao | Burwell Jones |
| | EUA 1m08s0 | ARG 1m08s3 | EUA 1m09s8 |
| 1955 | Frank McKinney | Pedro Galvao | Leonide Barcke |
| | EUA 1m07s1 | ARG 1m07s8 | EUA 1m07s9 |
| 1959 | Frank McKinney | Charles Bittick | Louis Schaeffer |
| | EUA 1m03s6 | EUA 1m04s2 | EUA 1m05s3 |
| 1963 | Edward Bartsch | Charles Bittick | Athos P. Oliveira |
| | EUA 1m01s5 | EUA 1m02s1 | BRA 1m03s2 |
| 1967 | Charles Hickcox | Fred Haywood | Jim Shaw |
| | EUA 1m01s19 | EUA 1m02s45 | CAN 1m02s87 |
| 1971 | Melvin Nash | John Murphy | William Kennedy |
| | EUA 59s84 | EUA 1m01s00 | CAN 1m01s35 |
| 1975 | Peter Rocca | Robert Jackson | Romulo Arantes |
| | EUA 58s31 | EUA 58s90 | BRA 59s16 |
| 1979 | Robert Jackson | Romulo Arantes | Stephen Pickell |
| | EUA 56s66 | BRA 57s20 | CAN 57s89 |
| 1983 | Rick Carey | Dave Bottom | Michael West |
| | EUA 55s19 | EUA 56s90 | CAN 57s20 |
| 1987 | Andy Gill | David Berkoff | Alejandro Alvizuri |
| | EUA 56s56 | EUA 57s35 | PER 58s65 |
| 1991 | Andy Gill | Rodolfo Falcón | Robert Brewer |
| | EUA 55s79 | CUB 56s12 | EUA 56s39 |
| 1995 | Jeff Rouse | William Schwenk | Rodolfo Falcón |
| | EUA 54s74 | EUA 55s60 | CUB 56s13 |
| 1999 | Rodolfo Falcón | Alexandre Massura | Mathew Allen |
| | CUB 54s93 | BRA 55s17 | EUA 55s86 |
| 2003 | Peter Marshall | George Bovell | Jayme Cramer |
| | EUA 55s52 | TRI 55s81 | EUA 55s88 |

Paulo Machado, do Brasil, foi o sétimo, com 57s21.

| | | | |
|---|---|---|---|
| 2007 | ____________ | ____________ | ____________ |
| | ____________ | ____________ | ____________ |

## 200 metros costas

1951-1963 Não se realizou

| | | | |
|---|---|---|---|
| 1967 | Ralph Hutton | Charles Hickcox | Charles Goettche |
| | CAN 2m12s55 | EUA 2m13s05 | EUA 2m15s94 |
| 1971 | Charles Campbell | Timothy McKee | John Hawes |
| | EUA 2m07s09 | EUA 2m07s87 | CAN 2m14s72 |
| 1975 | Daniel Harrigan | Michael Scarth | Robert Jackson |
| | EUA 2m06s69 | CAN 2m09s20 | EUA 2m10s18 |
| 1979 | Peter Rocca | Jesús Vasallo | Djan Madruga |
| | EUA 2m00s98 | EUA 2m02s07 | BRA 2m04s74 |
| 1983 | Rick Carey | Ricardo Prado | Michael West |
| | EUA 1m59s34 | BRA 2m02s85 | CAN 2m03s11 |
| 1987 | Mike O'Brien | Ricardo Prado | Ray Brown |
| | EUA 2m02s29 | BRA 2m03s75 | CAN 2m04s28 |
| 1991 | Rogerio Romero | Daniel Veacht | Manuel Guzmán |
| | BRA 2m01s07 | EUA 2m01s14 | PRC 2m01s68 |
| 1995 | Brad Bridgewater | Rodolfo Falcón | Rogerio Romero |
| | EUA 2m00s79 | CUB 2m00s98 | BRA 2m01s13 |
| 1999 | Leonardo Costa | Aaron Peirsol | Daniel Shevchik |
| | BRA 1m59s33 | EUA 1m59s77 | EUA 2m00s27 |
| 2003 | Rogério Romero | Luke Wagner | Joey Faltraco |
| | BRA 1m59s92 | EUA 2m00s74 | EUA 2m01s31 |

Paulo Machado, do Brasil, ficou em quinto, com 2m04s41.

| | | | |
|---|---|---|---|
| 2007 | ____________ | ____________ | ____________ |
| | ____________ | ____________ | ____________ |

## 100 metros peito

1951-1963 Não se realizou.

| | | | |
|---|---|---|---|
| 1967 | José Sylvio Fiolo | Russell Webb | Kenneth Merten |
| | BRA 1m07s52 | EUA 1m09s13 | EUA 1m09s32 |
| 1971 | Mark Chatfield | Brian Job | José Sylvio Fiolo |
| | EUA 1m06s75 | EUA 1m07s93 | BRA 1m07s94 |
| 1975 | Richard Colella | Lawrence Dowler | José Sylvio Fiolo |
| | EUA 1m06s28 | EUA 1m06s61 | BRA 1m08s12 |
| 1979 | Steve Lundquist | Gregory Winchell | Graham Smith |
| | EUA 1m03s82 | EUA 1m04s76 | CAN 1m05s66 |
| 1983 | Steve Lundquist | John Moffet | Pablo Restrepo |
| | EUA 1m02s28 | EUA 1m02s36 | COL 1m03s89 |
| 1987 | Richard Korhammer | Dave Lundberg | Darcy Wallingford |
| | EUA 1m03s85 | EUA 1m04s11 | CAN 1m04s55 |
| 1991 | Hans Dersch | Todd Torres | Jeff Commings |
| | EUA 1m02s57 | PRC 1m02s83 | EUA 1m03s02 |
| 1995 | Seth Van Neerden | Jhon Cleveland | Tyler Mayfield |
| | EUA 1m02s48 | CAN 1m03s01 | EUA 1m03s17 |
| 1999 | Glenn Moses | Jarrod Marrs | Não houve |
| | EUA 1m00s99 | EUA 1m02s11 | |
| | | Morgan Knabe | |
| | | CAN 1m02s11 | |
| 2003 | Mark Gangloff | Jarrod Marrs | Eduardo Fischer |
| | EUA 1m00s95 | EUA 1m01s71 | BRA 1m01s88 |

Henrique Barbosa, do Brasil, ficou em quinto, com 1m02s81.

| | | | |
|---|---|---|---|
| 2007 | ____________ | ____________ | ____________ |
| | ____________ | ____________ | ____________ |

## 200 metros peito

| | | | |
|---|---|---|---|
| 1951 | Héctor Dominguez | Willy O. Jordan | Bowen Stassforth |
| | ARG 2m43s8 | BRA 2m47s5 | EUA 2m47s6 |
| 1955 | Héctor Domínguez | Manuel Sanguily | Walter Ocampo |
| | ARG 2m46s9 | CUB 2m47s3 | MEX 2m50s7 |
| 1959 | William Mulliken | Kenneth Nakasone | Manuel Sanguily |
| | EUA 2m43s1 | EUA 2m43s2 | CUB 2m44s3 |

| | | | |
|---|---|---|---|
| 1963 | Chet Jastremski | Kenneth Merten | John Kelson |
| | EUA 2m35s4 | EUA 2m38s4 | CAN 2m41s4 |
| 1967 | José S. Fiolo | Robert Momsen | Kenneth Merten |
| | BRA 2m30s42 | EUA 2m31s01 | EUA 2m34s17 |
| 1971 | Richard Colella | Felipe Muñoz | Brian Job |
| | EUA 2m27s12 | MEX 2m27s22 | EUA 2m28s11 |
| 1975 | Richard Colella | Dave Heinbach | Gustavo Lozano |
| | EUA 2m24s00 | CAN 2m28s96 | MEX 2m29s28 |
| 1979 | Steve Lundquist | John Simmons | Pablo Restrepo |
| | EUA 2m21s97 | EUA 2m22s45 | COL 2m23s13 |
| 1983 | Steve Lundquist | Pablo Restrepo | Dave Soltis |
| | EUA 2m19s31 | COL 2m20s21 | EUA 2m20s89 |
| 1987 | Jeff Kubiak | Mike Barrowman | Darcy Wallingford |
| | EUA 2m17s62 | EUA 2m19s29 | CAN 2m22s01 |
| 1991 | Mario González | Nelson Diebel | Tyler Mayfield |
| | CUB 2m15s50 | EUA 2m16s08 | EUA 2m17s49 |
| 1995 | Seth Van Neerden | Eric Namesnik | Curtis Myden |
| | EUA 2m16s08 | EUA 2m17s70 | CAN 2m19s00 |
| 1999 | Morgan Knabe | Steven West | Mark Gangloff |
| | CAN 2m14s73 | EUA 2m16s26 | EUA 2m16s60 |
| 2003 | Kyle Salyards | Sean Quinn | Marcelo Tomazini |
| | 2m13s37 | EUA 2m15s77 | BRA 2m15s87 |
| | O tempo do vencedor é recorde pan-americano. | | |
| 2007 | ________ | ________ | ________ |
| | ________ | ________ | ________ |

100 METROS BORBOLETA

| | | | |
|---|---|---|---|
| 1951-1963 | Não se realizou | | |
| 1967 | Mark Spitz | Ross Wales | Luis A. Nicolao |
| | EUA 56s29 | EUA 57s04 | ARG 58s63 |
| 1971 | Frank Heckl | Jerry Heidenreich | Byron McDonald |
| | EUA 56s92 | EUA 57s30 | CAN 58s40 |
| 1975 | Michael Currington | Gregory Jagenburg | Bruce Robertson |
| | EUA 56s09 | EUA 56s13 | CAN 56s80 |
| 1979 | Robert Placak | Daniel Thompson | Clay Evans |
| | EUA 55s54 | CAN 55s56 | CAN 56s63 |
| 1983 | Matt Gribble | Pablo Morales | Rafael Vidal |
| | EUA 54s25 | EUA 54s62 | VEN 54s72 |
| 1987 | Anthony Nesty | Wade King | Duffy Dillon |
| | SUR 53s89 | EUA 54s33 | EUA 54s45 |
| 1991 | Anthony Nesty | Mike Merrill | Eduardo Piccinini |
| | SUR 53s45 | EUA 54s60 | BRA 55s00 |
| 1995 | Mark Henderson | Eduardo Beca | Brian Alderman |
| | EUA 54s11 | BRA 54s63 | EUA 54s75 |
| 1999 | Francisco Sanchez | Shamek Pietucha | José Meolans |
| | VEN 53s33 | CAN 53s40 | ARG 54s03 |
| 2003 | Benjamin Michaelson | José Meolans | Kaio Márcio Almeida |
| | EUA 53s04 | ARG 53s28 | BRA 53s44 |
| | Gabriel Mangabeira, do Brasil, ficou em sétimo, com 54s25. | | |
| 2007 | ________ | ________ | ________ |
| | ________ | ________ | ________ |

200 METROS BORBOLETA

| | | | |
|---|---|---|---|
| 1951 | Não se realizou | | |
| 1955 | Eulalio Rios | Walter Ocampo | William Yorzyk |
| | MEX 2m39s8 | MEX 2m40s3 | EUA 2m42s5 |
| 1959 | David Gillanders | Michael Troy | Eulalio Rios |
| | EUA 2m18s0 | EUA 2m18s3 | MEX 2m22s5 |
| 1963 | Carl Robie | Fred Schmidt | Luis A. Nicolao |
| | EUA 2m11s3 | EUA 2m13s3 | ARG 2m16s1 |
| 1967 | Mark Spitz | Thomas Arusoo | Michael Burton |
| | EUA 2m06s42 | CAN 2m10s70 | EUA 2m13s26 |
| 1971 | Jorge Delgado | Charles Dor | Augusto González |
| | ECU 2m06s41 | EUA 2m08s39 | PER 2m09s90 |
| 1975 | Gregory Jagenburg | Steven Gregg | Jorge Delgado |
| | EUA 2m03s42 | EUA 2m04s06 | ECU 2m05s11 |
| 1979 | Craig Beardsley | George Nagy | William Sawchuk |
| | EUA 2m00s49 | CAN 2m02s15 | CAN 2m02s93 |
| 1983 | Craig Beardsley | Ricardo Prado | Rafael Vidal |
| | EUA 1m58s85 | BRA 1m59s00 | VEN 1m59s17 |
| 1987 | Bill Stapleton | Jayme Taylor | Anthony Nesty |
| | EUA 2m00s70 | EUA 2m00s73 | SUR 2m01s09 |
| 1991 | Mark Dean | Anthony Nesty | Bart Pippenger |
| | EUA 2m00s11 | SUR 2m01s76 | EUA 2m02s00 |
| 1995 | Nelson Mora | Thomas Malchow | André C. Teixeira |
| | VEN 2m00s38 | EUA 2m00s49 | BRA 2m01s95 |
| 1999 | Shamek Pietucha | Steven Brown | Devin Howard |
| | CAN 1m59s10 | EUA 1m59s52 | EUA 1m59s82 |
| 2003 | Michael Raab | Kaio Márcio de Almeida | Pedro Monteiro |
| | EUA 1m57s13 | BRA 1m58s10 | BRA 1m59s38 |
| 2007 | ________ | ________ | ________ |
| | ________ | ________ | ________ |

200 METROS MEDLEY

| | | | |
|---|---|---|---|
| 1951-1963 | Não se realizou | | |
| 1967 | Douglas Russell | William Utley | Sandy Gilchrist |
| | EUA 2m13s22 | EUA 2m13s68 | CAN 2m16s61 |
| 1971 | Steven Furniss | Frank Heckl | Felipe Muñoz |
| | EUA 2m10s82 | EUA 2m12s11 | MEX 2m16s28 |
| 1975 | Steven Furniss | Michael Currington | William Sawchuk |
| | EUA 2m09s77 | EUA 2m10s17 | CAN 2m11s63 |
| 1979 | Jesús Vasallo | Graham Smith | Scott Spahn |
| | EUA 2m03s29 | CAN 2m05s86 | EUA 2m06s29 |
| 1983 | Ricardo Prado | William Barrett | Steve Lundquist |
| | BRA 2m04s51 | EUA 2m04s91 | EUA 2m06s37 |
| 1987 | Bill Stapleton | Paul Wallace | Ricardo Prado |
| | EUA 2m03s58 | EUA 2m04s92 | BRA 2m04s94 |
| 1991 | Ronald Karnaugh | Manuel Guzmán | Ray L. Looze |
| | EUA 2m00s92 | PRC 2m03s99 | EUA 2m04s29 |
| 1995 | Curtis Myden | Gregory Burgess | Eric Namesnik |
| | CAN 2m01s70 | EUA 2m03s62 | EUA 2m03s70 |
| 1999 | Curtis Myden | Joseph Montague | Owen Von Ritcher |
| | CAN 2m02s38 | EUA 2m03s08 | CAN 2m03s80 |
| 2003 | George Bovell | Thiago Pereira | Eric Donnely |
| | TRI 1m59s49 | BRA 2m02s31 | EUA 2m02s52 |
| | O brasileiro Diogo Habe ficou em sexto, com 2m03s81. | | |
| 2007 | ________ | ________ | ________ |
| | ________ | ________ | ________ |

400 METROS MEDLEY

| | | | |
|---|---|---|---|
| 1951-1963 | Não se realizou | | |
| 1967 | William Utley | Ken Webb | Sandy Gilchrist |
| | EUA 4m48s12 | EUA 4m50s89 | CAN 4m55s60 |
| 1971 | Steven Furniss | Ricardo Marmolejo | Richard Colella |
| | EUA 4m42s69 | MEX 4m49s04 | EUA 4m49s30 |
| 1975 | Steven Furniss | Richard Colella | Ricardo Marmolejo |
| | EUA 4m40s38 | EUA 4m40s91 | MEX 4m43s87 |
| 1979 | Jesús Vasallo | William Sawchuk | Alex Baumann |
| | EUA 4m21s63 | CAN 4m30s21 | CAN 4m32s42 |
| 1983 | Ricardo Prado | Jeff Kostoff | Mike O'Brien |
| | BRA 4m21s43 | EUA 4m27s99 | EUA 4m30s45 |
| | | | Peter Dobson |
| | | | CAN 4m30s45 |
| 1987 | Jerry Frentsos | Jeff Prior | Mike Meldrum |
| | EUA 4m23s92 | EUA 4m26s31 | CAN 4m29s63 |
| 1991 | Alex Kostich | Jody Braden | Jasen Pratt |
| | EUA 4m23s96 | EUA 4m26s25 | CAN 4m26s31 |
| 1995 | Curtis Myden | Eric Namesnik | Liann Mull |
| | CAN 4m18s55 | EUA 4m19s00 | EUA 4m26s32 |
| 1999 | Curtis Myden | Eric Donnelly | Owen Von Ritcher |
| | CAN 4m15s52 | EUA 4m17s86 | CAN 4m19s62 |
| 2003 | Robert Margalis | Eric Donnelly | Thiago Pereira |
| | EUA 4m19s09 | EUA 4m19s65 | BRA 4m19s89 |
| | Diogo Habe, do Brasil, ficou em sexto, com 4m25s85 | | |
| 2007 | ________ | ________ | ________ |
| | ________ | ________ | ________ |

REVEZAMENTO 4 X 100 METROS LIVRE

| | | | |
|---|---|---|---|
| 1951-1963 | Não se realizou | | |
| 1967 | EUA 3m34s08 | CAN 3m40s82 | ARG 3m45s50 |
| | Ken Walsh | Ralph Hutton | Mario de Lucca |

| | Michael Fitzmaurice | Ronald Jacks | Carlos Vander Maath |
|---|---|---|---|
| | Mark Spitz | Robert Kasting | Juan Carranza |
| | Donald Schollander | Sandy Gilchrist | Luis A. Nicolao |
| 1971 | EUA 3m32s15 | CAN 3m38s35 | BRA 3m42s48 |
| | David Edgar | Tim Bach | Ruy T. Aquino |
| | Steven Genter | Ian McKenzie | Flavio Machado |
| | Jerry Heidenreich | Brian Phillips | Paulo Zanetti |
| | Frank Heckl | Robert Kasting | José R. Diniz |
| 1975 | EUA 3m27s67 | CAN 3m36s24 | MEX 3m39s17 |
| | Jack Babashoff | Bruce Robertson | Guillermo García |
| | Art Ruble | Gary McDonald | Jorge Necochea |
| | Michael Grattan | Michael Bloahdal | Eduardo Pérez |
| | Richard Abbott | Steve Hardy | Ricardo Sasser |
| 1979 | EUA 3m23s71 | CAN 3m29s64 | BRA 3m30s86 |
| | Ambrose Gaines | Gary Welbourn | Djan Madruga |
| | Jack Babashoff | Alan Swantson | Cyro M. Delgado |
| | John Newton | William Sawchuk | Rômulo Arantes |
| | David McCagg | Peter Szmidt | Jorge L. Fernandes |
| 1983 | EUA 3m21s41 | BRA 3m27s59 | VEN 3m29s06 |
| | Robin Leamy | Ronald Menezes | Jean Francois |
| | Matt Gribble | Jorge L. Fernandes | Antonio Sánchez |
| | Chris Cavanaugh | Djan Madruga | Rafael Vidal |
| | Ambrose Gaines | Cyro M. Delgado | Alberto Mestre |
| 1987 | EUA 3m19s97 | CAN 3m26s09 | BRA 3m27s11 |
| | Jim Born | Darren Ward | Cyro M. Delgado |
| | Scott McCadam | Claude Lamy | Cristiano Michelena |
| | Paul Robinson | Brad Creelman | Jorge L. Fernandes |
| | Todd Dudley | Gary Vandermeulen | Julio Lopes |
| 1991 | BRA 3m23s28 | CAN 3m25s39 | PRC 3m27s17 |
| | Gustavo Borges | Reggie Lacoursiere | Manuel Guzmán |
| | Emmanuel Nascimento | Ronald Page | David Monasterio |
| | Teófilo Ferreira | Stephen Clarke | José Herrera |
| | Julio Lopes | Steven Vandermeulen | Ricardo Busquets |
| 1995 | EUA 3m18s68 | BRA 3m20s33 | VEN 3m25s43 |
| | Gary Hall | Fernando de Queiroz | Diego Henao |
| | Tom Jager | André C. Teixeira | Alejandro Carrizo |
| | Josh Davis | Roberto F. Piovesan | Michael Lilinthal |
| | Jon Olsen | Gustavo Borges | Francisco Sánchez |
| 1999 | BRA 3m17s18 | EUA 3m19s00 | VEN 3m22s21 |
| | Fernando Scherer | Scott Tucker | Luis Rojas |
| | César Quintaes | Daniel Phillips | Francisco Páez |
| | André Cordeiro | Jarod Schroeder | Oswaldo J. Quevedo |
| | Gustavo Borges | Justin Ewers | Franciasco Sánchez |
| 2003 | BRA 3m18s66 | VEN 3m23s14 | CAN 3m23s83 |
| | Carlos Jayme | Osvaldo Quevedo | Scott Dickens |
| | Gustavo Borges | Raymond Rosal | Brian Edey |
| | Fernando Scherer | Luis Rojas | Tobias Oriwol |
| | Jader Souza | Ocyavio Alesi | Colin Russel |
| 2007 | ____________ | ____________ | ____________ |
| | ____________ | ____________ | ____________ |
| | ____________ | ____________ | ____________ |
| | ____________ | ____________ | ____________ |
| | ____________ | ____________ | ____________ |

REVEZAMENTO 4 x 200 METROS LIVRE

| 1951 | EUA 9m06s0 | BRA 9m13s0 | ARG 9m19s5 |
|---|---|---|---|
| | Ronald Gora | Ricardo Capanema | Jorge Vogt |
| | Burwell Jones | Aram Boghossian | César Guardo |
| | Richard Cleveland | João Gonçalvez | Pedro Galvao |
| | William Heusner | Tetsuo Okamoto | Carlos Bonacich |
| 1955 | EUA 9m00s0 | ARG 9m09s0 | CAN 9m12s2 |
| | James McLane | Pedro Galvao | Ted Simpson |
| | Wayne Moore | J. M. Izaguirre | Allen Gilchrist |
| | William Yorzyk | Jorge Vogt | George Parks |
| | Martin P. Smith | Federico Swanck | Gerry McName |
| 1959 | EUA 8m22s7 | MEX 8m56s4 | CAN 9m00s4 |
| | Richard Blick | Raúl Guzmán | Cameron Grout |
| | Peter Sintz | Alfredo Guzmán | Edward Cazalet |
| | John Rounsavelle | Mauricio Ocampo | William Campbell |
| | Frank Winters | Jorge Escalante | Thomas Verth |
| 1963 | EUA 8m16s9 | CAN 8m33s0 | BRA 8m41s4 |
| | Gary Ilman | John Gilchrist | Athos P. Oliveira |
| | David Lyons | Ralph Hutton | Antonio di Renzo |
| | Richard McDonough | Aldwin Meinhardt | Antonio Guimaraes |
| | Edward Townsend | Edward Cazalet | Peter Metzner |
| 1967 | EUA 8m00s46 | CAN 8m07s16 | ARG 8m19s48 |
| | Donald Schollander | Sandy Gilchrist | Héctor Scerbo |
| | Charles Hickcox | Ronald Jacks | Mario de Lucca |
| | Gregory Charlton | Robert Kasting | Carlos Vander Maath |
| | Mark Spitz | Ralph Hutton | Luis A. Nicolao |
| 1971 | EUA 7m45s82 | CAN 8m04s76 | BRA 8m08s42 |
| | Jerry Heidenreich | Robert Kasting | Alfredo Botelho |
| | James McConica | Ronald Jacks | Ruy T. Aquino |
| | Steven Genter | Brian Phillips | José R. Diniz |
| | Frank Heckl | Ralph Hutton | Flavio Dutra |
| 1975 | EUA 7m50s96 | CAN 8m00s91 | BRA 8m02s36 |
| | Rick Demont | Steve Hardy | Djan Madruga |
| | Rex Favero | Michael Bloahdal | José L. Namorado |
| | Bradley Horner | Daryl Skilling | Paul Jovanneau |
| | Michael Currington | Bruce Robertson | Rômulo Arantes |
| 1979 | EUA 7m31s28 | BRA 7m38s92 | CAN 7m39s27 |
| | Brian Goodell | Marcus Mattioli | Peter Szmidt |
| | David Larson | Cyro M. Delgado | Gary Welbourn |
| | Kris Kirshner | Jorge L. Fernandes | Robert Baylis |
| | Ambrose Gaines | Djan Madruga | William Sawchuk |
| 1983 | EUA 7m23s63 | BRA 7m32s78 | VEN 7m33s82 |
| | David Larson | Djan Madruga | Jean Francois |
| | Rich Saeger | Marcelo Juca | Antonio Sánchez |
| | Bruce Hayes | Cyro M. Delgado | Rafael Vidal |
| | Ambrose Gaines | Jorge L. Fernandes | Alberto Mestre |
| 1987 | EUA 7m23s29 | CAN 7m29s84 | BRA 7m29s92 |
| | Paul Robinson | Darren Ward | Cristiano Michelena |
| | Brian Jones | Chris Chalmers | Cyro M. Delgado |
| | Mike O'Brien | Gary Vandermeulen | Jorge L. Fernandes |
| | John Witchell | Mike Meldrum | Julio Lopes |
| 1991 | EUA 7m23s39 | BRA 7m28s83 | PRC 7m29s96 |
| | John Keppeler | Gustavo Borges | Jorge Herrera |
| | Jim Wells | Teófilo Ferreira | Manuel Guzmán |
| | Clay Tippins | Enmanuel Nascimento | Ricardo Busquets |
| | Eric Diehl | Cassiano Schalch Leal | David Monasterio |
| 1995 | EUA 7m21s61 | BRA 7m28s70 | MEX 7m39s56 |
| | Jon Olsen | Cassiano Schalch Leal | Oscar Sotelo |
| | Josh Davis | Fernando de Oliveira | Nelson Vargas E. |
| | Ryan Berube | Teófilo Laborne | José Castellanos |
| | Gregory Burgess | Gustavo Borges | Jorge Anaya |
| 1999 | EUA 7m22s29 | BRA 7m22s92 | CAN 7m23s02 |
| | Adam Messner | Leonardo Costa | Mark Johnston |
| | Daniel Phillips | Rodrigo Castro | Brian Johns |
| | Devin Howard | André Cordeiro | Jannick Lupien |
| | Scott Tucker | Gustavo Borges | Rick Say |
| 2003 | EUA 7m18s93 | BRA 7m25s17 | CAN 7m27s18 |
| | Daniel Ketchum | Carlos Jayme | Scott Dickens |
| | Jeffrey Lee | Rafael Mosca | Brian Edey |
| | Ryan Lochte | Gustavo Borges | Tobias Oriwol |
| | Bryan Goldberg | Rodrigo Castro | Colin Russell |
| 2007 | ____________ | ____________ | ____________ |
| | ____________ | ____________ | ____________ |
| | ____________ | ____________ | ____________ |
| | ____________ | ____________ | ____________ |
| | ____________ | ____________ | ____________ |

REVEZAMENTO 4 x 100 METROS MEDLEY

| 1951 | EUA 3m16s9 | ARG 3m20s7 | MEX 3m22s5 |
|---|---|---|---|
| | Allen Stack | Pedro Galvao | Clemente Mejía |
| | Bowen Stassforth | Orlando Cossani | Luis Spamer |
| | Richard Cleveland | César Guardo | Alberto Isaac |

Em **1951** a prova foi realizada com revezamento 3 x 100m, pois não estava incluído o estilo borboleta.

| 1955 | EUA 4m29s1 | ARG 4m33s4 | MEX 4m35s5 |
|---|---|---|---|
| | Frank McKinney | Pedro Galvao | Clemente Mejía |
| | Fred McGuire | Héctor Dominguez | Walter Ocampo |
| | Leonide Barcke | Orlando Cossani | Eulalio Ríos |

| | | | |
|---|---|---|---|
| | Clarke Scholes | Federico Swanck | Otilio Olguín |
| 1959 | EUA 4m14s9 | CAN 4m23s3 | MEX 4m25s0 |
| | Frank McKinney | Bob Wheaton | Alejandro Gaxiola |
| | Kenneth Nakasone | Steve Rabinovitch | Roberto Marmolejo |
| | Michael Troy | Peter Fowler | Eulalio Ríos |
| | Jeffrey F. Farrell | Cameron Grout | Jorge Escalante |
| 1963 | EUA 4m05s6 | CAN 4m17s3 | ARG 4m17s5 |
| | Richard McGeagh | Edward Cazalet | Carlos Vander Maath |
| | William Craig | John Kelson | Alberto Pérez |
| | Walter Richardson | Daniel Sherry | Luis A. Nicolao |
| | Constantin Kirby | John Gilchrist | Abel Pepe |
| 1967 | EUA 3m59s31 | CAN 4m04s29 | BRA 4m06s64 |
| | Keith Russell | Jim Shaw | Waldyr Mendes |
| | Russell Webb | William Mahoney | José Sylvio Fiolo |
| | Mark Spitz | Ronald Jacks | Ilson Pinto |
| | Ken Walsh | Sandy Gilchrist | João Costa |
| 1971 | EUA 3m56s08 | CAN 4m00s53 | BRA 4m02s94 |
| | Melvin Nash | William Kennedy | César Laurence |
| | Mark Chatfield | William Mahoney | José Sylvio Fiolo |
| | Charles Orr | Byron McDonald | Francisco Guimarães |
| | Kim Tutt | Tim Bach | Paulo Zanetti |
| 1975 | EUA 3m53s81 | CAN 3m58s95 | BRA 3m59s05 |
| | Peter Rocca | Michael Scarth | Rômulo Arantes |
| | Richard Colella | Camil Chevalier | José S. Fiolo |
| | Michael Currington | Bruce Robertson | Ángel del Godoy |
| | Jack Babashoff | Gary McDonald | José L. Namorado |
| 1979 | EUA 3m47s20 | CAN 3m50s02 | PRC 3m54s63 |
| | Robert Jackson | Stephen Pickell | Carlos Berrocal |
| | Steve Lundquist | Graham Smith | Orlando Catinchi |
| | Robert Placak | Daniel Thompson | Arnaldo Pérez |
| | David McCagg | William Sawchuk | Fernando Canales |
| 1983 | EUA 3m40s42 | CAN 3m48s10 | VEN 3m50s52 |
| | Rick Carey | Michael West | Giovanni Frigo |
| | Steve Lundquist | Marco Veilleux | Glen Sochasky |
| | Matt Gribble | Tom Ponting | Rafael Vidal |
| | Ambrose Gaines | David Churchill | Alberto Mestre |
| 1987 | EUA 3m43s65 | CAN 3m49s77 | BRA 3m50s29 |
| | Andy Gill | Ray Brown | Ricardo Prado |
| | Richard Korhammer | Darcy Wallingford | Cícero Torteli |
| | Wade King | Darren Ward | Octavio Silva |
| | Todd Dudley | Claude Lamy | Jorge L. Fernandes |
| 1991 | EUA 3m42s84 | PRC 3m45s78 | CUB 3m45s96 |
| | Andy Gill | Manuel Guzmán | Rodolfo Falcón |
| | Hans Dersch | Todd Torres | Pedro Hernández |
| | Mike Merrill | David Monasterio | Ulises Menéndez |
| | Joel Thomas | Ricardo Busquets | Rene Saez |
| 1995 | EUA 3m41s24 | BRA 3m43s93 | CAN 3m45s10 |
| | Jeff Rouse | Rogério Romero | Christopher Renaud |
| | Seth Van Neerden | Oscar Godoi | Jhon Cleveland |
| | Mark Henderson | Eduardo B. Piccinini | Edward Parenti |
| | Jon Olsen | Gustavo Borges | Curtis Myden |
| 1999 | BRA 3m40s27 | EUA 3m40s57 | CAN 3m41s04 |
| | Alexandre Massura | Matthew Allen | Mark Versfeld |
| | Marcelo Tomazini | Glenn Moses | Morgan Knabe |
| | Fernando Scherer | Harod Schroeder | Shamek Pietucha |
| | Gustavo Borges | Scott Tucker | Yannick Lupien |
| 2003 | EUA 3m37s27 | BRA 3m40s02 | CAN 3m40s12 |
| | Peter Marshall | Eduardo Fischer | |
| | Mark Gangloff | Gustavo Borges | |
| | Ben Michaelson | Kaio Márcio de Almeida | |
| | Nick Brunelli | Paulo Machado | |
| 2007 | | | |
| | | | |
| | | | |
| | | | |
| | | | |

## Provas Femininas

### 50 metros nado livre

1951-1983 Não se realizou

| | | | |
|---|---|---|---|
| 1987 | Jennifer Thompson | Sylvia Poll | Jeanne Doolan |
| | EUA 26s09 | CRC 26s32 | EUA 26s34 |
| 1991 | Kristen Topham | Heather Hageman | Allison Bock |
| | CAN 26s01 | EUA 26s26 | EUA 26s45 |
| 1995 | Angela Martino | Shannon Shakes Peare | Andrea Moody |
| | EUA 25s40 | CAN 26s19 | CAN 26s54 |
| 1999 | Tammie Spatz | Eileen Coparropa | Laura Nicholls |
| | EUA 25s50 | PAN 25s78 | CAN 26s10 |
| 2003 | Kara Lynn Jorge | Flávia Delaroli | Eileen Coparropa |
| | EUA 22s24 | BRA 25s44 | PAN 25s62 |

Flávia Delaroli estabeleceu recorde sul-americano. Rebeca Gusmão, do Brasil, ficou em oitavo, com o tempo de 26s85.

| | | | |
|---|---|---|---|
| 2007 | | | |
| | | | |

### 100 metros livre

| | | | |
|---|---|---|---|
| 1951 | Sharon Geary | Jacqueline LaVine | Ana M. Schultz |
| | EUA 1m08s4 | EUA 1m09s9 | ARG 1m10s7 |
| 1955 | Helen Stewart | Wanda L. Werner | Virginia Grant |
| | CAN 1m07s7 | EUA 1m07s7 | CAN 1m08s3 |
| 1959 | Chris Von Saltza | Molly Botkin | Joan Spillane |
| | EUA 1m03s8 | EUA 1m05s7 | EUA 1m05s8 |
| 1963 | Terry L. Stickles | Mary Stewart | Kathleen Ellis |
| | EUA 1m02s8 | CAN 1m03s3 | EUA 1m03s5 |
| 1967 | Erika Bricker | Marion Lay | Lillian Watson |
| | EUA 1m00s89 | CAN 1m01s02 | EUA 1m01s43 |
| 1971 | Sandra Neilson | Angela Coughlan | Karen James |
| | EUA 1m00s60 | CAN 1m01s15 | CAN 1m01s88 |
| 1975 | Kim Peyton | Jill Sterkel | Jill Quirk |
| | EUA 58s24 | EUA 58s57 | CAN 58s92 |
| 1979 | Cynthia Woodhead | Jill Sterkel | Gail Amundrud |
| | EUA 56s22 | EUA 56s24 | CAN 57s79 |
| 1983 | Carrie Steinseifer | Jane Kerr | Kathy Bald |
| | EUA 56s92 | CAN 57s51 | CAN 57s76 |
| 1987 | Sylvia Poll | Sara Linke | Jennifer Thompson |
| | CRC 56s39 | EUA 57s30 | EUA 57s46 |
| 1991 | Ashley Tappin | Megan Oesting | Kristen Topham |
| | EUA 56s51 | EUA 57s14 | EUA 57s63 |
| 1995 | Angela Martino | Amy Van Dyken | Marianne Limpert |
| | EUA 55s62 | EUA 55s92 | CAN 56s80 |
| 1999 | Laura Nicholls | Tammie Spatz | Marianne Limpert |
| | CAN 56s25 | EUA 56s44 | CAN 56s69 |
| 2003 | Cortney Shealy | Cristina Swindle | Não houve |
| | EUA 55s61 | EUA 55s92 | |
| | | Florencia Szigeti | |
| | | ARG 55s92 | |

As brasileiras Flávia Delaroli (56s41) e Rebeca Gusmão (57s43) ficaram em quarto e sétimo lugares.

| | | | |
|---|---|---|---|
| 2007 | | | |
| | | | |

### 200 metros livre

| | | | |
|---|---|---|---|
| 1951 | Ana M. Schultz | Betty Mullen | Eileen Holt |
| | ARG 2m32s4 | EUA 2m33s3 | ARG 2m36s5 |
| 1955 | Wanda L. Werner | Liliana Gonzalías | Gilda Aranda |
| | EUA 2m32s5 | ARG 2m32s9 | MEX 2m33s6 |
| 1959 | Chris Von Saltza | Shirley Stobs | Joan Spillane |
| | EUA 2m18s5 | EUA 2m22s9 | EUA 2m23s0 |
| 1963 | Robyn Johnson | Terry L. Stickles | Patricia Pomfret |
| | EUA 2m17s5 | EUA 2m18s4 | CAN 2m28s4 |
| 1967 | Pamela Kruse | Marion Lay | Angela Coughlan |
| | EUA 2m11s91 | CAN 2m14s68 | CAN 2m15s66 |
| 1971 | Kim Peyton | Angela Coughlan | Olga L. de Angulo |
| | EUA 2m09s62 | CAN 2m10s56 | COL 2m14s34 |
| 1975 | Kim Peyton | Gail Amundrud | Anne Jardin |
| | EUA 2m04s57 | CAN 2m05s87 | CAN 2m07s68 |

| | | | |
|---|---|---|---|
| 1979 | Cynthia Woodhead | Kimberly Lineham | Gail Amundrud |
| | EUA 1m58s43 | EUA 2m01s92 | CAN 2m03s38 |
| 1983 | Cynthia Woodhead | Mary Wayte | Julie Daigneault |
| | EUA 2m01s33 | EUA 2m02s21 | CAN 2m02s36 |
| 1987 | Sylvia Poll | Whitney Hedgepeth | Sara Linke |
| | CRC 2m00s02 | EUA 2m02s06 | EUA 2m04s00 |
| 1991 | Lisa Jacob | Barbara Metz | Kimberley Paton |
| | EUA 2m02s06 | EUA 2m02s92 | CAN 2m04s73 |
| 1995 | Cristina Teuscher | Marianne Limpert | Daedre Vicent |
| | EUA 2m01s49 | CAN 2m02s05 | EUA 2m03s37 |
| 1999 | Jessica Deglau | Janelle Atkinson | Carol Bender |
| | CAN 2m00s65 | JAM 2m01s11 | EUA 2m03s18 |
| 2003 | Dana Vollmer | Collen Lanné | Mariana Brochado |
| | EUA 1m59s80 | EUA 2m01s98 | BRA 2m02s08 |

Monique Ferreira, do Brasil, ficou em quarto, com 2m02s26.

| | | | |
|---|---|---|---|
| 2007 | ____________ | ____________ | ____________ |
| | ____________ | ____________ | ____________ |

**400 METROS LIVRE**

| | | | |
|---|---|---|---|
| 1951 | Ana M. Schultz | Carolyn Green | Piedade C. Da Silva |
| | ARG 5m26s7 | EUA 5m33s1 | BRA 5m33s6 |
| 1955 | Beth Whittall | Carolyn Green | Carol Lee |
| | CAN 5m32s4 | EUA 5m34s7 | EUA 5m34s9 |
| 1959 | Chris Von Saltza | Sylvia Ruuska | Donna Graham |
| | EUA 4m55s9 | EUA 5m03s4 | EUA 5m03s5 |
| 1963 | Sharon Finneran | Robyn Johnson | Patricia Pomfret |
| | EUA 4m52s7 | EUA 4m58s1 | CAN 5m20s4 |
| 1967 | Deborah Meyer | Pamela Kruse | Angela Coughlan |
| | EUA 4m32s64 | EUA 4m42s81 | CAN 4m48s88 |
| 1971 | Ann Simmons | Jill Strong | Angela Coughlan |
| | EUA 4m26s19 | EUA 4m36s15 | CAN 4m38s86 |
| 1975 | Kathryn Heddy | Kathy Wickstrand | Michelle Oliver |
| | EUA 4m23s00 | EUA 4m27s66 | CAN 4m30s20 |
| 1979 | Cynthia Woodhead | Tracy Caulkins | Wendy Quirk |
| | EUA 4m10s56 | EUA 4m16s13 | CAN 4m17s34 |
| 1983 | Tiffany Cohen | Cynthia Woodhead | Julie Daigneault |
| | EUA 4m12s27 | EUA 4m14s07 | CAN 4m19s91 |
| 1987 | Julie Martin | Barbara Metz | Meagan Holliday |
| | EUA 4m11s87 | EUA 4m13s25 | CAN 4m20s78 |
| 1991 | Jane Skillman | Barbara Metz | Tara-Lynn Seymour |
| | EUA 4m13s69 | EUA 4m16s90 | CAN 4m22s15 |
| 1995 | Brooke Bennett | Cristina Teuscher | Katie Brambley |
| | EUA 4m11s78 | EUA 4m13s97 | CAN 4m18s74 |
| 1999 | Kaitlin Sandeno | Janelle Atkinson | Joanne Malar |
| | EUA 4m10s74 | JAM 4m10s83 | CAN 4m12s64 |
| 2003 | Elizabeth Hill | Morgan Hentzen | Monique Ferreira |
| | EUA 4m10s48 | EUA 4m13s03 | BRA 4m14s21 |

A brasileira Mariana Brochado terminou na sexta posição, com 4m17s73.

| | | | |
|---|---|---|---|
| 2007 | ____________ | ____________ | ____________ |
| | ____________ | ____________ | ____________ |

**800 METROS LIVRE**

1951-1963 Não se realizou

| | | | |
|---|---|---|---|
| 1967 | Deborah Meyer | Susan Pedersen | Angela Coughlan |
| | EUA 9m22s86 | EUA 9m38s37 | CAN 9m48s56 |
| 1971 | Cathy Calhoun | Cynthia Enze | María T. Ramírez |
| | EUA 9m15s19 | EUA 9m32s15 | MEX 9m44s32 |
| 1975 | Wendy Weinberg | Mary Montgomery | Janice Stenhouse |
| | EUA 9m05s57 | EUA 9m06s70 | CAN 9m17s87 |
| 1979 | Kimberly Lineham | Jennifer Hooker | Barbara Shockey |
| | EUA 8m39s82 | EUA 8m50s71 | CAN 8m54s82 |
| 1983 | Tiffany Cohen | Maribeth Linzmeier | Julie Daigneault |
| | EUA 8m35s42 | EUA 8m41s26 | CAN 8m59s82 |
| 1987 | Tammy Bruce | Debbie Babashoff | Meagan Holliday |
| | EUA 8m34s72 | EUA 8m42s77 | CAN 8m52s60 |
| 1991 | Jane Skillman | Lisa Jacob | Tara-Lynn Seymour |
| | EUA 8m43s26 | EUA 8m51s36 | CAN 8m52s33 |
| 1995 | Trina Jackson | Brooke Bennett | Alicia Barrancos |
| | EUA 8m35s42 | EUA 8m47s99 | ARG 8m49s57 |
| 1999 | Kaitlin Sandeno | Janelle Atkinson | Lindsay Weavers |
| | EUA 8m34s65 | JAM 8m39s51 | CAN 8m44s21 |
| 2003 | Morgan Hentzen | Rachel Burke | Kristel Kobrich |
| | EUA 8m36s54 | EUA 8m37s61 | CHI 8m43s90 |

As brasileiras Nayara Ribeiro (8m53s64) e Ana Carolina Muniz (9m00s42) terminaram em quinto e sexto lugares.

| | | | |
|---|---|---|---|
| 2007 | ____________ | ____________ | ____________ |
| | ____________ | ____________ | ____________ |

**100 METROS COSTAS**

| | | | |
|---|---|---|---|
| 1951 | Maureen O'Brien | Sheila Donahue | Magda Bruggeman |
| | EUA 1m18s5 | EUA 1m20s5 | MEX 1m21s0 |
| 1955 | Leonore Fisher | Cora O'Connor | Cynthia E. Gill |
| | CAN 1m16s7 | EUA 1m17s8 | EUA 1m17s9 |
| 1959 | Carin A. Cone | Sara Barber | Christine Kluter |
| | EUA 1m12s2 | CAN 1m12s3 | EUA 1m12s4 |
| 1963 | Nina Harmar | Cathy Ferguson | Eilleen P. Weir |
| | EUA 1m11s5 | EUA 1m13s5 | CAN 1m14s5 |
| 1967 | Elaine Tanner | Kaye Hall | Shirley Cazalet |
| | CAN 1m07s32 | EUA 1m09s76 | CAN 1m11s33 |
| 1971 | Donna Gurr | Susie Atwood | Phyl Haloy |
| | CAN 1m07s18 | EUA 1m07s51 | EUA 1m08s49 |
| 1975 | Lynn Chenard | Rosemary Boone | Jennifer Kemp |
| | CAN 1m06s59 | EUA 1m07s18 | EUA 1m07s29 |
| 1979 | Linda Jezek | Cheryl Gibson | Teresa Rivera |
| | EUA 1m03s33 | CAN 1m05s17 | MEX 1m06s87 |
| 1983 | Sue Walsh | Joan Pennington | Barbara McBain |
| | EUA 1m02s48 | EUA 1m03s63 | CAN 1m05s38 |
| 1987 | Sylvia Poll | Holly Green | Michelle Donahue |
| | CRC 1m02s18 | EUA 1m03s15 | EUA 1m03s30 |
| 1991 | Sylvia Poll | Nicole Dryden | Jodi Wilson |
| | CRC 1m03s15 | CAN 1m03s64 | EUA 1m03s78 |
| 1995 | Barbara Bedford | Kristin Heydanek | Fabiola Molina |
| | EUA 1m01s71 | EUA 1m03s10 | BRA 1m04s85 |
| 1999 | Kelly Stefanyshyn | Denali Knapp | Beth Botsford |
| | CAN 1m02s14 | EUA 1m02s45 | EUA 1m02s48 |
| 2003 | Diana MacManus | Courtney Shealy | Gisela M. Morales |
| | EUA 1m02s50 | EUA 1m02s74 | EUA 1m06s19 |

As brasileiras Paula Ribeiro (1m06s22) e Talita Ribeiro (1m06s39) ficaram em sétimo e oitavo lugares.

| | | | |
|---|---|---|---|
| 2007 | ____________ | ____________ | ____________ |
| | ____________ | ____________ | ____________ |

**200 METROS COSTAS**

1951-1963 Não se realizou

| | | | |
|---|---|---|---|
| 1967 | Elaine Tanner | Kendis Moore | Cathy Ferguson |
| | CAN 2m24s44 | EUA 2m30s38 | EUA 2m32s48 |
| 1971 | Donna Gurr | Susie Atwood | Barbara Darby |
| | CAN 2m24s73 | EUA 2m26s48 | EUA 2m30s73 |
| 1975 | Donna L. Wennerstrom | Lynn Chenard | Cheryl Gibson |
| | EUA 2m19s93 | CAN 2m21s26 | CAN 2m22s68 |
| 1979 | Linda Jezek | Cheryl Gibson | Libby Kinkead |
| | EUA 2m16s07 | CAN 2m17s58 | EUA 2m20s19 |
| 1983 | Amy White | Sue Walsh | Barbara McBain |
| | EUA 2m15s66 | EUA 2m15s94 | CAN 2m18s93 |
| 1987 | Katie Welch | Sylvia Poll | Holly Green |
| | EUA 2m13s65 | CRC 2m14s18 | EUA 2m14s75 |
| 1991 | Diane Trimble | Nicole Dryden | Joanne Malar |
| | EUA 2m15s80 | CAN 2m16s13 | CAN 2m16s36 |
| 1995 | Barbara Bedford | Rachel Joseph | Joanne Malar |
| | EUA 2m12s98 | EUA 2m14s74 | CAN 2m16s67 |
| 1999 | Denali Knapp | Beth Botsford | Kelly Stefanyshyn |
| | EUA 2m12s48 | EUA 2m12s95 | CAN 2m13s24 |
| 2003 | Jamie Leigh Reid | Diana MacManus | Gisela M. Morales |
| | EUA 2m13s89 | EUA 2m15s39 | EUA 2m16s19 |
| 2007 | ____________ | ____________ | ____________ |
| | ____________ | ____________ | ____________ |

**100 METROS PEITO**

1951-1963 Não se realizou

| | | | |
|---|---|---|---|
| 1967 | Catherine Ball | Ana M. Norbis | Cynthia Goyette |
| | EUA 1m14s80 | URU 1m15s95 | EUA 1m19s39 |

| | | | |
|---|---|---|---|
| 1971 | Silvia Dockeril | Linda Kurtz | Lynn Colella |
| | CAN 1m18s63 | EUA 1m19s30 | EUA 1m19s72 |
| 1975 | Lauri Siering | Marcia Morey | Marian Stuart |
| | EUA 1m15s17 | EUA 1m16s25 | CAN 1m16s40 |
| 1979 | Tami Paumier | Tracy Caulkins | Anne Cagnon |
| | EUA 1m12s20 | EUA 1m12s52 | CAN 1m14s38 |
| 1983 | Anne Ottenbrite | Kathy Bald | Kim Rhodenbaugh |
| | CAN 1m10s63 | CAN 1m11s98 | EUA 1m12s19 |
| 1987 | Keltie Duggan | Lori Heisick | Terry Baxter |
| | CAN 1m12s46 | EUA 1m12s52 | EUA 1m12s99 |
| 1991 | Dorsey Tierney | Lydia Morrow | Lisa Ann Flood |
| | EUA 1m10s30 | EUA 1m11s00 | CAN 1m11s75 |
| 1995 | Lisa Ann Flood | Cuylaine Cloutier | Kelly King |
| | CAN 1m10s36 | CAN 1m10s44 | EUA 1m11s41 |
| 1999 | Staciana Stitts | Kristen Woodring | Lauren van Oosten |
| | EUA 1m09s16 | EUA 1m09s65 | CAN 1m10s06 |
| 2003 | Staciana Stitts | Corrie Clark | Kathlenn Stoody |
| | EUA 1m09s01 | EUA 1m10s09 | CAN 1m10s56 |

A brasileira Patrícia Comini ficou em oitavo, com 1m14s32.

| | | | |
|---|---|---|---|
| 2007 | | | |
| | | | |

**200 METROS PEITO**

| | | | |
|---|---|---|---|
| 1951 | Dorotea Turnbull | Beatriz Rohde | Carol Pence |
| | ARG 3m08s4 | ARG 3m10s3 | EUA 3m14s7 |
| 1955 | Mary L. Elsenius | Mary J. Sears | Beatriz Rohde |
| | EUA 3m08s4 | EUA 3m09s0 | ARG 3m09s4 |
| 1959 | Ann K. Warner | Patty Kempner | Anne Bancroft |
| | EUA 2m56s8 | EUA 3m00s1 | EUA 3m01s3 |
| 1963 | Alice Driscoll | Roby Wipple | Marjon Wilmink |
| | EUA 2m56s2 | EUA 2m57s7 | CAN 3m00s0 |
| 1967 | Catherine Ball | Claudia Kolb | Ana M. Norbis |
| | EUA 2m42s18 | EUA 2m48s93 | URU 2m50s40 |
| 1971 | Lynn Colella | Jane Wright | Leonor Urrueta |
| | EUA 2m50s03 | CAN 2m50s96 | MEX 2m52s72 |
| 1975 | Lauri Siering | Joanne Baker | Marcia Morey |
| | EUA 2m42s35 | CAN 2m42s96 | EUA 2m45s58 |
| 1979 | Anne Cagnon | Joanne Bedard | Patricia Speeds |
| | CAN 2m35s75 | CAN 2m40s22 | EUA 2m40s79 |
| 1983 | Kathy Bald | Susan Rapp | Kim Rhodenbaugh |
| | CAN 2m35s53 | EUA 2m37s91 | EUA 2m39s03 |
| 1987 | Dorsey Tierney | Alicia Boscatto | Kathy Smith |
| | EUA 2m36s87 | ARG 2m37s09 | EUA 2m37s57 |
| 1991 | Dorsey Tierney | Chantal Dubois | Lisa Ann Flood |
| | EUA 2m28s69 | CAN 2m33s62 | CAN 2m34s08 |
| 1995 | Lisa Ann Flood | Cuylaine Cloutier | Anita Nall |
| | CAN 2m31s33 | CAN 2m32s42 | EUA 2m32s83 |
| 1999 | Lauren van Oosten | Anemieke McReynolds | Katie Yevak |
| | CAN 2m30s36 | EUA 2m30s53 | EUA 2m32s85 |
| 2003 | Alexandra Spann | Lisa Blackburn | Kathleen Stoody |
| | EUA 2m29s76 | CAN 2m31s52 | CAN 2m31s93 |

A brasileira Joanna Maranhão ficou em oitavo lugar, com 2m38s12.

| | | | |
|---|---|---|---|
| 2007 | | | |
| | | | |

**100 METROS BORBOLETA**

1951 Não se realizou

| | | | |
|---|---|---|---|
| 1955 | Beth Whittall | Betty Mullen | Selley Mann |
| | CAN 1m16s2 | EUA 1m16s5 | EUA 1m17s7 |
| 1959 | Becky Collins | Nancy J. Ramey | Molly Botkin |
| | EUA 1m09s5 | EUA 1m10s4 | EUA 1m12s3 |
| 1963 | Kathleen Ellis | Mary Stewart | Kim Worley |
| | EUA 1m07s6 | CAN 1m08s9 | EUA 1m11s6 |
| 1967 | Eleonor Daniel | Elaine Tanner | Marilyn Corson |
| | EUA 1m05s24 | CAN 1m05s35 | CAN 1m07s68 |
| 1971 | Deanna Deardruff | Leslie Cliff | Lucy Burle |
| | EUA 1m06s22 | CAN 1m07s77 | BRA 1m08s79 |
| 1975 | Camille Wright | Peggy Tosdal | Wendy Quirk |
| | EUA 1m02s71 | EUA 1m03s37 | CAN 1m05s07 |
| 1979 | Jill Sterkel | Lisa Buese | Nancy Garapick |
| | EUA 1m00s53 | EUA 1m00s59 | CAN 1m02s96 |
| 1983 | Laurie Lehner | Michelle McPherson | Patty King |
| | EUA 1m01s14 | CAN 1m01s63 | EUA 1m01s96 |
| 1987 | Janel Jorgensen | Kristen Elias | Robin Ruggiero |
| | EUA 1m01s28 | EUA 1m01s54 | CAN 1m03s67 |
| 1991 | Kristen Topham | Angie Wester-Krieg | Suzy Buckovich |
| | CAN 1m01s19 | EUA 1m01s55 | EUA 1m01s60 |
| 1995 | Amy Van Dyken | Gabrielle Rose | Angie Wester-Krieg |
| | EUA 1m00s71 | BRA 1m01s67 | EUA 1m02s79 |
| 1999 | Karen Campbell | Jessica Deglau | Karine Chevrier |
| | EUA 1m00s05 | CAN 1m00s70 | CAN 1m01s15 |
| 2003 | Bethany Goodwin | Audrey Lacroix | Dana Kirk |
| | EUA 59s97 | CAN 1m00s18 | EUA 1m00s51 |

A brasileira Ivi Monteiro terminou em quinto, com 1m02s90.

| | | | |
|---|---|---|---|
| 2007 | | | |
| | | | |

**200 METROS BORBOLETA**

1951-1963 Não se realizou

| | | | |
|---|---|---|---|
| 1967 | Claudia Kolb | Lee Davis | Marilyn Corson |
| | EUA 2m25s49 | EUA 2m26s74 | CAN 2m30s54 |
| 1971 | Lynn Colella | Alice Jones | Susan Smith |
| | EUA 2m23s11 | EUA 2m28s10 | CAN 2m32s60 |
| 1975 | Camille Wright | Cheryl Gibson | Rosemary Ribeiro |
| | EUA 2m18s57 | CAN 2m21s95 | BRA 2m22s47 |
| 1979 | Mary T. Meagher | Karinne Miller | Nancy Garapick |
| | EUA 2m09s77 | EUA 2m15s05 | CAN 2m16s40 |
| 1983 | Mary T. Meagher | Tracy Caulkins | Marie Moore |
| | EUA 2m10s06 | EUA 2m14s15 | CAN 2m14s51 |
| 1987 | Kara McGrath | Michelle Griglione | Shay McNicol |
| | EUA 2m12s54 | EUA 2m15s03 | CAN 2m17s78 |
| 1991 | Susan Gottlieb | Angie Wester-Krieg | Elizabeth Hazel |
| | EUA 2m12s35 | EUA 2m14s55 | CAN 2m14s91 |
| 1995 | Trina Jackson | Michelle Griglione | Maria del P. Pereyra |
| | EUA 2m12s37 | EUA 2m14s94 | ARG 2m18s52 |
| 1999 | Jessica Deglau | Jennifer Button | Kalyn Keller |
| | CAN 2m09s64 | CAN 2m12s09 | EUA 2m14s60 |
| 2003 | Audrey Lacroix | Noelli Bassi | Dana Kirk |
| | CAN 2m11s02 | EUA 2m12s81 | EUA 2m12s85 |

Monique Ferreira, do Brasil, ficou em sexto, com 2m15s57.

| | | | |
|---|---|---|---|
| 2007 | | | |
| | | | |

**200 METROS MEDLEY**

1951-1963 Não se realizou

| | | | |
|---|---|---|---|
| 1967 | Claudia Kolb | Susan Pedersen | Sandra Dowler |
| | EUA 2m26s06 | EUA 2m30s91 | CAN 2m36s18 |
| 1971 | Leslie Cliff | Susie Atwood | Cindy Plaisted |
| | CAN 2m30s03 | EUA 2m30s29 | EUA 2m33s23 |
| 1975 | Kathryn Heddy | Jennifer Franks | Cheryl Gibson |
| | EUA 2m22s22 | EUA 2m23s37 | CAN 2m24s22 |
| 1979 | Tracy Caulkins | Nancy Garapick | Anne Tweedy |
| | EUA 2m16s11 | CAN 2m19s36 | EUA 2m20s33 |
| 1983 | Tracy Caulkins | Michelle McPherson | Susan Rapp |
| | EUA 2m16s22 | CAN 2m18s22 | EUA 2m18s76 |
| 1987 | Susan Habermas | Cathy Ritch | Karin Helmstaedt |
| | EUA 2m18s22 | EUA 2m20s06 | CAN 2m21s59 |
| 1991 | Lisa Summers | Joanne Malar | Jennifer Toton |
| | EUA 2m16s86 | CAN 2m19s14 | EUA 2m19s56 |
| 1995 | Joanne Malar | Marianne Limpert | Alison Fealey |
| | CAN 2m15s66 | CAN 2m16s13 | EUA 2m17s14 |
| 1999 | Joanne Malar | Martha Bowen | Marianne Limpert |
| | CAN 2m14s18 | EUA 2m15s26 | CAN 2m15s80 |
| 2003 | Joanne Malar-Morreate | Corrie Clark | Laura Davis |
| | CAN 2m15s93 | EUA 2m16s78 | EUA 2m17s03 |

A brasileira Joanna Maranhão ficou em quarto, com 2m17s17.

| | | | |
|---|---|---|---|
| 2007 | | | |
| | | | |

**400 METROS MEDLEY**

1951-1963 Não se realizou

| | | | |
|---|---|---|---|
| 1967 | Claudia Kolb | Susan Pedersen | Marilyn Corson |
| | EUA 5m09s68 | EUA 5m21s57 | CAN 5m36s75 |
| 1971 | Leslie Cliff | Cindy Plaisted | Susie Atwood |
| | CAN 5m13s31 | EUA 5m13s64 | EUA 5m13s76 |
| 1975 | Kathryn Heddy | Cheryl Gibson | Jennifer Franks |
| | EUA 5m06s05 | CAN 5m06s87 | EUA 5m08s68 |
| 1979 | Tracy Caulkins | Anne Tweedy | Nancy Garapick |
| | EUA 4m46s05 | EUA 4m47s19 | CAN 4m53s37 |
| 1983 | Tracy Caulkins | Polly Winde | Michelle McPherson |
| | EUA 4m51s82 | EUA 4m54s11 | CAN 4m54s86 |
| 1987 | Tammy Bruce | Katie Welch | Karin Helmstaedt |
| | EUA 4m49s34 | EUA 4m51s32 | CAN 4m57s04 |
| 1991 | Amy Shaw | Joanne Malar | Brandelyn Wood |
| | EUA 4m50s39 | CAN 4m51s27 | EUA 4m52s38 |
| 1995 | Joanne Malar | Alison Fealey | Jennifer Kurth |
| | CAN 4m43s64 | EUA 4m48s31 | EUA 4m57s24 |
| 1999 | Joanne Malar | Martha Bowen | Carolyn Adel |
| | CAN 4m38s46 | EUA 4m49s22 | SUR 4m50s41 |
| 2003 | Georgina Bardach | Kristen Caverly | Joanna Maranhão |
| | ARG 4m43s40 | EUA 4m46s18 | BRA 4m46s38 |
| 2007 | ____________ | ____________ | ____________ |
| | ____________ | ____________ | ____________ |

**REVEZAMENTO 4 x 100 METROS LIVRE**

| | | | |
|---|---|---|---|
| 1951 | EUA 4m37s1 | ARG 4m48s1 | BRA 5m02s6 |
| | Sharon Geary | Cristina Kujath | Talita de Alencar |
| | Carolyn Green | Enma Grondona | Idamis Busin |
| | Betty Mullen | Eileen Holt | Ana de Santa Rita |
| | Jacqueline LaVine | Ana M. Schultz | Piedade C. Tavares |
| 1955 | EUA 4m31s8 | CAN 4m38s1 | ARG 4m43s7 |
| | Wanda L. Werner | Gladys Priestley | Cristina Kujath |
| | Carolyn Green | Virginia Grant | Ana M. Schultz |
| | Gretchen Gluter | Helen Stewart | Eileen Holt |
| | Judith T. Roberts | Beth Whittall | Liliana Gonzalías |
| 1959 | EUA 4m17s5 | CAN 4m31s9 | MEX 4m37s0 |
| | Molly Botkin | Margaret Iwasaki | Gloria Botella |
| | Joan Spillane | Helen Hunt | Rebeca García |
| | Shirley A. Stobs | Sara Barber | María Souza |
| | Chris Von Saltza | Sandra Scott | Blanca Barrón |
| 1963 | EUA 4m15s7 | CAN 4m31s7 | BRA 4m34s3 |
| | Donna de Varona | Mary Stewart | Eliana Motta |
| | Sharon Stouder | Sharon Pierce | Ángela Paioli |
| | Elizabeth McCleary | Eileen Weir | Maria Teixeira |
| | Judy L. Norton | Patricia Pomfret | Vera Formiga |
| 1967 | EUA 4m04s57 | CAN 4m09s73 | PRC 4m26s56 |
| | Wendy Fordyce | Sandra Dowler | Ana R. Marcial |
| | Pam Carpinelli | Elaine Tanner | Kristina Moir |
| | Linda Gustavson | Angela Coughlan | Melanie Laporte |
| | Pamela Kruse | Marion Lay | Ann Lallande |
| 1971 | EUA 4m04s20 | CAN 4m10s52 | BRA 4m15s24 |
| | Sandra Neilson | Leslie Cliff | Rosemary Ribeiro |
| | Wendy Fordyce | Donna Curr | Marie Hungerbuhler |
| | Katheryn McKitrick | Dianne Gate | Lucila Martins |
| | Lynn Scrifvers | Angela Coughlan | Lucy Burle |
| 1975 | EUA 3m53s31 | CAN 3m54s95 | BRA 4m12s20 |
| | Kathryn Heddy | Gail Amundrud | Rosemarie Pérez |
| | Bonnie Brown | Jill Quirk | Cristiane Paquelet |
| | Jill Sterkel | Janice Stenhouse | Maria Guimarães |
| | Kim Peyton | Anne Jardin | Lucy Burle |
| 1979 | EUA 3m45s82 | CAN 3m50s18 | MEX 4m02s05 |
| | Stephanie Elkins | Gail Amundrud | Teresa Rivera |
| | Tracy Caulkins | Carol Klimpel | Isabel Reuss |
| | Jill Sterkel | Anne Jardin | Ivonne Guerrero |
| | Cynthia Woodhead | Wendy Quirk | Helen Plachinski |
| 1983 | EUA 3m46s46 | CAN 3m49s49 | MEX 4m00s43 |
| | Jill Sterkel | Carol Klimpel | Patricia Kohlman |
| | Dara Torres | Kathy Bald | Rosa Fuentes |
| | Mary Wayte | Pamela Rai | Irma Huerta |
| | Carrie Steinseifer | Jane Kerr | Teresa Rivera |
| 1987 | EUA 3m48s68 | CAN 3m52s25 | CRC 3m55s43 |
| | Kathy Coffin | Cheryl McArton | Natasha Aguilar |
| | Jennifer Thompson | Robin Ruggiero | Marcela Cuesta |
| | Sara Linke | Manon Simard | Carolina Mauri |
| | Carrie Steinseifer | Denise Gereghty | Sylvia Poll |
| 1991 | EUA 3m48s88 | CAN 3m52s29 | BRA 3m52s92 |
| | Megan Oesting | Sharon Turner | Paolette Filippini |
| | Suzy Buckovich | Kristen Topham | Paula Marsiglia |
| | Lisa Jacob | Joanne Malar | Paula Aguiar |
| | Ashley Tappin | Kimberley Paton | Isabelle Vieira |
| 1995 | EUA 3m44s71 | CAN 3m49s26 | BRA 3m52s85 |
| | Angela Martino | Shannon Shakes Peare | Paula Aguiar |
| | Amy Van Dyken | Katie Brambley | Paula Marsiglia |
| | Lindsey Farella | Joanne Malar | Raquel Takaya |
| | Cristina Teuscher | Marianne Limpert | Gabrielle Rose |
| 1999 | CAN 3m45s07 | EUA 3m45s72 | BRA 3m50s37 |
| | Jessica Deglau | Tammie Spatz | Juliana Machado |
| | Marianne Limpert | Courtney Shealy | Rebeca Gusmão |
| | Sarah Evanetz | Stephanie Williams | Flavia Delaroli |
| | Laura Nicholls | Jennie Eberwine | Tatiana Lima |
| 2003 | EUA 3m41s93 | CAN 3m46s65 | BRA 3m47s05 |
| | Amanda Weir | Audrey Lacroix | Flávia Delaroli |
| | Christina Swindle | Elizabeth Collins | Rebeca Gusmão |
| | Colleen Lanné | Joanne Malar | Monique Ferreira |
| | Courtney Shealy | Kelly Moody | Tatiana Lima |
| 2007 | ____________ | ____________ | ____________ |
| | ____________ | ____________ | ____________ |
| | ____________ | ____________ | ____________ |
| | ____________ | ____________ | ____________ |
| | ____________ | ____________ | ____________ |

**REVEZAMENTO 4 x 200 METROS LIVRE**

**1951-1983** Não se realizou

| | | | |
|---|---|---|---|
| 1987 | EUA 8m13s34 | CRC 8m24s25 | CAN 8m25s69 |
| | Susan Habermas | Natasha Aguilar | Denise Gereghty |
| | Sara Linke | Marcela Cuesta | Cheryl McArton |
| | Pam Hayden | Carolina Mauri | Sally Gilbert |
| | Whitney Hedgepeth | Sylvia Poll | AnneMarie Andersen |
| 1991 | EUA 8m11s47 | CAN 8m21s62 | MEX 8m29s17 |
| | Natalie Norberg | Kimberley Paton | Lorenza Muñoz |
| | Barbara Metz | Joanne Malar | María S. Rivera |
| | Jane Skillman | Nicole Dryden | Heike Koerner |
| | Lisa Jacob | Tara-Lynn Seymour | Laura Sánchez |
| 1995 | EUA 8m07s30 | CAN 8m08s25 | ARG 8m27s87 |
| | Trina Jackson | Katie Brambley | María del P. Pereyra |
| | Daedre Vincent | Marianne Limpert | Natalia Scapinello |
| | Catherine Fox | Shannon Shakes Peare | María Garrone |
| | Cristina Teuscher | Joanne Malar | Alicia Barrancos |
| 1999 | CAN 8m05s56 | EUA 8m07s18 | BRA 8m25s07 |
| | Jessica Deglau | Caroline Meehr | Monique Ferreira |
| | Joanne Malar | Julia Stowers | Nayara Ribeiro |
| | Marianne Limpert | Megan Melgaard | Tatiana Lima |
| | Laura Nicholls | Talor Bendel | Ana Muniz |
| 2003 | EUA 8m05s47 | BRA 8m10s54 | CAN 8m10s85 |
| | Mary Hill | Ana Muniz | Joanne Malar |
| | Colleen Lanne | Paula Ribeiro | Maya Beaudry |
| | Carly Piper | Mariana Brochado | Elizabeth Collins |
| | Dana Vollmer | Monique Ferreira | Kelly Doody |
| 2007 | ____________ | ____________ | ____________ |
| | ____________ | ____________ | ____________ |
| | ____________ | ____________ | ____________ |
| | ____________ | ____________ | ____________ |
| | ____________ | ____________ | ____________ |

**REVEZAMENTO 4 x 100 METROS MEDLEY**

| | | | |
|---|---|---|---|
| 1951 | EUA 3m49s3 | ARG 3m59s7 | MEX 4m13s2 |
| | Maureen O'Brien | Nélida I. del Roscio | Charlotte Knapp |
| | Carol Pence | Aurora Otero | Adriana Hernández |
| | Sharon Geary | Ana M. Schultz | Magda Bruggeman |

*Em **1951** se realizou um revezamento 3 x 100m, pois não estava incluído o nado borboleta.

| | | | |
|---|---|---|---|
| 1955 | EUA 5m11s6 | CAN 5m12s2 | ARG 5m30s5 |
| | Cora O'Connor | Leonore Fisher | Eileen Holt |

| | | | |
|---|---|---|---|
| | Mary J. Sears | Helen Stewart | Liliana Gonzalías |
| | Betty Mullen | Beth Whittall | Vanna Rocco |
| | Wanda L. Werner | Virginia Grant | Beatriz Rohde |
| 1959 | EUA 4m44s6 | CAN 4m58s7 | MEX 5m18s7 |
| | Carin A. Cone | Sara Barber | Rebeca Carcia |
| | Anne Bancroft | Janice Shepp | Gloria Botella |
| | Becky Collins | Margaret Iwasaki | Eulalia Martínez |
| | Chris Von Saltza | Sandra Scott | Blanca Barrón |
| 1963 | EUA 4m49s1 | CAN 4m52s5 | VEN 5m11s8 |
| | Virginia Duenkel | Mary Stewart | Bettina Giller |
| | Cynthia L. Goyette | Madeleine Sevigny | Luisa M. Ruiz |
| | Sharon Stouder | Sharon Pierce | Laura Varela |
| | Donna de Varona | Patricia Pomfret | Anneliese Rockenback |
| 1967 | EUA 4m29s97 | CAN 4m40s88 | URU 4m49s27 |
| | Kendis Moore | Elaine Tanner | Themis Trama |
| | Catherine Ball | Donna Ross | Ana M. Norbis |
| | Eleanor Daniel | Marilyn Corson | Lylian Castillo |
| | Wendy Fordyce | Marion Lay | Ruth Apt |
| 1971 | CAN 4m35s50 | EUA 4m36s73 | MEX 4m45s18 |
| | Donna Gurr | Susie Atwood | María T. Ramírez |
| | Jane Wright | Lynn Colella | Leonor Urrueta |
| | Leslie Cliff | Deanna Deardruff | Norma Amezcua |
| | Angela Coughlan | Sandra Neilson | Marcia Arriaga |
| 1975 | EUA 4m22s34 | CAN 4m24s84 | BRA 4m37s67 |
| | Rosemary Boone | Lynn Chenard | Cristiane Paquelet |
| | Marcia Morey | Joanne Baker | Cristina Teixeira |
| | Camille Wright | Wendy Quirk | Flavia Nadalutti |
| | Kim Peyton | Jill Quirk | Lucy Burle |
| 1979 | EUA 4m13s24 | CAN 4m20s16 | MEX 4m30s59 |
| | Linda Jezek | Cheryl Gibson | Teresa Rivera |
| | Tracy Caulkins | Anne Cagnon | Elke Holtz |
| | Jill Sterkel | Nancy Garapick | Helen Plachinski |
| | Cynthia Woodhead | Gail Amundrud | Ivonne Guerrero |
| 1983 | EUA 4m12s99 | CAN 4m13s84 | MEX 4m30s72 |
| | Sue Walsh | Barbara McBain | Teresa Rivera |
| | Kim Rhodenbaugh | Anne Ottenbrite | Silvia Rivero |
| | Laurie Lehner | Michelle McPherson | Aida Huerta |
| | Carrie Steinseifer | Jane Kerr | Patricia Kohlman |
| 1987 | EUA 4m12s92 | CAN 4m17s78 | CRC 4m23s11 |
| | Holly Green | Manon Simard | Sylvia Poll |
| | Lori Heisick | Keltie Duggan | Monserrat Hidalgo |
| | Janel Jorgenson | Robin Ruggiero | Marcela Cuesta |
| | Sara Linke | Cheryl McArton | Carolina Mauri |
| 1991 | EUA 4m12s51 | BRA 4m23s45 | MEX 4m25s94 |
| | Jodi Wilson | Ana C. Azevedo | Heike Koerner |
| | Dorsey Tierney | Glycia Lofego | Monique Piñon |
| | Angie Wester-Krieg | Celina Endo | Gabriela Gaja |
| | Ashley Tappin | Paolette Filippini | Laura Sanchez |
| 1995 | EUA 4m08s17 | CAN 4m19s06 | BRA 4m22s08 |
| | Barbara Bedford | Joanne Malar | Fabiola Molina |
| | Kelly King | Lisa Ann Flood | Gabrielle Rose |
| | Amy Van Dyken | Shannon Shakes Peare | Patricia Ribeiro |
| | Angela Martino | Marianne Limpert | Paula Aguiar |
| 1999 | EUA 4m06s08 | CAN 4m08s73 | BRA 4m15s00 |
| | Denali Knapp | Kelly Stefanyshyn | Fabiola Molina |
| | Staciana Stitts | Lauren van Oosten | Patricia Comini |
| | Karen Campbell | Jessica Deglau | Tanya Schuh |
| | Tammie Spatz | Laura Nicholls | Tatiana Lima |
| 2003 | EUA 4m05s92 | CAN 4m13s72 | MEX 4m18s04 |
| | Diana MacManus | Joanne Malar | Danielle de Alba |
| | Staciana Stitts | Kathleen Stoody | Adriana Marmoleio |
| | Dana Vollmer | Audrey Lacroix | Atenas Lopez |
| | Amanda Weir | Elizabeth Collins | Alejandra Galan |

A equipe brasileira ficou na quarta posição, com 4m18s29.

| | | | |
|---|---|---|---|
| 2007 | ______ | ______ | ______ |
| | ______ | ______ | ______ |
| | ______ | ______ | ______ |
| | ______ | ______ | ______ |
| | ______ | ______ | ______ |

## PATINAÇÃO DE VELOCIDADE

### Provas Masculinas

**CORRIDA COMBINADA CURTA (300, 500 E 1.000M)**

1951-95 Não se realizou

| | | | |
|---|---|---|---|
| 1999 | Diego Rosero | Chad Hedrick | Derek Downing |
| | COL 25 pontos | EUA 23 | EUA 11 |
| 2003 | Joey Mantia | José Guzman | Fabricio Seguell |
| | EUA 5 | CHI 4 | ARG 2 |
| 2007 | ______ | ______ | ______ |
| | ______ | ______ | ______ |

**CORRIDA COMBINADA DE FUNDO (10.000, 15.000 E 20.000M)**

1951-1995 Não se realizou

| | | | |
|---|---|---|---|
| 1999 | Chad Hedrick | José Bustamante | Derek Downing |
| | EUA 27 pontos | COL 19 | EUA 17 |
| 2003 | Joey Mantia | Fabricio Seguell | Gustav Naula |
| | EUA 6 | ARG 4 | ECU 2 |
| 2007 | ______ | ______ | ______ |
| | ______ | ______ | ______ |

**300 METROS**

1951-1983 Não se realizou

| | | | |
|---|---|---|---|
| 1987 | José L. Lozano | Doug Glass | Anthony Muse |
| | ARG 29s13 | EUA 29s90 | EUA 30s15 |
| 1991 | Anthony Muse | Orlando Valencia | Doug Glass |
| | EUA 26s44 | COL 27s05 | EUA 27s14 |
| 1995 | Derek Parra | Anthony Muse | Sergio McCargo |
| | EUA 29s535 | EUA 29s564 | ARG 29s791 |

1999-2003 Não se realizou

**500 METROS**

1951-1975 Não se realizou

| | | | |
|---|---|---|---|
| 1979 | Kenneth Sutton | Curtis Cook | Reynaldo Vega |
| | EUA 51s01 | EUA 51s82 | ARG 52s37 |

1983-91 Não se realizou

| | | | |
|---|---|---|---|
| 1995 | Anthony Muse | Derek Parra | Adrián Villegas |
| | EUA 50s210 | EUA | ARG |

1999-2003 Não se realizou

**500 METROS, ELIMINAÇÃO POR DUPLAS**

1951-75 Não se realizou

| | | | |
|---|---|---|---|
| 1979 | Kenneth Sutton | Reynaldo Vega | Raúl Subiledt |
| | EUA | ARG | ARG |

1983-2003 Não se realizou

**1.500 METROS**

1951-1983 Não se realizou

| | | | |
|---|---|---|---|
| 1987 | Dante Muse | Guillermo McCargo | Hernán Diaz |
| | EUA 2m50s54 | ARG 2m50s89 | COL 2m50s98 |
| 1991 | Guillermo L. Botero | Guillermo L. Herrero | Dante Muse |
| | COL 2m51s03 | ARG 2m51s03 | EUA 2m51s75 |
| 1995 | Julián Fernandez | Anthony Muse | Adrian Villegas |
| | COL 3m05s410 | EUA | ARG |

1999-2003 Não se realizou

**3.000 METROS**

1951-1975 Não se realizou

| | | | |
|---|---|---|---|
| 1979 | Raúl Subiledt | Curtis Cook | Christopher Snyder |
| | ARG 5m34s43 | EUA 5m35s10 | EUA 5m35s43 |

1983-2003 Não se realizou

**5.000 METROS**

1951-1975 Não se realizou

| | | | |
|---|---|---|---|
| 1979 | Tom Peterson | Adalberto Lugea | Humberto Triana |
| | EUA 9m48s20 | ARG 9m49s06 | COL 9m54s30 |
| 1983 | Não se realizou | | |
| 1987 | José L. Lozano | Dante Muse | Marcelo Losauro |
| | ARG 9m53s55 | EUA 9m54s50 | ARG 9m54s62 |

| | | | |
|---|---|---|---|
| 1991 | Anthony Muse<br>EUA 8m36s54 | Dante Muse<br>EUA 8m36s76 | Orlando Valencia<br>COL 8m37s27 |
| 1995-2003 | Não se realizou | | |

**10.000 METROS**

| | | | |
|---|---|---|---|
| 1951-1975 | Não se realizou | | |
| 1979 | Tom Peterson<br>EUA 21m52s71 | Christopher Snyder<br>EUA 21m57s47 | José Ramírez<br>COL 22m00s54 |
| 1983 | Não se realizou | | |
| 1987 | José L. Lozano<br>ARG 20m28s11 | César Hurtado<br>COL 20m28s91 | Mike Mueller<br>EUA 20m28s98 |
| 1991 | Francisco Fuentes<br>CHI | Dante Muse<br>EUA | Guillermo McCargo<br>ARG |
| 1995 | Chad Hedrick<br>EUA 18m23s300 | Jorge A. Botero<br>COL | Martin Escobar<br>ARG |
| 1999-2003 | Não se realizou | | |

**10.000 METROS, REVEZAMENTOS**

| | | | |
|---|---|---|---|
| 1951-1975 | Não se realizou | | |
| 1979 | EUA 17m42s87<br>Tom Peterson<br>Christopher Snyder | EUA 17m49s02<br>Curtis Cook<br>Kenneth Sutton | ARG 17m52s61<br>Raúl Subiledt<br>Adalberto Lugea |
| 1983 | Não se realizou | | |
| 1987 | ARG 18m05s60<br>Guillermo McCargo<br>José L. Lozano<br>Fernando Dineza | EUA 18m06s89<br>Dante Muse<br>Anthony Muse<br>Doug Glass | CRC 18m15s60<br>Marco T. Bonilla<br>Román Soto<br>Francisco Brenes |
| 1991 | COL 15m42s20<br>Guillermo L. Botero<br>Sergio Pino<br>Orlando Valencia | ARG 15m43s11<br>Guillermo L. Herrero<br>Guillermo McCargo<br>Guillermo Trinaroli | CHI 15m43s26<br>Rodolfo Flores<br>Francisco Fuentes<br>Luis M. Lopez |
| 1995 | EUA 16m28s010<br>Anthony Muse<br>Derek Parra<br>Chad Hedrick | COL<br>Jorge A. Botero<br>Julián Fernández<br>Orlando Yepes | ARG<br>Martin Escobar<br>Sergio McCargo<br>Adrián Villegas |
| 1999-2003 | Não se realizou | | |

**20.000 METROS**

| | | | |
|---|---|---|---|
| 1951-1975 | Não se realizou | | |
| 1979 | Tom Peterson<br>EUA 36m37s00 min | Christopher Snyder<br>EUA 36m45s00 | Raúl Subiledt<br>ARG 37m43s02 |
| 1983 | Não se realizou | | |
| 1987 | José L. Lozano<br>ARG 42m42s07 | César Hurtado<br>COL 42m42s46 | Doug Glass<br>EUA 42m42s54 |
| 1991 | Dante Muse<br>EUA 37m52s77 | Guillermo Trinaroli<br>ARG 37m53s50 | Guillermo Mata<br>CRC 37m53s50 |
| 1995 | Chad Hedrick<br>EUA 39m13s010 | Jorge A. Botero<br>COL | Derek Parra<br>EUA |
| 1999-2003 | Não se realizou | | |

**ESTRADA**

300 metros

| | | | |
|---|---|---|---|
| 1951-1991 | Não se realizou | | |
| 1995 | Anthony Muse<br>EUA 27s600 | Derek Parra<br>EUA 28s010 | Sergio McCargo<br>ARG 28s167 |
| 1999-2003 | Não se realizou | | |

**500 METROS**

| | | | |
|---|---|---|---|
| 1951-1991 | Não se realizou | | |
| 1995 | Anthony Muse<br>EUA 47s510 | Julián Fernández<br>COL | Sergio McCargo<br>ARG |
| 1999-2003 | Não se realizou | | |

**1.500 METROS**

| | | | |
|---|---|---|---|
| 1951-1991 | Não se realizou | | |
| 1995 | Derek Parra<br>EUA 2m31s060 | Jorge A. Botero<br>COL | Chad Hedrick<br>EUA |
| 1999-2003 | Não se realizou | | |

**10.000 METROS, POR PONTOS**

| | | | |
|---|---|---|---|
| 1951-1991 | Não se realizou | | |
| 1995 | Chad Hedrick<br>EUA 17m22s220 | Martin Escobar<br>ARG | Jorge A. Botero<br>COL |
| 1999-2003 | Não se realizou | | |

**20.000 METROS**

| | | | |
|---|---|---|---|
| 1951-1991 | Não se realizou | | |
| 1995 | Derek Parra<br>EUA 38m48s150 | Jorge A. Botero<br>COL | Chad Hedrick<br>EUA |
| 1999-2003 | Não se realizou | | |

**MARATONA (42 QUILÔMETROS)**

| | | | |
|---|---|---|---|
| 1951-1991 | Não se realizou | | |
| 1995 | Derek Parra<br>EUA | Chad Hedrick<br>EUA | Guillermo Trinaroli<br>ARG |
| 1999 | Chad Hedrick<br>EUA 1h16m30s09 | Diego Rosero<br>COL 1h16m30s19 | José Bustamante<br>COL 1h16m30s27 |
| 2003 | Não se realizou | | |

## Provas Femininas

**CORRIDA COMBINADA CURTA (300, 500 E 1.000M)**

| | | | |
|---|---|---|---|
| 1951-1995 | Não se realizou | | |
| 1999 | Andrea González<br>ARG 25 pontos | Berenice Moreno<br>COL 17 | Erika Rueda<br>COL 15 |
| 2003 | Andrea González<br>ARG 5 | Pamela Verdugo<br>CHI 4 | Julie Brandt Glass<br>EUA 3 |
| 2007 | __________<br>__________ | __________<br>__________ | __________<br>__________ |

**CORRIDA COMBINADA DE FUNDO (5.000, 10.000 E 15.000M)**

| | | | |
|---|---|---|---|
| 1951-1995 | Não se realizou | | |
| 1999 | Theresa Cliff<br>EUA 23 pontos | Julie Brandt Glass<br>EUA 17 | Andrea González<br>ARG 17 |
| 2003 | Julie Brandt Glass<br>EUA 6 | Andrea Gonzalez<br>ARG 4 | Cecília Baena<br>COL 3 |
| 2007 | __________<br>__________ | __________<br>__________ | __________<br>__________ |

**300 METROS**

| | | | |
|---|---|---|---|
| 1951-1983 | Não se realizou | | |
| 1987 | Beth Tucker<br>EUA 32s18 | Darlene Kessinger<br>EUA 32s41 | Patricia Cerezo<br>ARG 32s88 |
| 1991 | Maria E. Richardson<br>ARG 29s15 | Darlene Kessinger<br>EUA 29s24 | Claudia M. Ruiz<br>COL 29s79 |
| 1995 | Nora A. Vega<br>ARG 31s315 | Gipsy Lucas<br>EUA 31s460 | Lina M. Zapata<br>COL 31s770 |
| 1999-2003 | Não se realizou | | |

**500 METROS**

| | | | |
|---|---|---|---|
| 1951-1975 | Não se realizou | | |
| 1979 | Nora A. Vega<br>ARG 55s29 | Linda Dorso<br>EUA 56s45 | Elaine Coley<br>EUA 60s83 |
| 1983-1991 | Não se realizou | | |
| 1995 | Heather Laufer<br>EUA 52s590 | Gipsy Lucas<br>EUA | Nora A. Vega<br>ARG |
| 1999-2003 | Não se realizou | | |

**500 METROS, ELIMINAÇÃO POR DUPLAS**

| | | | |
|---|---|---|---|
| 1951-1975 | Não se realizou | | |
| 1979 | Nora A. Vega<br>ARG | Linda Dorso<br>EUA | Claudia Rodriguez<br>ARG |
| 1983-2003 | Não se realizou | | |

**1.500 METROS**

| | | | |
|---|---|---|---|
| 1951-1983 | Não se realizou | | |
| 1987 | Nora Meledi<br>ARG 3m27s12 | Lori Feger<br>EUA 3m27s47 | Claudia Rodriguez<br>ARG 3m27s75 |
| 1991 | Maria E. Richardson<br>ARG 3m03s19 | Danielle Lewis<br>EUA 3m03s43 | Jenny Duarte<br>COL 3m03s86 |

| | | | |
|---|---|---|---|
| 1995 | Isabel C. Henao COL 3m17s920 | Rosana E. Sastre ARG | Cheryl Ezzell EUA |
| 1999-2003 | Não se realizou | | |

3.000 METROS

| | | | |
|---|---|---|---|
| 1951-1975 | Não se realizou | | |
| 1979 | Nora A. Vega ARG 6m08s79 | Claudia Rodriguez ARG 6m08s86 | Linsue Peterson EUA 6m10s13 |
| 1983 | Não se realizou | | |
| 1987 | Darlene Kessinger EUA 6m31s81 | Luz M. Tristán COL 6m31s89 | Beth Tucker EUA 6m31s94 |
| 1991 | Rosana E. Sastre ARG 5m42s52 | Claudia M. Ruiz COL 5m42s57 | Claudia Rodriguez ARG 5m42s88 |
| 1995-2003 | Não se realizou | | |

5.000 METROS

| | | | |
|---|---|---|---|
| 1951-1975 | Não se realizou | | |
| 1979 | Claudia Rodriguez ARG 11m42s02 | Suzanne Dooley EUA 11m43s28 | Sonia E. Freigeiro ARG 11m48s28 |
| 1983 | Não se realizou | | |
| 1987 | Luz M. Tristán COL 11m19s84 | Isabel Gutiérrez COL 11m20s14 | Deanna Parker EUA 11m20s49 |
| 1991 | Claudia Rodriguez ARG 27 pontos | Rosana E. Sastre ARG 20 | Deanna Parker EUA 19 |
| 1995 | Rosana E. Sastre ARG 9m29s030 | Vicky King EUA | Isabel C. Henao COL |
| 1999-2003 | Não se realizou | | |

5.000 METROS, REVEZAMENTOS

| | | | |
|---|---|---|---|
| 1951-1975 | Não se realizou | | |
| 1979 | ARG 9m29s71 Nora A. Vega Claudia Rodriguez | EUA 9m32s14 Suzanne Dooley Linsue Peterson | EUA 10m51s43 Linda Dorso Elaine Coley |
| 1983 | Não se realizou | | |
| 1987 | EUA 9m48s01 Beth Tucker Lori Feger Deanna Parker | ARG 9m48s28 Claudia Rodriguez Rosana E. Sastre Patricia Cerezo | COL 9m48s64 Luz M. Tristán Isabel Gutiérrez Victoria Molina |
| 1991 | ARG 8m19s03 Claudia Rodriguez Rosana E. Sastre Maria E. Richardson | COL 8m19s30 Jenny Duarte Isabel Gutiérrez Claudia M. Ruiz | EUA 8m19s62 Darlene Kessinger Danielle Lewis Deanna Parker |
| 1995 | ARG 8m47s16 Rosana E. Sastre Nora A. Vega Andrea González | CHI Tamara Cerda Marcela Cáceres Carola Castro | COL Bibiana Calle Isabel C. Henao Isabel Gutiérrez |
| 1999-2003 | Não se realizou | | |

10.000 METROS

| | | | |
|---|---|---|---|
| 1951-1983 | Não se realizou | | |
| 1987 | Rosana E. Sastre ARG 23m21s03 | Beth Tucker EUA 23m21s22 | Brenda Nyll PRC 23m21s28 |
| 1991 | Rosana E. Sastre ARG 18m48s94 | Claudia Rodriguez ARG 18m49s38 | Deanna Parker EUA 18m49s43 |
| 1995 | Cheryl Ezzell EUA 19m26s720 | Marcela Cáceres CHI | Natalia Martinez ARG |
| 1999-2003 | Não se realizou | | |

Estrada

300 METROS

| | | | |
|---|---|---|---|
| 1951-1991 | Não se realizou | | |
| 1995 | Gipsy Lucas EUA 30s140 | Nora A. Vega ARG 30s149 | Heather Laufer EUA 30s508 |
| 1999-2003 | Não se realizou | | |

500 METROS

| | | | |
|---|---|---|---|
| 1951-1991 | Não se realizou | | |
| 1995 | Lina M. Zapata COL 58s800 | Heather Laufer EUA | Gipsy Lucas EUA |
| 1999-2003 | Não se realizou | | |

1.500 METROS

| | | | |
|---|---|---|---|
| 1951-1991 | Não se realizou | | |
| 1995 | Heather Laufer EUA 3m17s810 | Andrea González ARG | Maria E. Richardson ARG |
| 1999-2003 | Não se realizou | | |
| 2007 | ________ ________ | ________ ________ | ________ ________ |

5.000 METROS, POR PONTOS

| | | | |
|---|---|---|---|
| 1951-1991 | Não se realizou | | |
| 1995 | Cheryl Ezzell EUA 9m13s660 | Rosana E. Sastre ARG | Marcela Cáceres CHI |
| 1999-2003 | Não se realizou | | |
| 2007 | ________ ________ | ________ ________ | ________ ________ |

10.000 METROS

| | | | |
|---|---|---|---|
| 1951-1991 | Não se realizou | | |
| 1995 | Vicky King EUA 19m11s320 | Rosana E. Sastre ARG | Marcela Cáceres CHI |
| 1999-2003 | Não se realizou | | |

MARATONA (21 QUILÔMETROS)

| | | | |
|---|---|---|---|
| 1951-1991 | Não se realizou | | |
| 1995 | Marcela Cáceres CHI | Rosana E. Sastre ARG | Cheryl Ezzell EUA |
| 1999 | Andrea Haritchelhar ARG 38m11s70 | Andrea González ARG 38m11s80 | Erika Rueda COL 38m11s90 |
| 2003 | Não se realizou | | |

## PATINAÇÃO ARTÍSTICA

INDIVIDUAL, MASCULINO

| | | | |
|---|---|---|---|
| 1951-1975 | Não se realizou | | |
| 1979 | Fred Morante EUA 57,7 pontos | Alexander Kane EUA 57,3 | Guy Aubin CAN 55,4 |
| 1983 | Não se realizou | | |
| 1987 | Gregg Smith EUA 57,6 | Scott Cohen EUA 56,8 | Edwin Guevara COL 53,3 |
| 1991 | Não se realizou | | |
| 1995 | Eric Anderson EUA | Edwin Guevara COL | Heath Medeiros EUA |
| 1999 | Walter Iglesias ARG | Eric Anderson EUA | Diego Alencar BRA |
| 2003 | Marcel Stürmer BRA | Daniel Arriola ARG | Mauricio Caramejo COL |
| 2007 | ________ ________ | ________ ________ | ________ ________ |

INDIVIDUAL, FEMININO

| | | | |
|---|---|---|---|
| 1951-1975 | Não se realizou | | |
| 1979 | Natalie Dunn EUA 58,4 pontos | Jo Ann Young EUA 57,9 | Sylvie Gringas CAN 56,7 |
| 1983 | Não se realizou | | |
| 1987 | Patti Jeferson EUA 57,5 | Tammy Jerue EUA 55,8 | Carolina Saldano ARG 52,3 |
| 1991 | Não se realizou | | |
| 1995 | Dezera Salas EUA | Canela Emede ARG | Maria Rodriguez ARG |
| 1999 | Patricia Houle EUA | Florencia Sachero ARG | Janaina Spíndola BRA |
| 2003 | Heather Mulkey EUA | Melisa Linsalata ARG | Mayra Ramos BRA |
| 2007 | ________ ________ | ________ ________ | ________ ________ |

FIGURAS, MASCULINO

| | | | |
|---|---|---|---|
| 1951-1983 | Não se realizou | | |
| 1987 | Skip Clinton EUA 107,3 pontos | Kevin Carroll EUA 105,2 | Juan Reckziergel ARG 100,0 |

| | | | |
|---|---|---|---|
| 1991 | Não se realizou | | |
| 1995 | Steven Findlay | Ernesto Tamagnon | Jason Moreton |
| | EUA 185,9 | ARG 174,1 | CAN 168,6 |
| 1999-2003 | Não se realizou | | |

FIGURAS, FEMININO

| | | | |
|---|---|---|---|
| 1951-1983 | Não se realizou | | |
| 1987 | Debbie Erdmann | Renee Gerig | Claudia DiLuciano |
| | EUA 105,1 pontos | EUA 103,6 | ARG 97,8 |
| 1991 | Não se realizou | | |
| 1995 | April Dayney | Jennifer Rodriguez | Carolina Pogliano |
| | EUA 185,2 | EUA 181,6 | ARG 171,0 |
| 1999-2003 | Não se realizou | | |

DUPLAS

| | | | |
|---|---|---|---|
| 1951-1975 | Não se realizou | | |
| 1979 | EUA 57,2 pontos | EUA 57,1 | CAN 55,6 |
| | Robbie Coleman | Tina Kneisley | Sylvie Gringas |
| | Patrick Jones | Paul Price | Guy Aubin |
| 1983 | Não se realizou | | |
| 1987 | EUA 58,0 | EUA 54,4 | COL 50,0 |
| | Robyn Young | Cindy South | Claudia Dominguez |
| | Ken Benson | Dion Gentile | Juan C. Nieto |
| 1991 | Não se realizou | | |
| 1995 | ARG | EUA | EUA |
| | Maria Mugica | Jennifer Denton | Amy York |
| | Flavio Fissolo | Shawn Coover | Brian Richardson |
| 1999 | ARG 385,4 | EUA 369,4 | BRA 343,8 |
| | Flavio Fissolo | Brian Richardson | Max Santos |
| | Gabriela Mugica | April Corley | Luciana Roiha |
| 2003 | Não se realizou | | |
| 2007 | ____________ | ____________ | ____________ |
| | ____________ | ____________ | ____________ |

DANÇA LIVRE

| | | | |
|---|---|---|---|
| 1951-1975 | Não se realizou | | |
| 1979 | EUA 231,8 pontos | EUA 230,9 | CAN 222,3 |
| | Fleurette Arseneault | Cindy Smith | Lori L. Beal |
| | Danny Litle | Mark Howard | Robert Dalgleish |
| 1983 | Não se realizou | | |
| 1987 | EUA 220,8 | EUA 217,8 | CAN 211,4 |
| | Lori Walsh | Julie Hider | Heather Paterson |
| | Robert Ferendo | Allen Desterhaft | James Crouch |
| 1991 | Não se realizou | | |
| 1995 | EUA | CAN | ARG |
| | Lisa Friday | Sally Geen | Monica Lazzerine |
| | Tim Patten | Keith Hickman | Marcelo Porce |
| 1999 | EUA 283,1 | URU 263,3 | CAN 253,3 |
| | Adam White | Germán Alves | Ron Woods |
| | Melissa Quinn | Karina Rocha | Sherri Bint |
| 2003 | Não se realizou | | |
| 2007 | ____________ | ____________ | ____________ |
| | ____________ | ____________ | ____________ |

## PENTATLO MODERNO

### Competições Masculinas

INDIVIDUAL

| Pan | Ouro | Prata | Bronze |
|---|---|---|---|
| 1951 | Eric Tinoco | James A. Thompson | Enrique C. Rettberg |
| | BRA 25 pts perdidos | EUA 28 | ARG 31 |
| 1955 | José Pérez Mier | Edgard A. O'Hair | David Romero V. |
| | MEX 27 | EUA 28 | MEX 29 |
| 1959 | Wenceslau Malta | George Lambert | Leslie Bleamaster |
| | BRA 4.558 pts ganhos | EUA 4.478 | EUA 4.384 |
| 1963 | Robert Beck | Richard Stoll | James Moore |
| | EUA 4.934 | EUA 4.912 | EUA 4.808 |
| 1967-83 | Não se realizou | | |
| 1987 | Robert Stull | Barry Kennedy | Harvey Cain |
| | EUA 5.272 | CAN 5.035,50 | EUA 5.001 |
| 1991-1995 | Não se realizou | | |
| 1999 | Velizar Iliev | Brett Weatherbie | Sergio Salazar |
| | EUA 5.299 | EUA 5.202 | MEX 5.150 |
| 2003 | Vakhtang Jagorachuili | Chad Sênior | Sergio Salazar |
| | EUA 5.612 | EUA 5.942 | MEX 5.344 |
| | O brasileiro Daniel dos Santos ficou na Sexta posição, com 5.072 pontos) | | |
| 2007 | ____________ | ____________ | ____________ |
| | ____________ | ____________ | ____________ |

### Prova Descontinuada Masculina

POR EQUIPES

| | | | |
|---|---|---|---|
| 1951 | EUA 103 pts perdidos | BRA 107 | ARG 111 |
| | James A. Thompson | Eric Tinoco | Carlos A. Velázquez |
| | Guy K. Troy | Aloysio Alves | Enrique C. Rettberg |
| | Gail F. Wilson | Eduardo L. Mederos | Antonio Rodríguez |
| 1955 | MEX 86 | EUA 97 | CHI 144 |
| | José Pérez Mier | Edgar A. O'Hair | Luis M. Gallo |
| | David Romero V. | William J. Andre | Gerardo Cortés |
| | Antonio Almada | Alan Wadsworth | Hernán Fuentes |
| 1959 | EUA 13.180 pts ganhos | BRA 11.512 | MEX 10.733 |
| | George Lambert | Wenceslau Malta | Antonio Almada |
| | Leslie Bleamaster | José Wilson | Sergio Escobedo |
| | Robert Miller | Brenio Vignoli | José Pérez Mier |
| | | João Botelho Santiago | |
| 1963 | EUA 14.655 | BRA 13.732 | MEX 12.860 |
| | Robert Beck | José Wilson | Sergio Escobedo |
| | Richard Stoll | Justo Botelho | José Pérez Mier |
| | James Moore | Nilo J. F. Silva | Antonio Almada |
| 1967-2003 | Não foi realizada | | |

### Competição Feminina

INDIVIDUAL

| | | | |
|---|---|---|---|
| 1951-95 | Não se realizou | | |
| 1999 | Mary Larsen | Rocío Arias | Kara Grant |
| | EUA 4.992 pontos | MEX 4.985 | CAN 4.793 |
| 2003 | Anita Alen | Samantha Harvey | M. B. L. Jagorachuili |
| | EUA 5.268 | BRA 5.256 | EUA 5.220 |
| 2007 | ____________ | ____________ | ____________ |
| | ____________ | ____________ | ____________ |

## REMO

### Provas Masculinas

SINGLE SKIFF

| Pan | Ouro | Prata | Bronze |
|---|---|---|---|
| 1951 | Roberto A. Alfieri | Não houve | Não houve |
| | ARG 6m40s0 | | |
| 1955 | John B. Kelly | Juan Rodriguez | Norberto Battaglia |
| | EUA 4m28s5 | URU 4m33s1 | ARG 4m38s2 |
| 1959 | Harry Parker | Anthony Biernacki | Paulo Carvalho |
| | EUA 7m46s9 | CAN 7m59s2 | URU 8m10s4 |
| 1963 | Seymour Legrand | Ivón Pital | Não houve |
| | EUA 8m31s0 | BRA 8m41s8 | |
| 1967 | Alberto Demiddi | John Nunn | Otto Pletner |
| | ARG 7m42s18 | EUA 7m52s59 | MEX 8m08s03 |
| 1971 | Alberto Demiddi | William Tytus | Ramón Luperon |
| | ARG 7m39s08 | EUA 8m01s42 | CUB 8m08s63 |
| 1975 | Ricardo Ibarra | James Dietz | Federico Scheffler |
| | ARG 7m46s2 | EUA 7m50s4 | MEX 7m54s4 |
| 1979 | Ricardo Ibarra | Philip Monckton | James Dietz |
| | ARG 6m39s52 | CAN 6m42s01 | EUA 6m43s49 |

| | | | |
|---|---|---|---|
| 1983 | Ricardo Ibarra | Mel Laforme | Sean Colgan |
| | ARG 5m15s42 | CAN 5m17s06 | EUA 5m29s97 |
| 1987 | Jesus Posse | Joaquin Gomez | Elexei Marrero |
| | URU 7m41s15 | MEX 7m45s29 | CUB 8m02s37 |
| 1991 | Joaquin Gomez | Sergio Fernandez | Todd Hallett |
| | MEX 6m55s52 | ARG 7m00s14 | CAN 7m03s93 |
| 1995 | Sergio Fernandez | Cyrus Beasley | Leonides Same |
| | ARG 6m03s43 | EUA 6m14s81 | CUB 6m23s65 |
| 1999 | Derek Porter | Aquail Abdullah | Yoennis Hernandez |
| | CAN 6m54s60 | EUA 7m00s27 | CUB 7m03s43 |
| 2003 | Yoennis Hernandez | Santiago Fernandez | Andrew Liverman |
| | CUB 7m05s33 | ARG 7m14s71 | EUA 7m20s15 |
| 2007 | ________ | ________ | ________ |
| | ________ | ________ | ________ |

SINGLE SKIFF PESO LEVE

1951-1983 Não se realizou

| | | | |
|---|---|---|---|
| 1987 | Paul Fuchs | Osmany Martin | Edgar Nanne |
| | EUA 8m17s42 | CUB 8m23s94 | GUA 8m32s72 |
| 1991 | Miguel Garcia | Osmany Martin | Maximiliano Hayes |
| | MEX 6m59s12 | CUB 7m05s02 | ARG 7m10s27 |
| 1995 | Osmany Martin | Adam Oliver | James Brambel |
| | CUB 7m14s79 | ELS 7m17s09 | CAN 7m17s66 |
| 1999 | William Belden | Osmany Martin | Jorge Godoy |
| | EUA 7m23s21 | CUB 7m26s59 | CHI 7m29s91 |
| 2003 | Não se realizou | | |
| 2007 | ________ | ________ | ________ |
| | ________ | ________ | ________ |

DOUBLE SKIFF

| | | | |
|---|---|---|---|
| 1951 | ARG 6m48s8 | Não houve | Não houve |
| | Adolfo Yedro | | |
| | Mario F. J. Guerci | | |
| 1955 | EUA 4m35s1 | ARG 4m37s1 | MEX 4m50s6 |
| | Walter Hoover | Carlos A. Pineiro | Hugo Enríquez |
| | James A. Gardiner | Juan Cremer | Helmuth Roesler |
| 1959 | EUA 7m15s2 | URU 7m29s5 | PER 7m33s9 |
| | John B. Kelly | Mariano Caulín | Jorge Calderón |
| | William J. Knecht | Paulo Carvalho | Reginal Santos |
| 1963 | EUA 7m13s2 | ARG 7m17s1 | BRA 7m23s8 |
| | William J. Knecht | Alberto Demiddi | Edgard Gijsen |
| | Robert Cabeen | Antonio N. Soma | Francesco Tedesco |
| 1967 | EUA 7m26s67 | CAN 7m40s41 | ARG 7m50s08 |
| | James Dietz | Douglas Clark | Alberto Dulce |
| | James Storm | Leif Gotfredsen | Héctor Ferreiro |
| 1971 | BRA 6m53s72 | ARG 6m59s90 | EUA 7m01s37 |
| | Harry E. Klein | Claudio Krotsch | John Nunn |
| | Edgard Gijsen | Alfredo Krotsch | Thomas McKibbon |
| 1975 | BRA 7m09s6 | EUA 7m10s6 | CUB 7m22s4 |
| | Gilberto Gerhardt | Michael Verlin | Federico Castillo |
| | Mario Castro-Filho | Lawrence Klecatsky | Rubén Avin |
| 1979 | CAN 6m03s35 | EUA 6m03s37 | CUB 6m11s43 |
| | Patrick Walter | Christopher Allsopp | Horacio Cabrera |
| | Bruce Ford | Thomas Howes | Francisco Rodriguez |
| 1983 | CAN 4m44s74 | EUA 4m46s32 | CUB 4m49s37 |
| | Robert Mills | Curtis Fleming | Eduardo Castro |
| | Philip Haggerty | James Dietz | Miguel Castro |
| 1987 | EUA 7m11s67 | CHI 7m12s65 | ARG 7m17s92 |
| | John Biglow | Alejandro Hube | Claudio Guindón |
| | Greg Walker | Marcelo Hube | Rubén D'Andrilli |
| 1991 | CUB 6m32s14 | CAN 6m32s70 | ARG 6m38s45 |
| | Leonides Samé | Donald Dickinson | Alejandro Holdo |
| | Orlando Ramírez | David Dickinson | Guillermo Pfaab |
| | O barco do México venceu a prova com o tempo de 6m27s70 mas foi desclassificado. | | |
| 1995 | ARG 7m23s17 | BRA 7m32s63 | CAN 7m34s46 |
| | Guillermo Pfaab | Dirceu A. Marinho | Todd Hallett |
| | Rubén Knulst | Marcelus M. Dos Santos | Henry Hering |
| 1999 | Não se realizou | | |
| 2003 | CUB 6m39s01 | BRA 6m42s56 | EUA 7m20s15 |
| | | Anderson Nocetti | |
| | | Marcellus Marcili | |
| 2007 | ________ | ________ | ________ |
| | ________ | ________ | ________ |
| | ________ | ________ | ________ |

DOBLE SKIFF PESO LEVE

1951-1983 Não se realizou

| | | | |
|---|---|---|---|
| 1987 | CAN 7m13s01 | ARG 7m13s84 | EUA 7m17s78 |
| | Brian Thorne | Jorge Lamo | Robert Dreher |
| | John Murphy | Federico Querín | Michael Dreher |
| 1991 | CUB 6m30s62 | ARG 6m39s92 | EUA 6m43s25 |
| | Reynaldo Alemán | Federico Querín | Michael Hindery |
| | Alexis Arias | Jorge Lamo | Peter Borowski |
| 1995 | EUA 6m33s94 | CUB 6m38s98 | CAN 6m40s95 |
| | Barry Klein | Alexis Arias | James Brambel |
| | Chris Schulten | Raul Leon | Reuben Thompson |
| 1999 | ARG 6m29s87 | CAN 6m33s72 | CUB 6m33s84 |
| | Sebastián Massa | Kyle Warrington | Raul Leon |
| | Ulf Lienhard | Andrew Border | A.Arrechavaleta |
| 2003 | CUB 6m26s27 | BRA 6m43s23 | ARG 6m43s51 |
| | | Thiago Gomes | |
| | | José Carlos Sobral Jr. | |
| 2007 | ________ | ________ | ________ |
| | ________ | ________ | ________ |
| | ________ | ________ | ________ |

FOUR SKIFF

1951-1971 Não se realizou

| | | | |
|---|---|---|---|
| 1975 | CUB 6m41s9 | EUA 6m44s2 | MEX 7m12s5 |
| | Francisco Rodriguez | Jack St Clair | Pablo Rion |
| | Nelson Simón | John A. Sonberg | Edgar Tams |
| | Rigoberto Suárez | James Ricksecker | Gustavo Scheffler |
| | Ramón Luperon | Henry Killen | Ricardo Scheffler |
| 1979 | CUB 5m39s64 | BRA 5m41s87 | EUA 5m45s62 |
| | César Herrera | José Geret L. | Christopher Wood |
| | Nelson Simón | Waldemar Trombetta | Bruce Beall |
| | Roberto Quintero | Paulo Dworakowski | Gregg Stone |
| | Miguel Castro | Gilberto Gerhardt | Alan Shealy |
| 1983 | CAN 4m26s25 | CUB 4m31s11 | ARG 4m39s53 |
| | Philip Haggerty | Alberto Castro | Kurt F. Lungwitz |
| | Robert Mills | Arturo Salfrán | Ricardo Gonzalez |
| | Mel Laforme | César Herrera | Omar Ferrari |
| | Greg Murphy | Orestes Vega | Oscar Santorsola |
| 1987 | Não se realizou | | |
| 1991 | CUB 5m51s27 | EUA 5m54s57 | MEX 5m59s94 |
| | Wilfredo Suárez | Matthew Horvat | Renato Chávez |
| | Alejandro Torres | James Moulton | Álvaro Rodriguez |
| | Leonides Samé | Frank Rowe | Eduardo Arrillaga |
| | Orlando Ramirez | Andrew Morrow | Luis M. Garcia |
| 1995 | ARG 5m51s73 | EUA 5m55s17 | CUB 6m03s00 |
| | Santiago Fernandez | Timothy Young | Leonides Samé |
| | Sergio Fernandez | Jason Gailes | Orlando Ramírez |
| | Rubén Knulst | Brian Jamieson | Juan A. Gonzalez |
| | Guillermo Pfaab | David Gleeson | Osdel Gutiérrez |
| 1999 | Não se realizou | | |
| 2003 | CUB | URU | BRA 5m54s56 |
| | | | Allan Bitencourt |
| | | | Anderson Nocetti |
| | | | Leandro Tozzo |
| | | | Marcellus Marcili |
| 2007 | ________ | ________ | ________ |
| | ________ | ________ | ________ |
| | ________ | ________ | ________ |
| | ________ | ________ | ________ |
| | ________ | ________ | ________ |

FOUR SKIFF PESO LEVE

| | | | |
|---|---|---|---|
| 1951-1987 | Não se realizou | | |
| 1991 | CUB 5m55s56 | EUA 6m03s02 | MEX 6m03s87 |
| | Ezequiel Lyon | Pieter Beckman | Esteban de Mucha |
| | Reynaldo Alemán | Neil Fitch | Juan A. Chávez |
| | Alexis Arias | Graham Duncan | Ricardo Acosta |
| | Osmany Martin | Barry Klein | Pedro A. Sánchez |
| 1995 | CUB 6m36s54 | EUA 6m39s62 | MEX 6m43s73 |
| | Ezequiel Lyon | Jeffrey Pfaendtner | Martin Plettner |
| | Raul Leon | William Carlucci | Edgar Martin |
| | Alexis Arias | Edward Hewitt | Arturo Camargo |
| | Osmany Martin | Michael Dreher | Dante Ruiz |
| 1999 | ARG 5m59s04 | CUB 6m00s23 | EUA 6m01s81 |
| | Ariel Zeller | Ezequiel Lyon | William Belden |
| | Ulf Lienhard | Raul Leon | Cooper Wessells |
| | Sebastian Massa | Osmany Martin | Eric Davis |
| | Mario Cejas | Armando Arrechavaleta | Douglas Sanders |
| 2003 | CUB | ARG | BRA 6m07s19 |
| | | | Gustavo V. dos Santos |
| | | | João H. Borges Jr. |
| | | | Ronaldo da G. Vargas |
| | | | Rui Schaedler Valle |
| 2007 | ____ | ____ | ____ |
| | ____ | ____ | ____ |
| | ____ | ____ | ____ |
| | ____ | ____ | ____ |
| | ____ | ____ | ____ |

DOIS SEM

| | | | |
|---|---|---|---|
| 1951 | ARG 7m10s4 | BRA (sem tempo) | Não houve |
| | Alberto E. Madero | Walter Karl | |
| | Oscar R. Almirón | Henrique Fuskini | |
| 1955 | ARG 4m15s5 | EUA 4m21s5 | MEX 4m43s1 |
| | Jorge Glusman | Charles Logg | Walter Schreiberg |
| | Eduardo Glusman | Thomas Price | Luis Schreiberg |
| 1959 | EUA 7m36s4 | BRA 7m49s2 | ARG 7m59s7 |
| | Ted Frost | Milton Bruno | Carlos Castillo |
| | Robert Rogers | Edgard Gijsen | Julio Citta |
| 1963 | URU 7m08s1 | EUA 7m16s0 | ARG 7m19s4 |
| | Mariano Caulín | Daniel Watts | Ricardo Durán |
| | Gustavo Pérez | Robert Clayton | Carlos Montaldo |
| 1967 | EUA 7m20s24 | CAN 7m46s68 | MEX 7m57s54 |
| | Philip Johnson | Darly Sturdy | Antonio Reynoso |
| | Lawrence Hough | Wayne Osterhout | David Trejo |
| 1971 | ARG 7m28s47 | BRA 7m30s52 | EUA 7m30s55 |
| | Ricardo Rodriguez | Milton Texeira | Robert Wethmoore |
| | Guillermo Segurado | Wandir Kuntze | Andrew Roberts |
| 1975 | BRA 7m28s7 | ARG 7m31s5 | URU 7m43s5 |
| | Erico V. de Souza | Jorge E. Molina | Juan A. Oberti |
| | Raul Bagattini | Juan J. Tuma | Oscar Caeiro |
| 1979 | CAN 6m32s33 | EUA 6m36s77 | CUB 6m51s43 |
| | Brian Dick | David Fellows | Abel Rodriguez |
| | Timothy Storm | Richard Cashim | René Pumariega |
| 1983 | BRA 5m02s47 | ARG 5m03s78 | EUA 5m08s16 |
| | Ronaldo Carvalho | Claudio Guindon | Willard Donoho |
| | Ricardo Carvalho | Rubén D'Andrilli | John Jablonic |
| 1987 | BRA 7m19s53 | CAN 7m24s02 | ARG 7m26s95 |
| | Ricardo Carvalho | Jamie Schaffer | Daniel Scuri |
| | Ronaldo Carvalho | Darcel Berkhout | Claudio Águila |
| 1991 | CUB 6m40s81 | CAN 6m42s96 | BRA 6m44s02 |
| | Ismael Carbonell | Stephen Frisch | Claudio Mello |
| | Hermes Castellanos | Michael Forgeron | Carlos Almeida |
| 1995 | EUA 6m41s19 | ARG 6m47s75 | BRA 6m49s01 |
| | Donald Smith | Daniel Scuri | Claudio Mello |
| | Fred Honebein | Mariano Kowalczyk | Carlos Almeida |
| 1999 | ARG 6m40s49 | BRA 6m40s75 | CAN 6m45s09 |
| | Damián Ordas | Alexandre Soares | Phill Graham |
| | Walter Balunek | Gibran Cunha | Kevin White |
| 2003 | ARG | BRA | CUB |
| 2007 | ____ | ____ | ____ |
| | ____ | ____ | ____ |

DOIS SEM PESO LEVE

| | | | |
|---|---|---|---|
| 1951-1983 | Não se realizou | | |
| 1987 | ARG 7m45s44 | CAN 7m51s94 | BRA 7m58s98 |
| | Pablo Bulgach | Wayne McFarlane | João Deboni |
| | Marcelo Freije | Chris Flood | José Almeida |
| 1991 | MEX 6m48s54 | CUB 6m51s53 | EUA 6m53s88 |
| | Luis Amezcua | Juan C. Hernandez | Marvin Guiles |
| | Manuel Jurado | José Arrechavaleta | Stephen Gantz |
| 1995 | EUA 7m38s50 | CAN 7m43s62 | MEX 7m52s58 |
| | Christopher Kerbert | Robert Fontaine | Francisco Lopez |
| | Andrew Finch | Jeffrey Lay | Israel Lopez |
| 1999-2003 | Não se realizou | | |
| 2007 | ____ | ____ | ____ |
| | ____ | ____ | ____ |

DOIS COM

| | | | |
|---|---|---|---|
| 1951 | ARG 8m30s0 | Não houve | Não houve |
| | José A. Raudo | | |
| | Adel A. Farias | | |
| 1955 | ARG 5m10s0 | EUA 5m15s1 | CHI 5m48s3 |
| | Osvaldo Allegretti | John Kieffer | Guzmán |
| | Ricardo Bratschi | Thom McDonough | Muller |
| | Juan L. Vega | Paul McArdle | Muñoz |
| 1959 | URU 7m51s1 | ARG 7m51s2 | EUA 7m58s7 |
| | Gustavo Pérez | Ricardo Gonzalez | James McIntosh |
| | Luis Aguiar | Jorge Somlay | Alan Pierrot |
| | Raul Torrieri | Osvaldo Cavagnaro | Harvey Kroll |
| 1963 | EUA 7m30s9 | ARG 7m39s4 | BRA |
| | Edward Ferry | Natalio Rossi | Antemidio Julião |
| | Conn A. Findlay | Pedro J. Lier | Andifax Barbosa |
| | Charles Blitzer | Oscar Rompani | Adriano Monteiro |
| 1967 | EUA 8m00s14 | ARG 8m07s42 | BRA 8m15s89 |
| | Perry Meek | Vicente Dean | Silvio de Souza |
| | Gardner Cadwalter | Rafael Gabba | Claudio Angeli |
| | James Fuhrman | Aldo Pravia | José Angeli |
| 1971 | BRA 7m59s7 | CUB 7m59s9 | URU 8m07s8 |
| | Celenio Martins | Teófilo Lores | Jorge Buenahora |
| | Atabilio Magioni | Lázaro Rivero | Pedro Chiappesoni |
| | Manoel T. Novo | Jesus Roselló | Roque Martinez |
| 1975 | EUA 7m35s8 | CAN 7m59s8 | BRA 8m03s0 |
| | Kenneth Dreyfuss | James Henninger | Edilson Bezerra |
| | John Mathews | Brian Love | Antonio Pistoia |
| | Darrell Vreugdenhill | Glen Battersby | Francisco Tambasco |
| 1979 | BRA 6m53s53 | ARG 6m57s82 | CUB 6m58s87 |
| | Waldir Kuntze | Alfredo Pereyra | Raul Quintana |
| | Laildo Ribeiro | Jorge Pereyra | Raul Moreno |
| | Manoel Tereso | Víctor C. Yuri | Silvio Rosabal |
| 1983 | CUB 5m27s36 | EUA 5m30s06 | PER 5m30s13 |
| | Ismael Carbonell | George Livingston | Manuel Pumarada |
| | Danilo Mora | Christopher Clark | Ramón Sánchez |
| | Enrique Carrillo | Steven Shellans | René Román |
| 1987 | Não se realizou | | |
| 1991 | CUB 7m04s33 | ARG 7m08s66 | BRA 7m10s42 |
| | Ihosvany Peña | Marcelo Pieretti | Marcos Alves |
| | Arnaldo Rodriguez | Gustavo Pacheco | Oswaldo Kuster |
| | Roberto Ojeda | Andrés Seperizza | Alexandre M. Dias |
| 1995 | CUB 8m08s34 | EUA 8m11s33 | ARG 8m19s18 |
| | Arnaldo Rodriguez | Thomas Murray | Daniel Scuri |
| | Ismael Carbonell | Christopher Swan | Mariano Kowalczyk |
| | Juan Gonzalez L. | Peter Cipollone | Fernando Nagy |
| 1999-2003 | Não se realizou | | |
| 2007 | ____ | ____ | ____ |
| | ____ | ____ | ____ |

QUATRO SEM

| | | | |
|---|---|---|---|
| 1951 | ARG 6m24s0 | BRA | Não houve |
| | Juan A. Alchino | Ivo Ritman | |
| | Osvaldo Maía | Alberto Santos | |

| | | | |
|---|---|---|---|
| | Juan C. Gomez | Manuel Amorin | |
| | Luis Pechechino | Álvaro Fonseca | |
| 1955 | ARG 4m21s5 | EUA 4m26s2 | URU 4m42s7 |
| | Rubén Cossettini | Robert Sanerwein | Cabillón |
| | Guido Mazzotta | John Schnabel | Roggerone |
| | Juan C. Gomez | Ronald Cardwell | Teixidor |
| | Luis Pechechino | James Hewson | Firco |
| 1959 | EUA 6m54s0 | ARG 7m03s6 | CHI 7m25s7 |
| | Ted Nash | Juan Huber | Nelson Casanova |
| | Jay Hall | Bruno Ferrero | Jorge Contreras |
| | Richard Wailes | Héctor Moni | Hugo Escárez |
| | John Sayre | Mario Maire | Galvarino Guinati |
| 1963 | EUA 6m39s3 | BRA 6m43s0 | ARG 6m43s0 |
| | Geza Berger | Jorge Rodriguez | Eduardo A. Barry |
| | Charles Bower | Fritz Mueller | Isidro Fernandez |
| | Charles Holtz | Harry E. Klein | Atilio Ensunza |
| | Ted Nash | Edgard R. Knirien | Juan F. Zanasi |
| 1967 | EUA 6m46s99 | CAN 6m50s14 | MEX 7m18s01 |
| | Lee Dewarest | Bruce Clark | Roberto Retolaza |
| | Lawrence Gluckman | Philip Webber | Fernando Calleja |
| | Robert Brayton | Andrew Netupsky | Arcadio Padilla |
| | Sean Shea | Richard Fearn | Javier Calleja |
| 1971 | BRA 6m28s85 | CUB 6m34s22 | ARG 6m37s33 |
| | Milton Texeira | Porfirio Reinoso | José M. Bujia |
| | Wandir Kuntze | Humberto Roca | Luciano Wilks |
| | Miguel Bancar | Miguel Gonzalez | Tomás Forray |
| | Eriko Souza | Eraclio Cabrera | Oscar H. de Andrés |
| 1975 | EUA 6m55s6 | ARG 6m59s5 | CAN 7m03s0 |
| | James Brinsfield | José A. Czcy | Michael Morán |
| | William Byrd | Osvaldo Quiroga | Michael Neary |
| | John Forster | Carlos A. Denari | Alan Morrow |
| | Patrick Hayes | Pablo Velázquez | Ian Gordon |
| 1979 | CUB 5m50s41 | EUA 5m53s76 | BRA 6m02s05 |
| | Wenceslao Borroto | Timothy Watenpaugh | Henrique G. Hohan |
| | Emeregildo Palacios | Jesse O. Franklin | Oscar A. Sommer |
| | Ismael Carbonell | Darrell Vreugdenhill | Mario Franco Castro |
| | Manuel Blanco | Michael F. Teti | Raul Bagattini |
| 1983 | CUB 4m20s31 | EUA 4m21s90 | CAN 4m22s86 |
| | Germán Mederos | Darrell Vreugdenhill | Fred Loucks |
| | Emeregildo Palacios | Brian Colgan | Martin Mai |
| | Gilberto Friol | Russell Blount | Mark Thomas |
| | Julián Pez | John Strotbeck | Joe Wilhelm |
| 1987 | CUB 6m38s94 | EUA 6m42s57 | CAN 6m44s09 |
| | Gilberto Friol | Scott Irwin | Raymond Collier |
| | Ismael Carbonell | Daniel Sehn | Mike Rasher |
| | Arnaldo Rodriguez | Brian Colgan | Bruce Robertson |
| | Roberto Torriente | John Flobeck | Scott Drossos |
| 1991 | CUB 6m06s52 | EUA 6m08s68 | CAN 6m16s77 |
| | Ihosvany Peña | William Serad | Michael Koski |
| | Ismael Carbonell | Shane Petersen | Jon Siebert |
| | Arnaldo Rodriguez | Raoul Rodriguez | Greg Stevenson |
| | Hermes Castellanos | William Porter | Christopher Spooner |
| 1995 | EUA 6m36s80 | CAN 6m39s84 | CUB 6m48s31 |
| | Robert Kaehler | Kenneth Kozel | Arnaldo Rodriguez |
| | Jonathan Brown | Philip Graham | Eusebio Acea |
| | Michael Hall | Greg Stevenson | Ismael Carbonell |
| | James Koven | Adam Parfitt | Ricardo Rodriguez |
| 1999 | ARG 5m59s51 | EUA 6m03s98 | CAN 6m05s56 |
| | Guillermo Pfaab | Michael Callahan | Phill Graham |
| | Horacio Sicilia | Jordan Irving | Kevin White |
| | Walter Balunek | Martin Crotty | Ken Kozel |
| | Damián Ordas | Jonathan Brown | Andrew Hoskins |
| 2003 | CUB 6m26s27 | EUA 6m28s29 | BRA 6m30s72 |
| | | | Oswaldo Kuster Neto |
| | | | C. I. de Oliveira |
| | | | Alexandre A.Soares |
| | | | Gibran V. da Cunha |
| 2007 | ____________ | ____________ | ____________ |
| | ____________ | ____________ | ____________ |

**QUATRO SEM, PESO LEVE**

1951-1983 Não se realizou

| | | | |
|---|---|---|---|
| 1987 | EUA 7m01s87 | MEX 7m06s53 | CAN 7m12s26 |
| | Dan McGill | Luis Amezcua | Scott Anderson |
| | Russell Lane | Alfonso Castro | Thomas Kent |
| | Donald Tower | Ricardo Garcia | Wayne McFarlane |
| | Eric Rosow | Horacio Tendilla | Chris Flood |
| 1991 | EUA 6m10s54 | CUB 6m11s43 | GUA 6m13s90 |
| | Kane Larin | Juan C. Hernandez | Thomas Jelkmann |
| | Robert Canavan | Arnaldo Poll | Víctor Zacarias |
| | Albert Stefan | Raul Leon | Mario R. Ordóñez |
| | Christopher Kerbert | José Arrechavaleta | Carlos A. Thomas |
| 1995 | EUA 6m13s66 | CAN 6m14s07 | GUA 6m17s64 |
| | John Velyvis | Jeffrey Lay | Víctor Zacarias |
| | Kane Larin | Robert Fontaine | David Kamber |
| | Jonathan Moss | Geoffrey Johns | Rudy Motta |
| | Gregory Klingsporn | Christopher Davidson | Herber Grau |
| 1999 | EUA 6m02s97 | MEX 6m07s10 | CHI 6m08s21 |
| | Marcus Schneider | Luis Prado | Daniel Klenner |
| | Thomas Auth | Arturo Camargo | Javier Godoy |
| | Paul Teti | Edgar Martin | Christian Yantani |
| | William Carlucci | Romulo Bouzas | Miguel Cerda |
| 2003 | CHI | CAN | CUB |
| 2007 | ____________ | ____________ | ____________ |
| | ____________ | ____________ | ____________ |

**QUATRO COM**

| | | | |
|---|---|---|---|
| 1951 | ARG 6m15s0 | CHI | PER |
| | Enrique Precedo | Héctor R. Barria | Ernesto V. Mussio |
| | Carlos Fischer | Aldo E. Solís | Eduardo Romero |
| | Roberto H. James | Purísimo Guerrero | José A. Corigliano |
| | Alberto Thomas | Juan I. Solis | Luis Corigliano |
| | Juan C. Villa | Mario Matamala | Francisco Colacci |
| 1955 | ARG 4m01s1 | EUA 4m05s4 | CHI 4m12s4 |
| | Jorge Schneider | George Hermann | Guzmán |
| | Alfredo Czerner | George Dorwart | Muller |
| | Juan Ecker | Irving Miller | Zbiden |
| | Emilio Czerner | Joseph Toland | Gomez |
| | Gerardo Santos | Allen Rosenberg | Muñoz |
| 1959 | EUA 7m09s4 | ARG 7m18s3 | BRA 7m25s9 |
| | Charles Holtz | Juan Lier | Adriano Soares |
| | LeRoy Jones | Roberto Parsoglio | João Calixto |
| | Michael Yonker | Oscar Rompani | Nelson Guarda |
| | Roy Rubin | Jorge Somlay | Jorge Rodriguez |
| | Ray Walker | Osvaldo Cavagnaro | João Almeida |
| 1963 | ARG 6m41s8 | BRA 6m44s2 | EUA 6m44s3 |
| | Juan J. Retegui | Antemidio Julião | Roy Rubin |
| | Ismael Santana | Andifax Barbosa | Gene Phillips |
| | Juan M. Diaz | Assis Garcia | Walter Wiberg |
| | Roberto Gilardi | Alberto Blemer | William Flint |
| | Gustavo Marzi | Silvio de Souza | Bernard Horton |
| 1967 | EUA 6m47s91 | ARG 6m50s04 | CUB 6m59s51 |
| | William Stowe | Hugo Aberástegui | Ramón Riley |
| | Hugh Foley | Guillermo Segurado | Norge Marrero |
| | Clem Kopf | Juan Gomez | Mario Tabío |
| | Joseph Henwood | José Robledo | Jorge Lopez |
| | Robert Zimonyi | Rolando Locatelli | Jesus Roselló |
| 1971 | ARG 6m52s88 | CUB 6m56s34 | EUA 7m06s25 |
| | Hugo Aberástegui | Teófilo Lores | Calvin Coffey |
| | Alfredo Martin | Lázaro Rivero | Pete Karassik |
| | Oscar Villaruel | Troadio Delgado | William Miller |
| | Ignacio Ruiz | Germindo Marrero | Victor Pisinski |
| | Raul Mazerati | Jesus Roselló | Robert Brody |
| 1975 | CAN 6m53s1 | CUB 6m56s0 | EUA 6m57s0 |
| | Brian Dick | Alcides Risco | Anthony Brooks |
| | Philip Monckton | Francisco Mora | David Fellows |
| | Ron Burak | Humberto Dorrego | Hovey Kemp |
| | Andrew Van Ruyven | Luis M. Alonso | Christopher Wood |
| | Robert Choquette | Jesus Roselló | Robert Jaugstetter |
| 1979 | CUB 6m43s41 | CAN 6m46s79 | EUA 7m35s47 |
| | Antonio Riaño | Robert Cherwinski | Frederick Fox |

| | | | |
|---|---|---|---|
| | Juan Alfonso | Douglas Turton | Richard Paczewski |
| | Alfredo Valladares | Mel Laforme | Mark Miller |
| | Francisco Mora | Carl Zintel | Steven Christensen |
| | Enrique Carrillo | Miles Cohen | John Hartigan |
| 1983 | EUA 4m44s01 | BRA 4m44s26 | CAN 4m47s30 |
| | Kurt Bausback | Raymundo Ribeiro | Paul Steele |
| | Greg Springer | Denis A. Marinho | Ron Burak |
| | Jonathan Phinney | Walter L. Soares | Nick Toulmin |
| | Francis Reininger | Mauro W. dos Santos | Blair Horn |
| | John Hartigan | Nilson S. Alonso | Paul Tessier |
| 1987 | Não se realizou | | |
| 1991 | CUB 6m11s98 | EUA 6m15s40 | CAN 6m18s03 |
| | Ihosvany Peña | Daemon Anastas | Ian Swan |
| | Ismael Carbonell | Michael Filippone | Andrew Lamont |
| | Arnaldo Rodriguez | Karl Bjergo | David Brown |
| | Hermes Castellanos | David Krmpotich | David Miege |
| | Roberto Ojeda | Neil Fitch | Bruce Boulter |
| 1995 | EUA 6m15s86 | CAN 6m16s37 | CUB 6m18s75 |
| | Jeffrey Klepacki | Mark Platt | Arnaldo Rodriguez |
| | Thomas Murray | Henry Hering | Ismael Carbonell |
| | James Neil | Scott Brodie | Luis Fusté |
| | Christopher Swan | Patrick Bryden | Eusebio Acea |
| | Steven Segalof | Jay Bertagnolli | Juan Gonzalez L. |
| 1999-2003 | Não se realizou | | |
| 2007 | ____________ | ____________ | ____________ |
| | ____________ | ____________ | ____________ |

OITO COM

| | | | |
|---|---|---|---|
| 1951 | ARG 7m12s0 | CHI | PER |
| | Ángel Coluzzi | Vicente Rojas | Atilio Brigneti |
| | Eduardo H. Lopez | Alejandro Cavallone | Luis L. Squadrito |
| | Rubens Nievas | Juan Castelleto | José Brigneti |
| | Abelardo Martinez | Germán Arenas | Italo Cicirello |
| | Elso Mancini | Jorge Remis | Antonio Razetto |
| | Luis A. Merlini | Enrique Poehlmann | Pablo Capurro |
| | Normando Andueza | Carlos Rojas | Pablo L. Antola |
| | Oscar Moreno | Maximiliano Rudolph | Jorge Mandrioti |
| | Aldo J. Cesi | Fernando Hucke | Francisco Colacci |
| 1955 | EUA 4m00s0 | ARG 4m01s0 | MEX 4m14s2 |
| | William J. Knecht | Juan Ecker | Pablo Stock |
| | Joseph Toland | Alfredo Czerner | Eduardo Lanzagorta |
| | Irving Miller | Jorge Schneider | Ricardo Obert |
| | George Dorwart | Emilio Czerner | Eduardo Schad |
| | George Hermann | Sezeniauskas | José M. Alverde |
| | Herbert Senoff | Pezzatti | Zelhuber |
| | Charles McIlvaine | Monjean | Canal |
| | Joseph Greipp | Matel | Pahl |
| | Allen Rosenberg | Gerardo Santos | Stockeer |
| 1959 | EUA 6m24s4 | CAN 6m32s6 | ARG 6m37s8 |
| | James Edmons | David Anderson | Osvaldo Cavagnaro |
| | Robert Schoel | Ian Beardmore | Bruno Ferrero |
| | Tomas Rouen | Sohen Biln | Ricardo Gonzalez |
| | Michael Larsen | John Cartmel | Juan Huber |
| | Edward Montesi | Igance Dhondt | Juan Lier |
| | Nelson Miller | John Nadden | Alario Maire |
| | James Kries | Glen Mervyn | Héctor Moni |
| | Charles Mills | Peter Robbins | Roberto Parsoglio |
| | Jerry Winkelstein | Malcolm Trunbull | Jorge Somlay |
| 1963 | CAN 6m16s5 | BRA 6m31s8 | URU 6m32s6 |
| | Daryl Sturdy | Ernesto Vahl | Luis A. Mayer |
| | Mark Lemieux | Teodoro R. Vahl | Juan C. Mayer |
| | Eldon Worobieff | Ado Steiner | Efraim Álvarez |
| | Thomas Gray | Eric Passig | Dick Álvarez |
| | Roy McIntosh | Rui de Souza | Norberto Delgado |
| | Donald Dewar | Edison Schmidt | Galileo Percovich |
| | Rodney Browne | Walfredo Santos | Adolfo Escobar |
| | Thomas Stokes | Manuel Silveira | Nelson Cerena |
| | David Overton | Jobel Silva | Nausen Pagani |
| 1967 | EUA 6m30s86 | CAN 6m37s53 | CUB 6m51s41 |
| | Ian Gardner | Brian McDaniel | Ramón Luperon |
| | David Higgins | Bruce Noble | Emilio Ruano |
| | Cleve Livinston | Brian Johnson | Heriberto Martinez |
| | Jacques Fiechter | Frederick Chapman | Alfredo Hernandez |
| | Franklin Hobbs | William Chapman | Jorge Lopez |
| | Scott Steketce | Claus Sjogren | Mario Tabío |
| | Andrew Larkin | John Richardson | Rafael Guilarte |
| | Curtis Canning | Erick McAvity | Santiago Cuesta |
| | Paul Hoffman | Herbert Crawley | Antonio Soriano |
| 1971 | ARG 6m01s61 | EUA 6m10s81 | CAN 6m12s42 |
| | Alberto Demiddi | Roy Thompson | Ian Gordon |
| | Guillermo Segurado | Fred Schoch | Rod Irving |
| | Hugo Aberástegui | Peter Sun | Karel Jonker |
| | Ricardo Rodriguez | Richard Copstead | Robert Cunliffe |
| | Alfredo Martin | Greg Miller | James Walker |
| | Alejo del Cano | Cliff Hurn | Edgard Smith |
| | Oscar Villaruel | John Buse | Michael Neary |
| | Ignacio Cruz | Bruce Beall | Robert Advent |
| | Raul Mazerati | Dwight Phillips | Michael Conway |
| 1975 | EUA 6m24s2 | CUB 6m25s3 | ARG 6m33s5 |
| | James Moroney | Porfirio Reinoso | Gerardo Constantini |
| | John Everett | Luis M. Alonso | Miguel A. Castro |
| | Timothy Mickelson | Francisco Mora | Ricardo Rodriguez |
| | Christopher Stevenson | Humberto Dorrego | Guillermo Pedernera |
| | Mark Umlauf | Alcides Risco | José Pechechino |
| | Alan Shealy | Emeregildo Palacios | Hugo Aberástegui |
| | Michael Vespoli | Carlos Ramírez | Gustavo Lindfelder |
| | Michael Hess | Israel Gorguet | Raul Tettamanti |
| | Robert Jaugstetter | Néstor Pastrana | Jorge R. Segurado |
| 1979 | EUA 5m24s39 | CAN 5m31s0 | CUB 5m43s07 |
| | Kerry Turner | Gregory Hood | Francisco Mora |
| | David Townsley | David Orr | Alfredo Valladares |
| | Philip Stekl | Robin Catherall | Juan Alfonso |
| | Thomas Woodman | Robert Hartvickson | Humberto Dorrego |
| | Walter Lubsen | Marius Félix | Alcides Risco |
| | Michael Hess | Dave Wilkinson | Jorge Álvarez |
| | Sean Colgan | Frederick Whiters | Mario Acosta |
| | Bruce Ibbetson | John Richardson | Antonio Riaño |
| | John Chatzky | Michael Conway | Enrique Carrillo |
| 1983 | EUA 4m15s49 | CHI 4m19s01 | CAN 4m19s07 |
| | Daniel Lyons | Rodolfo Pereira | Tony Zasada |
| | Brad Smith | Giorgio Vallebuona | Graham Wilkins |
| | Paul Jacobson | Zibar Llanas | Martin Mai |
| | Christoper Penny | Marcelo Rojas | Tim Bristow |
| | Jonathan Kissick | Alejandro Rojas | Tim Christian |
| | Jonathan Smith | Víctor Contreras | David Ross |
| | David DeRuff | Mario Castro | John Houlding |
| | Michael Cataldo | Carlos Neyra | Curt Pieckenhagen |
| | John Stillings | Rodrigo Abasolo | Darly Oakley |
| 1987 | EUA 6m17s70 | BRA 6m24s77 | CAN 6m25s74 |
| | Jonathan Kissick | Claudio Tavares | Raymond Collier |
| | Henry Matthiessen | Helder Lima | Darcel Berkhout |
| | Kurt Bausback | Denis A. Marinho | Bruce Robertson |
| | Chris Huntington | Flavio Melo | Mike Rasher |
| | Robert Meyn | Mauro Santos | Ian McKerlich |
| | Edward Ives | José Almeida | Scott Drossos |
| | David Anderson | Angelo Roso Neto | Jamie Schaffer |
| | John Strotbeck | Carlos Bezerra | Trevor Cooper |
| | Steven Shellans | Nilton Alonzo | Iam Malcolm |
| 1991 | CUB 5m38s75 | EUA 5m42s89 | CAN 5m44s50 |
| | Ridel Domínguez | Martin Crew | Michael Koski |
| | Olex Chaviano | Christopher Ludden | Ian Swan |
| | Arnaldo Suárez | Jonathan Brown | David Miege |
| | Ihosvany Peña | Chad Jungbluth | Jon Siebert |
| | Arnaldo Rodriguez | Russell McManus | Andrew Lamont |
| | Hermes Castellanos | Meredith Bell | David Brown |
| | Ismael Carbonell | William Cooper | Stephen Frisch |
| | Lorenzo Diaz | Jason Scott | Michael Forgeron |
| | Roberto Ojeda | Alden Zecha | Bruce Boulter |
| 1995 | EUA 5m39s80 | CAN 5m44s24 | CUB 5m47s19 |
| | Jeffrey Klepacki | Kenneth Kozel | Arnaldo Rodriguez |
| | James Koven | Mark Platt | Ismael Carbonell |
| | Robert Kaehler | Scott Brodie | Ricardo Rodriguez |

| | | | |
|---|---|---|---|
| | Fred Honebein | Philip Graham | Eusebio Acea |
| | Donald Smith | Todd Hallett | Hermes Castellanos |
| | Jonathan Brown | Adam Parfitt | Luis Fusté |
| | John McKibben | Greg Stevenson | Manuel Cascaret |
| | Michael Hall | Henry Hering | Ernesto Daudinot |
| | Steven Segalof | Jay Bertagnolli | Juan Gonzalez L. |
| 1999 | EUA 5m33s50 | ARG 5m36s49 | CUB 5m36s52 |
| | Thomas Murray | Diego Aguirregomezcorta | Ismael Carbonell |
| | Benjamin Holbrook | Rubén Knulst | Ernesto Daudinot |
| | James Neil | Marcos Morales | Manuel Cascaret |
| | Philip Henry | Walter Balunek | Orlando Ramirez |
| | David Simon | Damián Ordas | Eusebio Acea |
| | Edward Murphy | Fernando Loglen | Arnaldo Rodriguez |
| | Kurt Borcherding | Horacio Sicilia | Luis C. Gonzalez |
| | Daniel Protz | Santiago Salinas | Hermes Castellanos |
| | Nick Anderson | Patricio Mouche | Juan Gonzalez L. |
| 2003 | EUA | CAN | CUB |
| | O barco brasileiro ficou em quarto lugar. | | |
| 2007 | ___ | ___ | ___ |
| | ___ | ___ | ___ |

OITO COM, PESO LEVE

| | | | |
|---|---|---|---|
| 1951-91 | Não se realizou | | |
| 1995 | EUA 6m24s70 | ARG 6m27s76 | CUB 6m34s58 |
| | John Velyvis | Jorge Enriquez | Alexis Arias |
| | Kane Larin | Hernán Leguizamón | Raul Leon |
| | Jonathan Moss | Martin Urrere | Ezequiel Lyon |
| | David Collins | Federico Querín | José Arrechavaleta |
| | Peter Cipollone | Héctor Hereñu | Juan Hernandez |
| | Stephen Robinson | Gabriel Scortiquini | Vladimir Reyes |
| | Edward Grosse | Mariano Sosa | Yobanis Fuentes |
| | Thomas Grace | Paulo Aberástegui | Jorge Aguilera |
| | Stephen Gantz | Gabriel Niz | Miguel Alejo |
| 1999-2003 | Não se realizou | | |
| 2007 | ___ | ___ | ___ |
| | ___ | ___ | ___ |

## Provas Femininas

SINGLE SKIFF

| | | | |
|---|---|---|---|
| 1951-1979 | Não se realizou | | |
| 1983 | Chris Ernst | Maria de la Fuente | Maureen Grace |
| | EUA 3m38s52 | MEX 3m43s41 | CAN 3m49s39 |
| 1987 | Silken Laumann | Gretchen Weimer | Martha Garcia |
| | CAN 8m55s12 | EUA 9m21s19 | MEX 9m26s22 |
| 1991 | Cynthia L. Ryder | Martha Garcia | Yaquelín Hernandez |
| | EUA 7m46s57 | MEX 7m50s30 | CUB 7m58s80 |
| 1995 | Silken Laumann | Ruth Davidon | Maria J. Garisoain |
| | CAN 8m34s09 | EUA 8m46s63 | ARG 8m54s70 |
| 1999 | Marnie McBean | Leslie Burns | Mayra Gonzalez |
| | CAN 7m33s62 | EUA 7m35s45 | CUB 7m51s90 |
| 2003 | Maria Gonzalez | Fiola Milne | Carolina Bishop |
| | CUB 7m50s65 | CAN 7m52s62 | EUA 7m58s11 |
| | Mônica Anversa, do Brasil, ficou em quarto lugar, com o tempo de 8m15s10. | | |
| 2007 | ___ | ___ | ___ |
| | ___ | ___ | ___ |

SINGLE SKIFF PESO LEVE

| | | | |
|---|---|---|---|
| 1951-1983 | Não se realizou | | |
| 1987 | Michele Murphy | Merri Lisa Trigilio | Veronika Schreiber |
| | CAN 9m11s24 | EUA 9m22s86 | MEX 9m33s72 |
| 1991 | Peggy Johnston | Lourdes Montoya | Maria J. Garisoain |
| | EUA 7m52s15 | MEX 8m04s53 | ARG 8m10s30 |
| 1995 | Maria J. Garisoain | Wendy Wiebe | Andrea Boltz |
| | ARG 9m20s80 | CAN 9m30s65 | MEX 9m35s81 |
| 1999 | Maria J. Garisoain | Tracy Duncan | Mary Obidinski |
| | ARG 8m04s50 | CAN 8m06s31 | EUA 8m14s89 |
| 2003 | Ismaray Marrero | Gen Meredith | Melissa Rice |
| | CUB | CAN | EUA |
| 2007 | ___ | ___ | ___ |
| | ___ | ___ | ___ |

DOUBLE SKIFF

| | | | |
|---|---|---|---|
| 1951-1979 | Não se realizou | | |
| 1983 | EUA 3m17s15 | CAN 3m25s01 | MEX 3m35s36 |
| | Anne Marden | Marie C. Gaudet | Veronika Schreiber |
| | Monica Havelka | Heather Hattin | Ana Gamble |
| 1987 | MEX 8m07s31 | EUA 8m07s89 | CAN 8m17s16 |
| | Martha Garcia | Jennie Marshall | Karen Ashford |
| | Ana Gamble | Holly Kays | Connie Delisle |
| 1991 | MEX 7m10s29 | EUA 7m16s62 | CUB 7m21s81 |
| | Iliana Lopez | Molly Hoyle | Maurenis Hernandez |
| | Martha Garcia | Linda Muri | Yamel Ortiz |
| 1995 | CAN 7m57s95 | EUA 8m05s80 | CUB 8m22s73 |
| | Diane O'Grady | Michelle Knox-Zaloom | Yamel Ortiz |
| | Marnie McBean | Andrea Thies | Maurenis Hernandez |
| 1999 | CAN 7m03s43 | EUA 7m04s83 | CUB 7m19s19 |
| | Laryssa Biesenthal | Olwen Huxley | Mayra Gonzalez |
| | Jennifer Browett | Karin Hughes | Maurenis Hernandez |
| 2003 | CAN 7m25s09 | EUA 7m25s95 | CHI 7m29s40 |
| | O barco brasileiro ficou em sexto lugar, com 7m51s31. | | |
| 2007 | ___ | ___ | ___ |
| | ___ | ___ | ___ |

DOUBLE SKIFF PESO LEVE

| | | | |
|---|---|---|---|
| 1951-1983 | Não se realizou | | |
| 1987 | EUA 8m35s71 | CAN 8m42s93 | MEX 8m45s81 |
| | Peggy Johnston | Marlene Van DerHorst | Lourdes Montoya |
| | Susan Cooper | Siobhan Herron | Veronika Schreiber |
| 1991 | Não se realizou | | |
| 1995 | ARG 8m06s13 | EUA 8m10s54 | MEX 8m17s50 |
| | Patricia Conte | Barbara Spiz | Lourdes Montoya |
| | Elina Urbano | Elizabeth Gordon | Ana Soberanes |
| 1999 | ARG 7m12s92 | EUA 7m13s76 | CAN 7m26s64 |
| | Patricia Conte | Mary Obidinski | Katrina Scott |
| | Elina Urbano | Julie McCleery | Nathalie Benzing |
| 2003 | CAN | CUB | EUA |
| 2007 | ___ | ___ | ___ |
| | ___ | ___ | ___ |

FOUR SKIFF

| | | | |
|---|---|---|---|
| 1951-87 | Não se realizou | | |
| 1991 | EUA 6m29s91 | CUB 6m34s00 | MEX 6m47s43 |
| | Betsy Kimmel | Maurenis Hernandez | Lourdes Montoya |
| | Karen Carpenter | Tatiana Mederos | Iliana Lopez |
| | Susan Tietjen | Yaquelín Hernandez | Nicolle Larc |
| | Michelle Knox | Yamel Ortiz | Martha Garcia |
| 1995 | CUB 6m39s83 | EUA 6m43s34 | ARG 6m57s83 |
| | Maurenis Hernandez | Ruth Davidon | Silvana Knulst |
| | Yamel Ortiz | Julia Chilicki | Marisa Peguri |
| | Mayra Gonzalez | Catherine Symon | Patricia Conte |
| | Odalis Martinez | Lindsey Burns | Elina Urbano |
| | O barco do Canadá, que venceu com o tempo de 6m28s17s foi posteriormente desclassificado por dopping de uma de suas remadoras. | | |
| 1999-2003 | Não se realizou | | |
| 2007 | ___ | ___ | ___ |
| | ___ | ___ | ___ |

FOUR SKIFF PESO LEVE

| | | | |
|---|---|---|---|
| 1951-1995 | Não se realizou | | |
| 1999 | ARG 6m39s14 | EUA 6m41s88 | CAN 6m47s07 |
| | Elina Urbano | Marny Jaastad | Renata Troc |
| | Marisa Peguri | Grace Mowery | Tracy Duncan |
| | Maria J. Garisoain | Suzanne Walther | Katrina Scott |
| | Patricia Conte | Cassandra Cunningham | Nathalie Benzing |
| 2003 | CUB | CAN | MEX |
| 2007 | ___ | ___ | ___ |
| | ___ | ___ | ___ |

DOIS SEM

| | | | |
|---|---|---|---|
| 1951-1983 | Não se realizou | | |
| 1987 | CAN 8m35s61 | EUA 8m45s73 | CUB 9m27s48 |
| | Kirsten Barnes | Alice Henderson | Magdalena Rodriguez |
| | Kathleen Heddle | Sandy Jansen | Yaquelín Hernandez |

| | | | |
|---|---|---|---|
| 1991 | EUA 7m28s10 | CAN 7m31s12 | CUB 7m35s08 |
| | Marci Porter | Shannon Crawford | Magdalena Rodriguez |
| | Elizabeth Bahrens | Julie Jespersen | Mayra Gonzalez |
| 1995 | EUA 7m33s92 | CUB 7m51s89 | ARG 7m57s81 |
| | Mary McCagg | Mayra Gonzalez | Claudia Turcitú |
| | Elizabeth McCagg | Doralquis Rodriguez | Julieta Ramírez |
| 1999 | CAN 7m38s53 | EUA 7m46s64 | CUB 8m07s90 |
| | Theresa Luke | Kren Kraft | Mayra Gonzalez |
| | Emma Robinson | Missy Ryan | Odalis Martinez |
| 2003 | Não se realizou | | |
| 2007 | ____ | ____ | ____ |
| | ____ | ____ | ____ |

DOIS SEM, PESO LEVE

| | | | |
|---|---|---|---|
| 1951-1983 | Não se realizou | | |
| 1987 | EUA 9m14s04 | CAN 9m29s18 | CUB 9m57s37 |
| | Hildegard Emslander | Karen Smyte | Walkiria Portelles |
| | Cola Parker | Diane Sinnige | Lourdes Rodriguez |
| 1991 | CAN 7m38s06 | EUA 7m44s79 | CUB 7m55s38 |
| | Nori Doobenen | Victoria Scott | Walkiria Portelles |
| | Laurie Featherstone | Marjorie Riemer | Maidelín Peña |
| 1995 | EUA 7m42s30 | MEX 8m04s88 | ARG 8m10s59 |
| | Ellen Minzer | Elvira Diez | Ileana Vattovez |
| | Christine Smith | Arge Diez | Romina Andreotti |
| 1999- 2003 | Não se realizou | | |
| 2007 | ____ | ____ | ____ |
| | ____ | ____ | ____ |

QUATRO SEM

| | | | |
|---|---|---|---|
| 1951-1987 | Não se realizou | | |
| 1991 | CAN 6m45s12 | EUA 6m48s44 | CUB 7m04s65 |
| | Danita Sepp | Jennifer Baker | Maria E. Espinosa |
| | Shannon Crawford | Susan Charles | Regla Ocampo |
| | Julie Jespersen | Catriona Fallon | Magdalena Rodriguez |
| | Andrea Walsh | Katie Young | Mayra Gonzalez |
| 1995-2003 | Não se realizou | | |
| 2007 | ____ | ____ | ____ |
| | ____ | ____ | ____ |

## SALTOS ORNAMENTAIS

Provas Masculinas

TRAMPOLIM DE 1 METRO

| Pan | Ouro | Prata | Bronze |
|---|---|---|---|
| 1951-1987 | Não se realizou | | |
| 1991 | Mark Lenzi | Abel Ramirez | Jorge Mondragón |
| | EUA 402,75 pontos | CUB 397,32 | MEX 372,00 |
| 1995 | Dean Panaro | Fernando Platas | Abel Ramirez |
| | EUA 404,82 | MEX 395,70 | CUB 375,84 |
| 1999-2003 | Não se realizou | | |

TRAMPOLIM DE 3 METROS

| | | | |
|---|---|---|---|
| 1951 | Joaquin Capilla | Miller Anderson | Samuel Lee |
| | MEX 201,716 pontos | EUA 199,066 | EUA 191,916 |
| 1955 | Joaquin Capilla | Arthur L. Coffey | Robert L. Clotworthy |
| | MEX 175,76 | EUA 160,09 | EUA 157,41 |
| 1959 | Cary M. Tobian | Sam Hall | Robert Webster |
| | EUA 161,44 | EUA 160,08 | EUA 148,90 |
| 1963 | Thomas Dinsley | Richard Gilbert | Kenneth Sitzberger |
| | CAN 154,40 | EUA 154,17 | EUA 148,88 |
| 1967 | Bernard Wrightson | Keith Russell | Raul Escobar |
| | EUA 166,95 | EUA 163,61 | COL 137,80 |
| 1971 | Michael Finneran | Craig Lincoln | José Robinson |
| | EUA 551,58 | EUA 537,18 | MEX 506,58 |
| 1975 | Tim Moore | Philip Boggs | Carlos Girón |
| | EUA 579,78 | EUA 576,36 | MEX 562,89 |
| 1979 | Gregory Louganis | Philip Boggs | Carlos Girón |
| | EUA 627,84 | EUA 592,80 | MEX 580,35 |
| 1983 | Gregory Louganis | Abel Ramirez | David Burgering |
| | EUA 724,02 | CUB 631,26 | EUA 616,35 |
| 1987 | Gregory Louganis | Doug Shaffer | José Rocha |
| | EUA 754,14 | EUA 684,39 | MEX 650,07 |
| 1991 | Kent Ferguson | Mark Bradshaw | Jorge Mondragón |
| | EUA 650,52 | EUA 644,88 | MEX 638,70 |
| 1995 | Fernando Platas | Mark Bradshaw | David Bedard |
| | MEX 661,80 | EUA 624,93 | CAN 609,63 |
| 1999 | Mark Ruiz | Fernando Platas | Troy Dumais |
| | EUA 675,21 | MEX 674,25 | EUA 667,20 |
| 2003 | Alexandre Despatie | Fernando Platas | Troy Dumais |
| | CAN 683,19 | MEX 678,54 | EUA 627,90 |

César Castro, do Brasil, ficou em quarto lugar, com 609,66 pontos.

| | | | |
|---|---|---|---|
| 2007 | ____ | ____ | ____ |
| | ____ | ____ | ____ |

PLATAFORMA DE 10 METROS

| | | | |
|---|---|---|---|
| 1951 | Joaquin Capilla | Samuel Lee | Miller Anderson |
| | MEX 159,966 pontos | EUA 153,533 | EUA 136,566 |
| 1955 | Joaquin Capilla | Robert L. Clotworthy | Gary M. Tobian |
| | MEX 172,33 | EUA 160,62 | EUA 152,21 |
| 1959 | Álvaro Gaxiola | Donald Harper | Juan Botella |
| | MEX 168,77 | EUA 164,44 | MEX 162,71 |
| 1963 | Robert Webster | Álvaro Gaxiola | Ricardo Capilla |
| | EUA 164,12 | MEX 158,97 | MEX 139,50 |
| 1967 | Edwin Young | Luis Niño de Rivera | Diego Henao |
| | EUA 154,93 | MEX 141,39 | COL 139,84 |
| 1971 | Richard Earley | Richard Rydze | Diego Henao |
| | EUA 479,07 | EUA 470,46 | COL 450,30 |
| 1975 | Carlos Girón | Tim Moore | Kent Vosler |
| | MEX 532,95 | EUA 529,47 | EUA 507,60 |
| 1979 | Gregory Louganis | Carlos Girón | Philip Boggs |
| | EUA 592,71 | MEX 552,60 | EUA 551,58 |
| 1983 | Gregory Louganis | Bruce Kimball | Ricardo Bañuelos |
| | EUA 677,58 | EUA 654,12 | MEX 531,27 |
| 1987 | Gregory Louganis | Matt Scoggin | David Bedard |
| | EUA 694,68 | EUA 596,44 | CAN 546,33 |
| 1991 | Rioger Ramirez | Jesus Mena | Patrick Jeffrey |
| | CUB 560,790 | MEX 544,080 | EUA 539,730 |
| 1995 | Fernando Platas | Juan A. Acosta | Patrick Jeffrey |
| | MEX 617,520 | MEX 546,180 | EUA 543,930 |
| 1999 | Fernando Platas | José A. Guerra | Eduardo Rueda |
| | MEX 649,74 | CUB 619,17 | MEX 612,33 |
| 2003 | Rommel Pacheco | Cassius Duran | Alexandre Despatie |
| | MEX 667,86 | BRA 634,59 | CAN 626,37 |
| 2007 | ____ | ____ | ____ |
| | ____ | ____ | ____ |

TRAMPOLIM SINCRONIZADO

| | | | |
|---|---|---|---|
| 2003 | CAN 317,40 pontos | CUB 313,83 | EUA 313,35 |
| | Alexandre Despatie | Erick Fornaris | Troy Dumais |
| | Philippe Comtois | Jorge Betancourt | Justin Dumais |

O Brasil ficou em quinto lugar, com 302,91 pontos.

| | | | |
|---|---|---|---|
| 2007 | ____ | ____ | ____ |
| | ____ | ____ | ____ |
| | ____ | ____ | ____ |

PLATAFORMA SINCRONIZADA

| | | | |
|---|---|---|---|
| 2003 | CAN 340,44 pontos | MEX 327,09 | EUA 320,52 |
| | Alexandre Despatie | Fernando Platas | Kyle Pranoli |
| | Philippe Comtois | Rommel Pacheco | Mark Ruiz |
| 2007 | ____ | ____ | ____ |
| | ____ | ____ | ____ |
| | ____ | ____ | ____ |

Provas Femininas

TRAMPOLIM DE 1 METRO

| | | | |
|---|---|---|---|
| 1951-1987 | Não se realizou | | |
| 1991 | A. Jill Schlabach<br>EUA 256,50 pontos | Alison Malsch<br>EUA 250,68 | Mayté Garbey<br>CUB 245,04 |
| 1995 | Mayté Garbey<br>CUB 270,15 | Annie Pelletier<br>CAN 269,34 | Catherine Zarse<br>EUA 268,29 |
| 1999-2003 | Não se realizou | | |

TRAMPOLIM DE 3 METROS

| | | | |
|---|---|---|---|
| 1951 | Mary Cunningham<br>EUA 131,93 pontos | Patricia McCormick<br>EUA 128,08 | Dolores Castillo<br>EUA 109,90 |
| 1955 | Patricia McCormick<br>EUA 142,42 | Jean G. Stunyo<br>EUA 137,41 | Emily Houghton<br>EUA 133,12 |
| 1959 | Paula J. Pope<br>EUA 139,23 | Jean Lenzi<br>EUA 137,62 | Barbara Dudeck<br>EUA 131,21 |
| 1963 | Barbara McAlister<br>EUA 144,31 | Judy Stewart<br>CAN 135,63 | Mary P. Willard<br>EUA 131,00 |
| 1967 | Susan Gossick<br>EUA 150,41 | Micki King<br>EUA 147,34 | Kathy McDonald<br>CAN 142,40 |
| 1971 | Elizabeth Carruthers<br>CAN 435,24 | Micki King<br>EUA 432,51 | Beverly Boys<br>CAN 425,01 |
| 1975 | Jennifer Chandler<br>EUA 427,62 | Elizabeth Carruthers<br>CAN 424,62 | Cynthia McIngvale<br>EUA 407,85 |
| 1979 | Denise Christensen<br>EUA 477,96 | Janet Thorburn<br>EUA 473,61 | Jannet Nutter<br>CAN 412,17 |
| 1983 | Kelly McCormick<br>EUA 500,73 | Wendy Wyland<br>EUA 490,77 | Sylvie Bernier<br>CAN 473,97 |
| 1987 | Kelly McCormick<br>EUA 600,62 | Megan Meyer<br>EUA 544,32 | Debbie Fuller<br>CAN 491,94 |
| 1991 | Karen LaFace<br>EUA 500,73 | Paige Gordon<br>CAN 458,28 | Mayté Garbey<br>CUB 457,86 |
| 1995 | Annie Pelletier<br>CAN 519,81 | Melisa Moses<br>EUA 483,54 | B.-Anne Mapherson<br>CAN 477,57 |
| 1999 | Eryn Bulmer<br>CAN 530,22 | Jennifer Lingamfelter<br>EUA 523,74 | Blythe Hartley<br>CAN 515,85 |
| 2003 | Blythe Hartley<br>CAN 504,63 | Emilie Heymans<br>CAN 502,17 | Juliana Veloso<br>BRA 482,22 |
| 2007 | ________<br>________ | ________<br>________ | ________<br>________ |

PLATAFORMA DE 10 METROS

| | | | |
|---|---|---|---|
| 1951 | Patricia McCormick<br>EUA 65,716 pontos | Carlota Ríos<br>MEX 65,133 | Mary Cunningham<br>EUA 51,533 |
| 1955 | Patricia McCormick<br>EUA 92,05 | Juno Irwin<br>EUA 80,52 | Margarita Pesado<br>MEX 65,74 |
| 1959 | Paula J. Pope<br>EUA 97,13 | Juno Irwin<br>EUA 90,64 | Tahiea Sparling<br>EUA 87,86 |
| 1963 | Linda Cooper<br>EUA 100,35 | Nancy A. Poulsen<br>EUA 96,07 | Maria T. Adames<br>MEX 86,70 |
| 1967 | Lesley Bush<br>EUA 108,20 | Beverly Boys<br>CAN 103,09 | Ann Paterson<br>EUA 98,28 |
| 1971 | Nancy Robertson<br>CAN 375,12 | Beverly Boys<br>CAN 363,57 | Deborah Lipman<br>EUA 362,01 |
| 1975 | Jannet Nutter<br>CAN 365,01 | Janet Ely<br>EUA 360,48 | Linda Cuthbert<br>CAN 328,17 |
| 1979 | Barbara Weinstein<br>EUA 402,21 | Janet Thorburn<br>EUA 400,86 | Linda Cuthbert<br>CAN 386,46 |
| 1983 | Wendy Wyland<br>EUA 426,57 | Verónica Ribot<br>ARG 404,01 | Guadalupe Canseco<br>MEX 385,20 |
| 1987 | Michele Mitchell<br>EUA 453,96 | Wendy Fuller<br>CAN 391,32 | Veronica Ribot<br>ARG 390,21 |
| 1991 | Eileen Richetelli<br>EUA 400,740 | Alison Malsch<br>EUA 384,090 | Maria E. Carmuza<br>CUB 379,470 |
| 1995 | Anne Montminy<br>CAN 492,390 | Angela Trostel<br>EUA 456,960 | Rebecca Ruehl<br>EUA 454,350 |
| 1999 | Emilie Heymans<br>CAN 550,98 | Blythe Hartley<br>CAN 526,44 | Maria Alcalá<br>MEX 494,43 |
| 2003 | Emilie Heymans<br>CAN | Juliana Veloso<br>BRA | Blythe Hartley<br>CAN |
| 2007 | ________<br>________ | ________<br>________ | ________<br>________ |

TRAMPOLIM SINCRONIZADO

| | | | |
|---|---|---|---|
| 2003 | CAN 298,62 pontos<br>Blythe Hartley<br>Emilie Heyman | MEX 275,70<br>Paola Spinoza<br>Laura Sanchez | EUA 250,50<br>Cassandra Cardinelli<br>Sara Hildebrand |
| 2007 | ________<br>________<br>________ | ________<br>________<br>________ | ________<br>________<br>________ |

PLATADORMA SINCRONIZADA

| | | | |
|---|---|---|---|
| 2003 | CAN 310,95 pontos<br>Emilie Heymans<br>Marie-Eve Marleau | MEX 278,70<br>Paola Spinoza<br>Laura Sanchez | CUB 264,78<br>Johana Cruz<br>Yolanda Ortiz |
| 2007 | ________<br>________<br>________ | ________<br>________<br>________ | ________<br>________<br>________ |

## SQUASH

Masculino

INDIVIDUAL

| Pan | Ouro | Prata | Bronze |
|---|---|---|---|
| 1951-1991 | Não se realizou | | |
| 1995 | Gary Waite<br>CAN | Jonathan Power<br>CAN | Federico Usandizaga<br>ARG<br>Mark Talbot<br>EUA |
| 1999 | Graham Ryding<br>CAN | Jorge Gutiérrez<br>ARG | Federico Usandizaga<br>ARG<br>Ronivaldo Conceição<br>BRA |
| 2003 | Shahier Razik<br>CAN | Graham Ryding<br>CAN | Preston Quick<br>EUA<br>Ronivaldo Santos<br>BRA |
| 2007 | ________<br>________ | ________<br>________ | ________<br>________ |

EQUIPES

| Pan | Ouro | Prata | Bronze |
|---|---|---|---|
| 1951-1991 | Não se realizou | | |
| 1995 | CAN<br>Gary Waite<br>Sabir Butt<br>Jamie Crombie<br>Jonathan Power | ARG<br>Federico Usandizaga<br>Horacio Restra<br>Ezequiel Albelo<br>Juan P. García | BRA<br>Mario Oliveira<br>Luiz E. Borges<br>Paul Conolly<br>Luiz Eduardo Borges<br>EUA<br>Mark Talbot<br>Alexander Clark<br>Moshen Mir<br>Anthony Brettkelly |
| 1999 | CAN<br>Graham Ryding<br>Kelly Patrick<br>Jamie Crombie<br>Jonathan Power | BRA<br>Ronivaldo Conceição<br>Mario Oliveira<br>Luiz Eduardo Borges<br>Paul Conolly | COL<br>Alfonso Vargas<br>S. Montoya<br>Bernardo Samper<br>Daniel Lombana<br>ARG<br>Diego de Bella<br>Horacio Resta<br>Jorge Gutierrez<br>Federico Usandizaga |
| 2003 | CAN | BRA<br>Luciano Barbosa<br>Rafael Alarcon<br>Ronivaldo Conceição | ARG/ MEX |
| 2007 | ________<br>________ | ________<br>________ | ________<br>________ |

Feminino

INDIVIDUAL

| | | | |
|---|---|---|---|
| 1951-91 | Não se realizou | | |
| 1995 | Heather A. Wallace<br>CAN | Deming Holleran<br>EUA | Flávia Roberts<br>BRA<br>Eleanor Pierce<br>EUA |
| 1999 | Melanie Jans<br>CAN | Deming Holleran<br>EUA | Latoshya Khan<br>EUA<br>Marnie Baizley<br>CAN |
| 2003 | Latoshya Khan<br>EUA | Melanie Jans<br>CAN | Marnie Baizley<br>CAN<br>Samantha Teran<br>MEX |
| 2007 | ________<br>________ | ________<br>________ | ________<br>________ |

EQUIPES

| | | | |
|---|---|---|---|
| 1951-91 | Não se realizou | | |
| 1995 | CAN<br>Heather A. Wallace<br>Melanie Jans<br>Kelsey Souchereau<br>Anti Soni | EUA<br>Deming Holleran<br>Alicia McConnell<br>Eleanor Pierce<br>Shabana Khan | COL<br>Maria T. Castro<br>Claudia R. Beltrán<br>Cristina Matiz<br><br>BRA<br>Flávia Roberts<br>Karina A. Kerr<br>Alessandra Bello<br>Aline da Silva |
| 1999 | CAN<br>Melanie Jans<br>Marnie Baizley<br>Carolyn Russell<br>Kelsey Souchereau | EUA<br>Deming Holleran<br>Latoshya Khan<br>Shabana Khan<br>B. S. Belknap | BRA<br>Adriana Moura<br>Carmen Almeida<br>Flávia Roberts<br>Karen Redfern<br>MEX<br>Teresa Osorio<br>Karina Herrera<br>M. Herrera<br>Samantha Terán |
| 2003 | EUA | CAN | BRA<br>Flávia Roberts<br>Karen Redfern<br>Patricia Pamplona |
| 2007 | ________<br>________ | ________<br>________ | ________<br>________ |

COPA DAS NAÇÕES

| | | | |
|---|---|---|---|
| 1951-1991 | Não se realizou | | |
| 1995 | CAN | EUA | BRA |
| 1999-2003 | Não se realizou | | |

## TAEKWONDO

Categorias Masculinas

| Pan | Ouro | Prata | Bronze |
|---|---|---|---|
| **MINIMOSCA (ATÉ 50 QUILOS)** | | | |
| 1951-1983 | Não se realizou | | |
| 1987 | Dae Sung Lee<br>EUA | Arlindo Gouveia<br>VEN | Pascual Pacheco<br>ECU<br>Julio Ramos<br>ARG |
| 1991 | Juan Moreno<br>EUA | Amauri Batista<br>CUB | José Morales<br>COL<br>César Galvão<br>BRA |
| 1995 | Carlos Ayala<br>MEX | Luis Pinto<br>ARG | Sherland Flores<br>TRI<br>Reynaldo Ross<br>CUB |
| 1999-2003 | Não se realizou | | |
| **MOSCA (ATÉ 54 QUILOS)** | | | |
| 1951-1983 | Não se realizou | | |
| 1987 | Carlos Rivas<br>VEN | Ricardo Jallath<br>MEX | José Vidal<br>COL<br>Jerry Torres<br>PRC |
| 1991 | Arlindo Gouveia<br>VEN | Agustín Ayala<br>MEX | Diego Yáñez<br>CHI<br>Luis Flores<br>PER |
| 1995 | Rubén Palafox<br>MEX | Samuel Pejo<br>EUA | Alexei Pedroso<br>CUB<br>Manuel Chamorro<br>ARG |
| 1999-2003 | Não se realizou | | |
| **GALO (ATÉ 58 QUILOS)** | | | |
| 1951-1983 | Não se realizou | | |
| 1987 | Doug Lewis<br>EUA | Raymond Mourad<br>CAN | Armando Rivera<br>PRC<br>Federico Gómez<br>MEX |
| 1991 | Carlos Rivas<br>VEN | Marcial Basanta<br>CUB | Flavio Salvador<br>ARG<br>Rafael Zúñiga<br>MEX |
| 1995 | Rafael Zúñiga<br>MEX | Yosvany Perez<br>CUB | Pedro Carazo<br>CRC<br>Fernando Ramirez<br>ARG |
| 1999 | Oscar Salazar<br>MEX | Luis Garcia<br>VEN | Vizcaino Romero<br>DOM<br>Raymund Mourad<br>CAN |
| 2003 | Tim Trackey<br>EUA | Oscar Francisco Salazar<br>MEX | Khristian Melendez<br>PRC<br>Gabriel Y. Mercedes<br>DOM |
| | O brasileiro Marcel Ferreira perdeu para Melendez nas quartas-de-final. Caso vencesse, garantiria, no mínimo, a medalha de bronze. | | |
| 2007 | ________<br>________ | ________<br>________ | ________<br>________ |
| **PENA (ATÉ 64 QUILOS)** | | | |
| 1951-1983 | Não se realizou | | |
| 1987 | Chris Spence<br>EUA | Gerardo Gonzalez<br>VEN | Edwin Pagan<br>PRC<br>Eulogio Jara<br>PAR |
| 1991 | Roberto Abreu<br>CUB | Stephen Goodwin<br>CAN | Fernando Oviedo<br>COL<br>Gerardo Gonzalez<br>VEN |
| 1995 | Alejandro Hernando<br>ARG | Clayton Barber<br>EUA | Agostinho do Santos<br>CAN<br>Ivens Valladares<br>CUB |
| 1999-2003 | Não se realizou | | |
| **LEVE (ATÉ 68 QUILOS)** | | | |
| 1951-83 | Não se realizou | | |
| 1987 | Steve Carpener<br>EUA | Juan Rengifo<br>VEN | Cástulo Valdés<br>DOM |

| | | | |
|---|---|---|---|
| | | | Eddy Oliveira CAN |
| 1991 | Ilse Guilarte CUB | William Arencibia BOL | Michael Popowich CAN |
| | | | Victor Estrada MEX |
| 1995 | Roberto Abreu CUB | Quidio Quero VEN | Sergio Cárdenas CHI |
| | | | Sebastián Zapata ARG |
| 1999 | Steven Lopez EUA | Luis Benítez DOM | Alejandro Hernández ARG |
| | | | Yosvany Perez CUB |
| 2003 | Luis Benitez DOM | Yosvani Perez CUB | Erick Osório BRA |
| | | | Diogo Silva BRA |
| 2007 | ____________ ____________ | ____________ ____________ | ____________ ____________ |

MÉDIO (ATÉ 76 QUILOS)

1951-1983 Não se realizou

| | | | |
|---|---|---|---|
| 1987 | Ernesto Rodríguez MEX | Alfredo Vitaller ARG | Jay Warwick EUA |
| | | | Antonio Gonzalez PRC |
| 1991 | Jae Hoon Lee CAN | James Villasana EUA | Juan O. Noa CUB |
| | | | Marco Prado GUA |
| 1995 | Arturo Utria CUB | Mario Bonilla GUA | Regillio Goedhoop SUR |
| | | | Stephen Goodwin CAN |

1999-2003 Não se realizou

MEIO-PESADO (ATÉ 80 QUILOS)

1951-1983 Não se realizou

| | | | |
|---|---|---|---|
| 1987 | Herbert Perez EUA | Ferrere Clerveaux CAN | Fernando Jaramillo ECU |
| | | | Raguelli Cuevas ISV |
| 1991 | Fabio Goulart BRA | Herbert Perez EUA | Jorge Kahkajian VEN |
| | | | Henry Ramirez COL |
| 1995 | Victor Estrada MEX | Alfredo Peterson PAN | Milton Casiro COL |
| | | | Aníbal Cintrón PRC |
| 1999 | Victor Estrada MEX | Ángel V. Matos CUB | Stuart Gill EUA |
| | | | Cristian Peñafiel ECU |
| 2003 | Steven Lopez EUA | José Luis Ramirez MEX | Dario Coria ARG |
| | | | Eddy Antonio Luna DOM |
| 2007 | ____________ ____________ | ____________ ____________ | ____________ ____________ |

PESADO (MAIS DE 80 QUILOS)

1951-1983 Não se realizou

| | | | |
|---|---|---|---|
| 1987 | Jimmy Kin EUA | Robert Fellner ISV | Julio Vazquez DOM |
| | | | Gilberto Madeiros BRA |
| 1991 | Nelson Sáenz CUB | Lúcio Fleitas BRA | Ricardo Pupo ARG |
| | | | Robert Fellner ISV |
| 1995 | Nelson Sáenz CUB | Lúcio Fleitas BRA | Julio C. Vazquez DOM |
| | | | Paris Amani EUA |
| 1999 | Luis Noguera VEN | Rodrigo Martínez MEX | Darrell Henegan CAN |
| | | | Peter Bardatsos EUA |
| 2003 | Victor Estrada MEX | Rowell Pier Jerez DOM | Walassi Aires BRA |
| | | | Sanon Tudor HAI |
| 2007 | ____________ ____________ | ____________ ____________ | ____________ ____________ |

Categorias Femininas

ATÉ 43 QUILOS

1951-1991 Não se realizou

| | | | |
|---|---|---|---|
| 1995 | Liliana Aguirre MEX | Yanet Puerto CUB | Patricia Santana ARG |
| | | | Yoom Kyung Chaing EUA |

1999-2003 Não se realizou

ATÉ 47 QUILOS

1951-1991 Não se realizou

| | | | |
|---|---|---|---|
| 1995 | Betsy Ortiz PRC | Yunia Cruz CUB | Miranda Hall CAN |
| | | | Mariela Valenzuela ARG |

1999-2003 Não se realizou

ATÉ 49 QUILOS

1951-1991 Não se realizou

| | | | |
|---|---|---|---|
| 1995 | Eliana Pantoja VEN | Roxanne Forget CAN | Cheryl Sankar TRI |
| | | | Patricia Mariscal MEX |
| 1999 | Roxanne Forget CAN | Kay Poe EUA | Águeda Perez MEX |
| | | | Yaneli Labrada CUB |
| 2003 | Yanelis Ladrada CUB | Dalia M. Contreras VEN | Euda M. Carias GUA |
| | | | Carmen Morales MEX |
| 2007 | ____________ ____________ | ____________ ____________ | ____________ ____________ |

ATÉ 55 QUILOS

1951-1991 Não se realizou

| | | | |
|---|---|---|---|
| 1995 | Oly Padrón VEN | Alejandra Chancalay ARG | Niuris Díaz CUB |
| | | | Verónica Márquez MEX |

1999-2003 Não se realizou

ATÉ 57 QUILOS

| | | | |
|---|---|---|---|
| 2003 | Iridia Salazar MEX | Dinanyris Furcal DOM | Mia Abdallah EUA |
| | | | Elizabeth Franco ECU |
| 2007 | ____________ ____________ | ____________ ____________ | ____________ ____________ |

**ATÉ 60 QUILOS**

| | | | |
|---|---|---|---|
| 1951-1991 | Não se realizou | | |
| 1995 | Sonallis Mayán<br>CUB | Elizabeth Evans<br>EUA | Maria Bejarano<br>COL<br>Paola Viveros<br>PAR |
| 1999 | Neomar Leal<br>VEN | Sahily Álvarez<br>CUB | Vanina Sanchez<br>ARG<br>Jael Texir<br>CAN |
| 2003 | Não se realizou | | |

**ATÉ 65 QUILOS**

| | | | |
|---|---|---|---|
| 1951-1991 | Não se realizou | | |
| 1995 | Vanina Sanchez<br>ARG | Lázara Zayas<br>CUB | Diana Martin<br>EUA<br>Ohdra Malpica<br>VEN |
| 1999-2003 | Não se realizou | | |

**ATÉ 67 QUILOS**

| | | | |
|---|---|---|---|
| 2003 | Yaneth Leal<br>VEN | Vanina Sanchez<br>ARG | Simona Hradil<br>EUA<br>Marien Ramirez<br>MEX |
| 2007 | ____________<br>____________ | ____________<br>____________ | ____________<br>____________ |

**ATÉ 70 QUILOS**

| | | | |
|---|---|---|---|
| 1951-1991 | Não se realizou | | |
| 1995 | Mónica del Real<br>MEX | Natalia Acciaio<br>ARG | Ursula Guimet<br>PER<br>Marcia King<br>CAN |
| 1999 | Heide Juárez<br>GUA | Barbara Pak<br>CAN | Barbara Kunkel<br>EUA<br>Ineabelle Díaz<br>PRC |
| 2003 | Não se realizou | | |

**MAIS DE 67 QUILOS**

| | | | |
|---|---|---|---|
| 2003 | Gina Maria Ruiz<br>DOM | Adriana Carmona<br>VEN | Patrícia Riccautti<br>ARG<br>Isanath Shabazi<br>EUA |
| 2007 | ____________<br>____________ | ____________<br>____________ | ____________<br>____________ |

**MAIS DE 70 QUILOS**

| | | | |
|---|---|---|---|
| 1951-1991 | Não se realizou | | |
| 1995 | Adriana Carmona<br>VEN | Robin Umphrey<br>EUA | Dominique Bosshart<br>CAN<br>Yudelkis Pupo<br>CUB |
| 1999 | Sonallis Mayán<br>CUB | Adriana Carmona<br>VEN | Dominique Bosshart<br>CAN<br>Luz Medina<br>PRC |
| 2003 | Não se realizou | | |

## TÊNIS

### Masculino

**SIMPLES**

| Pan | Ouro | Prata | Bronze |
|---|---|---|---|
| 1951 | Enrique Morea<br>ARG | Alejo D. Russell<br>ARG | Gustavo Palafox<br>MEX |
| 1955 | Arthur Larsen<br>EUA | Enrique Morea<br>ARG | Luis Ayala<br>CHI |
| 1959 | Luis Ayala<br>CHI | Robert Bedard<br>CAN | Jon Douglas<br>EUA |
| 1963 | Ronald Barnes<br>BRA | Mario Llamas<br>MEX | Francisco Contreras<br>MEX |
| 1967 | Thomaz Koch<br>BRA | Herbert Fitzgibbon<br>EUA | Arthur Ashe<br>EUA |
| 1971 | Não se realizou | | |
| 1975 | Kenneth Walts<br>EUA | Adolfo Gonzalez<br>MEX | Freddy de Jesus<br>PRC |
| 1979 | Mel Purcell<br>EUA | Ricardo Acuña<br>CHI | Andrés Gomez<br>ECU |
| 1983 | Greg Holmes<br>EUA | Fernando Pérez<br>MEX | Christian Miniussi<br>ARG |
| 1987 | Fernando Roese<br>BRA | Al Parker<br>EUA | Pablo Albano<br>ARG<br>Luke Jensen<br>EUA |
| 1991 | Luis E. Herrera<br>MEX | Dave DiLucia<br>EUA | Juan A. Pino<br>CUB<br>Marcelo Saliola<br>BRA |
| 1995 | Hernán Gumy<br>ARG | Javier Frana<br>ARG | Nicolas Pereira<br>VEN<br>Jaime Szymanski<br>VEN |
| 1999 | Paul Goldstein<br>EUA | Cecil Mamiit<br>EUA | Paulo Taicher<br>BRA<br>David Malbandian<br>ARG |
| 2003 | Fernando Meligeni<br>BRA | Marcelo Rios<br>CHI | José de Armas<br>VEN<br>Alex Kim<br>EUA |
| 2007 | ____________<br>____________ | ____________<br>____________ | ____________<br>____________ |

**DUPLAS**

| | | | |
|---|---|---|---|
| 1951 | ARG<br>Enrique Morea<br>Alejo D. Russell | CHI<br>Carlos Sanhueza<br>Luis Ayala | MEX<br>Gustavo Palafox<br>Anselmo Puente |
| 1955 | MEX<br>Mario Llamas<br>Gustavo Palafox | ARG<br>Enrique Morea<br>Alejo D. Russell | EUA<br>Edward Moylan<br>Arthur Larsen |
| 1959 | MEX<br>Antonio Palafox<br>Gustavo Palafox | MEX<br>Mario Llamas<br>Francisco Contreras | EUA<br>Grant Golden<br>Myron Franks |
| 1963 | BRA<br>Ronald Barnes<br>Carlos A. Fernandez | MEX<br>Juan Arredondo<br>Vicente Zarazúa | BRA<br>Iarte Adam<br>Thomas Koch |
| 1967 | BRA<br>Edison Mandarino<br>Thomaz Koch | MEX<br>Marcelo Lara<br>Joaquin Loyo | EUA<br>Arthur Ashe<br>Herbert Fitzgibbon |
| 1971 | Não se realizou | | |
| 1975 | EUA<br>Kenneth Walts<br>Bruce Manson | MEX<br>Adolfo Gonzalez<br>Raúl Contreras | BRA<br>Joao Soares<br>Joao C. Schmidt |
| 1979 | EUA<br>Andrew Kohlberg<br>Mel Purcell | CHI<br>Ricardo Acuña<br>Hector Perez | PRC<br>Ricky Diaz<br>Ernie Fernandez |
| 1983 | EUA<br>Eric Korita<br>Jonny Levine | MEX<br>Jorge Lozano<br>Fernando Perez | VEN<br>Iñaki Calvo<br>Carlos Claverie |
| 1987 | EUA<br>Luke Jensen<br>Patrick McEnroe | MEX<br>Agustín Moreno<br>Fernando Perez | CRC<br>Fred Thome<br>Kenneth Thome<br>GUA<br>Daniel Chavez<br>Favio Sical |
| 1991 | PRC | MEX | CUB |

| | | | |
|---|---|---|---|
| | Miguel Nido<br>Joey Rive | Oliver Fernandez<br>Gerardo Martinez | Juan A. Pino<br>Mario I. Tabares<br>PER<br>César Reaño<br>Tupac Venero |
| 1995 | ARG<br>Javier Frana<br>Luis G. Lobo | VEN<br>Nicolas Pereira<br>Juan C. Bianchi | MEX<br>Ricardo Herrera<br>Mario A. Pacheco<br>CHI<br>Sergio Cortés<br>Gabriel Silberstein |
| 1999 | BRA<br>André Sá<br>Paulo Taicher | MEX<br>Marco Osorio<br>Oscar Ortiz | VEN<br>Maurice Ruah<br>Jonny Romero<br>EUA<br>Robert Bryan<br>Michael Bryan |
| 2003 | MEX<br>Santiago Gonzalez<br>Alexandro Hernández | CH<br>Adrian Garcia<br>Marcelo Rios | ARG<br>Christian Villagran<br>Carlos Berlock<br>EUA<br>Alex Bogolomov<br>Jeff Morrison |
| 2007 | | | |

### COPAS DAS NAÇÕES (EQUIPES)

| | | | |
|---|---|---|---|
| 1951-1987 | Não se realizou | | |
| 1991 | BRA<br>Marcelo Saliola<br>William Kyriakos<br>Nelson Aerts | PRC<br>Miguel Nido<br>Joey Rive<br>Jaime Frontera | CUB<br>Juan A. Pino<br>Mario I. Tabares<br>Duvier Medina<br>CHI<br>Marcelo Achondo<br>Gerardo Vacarezza<br>Hans Gildemeister |
| 1995 | ARG<br>Javier Frana<br>Juan A. Garat<br>Hernán Gumy<br>Luis G. Lobo | URU<br>Marcelo Filippini<br>Diego Pérez<br>Víctor D. Caldarelli | CHI<br>Sergio Cortés<br>Gabriel Silberstein<br>EUA<br>Jimmy Jackson<br>Don Johnson<br>Robert Waite |
| 1999-2003 | Não se realizou | | |
| 2007 | | | |

## Feminino

### Simples

| | | | |
|---|---|---|---|
| 1951 | Maria L. Terán<br>ARG | Felisa Piédrola<br>ARG | Imelda Ramirez<br>MEX |
| 1955 | Rosa M. Reyes<br>MEX | Yolanda Ramirez<br>MEX | Ingrid Metzner<br>BRA |
| 1959 | Althea Gibson<br>EUA | Yolanda Ramirez<br>MEX | Dorothy M. Knode<br>EUA |
| 1963 | Maria E. Bueno<br>BRA | Yolanda Ramirez<br>MEX | Darlene Hard<br>EUA |
| 1967 | Elena Subirats<br>MEX | Patsy Rippy<br>EUA | Jane Albert<br>EUA |
| 1971 | Não se realizou | | |
| 1975 | Lele Forood<br>EUA | Patricia Medrado<br>BRA | Leyla Musalem<br>CHI |
| 1979 | Susan Hagey<br>EUA | Trey Lewis<br>EUA | Maria Llamas<br>MEX |
| 1983 | Gretchen Rush<br>EUA | Beatriz Fernandez<br>PRC | Heliane Steden<br>MEX |
| 1987 | Gisele Miró<br>BRA | Adriana Isaza<br>COL | Maria Mendez<br>ARG<br>Patricia Miller<br>URU |
| 1991 | Pam Shriver<br>EUA | Joelle Schad<br>DOM | Cláudia Chabalgoity<br>BRA<br>Andréa Vieira<br>BRA |
| 1995 | Florencia Labat<br>ARG | Ann Grossman<br>EUA | Bettina M. Fulco<br>ARG<br>Chanda Rubin<br>EUA |
| 1999 | Maria A. Vento<br>VEN | Tara Snyder<br>EUA | Alexandra Stevenson<br>EUA<br>Mariana Diaz<br>ARG |
| 2003 | Milagros Sequera<br>VEN | Sarah Taylor<br>EUA | Kristina Brandi<br>PRC<br>Ansley Cargill<br>EUA |
| 2007 | | | |

### DUPLAS

| | | | |
|---|---|---|---|
| 1951 | ARG<br>Maria L. Terán<br>Felisa Piédrola | MEX<br>Hilde Heyn<br>Imelda Ramirez | BRA<br>Silvia N. Villari<br>Helena Stark |
| 1955 | MEX<br>Rosa M. Reyes<br>Esther Reyes | ARG<br>Edna Buding<br>Graciela Lombardi | BRA<br>Ingrid Metzner<br>Maria Esther Bueno |
| 1959 | MEX<br>Rosa M. Reyes<br>Yolanda Ramirez | EUA<br>Althea Gibson<br>Karol Fageros | MEX<br>Maria Hernández<br>Imelda Ramirez |
| 1963 | EUA<br>Darlene Hard<br>Carolyn Caldwell | BRA<br>Maria Esther Bueno<br>Maureen Schwartz | MEX<br>Yolanda Ramirez<br>Elena Subirats |
| 1967 | EUA<br>Jane Albert<br>Patsy Rippy | ECU<br>Eugenia Guzmán<br>Ana M. Icaza | CAN<br>Fayne Urban<br>Victoria Berner |
| 1971 | Não se realizou | | |
| 1975 | EUA<br>Sandy Stap<br>Stephantle Tolleson | BRA<br>Vanda Ferraz<br>Christina Andrade | CUB<br>Iluminada Concepción<br>Martha Domínguez |
| 1979 | EUA<br>Ann Henricksson<br>Susan Hagey | CAN<br>Nicole Marvis<br>Helene Pelletier | PRC<br>Beatriz Fernandez<br>Crissy Gonzalez |
| 1983 | EUA<br>Gretchen Rush<br>Louise Allen | PRC<br>Beatriz Fernandez<br>Marilda Julia | MEX<br>Claudia Hernández<br>Alejandra Vallejo |
| 1987 | EUA<br>Sonia Hahn<br>Ronni Reis | ARG<br>Maria Mendez<br>Andrea Rojas Tiezzi | PRC<br>Marilda Julia<br>Emilie Viqueira<br>MEX<br>Lucila Becerra<br>Claudia Hernández |
| 1991 | EUA<br>Donna Faber<br>Pam Shriver | BRA<br>Andréa Vieira<br>Cláudia Chabalgoity | MEX<br>Aranzazu Gallardo<br>Isabel Petrov<br>CHI<br>Paula Cabezas<br>Paulina Sepúlveda |
| 1995 | ARG<br>Maria M. Paz<br>Patricia A. Tarabini | EUA<br>Chanda Rubin<br>Ann Grossman | BRA<br>Andréa Vieira<br>Luciana C. Tella<br>MEX<br>Lucila Becerra<br>Xochitl Escobedo |
| 1999 | BRA<br>Joana Cortez Santos<br>Vanessa Menga | CHI<br>Bárbara Castro<br>Paula Cabezas | CAN<br>Renata Kulbovic<br>Aneta Soukup<br>ARG |

| | | | |
|---|---|---|---|
| | | | Mariana Diaz<br>Clarissa Fernandez |
| 2003 | BRA<br>Bruna Colósio<br>Joana Cortez Santos | PRC<br>Kristina Brandi<br>Vilmarie Castellvi | CUB<br>Jamile Fors<br>Janet Nuñez<br>MEX<br>Karin Palme<br>Melissa Torres |
| 2007 | __________<br>__________ | __________<br>__________ | __________<br>__________ |

COPA DAS NAÇÕES (EQUIPES)

1951-1987 Não se realizou

| | | | |
|---|---|---|---|
| 1991 | BRA<br>Andréa Vieira<br>Cláudia Chabalgoity<br>Gisele Miró | VEN<br>Melissa Mazzotta<br>Ninfa Marra<br>Maria V. Francesa | CUB<br>Belkis Rodriguez<br>Rita Pichardo<br>Iluminada Concepción<br>CHI<br>Paula Cabezas<br>Paulina Sepúlveda<br>Macarena Miranda |
| 1995 | ARG<br>Florencia Labat<br>Maria M. Paz<br>Patricia A. Tarabini<br>Bettina M. Fulco | CHI<br>Paula Cabezas<br>Maria A. Quezada<br>Karem Harboe<br>Bárbara Castro | BRA<br>Andréa Vieira<br>Luciana C. Tella<br>EUA<br>Erika Delone<br>Shaun Stafford |

1999-2003 Não se realizou

DUPLAS MISTAS

| | | | |
|---|---|---|---|
| 1951 | MEX<br>Imelda Ramirez<br>Gustavo Palafox | ARG<br>Felisa Piédrola<br>Enrique Morea | ARG<br>Maria L. Terán<br>Alejo D. Russell |
| 1955 | MEX<br>Yolanda Ramirez<br>Gustavo Palafox | ARG<br>Felisa Piédrola<br>Enrique Morea | ARG<br>Maria L. Terán<br>Alejo D. Russell |
| 1959 | MEX<br>Yolanda Ramirez<br>Gustavo Palafox | MEX<br>Rosa M. Reyes<br>Francisco Contreras | EUA<br>Althea Gibson<br>Grant Golden |
| 1963 | MEX<br>Yolanda Ramirez<br>Francisco Contreras | BRA<br>Maria Esther Bueno<br>Thomaz Koch | EUA<br>Darlene Hard<br>Frank Froehling |
| 1967 | EUA<br>Jane Albert<br>Arthur Ashe | MEX<br>Elena Subirats<br>Luis García | ECU<br>Eugenia Guzmán<br>Francisco Guzmán |
| 1971 | Não se realizou | | |
| 1975 | EUA<br>Lele Forood<br>Hans Pfister | PRC<br>Maria Annexy<br>Freddy de Jesus | MEX<br>Alejandra Vallejo<br>Adolfo Gonzalez |
| 1979 | VEN<br>Marlín Noriega<br>Juan Bóveda | EUA<br>Ann Henricksson<br>Fritz Buehning | MEX<br>Alejandra Vallejo<br>Javier Ordaz |
| 1983 | VEN<br>Nuria Alasia<br>Iñaki Calvo | MEX<br>Alejandra Vallejo<br>Jorge Lozano | EUA<br>Linda Gates<br>Greg Holmes |
| 1987 | MEX<br>Lucila Becerra<br>Gilberto Cicero | ARG<br>Andrea Rojas Tiezzi<br>Pablo Albano | CUB<br>Belkis Rodriguez<br>Juan A. Pino<br>BRA<br>Gisele Miró<br>Fernando Roese |
| 1991 | EUA<br>Pam Shriver<br>Dave DiLucia | BRA<br>Cláudia Chabalgoity<br>William Kyriakos | PRC<br>Emilie Viqueira<br>Jaime Frontera<br>DOM<br>Joelle Schad<br>Rafael Moreno |
| 1995 | EUA<br>Shaun Stafford<br>Robert Waite | ARG<br>Patricia A. Tarabini<br>Luis G. Lobo | CUB<br>Belkis Rodriguez<br>Juan A. Pino<br>VEN<br>Ninfa Marra<br>Jaime Szymanski |

1999-2003 Não se realizou

## TÊNIS DE MESA

### Competições Masculinas

INDIVIDUAIS

| Pan | Ouro | Prata | Bronze |
|---|---|---|---|
| 1951-1979 | Não se realizou | | |
| 1983 | Brian Masters<br>EUA | Ricardo Tetsuo<br>BRA | Mario Álvarez<br>DOM<br>Walter Natham<br>PER |
| 1987 | Gideon J.<br>CAN | Sean O'Neill<br>EUA | Cláudio Kano<br>BRA<br>Carlos Kawai<br>BRA |
| 1991 | Hugo Hoyama<br>BRA | Cláudio Kano<br>BRA | Horatio Pintea<br>CAN<br>James Butler<br>EUA |
| 1995 | Hugo Hoyama<br>BRA | Cláudio Kano<br>BRA | Horatio Pintea<br>CAN<br>James Butler<br>EUA |
| 1999 | David Zhuang<br>EUA | Liu Song<br>ARG | Francisco Arado<br>CUB<br>Jorge Gambra<br>CHI |
| 2003 | Ju Din<br>DOM | Thiago Monteiro<br>BRA | Hugo Hoyama<br>BRA<br>Song Liu<br>ARG |
| 2007 | __________<br>__________ | __________<br>__________ | __________<br>__________ |

DUPLAS

1951-79 Não se realizou

| | | | |
|---|---|---|---|
| 1983 | BRA<br>Cláudio Kano<br>Ricardo Tetsuo | DOM<br>Raymundo Fermín<br>Juan Vila | EUA<br>Brian Masters<br>Sean O'Neill<br>CHI<br>Jorge Gambra<br>Marcos Núñez |
| 1987 | CAN<br>Gideon J. Ng<br>Horatio Pintea | BRA<br>Cláudio Kano<br>Hugo Hoyama | DOM<br>Juan Vila<br>Mario Álvarez<br>CHI<br>Marcos Núñez<br>Jorge Gambra |
| 1991 | BRA<br>Hugo Hoyama<br>Cláudio Kano | CAN<br>Gideon J. Ng<br>Horatio Pintea | BRA<br>Carlos Kawai<br>Silnei Yuta<br>CUB<br>Rubén Arado<br>Ernesto González |
| 1995 | BRA<br>Hugo Hoyama<br>Cláudio Kano | ARG<br>Pablo Tabachnick<br>Martín Paradela | CHI<br>Juan Salamanca<br>Juan Papic<br>CAN<br>Horatio Pintea<br>Gideon J. Ng |
| 1999 | Não se realizou | | |

| | | | |
|---|---|---|---|
| 2003 | BRA<br>Hugo Hoyama<br>Thiago Monteiro | BRA<br>Bruno dos Anjos<br>Gustavo Tsuboi | ARG<br>Song Liu<br>Pablo Tabachnik<br>DOM<br>Lin Ju<br>Roberto Brito |
| 2007 | ____<br>____ | ____<br>____ | ____<br>____ |

EQUIPES

1951-1979 Não se realizou

| | | | |
|---|---|---|---|
| 1983 | BRA<br>Cláudio Kano<br>Ricardo Tetsuo<br>Aristides Nascimento<br>Acassio R. Da Cunha | CAN<br>Gideon J. Ng<br>Horatio Pintea<br>Alain Bourbonnais | DOM<br>Mario Álvarez<br>Juan Vila<br>Raymundo Fermín<br>Gonzalo Ortiz |
| 1987 | BRA<br>Cláudio Kano<br>Hugo Hoyama<br>Edson Takahashi<br>Carlos Kawai | EUA<br>Sean O'Neill<br>Quang Bui<br>Khoa Nguyen<br>James Butler | CAN<br>Gideon J. Ng<br>Horatio Pintea<br>Christopher Chu |
| 1991 | BRA<br>Cláudio Kano<br>Carlos Kawai<br>Hugo Hoyama<br>Silnei Yuta | EUA<br>Sean O'Neill<br>James Butler<br>Dhiren Narotam<br>Chi-Sun Chui | CAN<br>Gideon J. Ng<br>Horatio Pintea<br>Francis Trudel<br>Come-Vincent Bernier |
| 1995 | BRA<br>Silnei Yuta<br>Cláudio Kano<br>Carlos Kawai<br>Hugo Hoyama | EUA<br>James Butler<br>Sean O'Neill<br>Chi-Sun Chui<br>Derek May | CAN<br>Horatio Pintea<br>Francis Trudel<br>Gideon J. Ng<br>D. Su |
| 1999 | EUA<br>Eric Owens<br>David Zhuang<br>Tod Sweeris | ARG<br>Liu Song<br>Juan Frery<br>Pablo Tabachnick | CAN<br>P Peter-Paul<br>Xavier Therien<br>Horatio Pintea<br>BRA<br>Carlos Kawai<br>Thiago Monteiro<br>Hugo Hoyama |
| 2003 | Não se realizou | | |
| 2007 | ____<br>____ | ____<br>____ | ____<br>____ |

## Competições Femininas

INDIVIDUAIS

1951-1979 Não se realizou

| | | | |
|---|---|---|---|
| 1983 | Insook Bhushan<br>EUA | Madeleine Armas<br>CUB | Elizabeth Popper<br>VEN<br>Marta R. Báez<br>CUB |
| 1987 | Insook Bhushan<br>EUA | Mariann Domonkos<br>CAN | Carmen Miranda<br>CUB<br>Mónica Liyau<br>PER |
| 1991 | Insook Bhushan<br>EUA | Lily Hugh<br>EUA | Madeleine Armas<br>CUB<br>Jackeline C. Díaz<br>CHI |
| 1995 | Lijuan Geng<br>CAN | Lily Yip<br>EUA | Barbara Chiu<br>CAN<br>Diana Gee<br>EUA |
| 1999 | Jun Gao Chang<br>EUA | Lijuan Geng<br>CAN | Amy Feng<br>EUA<br>Petra Cada<br>CAN |
| 2003 | Jun Gao Chang<br>EUA | Xue Wu<br>DOM | Tawny Banh<br>EUA<br>Berta Rodrigues<br>CHI |
| 2007 | ____<br>____ | ____<br>____ | ____<br>____ |

DUPLAS

1951-1979 Não se realizou

| | | | |
|---|---|---|---|
| 1983 | EUA<br>Insook Bhushan<br>Diana Gee | CUB<br>Madeleine Armas<br>Marta R. Báez | VEN<br>Elizabeth Popper<br>Nieves Arévalo<br>CAN<br>Mariann Domonkos<br>Thanh Mach |
| 1987 | CUB<br>Marisel Ramírez<br>Carmen Miranda | CAN<br>Mariann Domonkos<br>Thanh Mach | CUB<br>Madeleine Armas<br>Marta R. Báez<br>ECU<br>Patricia Cabrera<br>Betty Guamancela |
| 1991 | EUA<br>Lily Hugh<br>Li Ai | EUA<br>Insook Bhushan<br>Diana Gee | CUB<br>Madeleine Armas<br>Yolanda Rodríguez<br>CAN<br>Caroline Sylvestre<br>Julie Martin |
| 1995 | CAN<br>Lijuan Geng<br>Barbara Chiu | CHI<br>Sofija Tepes<br>Jacqueline Díaz | EUA<br>Thu Banh<br>Wei Wang<br>CHI<br>Ursula Macaya<br>Berta Rodríguez |
| 1999 | Não se realizou | | |
| 2003 | EUA<br>Jun Gao Chang<br>Jasna Reed | EUA<br>Tawny Banh<br>Lily Yip | DOM<br>Xue Wu<br>Olga Vila<br>VEN<br>Fabiola Ramos<br>Luisana Perez |
| 2007 | ____<br>____ | ____<br>____ | ____<br>____ |

EQUIPES

1951-1979 Não se realizou

| | | | |
|---|---|---|---|
| 1983 | EUA<br>Insook Bhushan<br>Diana Gee | CUB<br>Madeleine Armas<br>Marta R. Báez<br>Carmen Miranda | CAN<br>Mariann Domonkos<br>Thanh Mach<br>Gloria Hsu |
| 1987 | EUA<br>Insook Bhushan<br>Diana Gee<br>Takako Trenholme | CUB<br>Madeleine Armas<br>Marta R. Báez | CAN<br>Mariann Domonkos<br>Thanh Mach<br>Helene Bedard |
| 1991 | EUA<br>Insook Bhushan<br>Diana Gee<br>Lily Hugh<br>Li Ai | CUB<br>Madeleine Armas<br>Leticia Suárez<br>Yolanda Rodríguez<br>Marisel Ramírez | BRA<br>Môônica Doti<br>Carla Tiberio<br>Marta Massuda<br>Lyanne Kosaka |
| 1995 | CAN<br>Lijuan Geng<br>Barbara Chiu<br>Petra Cada<br>Chris Ngo Xu | EUA<br>Lily Yip<br>Wei Wang<br>Diana Gee<br>Thu Banh | CUB<br>Marisel Ramírez<br>Yolaisdis García<br>Madeleine Armas<br>Yolanda Rodríguez |
| 1999 | EUA<br>Tawny Bahn<br>Amy Feng<br>Jun Chang | CAN<br>Chris Xu<br>Lijuan Geng<br>Petra Cada | CHI<br>Sofija Tépez<br>Silvia Morel<br>Berta Rodríguez<br>BRA<br>Lyanne Kosaka<br>Ligia Silva<br>E Ferreira |
| 2003 | Não se realizou | | |
| 2007 | ____<br>____ | ____<br>____ | ____<br>____ |

## Competições Mistas

**DUPLAS**

| Pan | Ouro | Prata | Bronze |
|---|---|---|---|
| 1951-1979 | Não se realizou | | |
| 1983 | EUA<br>Sean O'Neill<br>Insook Bhushan | CAN<br>Horatio Pintea<br>Mariann Domonkos | BRA<br>Cláudio Kano<br>Sandra Noda<br>VEN<br>Francisco López<br>Elizabeth Popper |
| 1987 | EUA<br>Khoa Nguyen<br>Insook Bhushan | EUA<br>Sean O'Neill<br>Diana Gee | CAN<br>Gideon J. Ng<br>Mariann Domonkos<br>VEN<br>Francisco López<br>Elizabeth Popper |
| 1991 | EUA<br>Sean O'Neill<br>Diana Gee | CUB<br>Rubén Arado<br>Yolanda Rodríguez | CUB<br>Ernesto González<br>Madeleine Armas<br>CAN<br>Gideon J. Ng<br>Lulie Barton |
| 1995 | CAN<br>Horatio Pintea<br>Lijuan Geng | CUB<br>Francisco Arado<br>Madeleine Armas | CAN<br>Gideon J. Ng<br>Barbara Chiu<br>BRA<br>Hugo Hoyama<br>Livia Kosaka |
| 1999-2003 | Não se realizou | | |

## TIRO

### Provas Masculinas

**PISTOLA LIVRE, INDIVIDUAL**

| Pan | Ouro | Prata | Bronze |
|---|---|---|---|
| 1951 | Edwin Vazquez<br>PER 549 pontos | Huelet Benner<br>EUA 547 | Rafael Bermejo<br>MEX 543 |
| 1955 | Huelet Benner<br>EUA 549 | John Dodds<br>EUA 544 | Pedro Avilés<br>MEX 542 |
| 1959 | Nelson Lincoln<br>EUA 546 | Tomás Cabañas<br>CUB 538 | Roy Sutherland<br>EUA 536 |
| 1963 | Franklin Green<br>EUA 547 | Garfield McMahon<br>CAN 546 | Elvin Merx<br>EUA 541 |
| 1967 | Hershel Anderson<br>EUA 548 | Javier Peregrina<br>MEX 545 | Edgar Espinosa<br>VEN 542 |
| 1971 | Bertino de Souza<br>BRA 552 | Hershel Anderson<br>EUA 550 | Nelson Oñate<br>CUB 545 |
| 1975 | Hershel Anderson<br>EUA 559 | Melvin Makin<br>EUA 552 | Jules Sobrian<br>CAN 544 |
| 1979 | Walter Bauzá<br>ARG 555 | Luis A. Baquero<br>CUB 547 | Thomas Guinn<br>CAN 547 |
| 1983 | Erich Buljung<br>EUA 558 | Silvio Aguiar<br>BRA 558 | Hector D'Lima<br>VEN 553 |
| 1987 | George Ross<br>EUA 651 | Erich Buljung<br>EUA 648 | Bernardo Tobar<br>COL 642 |
| 1991 | Vicente de la Cruz<br>CUB 653 | Ben Amonette<br>EUA 641 | Rodney Colwell<br>CAN 636+10 |
| 1995 | Abel Juncosa<br>CUB 652,6 | Ben Amonette<br>EUA 651,1 | Jodson Edington<br>BRA 650,9 |
| 1999 | Jason Meidinger<br>EUA 648,1 | Darry Szarenski<br>EUA 647,7 | Norbelis Bárzaga<br>CUB 639,9 |
| 2003 | Daryl Scarenski<br>EUA 658,1 | Arseny Borrero<br>CUB 639,3 | Norbelis Bárzaga<br>CUB 638,9 |
| | Stenio Yamamoto, do Brasil, ficou em quarto lugar, com 634,7 pontos. | | |
| 2007 | | | |

**PISTOLA LIVRE POR EQUIPE**

| Pan | Ouro | Prata | Bronze |
|---|---|---|---|
| 1951 | MEX 2.683 pontos<br>Rafael Bermejo<br>Raul Ibarra<br>José Reyes<br>Pedro Avilés<br>Miguel Lambarri | ARG 2.633<br>Angel Manelli<br>Pablo C. Cagnasso<br>Alberto Martijena<br>Oscar R. Bidegain<br>Antonio Cannavo | PER 2.632<br>Edwin Vazquez<br>Wenceslao Salgado<br>Vicente Portaro<br>César Injoke<br>Pedro Puente |
| 1955 | EUA 2.671<br>John C. Forman<br>John Dodds<br>Huelet Benner<br>Thomas Mitchell<br>John Jagoda | ARG 2.619<br>Angel Manelli<br>Oscar R. Bidegain<br>Alberto Martijena<br>Ovidio Garay<br>Antonio Cannavo | MEX 2.618<br>José Reyes<br>Miguel Lambarri<br>Pedro Avilés<br>Manuel Larrañaga<br>Raul Ibarra |
| 1959 | EUA 2.128<br>Roy Sutherland<br>Victor Maass<br>Nelson Lincoln<br>Lloyd Burchett | ARG 2.069<br>Ovidio Garay<br>Alberto Martijena<br>Valerio Oliva<br>Angel Manelli | CAN 2.068<br>James Zavitts<br>Garfield McMahon<br>Thomas Cocking<br>Godfrey Brunner |
| 1963 | EUA 2.170<br>Franklin Green<br>Elvin Merx<br>Robert Meagher<br>Paul J. Shauk | CAN 2.146<br>Garfield McMahon<br>David M. Doig<br>William Hare<br>Fernand LaPointe | BRA 2.104<br>Benvenuto Tilli<br>Durval Guimarães<br>Álvaro dos Santos<br>Francisco Estrella |
| 1967 | EUA 2.171<br>Hershel Anderson<br>Arnold Vitarbo<br>William Blackenship<br>Franklin Green | CUB 2.127<br>Nelson Oñate<br>Arturo Costa<br>Enrique Borbonet<br>Andrés Sequeiro | MEX 2.118<br>Javier Peregrina<br>Leopoldo Martinez<br>Rafael Bermejo<br>Hector Pérez |
| 1971 | EUA 2.152<br>Hershel Anderson<br>Emile Heugatter<br>Francis Higginson<br>Hezekian Clark | CUB 2.146<br>Nelson Oñate<br>Santiago Trompeta<br>Leonardo Benedicto<br>Roberto Garcia | VEN 2.124<br>Edgar Espinosa<br>Angel Orellana<br>Juha Manner<br>Hector D'Lima |
| 1975 | EUA 2.194<br>Hershel Anderson<br>Melvin Makin<br>Jimmie Dorsey<br>Richard Crawford | CAN 2.133<br>Jules Sobrian<br>Thomas Guinn<br>Edward Jans<br>William Molnar | MEX 2.133<br>Alfredo Lopez<br>Juventino Sánchez<br>Javier Padilla<br>Gildardo Bravo |
| 1979 | CAN 2.138<br>Thomas Guinn<br>Edward Jans<br>Manley Wolochow<br>Arthur Tomsett | CUB 2.134<br>Arturo Castillo<br>Pedro L. Bermúdez<br>Luis A. Baquero<br>Gonzalo Gonzalez | PRC 2.127<br>José E. Costas<br>Johnny Cannizzaro<br>Rafael Garden<br>Fidel A. Pérez |
| 1983 | VEN 1.640<br>Hector D'Lima<br>Edgar Espinosa<br>Víctor Villalobos | EUA 1.631<br>Erich Buljung<br>Donald Nygord<br>Jimmie McCoy | BRA 1.621<br>Durval Guimarães<br>Silvio Aguiar<br>Wilson Scheidemantel |
| 1987 | EUA 1.670<br>George Ross<br>Erich Buljung<br>Donald Nygord | PER 1.620<br>Rodrigo Aranguena<br>Carlos Hora<br>Pedro Garcia | ARG 1.615<br>Ernesto Alais<br>Walter Bauzá<br>Lisandro Sugesky |
| 1991 | CAN 1.628<br>Rodney Colwell<br>John Rochon<br>Jean P. Huot | CUB 1.627<br>Vicente de la Cruz<br>Osvaldo Rivera<br>Jorge L. Enríquez | VEN 1.593<br>Alejandro Muñoz<br>Edgar Espinosa<br>Bernardo Ocando |
| 1995 | CUB 1.655<br>Abel Juncosa<br>Norbelis Bárzaga<br>Vicente de la Cruz | EUA 1.652<br>Ben Amonette<br>Daryl Szarenski<br>Darius Young | GUA 1.621<br>Sergio Sánchez<br>Marvin Diaz<br>Guillermo Billingslea |
| 1999-2003 | Não se realizou | | |

**TIRO RÁPIDO, INDIVIDUAL**

| Pan | Ouro | Prata | Bronze |
|---|---|---|---|
| 1951 | Huelet Benner<br>EUA 578 pontos | Enrique Diaz<br>ARG 566 | Oscar Cervo<br>ARG 564 |
| 1955 | Carlos Sáenz<br>ARG 589 | William McMillan<br>EUA 586 | John Forman<br>EUA 584 |
| 1959 | David Cartes<br>EUA 584 | Aubrey Smith<br>EUA 573 | Guillermo Cornejo<br>PER 571 |
| 1963 | Cecil Wallis<br>EUA 585 | Lawrence Mosely<br>EUA 578 | Manuel Fernández<br>ARG 577 |

| | | | |
|---|---|---|---|
| 1967 | William McMillan | Alirio Maya | Edward Teague |
| | EUA 581 | COL 580 | EUA 579 |
| 1971 | Víctor Castellanos | Alirio Maya | Arturo Costa |
| | GUA 586 | COL 584 | CUB 583 |
| 1975 | Melvin Makin | Jules Sobrian | James McCauley |
| | EUA 589 | CAN 588 | EUA 588 |
| 1979 | Juan C. Hernandez | John McNally | Bernardo Tobar |
| | CUB 590 | EUA 588 | COL 587 |
| 1983 | Terence Anderson | Bernardo Tobar | Rafael Rodriguez |
| | EUA 594 | COL 593 | CUB 591 |
| 1987 | Bernardo Tobar | Rojelio Arredondo | John McNally |
| | COL 694 | EUA 684 | EUA 682 |
| 1991 | John McNally | Rafael Rodriguez | Guillermo Reyes |
| | EUA 877 | CUB 863 | CUB 862 |
| 1995 | Guido Arbona | Dan Iuga | Bernardo Tobar |
| | CUB 682,6 | EUA 681,5 | COL 680,3 |
| 1999 | Daniel Felizia | John McNally | Bernardo Tobar |
| | ARG 680,6 | EUA 676,6 | COL 672,6 |
| 2003 | Leuris Pupo | Juan Francisco | John McNally |
| 2007 | ____________ | ____________ | ____________ |
| | ____________ | ____________ | ____________ |

**TIRO RÁPIDO POR EQUIPE**

| | | | |
|---|---|---|---|
| 1951 | ARG 2.247 pontos | BRA 2.166 | MEX 2.114 |
| | Enrique Diaz | Pedro Simao | Ernesto Montemayor |
| | Oscar Cervo | João Sobocinski | Manuel Larrañaga |
| | Dionisio Fernández | Ademar Faller | Miguel Lambarri |
| | Ernesto Guillón | Adhaury Da Costa | José Reyes |
| 1955 | EUA 2.328 | ARG 2.292 | MEX 2.273 |
| | Huelet Benner | Carlos Sáenz | René Arredondo |
| | John Forman | Oscar Cervo | Luis Jiménez |
| | William McMillan | Dionisio Fernández | Carlos Rodriguez |
| | Thomas Mitchell | Enrique Schack | Alfonso Castañeda |
| 1959 | EUA 2.309 | PER 2.237 | ARG 2.235 |
| | David Carter | Guillermo Cornejo | Oscar Cervo |
| | Roy Ratliff | Armando Lopez | José Schaffer |
| | Aubrey Smith | Pedro Garcia | Enrique Schack |
| | Richard Stineman | José Sakr | Charles Torno |
| 1963 | EUA 2.312 | ARG 2.264 | MEX 2.252 |
| | Cecil Wallis | Manuel Fernández | Enrique Torres |
| | Lawrence Mosely | José Schaffer | Homero Laddaga |
| | Aubrey Smith | Charles Torno | Ignacio Mendoza |
| | Richard Stineman | Oscar Cervo | Camilo Kurí |
| 1967 | EUA 2.307 | VEN 2.283 | MEX 2.266 |
| | William McMillan | Frank de Castro | Homero Laddaga |
| | Edward Teague | Luis E. Páez | Rafael Carpio |
| | Aubrey Smith | José A. Chalbaud | Hector Elizondo |
| | William Blackenship | Jerko Jurín | Alfonso Castañeda |
| 1971 | CUB 2.324 | COL 2.312 | EUA 2.308 |
| | Eloy Menéndez | Fabio Posada | Herbert Delong |
| | Humberto Pérez | Hernán Sánchez | Edward Teague |
| | Arturo Costa | Eduardo Sánchez | James McCauley |
| | Arnoldo Bonzón | Alirio Maya | Robert Whitaker |
| 1975 | EUA 2.331 | CUB 2.316 | MEX 2.301 |
| | Joseph Witherell | Arnoldo Bonzón | Mario Sánchez |
| | John Smith | Erín Galdo | Javier Sánchez |
| | James McCauley | Arturo Costa | Homero Laddaga |
| | Melvin Makin | Aedo Acosta | Antonio Hernandez |
| 1979 | CUB 2.339 | EUA 2.331 | COL 2.315 |
| | Guillermo Reyes | William McMillan | Alirio Maya |
| | Erín Galdo | John McNally | Bernardo Tobar |
| | Juan C. Hernandez | Terence Anderson | Alfredo Gonzalez |
| | Rafael Rodriguez | Darius Young | Luis Colina |
| 1983 | EUA 1.766 | CUB 1.765 | COL 1.754 |
| | Terence Anderson | Rafael Rodriguez | Bernardo Tobar |
| | Allyn Johnson | Eliecer Mora | Alfredo Gonzalez |
| | John McNally | Juan C. Hernandez | Luis Colina |
| 1987 | COL 1.755 | EUA 1.750 | CUB 1.749 |
| | Bernardo Tobar | Rojelio Arredondo | Rafael Rodriguez |
| | Luis Colina | John McNally | Juan C. Hernandez |
| | Alfredo Gonzalez | Darius Young | Guillermo Reyes |

| | | | |
|---|---|---|---|
| 1991 | EUA 1.733 | CUB 1.726 | COL 1.697 |
| | John McNally | Rafael Rodriguez | Bernardo Tobar |
| | Eduardo Suarez | Guillermo Reyes | Alfredo Gonzalez |
| | Roger Mar | Juan C. Méndez | Luis Colina |
| 1995 | EUA 1.739 | CUB 1.737 | ARG 1.717 |
| | Dan Iuga | Guido Arbona | Ricardo O. Yuston |
| | Terence Anderson | Guillermo Reyes | Eduardo J. Felizia |
| | John McNally | Rafael Rodriguez | Daniel Felizia |
| 1999-2003 | Não se realizou | | |

**FOGO CENTRAL, INDIVIDUAL**

| | | | |
|---|---|---|---|
| 1951 | Não se realizou | | |
| 1955 | Huelet Benner | William McMillan | John Forman |
| | EUA 588 pontos | EUA 577 | EUA 576 |
| 1959 | Aubrey Smith | Oscar Cervo | Garfield McMahon |
| | EUA 569 | ARG 569 | CAN 568 |
| 1963 | Thomas Smith | William Blackenship | Garfield McMahon |
| | EUA 597 | EUA 594 | CAN 579 |
| 1967 | Francis Higginson | William Blackenship | Jules Sobrian |
| | EUA 593 | EUA 586 | CAN 586 |
| 1971 | Francis Higginson | Hezekian Clark | Jules Sobrian |
| | EUA 593 | EUA 586 | CAN 584 |
| 1975 | Marvin Black | Hershel Anderson | Leopoldo Ortega |
| | EUA 589 | EUA 586 | MEX 583 |
| 1979 | Oscar Yuston | Jerry Wilder | Samuel Baiocco |
| | ARG 584 | EUA 583 | EUA 580 |
| 1983 | Erich Buljung | Edgar Espinosa | Guillermo Reyes |
| | EUA 590 | VEN 590 | CUB 589 |
| 1987 | Renzo B. Velázquez | Darius Young | Felipe Beuvrín |
| | VEN 588 | EUA 584 | VEN 582 |
| 1991 | Donald Nygord | Darius Young | Oscar Yuston |
| | EUA 582 | EUA 577+146 | ARG 577+143 |
| 1995 | Dan Iuga | Julio A. Almeida | Eduardo Suarez |
| | EUA 581 | BRA 580 | EUA 578 |
| 1999-2003 | Não se realizou | | |

**FOGO CENTRAL POR EQUIPE**

| | | | |
|---|---|---|---|
| 1951 | Não se realizou | | |
| 1955 | EUA 2.311 pontos | PRC 2.252 | VEN 2.234 |
| | Huelet Benner | Miguel Emanuelli | Carlos Monteverde |
| | William McMillan | Alberto Guerrero | Carlos Marrero |
| | John Forman | Ernesto Rivera | Humberto Paredes |
| | John Jagoda | Viviano Ramirez | José I. Bernal |
| 1959 | EUA 2.266 | VEN 2.214 | PRC 2.213 |
| | Aubrey Smith | Carlos Crassus | José Lopez |
| | Roy Sutherland | Hermann Espinal | León Lyon |
| | Richard Stineman | Carlos Monteverde | Manuel Gonzalez |
| | David Cartes | Pedro Bujana | Zenón Rosa |
| 1963 | EUA 2.343 | CAN 2.262 | MEX 2.261 |
| | Thomas Smith | Garfield McMahon | Enrique Torres |
| | William Blackenship | David Doig | Camilo Kurí |
| | William Mellon | Fernand LaPointe | Miguel Torres |
| | William McMillan | William Hare | Homero Laddaga |
| 1967 | EUA 2.342 | CAN 2.280 | VEN 2.264 |
| | Francis Higginson | Jules Sobrian | Guillermo Rincón |
| | William Blackenship | David Coles | Jerko Jurín |
| | Bonnie Harmon | James Lockham | Rafael Acosta |
| | Donald Hamilton | John Clifford | José A. Chalbaud |
| 1971 | EUA 2.353 | CAN 2.321 | CUB 2.308 |
| | Francis Higginson | Jules Sobrian | Nelson Oñate |
| | Hezekian Clark | James Lec | Arturo Costa |
| | Robert Whitaker | William Hare | Arnoldo Bonzón |
| | James McCauley | Garfield McMahon | Eloy Menéndez |
| 1975 | EUA 2.334 | ARG 2.297 | CUB 2.281 |
| | James McCauley | Jorge A. Luca | Roberto Garcia |
| | Bruce Chreene | Oscar Yuston | Arnoldo Bonzón |
| | Hershel Anderson | Roger Guado | Arturo Costa |
| | Marvin Black | Aldo Chesi | Guillermo Reyes |
| 1979 | EUA 2.305 | CAN 2.281 | ARG 2.280 |
| | Samuel Baiocco | Jules Sobrian | Aldo Chesi |
| | Jerry Wilder | Steven Kelly | Roger Guado |

| | | | |
|---|---|---|---|
| | Jimmie Dorsey | Edward Jans | Julio Oviedo |
| | Darius Young | Robert Zimmer | Oscar Yuston |
| 1983 | VEN 1.752 | EUA 1.739 | CUB 1.734 |
| | Edgar Espinosa | Erich Buljung | Guillermo Reyes |
| | Víctor Villalobos | Donald Nygord | Juan C. Hernandez |
| | Marcos T. Núñez | Jimmie McCoy | Rodolfo Vidaurreta |
| 1987 | EUA 1.741 | VEN 1.741 | BRA 1.720 |
| | Darius Young | Renzo B. Velázquez | Durval Guimarães |
| | Donald Nygord | Felipe Beuvrín | Benvenuto Tilli |
| | Rojelio Arredondo | Alberto Olavarría | Alfredo Lalia |
| 1991 | EUA 1.736 | BRA 1.699 | ARG 1.693 |
| | Donald Nygord | Durval Guimarães | Oscar Yuston |
| | Darius Young | Jodson Edington | Daniel Felizia |
| | Eduardo Suarez | Wilson Scheidemantel | Aldo Chesi |
| 1995 | EUA 1.726 | BRA 1.716 | ARG 1.703 |
| | Dan Iuga | Julio A. Almeida | Ricardo O. Yuston |
| | Eduardo Suarez | Mauriverth Spena | Alberto Olivera |
| | Darius Young | Fernando Cardoso | Daniel Felizia |
| 1999-2003 | Não se realizou | | |

**PISTOLA DE AR, INDIVIDUAL**

| | | | |
|---|---|---|---|
| 1951-1971 | Não se realizou | | |
| 1975 | Hershel Anderson | Nelson Oñate | Santiago Trompeta |
| | EUA 387 pontos | CUB 382 | CUB 381 |
| 1979 | Donald Nygord | Donald Hamilton | Rafael Garden |
| | EUA 385 | EUA 380 | PRC 380 |
| 1983 | Carlos Hora | Donald Nygord | Carlos Ortiz |
| | PER 579 | EUA 576 | COL 575 |
| 1987 | Donald Nygord | Carlos Hora | Gregory Appleton |
| | EUA 681,2 | PER 677,9 | EUA 672,1 |
| 1991 | Bernardo Tobar | Ben Amonette | Wilson Scheidemantel |
| | COL 676,7 | EUA 673,1 | BRA 669,2 |
| 1995 | Norbelis Bárzaga | Ben Amonette | Vicente de la Cruz |
| | CUB 672,3 | EUA 670,5 | CUB 668,7 |
| 1999 | Darry Szarenski | Felipe Beuvrín | Jason Meidinger |
| | EUA 670,9 | VEN 669,9 | EUA 669,7 |
| 2003 | Jason Turner | Maximino Modesti | John Bickar |
| | EUA 675,6 | ARG 674,2 | EUA 674,1 |
| | Stenio Yamamoto, do Brasil, ficou em oitavo lugar, com 664,7 pontos. | | |
| 2007 | ______ | ______ | ______ |
| | ______ | ______ | ______ |

**PISTOLA DE AR POR EQUIPE**

| | | | |
|---|---|---|---|
| 1951-1971 | Não se realizou | | |
| 1975 | CUB 1.518 pontos | EUA 1.498 | MEX 1.487 |
| | Nelson Oñate | Hershel Anderson | Gildardo Bravo |
| | Roberto Garcia | Charles Wheeler | Alejandro Elias |
| | Santiago Trompeta | Pasquale Melaragno | Neagu Bratu |
| | Guillermo Reyes | Richard Crawford | Juventino Sánchez |
| 1979 | EUA 1.518 | BRA 1.488 | PRC 1.486 |
| | Donald Nygord | Silvio Souza | Rafael Garden |
| | Donald Hamilton | Wilson Scheidemantel | Fidel A. Pérez |
| | Charles McCowan | Bertino Alves | Mario Jiménez |
| | Erich Buljung | Paulo Lamego | Juan R. Marchand |
| 1983 | ECU 1.706 | EUA 1.704 | VEN 1.701 |
| | Galo Miño | Donald Nygord | Hector D'Lima |
| | Ronald Dunn | Darius Young | Bernardo Ocando |
| | Paul Marggraff | Jimmie McCoy | Carlo Vignoli |
| 1987 | EUA 1.727 | PER 1.699 | URU 1.696 |
| | Donald Nygord | Carlos Hora | Gustavo Cadarso |
| | Gregory Appleton | Pedro Garcia | Luis Méndez |
| | Erich Buljung | Rodrigo Aranguena | José Mautone |
| 1991 | MEX 1.700 | DOM 1.697 | BRA 1.694 |
| | Ignacio Pedroza | Luis G. Lebrón | Wilson Scheidemantel |
| | José L. Conde | Nadim A. Chamoun | Alejandro Stissin |
| | Cenobio Ramirez | Manuel Figuereo | Durval Guimarães |
| 1995 | EUA 1.713 | CUB 1.710 | CAN 1.704 |
| | Ben Amonette | Norbelis Bárzaga | John Rochon |
| | Patrick Saunders | Vicente de la Cruz | Jean P. Huot |
| | Donald Nygord | Abel Juncosa | Stanley M. Wills |
| 1999-2003 | Não se realizou | | |

**PISTOLA STANDARD, INDIVIDUAL**

| | | | |
|---|---|---|---|
| 1951-1979 | Não se realizou | | |
| 1983 | Erich Buljung | George Ross | Delival Nobre |
| | EUA 584 pontos | EUA 573 | BRA 571 |
| 1987 | Erich Buljung | Guillermo Reyes | Oscar Yuston |
| | EUA 570 | CUB 566 | ARG 564 |
| 1991 | Eduardo Suarez | Guillermo Reyes | Donald Nygord |
| | EUA 565+139,0 | CUB 565+132,0 | EUA 563 |
| 1995 | Rafael Olivera | Donald Nygord | Ben Amonette |
| | ARG 570 | EUA 569 | EUA 566 |
| 1999-2003 | Não se realizou | | |

**PISTOLA STANDARD POR EQUIPE**

| | | | |
|---|---|---|---|
| 1951-1979 | Não se realizou | | |
| 1983 | EUA 1.718 pontos | COL 1.670 | VEN 1.669 |
| | Erich Buljung | Bernardo Tobar | Felipe Beuvrín |
| | George Ross | Alfredo Gonzalez | Manuel Guevara |
| | Donald Nygord | Luis Colina | Humberto Guirigay |
| 1987 | VEN 1.673 | CUB 1.641 | PRC 1.639 |
| | Felipe Beuvrín | Guillermo Reyes | Maximino Rivera |
| | Víctor Villalobos | Luis A. Baquero | Angel Correas |
| | José Becerra | Juan C. Hernandez | Julio Ortega |
| 1991 | EUA 1.688 | ARG 1.669 | CUB 1.665 |
| | Eduardo Suarez | Oscar Yuston | Guillermo Reyes |
| | Donald Nygord | Daniel Felizia | Guillermo Garcia |
| | Darius Young | Jorge E. Almirón | Eugenio Corrales |
| 1995 | EUA 1.691 | ARG 1.684 | CUB 1.683 |
| | Donald Nygord | Rafael Olivera | Guillermo Reyes |
| | Ben Amonette | Daniel Felizia | Norbelis Bárzaga |
| | Terence Anderson | Jorge E. Almirón | Guido Arbona |
| 1999-2003 | Não se realizou | | |

**CARABINA DEITADO OU MATCH INGLÊS**

| | | | |
|---|---|---|---|
| 1951 | Arthur Jackson | Pedro Postigo | Augusto Cires |
| | EUA 591 pontos | ARG 589 | ECU 589 |
| 1955 | Arthur Jackson | Gustavo Rojas | Horacio Martinez |
| | EUA 592 | CHI 590 | MEX 588 |
| 1959 | Arthur Cook | Ernesto Montemayor | Lita Baldwin |
| | EUA 582 | MEX 581 | PER 579 |
| 1963 | Enrico Forcella | Lones Wigger | Edward Gaygle |
| | VEN 590 | EUA 588 | EUA 588 |
| 1967 | Alfons Mayer | Rhody Nornberg | Olegario Vazquez |
| | CAN 598 | EUA 593 | MEX 593 |
| 1971 | Victor Auer | Gilmour Boa | Alfons Mayer |
| | EUA 593 | CAN 593 | CAN 592 |
| 1975 | David Ross | Durval Guimarães | Miguel A. Valdes |
| | EUA 598 | BRA 595 | CUB 594 |
| 1979 | Lones Wigger | Adelso Peña | Alfons Mayer |
| | EUA 599 | CUB 594 | CAN 592 |
| 1983 | Rod Fitz-Randolph | Lones Wigger | Arnaldo Rodriguez |
| | EUA 594 | EUA 592 | CUB 592 |
| 1987 | Patrick Vamplew | Jean F. Senecal | Julio Iemma |
| | CAN 697,3 | CAN 695,7 | ARG 695,0 |
| 1991 | Thomas Tamas | Robert Foth | Hugo Romero |
| | EUA 698,6 | EUA 696,8 | ECU 691,2 |
| 1995 | Robert Harbison | Bruce Meredith | Michael Dion |
| | EUA 693,5 | ISV 692,0+10,6 | CAN 692,0+10,5 |
| 1999 | Matthew Emmons | Wayne Sorensen | Henry Gerow |
| | EUA 697,0 | CAN 692,5 | CAN 689,9 |
| 2003 | Tom Lamas | Reinier Estipinan | Keneth Johnson |
| | EUA 697,4 | CUB 696,5 | EUA 695,4 |
| 2007 | ______ | ______ | ______ |
| | ______ | ______ | ______ |

**CARABINA DEITADO/MATCH INGLÊS POR EQUIPE**

| | | | |
|---|---|---|---|
| 1951 | ARG 2.918 pontos | PER 2.896 | BRA 2.895 |
| | Pedro Postigo | Enrique Baldwin | Alan Sobocinski |
| | Delmo Remy | Elias Benavides | Ernani Neves |
| | Cirilo Nassiff | Guillermo Baldwin | Alberto Braga |
| | Roberto Salvagno | Ruben Valdes | Antonio Guimarães |
| | Ruben Longhi | Julio Poggi | João Sobocinski |

| | | | |
|---|---|---|---|
| 1955 | EUA 2.348 | CHI 2.340 | MEX 2.332 |
| | Allan Luke | Vicente Herrera | Roberto de la Garza |
| | Arthur Jackson | Gustavo Rojas | Felipe de Milvorín |
| | Emmet Swanson | Pedro Jara | Horacio Martinez |
| | August Westgaard | Alfredo Urrutia | Guillermo Narváez |
| 1959 | EUA 2.317 | PER 2.297 | CAN 2.291 |
| | Arthur Cook | Carlos Lastarría | Gerald Ouellette |
| | Martin Gunnarsson | Lita Baldwin | Edgar Tiilen |
| | Presley Kendall | Guillermo Baldwin | Evald Gering |
| | James Eberwine | Oscar Cáceres | Clark White |
| 1963 | EUA 2.349 | MEX 2.324 | VEN 2.321 |
| | Lones Wigger | Olegario Vazquez | Enrico Forcella |
| | Edward Gaygle | Raul Arredondo | José Cazorla |
| | William Krilling | Paulino Diaz | Agustín Rangel |
| | Gary L. Anderson | José Sáenz | Enrique Lucca |
| 1967 | EUA 2.379 | CAN 2.363 | MEX 2.347 |
| | David Ross | Alfons Mayer | Olegario Vazquez |
| | Gary L. Anderson | Bev Pinney | Jesús Elizondo |
| | Rhody Nornberg | Gilmour Boa | Jesús Espinosa |
| | Bruce Meredith | James Hennock | Ernesto Montemayor |
| 1971 | EUA 2.362 | CUB 2.360 | CAN 2.359 |
| | Victor Auer | Silvio Delgado | Gilmour Boa |
| | Clifford Davis | Miguel A. Valdes | Alfons Mayer |
| | David Ross | Adelso Peña | James Hennock |
| | Watkins Stuart | Orestes Soria | Arne Sorensen |
| 1975 | EUA 2.374 | MEX 2.362 | BRA 2.361 |
| | David Ross | Olegario Vazquez | Durval Guimarães |
| | Ernest Van de Zande | Jesús Elizondo | Waldemar Capucci |
| | Victor Auer | José R. Álvarez | Edmar Salles |
| | M. Thompson-Murdock | Ernesto Montemayor | Milton Sobocinski |
| 1979 | EUA 2.373 | CUB 2.350 | BRA 2.345 |
| | Lones Wigger | Adelso Peña | Dilson Reis |
| | Boyd Goldsby | Raul Sosa | Durval Guimarães |
| | Dennis Ghiselli | José I. Cruz | Waldemar Capucci |
| | Ernest Van de Zande | Miguel A. Valdes | Milton Sobocinski |
| 1983 | EUA 1.776 | CAN 1.768 | CUB 1.760 |
| | Rod Fitz-Randolph | Patrick Vamplew | Arnaldo Rodriguez |
| | Lones Wigger | Glen Hewitt | Miguel A. Valdes |
| | James Meredith | Michael Dion | Adelso Peña |
| 1987 | CAN 1.784 | ARG 1.775 | EUA 1.770 |
| | Patrick Vamplew | Julio Iemma | Webster Wright |
| | Jean F. Senecal | Ricardo Rusticucci | Brad Carnes |
| | Mike Ashcroft | Rodolfo Tarraubella | Dan Durben |
| 1991 | EUA 1.783 | CUB 1.756 | ARG 1.755 |
| | Thomas Tamas | Arnaldo Rodriguez | Ricardo Rusticucci |
| | Robert Foth | Ramon Diaz | Rodolfo Tarraubella |
| | Michael Anti | Carlos Vidal | Julio O. Escalante |

1995 Não se premiou
A prova foi disputada, mas não houve distribuição oficial de medalhas por não ter o mínimo de cinco países participantes.

1999-2003 Não se realizou

#### CARABINA TRÊS POSIÇÕES, INDIVIDUAL

| | | | |
|---|---|---|---|
| 1951 | Arthur Jackson | Arthur Cook | Julio N. Silva |
| | EUA 1.125 pontos | EUA 1.119 | ARG 1.118 |
| 1955 | Arthur Jackson | Pedro Armella | Verle Wright |
| | EUA 1.154 | ARG 1.154 | EUA 1.152 |
| 1959 | Daniel Puckel | Gerald Ouellette | Gary L. Anderson |
| | EUA 1.107 | CAN 1.106 | EUA 1.105 |
| 1963 | Gary L. Anderson | William Krilling | Paulino Diaz |
| | EUA 1.147 | EUA 1.121 | MEX 1.105 |
| 1967 | Margaret Thompson | Gerald Ouellette | Gary L. Anderson |
| | EUA 1.152 | CAN 1.145 | EUA 1.139 |
| 1971 | John Writer | Lones Wigger | Miguel A. Valdes |
| | EUA 1.159 | EUA 1.148 | CUB 1.141 |
| 1975 | M. Thompson-Murdock | Lones Wigger | Miguel A. Valdes |
| | EUA 1.166 | EUA 1.162 | CUB 1.151 |
| 1979 | Lones Wigger | Rod Fitz-Randolph | Guy Lorion |
| | EUA 1.162 | EUA 1.154 | CAN 1.146 |
| 1983 | Lones Wigger | Anthony Leone | Miguel A. Valdes |
| | EUA 1.157 | EUA 1.149 | CUB 1.130 |
| 1987 | Glenn Dubis | Mart Klepp | Robert Foth |
| | EUA 1.253,6 | CAN 1.252,1 | EUA 1.251,8 |
| 1991 | Michael Anti | Robert Foth | Mart Klepp |
| | EUA 1.247,0 | EUA 1.245,1 | CAN 1.231,9 |
| 1995 | Ricardo Rusticucci | David Johnson | Robert Foth |
| | ARG 1.248,0 | EUA 1.247,3 | EUA 1.243,8 |
| 1999 | Kenneth Johnson | Pablo Álvarez | Roberto Elias |
| | EUA 1.233,5 | ARG 1.224,2 | MEX 1.223,4 |
| 2003 | Jason Parker | Eric Uptagrafft | Pablo Alvarez |
| | EUA 1.259,7 | EUA 1.257,0 | ARG 1.234,8 |
| 2007 | ___________ | ___________ | ___________ |
| | ___________ | ___________ | ___________ |

#### CARABINA TRÊS POSIÇÕES POR EQUIPE

| | | | |
|---|---|---|---|
| 1951 | ARG 5.540 pontos | CHI 5.456 | PER 5.435 |
| | Julio N. Silva | Vicente Herrera | Enrique Baldwin |
| | Oscar Olmos | Juan Bizama | Luis Albornoz |
| | Fernando Potente | Gustavo Rojas | Guillermo Baldwin |
| | Ruben Longhi | Julio Arriagada | Ruben Valdes |
| | David Schiaffino | Miguel Niño | Luis Mantilla |
| 1955 | EUA 5.732 | ARG 5.652 | MEX 5.512 |
| | Arthur Jackson | Pedro Armella | Horacio Martinez |
| | August Westgaard | Máximo Legarejo | Ernesto Montemayor |
| | Emmet Swanson | Oscar Olmos | Guillermo Narváez |
| | Allan Luke | Antonio Ando | E. del Rasso |
| | Verle Wright | Ramon Hagen | R. Contreras |
| 1959 | EUA 4.436 | ARG 4.302 | CAN 4.271 |
| | Daniel Puckel | Oscar Olmos | Gerald Ouellette |
| | Verle Wright | Eduardo Armella | Clark White |
| | James Carter | Pedro Armella | Evald Gering |
| | Gary L. Anderson | Jorge di Giandomenico | Edgar Tiilen |
| 1963 | EUA 4.529 | CAN 4.351 | PER 4.342 |
| | Gary L. Anderson | Clinton Dahlstron | Oscar Cáceres |
| | William Krilling | Robert West | Teodoro Bullón |
| | David Boyd | Edgar Tiilen | Carlos Sedrón |
| | Verle Wright | Gerald Ouellette | Javier Cáceres |
| 1967 | EUA 4.571 | CAN 4.502 | MEX 4.465 |
| | Margaret Thompson | Gerald Ouellette | Olegario Vazquez |
| | Gary L. Anderson | Robert Cheyne | Jesús Gonzalez |
| | John Writer | George Marsh | Abel Vazquez |
| | Bruce Meredith | Rudolf Schulze | Paulino Diaz |
| 1971 | EUA 4.578 | CUB 4.531 | ARG 4.383 |
| | John Writer | Miguel A. Valdes | Horacio Nicolini |
| | Lones Wigger | Raul Llanos | Daniel de Cleene |
| | Lanny Basham | Silvio Delgado | Guido Aloranti |
| | David Boyd | Enrique Guedes | J. di Giandomenico |
| 1975 | EUA 4.640 | CUB 4.563 | CAN 4.510 |
| | M. Thompson-Murdock | Miguel A. Valdes | Arne Sorensen |
| | Lanny Basham | Raul Llanos | Robert Cheyne |
| | John Writer | Adelso Peña | Alfons Mayer |
| | Lones Wigger | Alberto Gilart | Joseph Incantalupo |
| 1979 | EUA 4.572 | CAN 4.531 | CUB 4.502 |
| | Lones Wigger | Guy Lorion | José I. Cruz |
| | Rod Fitz-Randolph | Arne Sorensen | Miguel A. Valdes |
| | Edward Etzel | Alfons Mayer | Raul Llanos |
| | Thomas Whitaker | Hans Adlhoch | Adelso Peña |
| 1983 | EUA 3.451 | CUB 3.365 | CAN 3.359 |
| | Lones Wigger | Miguel A. Valdes | Guy Lorion |
| | Anthony Leone | Arnaldo Rodriguez | Alfons Mayer |
| | David Johnson | José I. Cruz | Jean F. Senecal |
| 1987 | EUA 3.474 | CAN 3.443 | CUB 3.365 |
| | Glenn Dubis | Mart Klepp | Hermes Rodriguez |
| | Robert Foth | Jean F. Senecal | Arnaldo Rodriguez |
| | Webster Wright | Guy Lorion | Miguel A. Valdes |
| 1991 | EUA 3.454 | CUB 3.399 | ARG 3.369 |
| | Michael Anti | Arnaldo Rodriguez | Ricardo Rusticucci |
| | Robert Foth | Hermes Rodriguez | Angel R. Velarte |
| | Thomas Tamas | Ramon Diaz | Rodolfo Tarraubella |

1995 Não se premiou

1999-2003 Não se realizou

CARABINA DE AR, INDIVIDUAL

| | | | |
|---|---|---|---|
| 1951-1971 | Não se realizou | | |
| 1975 | Olegario Vazquez | Lanny Basham | Carl Guenther |
| | MEX 393 pontos | EUA 384 | EUA 380 |
| 1979 | Guy Lorion | Ernest Van de Zande | Michell Kurt |
| | CAN 384 | EUA 379 | CAN 379 |
| 1983 | James Meredith | David Johnson | Guy Lorion |
| | EUA 580 | EUA 578 | CAN 576 |
| 1987 | Guy Lorion | Glenn Dubis | Robert Foth |
| | CAN 688,7 | EUA 688,3 | EUA 688,2 |
| 1991 | David Johnson | Robert Foth | Guy Lorion |
| | EUA 686,7 | EUA 685,3 | CAN 684,2 |
| 1995 | Kenneth Johnson | Jean F. Senecal | Glenn Dubis |
| | EUA 690,1 | CAN 687,7 | EUA 685,7 |
| 1999 | Kenneth Johnson | Glenn Dubis | Wayne Sorensen |
| | EUA 690,9 | EUA 684,1 | CAN 682,3 |
| 2003 | Angel Rosendo Velarde | Bradley Weeldon | Fábio Coelho |
| | ARG 692,5 | EUA 691,4 | BRA 685,7 |
| 2007 | ____________ | ____________ | ____________ |
| | ____________ | ____________ | ____________ |

CARABINA DE AR POR EQUIPE

| | | | |
|---|---|---|---|
| 1951-1971 | Não se realizou | | |
| 1975 | EUA 1.507 pontos | CUB 1.491 | MEX 1.472 |
| | Lanny Basham | Alberto Gilart | Olegario Vazquez |
| | Carl Guenther | Miguel A. Valdes | Gerardo Valencia |
| | Gloria Parmentier | Raul Llanos | Jesús Elizondo |
| | David Cramer | Adelso Peña | Julio Garcia |
| 1979 | EUA 1.507 | CUB 1.494 | ARG 1.478 |
| | Ernest Van de Zande | Adelso Peña | Ricardo Rusticucci |
| | Edward Etzel | Raul Llanos | Horacio Nicolini |
| | Michael Gross | José I. Cruz | Guido Aloranti |
| | Wanda Jewell | Nilzer Cuba | J. di Giandomenico |
| 1983 | EUA 1.727 | CAN 1.706 | ARG 1.672 |
| | James Meredith | Guy Lorion | Ricardo Rusticucci |
| | David Johnson | Alfons Mayer | Daniel de Cleene |
| | Rod Fitz-Randolph | Jean F. Senecal | Julio Iemma |
| 1987 | CAN 1.760 | EUA 1.759 | CUB 1.711 |
| | Guy Lorion | Glenn Dubis | Hermes Rodriguez |
| | Mart Klepp | Robert Foth | Arnaldo Rodriguez |
| | Jean F. Senecal | Dan Durben | Alexeiv Gonzalez |
| 1991 | CAN 1.744 | EUA 1.742 | CUB 1.712 |
| | Guy Lorion | David Johnson | Hermes Rodriguez |
| | Mart Klepp | Robert Foth | Arnaldo Rodriguez |
| | Michael Dion | William Dodd | Alexeiv Gonzalez |
| 1995 | EUA 1.753 | CAN 1.746 | CUB 1.743 |
| | Kenneth Johnson | Jean F. Senecal | Hermes Rodriguez |
| | Glenn Dubis | Wayne Sorensen | Arnaldo Rodriguez |
| | Robert Harbison | Michael Dion | Angel Rodriguez |
| 1999-2003 | Não se realizou | | |

ALVO MÓVEL

| | | | |
|---|---|---|---|
| 1991 | Francis Allen | Julio Sandoval | Scott Swinney |
| | EUA | GUA | EUA |
| 1995 | Atila Solti | Lonn Saunders | Andrés Felipe Torres |
| | GUA | EUA | COL |
| 1999 | Atila Solti | Armando Ayala | Andrés Felipe Torres |
| | GUA | EUA | COL |
| 2003 | William Jonson | Andrés Felipe Torres | Armando Ayala |
| | EUA 671,5 | COL 668,3 | EUA 666,0 |
| 2007 | ____________ | ____________ | ____________ |
| | ____________ | ____________ | ____________ |

FUZIL LIVRE, INDIVIDUAL

| | | | |
|---|---|---|---|
| 1951 | Pablo C. Cagnasso | Arthur Jackson | David Schiaffino |
| | ARG 1.090 pontos | EUA 1.088 | ARG 1.073 |
| 1955 | Pedro Armella | Ramon Hagen | Emmet Swanson |
| | ARG 1.102 | ARG 1.100 | EUA 1.095 |
| 1959 | Daniel Puckel | Tommy Pool | J. di Giandomenico |
| | EUA 1.147 | EUA 1.120 | ARG 1.096 |
| 1963 | Gary L. Anderson | Verle Wright | Clinton Dahlstrom |
| | EUA 1.146 | EUA 1.136 | CAN 1.090 |
| 1967-1979 | Não se realizou | | |
| 1983 | Lones Wigger | Ray Carter | Ricardo Rusticucci |
| | EUA 1.135 | EUA 1.124 | ARG 1.109 |
| 1987-1991 | Não se realizou | | |
| 1995 | Kenneth Johnson | Stephen Goff | Ricardo Rusticucci |
| | EUA 1.169 | EUA 1.163 | ARG 1.154 |
| 1999-2003 | Não se realizou | | |

FUZIL LIVRE POR EQUIPE

| | | | |
|---|---|---|---|
| 1951 | ARG 5.355 pontos | MEX 4.885 | CUB 4.399 |
| | Pablo C. Cagnasso | José Nosari | Rafael Rodriguez |
| | David Schiaffino | José G. de la Torre | José W. Landin |
| | Julio N. Silva | Antonio Mendoza | Gregorio J. Moya |
| | Juan Martino | Sebastián de la Cerda | Rufino Gutiérrez |
| | Pablo Pedotti | Joel Gálvez | Juan Chávez |
| 1955 | EUA 5.422 | ARG 5.409 | VEN 5.021 |
| | Emmet Swanson | Pedro Armella | Humberto Briseño |
| | Arthur Jackson | Ramon Hagen | Juan Llabot |
| | Verle Right | Máximo Lagarejo | Rigoberto Rivero |
| | August Westgaard | Alcides Murga | John Lopez |
| | Robert Sandager | Antonio Ando | José P. Valdez |
| 1959 | EUA 4.491 | ARG 4.317 | PER 4.040 |
| | Daniel Puckel | Jorge di Giandomenico | Rodolfo Valdez |
| | Tommy Pool | Pedro Armella | Teodoro Bullón |
| | Gary L. Anderson | Pablo C. Cagnasso | Luis Albornoz |
| | Eugene Spradlin | Antonio Ando | Guillermo Baldwin |
| 1963 | EUA 4.557 | ARG 4.216 | BRA 3.918 |
| | Gary L. Anderson | Ricardo Villordo | Milton Sobocinski |
| | Verle Wright | Darío del Mónico | Edmar V. de Salles |
| | John Bertva | Antonio Ando | Amilcar de Moura |
| | Martin Gunnarson | David Schiaffino | Álvaro Altmann |
| 1967-1979 | Não se realizou | | |
| 1983 | EUA 3.366 | CAN 3.269 | CUB 3.261 |
| | Robert Aylward | Jean F. Senecal | Alberto Gilart |
| | Ray Carter | Patrick Vamplew | Miguel A. Valdes |
| | Lones Wigger | Michael Dion | José I. Cruz |
| 1987-91 | Não se realizou | | |
| 1995 | Não se premiou | | |
| 1999-2003 | Não se realizou | | |

SKEET, INDIVIDUAL

| | | | |
|---|---|---|---|
| 1951 | Pablo Grossi | Fulvio Rocchi | Aroldo Pienovi |
| | ARG 289 pontos | ARG 287 | ARG 285 |
| 1955 | Kenneth Pendergras | Igor Pezas | Jaime Loyola |
| | EUA 198 | EUA 197 | PRC 197 |
| 1959 | Gilberto Navarro | Juan Garcia | Bernard Hartman |
| | CHI 197 | VEN 196 | CAN 196 |
| 1963 | Kenneth Sedlecky | Juan Garcia | Bernard Hartman |
| | EUA 150 | VEN 149 | CAN 147 |
| 1967 | Allen Morrison | Robert Schuehle | Delfín Gomez |
| | EUA 195 | EUA 193 | CUB 188 |
| 1971 | Robert Schuehle | Anthony Rossetti | Servilio Torres |
| | EUA 195 | EUA 195 | CUB 195 |
| 1975 | Athos Pisoni | Robert Schuehle | Roberto Castrillo |
| | BRA 199 | EUA 196 | CUB 196 |
| 1979 | John Satterwhite | Mathew Dryke | Firmo Roberti |
| | EUA 196 | EUA 194 | ARG 189 |
| 1983 | Mathew Dryke | Roberto Castrillo | Carlos Zarzar |
| | EUA 199 | CUB 198 | CHI 197 |
| 1987 | Mathew Dryke | Alger Mullins | Brian Gabriel |
| | EUA 221 | EUA 220 | CAN 220 |
| 1991 | Guillermo A. Torres | Dean Clark | William Roy |
| | CUB 224+19 | EUA 224+18 | EUA 224 |
| 1995 | Servando Puldón | Juan M. Rodriguez | J. F. Nixon |
| | CUB 146 | CUB 144+14 | CAN 144+12 |
| 1999 | Juan M. Rodriguez | William Roy | Clayton Miller |
| | CUB 147 | EUA 146 | CAN 143 |
| 2003 | Randy Sotowa | Guillermo Alfredo Torres | Diego Duarte |
| | EUA 148 | CUB 148 | COL 148 |

Precisou haver um desempate entre os três primeiros para definir as medalhas.

| | | | |
|---|---|---|---|
| 2007 | ________ | ________ | ________ |
| | ________ | ________ | ________ |

SKEET POR EQUIPE

| | | | |
|---|---|---|---|
| 1951 | ARG 756 pontos | BRA 747 | Não houve |
| | Aroldo Pienovi | Antonio Snizek | |
| | Fulvio Rocchi | Max Schrappe | |
| | Pablo Grossi | Guido Albertini | |
| | Gerónimo Cosoli | Edmar Eichenberg | |
| 1955 | Não se realizou | | |
| 1959 | EUA 779 | VEN 770 | CUB 757 |
| | Edwin Calhoum | Juan Garcia | José Artecona |
| | Chesley Crites | Arnaldo Rincones | Pablo Bardino |
| | Oliver Davis | Mercedes Mata | José Junquera |
| | Kenneth Pendergras | Guillermo Raydán | Justo Lamar |
| 1963 | EUA 586 | VEN 581 | CAN 578 |
| | Kenneth Sedlecky | Juan Garcia | Bernard Hartman |
| | Henry Shaw | Mercedes Mata | Eddie Tuvo |
| | Gordon Horner | Guillermo Raydán | Hugh Garland |
| | David Bywater | Iñaki Olassagasti | Leslie Clegg |
| 1967 | EUA 379 | CUB 376 | CHI 373 |
| | Allen Morrison | Fortunato Casal | Nicolás Atalah |
| | Robert Schuehle | Delfín Gomez | Gilberto Navarro |
| | Robert Rodale | Roberto Castrillo | Angel Marentis |
| | Allen Buntrock | Ignacio Huguet | Armando Gellona |
| 1971 | EUA 578 | CUB 574 | CHI 566 |
| | Allen Buntrock | Delfin Gomez | Jorge Uauy |
| | Chuck Mayhew | Roberto Castrillo | Antonio Yazigi |
| | Robert Schuehle | Ruben Vega | Jaime Bunstar |
| | Anthony Rossetti | Servilio Torres | Sergio Gei Gallart |
| 1975 | CUB 389 | BRA 381 | MEX 381 |
| | Servilio Torres | José Costa | Raul Sánchez |
| | Roberto Castrillo | Sergio Basto | Mirek Switalski |
| | Ignacio Huguet | Romeu Luchiari | Juan Bueno |
| | Ruben Vega | Athos Pisoni | Jorge Alemán |
| 1979 | EUA 566 | CHI 548 | CUB 547 |
| | Mathew Dryke | Alfonso Iruarrizaga | Guillermo A. Torres |
| | Joseph Clemmons | Jorge Houdely | Mario Lopez |
| | Jeffrey Sizemore | Antonio Yazigi | Roberto Castrillo |
| | John Satterwhite | Miguel Zerene | Luis Cabrera |
| 1983 | EUA 442 | CUB 440 | CHI 436 |
| | Mathew Dryke | Roberto Castrillo | Alfonso Iruarrizaga |
| | Dean Clark | Guillermo A. Torres | Carlos Zarzar |
| | Michael Thompson | Luis Cabrera | Cristian Lasen |
| 1987 | EUA 439 | CUB 431 | CAN 430 |
| | Mathew Dryke | Servando Puldón | Brian Gabriel |
| | Alger Mullins | Guillermo A. Torres | Don Kwasnycia |
| | Daniel Carlisle | Delfín Gomez Jr. | Fritz Altmann |
| 1991 | EUA 445 | CUB 442 | ARG 437 |
| | William Roy | Guillermo A. Torres | Firmo Roberti |
| | Dean Clark | Juan M. Rodriguez | Marcelo Gil |
| | Michael Schmidt | Servando Puldón | Alberto Gallo |
| 1995 | CUB 361 | CAN 352 | GUA 352 |
| | Servando Puldón | J. F. Nixon | Juan C. Romero |
| | Juan M. Rodriguez | Bohdan Kwasnycia | Francisco Romero |
| | Guillermo A. Torres | Jason A. Caswell | Erick Zachrison |
| 1999-2003 | Não se realizou | | |

FOSSA OLÍMPICA, INDIVIDUAL

| | | | |
|---|---|---|---|
| 1951-71 | Não se realizou | | |
| 1975 | Daniel Carlisle | Donald Haldeman | Justo Fernández |
| | EUA 197 pontos | EUA 196 | MEX 195 |
| 1979 | Robert Green | Charvin Dixon | George Leary |
| | EUA 191 | EUA 189 | CAN 187 |
| 1983 | Daniel Carlisle | Marcos Olsen | Diego Arcay |
| | EUA 200 | BRA 199 | VEN 199 |
| 1987 | Daniel Carlisle | Kenneth Blasi | Paul Shaw |
| | EUA 222 | EUA 221 | CAN 220 |
| 1991 | Jay Waldron | George Leary | Richard Chordash |
| | EUA 212+1 | CAN 212+0 | EUA 206 |
| 1995 | Lance Bade | Bret Erickson | George Leary |
| | EUA 143 | EUA 142 | CAN 142 |
| 1999 | Danilo Caro | Lance Bade | George Leary |
| | COL 143 | EUA 142 | CAN 138 |
| 2003 | Lance Bade | Rodrigo Bastos | Danilo Caro |
| | EUA 147 | BRA 145 | COL 141 |

Lamberto Ramenzoni, do Brasil, ficou em oitavo lugar, com 112 pontos.

| | | | |
|---|---|---|---|
| 2007 | ________ | ________ | ________ |
| | ________ | ________ | ________ |

FOSSA OLÍMPICA POR EQUIPE

| | | | |
|---|---|---|---|
| 1951-1971 | Não se realizou | | |
| 1975 | EUA 391 pontos | CAN 380 | BRA 375 |
| | Daniel Carlisle | John Primrose | Marcos Olsen |
| | Donald Haldeman | James Platz | Athos Pisoni |
| | Walter Zobell | Larry Ivanny | Francisco Alava |
| | Charvin Dixon | Edward Wladichuk | Mario Morganti |
| 1979 | EUA 563 | BRA 533 | CAN 502 |
| | Earnest Neel | Marcos Olsen | George Leary |
| | Charvin Dixon | Paulo Monteiro | John Primrose |
| | Robert Green | Flavio Bonet | John Cowan |
| | Walter Zobell | Francisco Alava | James Kagan |
| 1983 | EUA 441 | VEN 440 | CHI 430 |
| | Daniel Carlisle | Diego Arcay | Pablo Vergara |
| | Dayne Johnson | Leonel Martinez | Francisco Posada |
| | Peter Piffath | José Figueroa | Rolando Abuhadba |
| 1987 | EUA 442 | CAN 434 | BRA 431 |
| | Daniel Carlisle | Paul Shaw | Marcos Olsen |
| | Kenneth Blasi | John Primrose | Alain Dufour |
| | George Hass | Fred White | Rodrigo Bastos |
| 1991 | CAN 417 | EUA 415 | CUB 396 |
| | George Leary | Jay Waldron | Ruben Vega |
| | Curtis Wennberg | Richard Chordash | Leonel Manrique |
| | Rony Bonotto | Bret Erickson | Miguel Cancio |
| 1995 | EUA 355 | CAN 339 | COL 334 |
| | Bret Erickson | George Leary | Danilo Caro |
| | Lance Bade | John Primrose | Jorge Jaramillo |
| | Brian Ballard | Paul Shaw | Andrés Garcia |
| 1999-2003 | Não se realizou | | |

FOSSA OLÍMPICA DUPLA, INDIVIDUAL

| | | | |
|---|---|---|---|
| 1951-1991 | Não se realizou | | |
| 1995 | Alex Gyori | Kirk J. Reynolds | Stevens Puls |
| | CAN 177 pratos | CAN 176 | EUA 172 |
| 1999 | Lance Bade | Charles Redding | Luiz Graía |
| | EUA 187 | EUA 186 | BRA 181 |
| 2003 | Jeffrey Holguin | William Keever | Lucas Bennazar |
| | EUA 180 | EUA 176 | PRC 165 |
| 2007 | ________ | ________ | ________ |
| | ________ | ________ | ________ |

FOSSA OLÍMPICA DUPLA, POR EQUIPE

| | | | |
|---|---|---|---|
| 1951-1991 | Não se realizou | | |
| 1995 | CAN 396 pontos | EUA 374 | PER 370 |
| | Alex Gyori | Lance Bade | Marco Pacussich |
| | Kirk J. Reynolds | Stevens Puls | Francisco Boza |
| | Rodney Boll | Bret Erickson | Azier Cilloniz |
| 1999-2003 | Não se realizou | | |

## Provas femininas

PISTOLA DE AR, INDIVIDUAL

| | | | |
|---|---|---|---|
| 1951-79 | Não se realizou | | |
| 1983 | Cathy Graham | Gail Liberty | Linda Thom |
| | EUA 379 pontos | EUA 371 | CAN 370 |
| 1987 | Tania Perez | Edith Vega | Nelly Amaral |
| | CUB 478,6 | CUB 471,2 | BRA 470,1 |
| 1991 | Sharon Cozzarin | Elizabeth Callahan | Tania Giansanti |
| | CAN 476,0 | EUA 474,3 | BRA 472,8 |

| | | | |
|---|---|---|---|
| 1995 | Connie Petracek | Lorena Guado | Lilia M. Pérez |
| | EUA 475,1 | ARG 472,5 | CUB 470,9 |
| 1999 | Kim Eagles | Maria Franco | Margarita Tarradel |
| | CAN 479,2 | VEN 471,4 | CUB 468,8 |
| 2003 | Francis Gorrin | Amandia Aide Mondol | Lynda Hare |
| | VEN 477,1 | COL 474,0 | CAN 473,7 |
| 2007 | ___________ | ___________ | ___________ |
| | ___________ | ___________ | ___________ |

PISTOLA DE AR POR EQUIPE

| | | | |
|---|---|---|---|
| 1951-1979 | Não se realizou | | |
| 1983 | EUA 1.117 pontos | CUB 1.094 | VEN 1.079 |
| | Cathy Graham | Tania Pérez | Alba de Antúnez |
| | Gail Liberty | Edith Vega | Marta de Román |
| | Ruby Fox | Noris Márquez | Miriam Martinez |
| 1987 | Não se realizou | | |
| 1991 | EUA 1.123 | CAN 1.118 | CUB 1.107 |
| | Elizabeth Callahan | Sharon Cozzarin | Tania Pérez |
| | Connie Petracek | Claudine Tanguay | Lilia M. Pérez |
| | Susy Miller | Helen Smith | Edith Vega |
| 1995 | EUA 1.111 | COL 1.109 | ARG 1.109 |
| | Connie Petracek | Amanda Mondol | Lorena Guado |
| | Elizabeth Callahan | Adriana Rendón | Cristina Gallo |
| | Sandra Utasy | Maria T. Rueda | Eva J. Szabo |
| 1999-2003 | Não se realizou | | |

PISTOLA SPORT, INDIVIDUAL

| | | | |
|---|---|---|---|
| 1951-1979 | Não se realizou | | |
| 1983 | Kim Dyer | Linda Thom | Gail Liberty |
| | EUA 589 pontos | CAN 584 | EUA 582 |
| 1987 | Ruby Fox | Edith Vega | Bettie Blocksome |
| | EUA 679 | CUB 676 | EUA 671 |
| 1991 | Margarita Tarradel | Connie Petracek | Roxane Thompson |
| | CUB 671 | EUA 670 | EUA 665 |
| 1995 | Connie Petracek | Margarita Tarradel | Lorena Guado |
| | EUA 685,8 | CUB 675,4 | ARG 671,1 |
| 1999 | Elizabeth Callahan | Rebecca Snyder | Maria T. Rueda |
| | EUA 670,6 | EUA 669,5 | COL 668,9 |
| 2003 | Sandra Uptagrafft | Margarita Taradle | Natalia Tobar |
| | EUA 669 | CUB 669 | COL 667 |
| 2007 | ___________ | ___________ | ___________ |
| | ___________ | ___________ | ___________ |

PISTOLA SPORT, POR EQUIPES

| | | | |
|---|---|---|---|
| 1951-1979 | Não se realizou | | |
| 1983 | EUA 1.750 pontos | VEN 1.696 | CUB 1.694 |
| | Kim Dyer | Marisol Araujo | Tania Pérez |
| | Gail Liberty | Yasmira Martinez | Edith Vega |
| | Ruby Fox | Elena de Betancourt | Noris Márquez |
| 1987 | Não se realizou | | |
| 1991 | CUB 1.711 | EUA 1.706 | COL 1.681 |
| | Margarita Tarradel | Connie Petracek | Elvira Salazar |
| | Tania Pérez | Roxane Thompson | Adriana Rendón |
| | Lilia M. Pérez | Elizabeth Callahan | Amanda Mondol |
| 1995 | EUA 1.723 | CUB 1.714 | ARG 1.699 |
| | Connie Petracek | Margarita Tarradel | Cristina Gallo |
| | Elizabeth Callahan | Lilia M. Pérez | Lorena Guado |
| | R. Thompson-Conrad | Keyla Castillo | Beatriz Sladogna |
| 1999-2003 | Não se realizou | | |

CARABINA DE AR, INDIVIDUAL

| | | | |
|---|---|---|---|
| 1951-1979 | Não se realizou | | |
| 1983 | Pat Spurgin | Wanda Jewell | Alejandra M. Hoyos |
| | EUA 384 pontos | EUA 382 | COL 375 |
| 1987 | Sharon Bowes | Launi Meili | Deena Wigger |
| | CAN 495,4 | EUA 494,3 | EUA 493,7 |
| 1991 | Debra Sinclair | Launi Meili | Sharon Bowes |
| | EUA 495,7 | EUA 491,2 | CAN 488,9 |
| 1995 | Elizabeth Bourland | Amelia Fournel | Ann-Marie Pfiffner |
| | EUA 491,7 | ARG 491,0 | EUA 490,0 |
| 1999 | Jayme Dickman | Sharon Bowes | Amelia Fournel |
| | EUA 495,9 | CAN 492,7 | ARG 490,8 |
| 2003 | Eglys Cruz | Melissa Mulloy | Amelia Ro Fournel |
| | CUB 497,4 | EUA 492,8 | ARG 492,5 |
| 2007 | ___________ | ___________ | ___________ |
| | ___________ | ___________ | ___________ |

CARABINA DE AR POR EQUIPE

| | | | |
|---|---|---|---|
| 1951-1979 | Não se realizou | | |
| 1983 | EUA 1.138 pontos | CAN 1.096 | CUB 1.081 |
| | Pat Spurgin | Joelle Fefer | Dania Acosta |
| | Wanda Jewell | Christina Schulze | Teresa Martinez |
| | Tracy Smith | Jackie Terry | Irma Sánchez |
| 1987 | Não se realizou | | |
| 1991 | EUA 1.172 | CAN 1.159 | CUB 1.153 |
| | Debra Sinclair | Sharon Bowes | Ana Z. Santiago |
| | Launi Meili | Christina Schulze-Ashcroft | Idilvis Sánchez |
| | Elizabeth Bourland | Therese Lander | Damilet Acosta |
| 1995 | Não se premiou | | |
| 1999-2003 | Não se realizou | | |

CARABINA DEITADO, INDIVIDUAL

| | | | |
|---|---|---|---|
| 1951-79 | Não se realizou | | |
| 1983 | Deena Wigger | Pat Sprugin | Nilzer Cuba |
| | EUA 591 pontos | EUA 586 | CUB 582 |
| 1987 | Deena Wigger | Mary Godlove | Joelle Fefer |
| | EUA 595 | EUA 594 | CAN 586 |
| 1991 | Tammie de Angelis | Christina Schulze-Ashcroft | Michele Scarborough |
| | EUA 588 | CAN 585 | EUA 584 |
| 1995 | Cecilia E. Zeid | Elizabeth Bourland | Katherine Kelemen |
| | ARG 584 | EUA 579 | EUA 578 |
| 1999-2003 | Não se realizou | | |

CARABINA DEITADO, POR EQUIPE

| | | | |
|---|---|---|---|
| 1951-1979 | Não se realizou | | |
| 1983 | EUA 1.761 pontos | CUB 1.736 | CAN 1.727 |
| | Deena Wigger | Nilzer Cuba | Joelle Fefer |
| | Pat Spurgin | Irma Sánchez | Christina Schulze |
| | Tracy Smith | Dania Acosta | Sheila MacQuarrie |
| 1987 | Não se realizou | | |
| 1991 | EUA 1.755 | CUB 1.742 | BRA 1.706 |
| | Tammie de Angelis | Ana Z. Santiago | Angela Lachtermager |
| | Michele Scarborough | Damilet Acosta | Victoria Egger |
| | Launi Meili | Idilvis Sánchez | Lucia Bosco |
| 1995 | Não se premiou | | |
| 1999-2003 | Não se realizou | | |

CARABINA TRÊS POSIÇÕES, INDIVIDUAL

| | | | |
|---|---|---|---|
| 1951-1979 | Não se realizou | | |
| 1983 | Wanda Jewell | Gloria Parmentier | Christina Schulze |
| | EUA 572 pontos | EUA 562 | CAN 559 |
| 1987 | Irma Sánchez | Launi Meili | Mary Godlove |
| | CUB 664,1 | EUA 660,3 | EUA 658,2 |
| 1991 | Debra Sinclair | Tammie de Angelis | C. Schulze-Ashcroft |
| | EUA 680,6 | EUA 673,0 | CAN 661,5 |
| 1995 | Deena Wigger | Sharon Bowes | Wanda Jewell |
| | EUA 662,7 | CAN 655,4 | EUA 654,7 |
| 1999 | Jayme Dickman | Nancy Johnson | Christina Ashcroft |
| | EUA 671,2 | EUA 661,0 | CAN 660,8 |
| 2003 | Eglys Cruz | Sarah Blakeslee | H. J. Ponti-Johnson |
| | CUB 668,5 | EUA 668,2 | EUA 665,6 |
| 2007 | ___________ | ___________ | ___________ |
| | ___________ | ___________ | ___________ |

CARABINA TRÊS POSIÇÕES, POR EQUIPE

| | | | |
|---|---|---|---|
| 1951-1979 | Não se realizou | | |
| 1983 | EUA 1.692 pontos | CAN 1.661 | CUB 1.644 |
| | Wanda Jewell | Christina Schulze | Dania Acosta |
| | Gloria Parmentier | Joelle Fefer | Nilzer Cuba |
| | Pat Spurgin | Jackie Terry | Irma Sánchez |
| 1987 | Não se realizou | | |
| 1991 | EUA 1.730 | CUB 1.686 | BRA 1.594 |
| | Debra Sinclair | Idilvis Sánchez | Angela Lachtermager |

| | | | |
|---|---|---|---|
| | Tammie de Angelis | Damilet Acosta | Victoria Egger |
| | Launi Meili | Ana Z. Santiago | Lucia Bosco |
| 1995 | Não se premiou | | |
| 1999-2003 | Não se realizou | | |

SKETT, INDIVIDUAL

| | | | |
|---|---|---|---|
| 1999 | Terry Bankey | Cindy Shenberger | Tami Wah |
| | EUA | EUA | CAN |
| 2003 | Brandie Neal | Melisa Gil | Linda Conley |
| | EUA 93 | ARG 91 | CAN 91 |
| 2007 | ________ | ________ | ________ |
| | ________ | ________ | ________ |

FOSSA OLÍMPICA, INDIVIDUAL

| | | | |
|---|---|---|---|
| 1999 | Deena Minyard | Cindy Gentry | Susan Nattrass |
| | EUA | EUA | CAN |
| 2003 | Witley Collyn Loper | Cynthia Meyer | Janice Teixeira |
| | EUA 87 | CAN 84 | BRA 82 |
| 2007 | ________ | ________ | ________ |
| | ________ | ________ | ________ |

FOSSA OLÍMPICA DUPLA, INDIVIDUAL

| | | | |
|---|---|---|---|
| 1995 | Theresa Wentzel | Susan Nattrass | Deena Julin |
| | EUA | CAN | EUA |
| 1999 | Kimberly Rhode | Cynthia Meyer | Sandra Honour |
| | EUA | CAN | CAN |
| 2003 | Kimberly Rhode | Cynthia Meyer | Susan Mattrass |
| | EUA 140 pratos | CAN 133 | CAN 114 |
| 2007 | ________ | ________ | ________ |
| | ________ | ________ | ________ |

## TIRO COM ARCO (ARCO E FLECHA)

Provas Masculinas

INDIVIDUAL

| Pan | Ouro | Prata | Bronze |
|---|---|---|---|
| 1951-1975 | Não se realizou | | |
| 1979 | Rodney Baston | Darrell Pace | Stan Siatkowski |
| | EUA 2.521 pontos | EUA 2.496 | CAN 2.341 |
| 1983 | Darrell Pace | Richard McKinney | Renato Emilio |
| | EUA 2.566 | EUA 2.529 | BRA 2.390 |
| 1987 | Jay Barrs | Danis Canuel | Darrell Pace |
| | EUA 329 | CAN 321 | EUA 321 |
| 1991 | Darrell Pace | Edwin Eliason | Ricardo Rojas |
| | EUA 327 | EUA 326 | MEX 313 |
| 1995 | Edwin Eliason | Victor Wunderle | Robert Rusnov |
| | EUA 109 | EUA 104 | CAN 110 |
| 1999 | Jason McKittrick | Victor Wunderle | Richard Johnson Jr. |
| | EUA | EUA | EUA |
| 2003 | Victor Wunderle | Guy Krueger | José Ricardo Merlos |
| | EUA | EUA | ELS |
| 2007 | ________ | ________ | ________ |
| | ________ | ________ | ________ |

EQUIPES

| | | | |
|---|---|---|---|
| 1951-1975 | Não se realizou | | |
| 1979 | EUA 7.509 pontos | CAN 6.918 | MEX 6.779 |
| | Rodney Baston | Stan Siatkowski | Rubén Ramírez |
| | Darrell Pace | Daniel Desnoyers | Luis Beristaín |
| | Richard McKinney | Cristian Smith | Carlos Roldán |
| 1983 | EUA 7.607 | CAN 7.096 | MEX 7.088 |
| | Darrell Pace | Roger Lemay | Carlos Meza |
| | Richard McKinney | Daniel Desnoyers | Adolfo González |
| | Edwin Eliason | Eric Amos | Javier Rivera |
| 1987 | EUA 952 | MEX 911 | CAN 872 |
| | Richard McKinney | J. Andrés Anchondo | Denis Canuel |
| | Jay Barrs | Adolfo González | David Viney |
| | Darrell Pace | Eduardo Padilla | John McDonald |
| 1991 | EUA 965 | MEX 947 | CUB 910 |
| | Eric Brumlow | J. Andrés Anchondo | Waldo Suárez |
| | Darrell Pace | Eduardo Messmacher | Miguel León |
| | Edwin Eliason | Ricardo Rojas | Alfonso Donate |
| 1995 | EUA 238 | ARG 230 | CAN 227 |
| | Edwin Eliason | Pablo Basgall | Robert Rusnov |
| | Richard McKinney | Marcelo Cavagliato | Jeannot Robitaile |
| | Victor Wunderle | Marcelo Grillo | Kevin Sally |
| 1999 | EUA | CAN | CUB |
| | Jason McKittrick | David Dalziel | Juan C. Stevens |
| | Victor Wunderle | Robert Rusnov | Yasell Allué |
| | Richard Johnson Jr. | Shawn Riggs | Ismely Arias |
| 2003 | EUA | MEX | ELS |
| 2007 | ________ | ________ | ________ |
| | ________ | ________ | ________ |

30 METROS

| | | | |
|---|---|---|---|
| 1951-1979 | Não se realizou | | |
| 1983 | Jerry Pylypchuk | Richard McKinney | Alfonso Donate |
| | EUA 698 pontos | EUA 695 | CUB 682 |
| 1987 | Não se realizou | | |
| 1991 | Edwin Eliason | Jay Barrs | Ricardo Rojas |
| | EUA 352 | EUA 348 | MEX 345 |
| 1995 | Víctor Wunderle | Edwin Eliason | Robert Rusnov |
| | EUA 354 | EUA 350 | CAN 346 |
| 1999-2003 | Não se realizou | | |
| 2007 | ________ | ________ | ________ |
| | ________ | ________ | ________ |

50 METROS

| | | | |
|---|---|---|---|
| 1951-1979 | Não se realizou | | |
| 1983 | Darrell Pace | Jerry Pylypchuk | Carlos Meza |
| | EUA 641 pontos | EUA 628 | MEX 612 |
| 1987 | Não se realizou | | |
| 1991 | Eric Brumlow | Miguel León | Ricardo Rojas |
| | EUA 321 | CUB 319 | MEX 317 |
| 1995 | Victor Wunderle | Edwin Eliason | Robert Rusnov |
| | EUA 332 | EUA 330 | CAN 323 |
| 1999-2003 | Não se realizou | | |
| 2007 | ________ | ________ | ________ |
| | ________ | ________ | ________ |

70 METROS

| | | | |
|---|---|---|---|
| 1951-1979 | Não se realizou | | |
| 1983 | Edwin Eliason | Darrell Pace | Renato Emilio |
| | EUA 642 pontos | EUA 638 | BRA 618 |
| 1987 | Não se realizou | | |
| 1991 | Darrell Pace | Eric Brumlow | Eduardo Messmacher |
| | EUA 322 | EUA 317 | MEX 311 |
| 1995 | Robert Rusnov | Richard Johnson | Edwin Eliason |
| | CAN 316 | EUA 315 | EUA 313 |
| 1999-2003 | Não se realizou | | |
| 2007 | ________ | ________ | ________ |
| | ________ | ________ | ________ |

90 METROS

| | | | |
|---|---|---|---|
| 1951-1979 | Não se realizou | | |
| 1983 | Darrell Pace | Richard McKinney | Daniel Desnoyers |
| | EUA 595 pontos | EUA 574 | CAN 518 |
| 1987 | Não se realizou | | |
| 1991 | Eric Brumlow | Jay Barrs | Ricardo Rojas |
| | EUA 297 | EUA 295 | MEX 290 |
| 1995 | Robert Rusnov | Jeannot Robitaile | Pablo Basgall |
| | CAN 290 | CAN 282 | ARG 280 |
| 1999-2003 | Não se realizou | | |
| 2007 | ________ | ________ | ________ |
| | ________ | ________ | ________ |
| | ________ | ________ | ________ |

Provas Femininas

INDIVIDUAL

| 1951-1975 | Não se realizou | | |
|---|---|---|---|
| 1979 | Lynette Johnson<br>EUA 2.423 pontos | Carol Strausburg<br>EUA 2.290 | Joan McDonald<br>CAN 2.205 |
| 1983 | Ruth Rowe<br>EUA 2.525 | Deborah Ochs<br>EUA 2.499 | Linda Kazienko<br>CAN 2.397 |
| 1987 | Denise Parker<br>EUA 315 | Trena King<br>EUA 306 | Eva L. Bueno<br>CUB 297 |
| 1991 | Denise Parker<br>EUA 330 | Jennifer O'Donnell<br>EUA 327 | Aurora Breton<br>MEX 318 |
| 1995 | Janet Dykman<br>EUA 104 | Ruth Rowe<br>EUA 103 | Marisol Breton<br>MEX 100 |
| 1999 | Yaremis Perez<br>CUB | Denisse van Lamoen<br>CHI | Denise Parker<br>EUA |
| 2003 | Jennifer Nichols<br>EUA | Claudia L. Landaverde<br>ELS | Stephanie Miller<br>EUA |
| 2007 | | | |

EQUIPES

| 1951-1975 | Não se realizou | | |
|---|---|---|---|
| 1979 | EUA 6.995 pontos<br>Lynette Johnson<br>Carol Strausburg<br>Judy Adams | CAN 6.579<br>Joan McDonald<br>Linda Kazienko<br>Marie Pitre | BRA 6.049<br>Arci Kempner<br>Claudia Núñez<br>Daisy Schmidt |
| 1983 | EUA 7.502<br>Ruth Rowe<br>Deborah Ochs<br>Luann Ryon | CAN 6.902<br>Linda Kazienko<br>Lucile Lemay<br>Rose Baker | BRA 6.653<br>Martha Emilio<br>Claudia Vasques<br>Ángela Fernandez |
| 1987 | EUA 889<br>Denise Parker<br>Trena King<br>Michelle Borders | MEX 829<br>Aurora Breton<br>Maria Fernandez<br>Ofelia Ávila | CUB 812<br>Eva L. Bueno<br>Jackeline Fiffe<br>Maria E. Cueto |
| 1991 | EUA 970<br>Denise Parker<br>Kitty Frazier<br>Jennifer O'Donnell | MEX 933<br>Alejandra Garcia<br>Aurora Breton<br>Miriam Véliz | CUB 896<br>Jackeline Fiffe<br>Eva L. Bueno<br>Yunisbel Gonzalez |
| 1995 | EUA 232<br>Janet Dykman<br>Ruth Rowe<br>Denise Parker | CUB 216<br>Jacquelin Fernandez<br>Yusnilda Garcia<br>Lorelys Lorenzo | CAN 224<br>Veronic Dufour<br>Caroline Labrecque<br>Sylvie Plante |
| 1999 | EUA<br>Denise Parker<br>Kathleen Loesch<br>Adrienne Dykman | CUB<br>Yaremis Perez<br>Milena Ferro<br>Addys Zamora | MEX<br>Erika Reyes<br>Marisol Breton<br>Belén Amador |
| 2003 | EUA | MEX | CHI |
| 2007 | | | |

30 METROS

| 1951-1979 | Não se realizou | | |
|---|---|---|---|
| 1983 | Luann Ryon<br>EUA 689 pontos | Ruth Rowe<br>EUA 676 | Linda Kazienko<br>CAN 672 |
| 1987 | Não se realizou | | |
| 1991 | Denise Parker<br>EUA 342 | Kitty Frazier<br>EUA 340 | Aurora Breton<br>MEX 339 |
| 1995 | Denise Parker<br>EUA 346 | Janet Dykman<br>EUA 337 | Maria Reyes<br>PRC 333 |
| 1999-2003 | Não se realizou | | |
| 2007 | | | |

50 METROS

| 1951-1979 | Não se realizou | | |
|---|---|---|---|
| 1983 | Deborah Ochs<br>EUA 619 pontos | Luann Ryon<br>EUA 603 | Linda Kazienko<br>CAN 589 |
| 1987 | Não se realizou | | |
| 1991 | Janet Dykman<br>EUA 319 | Denise Parker<br>EUA 319 | Miriam Veliz<br>MEX 301 |
| 1995 | Denise Parker<br>EUA 313 | Janet Dykman<br>EUA 312 | Marisol Breton<br>MEX 310 |
| 1999-2003 | Não se realizou | | |
| 2007 | | | |

60 METROS

| 1951-1979 | Não se realizou | | |
|---|---|---|---|
| 1983 | Ruth Rowe<br>EUA 640 pontos | Deborah Ochs<br>EUA 629 | Aurora Breton<br>MEX 621 |
| 1987 | Não se realizou | | |
| 1991 | Denise Parker<br>EUA 325 | Jennifer O'Donnell<br>EUA 317 | Alejandra Garcia<br>MEX 311 |
| 1995 | Denise Parker<br>EUA 330 | Ruth Rowe<br>EUA 318 | Marisol Breton<br>MEX 315 |
| 1999-2003 | Não se realizou | | |
| 2007 | | | |

70 METROS

| 1951-1979 | Não se realizou | | |
|---|---|---|---|
| 1983 | Ruth Rowe<br>EUA 606 pontos | Deborah Ochs<br>EUA 596 | Aurora Breton<br>MEX 563 |
| 1987 | Não se realizou | | |
| 1991 | Denise Parker<br>EUA 312 | Kitty Frazier<br>EUA 309 | Aurora Breton<br>MEX 297 |
| 1995 | Jacquelin Fernandez<br>CUB 314 | Denise Parker<br>EUA 314 | Marisol Breton<br>MEX 306 |
| 1999 - 2003 | Não se realizou | | |
| 2007 | | | |

## TRIATLO

### Masculino

INDIVIDUAL

| Pan | Ouro | Prata | Bronze |
|---|---|---|---|
| 1951-1991 | Não se realizou | | |
| 1995 | Leandro C. Macedo<br>BRA 1h51m14s | Mark Bates<br>CAN 1h51m36s | Oscar S. Galindez<br>ARG 1h52m10s |
| 1999 | Gilberto Gonzalez<br>VEN 1h48m18s | Hunter Kemper<br>EUA 1h48m50s | Simon Withfield<br>CAN 1h49m18s |
| 2003 | Hunter Kemper<br>EUA | Virgilio de Castilho<br>BRA | Oscar Galindez<br>ARG |
| | Os brasileiros Paulo Miyashiro e Leandro Macedo ficaram em sexto e nono lugares. | | |
| 2007 | | | |

EQUIPES

| Pan | Ouro | Prata | Bronze |
|---|---|---|---|
| 1951-1991 | Não se realizou | | |
| 1995 | MEX 3h46m19s<br>Ricardo Gonzalez<br>Carlos Probert | ARG 3h46m24s<br>Oscar S. Galindez<br>Ariel O. Garrigo | EUA 3h51m38s<br>Andrew Carlson<br>Nathaniel Llerandi |
| 1999-2003 | Não se realizou | | |
| 2007 | | | |

### Feminino

INDIVIDUAL

| Pan | Ouro | Prata | Bronze |
|---|---|---|---|
| 1951-1991 | Não se realizou | | |
| 1995 | Karen Smyers<br>EUA 2h04m52s | Kristie Otto<br>CAN 2h07m17s | Fiona D. Cribb<br>CAN 2h08m14s |

| | | | |
|---|---|---|---|
| 1999 | Sharon Donnely | Carol Moreno | Carla Montgomery |
| | CAN 1h59m15s | BRA 1h59m33s | CAN 2h00m15s |
| 2003 | Jill Savage | Sheila Taormina | Becky Gibbs-Lavelle |
| | CAN 1h58m29s | EUA 2h00m12s | EUA 2h00m36s |

As brasileiras Carla Moreno (2h01m51s), Sandra Soldan (2h02m14s) e Mariana Ohata (2h03m15s) ficaram na quarta, quinta e sexta posições.

| | | | |
|---|---|---|---|
| 2007 | ___ | ___ | ___ |
| | ___ | ___ | ___ |

EQUIPES

| | | | |
|---|---|---|---|
| 1951-1991 | Não se realizou | | |
| 1995 | EUA 4h13m43s | CAN 4h15m31s | MEX 4h21m40s |
| | Karen Smyers | Kristie Otto | Maria L. Martinez |
| | Gail Laurence | Fiona D. Cribb | Maria del C. Ochoa |
| 1999-2003 | Não se realizou | | |
| 2007 | ___ | ___ | ___ |
| | ___ | ___ | ___ |

## VELA

### Classes Masculinas

SNIPE

| Pan | Ouro | Prata | Bronze |
|---|---|---|---|
| 1951 | ARG 2.412 pontos | BRA 606 | Não houve |
| | Carlos Vilar | Jean R. Maligo | |
| | Jorge Vilar | Geraldo Queirós | |
| 1955 | Não se realizou | | |
| 1959 | BRA 6.330 | CUB 3.996 | EUA 3.184 |
| | Antonio Moraes | Gonzalo Diaz | Richard Tillman |
| | Reinaldo Conrad | Saúl Diaz | John Tillman |
| 1963 | BRA 4.800 | EUA 2.767 | ARG 2.642 |
| | Reinaldo Conrad | Robert Huggins | Pedro Dates |
| | Ralph Conrad | Eleanor Huggins | Fernando de Aldecoa |
| 1967 | BRA 11,7 pts perdidos | EUA 28,4 | BER 32,0 |
| | Nelson Piccolo | Alan Levinson | Richard Belvim |
| | Carlos De Lorenzi | Harry Levinson | Eugene Simmons |
| 1971 | BRA 5,7 | EUA 18,0 | ARG 32,8 |
| | João Reinhard | Mark Albury | Manuel de la Orden |
| | Ralph Christian | Agustín Diaz | Luis Orella |
| 1975 | EUA 0,0 | BRA 17,7 | URU 38,1 |
| | Jeffrey Lenhart | Gregorio Pontes | Pedro Garra |
| | David Ullman | Luis A. Reis | Ricardo Mignone |
| 1979 | EUA 0,0 | EUA 20,70 | BRA 33,80 |
| | Mark J. Reynolds | Jeffrey Lenhart | Boris Ostergren |
| | Craig Martin | Randall Smith | Ernesto Neugebager |
| 1983 | EUA 8,7 | ARG 22,7 | URU 29,4 |
| | Jeffrey Lenhart | Julio Lavandeira | Fernando Thode |
| | Pat Miglia | Gabriel Mariani | Alberto de Micheli |
| 1987 | EUA 0,0 | ARG 32,70 | BRA 46,70 |
| | David Chapin | Santiago Lange | Ivan Pimentel |
| | Chris Larson | Miguel Saubidet | Marcos Vianna |
| 1991 | CUB 3,00 | BRA 17,40 | EUA 31,10 |
| | Nélido Manso | Luis M. Mais | Peter Commette |
| | Octavio Lorenzo | Antonio Feltrim | Tarasa Davis |
| 1995 | CUB 12,50 | URU 21,50 | ARG 21,50 |
| | Nélido Manso | Roberto Fabini | Guillermo Parada |
| | Octavio Lorenzo | Ricardo Fabini | Gonzalo J. Martinez |
| 1999 | CUB 14 | BRA 17 | ARG 26 |
| | Nélido Manso | Flavio Fernandez | Cecilia Granucci |
| | Octavio Lorenzo | Alexandre Paradela | Luis Soubie |
| 2003 | BRA 19 | CUB 19 | URU 27 |
| | Bruno B. Amorim | Nélido Manso | Santiago Silveira |
| | Dante Bianchi | Octavio Lorenzo | Nicolas Shaban |
| 2007 | ___ | ___ | ___ |
| | ___ | ___ | ___ |

STAR

| | | | |
|---|---|---|---|
| 1951 | BRA 3.167 pontos | ARG 2.264 | CHI 606 |
| | Roberto Bueno | Jorge Brauer | Adolfo Hurtado |
| | Gastao Pereira | Emilio Momps | Kurt Angelbeck |
| 1955 | Não se realizou | | |
| 1959 | BAH 4.769 | CUB 4.769 | EUA 4.519 |
| | Durwood Knowles | Álvaro de Cárdenas | Gary Comer |
| | Sloane Farrington | Jorge de Cárdenas | William Hackel |
| 1963 | EUA 4.800 | MEX 2.545 | BRA 2.002 |
| | Richard Stearns | Carlos Braniff | Harry Adler |
| | Robert Halperin | Felipe Mier | Luiz C. P. Ramos |
| 1967-1979 | Não se realizou | | |
| 1983 | EUA 14,4 pts perdidos | BRA 20,4 | CAN 29,7 |
| | Peter Wright | Peter Ficker | Steven Fleckenstein |
| | Todd Cozzens | Werner Soenkser | Michel Grant |
| 1987 | CAN 14,70 | Não houve | BRA 20,10 |
| | Ross MacDonald | | Gastão Brun |
| | Bruce MacDonald | | Carlos McCourtney |
| | EUA 14,70 | | |
| | Vince Brun | | |
| | Hugo Schreiner | | |
| 1991-2003 | Não se realizou | | |

LIGHTNING

| | | | |
|---|---|---|---|
| 1951-1955 | Não se realizou | | |
| 1959 | BRA 3.195 pontos | ECU 3.116 | EUA 2.894 |
| | Eric Schmidt | Enrique Plaza | Herman Nickels |
| | Axel Schmidt | Héctor Plaza | David Nickels |
| | Antonio Barbosa | | |
| 1963 | EUA 5.074 | BRA 4.773 | ARG 2.990 |
| | Thomas Allen | Eric Schmidt | Alberto Migone |
| | Anne S. Allen | Axel Schmidt | Horacio Bravo |
| | Robert Chambers | Robinson Hasselman | Boris Belada |
| 1967 | EUA 3,0 pontos perdidos | BRA 20,4 | ARG 37,4 |
| | Bruce Goldsmith | Renato A. Da Matta | Boris Belada |
| | Pamela Goldsmith | Fernão Dias Paes | Alberto Migone |
| | Carey Long | Mario Borges | Horacio Campi |
| 1971 | BRA 8,7 | EUA 23,4 | CAN 36,7 |
| | Mario Buckup | Anne S. Allen | Donald Allen |
| | Peter Ficker | Thomas Allen | Larry McDonald |
| | M. Van Shaaffhausen | Lawrence Bonne | John Ross |
| 1975 | EUA 11,0 | COL 29,7 | ARG 38,1 |
| | Bruce Goldsmith | Andrés Lisocki | Mario Isola |
| | Pamela Goldsmith | Beatriz de Lisocki | Luis Schenone |
| | Paul Adam | Gian-Luca Fiori | Martin Canepa |
| 1979 | BRA 23,70 | CAN 39,10 | EUA 43,70 |
| | Mario Buckup | Gil Mercier | William Shore |
| | Ralph Christi | Golden Crothers | Bonnie Shore |
| | Joaquim Feneberg | Peter Jones | William Hornett |
| 1983 | BRA 5,7 | CHI 24,7 | ARG 33,0 |
| | Claudio Bieckarck | Alberto González | Horacio Terramenti |
| | Gunnar Ficker | Luis Herman | Claudio Fassardi |
| | Ralph Berger | Jorge Zuazola | |
| 1987 | ARG 14,70 | CAN 25,40 | BRA 30,40 |
| | Martin Costa | Alain Boucher | Claudio Bieckarck |
| | Juan José Grande | Peter Hall | Gunnar Ficker |
| | Guillermo Paradalando | Scott Morgan | Carlos Wanderley |
| 1991 | EUA 11,70 | CHI 17,70 | BRA 20,10 |
| | Steve Callison | Valentín Hernández | Marcelo Silva |
| | Sean Fidler | Germán Schacht | Gunnar Ficker |
| | Math Fisher | Alberto González | Claudio Bieckarck |
| 1995 | CHI 16,75 | BRA 24,00 | ARG 25,50 |
| | Alberto González | Claudio Bieckarck | Alejandro Colla |
| | Cristian M. Herman | Gunnar Ficker | Alejandro Noe |
| | Germán Schacht | Marcelo Silva | Diego H. Ruddy |
| 1999 | EUA 14 | BRA 23 | CAN 28 |
| | Andrew Horton | Claudio Bieckarck | Larry McDonald |
| | Heather Rowe | Gunnar Ficker | Trevor Born |
| | William Fastiggi | Marcelo Silva | J. M. Innes-McDonald |
| 2003 | Não se realizou | | |

| | | | |
|---|---|---|---|
| 2007 | ___ | ___ | ___ |
| | ___ | ___ | ___ |
| | ___ | ___ | ___ |

LASER

| | | | |
|---|---|---|---|
| 1951-1975 | Não se realizou | | |
| 1979 | Terry Neilson | Cameron C. Lewis | Stewart Neff |
| | CAN 17,00 pts perdidos | EUA 26,00 | EUA 33,10 |
| 1983 | Pedro Bulhões | Andy Roy | Gonzalo Campero |
| | BRA 24,70 | CAN 28,40 | ARG 39,70 |
| 1987 | Chris Larson | Jonas Penteado | Jorge Yáñez |
| | EUA 24,00 | BRA 33,00 | CUB 40,70 |
| 1991 | Peter Tanscheit | Samuel Kerner | José F. Campero |
| | BRA 0,00 | EUA 28,80 | ARG 35,40 |
| 1995 | Robert Scheidt | Santiago Lange | Jason Rhodes |
| | BRA 8,00 | ARG 21,75 | CAN 30,00 |
| 1999 | Robert Scheidt | Mark Mendelblatt | Diego Romero |
| | BRA 8 | EUA 16 | ARG 27 |
| 2003 | Robert Scheidt | Bernard Luttmer | Matias del Solar |
| | BRA | CAN | CHI |
| | Diego Emilio Romero, da Argentina, terminou em segundo lugar, mas foi desclassificado. | | |
| 2007 | ___ | ___ | ___ |
| | ___ | ___ | ___ |

470

| | | | |
|---|---|---|---|
| 1951-1975 | Não se realizou | | |
| 1979 | EUA 22,40 pts perdidos | EUA 24,70 | CAN 27,40 |
| | Steve Curshiard | Skip Whyte | Jerry Roufs |
| | Chuck Millican | Frank Charles | Charles Robitaille |
| 1983 | BRA 17,00 | EUA 31,10 | CAN 33,40 |
| | José Duarte Ribeiro | Steve Benjamin | Frank McLaughlin |
| | Paulo Ribeiro | Chris Steinfeld | Martin Tenhove |
| 1987 | Não se realizou | | |
| 1991 | CAN 12,00 | BRA 25,00 | EUA 28,50 |
| | Jeff Eckard | Eduardo Costa | Paul Kerner |
| | Nigel Cochrane | Bernardo Moller | Morgan Larson |
| 1995 | CUB 18,00 | EUA 19,25 | ARG 22,50 |
| | Pedro L. Fernandez | Michael Sturman | Martin Billoch |
| | Alfredo Jiménez | Robert Little | Juan P. Zizzi |
| 1999-2003 | Não se realizou | | |
| 2007 | ___ | ___ | ___ |
| | ___ | ___ | ___ |

SOLING

| | | | |
|---|---|---|---|
| 1951-1975 | Não se realizou | | |
| 1979 | EUA 8,00 pts perdidos | BRA 20,40 | CAN 43,40 |
| | Dave Curtis | Eduardo Sousa | James Beatty |
| | David Barton | Tomás Heimann | John Dakin |
| | James McCreary | Manfred Kaufmann | John Wood |
| 1983 | BRA 19,00 | CAN 22,70 | EUA 24,70 |
| | Torben S. Grael | Bill Abbott Jr. | Dave Perry |
| | Ronaldo Senft | Bill Abbott | Brad Dellenbaugh |
| | Daniel Adler | Larry Abbott | Jaime Hardenberg |
| 1987 | EUA 5,70 | CAN 22,70 | BRA 25,40 |
| | Will Baylis | Hans Fogh | Daniel Adler |
| | Robert Billingham | Mark Lammens | Ronaldo Senft |
| | John Kostecki | Steve Calder | Torben S. Grael |
| 1991-2003 | Não se realizou | | |

J-24

| | | | |
|---|---|---|---|
| 1951-1979 | Não se realizou | | |
| 1983 | EUA 0,0 pontos perdidos | CAN 26,10 | ARG 33,00 |
| | Dave Curtis | Gordon Crothers | Raúl Lena |
| | Joanne Curtis | Harry Hemmet | Guillermo Lena |
| | Hale Walcoff | Peter Laner | Pedro Ferrero |
| | Stephen Tomkins | David Roy | Armando Giliberto |
| | Marvin Duncan | Peter Candelish | |
| 1987-1991 | Não se realizou | | |
| 1995 | EUA | ISV | ARG |
| | Paul Foerster | Peter Holmberg | Francisco J. Campero |
| | Robert Johnston | Maurice Krug | Ezequiel Mendonca |
| | Troy Lawson | Christian Rosenberg | Santiago Morixe |
| | John Barlett | Christopher Neil | Gonzalo Campero |
| 1999 | Não se realizou | | |
| 2003 | EUA | BRA | CHI |
| | | Alan Adler | |
| | | Daniel Santiago | |
| | | João Carlos Jordão | |
| | | Mauricio Santa Cruz | |
| 2007 | ___ | ___ | ___ |
| | ___ | ___ | ___ |
| | ___ | ___ | ___ |
| | ___ | ___ | ___ |
| | ___ | ___ | ___ |

FINN

| | | | |
|---|---|---|---|
| 1951-1955 | Não se realizou | | |
| 1959 | Kenneth Albury | Esteban Berisso | William McLean |
| | BAH 2.713 pontos | ARG 2.662 | EUA 2.537 |
| 1963 | Hans H. Domscke | Peter Barret | Pedro Garra |
| | BRA 4.800 | EUA 2.517 | URU 2.044 |
| 1967 | Joerg Bruder | Carl Van Duyne | John A. Clarke |
| | BRA 9,0 pontos perdidos | EUA 17,4 | CAN 36,7 |
| 1971 | Joerg Bruder | Carl Van Duyne | Roberto Hass |
| | BRA 3,0 | EUA 22,0 | ARG 35,8 |
| 1975 | William C. Allen | Claudio Bieckarck | Daniel Mugica |
| | EUA 6,0 | BRA 17,4 | MEX 30,4 |
| 1979-1987 | Não se realizou | | |
| 1991 | Lawrence Lemieux | Cristoph Bergmann | Erick Mergenthaler |
| | CAN 0,0 | BRA 32,70 | MEX 35,40 |
| 1995 | Não se realizou | | |
| 1999 | Richard Clarke | Russ Silvestri | Bruno Prada |
| | CAN 9 | EUA 14 | BRA 20 |
| 2003 | Não se realizou | | |

DRAGÃO

| | | | |
|---|---|---|---|
| 1951-1955 | Não se realizou | | |
| 1959 | ARG 4.771 pontos | EUA 4.771 | CAN 3.142 |
| | Jorge Salas | Walt Swindeman | Arnold B. Massey |
| | Chávez Caligaris | Richard Kraus | Arnold D. Massey |
| | Jorge del Río | James Stevens | William Wilson |
| 1963 | ARG 3.365 | CAN 3.139 | EUA 2.361 |
| | Jorge Salas | Samuel McDonald | Robert Smith |
| | Fernando Sanjurjo | Peter Dorion | Sigmund Nelson |
| | Rodolfo Rivademar | Lynn Watters | Alfred Wenzel |
| 1967-2003 | Não se realizou | | |

FLYING DUTCHMAN

| | | | |
|---|---|---|---|
| 1951-1955 | Não se realizou | | |
| 1959 | EUA 4.800 pontos | CAN 2.818 | FIO-TRT 2.290 |
| | Harry Sindle | Augus McDonald | Barton Kirkconnell |
| | Robert Wood | Pierre des Jardins | Rawle Barrow |
| 1963 | BRA 4.198 | EUA 3.721 | CAN 2.290 |
| | Joaquim Roderbourg | Patricia Duane | Anton Zegers |
| | Klaus Hendricksen | John Duane | Andre Baby |
| 1967 | EUA 3,0 pontos perdidos | BRA 22,0 | CAN 41,8 |
| | Harry Melges | Reinaldo Conrad | Peter Byrne |
| | William Bentsen | Hans O. Cordes | Jeff Davis |
| 1971 | Não se realizou | | |
| 1975 | BRA 0,0 | CAN 23,1 | EUA 25,7 |
| | Reinaldo Conrad | Jamie Kidd | Norman Freeman |
| | Burkhard Cordes | Hugh Kidd | John Mathias |
| 1979-2003 | Não se realizou | | |

5,5

| | | | |
|---|---|---|---|
| 1951-1955 | Não se realizou | | |
| 1959 | EUA 3.167 pontos | CAN 2.264 | ECU 606 |
| | George O'Day | Melvidle Gould | Emilio Estrada |
| | Victor Sheronas | Jerome Conway | Emilio Estrada Jr |
| | Frank Scully | Barclay Livingston | |
| 1963-2003 | Não se realizou | | |

MISTRAL (PRANCHA À VELA)

1951-1979 Não se realizou

| | | | |
|---|---|---|---|
| 1983 | Nilo Dzib | Doug Mart | Raines Kobi |
| | MEX 41,70 pts perdidos | EUA 47,7 | CAN 51,4 |
| 1987 | Michael Gebhardt | Jorge García | Richard Myerscough |
| | EUA 14,40 | ARG 24,70 | CAN 41,70 |
| 1991 | Ted Huang | Carlos Espínola | Murray McCaig |
| | EUA 6,00 | ARG 17,40 | CAN 23,10 |
| 1995 | Carlos Espínola | Michael Gebhardt | Murray McCaig |
| | ARG 10,50 | EUA 18,25 | CAN 31,00 |
| 1999 | Marcos Galván | Ricardo W. Santos | Michael Gebhardt |
| | ARG 15 | BRA 15 | EUA 25 |
| 2003 | Ricardo W. Santos | Marcos Galván | Kevin Stittle |
| | BRA | ARG | CAN |
| 2007 | ___ | ___ | ___ |
| | ___ | ___ | ___ |

SUNFISH

1951-1995 Não se realizou

| | | | |
|---|---|---|---|
| 1999 | Oskar Johansson | Malcolm Smith | David Van Cleef |
| | CAN 14 pontos perdidos | BER 19 | EUA 27 |
| 2003 | Eduardo Cordero | Malcom Smith | Raul Aguayo |
| | VEN | BER | DOM |
| | ___ | ___ | ___ |
| | ___ | ___ | ___ |

HOBIE CAT-16

1951-1995 Não se realizou

| | | | |
|---|---|---|---|
| 1999 | PRC 11 pontos perdidos | BRA 21 | CAN 26 |
| | Enrique Figueroa | Claudio Cardoso | David Sweeney |
| | Carla Malatrasi | Patricia Kirschner | Kevin Smith |
| 2003 | PRC 10 | MEX 24 | GUA 30 |
| | Enrique Figueroa | Armando Noriega | Juan Maegli |
| | Carla Malatrasi | Pamela Noriega | Andres Lopes |
| 2007 | ___ | ___ | ___ |
| | ___ | ___ | ___ |
| | ___ | ___ | ___ |

Provas femininas

MISTRAL (PRANCHA À VELA)

1951-1983 Não se realizou

| | | | |
|---|---|---|---|
| 1987 | Kathy Steele | Carol Ann Alie | Rosarito Martinez |
| | EUA 0,00 pts perdidos | CAN 20,40 | PRC 30,70 |
| 1991 | Lanee Butler | Edithe Trepanier | Maria Espínola |
| | EUA 3,00 | CAN 14,70 | ARG 28,40 |
| 1995 | Carol Ann Alie | Lisa Neuburger | Lanee Butler |
| | CAN 11,75 | ISV 19,75 | EUA 20,25 |
| 1999 | Lanee Butler | Carol Ann Alie | Christina Forte |
| | EUA 10 | CAN 13 | BRA 22 |
| 2003 | Lanee Butler | Dominique Valee | Catalina Walther |
| | EUA 12 | CAN 24 | ARG 30 |

Carolina Borges, do Brasil, ficou em quinto lugar.

| | | | |
|---|---|---|---|
| 2007 | ___ | ___ | ___ |
| | ___ | ___ | ___ |

LASER

1951-1987 Não se realizou

| | | | |
|---|---|---|---|
| 1991 | Shona Moos | Mônica Schell | Karen Long |
| | CAN 3,0 pontos perdidos | BRA 17,70 | EUA 43,10 |
| 1995 | Maria B. Marcone | Jennifer Coolidge | Maria Krahe |
| | ARG 14,50 | EUA 20,25 | BRA 27,00 |
| 1999 | Kelly Hand | Sara Wright | Isabela Maracucci |
| | CAN 11 | BER 15 | BRA 20 |
| 2003 | Tania Elias | Kemia Rasa | Florencia Cerntti |
| | MEX | CAN | ARG |

Caroline Béjar, do Brasil, ficou em quarto lugar.

| | | | |
|---|---|---|---|
| 2007 | ___ | ___ | ___ |
| | ___ | ___ | ___ |

470

1951-1987 Não se realizou

| | | | |
|---|---|---|---|
| 1991 | EUA 0,0 pontos perdidos | MEX 20,70 | BRA 28,80 |
| | Amy Lawser | Karla Gutiérrez | Claudia Swan |
| | Susan Lawser | Elsa M. Pazos | Marion Schell |

1995-2003 Não se realizou

EUROPA

1951-1991 Não se realizou

| | | | |
|---|---|---|---|
| 1995 | Marcia Pellicano | Kimberly Logan | Paula Lewin |
| | BRA 12,75 pts perdidos | EUA 13,00 | BER 27,75 |
| 1999 | Serena Amato | Fernanda Pinto | Tania Elias |
| | ARG 10 | BRA 14 | MEX 22 |
| 2003 | Não se realizou | | |

## VÔLEI DE PRAIA

Masculino

1951-1995 Não se realizou

| | | | |
|---|---|---|---|
| 1999 | CAN | BRA | BRA |
| | Conrad Leinemann | Adriano Dias | Roberto Lopes |
| | Jody Holden | Luis Barbosa da Silva | Franco Vieira |
| 2003 | CUB | BRA | PRC |
| | Francisco Alvarez | Paulo Emilio Silva (Paulão) | Ramón Hernandez |
| | Juan Roselli | Luiz de Jesus (Luizão) | Raul Papaleo |
| 2007 | ___ | ___ | ___ |
| | ___ | ___ | ___ |

Feminino

1951-1995 Não se realizou

| | | | |
|---|---|---|---|
| 1999 | BRA | EUA | MEX |
| | Adriana Behar | Jennifer Pavley | Laura Amaral |
| | Shelda Bede | Marsha Miller | Mayra Huerta |
| 2003 | CUB | MEX | BRA |
| | Dalixia Fernandez | Mayria Garcia | Larissa França |
| | Tamara Larrea | Hilde Gaxiola | Ana Richa Medeiros |
| 2007 | ___ | ___ | ___ |
| | ___ | ___ | ___ |

## ESTATÍSTICAS

Quadro Geral de Medalhas

| Após 14 edições dos Jogos | Ouro | Prata | Bronze | Total |
|---|---|---|---|---|
| 1. Estados Unidos | 1651 | 1207 | 821 | 3679 |
| 2. Cuba | 722 | 496 | 440 | 1658 |
| 3. Canadá | 309 | 503 | 627 | 1439 |
| 4. Argentina | 247 | 263 | 330 | 840 |
| 5. Brasil | 187 | 243 | 335 | 765 |
| 6. México | 139 | 193 | 378 | 710 |
| 7. Venezuela | 61 | 133 | 189 | 383 |
| 8. Colômbia | 43 | 89 | 149 | 281 |
| 9. Chile | 31 | 65 | 99 | 195 |
| 10. Porto Rico | 18 | 66 | 101 | 185 |
| 11. Jamaica | 18 | 28 | 58 | 104 |
| 12. República Dominicana | 13 | 37 | 68 | 118 |
| 13. Uruguai | 11 | 21 | 40 | 72 |
| 14. Trinidad e Tobago | 8 | 16 | 22 | 46 |
| 15. Equador | 9 | 9 | 26 | 44 |
| 16. Peru | 5 | 24 | 50 | 79 |
| 17. Guatemala | 5 | 9 | 27 | 41 |
| 18. Bahamas | 4 | 9 | 6 | 19 |
| 19. Costa Rica | 4 | 6 | 10 | 20 |
| 20. Suriname | 4 | 2 | 5 | 11 |
| 21. Antilhas Holandesas | 3 | 9 | 15 | 27 |
| 22. Panamá | 2 | 19 | 24 | 45 |
| 23. Guiana | 2 | 4 | 10 | 16 |
| 24. Bermuda | 1 | 4 | 3 | 8 |
| 25. Ilhas Virgens | 0 | 4 | 5 | 9 |
| 26. Barbados | 0 | 3 | 6 | 9 |
| 27. El Salvador | 0 | 3 | 6 | 9 |
| 28. Nicarágua | 0 | 3 | 5 | 8 |
| 29. Haiti | 0 | 2 | 4 | 6 |
| 30. Ilhas Cayman | 0 | 2 | 0 | 2 |
| 31. Paraguai | 0 | 1 | 5 | 6 |
| 32. Honduras | 0 | 1 | 3 | 4 |
| 33. Bolívia | 0 | 1 | 2 | 3 |
| 34. Granada | 0 | 1 | 1 | 2 |
| 35. Dominica | 0 | 1 | 0 | 1 |
| 36. Belize | 0 | 0 | 2 | 2 |
| 37. São Vicente e Granadinas | 0 | 0 | 1 | 1 |
| 38. Antígua e Barbuda | 0 | 0 | 1 | 1 |
| 39. Santa Lúcia | 0 | 0 | 1 | 1 |
| 40. Aruba | 0 | 0 | 0 | 0 |
| 41. Ilhas Virgens Britânicas | 0 | 0 | 0 | 0 |
| 42. São Cristóvão e Neves | 0 | 0 | 0 | 0 |

## DESEMPENHO DE CADA ESPORTE BRASILEIRO APÓS 14 EDIÇÕES DOS JOGOS PAN-AMERICANOS

### Modalidades

1 – Atletismo
ouro 37
prata 34
bronze 43

2 – Vela
ouro 24
prata 20
bronze 12

3 – Natação
ouro 22
prata 33
bronze 55

4 – Judô
ouro 21
prata 23
bronze 41

5 – Tênis
ouro 13
prata 6
bronze 12

6 – Tênis de mesa
ouro 10
prata 6
bronze 9

7 – Remo
ouro 8
prata 17
bronze 12

8 – Boxe
ouro 6
prata 16
bronze 22

9 – Hipismo
ouro 5
prata 3
bronze 7

10 – Ginástica rítmica
ouro 4
prata 1
bronze 2

11 – Karatê
ouro 3
prata 8
bronze 8

12 – Tiro
ouro 2
prata 12
bronze 20

13 – Ginástica artística
ouro 2
prata 6
bronze 11

14 – Pentatlo moderno
ouro 2
prata 4
bronze 0

15 – Canoagem
ouro 1
prata 5
bronze 6

16 – Ciclismo
ouro 1
prata 4
bronze 7

17 – Esgrima
ouro 1
prata 3
bronze 3

18 – Taekwondo
ouro 1
prata 2
bronze 4

19 – Vôlei de praia
ouro 1
prata 2
bronze 2

20 – Triatlo
ouro 1
prata 2
bronze 0

21 – Patinação artística
ouro 1
prata 0
bronze 4

22 – Levantamento de peso
ouro 0
prata 4
bronze 13

23 – Lutas
ouro 0
prata 3
bronze 0

24 – Squash
ouro 0
prata 2
bronze 8

25 – Saltos ornamentais
ouro 0
prata 2
bronze 1

26 – Nado sincronizado
ouro 0
prata 0
bronze 4

27 – Tiro com arco (arco e flecha)
ouro 0
prata 0
bronze 4

### Coletivos

1 – Basquete
ouro 7
prata 5
bronze 9

2 – Vôlei
ouro 5
prata 7
bronze 6

3 – Futebol
ouro 5
prata 3
bronze 0

4 – Handebol
ouro 3
prata 3
bronze 3

5 – Pólo aquático
ouro 1
prata 4
bronze 6

6 – Hóquei sobre patins
ouro 0
prata 3
bronze 3

### Hoyama de olho no recorde

Os quatro maiores medalhistas brasileiros nos Jogos Pan-americanos pertencem a apenas dois esportes: a natação e o tênis de mesa. O nadador Gustavo Borges é o recordista, com 19 medalhas, das quais oito de ouro, oito de prata e três de bronze. O mesa-tenista Hugo Hoyama ganhou 12, mas empata com Borges na quantidade de medalhas douradas. Hoyama participa do Pan do Rio e tenta se tornar o atleta brasileiro mais vitorioso nos Jogos.

O nadador Fernando Scherer, o Xuxa, ganhou 10 medalhas, mas sete delas de ouro. Ele competiria no Pan de 2007 e tinha esperanças de superar o rival Gustavo Borges, que já se aposentou, mas desistiu a quatro meses dos Jogos, alegando falta de tempo para treinar. O outro dos quatro maiores ganhadores de medalhas do Brasil no Pan é o mesa-tenista Cláudio Kano, já falecido, que conquistou sete de ouro, três de prata e duas de bronze.

### As medalhas de Gustavo Borges

Havana/1991
Ouro: 100m livre (49s48) e 4x100m livre (3min23s28).
Prata: 200m livre (1min49s74) e 4x200m livre (7min23s39).
Bronze: 50m livre (22s82).

Mar del Plata/1995
Ouro: 100m livre (49s31) e 200m livre (1min48s49).
Prata: 4x100m livre (3min20s33), 4x200m livre (7min28s70) e 4x100m medley (3min43s93).

Winnipeg/1999
Ouro: 200m livre (1min49s41), 4x100m livre (3min17s18) e 4x100m medley (3min40s27).
Prata: 4x200m livre (7min22s92).
Bronze: 100m livre (50s10).

Santo Domingo/2003
Ouro: 4x100m livre (3min18s66).
Prata: 4x100m medley (3min40s02) e 4x200m livre (7min25s17).
Bronze: 100m livre (49s90).

### ATLETAS QUE MAIS GANHARAM MEDALHAS NO PAN

**Masculino**

| Atleta/ País | Ouro | Prata | Bronze | Total |
|---|---|---|---|---|
| Erick López, CUB | 18 | 3 | 1 | 22 |
| Abraham Grossfeld, EUA | 14 | 2 | 5 | 21 |
| Juan Caviglia, ARG | 5 | 6 | 10 | 21 |
| Casimiro Suárez, CUB | 13 | 5 | 1 | 19 |
| Gustavo Borges, BRA | 8 | 8 | 3 | 19 |
| Lones Wigger, EUA | 13 | 5 | 0 | 18 |
| Donald Nygord, EUA | 12 | 5 | 1 | 18 |
| Rafael Lecuona, CUB | 4 | 11 | 3 | 18 |
| John Beckner, EUA | 15 | 1 | 1 | 17 |
| César Bonoris, ARG | 4 | 5 | 7 | 16 |
| Ovidio Ferrari, ARG | 4 | 5 | 7 | 16 |
| Enrique Rapesta, ARG | 4 | 6 | 4 | 15 |
| Baldomero Rubiera, CUB | 3 | 9 | 3 | 15 |
| Francisco Cascante, CUB | 3 | 8 | 4 | 15 |
| Gary L. Anderson, EUA | 11 | 1 | 2 | 14 |
| Robert Foth, EUA | 4 | 6 | 4 | 14 |
| Guillermo Reyes, CUB | 2 | 5 | 7 | 14 |
| Miguel A. Valdés, CUB | 0 | 6 | 8 | 14 |
| Joseph Kotys, EUA | 8 | 3 | 2 | 13 |
| Darrell Pace, EUA | 9 | 2 | 1 | 12 |
| Daniel Puckel, EUA | 9 | 3 | 0 | 12 |
| Hugo Hoyama, BRA | 8 | 1 | 3 | 12 |
| Ismael Carbonell, CUB | 8 | 0 | 4 | 12 |

| | | | | |
|---|---|---|---|---|
| Cláudio Kano, **BRA** | 7 | 3 | 2 | 12 |
| Bernardo Tobar, **COL** | 3 | 2 | 7 | 12 |
| Gerald Ouellette, **CAN** | 2 | 4 | 6 | 12 |
| Horatio Pintea, **CAN** | 2 | 3 | 7 | 12 |

**Feminino**

| Atleta/ País | Ouro | Prata | Bronze | Total |
|---|---|---|---|---|
| Joanne Malar, **CAN** | 6 | 9 | 4 | 19 |
| Denise Parker, **EUA** | 12 | 2 | 1 | 15 |
| Rosana E. Sastre, **ARG** | 6 | 6 | 0 | 12 |
| Lourdes Medina, **CUB** | 7 | 4 | 0 | 11 |
| Madeleine Armas, **CUB** | 0 | 6 | 5 | 11 |
| Insook Bhushan, **EUA** | 9 | 1 | 0 | 10 |
| Claudia Rodríguez, **ARG** | 4 | 3 | 3 | 10 |
| Marianne Limpert, **CAN** | 2 | 5 | 3 | 10 |
| Margarita Rodríguez, **CUB** | 6 | 3 | 0 | 9 |
| Tracy Caulkins, **EUA** | 6 | 3 | 0 | 9 |
| Diana Gee, **EUA** | 5 | 3 | 1 | 9 |
| Sylvia Poll, **CRC** | 4 | 3 | 2 | 9 |
| Mary Fuzesi, **CAN** | 2 | 4 | 3 | 9 |
| Angela Coughlan, **CAN** | 1 | 4 | 4 | 9 |
| Nora A. Veja, **ARG** | 6 | 1 | 1 | 8 |
| Ruth Rowe, **EUA** | 5 | 3 | 0 | 8 |
| Yolanda Ramírez, **MEX** | 4 | 3 | 1 | 8 |
| C. Schulze-Ashcroft, **CAN** | 0 | 4 | 4 | 8 |

## ATUAÇÃO DOS PAÍSES QUANDO ORGANIZARAM OS JOGOS PAN-AMERICANOS

| Sede | País | O | P | B | T | Pos. |
|---|---|---|---|---|---|---|
| Buenos Aires/1951 | Argentina | 68 | 47 | 39 | 154 | 1 |
| México/1955 | México | 17 | 11 | 30 | 58 | 3 |
| Chicago/1959 | Estados Unidos | 122 | 73 | 54 | 249 | 1 |
| São Paulo/1963 | Brasil | 14 | 21 | 18 | 53 | 2 |
| Winnipeg/1967 | Canadá | 12 | 37 | 43 | 92 | 2 |
| Cali/1971 | Colômbia | 5 | 9 | 14 | 28 | 7 |
| México/1975 | México | 9 | 13 | 38 | 60 | 4 |
| San Juan/1979 | Porto Rico | 2 | 9 | 10 | 21 | 7 |
| Caracas/1983 | Venezuela | 14 | 25 | 37 | 76 | 4 |
| Indianápolis/1987 | Estados Unidos | 168 | 118 | 83 | 369 | 1 |
| Havana/1991 | Cuba | 140 | 62 | 63 | 265 | 1 |
| Mar del Plata/1995 | Argentina | 40 | 45 | 74 | 159 | 4 |
| Winnipeg/1999 | Canadá | 64 | 52 | 80 | 196 | 3 |
| Santo Domingo/2003 | Rep. Dominicana | 10 | 12 | 19 | 41 | 9 |
| Total de medalhas dos países organizadores | | 685 | 534 | 602 | 1 937 | |

## RECORDES BRASILEIROS NO ATLETISMO

Masculinos

100 metros: 9s9, Robson Caetano da Silva, no Rio de Janeiro, em 01/04/1995.
200 metros: 19s89, Claudinei Quirino da Silva, Munique,11/09/1999.
400 metros: 44s29, Sanderlei Claro Parrela, Sevilha, 26/08/1999.
800 metros: 1m41s77, Joaquim Carvalho Cruz, Colônia, 26/08/1984.
1.000 metros: 2m14s09, Joaquim Carvalho Cruz, Nice, 20/08/1984.
1.500 metros: 3m33s25, Hudson Santos de Souza, Rieti, 28/08/2005.
Milha: 3m51s05, Hudson Santos de Souza, Oslo, 29/07/2005.
2.000 metros: 5m03s34, Hudson Santos de Souza, Manaus, 06/04/2002.
3.000 metros: 7m39s70, Hudson Santos de Souza, Lausane, 02/07/2002.
5.000 metros: 13m19s43, Marilson Gomes dos Santos, Askina, 08/06/2006.

10.000 metros: 27m48s49, Marilson Gomes dos Santos, Neepelt, 05/06/2006.
Uma Hora: 19.263,20 metros, Eloi Rodrigues Schleder, São Paulo, 27/11/1976.
20.000 metros: 1h02m17s8, Eloi Rodrigues Schleder, São Paulo, 27/11/1976.
25.000 metros: 1h23m38s0, Hélio Alves Aguiar, São Paulo, 22/03/1980.
30.000 metros: 1h42m38s0, Hélio Alves Aguiar, São Paulo, 22/03/1980.
110 metros com barreiras: 13s29, Redelem Melo dos Santos, Lisboa, 13/06/2004.
400 metros com barreiras: 48s04, Eronilde Nunes de Araújo, Nice, 12/07/1995.
2.000 metros com obstáculos: 5m24s36, Wander do Prado Moura, Mar del Plata, 22/03/1995.
3.000 metros com obstáculos: 8m14s41, Wander do Prado Moura, Mar del Plata, 22/03/1995.
Revezamento 4x100 metros: 37s90, equipe do Brasil formada por Vicente Lima, Edson Ribeiro, André Silva e Claudinei Silva, Sydney, 30/09/2000.
Revezamento 4x200 metros: 1m27s9, equipe do Brasil formada por Anubes Ferraz da Silva, Jorge Machado de Barros, Afonso Coelho da Silva e Massao Imoto.
Revezamento 4x400 metros: 2m58s56, equipe do Brasil formada por Eronildes Araújo, Sanderlei Parrela, Claudinei Silva e Anderson Santos, Winnipeg, 30/07/1999.
Salto em altura: 2,30m, Jessé Farias de Lima, Porto Alegre, 07/05/2006.
Salto em distância: 8,40m, Douglas de Souza, São Paulo, 15/02/1995.
Salto triplo: 17,89m, João Carlos de Oliveira, México, 15/10/1975.
Salto com vara: 5,76m, Thomas Valdemar Hintnaus, Zurique, 21/08/1985.
Arremesso do peso: 18,72m, Adilson Ramos Souza Oliveira, Rio de Janeiro, 17/09/1994.
Lançamento do disco: 60,26m, José Araujo de Souza, Eugene, 28/04/1990.
Lançamento do dardo: 79,50 metros, Luiz Fernando da Silva, Rio de Janeiro, 06/08/2000.
Lançamento do martelo: 69,73m, Wagner José Alberto Carvalho, São Caetano do Sul, 18/03/2006.
Decatlo: 8.266 pontos, Pedro Ferreira da Silva Filho, Eugene, 25 e 26/04/1987.
Maratona (Melhor Resultado): 2h06m05s, Ronaldo da Costa, Berlim, 20/09/1998.

Femininos
100 metros: 11s17, Lucimar Aparecida de Moura, Bogotá, 25/06/1999.
200 metros: 22s60, Lucimar Aparecida de Moura, Bogotá, 26/06/1999.
400 metros:50s62, Maria Magnólia Souza Figueiredo, Rovereto, 21/08/1990.
800 metros: 1m58s27, Luciana de Paula Mendes, Hechtel, 30/07/1994.
1.000 metros:2m36s30, Luciana de Paula Mendes, Bruxelas, 25/08/1995.
1.500 metros: 4m10s07, Soraya Vieira Telles, Leverkusen, 28/06/1988.
Milha: 4m30s05, Soraya Vieira Telles, Bratislava, 09/06/1988.
3.000 metros: 9m02s37, Delirde Maria Bernardi, Linz, 04/07/1994.
5.000 metros: 15m22s01, Carmem Oliveira Furtado, Hechtel, 31/07/1993.
10.000 metros: 31m47s76, Carmem Oliveira Furtado, Stutttgart, 21/08/1993.
100 metros com barreiras: 12s71, Maurren Higa Maggi, Manaus, 19/05/2001.
400 metros com barreiras: 55s94, Lucimar Teodoro, São Paulo, 06/06/2004.
3.000 metros com obstáculos: 9m53s40, Zenaide Vieira, São Paulo, 07/04/2006.
Revezamento 4x100 metros: 42s97, equipe do Brasil formada por Rosemar Neto, Lucimar Moura, Luciana dos Santos e Kátia Santos, Bogotá, 10/07/2004.
Revezamento 4x400 metros: 3m26s82, equipe do Brasil formada por Maria Almirão, Geisa Coutinho, Josiane Tito e Lucimar Teodoro, Helsinque, 14/08/2005.
Salto em altura: 1,92m, Orlane Maria Lima dos Santos, Bogotá, 11/08/1989.
Salto com vara: 4,66m, Fabiana de Almeida Murer, Monte Carlo/Mônaco, 20/08/2006.
Salto em distância: 7,26m, Maurren Higa Maggi, Bogotá, 26/06/1999.
Salto triplo: 14,53m, Maurren Higa Maggi, São Caetano do Sul, 27/04/2003.
Arremesso do peso: 19,30m, Elisangela Maria Adriano, Tunja, Colômbia, 14/07/2001.
Lançamento do disco: 61,96m, Elisangela Maria Adriano, São Leopoldo, 21/05/1998.
Lançamento do dardo: 61,98m, Sueli Pereira dos Santos, Bogotá, 06/05/2000.
Lançamento do martelo: 64,58m, Katiuscia Maria Borges de Jesus, Tunja, 29/09/2006.
Heptatlo: 6.017 pontos, Conceição Aparecida Geremias, Caracas, 24 e 25/08/1983.
Maratona (Melhor Resultado): 2h27m41s, Carmem de Oliveira Furtado, Boston, 18/04/1994.

## RECORDES BRASILEIROS NA NATAÇÃO

Masculinos
50m nado livre: Fernando Scherer, 22s18, 02/08/1998.
100m livre: César Augusto Cielo Filho, 48s61, 14/12/2006.
200m livre: Gustavo Borges, 1m48s08, 20/07/1996.
400m livre: Luiz Lima, 3m52s25, 05/08/1999.

800m livre: Djan Madruga, 7m59s85, 01/01/1980.
1500m livre: Luiz Lima, 15m17s55, 18/01/1998.
50m borboleta: Fernando Scherer, 23s86, 07/05/2004.
50m borboleta: Fernando Scherer, 23s86, 20/07/2003.
100m borboleta: Gabriel Mangabeira, 52s33, 19/08/2004.
200m borboleta: Kaio Márcio Almeida, 1m57s38, 05/06/2004.
50m costas: Artur F. da Rocha, 25s91, 06/09/2006.
100m costas: Alexandre Massura, 55s17, 06/08/1999.
200m costas: Rogério Romero, 1m59s23, 18/12/1999.
50m peito: Eduardo Fischer, 28s21, 10/05/2003.
100m peito: Felipe Ferreira Lima, 1m01s52, 16/12/2006.
200m peito: Thiago Pereira, 2m14s64, 06/09/2006.
200m medley: Thiago Pereira, 1m59s48, 12/06/2004.
400m medley: Thiago Pereira, 4m14s67, 16/12/2006.
4x50 livre: Equipe do Esporte Clube Pinheiros, 1m29s31, 07/05/2004.
4x100m livre: Equipe do Brasil, 3m17s18, 05/08/1999.
4x200m livre: Equipe do Brasil, 7m22s70, 17/08/2004.
4x50 medley: Equipe do Vasco da Gama, 1m42s69.
4x100m medley: Equipe do Esporte Clube Pinheiros, 3m39s30, 09/09/2006.

Femininos

50m livre: Flávia Delaroli, 25s17, 20/08/2004.
50 livre: Rebeca Gusmão, 25s17, 05/05/2004.
100m livre: Rebeca Gusmão, 55s78, 08/05/2004.
200m livre: Mariana Brochado, 2m01s17, 22/07/2003.
400m livre: Monique Ferreira, 4m13s11, 02/05/2003.
800m livre: Joanna Maranhão, 8m42s87, 25/06/2004.
1500m livre: Nayara Ribeiro, 16m32s18, 27/07/2001.
50m borboleta: Daynara Lopes Ferreira de Paula, 27s82, 26/05/2006.
100m borboleta: Gabriella Silva, 1m00s92, 06/09/2006.
200m borboleta: Monique Ferreira, 2m14s77, 26/08/2002.
50m costas: Fabíola Molina, 29s25, 04/05/2005.
100m costas: Fabíola Molina, 1m02s63, 09/09/2006.
200m costas: Fabíola Molina, 2m17s39, 04/08/1997.
50m peito: Rebeca Gusmão, 32s58, 06/05/2005.
100m peito: Rebeca Gusmão, 1m11s91, 07/05/2005.
200m peito: Patrícia Silva, 2m33s64, 13/04/2000.
200m medley: Joanna Maranhão, 2m15s43, 16/08/2004.
400m medley: Joanna Maranhão, 4m40s00, 14/08/2004.
4x50m livre: Equipe do Esporte Clube Pinheiros, 1m43s13, 04/05/2005.
4x100m livre: Equipe do Brasil, 3m45s38, 14/08/2004.
4x200m livre: Equipe do Brasil, 8m05s29, 18/08/2004.
4x50m medley: Equipe do Esporte Clube Pinheiros, 1m59s20, 21/12/2003.
4x100m medley: Equipe do Brasil, 4m12s90, 09/05/2004.

## RECORDES SUL-AMERICANOS "ESTRANGEIROS"

Confira. Quase 80% dos recordes brasileiros de atletismo e natação também são os recordes sul-americanos dessas modalidades. A seguir, as poucas marcas continentais que pertencem a atletas de outros países.

### Atletismo

Masculinos

Salto em altura: 2,33m, Gilmar Mayo, da Colômbia, em Pereira, 17/10/1994.
Arrememesso de peso: 20,90m, Gert Weil, Chile, Wirges, 17/08/1986.
Lançamento do disco: 64,28m, Ramón Jimenez Gaona, Paraguai, Eugene, 23/05/1992.
Lançamento do martelo: 76,42m, Juan Ignácio Cerra, Argentina, Trieste, 25/07/2001.
Lançamento do dardo: 84,70m, Edgar Baumann, Paraguai, San Marcos/EUA, 17/10/1999.

Femininos

400 metros: 49s64, Ximena Restrepo, da Colômbia, Barcelona, 05/08/1992.
800 metros: 1m56s68, Letitia Vriesde, Suriname, Gotemburgo 13/08/1995.

1.500 metros: 4m05s67, Letitia Vriesde, Suriname, Tóquio, 31/08/1991.
Salto em altura: 1,97m, Solange Witteveen, Argentina, Manaus, 19/05/2001.
Lançamento do martelo: 62,16m, Karina Moya, Argentina, Santa Fé, 09/06/2001.

**Natação**

Masculinos
400 metros, nado livre: 3m50s01, Ricardo Monastério, da Venezuela, em Santo Domingo, 14/08/2003.
1.500 metros livre: 15m15s05: Ricardo Monastério, Venezuela, Indianápolis, 05/04/2003.

Femininos
800 metros, nado livre: 8m40s41, Kristel Kobrich, Chile, Atenas, 19/08/2004.
1.500 metros livre: 16m24s39, Kristel Kobrich, Chile, Maldonado, 28/03/2004.
200 metros costas: 2m17s33, Georgina Bardach, Argentina, São Paulo, 26/05/2006.
100 metros peito: 1m11s90, Isabel Ceballos, Colômbia, Sydney, 17/09/2000.
200 metros peito: 2m32s93, Augustina Digiovanni, Argentina, João Pessoa, 23/03/2003.
200 metros borboleta: 2m12s73, Georgina Bardach, Argentina, Rio de Janeiro, 08/05/2004.
400 metros medley: 4m37s51, Georgina Bardach, Argentina, Atenas, 14/08/2004.

## RECORDES PAN-AMERICANOS E MUNDIAIS

### Atletismo masculino/ Pan-americanos

| Prova | Atleta | Marca | Pan |
|---|---|---|---|
| 100m | Leandro Peñalver (CUB) | 10s06 | 1983 |
| 200m | Donald Quarrie (JAM) | 19s86 | 1971 |
| 400m | Ronald Ray (EUA) | 44s45 | 1975 |
| 800m | Achraf Tadili (CAN) | 1min45s05 | 2003 |
| 1.500m | Joaquim Cruz (BRA) | 3min40s26 | 1995 |
| 5.000m | Armando Quintanilla (MEX) | 13min30s35 | 1995 |
| 10.000m | Bruce Bickford (EUA) | 28min20s37 | 1987 |
| Maratona | Jorge González (POR) | 2h12min43s | 1983 |
| 3.000m c/obstáculos | Wander Moura (BRA) | 8min14s41 | 1995 |
| 110m c/barreiras | Anier García (CUB) | 13s17 | 1999 |
| 400m c/barreiras | Félix Sánchez (DOM) | 48s19 | 2003 |
| Salto em altura | Javier Sotomayor (CUB) | 2,40 m | 1995 |
| Salto com vara | Patrick Manson (EUA) | 5,75 m | 1995 |
| Salto em distância | Carl Lewis (EUA) | 8,75 m | 1987 |
| Salto triplo | João C. de Oliveira (BRA) | 17,89 m | 1975 |
| Peso | Michael Hoffa (EUA) | 20,95 m | 2003 |
| Disco | Luis M. Delís (CUB) | 67,32 m | 1983 |
| Martelo | Lance Deal (EUA) | 79,61 m | 1999 |
| Dardo | Emeterio González (CUB) | 81,72 m | 2003 |
| Decatlo | Chris Huffins (EUA) | 8.170 pontos | 1999 |
| Marcha 20km | Bernardo Segura (MEX) | 1h20min17s | 1999 |
| Marcha 50km | Carlos Mercenario (MEX) | 3h47min55s | 1995 |
| 4x100m | Brasil | 38s18 | 1999 |
| 4x400m | Jamaica | 2min57s97 | 1999 |

### Atletismo masculino/ Mundiais

| Prova | Atleta | Marca | Data |
|---|---|---|---|
| 100m | Tim Montgomery (EUA) | 9s78 | 14/09/02 |
| 200m | Michael Johnson (EUA) | 19s32 | 01/08/96 |
| 400m | Michael Johnson (EUA) | 43s18 | 26/08/99 |
| 800m | Wilson Kipketer (DIN) | 1min41s11 | 24/08/97 |
| 1.500m | Hicham El Guerrouj (MAR) | 3min26s00 | 14/07/98 |
| 5.000m | Haile Gebrselassie (ETI) | 12min39s36 | 13/06/98 |
| 10.000m | Haile Gebrselassie (ETI) | 26min22s75 | 01/06/98 |
| Maratona | Khalid Khannouchi (MAR) | 02h05min42s | 24/10/99 |
| 3.000m c/obstáculos | Bernard Barmasai (QUE) | 7min55s72 | 24/08/97 |

| | | | |
|---|---|---|---|
| 110m c/barreiras | Colin Jackson (ING) | 12s91 | 20/08/93 |
| 400m c/barreiras | Kevin Young (EUA) | 46s78 | 06/08/92 |
| Salto em altura | Javier Sotomayor (CUB) | 2,45 m | 27/07/93 |
| Salto com vara | Sergey Bubka (UCR) | 6,14 m | 31/07/94 |
| Salto em distância | Mike Powell (EUA) | 8, 95 m | 30/08/91 |
| Salto triplo | Jonathan Edwards (ING) | 18,29 m | 07/08/95 |
| Peso | Randy Barnes (EUA) | 23,12 m | 20/05/90 |
| Disco | Jürgen Schult (ALE) | 74,08 m | 06/06/86 |
| Martelo | Yuriy Sedykh (URS) | 86,74 m | 30/08/86 |
| Dardo | Jan Zelezny (TCH) | 98,48 m | 25/05/96 |
| Decatlo | Roman Sebrle (TCH) | 9.026 pontos | 28/05/01 |
| Marcha 20km | Bernardo Segura (MEX) | 1h17min25s6 | 07/05/94 |
| Marcha 30km | Maurizio Damilano (ITA) | 2h01min44s1 | 03/10/92 |
| Marcha 50km | Thierry Toutain (FRA) | 3h40min57s9 | 29/09/96 |
| 4x100m | Estados Unidos | 37s40 | 08/08/92 |
| | Estados Unidos | 37s40 | 21/08/93 |
| 4x400m | Estados Unidos | 2min54s20 | 22/07/98 |

**Atletismo feminino/ Pan-americanos**

| Prova | Atleta | Marca | Pan |
|---|---|---|---|
| 100m | Evelyn Ashford (EUA) | 11s05 | 1979 |
| 200m | Evelyn Ashford (EUA) | 22s45 | 1979 |
| 400m | Ana F. Quirot (CUB) | 49s61 | 1991 |
| 800m | Ana F. Quirot (CUB) | 1min58s71 | 1991 |
| 1.500m | Mary Decker (EUA) | 4min05s07 | 1979 |
| 3.000m | Janice Merrill (EUA) | 8min53s06 | 1979 |
| 5.000m | Adriana Fernández (MEX) | 15min30s65 | 2003 |
| 10.000m | Nora Rocha (MEX) | 32min56s61 | 1999 |
| Maratona | Erika Olivera (CHI) | 2h37min41s | 1999 |
| 100m c/barreiras | Briggite Foster (JAM) | 12s66 | 2003 |
| 400m c/barreiras | Daimí Pernía (CUB) | 53s44 | 1999 |
| Salto em altura | Colleen Sommer (EUA) | 1,96 m | 1987 |
| Salto com vara | Melissa Mueller (EUA) | 4,40 m | 2003 |
| Salto em distância | Jackie Joyner (EUA) | 7,45 m | 1987 |
| Salto triplo | Yamilé Aldama (CUB) | 14,77 m | 1999 |
| Peso | María E. Sarría (CUB) | 19,34 m | 1983 |
| Disco | Maritza Martén (CUB) | 65,58 m | 1987 |
| Martelo | Yipsie Moreno (CUB) | 74,25 m | 2003 |
| Dardo | Osleidys Menéndez (CUB) | 65,85 m | 1999 |
| Heptatlo | Magalys García (CUB) | 6.290 pontos | 1999 |
| Marcha 10km | Graciela Mendoza (MEX) | 46min31s93 | 1995 |
| Marcha 20km | Graciela Mendoza (MEX) | 1h34min19s | 1999 |
| 4x100m | Jamaica | 42s62 | 1999 |
| 4x400m | EUA | 3min23s35 | 1987 |

**Atletismo feminino/ Mundiais**

| Prova | Atleta | Marca | Data |
|---|---|---|---|
| 100m | Florence G. Joyner (EUA) | 10s49 | 16/07/88 |
| 200m | Florence G. Joyner (EUA) | 21s34 | 29/09/88 |
| 400m | Marita Koch (RDA) | 47s60 | 06/10/85 |
| 800m | Jarmila Kratochvílová (TCH) | 1min53s28 | 26/07/83 |
| 1.500m | Yunxia Qu (CHN) | 3min50s46 | 11/09/93 |
| 3.000m | Junxia Wang (CHN) | 8min06s11 | 13/09/93 |
| 5.000m | Bo Jiang (CHN) | 14min28s09 | 23/10/97 |
| 10.000m | Junxia Wang (CHN) | 29min31s78 | 08/09/93 |
| Maratona | Tegla Loroupe (QUE) | 02h20min43s | 26/09/99 |
| 3.000m c/obstáculos | Yelena Motalova (RUS) | 9min48s88 | 31/07/99 |
| 100m c/barreiras | Yordanka Donkova (BUL) | 12s21 | 20/08/88 |

| | | | |
|---|---|---|---|
| 400m c/barreiras | Kim Batten (EUA) | 52s61 | 11/08/95 |
| Salto em altura | Stefka Kostadinova (BUL) | 2,09 m | 30/08/87 |
| Salto com vara | Stacy Dragila (EUA) | 4,81 m | 09/06/01 |
| Salto em distância | Galina Chistyakova (URS) | 7,52 m | 11/06/88 |
| Salto triplo | Inessa Kravets (UCR) | 15,50 m | 10/08/95 |
| Peso | Natalya Lisovskaya (URS) | 22,63 m | 07/06/87 |
| Disco | Gabriele Reinsch (RDA) | 76,80 m | 09/07/88 |
| Martelo | Mihaela Melinte (ROM) | 76,07 m | 29/08/99 |
| Dardo | Osleidys Menéndez (CUB) | 71,52 m | 01/07/01 |
| Heptatlo | Jackie Joyner Kersee (EUA) | 7.291 pontos | 24/09/88 |
| Marcha 5km | Kerry Saxby Junna (AUS) | 20min13s26 | 25/02/96 |
| Marcha 10km | Nadezhda Ryashkina (URS) | 41min56s23 | 24/07/90 |
| Marcha 20km | Olimpiada Ivanova (RUS) | 1h24min50s | 04/03/01 |
| 4x100m | Alemanha Oriental | 41s37 | 06/10/85 |
| 4x400m | União Soviética | 3min15s17 | 01/10/88 |

**Natação masculina/ Pan-americanos**

| Prova | Atleta | Marca | Data |
|---|---|---|---|
| 50m livre | Fernando Scherer (BRA) | 22s22 | 1999 |
| 100m livre | Fernando Scherer (BRA) | 49s19 | 1999 |
| 200m livre | Gustavo Borges (BRA) | 1min48s49 | 1995 |
| 400m livre | Ricardo Monasterio (VEN) | 3min50s01 | 2003 |
| 1.500m livre | Tomas Bruner (EUA) | 15min13s90 | 1995 |
| 100m costas | Jeff Rouse (EUA) | 54s74 | 1995 |
| 200m costas | Leonardo Costa (BRA) | 1min59s33 | 1999 |
| 100m peito | Glenn Moses (EUA) | 1min00s99 | 1999 |
| 200m peito | Kyle Salyards (EUA) | 2min13s37 | 2003 |
| 100m borboleta | Benjamin Michaelson (EUA) | 53s03 | 2003 |
| 200m borboleta | Michael Raab (BRA) | 1min57s33 | 2003 |
| 200m medley | Ronald Karnaugh (EUA) | 2min00s92 | 1991 |
| 400m medley | Curtis Myden (CAN) | 4min15s52 | 1999 |
| 4x100m livre | Brasil | 3min17s18 | 1999 |
| 4x200m livre | Estados Unidos | 7min18s93 | 2003 |
| 4x100m medley | Brasil | 3min40s27 | 1999 |

**Natação masculina/ Mundiais**

| Prova | Atleta | Marca | Data |
|---|---|---|---|
| 50m livre | Aleksandr Popov (RUS) | 21s64 | 16/06/00 |
| 100m livre | Pieter Hoogenband (HOL) | 47s84 | 19/09/00 |
| 200m livre | Ian Thorpe (AUS) | 1min44s06 | 25/07/01 |
| 400m livre | Ian Thorpe (AUS) | 3min40s08 | 30/07/02 |
| 1.500m livre | Grant Hackett (AUS) | 14min34s56 | 29/07/01 |
| 50m costas | Thomas Rupprath (ALE) | 24s80 | 27/07/03 |
| 100m costas | Lenny Krayzelburg (EUA) | 53s60 | 24/08/99 |
| 200m costas | Aaron Peirsol (EUA) | 1min55s15 | 20/03/02 |
| 50m peito | Oleg Lisogor (UCR) | 27s18 | 02/08/02 |
| 100m peito | Kosuke Kitajima (JAP) | 59s78 | 21/07/03 |
| 200m peito | Kosuke Kitajima (JAP) | 2min09s42 | 25/07/03 |
| 50m borboleta | Matthew Welsh (AUS) | 23s43 | 21/07/03 |
| 100m borboleta | Ian Crocker (EUA) | 50s98 | 26/07/03 |
| 200m borboleta | Michael Phelps (EUA) | 1min53s93 | 22/07/03 |
| 200m medley | Michael Phelps (EUA) | 1min56s04 | 25/07/03 |
| 400m medley | Michael Phelps (EUA) | 4min09s09 | 27/07/03 |
| 4x100m livre | Austrália | 3min13s67 | 16/09/00 |
| 4x200m livre | Austrália | 7min04s66 | 27/07/01 |
| 4x100m medley | Estados Unidos | 3min31s54 | 27/07/03 |

**Natação feminina/ Pan-americanos**

| Prova | Atleta | Marca | Pan |
|---|---|---|---|
| 50m livre | Kara Lynn Joyce (EUA) | 25s29 | 2003 |
| 100m livre | Amanda Jo Weir (EUA) | 54s46 | 2003 |
| 200m livre | Cynthia Woodhead (EUA) | 1min58s43 | 1979 |
| 400m livre | Mary Hill (EUA) | 4min10s48 | 2003 |
| 800m livre | Kaitlin Sandeno (EUA) | 8min34s65 | 1999 |
| 100m costas | Barbara Bedford (EUA) | 1min01s71 | 1995 |
| 200m costas | Denali Knapp (EUA) | 2min12s48 | 1999 |
| 100m peito | Staciana Stitts (EUA) | 1min09s01 | 2003 |
| 200m peito | Dorsey Tierney (EUA) | 2min28s69 | 1991 |
| 100m borboleta | Dana Vollmer (EUA) | 59s35 | 2003 |
| 200m borboleta | Jessica Deglau (CAN) | 2min09s64 | 1999 |
| 200m medley | Ryan Steven Lochte (EUA) | 2min00s34 | 2003 |
| 400m medley | Joanne Malar (CAN) | 4min38s46 | 1999 |
| 4x100m livre | Estados Unidos | 3min41s93 | 2003 |
| 4x200m livre | Estados Unidos | 8min05s47 | 2003 |
| 4x100m medley | Estados Unidos | 4min05s92 | 2003 |

**Natação feminina/ Mundiais**

| Prova | Atleta | Marca | Data |
|---|---|---|---|
| 50m livre | Inge de Bruijn (HOL) | 24s13 | 22/09/00 |
| 100m livre | Inge de Bruijn (HOL) | 53s77 | 20/09/00 |
| 200m livre | Franziska V. Almsick (ALE) | 1min56s64 | 03/08/02 |
| 400m livre | Janet Evans (EUA) | 4min03s85 | 22/09/98 |
| 800m livre | Janet Evans (EUA) | 8min16s22 | 20/08/89 |
| 1.500m livre | Janet Evans (EUA) | 15min52s10 | 26/03/88 |
| 50m costas | Sandra Völker (ALE) | 28s25 | 17/06/00 |
| 100m costas | Natalie Couglin (EUA) | 59s58 | 13/08/02 |
| 200m costas | Kristina Egerszegi (HUN) | 2min06s62 | 25/08/91 |
| 50m peito | Zoe Baker (ING) | 30s57 | 30/07/02 |
| 100m peito | Leisel Jones (AFS) | 1min06s37 | 21/07/03 |
| 200m peito | Hui Qui (CHN) | 2min22s99 | 13/04/01 |
| | Amanda Beard (EUA) | 2min22s99 | 25/07/03 |
| 50m borboleta | Anna K. Kammerling (SUE) | 25s57 | 30/07/00 |
| 100m borboleta | Inge de Bruijn (HOL) | 56s61 | 18/09/00 |
| 200m borboleta | Otylia Jedrzejczak (POL) | 2min05s78 | 04/08/02 |
| 200m medley | Yanyan Wu (CHN) | 2min09s72 | 17/10/97 |
| 400m medley | Yana Klochkova (UCR) | 4min33s59 | 17/09/00 |
| 4x100m livre | Alemanha | 3min36s00 | 29/07/02 |
| 4x200m livre | Alemanha Oriental | 7min55s47 | 18/08/87 |
| 4x100m medley | Estados Unidos | 3min58s30 | 23/09/00 |

**Ciclismo masculino/ Pan-americanos**

| Prova | Atleta | Marca | Pan |
|---|---|---|---|
| Velocidade 200m | Martin Nothstein (EUA) | 10s593 | 1995 |
| Km contra o relógio | Ahmed López (CUB) | 1min04s423 | 2003 |
| Perseguição individual | Dylan Casey (EUA) | 4min29s513 | 1999 |
| Perseguição equipes | EUA | 4min15s856 | 1999 |
| 100km contra o relógio | Phinney Thurlow (EUA) | 2h03min20s | 1983 |

**Ciclismo masculino/ Mundiais**

| Prova | Atleta | Marca | Data |
|---|---|---|---|
| Velocidade 200m | Curt Harnett (CAN) | 9s865 | 28/09/95 |
| Velocidade 500m | Arnaud Duble (FRA) | 25s850 | 10/10/01 |

| | | | |
|---|---|---|---|
| Km contra o relógio | Arnaud Tournant (FRA) | 58s875 | 10/10/01 |
| Perseguição individual | Chris Boardman (ING) | 4min11s114 | 29/08/96 |
| Perseguição equipes | Austrália | 3min59s583 | 01/08/02 |
| 1 hora | Chris Boardman (ING) | 56km375 | 06/09/96 |

**Ciclismo feminino/ Pan-americanos**

| Prova | Atleta | Marca | Pan |
|---|---|---|---|
| Velocidade 200m | Connie Young (EUA) | 11s610 | 1987 |
| 500m contra o relógio | Tanya Dubnicoff (CAN) | 35s394 | 1999 |
| Perseguição individual | Erin Veenstra (EUA) | 3min40s827 | 1999 |
| 25km contra o relógio | Deidre Demet (EUA) | 34min11s | 1995 |
| 50km c/relógio (equipe) | EUA | 1h03min53s | 1991 |

**Ciclismo feminino/ Mundiais**

| Prova | Atleta | Marca | Data |
|---|---|---|---|
| Velocidade 200m | Olga Slioussareva (RUS) | 10s831 | 25/04/93 |
| Velocidade 500m | Erika Salumae (URS) | 29s655 | 06/08/87 |
| 500m contra o relógio | Jiang Yonghua (CHN) | 34s000 | 11/08/02 |
| Perseguição individual | Leontien Zijlaard (HOL) | 3min30s816 | 17/09/00 |
| 1 hora | Jeannie Longo (FRA) | 48km159 | 27/10/96 |

**Levantamento de peso masculino/ Pan-americanos**

| Prova | Categoria | Atleta | Marca | Pan |
|---|---|---|---|---|
| | Arranco | Nelson Castro (COL)117,5kg | 2003 | |
| 56kg | Arremesso | Sergio Álvarez (CUB) | 150,0kg | 1999 |
| | Total | Sergio Álvarez (CUB) | 265,0kg | 1999 |
| | Arranco | Diego Salazar (COL)140,0kg | 2003 | |
| 62kg | Arremesso | Vladimir Rodríguez (CUB) | 170,0kg | 2003 |
| | Total | Diego Salazar (COL)310,0kg | 2003 | |
| | Arranco | Yordany Borrero (CUB) | 147,5kg | 2003 |
| 69kg | Arremesso | Amilcar Pernía (VEN) | 180,0kg | 2003 |
| | Total | Yordany Borrero (CUB) | 317,5kg | 2003 |
| | Arranco | Idalberto Aranda (CUB) | 150,0kg | 1999 |
| 77kg | Arremesso | Idalberto Aranda (CUB) | 205,5kg | 1999 |
| | Total | Idalberto Aranda (CUB) | 355,0kg | 1999 |
| | Arranco | Héctor Ballesteros (COL) | 195,0kg | 2003 |
| 85kg | Arremesso | Héctor Ballesteros (COL) | 202,5kg | 2003 |
| | Total | Yohandrys Hernández (CUB) | 360,0kg | 2003 |
| | Arranco | Carlos Hernández (CUB) | 175,0kg | 1999 |
| 94kg | Arremesso | Julio Luna (VEN) 220,0kg | 2003 | |
| | Total | Julio Luna (VEN) 3952,0kg | 2003 | |
| | Arranco | Boris Burov (EQU) 185kg | 2003 | |
| 105kg | Arremesso | Boris Burov (EQU) 215,0kg | 1999 | |
| | Total | Boris Burov (EQU) 397,5kg | 1999 | |
| | Arranco | Shane Hamman (EUA) | 175,0kg | 1999 |
| +105kg | Arremesso | Shane Hamman (EUA) | 207,5kg | 1999 |
| | Total | Shane Hamman (EUA) | 382,5kg | 1999 |

**Levantamento de peso masculino/ Mundiais**

| Prova | Categoria | Atleta | Marca | Data |
|---|---|---|---|---|
| | Arranco | Halil Mutlu (TUR) 138,5kg | 04/11/01 | |
| 56kg | Arremesso | Halil Mutlu (TUR) 168,0kg | 24/04/01 | |
| | Total | Halil Mutlu (TUR) 305,0kg | 17/09/00 | |
| | Arranco | Shi Zhiyong (CHN) 153,0kg | 28/06/02 | |

| | | | | |
|---|---|---|---|---|
| | Arremesso | Le Maoshenge (CHN) | 182,5kg | 02/10/02 |
| 62kg | Total | peso padrão | 325,0kg | 01/01/98 |
| | Arranco | Georgi Markov (BUL) | 165,0kg | 20/09/00 |
| 69kg | Arremesso | Galabin Boevski (BUL) | 195,0kg | 20/19/00 |
| | Total | Galabin Boevski (BUL) | 357,5kg | 24/11/99 |
| | Arranco | Sergey Filimonov (CAZ) | 173,0kg | 04/10/02 |
| 77kg | Arremesso | Oleg Perepetchenov (RUS) | 210,0kg | 27/04/01 |
| | Total | Plamen Zhelyazkov (BUL) | 377,5kg | 27/03/02 |
| | Arranco | Andrei Ribakov (BUL) | 182,5kg | 02/06/02 |
| 85kg | Arremesso | Yong Zhang (CHN) 218,0kg | 25/04/98 | |
| | Total | peso padrão | 395,0kg | 01/01/98 |
| | Arranco | Akakios Kakhiasvilis (GRE) | 188,0kg | 27/11/99 |
| 94kg | Arremesso | Szymon Kolecki (POL) | 232,5kg | 24/04/00 |
| | Total | peso padrão | 417,5kg | 01/01/98 |
| | Arranco | Marcin Dolega (POL) | 198,5kg | 04/06/02 |
| 105kg | Arremesso | peso padrão | 242,5kg | 01/01/98 |
| | Total | peso padrão | 440,0kg | 01/01/98 |
| | Arranco | Hossein Rezazadeh (IRI) | 212,5kg | 26/09/00 |
| +105kg | Arremesso | Hossein Rezazadeh (IRI) | 263,0kg | 26/11/02 |
| | Total | Hossein Rezazadeh (IRI) | 472,5kg | 26/09/00 |

**Levantamento de peso feminino/ Pan-americanos**

| Prova | Categoria | Atleta | Marca | Pan |
|---|---|---|---|---|
| | Arranco | Tara Nott (EUA) | 77,5kg | 1999 |
| 48kg | Arremesso | Tara Nott (EUA) | 100,0kg | 1999 |
| | Total | Tara Nott (EUA) | 177,5kg | 1999 |
| | Arranco | Robin Goad (EUA) | 85,0kg | 1999 |
| 53kg | Arremesso | Mabel Mosquera (COL) | 110,0kg | 2003 |
| | Total | Mabel Mosquera (COL) | 195,0kg | 2003 |
| | Arranco | María Escolar (EQU) | 92,5kg | 2003 |
| 58kg | Arremesso | Gretty Lugo (VEN) | 117,5kg | 2003 |
| | Total | Soraya Jiménez (MEX) | 210,0kg | 2003 |
| | Arranco | Ubaldina Valoyes (COL) | 95,0kg | 2003 |
| 63kg | Arremesso | Solenny Villasmil (VEN) | 115,0kg | 2003 |
| | Total | Ubaldina Valoyes (COL) | 210,0kg | 2003 |
| | Arranco | Tulia Angela Medina (COL) | 107,5kg | 2003 |
| 69kg | Arremesso | Tulia Angela Medina (COL) | 130,0kg | 2003 |
| | Total | Tulia Angela Medina (COL) | 237,5kg | 2003 |
| | Arranco | Wanda Rijo (DOM) | 107,5kg | 2003 |
| 75kg | Arremesso | Wanda Rijo (DOM) | 130,0kg | 2003 |
| | Total | Wanda Rijo (DOM) | 237,5kg | 2003 |
| | Arranco | Carmensa Delgado (COL) | 120,0kg | 2003 |
| +75kg | Arremesso | Seledina Nieve (EQU) | 145,0kg | 2003 |
| | Total | Carmensa Delgado (COL) | 265,0kg | 2003 |

**Levantamento de peso feminino/ Mundiais**

| Prova | Categoria | Atleta | Marca | Data |
|---|---|---|---|---|
| | Arranco | Wang Mingjuan (CHN) | 92,5kg | 19/11/02 |
| 48kg | Arremesso | Wang Mingjuan (CHN) | 115,5kg | 19/11/02 |
| | Total | Wang Mingjuan (CHN) | 207,5kg | 19/11/02 |
| | Arranco | Ri Song hui (CDN) 102,5kg | 01/10/02 | |
| 53kg | Arremesso | Li Xueju (CHN) | 127,5kg | 20/11/02 |
| | Total | Yang Xia (CHN) | 225,0kg | 18/09/00 |
| | Arranco | Song Zhijuan (CHN) 106,0kg | 05/10/02 | |
| 58kg | Arremesso | Sun Caiyan (CHN) 133,0kg | 28/06/02 | |
| | Total | Sun Caiyan (CHN) 237,5kg | 28/06/02 | |
| | Arranco | Xiaomin Chen (CHN) | 112,5kg | 19/09/00 |
| 63kg | Arremesso | Anastasia Tsakiri (GRE) | 136,0kg | 21/11/02 |
| | Total | Chen Xiaomin (CHN) | 242,5kg | 19/09/00 |

| | | | | |
|---|---|---|---|---|
| | Arranco | Liu Chunhong (CHN) | 115,5kg | 06/10/02 |
| 69kg | Arremesso | Liu Chunhong (CHN) | 148,0kg | 06/10/02 |
| | Total | Liu Chunhong (CHN) | 262,5kg | 06/10/02 |
| | Arranco | Sun Ruiping (CHN) 118,5kg | 07/10/02 | |
| 75kg | Arremesso | Sun Ruiping (CHN) 172,5kg | 07/10/02 | |
| | Total | Sun Ruiping (CHN) 270,0kg | 07/10/02 | |
| | Arranco | Ding Meiyuan (CHN) | 135,0kg | 22/09/00 |
| +75kg | Arremesso | Tang Gonghong (CHN) | 167,5kg | 08/10/02 |
| | Total | Ding Meiyuan (CHN) | 300,0kg | 22/09/00 |

**Tiro masculino/ Pan-americanos**

| Prova | Atleta | Marca | Pan |
|---|---|---|---|
| Pistola livre (50m) | George Ross (EUA) | 561 | 1987 |
| Pistola de ar (10m) | Bernardo Tobar (COL) | 577 | 1991 |
| Pistola tiro rápido (25m) | John McNally (EUA) | 586 | 1991 |
| Carabina deitado (50m) | Thomas Tamas (EUA) | 597 | 1991 |
| Carabina 3 posições (50m) | Ricardo Rusticucci (ARG) | 1.154 | 1995 |
| Carab. de ar (10m) | Kenneth Johnson (EUA) | 588 | 1995 |
| Alvo móvel (10m) | Atila Solti (GUA) | 580 | 1995 |
| Skeet | Servando Puldón (CUB) | 121 | 1995 |
| Fossa olímpica | Lance Bade (EUA) | 119 | 1995 |
| Fossa olímpica (duplo) | Alex Gyori (CAN) | 131 | 1995 |

**Tiro masculino/ Mundiais**

| Prova | Atleta | Marca | Data |
|---|---|---|---|
| Pistola livre (50m) | Aleksandr Melentiev (URS) | 581 | 20/07/80 |
| Pistola de ar (10m) | Sergei Pyzhianov (RUS) | 593 | 13/10/89 |
| Pistola tiro rápido (25m) | Ralf Schumann (ALE) | 597 | 14/06/95 |
| Carabina deitado (50m) | Harald Stenvaag (NOR) | 600 | 15/08/90 |
| Carabina 3 posições (50m) | Rajmond Debevec (SLO) | 1.186 | 29/08/92 |
| Carabina de ar (10m) | Tevarit Majchacheeap (TAI) | 600 | 27/01/00 |
| Alvo móvel (10m) | Igor Kolesov (RUS) | 588 | 30/05/02 |
| Skeet | Jan Henrik Heinrich (ALE) | 125 | 05/06/96 |
| Fossa olímpica | Giovanni Pellielo (ITA) | 125 | 01/04/94 |
| Fossa olímpica (duplo) | Michael Diamond (AUS) | 147 | 19/07/98 |

**Tiro Feminino/ Pan-americanos**

| Prova | Atleta | Marca | Pan |
|---|---|---|---|
| Pistola de ar (10m) | Elizabeth Callaham (EUA) | 380 | 1991 |
| Pistola esportiva (25m) | Connie Petracek (EUA) | 585 | 1995 |
| Carabina 3 posições (50m) | Debra Sinclair (EUA) | 584 | 1991 |
| Carabina de ar (10m) | Debra Sinclair (EUA) | 394 | 1991 |

**Tiro Feminino/ Mundiais**

| Prova | Atleta | Marca | Data |
|---|---|---|---|
| Pistola de ar (10m) | Svetlana Smirnova (RUS) | 393 | 23/05/98 |
| Pistola esportiva (25m) | Diana Iorgova (BUL) | 594 | 31/05/94 |
| Carabina 3 posições (50m) | Vesela Letcheva (BUL) | 592 | 15/06/95 |
| Carabina de ar (10m) | Seo Sun-hwa (CDS) | 400 | 12/04/02 |
| Skeet | Svetlana Demina (RUS) | 75 | 01/06/99 |
| Fossa olímpica | Victoria Chuyko (UCR) | 74 | 13/06/98 |
| Fossa olímpica (duplo) | Zhang Yafei (CHN) | 115 | 20/10/00 |

# CALENDÁRIO DOS JOGOS PAN-AMERICANOS — JULHO DE 2007 — RIO DE JANEIRO

| MODALIDADES | 13 | 14 | 15 | 16 | 17 | 18 | 19 | 20 | 21 | 22 | 23 | 24 | 25 | 26 | 27 | 28 | 29 |
|---|---|---|---|---|---|---|---|---|---|---|---|---|---|---|---|---|---|
| Cerimônia de Abertura | 13 | | | | | | | | | | | | | | | | |
| Atletismo | | | | | | | | | | | 23 | 24 | 25 | | 27 | 28 | |
| Atletismo – Maratona | | | | | | | | | | | | | | | | | 29 |
| Badminton | | 14 | 15 | 16 | 17 | 18 | 19 | | | | | | | | | | |
| Basquete Feminino | | | | | | | 19 | | 21 | | 23 | | 25 | | 27 | | |
| Basquete Masculino | | | | | | | | 20 | | 22 | | 24 | | 26 | | 28 | |
| Beisebol | | 14 | 15 | 16 | 17 | 18 | 19 | | | | | | | | | | |
| Boliche | | | | | | | | | | | 23 | 24 | 25 | 26 | | | |
| Boxe | | | | | | | | 20 | 21 | 22 | 23 | 24 | 25 | | 27 | 28 | |
| Canoagem Velocidade | | | | | | | | | | | | | 25 | 26 | 27 | 28 | |
| Ciclismo – BMX | | | 15 | | | | | | | | | | | | | | |
| Ciclismo – Estrada | | 14 | | | | | | | 21 | | | | | | | | |
| Ciclismo Mountain Bike | | | | | | | | | | | | | | | | 28 | |
| Ciclismo Pista | | | | | 17 | 18 | 19 | 20 | | | | | | | | | |
| Esgrima | | 14 | 15 | 16 | 17 | 18 | 19 | 20 | 21 | | | | | | | | |
| Esqui Aquático | | | | | | | | | 21 | 22 | 23 | 24 | | | | | |
| Futebol Feminino | | 14 | | | 17 | | | 20 | | | 23 | | | 26 | | | |
| Futebol Masculino | | | 15 | | | 18 | | | 21 | | | 24 | | | 27 | | |
| Futsal | | | | | | | | | | | 23 | 24 | 25 | | 27 | 28 | |
| Ginástica Artística | | 14 | 15 | 16 | 17 | | | | | | | | | | | | |
| Ginástica Rítmica | | | | | | | | | | | | | | 26 | 27 | 28 | |
| Ginástica Trampolim | | | | | | | | | | | | | | | 27 | 28 | |
| Handebol Feminino | 13 | | 15 | | 17 | | 19 | 20 | 21 | | | | | | | | |
| Handebol Masculino | | 14 | | 16 | | 18 | | 20 | 21 | 22 | | | | | | | |
| Hipismo Adestramento | | 14 | 15 | 16 | | 18 | | | | | | | | | | | |
| Hipismo Concurso Completo | | | | | | | | 20 | 21 | 22 | | | | | | | |
| Hipismo Saltos | | | | | | | | | | | | | | 26 | 27 | | 29 |
| Hóquei Feminino | | | 15 | | 17 | | 19 | | 21 | | | 24 | | | | | |
| Hóquei Masculino | | | | 16 | | 18 | | 20 | | 22 | | | 25 | | | | |
| Judô | | | | | | | 19 | 20 | 21 | 22 | | | | | | | |
| Karatê | | | | | | | | | | | | | 25 | 26 | 27 | | |
| Levantamento de Peso | | | | 16 | 17 | 18 | 19 | 20 | | | | | | | | | |
| Lutas (Livre e Greco-Romana) | | 14 | 15 | 16 | 17 | 18 | | | | | | | | | | | |
| Maratona Aquática | | 14 | | | | | | | | | | | | | | | |
| Nado Sincronizado | | | | | | | | | | | | 24 | 25 | 26 | 27 | | |
| Natação | | | | 16 | 17 | 18 | 19 | 20 | 21 | 22 | | | | | | | |
| Patinação Artística | | | | | | | | | 21 | 22 | | | | | | | |
| Patinação Velocidade | | | | | | | | | | | | 24 | 25 | | | | |
| Pentatlo Moderno | | | | | | | | | | 22 | 23 | | | | | | |
| Pólo Aquático Feminino | | | | | 17 | | 19 | | 21 | | 23 | | 25 | | | | |
| Pólo Aquático Masculino | | | | | 18 | | 20 | | 22 | | 24 | | 26 | | | | |
| Remo | | 14 | 15 | 16 | 17 | 18 | 19 | | | | | | | | | | |
| Saltos Ornamentais | | | | | | | | 20 | 21 | 22 | 23 | | | | | | |
| Softbol | | | | | | | | | | | 23 | 24 | 25 | 26 | 27 | 28 | |
| Squash | | 14 | 15 | 16 | 17 | 18 | 19 | | | | | | | | | | |
| Taekwondo | | | | | | | | | | | | | 25 | 26 | 27 | 28 | |
| Tênis | | | 15 | 16 | 17 | 18 | 19 | | 21 | 22 | | | | | | | |
| Tênis de Mesa | | | | | | | | | 21 | 22 | 23 | 24 | 25 | 26 | 27 | | |
| Tiro com Arco | | | | | | | | | | | 23 | 24 | 25 | 26 | 27 | 28 | |
| Tiro Esportivo | | | 15 | 16 | 17 | 18 | 19 | 20 | 21 | | | | | | | | |
| Tiro Esportivo (prato) | | | 15 | 16 | 17 | 18 | 19 | 20 | 21 | | | | | | | | |
| Triatlo | | | 15 | | | | | | | | | | | | | | |
| Vela | | | | | | | | | | 22 | 23 | 24 | | 26 | 27 | 28 | |
| Vôlei Feminino | | | | | 17 | 18 | 19 | | 21 | 22 | | | | | | | |
| Vôlei Masculino | | | | | | | | | | | 23 | 24 | 25 | | 27 | 28 | |
| Vôlei de Praia | | | | | | | | | | | 23 | 24 | 25 | 26 | 27 | 28 | 29 |
| Cerimônia de Encerramento | | | | | | | | | | | | | | | | | 29 |
| Modalidade | 13 | 14 | 15 | 16 | 17 | 18 | 19 | 20 | 21 | 22 | 23 | 24 | 25 | 26 | 27 | 28 | 29 |

J U L H O

Fase Classificatória — Final

# BIBLIOGRAFIA


### Livros

QUIZA, Ricardo. *Historia de los Juegos Deportivos Panamericanos*. Havana: Unidad José A. Huelga, Dirección Nacional de Propaganda, 1979.

OLDERR, Steve. *The Pan American Games*: a statistical history, 1951-1999. *Los Juegos Panamericanos*: una historia estadística, 1951-1999. Edição bilingüe. Jefferson (North Carolina): McFarland & Company, 2003.

COLLI, Eduardo. *Universo olímpico*: uma enciclopédia das Olimpíadas. São Paulo: Códex, 2004.

DUARTE, Marcelo. *Guia dos curiosos*. Esportes. São Paulo: Companhia das Letras, 1996. p. 94-101.

CUNHA, Odir. *Oscar Schmidt*: a biografia do maior ídolo do basquete brasileiro. São Paulo: Best Seller. 1996.

READER'S DIGEST. *Almanaque de Seleções*. *Almanaque Abril*.

### Revistas

BARRETO, Luiz Carlos. Reportagem. Revista *O Cruzeiro*. Outubro de 1959.

KREMMLING, Carlten. Artigo na revista alemã *Yatch*. Tradução de Fritz Scheidt. Setembro de 2006.

PROPATO, Valéria. Entrevista com Fernando Scherer. Revista *Isto É*. 22 de setembro de 1999. www.terra.com.br/istoe/vermelha/156402.htm

### Jornal

ANDRADE, Castilho; CRAVEIRO, Ney; LIMA, Luis Fernandop; CUNHA, Odir. Cobertura dos Jogos Pan-americanos de Porto Rico. Jornal da Tarde. 30 de junho a 16 de julho de 1979.

### Sites

Biblioteca de Deportes de la Amateur Athletic Foundation of Los Angeles
http://www.aafla.org/8saa/PanAm/introduction_sp.htm

Granma Internacional — Diário de Havana/Cuba.
http://www.granma.cu/espanol/2003/agosto03/deportes1.html

BELL, Erik. Pan American Games Fan Page.
http://ourworld.cs.com/eblibrarian/myhomepage/sports.html

Gazeta Esportiva.Net
http://www.gazetaesportiva.net/reportagem/outros/rep043d.htm

*Site* oficial dos Jogos Pan-americanos do Rio de Janeiro/2007
http://www.rio2007.org.br/pan2007/portugues/indexpt.asp

*Site* oficial dos Jogos Pan-americanos de Santo Domingo/2003
http://www.santodomingo2003.com/

Folha On Line/ Especial sobre os Jogos Pan-americanos
http://www1.folha.uol.com.br/folha/especial/2003/jogospanamericanos/noticias-2.shtml

UOL Esporte
http://esporte.uol.com.br/outros/panamr24.htm

Wikipedia, the free encyclopedia
http://pt.wikipedia.org/wiki/Jogos_Pan-americanos

Seleção Brasileira de Futebol/ Terra
http://paginas.terra.com.br/esporte/rsssfbrasil/sel/brazil197275r.htm

*Site* norte-americano de notícias sobre esporte
http://www.hickoksports.com/history/panamgames.shtml#hist

*Site* do Mundial de Basquete Feminino em 2006/ São Paulo
http://www.fiba2006brazil.com/ascidades_sp.asp?l=

Órgão da Central de Trabalhadores de Cuba/ Noticiário sobre o Pan
http://www.trabajadores.co.cu/especiales/panamericanos/noticias/futbol-f.htm

*Chat* com Ricardo Prado no Terra
http://chat02.terra.com.br:9781/entrevistas/2000/10/ricardoprado.htm
Luizão (Pan/1955)
http://www.tricolornet.com.br/tricolornet/index.php?area=oesportes/index
*Site* oficial de Oscar Schmidt
www.oscarschmidt.com.br/
*Site* oficial de Gustavo Borges
http://www2.uol.com.br/gustavoborges/
*Site* oficial de Robert Scheidt
www.robertscheidt.com.br/
*Site* oficial de Hugo Hoyama
www.hugohoyama.com.br/

**Cronologia**
http://www.ponteiro.com.br
http://www.elalmanaque.com/efemerides/
http://gl.wikipedia.org/wiki/Wikipedia:Efem%C3%A9rides
http://www.historia.uff.br/nec/cronolog6.htm
Almanaque da Folha — http://almanaque.folha.uol.com.br/esporte60.htm

**COB e Confederações Esportivas Brasileiras**
Comitê Olímpico Brasileiro — http://www.cob.org.br/
Confederação Brasileira de Atletismo — www.cbat.org.br
Confederação Brasileira de Badminton — www.badminton.org.br
Confederação Brasileira de Basquete — www.cbb.com.br
Confederação Brasileira de Beisebol — www.cbbs.com.br
Confederação Brasileira de Boxe — www.cbboxe.com.br
Confederação Brasileira de Canoagem — www.cbca.org.br
Confederação Brasileira de Ciclismo — www.cbc.esp.br
Confederação Brasileira de Desportos Aquáticos (Natação, Nado Sincronizado, Pólo Aquático, Saltos Ornamentais e Maratonas Aquáticas) — www.cbda.org.br
Confederação Brasileira de Esgrima — www.brasilesgrima.com.br
Confederação Brasileira de Futebol — www.brasilfutebol.com
Confederação Brasileira de Futebol de Salão — www.cbfs.com.br
Confederação Brasileira de Ginástica (Artística, Rítmica, de Trampolim) — www.cbginastica.com.br
Confederação Brasileira de Handebol — www.brasilhandebol.com.br
Confederação Brasileira de Hipismo — www.cbh-hipismo.com.br
Confederação Brasileira de Hóquei e Patinação — www.cbhp.com.br
Confederação Brasileira de Hóquei Sobre a Grama e Indoor — www.hoquei.com.br
Confederação Brasileira de Judô — www.cbj.com.br
Confederação Brasileira de Karatê — www.karatedobrasil.org.br
Confederação Brasileira de Lutas Associadas — www.cbla.com.br
Confederação Brasileira de Pentatlo Moderno — www.pentatlo.org.br
Confederação Brasileira de Remo — www.cbr-remo.com.br
Confederação Brasileira de Taekwondo — www.cbtkd.com.br
Confederação Brasileira de Tênis — www.cbtenis.com.br
Confederação Brasileira de Tênis de Mesa — www.cbtm.org.br
Confederação Brasileira de Tiro com Arco (Arco e Flecha) — www.cbtarco.org.br
Confederação Brasileira de Tiro Esportivo (Tiro) — www.cbte.org.br
Confederação Brasileira de Triathlon — www.triathlon.org

Confederação Brasileira de Vela e Motor — www.fbvm.org.br
Confederação Brasileira de Vôlei — www.cbv.com.br

**Entidades Esportivas Internacionais**

Comitê Olímpico Internacional (COI). www.olympic.org
Organização Desportiva Pan-americana (ODEPA). www.odepa-paso.org

**Federações Internacionais de Modalidades Esportivas**

International Association of Athletics Federations (Atletismo) — www.iaaf.org
International Basketball Federation (Basquete) — www.fiba.com
International Cycling Union (Ciclismo) — www.uci.ch
Fédération Internationale de Football Association (Futebol) — www.fifa.com
International Gymnastics Federation (Ginástica) — www.fig-gymnastics.com
International Handball Federation (Handebol) — www.ihf.info
Fédération Equestre Internationale (Hipismo) — www.horsesport.org
International Judo Federation (Judô) — www.ijf.org
International Weightlifting Federation (Levantamento de Peso) — www.iwf.net
Fédération Internationale de Natation (Esportes Aquáticos) — www.fina.org
International Rowing Federation (Remo) — www.worldrowing.com
International Tennis Federation (Tênis) — www.itftennis.com
International Sailing Federation (Vela) — www.sailing.org
International Volleyball Federation (Vôlei) — www.fivb.ch
The International Table Tennis Federation (Tênis de Mesa) — www.ittf.com

**Comitês Olímpicos Nacionais**

Argentina — www.coarg.org.ar
Brasil — www.cob.org.br
Canadá — www.olympic.ca
Chile — www.coch.cl
Colômbia — www.coc.org.co
El Salvador — www.coes.org.sv
Equador — www.ecuadorcoe.org.ec
Estados Unidos — www.usolympicteam.com
Guatemala — www.cog.org.gt
Jamaica — www.jamolympic.org
México — www.com.org.mx
Panamá — www.copanama.org
Porto Rico — www.olimpur.com
Trinidad e Tobago — www.ttoc-tt.com
Uruguai — www.cou.org.uy
Venezuela — www.comiteolimpicovenezolano.org.ve

## Odir Cunha

Jornalista especializado em esportes há 30 anos, Odir Cunha ganhou dois prêmios Esso pelo *Jornal da Tarde* — um na retaguarda da equipe que cobriu a Copa do Mundo de 1978 e outro pela cobertura dos Jogos Pan-americanos de Porto Rico, em seu primeiro trabalho internacional. Também ganhou três prêmios da Associação Paulista dos Críticos de Arte como produtor da Rádio Excelsior, hoje CBN, de São Paulo.

*Heróis das Américas: história completa dos Jogos Pan-americanos* é seu oitavo livro publicado, dos quais cinco sobre esportes. Os outros quatro são: *Time dos sonhos: a história completa do Santos F.C.*, Conex Editora, 2003; *Oscar Schmidt: a biografia do maior ídolo do basquete brasileiro*, Editora Best Seller, 1996; *O sorriso do futebol: Ronaldinho, o último romântico* (adaptação para o português da obra de Luca Caioli), Mundo Editorial, 2006, e *A história do tênis feminino brasileiro*, Editora do Sesc, 1989.

Este livro foi composto em Bel Gothic para a Editora Planeta do Brasil em abril de 2007